THE IDEA OF
JUSTICE

정의의 아이디어

정의의 아이디어

초판 1쇄 펴낸날 | 2019년 3월 30일
2판 1쇄 펴낸날 | 2021년 3월 30일

지은이 | 아마르티아 센
옮긴이 | 이규원
펴낸이 | 류수노
펴낸곳 | (사)한국방송통신대학교출판문화원
　　　　03088 서울시 종로구 이화장길 54
　　　　대표전화 1644-1232
　　　　팩스 02-741-4570
　　　　홈페이지 http://press.knou.ac.kr
　　　　출판등록 1982년 6월 7일 제1-491호

출판위원장 | 이기재
편집 | 박혜원 · 이강용
본문 디자인 | 티디디자인
표지 디자인 | 김민정

© Amartya Sen, 2009
ISBN 978-89-20-03996-6 93300

값 22,000원

THE IDEA OF
JUSTICE

정의의 아이디어

아마르티아 센 지음 — 이규원 옮김

지식의날개

The Idea of Justice

First published by Allen Lane 2009
Published in Penguin Books 2010

Korean translation copyright © 2019 by Korea National Open University Press
Korean translation rights arranged with Penguin Books Ltd.,
through EYA(Eric Yang Agency)

존 롤스를 기리며

"오늘날 박학다식한 대학자는 과거에나 존재했다고 치부된다. 지식의 팽창에 따라 존 스튜어트 밀처럼 경제학, 정치사상, 철학 분야에서 동시에 지적 리더십을 발휘하는 것은 불가능해졌다. 하나의 주제를 정해 가능한 깊이 파고들어야 한다. 하지만 누군가 이를 아마르티아 센에게 전하는 걸 깜빡 잊은 모양이다."

_리처드 리브스, 『선데이 타임스』

"『정의의 아이디어』는 광범위한 영역에 걸친 인도적인 논증을 설득력 있게 펼친 저작이다. …… 읽기 쉽게 쓰인 이 책은 동서양의 역사와 문학의 비유로 넘치고 자전적인 이야기와 일화도 자주 등장한다. …… 『정의의 아이디어』는 놀랄 만큼 건실하고 통찰력이 풍부하여 도덕철학과 정치철학이 실천되는 방식에 깊고 폭넓은 영향을 미칠 만하다."

_존 타시울라스, 『더 타임스 리터러리 서플리먼트』

"복잡하고 끊임없이 생각하게 만드는 이 책에서 센은 그의 가공할 정신과 도덕적 감각을 총동원하여 구체적인 문제가 정의라는 관점에서 어떻게 분석되어야 하는지 보여 준다. 센은 우리 시대 가장 박식한 지적 운동가이다. 그의 주장은 학문적 영역뿐만 아니라 세계은행 같은 국제기구와 정부의 정책에도 큰 영향을 미친다."

_수닐 킬나니, 『파이낸셜 타임스』

"이 책은 분석적 통찰이 돋보이는 상식적이고 인도적인 제안으로 가득하며 센은 대개 의심스러운 하나의 우선적 가치로부터 모든 권고를 이끌어 내려고 하는 다른 사상가들보다 훨씬 현명하다."

_새뮤얼 브리탄, 『파이낸셜 타임스』

"이 책은 센과 관련되어 온 수많은 것들이 정제된 것으로, 이 새로운 서술을 읽으면 참으로 겸허해진다. 지적 명석함, 개념적 특징을 획기적으로 창조하는 능력, 전 세계를 망라하는 폭넓은 역사적 지식, 설득력 있는 예시, 그리고 무엇보다 깊은 인류애와 비유토피아적 진보에 대한 신념이 모두 생생하게 빛을 발한다."

_프라탑 바누 메타, 『아웃룩』

"센은 놀랄 만큼 해박하다. 인도의 힌두교, 불교, 이슬람교에 관한 깊은 조예가 아름답게 녹아든 이 책은 서양의 분석적 전통만을 교육받은 흔한 철학자들에 비해 훨씬 더 넓은 영역의 논증과 추론을 자아낸다. 이처럼 방대한 문화사에 관한 지식과 그에 대한 깊은 존경심은 타당한 주장이 본질적으로 여럿일 수 있다고 인정하는 ─ 정신생활에서 어떤 종류의 일원론도 거부하는 ─ 겸손함의 중요한 원천이 된다. …… 그의 작업은 이성의 힘을 보여 주는 감명적이고 인도적인 증거로서 작용하고 의견과 전통의 다양성을 존중한다. 이성은 어디서든 진리를 추구하며 널리 퍼져 어디서든 지지를 얻게 될 것이다. 이 진정으로 중요한 책의 저자가 그렇듯이."

_모셰 할베르탈, 『뉴 퍼블릭』

"학술적이면서도 사려 깊게 잘 쓰였으며 중요한 사상을 담고 있다. 그러나 훌륭하기만 한 책이 아니다. 여러모로 매우 중대한 책이 될 것이고 향후 몇 년간의 정치에도 영향을 끼칠 것이다. 그러니 구입하라."

_니콜라스 스턴, 『텔레그래프』

차례

감사의 글 xi

옮긴이의 글 xxi

들어가는 글 xxvii

서 장_ 정의에의 접근 1

제 I 부 정의의 요구

제 1 장_ 이성과 객관성 33

제 2 장_ 롤스와 그 너머 59

제 3 장_ 제도와 개인 85

제 4 장_ 목소리와 사회적 선택 99

제 5 장_ 공평성과 객관성 127

제 6 장_ 닫힌 공평성과 열린 공평성 139

제II부 추론의 형식

제 7 장_ 위치, 타당성, 환상 175

제 8 장_ 합리성과 타인 197

제 9 장_ 공평한 이유의 복수성 221

제10장_ 실현, 결과, 행위주체성 237

제III부 정의의 재료

제11장_ 삶, 자유, 역량 255

제12장_ 역량과 자원 285

제13장_ 행복, 복지, 역량 303

제14장_ 평등과 자유 327

제IV부 공적 추론과 민주주의

제15장_ 공적 이성으로서의 민주주의 361

제16장_ 민주주의의 실천 381

제17장_ 인권과 글로벌한 의무 401

제18장_ 정의와 세계 439

후주 471

찾아보기 _ 인명 505

찾아보기 _ 주제 513

감사의 글

본서가 성립하기까지 많은 분들에게 도움을 받았지만 이 분야의 연구를 하도록 이끌어 준 존 롤스에게 가장 큰 빚이 있다는 것부터 밝혀 두어야겠다. 그는 수십 년간 훌륭한 스승이었고, 내가 그의 생각에 동의하지 않을 때조차 계속해서 내게 영향을 주었다. 그는 내게 가르침을 주고 호의를 베풀었을 뿐만 아니라, 그 자신에 대한 의혹을 추구하도록 격려까지 해주었다. 이에 나는 본서를 그에게 헌정한다.

내가 롤스와 처음으로 본격적인 관계를 맺게 된 것은 1968~1969년으로, 델리대학에서 하버드에 초빙교수로 와서 그와 케네스 애로와 함께 합동 대학원 세미나를 맡았을 때이다. 애로 또한 나의 과거 저작과 마찬가지로 본서에도 큰 영향을 주었다. 수십 년에 걸친 광범위한 논의뿐만 아니라 그가 창시한 현대 사회선택이론의 분석틀을 통해서도 영향을 받았다.

본서에서 제시하는 작업은 1987년 이후 근거지가 된 하버드, 그리고 50년 전 내가 철학적 문제에 관해 생각하기 시작하고 1998년부터 2004년까지 6년간 학장을 맡은 케임브리지대학 트리니티 칼리지에서 이루어진 것이다. 특히 피에로 스라파와 C. D. 브로드로부터 큰 영향을 받았으며, 모리스 돕과 데니스 로버트슨은 내가 하고 싶은 연구를 계속하도록 격려해 주었다.

나의 의문과 건설적 사고는 오랜 시간에 걸쳐 전개되었기 때문에 본서는 천천히 완성되었다. 나는 이 수십 년간 수많은 분들로부터 비판, 제안, 질문, 일축 그리고 격려를 받는 특권을 누렸고, 그 모든 것이 매우 유익했기 때문에 그 많은 분들에게 감사의 인사를 전하고자 한다.

먼저 내 아내 엠마 로스차일드에게 큰 도움과 조언을 얻었으며 그 영향이 본서 전체에 반영되어 있다는 것을 언급해야겠다. 버나드 윌리엄스가 나의 철학적 사고에 미친 영향은 그의 글에 익숙한 독자라면 분명히 간파할 수 있으리라. 이러한 영향은 오랜 세월에 걸친 '격의 없는 우정'과 더불어 공리주의적 관점과 그 한계에 관한 논문집(『공리주의와 그 너머』 *Utilitarianism and Beyond*(1982))를 계획하고 편집하고 소개하는 공동작업에서 비롯된 것이다.

나는 참 다행스럽게도 정치철학과 도덕철학에 관해 유익한 대화를 나눌 수 있는 동료를 두었다. 롤스뿐만 아니라 힐러리 퍼트넘[2016년 작고]과 토마스 스캔론에게도 수년간 통찰력 있는 대화를 나눠 준 것에 감사를 표해야 한다. 또한 W. V. O. 콰인과 로버트 노직과 이야기를 나누며 많은 것을 배웠지만 애석하게도 두 사람 모두 세상을 떠났다. 하버드에서의 합동강의는 학생과 함께 가르친 교수 양쪽으로부터 배울 수 있는 상호 교육의 끊임없는 원천이었다. 로버트 노직과 나는 10년 가까이 매년 합동과정에서 가르쳤고 에릭 매스킨과도 수차례 함께 진행했는데, 두 사람 모두 나의 사고에 영향을 주었다. 또 다양한 기회에 (그리 멀지 않은 MIT의) 조슈아 코헨, 그리고 크리스틴 졸스, 필리프 판 파레이스, 마이클 샌델, 존 롤스, 토마스 스캔론, 리처드 터크와 함께 가르쳤으며 카우식 바수와 제임스 포스터와도 그들이 하버드를 방문했을 때 공동으로 강의를 열었다. 합동강의는 순전히 즐겁기도 했지만 그들과 자주 논의를 함으로써 나의 아이디어를 전개하는 데 굉장히 유익했다.

나의 모든 저작에는 학생들의 비판을 통해 얻은 많은 것이 반영되어 있고 본서도 예외가 아니다. 본서의 아이디어에 관해서는 특히 프라산타 파타나익, 카우식 바수, 시디쿠 오스마니, 라자트 뎁, 라비 칸부르, 데이비드 켈시, 안드레아스 파판드레우와 수십 년간 소통했고, 최근에는 슈테판 클라젠, 앤서니 레이든, 산자이 레디, 조너선 코헨, 펠리시아 널, 클레멘스 푸페, 베르틸 툰고덴, A. K. 시바 쿠마르, 로렌스 해밀턴, 더글라스 힉스, 제니퍼 프라 루거, 수산 아바디안과 교류하며 영향을 받았다. 이들 모두에게 감사한다.

대화식 교수법의 즐거움과 유익함을 알게 된 것은 옥스퍼드에서 로널드 드워킨, 데렉 파핏, 그리고 나중에 참여한 G. A. 코헨과 합동강의 ― 한 학생은 '소란스러운' 강의라고 했다 ― 를 연 1970년대와 80년대부터이다. 그러한 떠들썩한 논의의 따뜻한 기억은 2009년 1월, 유니버시티 칼리지 런던에 본서의 주된 접근에 관한 아주 매력적인 세미나를 마련해 준 코헨의 호의로 최근 되살아났다. 그 모임은 유쾌하게도 코헨을 비롯하여 조너선 울프, 로라 발렌티스, 리즈 모칼, 조지 렛사스, 스티븐 게스트 등 반대자로 가득했고 이들의 비판은 내게 매우 유익했다(로라 발렌티스는 친절하게도 세미나 이후에도 많은 지적을 해주었다).

정의의 이론은 주로 철학의 영역에 속하지만 본서는 다른 여러 분야에서 제시된 아이디어도 채용하고 있다. 본서가 크게 기대고 있는 분야는 사회선택이론이다. 이 폭넓은 영역의 사람들과 나눈 교류는 너무 많아서 이 짧은 글에 다 담을 수 없지만, 케네스 애로, 스즈무라 고타로와 함께 『사회선택과 후생 편람』*Handbook of Social Choice and Welfare*을 편집하면서 큰 도움을 받았기에 감사의 마음을 전한다. 이 분야에서 특히 저널 『사회선택과 후생』Social Choice and Welfare을 창간하고 발전시킴으로써 지도적인 역할을 한 제리 켈리, 불프 게르트너, 파라산타 파타나익, 모리스 살에게도 감사드린다. 또한 오랫동안 사회적 선택의 문제에 관해 다양한 방식으로 함께 관여하고 논의한 패트릭 섭스, 존 하사니, 제임스 멀리스, 앤서니 앳킨슨, 피터 하몬드, 찰스 블래코비, 수디르 아난드, 타파스 마준다, 로버트 폴락, 케빈 로버츠, 존 로머, 앤서니 쇼락스, 로버트 서그던, 존 웨이마크 그리고 제임스 포스터에게 감사를 드리고 싶다.

나의 정의에 관한 연구는, 특히 자유 및 역량과 관련해서는 마사 누스바움에게 오랜 세월에 걸쳐 영향을 받았다. 그녀의 작업은 '역량의 관점'의 발전을 강력하게 이끌면서 '능력capacity'과 '번영' 같은 아리스토텔레스의 고전적 개념과의 연관성을 탐구하는 등 최근의 진보에 깊은 영향을 끼쳤고, 인간개발, 젠더연구, 인권과 관련해서도 큰 족적을 남겼다.

역량 관점의 타당성과 유용성은 최근 주목할 만한 학자들이 치열하게 연구해 왔다. 그들의 저작은 나의 사고에 큰 영향을 주었지만 전체 목록이 너무나 길어 여기에 다 열거할 수는 없다. 하지만 사비나 알카이어, 비나 아가왈, 타니아 버차트, 엔리카 키아페로-마르티네티, 플라비오 코밈, 데이비드 크로커, 세브린 드뇔랭, 사키코 후쿠다-파르, 고토 레이코, 모자파 키질바시, 잉그리드 로베인스 그리고 폴리 비자드의 연구로부터 영향을 받았다고 언급해야겠다. 역량의 관점과 인간개발이라는 새로운 영역 사이에도 밀접한 관계가 있다. 나의 친구 고故 마붑 울 하크가 개척한 인간개발은 특히 폴 스트리튼, 프랜시스 스튜어트, 키스 그리핀, 구스타프 라니스, 리처드 졸리, 메그나드 데사이, 수디르 아난드, 사키코 후쿠다-파르, 셀림 자한의 영향을 받았다. 『인간개발과 역량

저널』*Journal of Human Development and Capabilities*이 역량의 관점에 관한 연구와 크게 관련되어 있지만, 저널 『페미니즘 경제학』*Feminist Economics*도 이 분야에 특별한 관심을 갖고 있으며, 편집자인 다이애나 스트래스먼과 페미니즘적 관점과 역량적 관점 간의 관계에 관해 나눈 대화는 늘 내게 자극이 되었다.

트리니티에서는 훌륭한 철학자, 법사상가, 그 외에도 정의의 문제에 관심이 있는 사람들과 교분을 맺었고, 게리 런시먼, 닉 데니어, 기젤라 슈트리커, 사이먼 블랙번, 캐서린 버나드, 조안나 마일스, 아나냐 카비르, 에릭 넬슨, 그리고 때때로 이언 해킹(그는 우리가 1950년대에 처음 만나고 학우로서 이야기를 나눈 모교에 가끔 돌아오곤 했다)과 교류할 기회가 있었다. 뛰어난 수학자, 자연과학자, 역사가, 사회과학자, 법학자, 인문학자와도 대화할 수 있었다.

또한 엘리자베스 앤더슨, 콰메 앤서니 애피아, 크리스천 배리, 찰스 베이츠, 고 이사야 벌린, 아킬 빌그라미, 힐러리 복, 시셀라 복, 수잔 브라이슨, 존 브룸, 이언 카터, 낸시 카트라이트, 딘 채터지, 드루실라 코넬, 노먼 대니얼스, 고 도널드 데이비드슨, 존 데이비스, 욘 엘스터, 바바라 프리드, 앨런 기바드, 조너선 글로버, 제임스 그리핀, 에이미 구트만, 모세 할베르탈, 고 리처드 헤어, 데니얼 하우스만, 테드 혼데리치, 고 수잔 헐리, 수잔 제임스, 프랜시스 캠, 고 스티그 캉에르, 에린 켈리, 아이작 레비, 크리스천 리스트, 세바스티아노 마페토네, 아비샤이 마갈리트, 데이비드 밀러, 고 시드니 모겐베서, 토마스 네이글, 사리 누세이베, 고 수잔 몰러 오킨, 찰스 파슨스, 헤를린데 파우어-슈투더, 파비엔 피터, 필립 페팃, 토마스 포기, 헨리 리처드슨, 앨런 라이언, 캐럴 로베인, 데브라 사츠, 존 설, 고 주디스 슈클라, 퀜틴 스키너, 힐렐 스테이너, 데니스 톰슨, 찰스 테일러, 주디스 톰슨을 비롯한 다른 철학자들과 이야기하며 많은 것을 배웠다.

법률적 사고에 관해서는 브루스 애커만, 스티븐 브레이어 대법관, 오
언 피스, 고 허버트 하트, 토니 오노레, 앤서니 루이스, 프랭크 마이클
맨, 마사 미노, 로버트 넬슨, 케이트 오레건 판사, 조셉 라즈, 수잔 로
즈-애커만, 스티븐 세들리, 캐스 선스타인, 제러미 월드론과 논의하면
서 많은 것을 얻을 수 있었다. 본서의 작업이 1984년 컬럼비아대학 철학
과의 존 듀이 강연(「복지, 행위주체성 그리고 자유」)으로 시작되고 2008년
스탠퍼드대학의 철학 강연(「정의」)으로 대체로 마무리되었지만, 여러 로
스쿨에서도 정의의 이론에 관한 나의 논의를 시험해 보았다. 하버드, 예
일, 워싱턴대학 로스쿨의 강의 및 세미나 외에도 1990년 9월 예일대학
로스쿨의 스토스 강연(「객관성」), 1998년 9월 노스웨스턴대학 로스쿨의
로젠탈 강연(「정의의 영역」), 그리고 2005년 9월에는 카도조 로스쿨의 특
별 강연(「인권과 법의 한계」)을 했다.*

원래 나의 전문 영역이자 정의의 아이디어와도 크게 관련되는 경제
학 분야에서는 조지 애커로프, 아미야 바그치, 자소다라 바그치, 고 디
팍 바너지, 니르말라 바너지, 프라납 바단, 알록 바가바, 크리스토퍼 블
리스, 새뮤얼 볼스, 새뮤얼 브리탄, 로버트 캐슨, 고 수카모이 차크라바
티, 파르타 다스굽타, 므리날 다타-차우두리, 앵거스 디턴, 메그나드 데
사이, 장 드레즈, 바스카 두타, 장-폴 피투시, 낸시 폴버, 알베르트 히르
슈만, 데바키 자인, 타파스 마줌다르, 무쿨 마줌다르, 스티븐 마글린, 디
팍 마줌다르, 루이지 파시네티, 고 I. G. 파텔, 에드먼드 펠프스, K. N.
라즈, V. K. 라마찬드란, 제프리 삭스, 아르준 센굽타, 레만 소반, 바바

---

* 듀이 강연은 아이작 레비, 스토스 강연은 귀도 칼라브레시, 로젠탈 강연은 로널드 앨런,
카도조의 강연은 데이비드 루덴스틴이 주로 마련해 주었다. 이들 및 그 동료들과의 논의에
서 많은 것을 배웠다.

라 솔로, 니콜라스 스턴, 조지프 스티글리츠 그리고 스테파노 차마니와 수십 년에 걸친 정기적인 논의를 통해 큰 가르침을 얻었다.

또한 이셰르 알루왈리아, 몬텍 알루왈리아, 폴 아난드, 고 페터 바우어, 아버짓 바너지, 루르데스 베네리아, 티모시 베슬리, 켄 빈모어, 낸시 버드솔, 발터 보세르트, 프랑수아 부르기뇽, 사티아 차크라바르티, 칸찬 초프라, 빈센트 크로포드, 아심 다스굽타, 클로드 다스프르몽, 피터 다이아몬드, 아비나시 딕시트, 데이비드 도널드슨, 에스터 뒤플로, 프랭클린 피셔, 마르크 플뢰베이, 로버트 프랭크, 벤자민 프리드만, 피에란젤로 가레냐니, 고 루이 주베르, 고 W. M. 고먼, 얀 그라프, 장-미셸 그랑몽, 제리 그린, 테드 그로브스, 프랑크 한, 와히둘 하크, 크리스토퍼 해리스, 바바라 해리스 화이트, 고 존 하사니, 제임스 헤크먼, 주디스 헤이어, 고 존 힉스, 제인 험프리스, 누룰 이슬람, 리즈와눌 이슬람, 데일 조겐슨, 다니엘 카네만, 아지주르 라만 칸, 앨런 커먼, 세르주 콜름, 야노스 코르나이, 마이클 크레머, 고 장-자크 라퐁, 리처드 레이어드, 미셸 르 브르통, 이언 리틀, 아누라다 루터, 고 제임스 미드, 존 뮤얼바우어, 필리프 몽갱, 딜립 무케르지, 안잔 무케르지, 칼레크 나크비, 디팍 나야르, 로히니 나야르, 토마 피케티, 로버트 폴락, 아니수르 라만, 데브라즈 레이, 마틴 라발리온, 앨빈 로스, 크리스티안 자이들, 마이클 스펜스, T. N. 스리니바산, 데이비드 스타렛, S. 수브라마니안, 스즈무라 고타로, 마두라 스와미나탄, 주디스 텐들러, 장 티롤, 알랭 트라누아, 존 비커스, 고 윌리엄 비크리, 예르겐 베이불, 글렌 웨일 그리고 메나헴 야리와 매우 유익한 대화를 나누었다.

정의와 밀접히 관련된 또 다른 다양한 주제들에 관해서도 몇 년 동안 알라카 바수, 딜립 바수, 세일라 벤하비브, 수가타 보스, 미라 불비닉, 링컨 첸, 마사 첸, 데이비드 크로커, 바룬 데, 존 던, 훌리오 프렝크, 사키코 후쿠다-파르, 라마찬드라 구하, 기타 라오 굽타, 제프리 호손, 에릭 홉스봄, 제니퍼 혹스차일드, 스탠리 호프만, 알리샤 홀랜드, 리처드 호튼, 아예샤 잘랄, 펠리시아 널, 멜리사 레인, 메리 칼더, 제인 맨스브리지, 마이클 마멋, 배리 메이저, 프라탑 바누 메타, 우다이 메타, 고 랄프 밀리반드, 크리스토퍼 머레이, 엘리너 오스트롬, 캐럴 리처즈, 데이비드 리처즈, 조너선 라일리, 메리 로빈슨, 일레인 스캐리, 개러스 스테드먼 존스, 아이린 팅커, 메건 본, 도로시 웨더번, 레온 위젤티어 그리고 제임스 울프손과 대화하며 많은 것을 얻었다. 본서에서 정의와 관련하여 민주주의를 다루는 부분(제15~17장)은 2005년 워싱턴 DC에 있는 존스홉킨스대학 고등국제학대학(SAIS)에서의 세 번의 강연「민주주의」에 기초하고 있다. 이 강연은 수닐 킬나니가 기획하고 프랜시스 후쿠야마가 지지한 결과이며 이들로부터 매우 유익한 착상을 얻었다. 이 강연은 다른 논의들을 낳았고 이 또한 내게 매우 유익했다.

내가 2004년 1월부터 2008년 12월까지 5년간 지도한 하버드의「정의, 후생, 경제학 프로그램」을 통해서도 분야는 다양하지만 비슷한 문제에 관심이 있는 학생 및 동료와 교류하는 굉장한 기회를 얻었다. 새로운 지도자 월터 존슨은 훌륭한 리더십으로 이러한 교류를 지속하고 확대해 나가고 있으며, 나는 고별 발표로서 실례를 무릅쓰고 본서의 주요 논점을 제시했고 뛰어난 질문과 지적을 많이 받았다.

에린 켈리와 토마스 스캔론은 원고의 많은 부분을 검토하는 데 큰 도움을 주고 매우 중요한 제안을 해주었다. 이 두 사람에게 대단히 감사한다.

보조를 포함한 연구비의 일부로서 케임브리지대학 킹스 칼리지 역사 및 경제학 센터의 민주주의에 관한 5년 프로젝트를 2003년부터 2008년까지 포드재단, 록펠러재단, 멜론재단으로부터 공동으로 지원받았고,

이어서 인도의 지적 전통과 현대적 이슈의 관련성에 초점을 맞춘 새로운 프로젝트 '글로벌 세계의 인도'를 포드재단으로부터 지원받았다. 이러한 지원에 매우 감사드리며 이 프로젝트들을 훌륭하게 관리해 준 인가 헐드마칸에게도 감사한다. 또 나는 운 좋게도 극히 유능하고 창의적인 연구 조교를 두었다. 그들은 본서에 깊은 관심을 보이고 매우 생산적인 코멘트를 주어 나의 논의와 설명을 개선하는 데 도움이 되었다. 이에 관해 1년 넘게 나와 함께 일하면서 본서에 지속적인 영향을 남긴 페드로 라모스 핀투에게 큰 신세를 졌다. 현재 함께 일하는 커스티 워커와 아프산 바델리아에게도 뛰어난 도움과 의견 제공에 감사한다.

본서는 펭귄북스와 북미에 한해 하버드대학출판부 양쪽에서 출판되었다. 하버드의 편집자 마이클 애런슨은 책 전반에 관해 훌륭한 제안을 해주었다. 익명의 원고 검토자 두 사람은 무척 도움이 되는 지적을 해주었는데, 나의 탐정 활동으로 그들이 프랭크 러벳과 빌 탤벗이라는 것을 밝혀냈으므로 이름을 들어 감사할 수 있게 되었다. 펭귄북스에서의 제작 및 편집은 상당한 시간적 압박이 있었는데도 리처드 더귀드(편집장), 제인 로버트슨(교열자), 필립 버치(보조편집자)의 신속하고 정력적인 작업으로 훌륭하게 완수되었다. 이들 모두에게 대단히 감사드린다.

본서의 편집자인 펭귄북스의 스튜어트 프로핏에게는 감사의 마음을 이루 다 표현할 수 없다. 그가 각 장(실로 각 장의 거의 모든 페이지)마다 귀중한 지적과 제안을 해준 덕분에 원고의 많은 부분을 더 분명하고 이해하기 쉽게 고칠 수 있었다. 본서의 전반적인 구성에 대한 그의 조언도 불가결한 것이었다. 본서가 마침내 그의 손을 떠났을 때 느꼈을 안도감을 나는 충분히 헤아릴 수 있다.

옮긴이의 글

아마르티아 센(벵골어 '어모르토 셴')은 1933년, 인도 서벵골 지역 샨티 니케탄에 있는 비스바-바라티 대학 캠퍼스에서 태어났다. 타고르가 세운 그 대학은 저명한 학자였던 센의 외할아버지가 강의를 하고 센의 어머니가 다녔던 곳이다. 초·중등교육을 겸했기 때문에 센 자신도 어린 시절 그곳에서 배우며 학문에 개방적인 타고르의 영향을 받았고, 그에게 '어모르토'(불멸, 천국이라는 뜻의 형용사)라는 전례 없는 이름도 직접 부여받았다. 이후 센은 캘커타의 프레지던시 칼리지와 영국 케임브리지의 트리니티 칼리지에서 공부했고, 자다브푸르대학, 델리대학, 런던정경대학, 옥스퍼드대학, 트리니티 칼리지, 하버드대학 등지에서 연구하며 가르쳐 왔다. 평생을 대학에서 보내 온 그는 하지만 결코 상아탑에 갇힌 엘리트가 아니었다. 그 자신이 '학문적'이라는 말을 '비실용적' 혹은 '이론적'인 뉘앙스로 받아들이지 않고 오히려 '건전한' 것으로 여겼듯이, 그의 학문은 정교한 구조를 이루면서도 진정으로 인류를, 약자를 위한 현실적인 작업이었다.

센의 연구 영역은 인문사회과학 전반에 걸쳐 있을 정도로 광범위하지만 그의 사상의 출발점이면서 그가 가장 주력한 분야는 '사회선택이론'이다. 사회선택이론은 개개인의 특성을 고려하여 집단적 선택을 도출하려는 이론적 분석틀로, 케네스 애로가 불가능성정리를 발표함으로써 창시되었다. 그의 정리는 개인의 자유와 평등을 담보하는 민주사회가 실현될 수 없다는 것을 함의하기 때문에 미시경제학의 규범적 이론이자 사회선택이론을 배태한 후생경제학이 위기에 봉착하게 된다. 그러나 센은 니힐리즘에 빠지지 말고 자유와 평등을 현실적으로 추구하면서 더 나은 사회의 실현을 위해 노력해야 한다는 신념을 견지했다. 그리고 사회선택이론을 재정비하여 그 연구 범위를 크게 확장하고 다시 경제학적 문제에 적용함으로써 후생경제학을 발전시키는 업적을 남겼다. 이러한 공로를 인정받아 1998년에는 아시아인 최초로 노벨경제학상을 수상했다. 그가 "후생경제학의 근본문제에 대한 탐구, 사회선택과 후생계측과 빈곤에 대한 연구에 공헌했다"고 노벨재단은 밝히고 있다.

센이 사회선택이론의 문제로부터 인식한 또 하나의 과제는 경제학에 윤리학을 (재)이식하는 것이었다. 이는 인간 대신 수식이 주가 된 근대경제학에 대한 반성이자 애로의 불가능성정리에서 비롯된 딜레마를 극복하려는 시도였다. 이러한 과정에서 그는 빈곤과 인권을 비롯한 인류의 보편적인 문제에 몰두하고 그에 대한 도덕철학 및 정치철학적 고찰을 심화함으로써 정의의 문제에 다다르게 된다. 센은 2002년, 2권으로 기획된 '합리성, 자유, 정의' 시리즈의 제1권으로 자신이 달성한 경제학 분야의 성과와 이슈를 엮은 『합리성과 자유』Rationality and Freedom를 펴냈다. 예정대로라면 기존의 논의 가운데 철학 및 정치학과 관련된 것을 모아 놓은 제2권 『자유와 정의』Freedom and Justice도 곧 출간되었어야 한다 — 당시 거의 완성 단계에 접어든 것으로 알려져 있었다. 하지만 이는 이루어지지 않았고, 7년이 지나서야 등장한 것은 전혀 다른 저작이었다. 바로 본서 『정의의 아이디어』*The Idea of Justice*이다.

현대의 정의론은 홉스에서 시작되고 로크, 루소, 칸트로 이어지는 계약론적 논의가 계승되어 주류를 이루고 있다. 이에 가장 큰 공헌을 한 철학자는 '원초적 입장'과 '무지의 베일'이라는 개념적 장치를 통해 정의란 무엇인가를 탐구한 존 롤스이다. 본서에서 센은 이러한 '선험적 제도주의'가 완벽한 정의와 제도에만 집착할 뿐 실제 사회에 대해 무관심하다며 롤스의 정의론을 중심으로 비판하고, 스미스, 콩도르세, 벤담, 밀 등의 비교론적이고 실현 지향적인 계보를 이어받아 전개한다. 정의를 정의定義하는 기준은 다원적일 수밖에 없으며 부정의를 제거하고 방지할 완전한 제도의 구축은 불가능하다. 따라서 완벽한 정의를 추구하기보다는 사회적 현실을 직시하여 실현 가능한 선택지들을/과 비교해야 하는 것이다. 분배의 문제에서도 '기본가치'로 정해진 지표를 척도로 삼을 것이 아니라 개개인의 실제 역량에 주목해야 한다. 자원이 동일하게 주어져도 그것을 활용하여 달성할 수 있는 가능성의 정도가 개인마다 다르기 때문이다.

센은 제도만능주의로서의 제도주의를 비판하면서도 제도 자체는 정의의 추구를 위한 수단으로서 중요하다는 점을 분명히 인식한다. 제도를 적절히 선택하기 위해서는 공적 추론이 필요하며 따라서 '토론에 의한 통치'로서의 민주주의가 불가결하다. 이러한 시각은 국경을 뛰어넘는 민주주의와 정의를 좇는 데 유효하기 때문에 롤스의 정의론에 결여되어 있는 글로벌 정의관의 기초를 제공하게 된다. 또한 센은 민주주의가 갖는 정치적 인센티브와 정보적 역할을 강조하며 민주주의가 경제성장 및 인간의 안전보장에 필수적이라는 것을 실증적으로 입증하고, 인권, 발언권, 정체성, 정보 접근성, 젠더 평등, 소수자 권리 등 폭넓은 문제에 관해 천착한다. 요컨대 본서는 센이 축적해 온 사회선택이론, 후생경제학, 개발경제학 분야의 성과에 기초하여 실천적인 문제를 본격적으로 개진한 그의 사상과 삶의 집대성이자 롤스로 대표되는 현대의 주류 정의론에 맞선 대안적인 접근이라 할 수 있다.

그런데 본서의 제목은 '정의론'이 아닌 '정의의 아이디어'이다. 정의의 이론이 아니기 때문인가? 센 자신이 명시하고 있듯이 본서에서 그가 제시하는 것은 분명 정의의 이론이다. 하지만 '전체주의적' 형식을 취하는 '표준적' 정의론이 체계적 완전성을 전제하는 반면, 센의 비교접근법은 불완전성을 받아들인다. 끊임없이 불완전할 수밖에 없는 현실세계에서 무엇이 완전한 정의이고 무엇이 완벽히 공정한 제도인지 판별하는 '이론'은 필요하지도 충분하지도 않기 때문이다. 그래서 센은 비교접근이라는 방법을 제시할 뿐 특정한 원리를 고수하거나 고정적인 리스트를 작성하지 않고 복잡한 수식을 사용하지도 않으며, 이 때문에 많은 비판을 받기도 한다. 하지만 바로 이러한 점에서 센의 이론은 기존의 편협한 '이론'을 대체할 광범위한 '아이디어'이며 전문가뿐만 아니라 일반 독자에게도 정의를 추구하기 위한 — 거창한 개념idea도 관념idea도 이념idea도 아닌 — 실천적 아이디어idea를 풍부하게 제공하는 것이다.

옮긴이는 센의 이론에 정통한 연구자도 아니고 센과 대면한 일은 더더욱 없다. 본서를 처음으로 접한 것은, 부끄럽지만 번역 제의를 받고 나서이다. 그럼에도 제의를 수락한 데에는 두 가지 이유가 있었다. 첫째, 한 차례 통독하는 동안 풍성하면서도 거침없는 논의 전개와 유려하면서도 섬세한 문체에 매료되었고, 둘째, 대한민국이라는 부정의의 '왕국'은 탈법을 넘어 탈문화의 영역으로 들어서고 있었기에 일종의 의무감이 들었던 것이다. 그러나 막상 번역은 지난한 과정의 연속이었고 결과적으로 오래 지체되었다(옮긴이의 손에 오기까지도 적지 않은 난항을 겪은 것으로 알고 있다). 철학, 법, 정치, 경제를 포괄하는 사상적 기반이 만만치 않았고 센의 유려하고 섬세한 문체적 특징은 오히려 번역 과정에서 난관으로 작용했기 때문이다. 그만큼 문장을 정확하면서도 독자의 입장에서 쉽게 이해되고 납득될 수 있도록 옮기려고 애쓴 것이 사실이지만, 한편으로 의무감이 만용을 부추긴 것은 아닌지 염려스럽다. 센의 명성과 영향력에 비해 국내에서 그에 관한 연구나 논의가 저조한 것은 본서가 이제야 번역 출판되었기 때문은 아닐까 짐작해 본다. 이제 본서와 함께 그 논의의 장이 활짝 열리기를 기대한다.

일러두기

이 책의 원서는 2009년 펭귄그룹의 앨런 레인에서 출간한 *The Idea of Justice*이다.

본문에 언급된 도서 중 한국어판이 있는 경우 옮긴이가 그 정보를 제공하였다.

원서에서 이탤릭체가 강조의 의미일 경우, 굵은 명조체로 표기하였다.

각주와 후주는 모두 원서의 내용이다.

( )와 ( )는 원서의 것이고, [ ]는 옮긴이가 추가한 것이다.

들어가는 글

찰스 디킨스의 『위대한 유산』에 등장하는 주인공 핍은 "아이들이 존재하는 작은 세계에서 부정의injustice만큼 잘 이해되고 잘 느껴지는 것은 없다"[1]고 말한다. 나는 핍이 옳다고 생각한다. 그는 에스텔라와 굴욕적으로 마주친 후 어린 시절 누이에게 시달렸던 '변덕스럽고 폭력적인 강압'을 생생하게 떠올린다. 하지만 분명한 부정의에 대한 강한 지각은 어른에게도 똑같이 적용된다. 우리를 움직이게 하는 것은 지극히 당연한 이야기이지만, 세계가 완벽한 정의에 도달하지 못했다는 인식이 아니라 — 그렇게 기대하는 사람은 거의 없다 — 우리 주변에 분명히 바로잡을 수 있는 부정의가 존재하며 그것을 없애고 싶다는 인식이다.

이는 일상생활에서 시달리고 분개할 만한 불공평이나 예속의 문제에서도 명백하지만 더 넓은 세계에서 더 광범위하게 자행되는 부당행위의 판단에 대해서도 마찬가지로 적용된다. 극복될 수 있는 분명한 부정의를 의식하지 않았더라면 파리 시민은 바스티유 감옥을 습격하지 않았을 것이고, 간디는 한때 해가 지지 않았던 제국에 도전하지 않았을 것이며, 마틴 루터 킹은 '자유의 땅이자 용감한 자들의 고향'에서 백인 우월주의에 맞서 싸우지 않았을 것이라고 추측할 수 있다. 그들은 완벽히 공정한 세계를 쟁취하려고 한 것이 아니라(비록 공정한 세계란 어떠해야 하는지에 대한 합의는 있었을지라도), 가능한 범위에서 명백한 부정의를 제거하려고 했던 것이다.

바로잡을 수 있는 부정의의 식별은 정의와 부정의에 관해 생각하도록 북돋울 뿐 아니라, 본서에서 논의할 정의론의 중심을 이룬다. 본서에서 제시할 연구에서 부정의의 판단은 빈번히 비판적 논의의 출발점이 될 것이다.[2] 하지만 왜 이것이 합당한 출발점이면서 동시에 종착점일 수는 없는지 물어야 할 것이다. 왜 정의와 부정의의 감각을 뛰어넘을 필요가 있을까? 왜 정의의 이론을 가져야 할까?

세계를 이해한다는 것은 단순히 직접적 지각을 기록하는 것이 아니다. 이해는 필연적으로 추론을 수반한다. 우리는 느끼는 것이나 보이는 것을 '읽어 내야' 하고, 또 그 지각들이 무엇을 가리키며 어떻게 해야 혼돈에 휩싸이지 않고 헤아릴 수 있는지 물어야 한다. 한 가지 문제는 감정과 인상의 신뢰성과 관련이 있다. 부정의의 감각은 우리를 움직이게 하는 신호 역할을 할 수 있지만, 신호는 비판적 검토를 필요로 하며, 주로 신호들로부터 도출된 결론의 타당성에 대한 정밀조사scrutiny가 이루어져야 한다. 애덤 스미스는 도덕감정의 중요성을 확신했기 때문에 '도덕감정론'을 모색했고, 범법행위의 감각이 지속적인 비난의 근거가 될 수 있는지 확인하기 위해 이성에 입각한 정밀조사를 통해 그것을 비판적으로 검토해야 한다고 주장한 것이다. 누군가를 혹은 어떤 것을 상찬하려는 의향에도 이와 비슷한 정밀조사가 필요하다.*

---

* 스미스의 고전 『도덕감정론』*The Theory of Moral Sentiments*은 250여 년 전인 1759년에, 그 마지막 개정판인 6판은 1790년에 출판되었다. 펭귄북스에서 2009년에 출판된 『도덕감정론』의 새 기념판 서문에서 나는 스미스의 도덕적·정치적 연대성의 본질에 대해, 그

또한 정의나 부정의와 같은 윤리적 · 정치적인 개념을 평가할 때 어떤 종류의 추론에 중점을 두어야 하는지 물어야 한다. 부정의의 판단, 혹은 그것을 감소시키거나 제거해야 할 때 어찌해야 객관적일 수 있을까? 이는 가령 기득권의 포기와 같은, 어떤 특정한 의미에서의 공평성 impartiality을 요구하는가? 비록 기득권과 관계는 없지만 지역적 선입견과 편견을 반영하는 태도를 취해서 그와 같은 지역주의에 사로잡히지 않은 타인과 이성적으로 맞설 수 없다면, 그 태도는 재검토되어야 하는가? 정의의 요구를 이해하는 데 합리성rationality과 합당성reasonableness의 역할은 무엇인가?

이러한 관심 및 이와 밀접한 일반문제에 관해서는 처음 10개의 장에서 다룰 것이다. 그리고 적용의 문제로 넘어가 정의에 대한 판단이 기대는 근거(자유, 역량capability, 자원, 행복, 복지, 혹은 다른 것)의 비판적 평가, 평등과 자유라는 표제 아래 나타나는 다양한 고려사항의 특별한 부합성, '토론에 의한 통치'라 여겨지는 민주주의의 모색과 정의의 추구 간의 분명한 관계, 그리고 인권 주장의 본질, 실행 가능성, 범위 등에 대해 논의할 것이다.

어떤 종류의 이론인가

본서에서 제시하는 것은 폭넓은 의미에서 정의의 이론이다. 그 목적은 어떻게 정의를 고양하고 부정의를 배제하는 문제에 착수할 수 있는지를 밝히는 것이지, 완벽한 정의의 본질에 관한 문제의 해결책을 제시하는 것이 아니다. 이 점에서 현대의 도덕 및 정치철학의 뛰어난 이론들과

리고 그것이 현대사회에도 계속해서 유효하다는 점을 논했다.

는 뚜렷한 차이가 있다. 뒤에 이어질 서장에서 충분히 논하겠지만, 특히 세 가지 차이에 유의할 필요가 있다.

첫째, 실천적 추론의 기초로서 기능할 수 있는 정의의 이론은 완벽하게 정의로운 사회를 특징짓는 것 ─ 이는 오늘날 정치철학에서 수많은 정의의 이론들이 특징적으로 골몰하는 과제이다 ─ 만을 목표로 하기보다는 어떻게 부정의를 줄이고 정의를 촉진할지 판단하는 방법을 포함해야 한다. 완벽하게 정의로운 제도를 제시하는 것과 어느 특정한 사회변화가 정의를 고양할지 판단하는 것, 이 두 가지 과제는 동기부여의 측면에서는 서로 연결되지만, 분석적으로는 분리되어 있다. 본서에서는 두 번째 문제에 전념할 것이다. 이는 제도와 행위, 그리고 기타 정의의 결정요인에 관한 의사결정에서 중심적 역할을 한다. 그 결정이 도출되는 방식은 당위에 관한 실천적 추론의 인도를 목표로 하는 정의의 이론에서 중대하지 않을 수 없다. 완벽한 정의의 요건을 먼저 특정하지 않고서 이러한 비교적인comparative 문제에 착수할 수 없다는 억측은 완전히 틀린 것이다(제4장 「목소리와 사회적 선택」).

둘째, 정의에 관한 비교적 문제들은 대부분 성공적으로 해결될 수 있고 이성적인 논의로 합의될 수 있지만 의견 갈등이 완전히 해결되지 않는 경우도 있을 수 있다. 이때 서로 뚜렷이 구분되는 정의의 이유들이 존재할 수 있으며, 이것들은 각각 비판적 정밀조사를 거쳤지만 상이한 결론을 이끌어 낸다는 것이 논의될 것이다.* 서로 대립되는 방향의 합당한

---

* 가치판단의 복수성plurality이 중요하다는 것은 이사야 벌린Isaiah Berlin과 버나드 윌리엄스Bernard Williams가 광범위하게 ─ 그리고 강력하게 ─ 탐구해 왔다. 복수성은 한 공동체 내에서조차 혹은 일개인에게조차 존속할 수 있고, '다른 공동체'의 가치를 반영할 필요도 없다. 하지만 서로 다른 공동체의 구성원들 간 가치의 다양성 또한 현저할 수 있다(이에 관해서는 여러 방식으로 논의해 온 마이클 월저Michael Walzer, 찰스 테일러Charles Taylor, 마이클 샌델Michael Sandel의 공헌이 특히 크다).

논의들은 다양한 경험과 전통을 가진 사람들로부터도 나올 수 있지만, 한 공동체 내에서 혹은 한 사람에게서 비롯될 수도 있다.*

대립되는 주장을 다룰 때는 "당신이 속한 데서는 당신이 맞고, 내가 속한 데서는 내가 맞다"는 식의 태만한 해결로 위안받는 '해방된 관용 disengaged toleration'이 아니라, 자신과의, 그리고 타인과의 이성적인 논의가 필요하다. 추론과 공평한 정밀조사는 필수적이다. 하지만 아무리 비판적 검토가 강력하게 이루어졌을지라도 공정한 정밀조사로는 제거되지 않는 대립적이고 경쟁적인 논의들이 여전히 남아 있을 수도 있다. 이에 관해서는 뒤에서 더 다루겠지만, 여기서 강조하고 싶은 것은 이성의 대응에도 불구하고 서로 경쟁적인 복수의 우선사항이 살아남을 수 있다고 해서 결코 추론과 정밀조사의 필요성이 침해되지는 않는다는 점이다. 결국 우리 손에 남게 될 복수성은 추론의 결과이지 추론을 포기한 결과가 아니다.

셋째, 바로잡을 수 있는 부정의의 존재는 제도적 결점보다는 행위적 일탈과 관계되어 있을지도 모른다(『위대한 유산』에서 핍이 기억하는 강압적인 누이가 바로 그러한데, 이는 제도로서의 가족에 대한 비난이 아니다). 정의는 인간을 둘러싼 제도의 본질뿐만 아니라 궁극적으로는 인간의 생활방식과도 관계가 있는 것이다. 이에 반해 주된 정의의 이론들 대부분이 '정의로운 제도'의 수립 방법에 극도로 골몰하며, 행위적 측면에는 파생적이고 부차적인 역할만을 부여한다. 예컨대 존 롤스John Rawls의 '공정으로서의 정의'라는 유명한 접근법은 오로지 (사회의 기본구조를 이루는) '공정한

---

* 예컨대 마르크스는 (노력의 산물이라 간주될 수 있는 것을 취득함의 정당성과 관련하여) 노동착취의 제거 및 (분배정의의 요구와 관련하여) 필요에 따른 배분이 이루어져야 한다는 논의를 전개했다. 그러고는 그의 마지막 주요 저작 『고타강령비판』(1875)에서 이 두 우선사항 간의 피할 수 없는 충돌에 관해 논했다.

제도'의 마련에만 관계되는 일련의 '정의의 원칙들'을 이끌어 내는 가운데 인간의 행위로 하여금 이 제도들이 제대로 기능하기 위한 필요사항에 전적으로 따를 것을 요구한다.[3] 본서에서 제시하는 정의에 대한 접근법에서는 인간의 생활보다 제도(행위는 이에 적절히 부응하는 것이라 상정된다)에 무리하게 몰두했을 때 나타나는 몇몇 중대한 결점들에 관해 논의할 것이다. 정의의 평가에서 실생활에 초점을 맞춘다면 정의의 아이디어의 본질과 범위에 대한 여러 광범위한 시사점을 얻을 수 있다.*

본서에서 탐구할 정의의 이론은 정치철학 및 도덕철학과 직접 관련되는 지점에서 시작될 것이다. 하지만 여기서 제시될 논거들이 법학, 경제학, 정치학의 현재 관심사와 맞물려 있다는 것 또한 논의의 대상으로 했다. 낙관적으로 생각하면, 이는 실천적 정책과 계획에 대해 논쟁하거나 판단할 때도 적절히 이용될 수 있을 것이다.**

이때 비교상의 관점을 이용하면 사회계약의 제한된, 그리고 제한하는 틀을 뛰어넘어 유익한 공헌을 할 수 있다. (노예제도나 여성의 예속과 같은) 억압에 맞서 싸우든, (아프리카나 아시아 일부 지역의 의료시설 부재나 미국을 비롯한 세계 대부분 국가의 전 국민 의료보험 결여와 같은) 조직적 의료 방치에 항의하든, (오늘날까지도, 때로는 국제기관의 중심세력에 의해 놀랄 만큼 자주

---

* 최근 연구가 진행되고 있는 '역량적 관점capability perspective'이라는 것은 인간이 제각기 영위할 수 있는 생활과 자유라는 면에서 정의를 이해하는 데 딱 들어맞는다. 마사 누스바움Martha Nussbaum 및 아마르티아 센Amartya Sen 편, *The Quality of Life*(Oxford: Clarendon Press, 1993) 참조. 이 관점의 범위와 한계에 관해 제11장부터 제14장에 걸쳐 검토할 것이다.

** 예컨대 법의 정의를 해석하는 데 (애덤 스미스가 『도덕감정론』과 『법학강의』에서 논의했듯이, 타인에 대한 공정성을 기할 뿐만 아니라 편협성을 방지하기 위해서도) 주위의 목소리뿐만 아니라 멀리서 들려오는 목소리에까지 귀를 기울인다는 의미로 본서에서 '열린 공평성open impartiality'이라 부르는 것은, 오늘날 미국연방대법원에서 벌어지고 있는 몇몇 논쟁과도 직접적인 관련이 있으며, 이에 관해서는 본서의 마지막 장에서 논할 것이다.

행해져 온) 고문의 허용을 거부하든, (예컨대 인도에서처럼 기근은 성공적으로 근절되었지만 여전히 기승을 부리는) 만성 기아의 암묵적 용인을 배척하든 결국 정의의 증진이라는 면에서 비교에 참여하고 있는 것이다.* 우리는 (아파르트헤이트의 폐지와 같은) 계획된 개혁이 부정의를 감소시킬 것이라는 데 충분히 동의할 수는 있지만, 그러한 합의된 개혁들이 전부 성공적으로 시행되었을지라도 완벽한 정의라 할 만한 것은 결코 이루지 못할 것이다. 이론적 추론 못지않게 실천적 문제 또한 정의를 분석하는 데 상당한 전환을 요구하는 것 같다.

공적 추론, 민주주의, 글로벌 정의

본서의 접근법에서 정의의 원칙들은 제도의 관점이 아니라 인간의 생활과 자유라는 관점에서 정의되기는 하지만 정의의 추구를 위해서는 제도가 수단으로서 중요한 역할을 하지 않을 수 없다. 개인적 행위 및 사회적 행위의 결정요인과 더불어 제도의 적절한 선택은 정의를 확대하는 데 결정적으로 중요한 위치를 차지한다. 제도는 다양한 방식으로 모색된다. 사람들이 각자 추구하는 가치에 따라 생활을 영위할 수 있도록 직접 기여할 수 있고, 특히 공적 토론의 기회(언론의 자유 및 정보권을 비롯하여 정보에 근거한 논의의 실제적 편의까지도 포함한다)를 통해 고려할 수 있는 가치와 우선순위를 검토하는 역량을 발휘하는 데에도 중요할 수 있다.

본서에서는 민주주의를 공적 추론의 측면에서 평가하여(제15~17장)

---

* 나는 2008년 8월 11일, 인도 의회에서 의장의 초청에 따라 「정의의 요구」'The Demands of Justice'라는 표제로 연설하는 영광을 누린 바 있다. 이는 첫 번째 히렌 무케르지Hiren Mukerjee 기념강연이었으며 이후 의회의 연례행사가 되었다. 연설 전문은 인도 의회가 인쇄한 소책자에 수록되어 있고, 축약판은 The Little Magazine, vol. 8, issues 1 and 2(2009)에 'What Should Keep Us Awake at Night'이라는 제목으로 출간되었다.

'토론에 의한 통치'(이 개념을 제시하는 데 존 스튜어트 밀이 큰 역할을 했다)로서의 민주주의라는 해석에 이를 것이다. 하지만 또한 민주주의는 정보의 이용 가능성과 쌍방향 토론의 실행 가능성을 향상시킴으로써 이성적 합의를 강화할 수 있다는 관점에서 더 일반적으로 파악되어야 한다. 민주주의는 공식적으로 존재하는 제도에 의해서뿐만 아니라 다양한 집단의 상이한 목소리에 실제 귀를 기울이는 정도에 의해 판단되어야 한다.

게다가 민주주의를 바라보는 이러한 방식은 한 국가를 벗어나 글로벌한 수준에서 민주주의를 추구하는 데 영향을 줄 수 있다. 민주주의를 (민주주의 세계정부나 글로벌 선거와 같은) 몇몇 특정한 제도의 구축이 아니라 공적 추론의 가능성 및 범위의 측면에서 바라보면, 글로벌 민주주의와 글로벌 정의의 — 완성이라기보다도 — **촉진**이라는 과제는 대단히 이해하기 쉬운 아이디어이며 국경을 초월한 실천적 행동을 고무하고 영향을 미칠 수 있다.

유럽 계몽주의와 우리의 세계유산

여기서 제시하려는 접근법의 전제에 관해 무엇을 말할 수 있을까? 이어질 서장에서 충분히 논의하겠지만, 본서에서 제시하는 정의의 분석은 유럽 계몽주의 시대, 특히 지적 불만의 시기에 탐구된 추론과정을 이용한다는 것을 지적해야겠다. 그렇지만 가능한 오해를 막기 위해 명확히 밝혀 둬야 할 점들이 있다.

첫째, 본서는 유럽 계몽주의의 전통과 연결되어 있지만 지적 배경이 특별히 '유럽적'이지는 않다는 것이다. 실제로 정의의 이론에 관한 타 저작과 비교했을 때 본서의 색다른 — 혹자는 기이하다고 하겠지만 — 점 가운데 하나는 비서구사회, 특히 인도 및 타 지역의 지성사에서 비롯된 아이디어를 광범위하게 활용한다는 것이다. 인도의 지성사에는 신념 및 불합리한 확신에 대한 의존 대신 이성적 논의의 강력한 전통이 있으며, 이는 몇몇 비서구사회에서 꽃핀 사상에서도 마찬가지다. 거의 전적으로 서양의 문헌에만 주의를 국한했기 때문에 오늘날 — 대체로 서양에서 — 정치철학 일반, 특히 정의의 요구에 대한 연구는 제한적이고, 어느 정도 편협하기까지 했다.*

그렇다고 해서 이러한 주제들에 관해 '서구'와 '동양'(일반적으로 비서구)이 근본적으로 불일치한다고 주장하는 것은 아니다. 서구 내, 그리고 동양 내에서도 다양한 추론방식이 존재하지만, 서구 연합이 '전형적으로 동양적인' 우선사항과 대치된다고 생각하는 것은 완전히 비현실적이다.** 오늘날의 논의에서도 그러한 관점을 찾아볼 수는 있지만 나의 해석과는 동떨어져 있다. 오히려 내가 주장하는 바는 정의, 공정, 책임, 의무, 좋음, 바람 등에 대한 서로 비슷한 — 혹은 밀접한 관계에 있는 — 아이디어가 세계 곳곳에서 추구되어 왔고, 이로 인해 서구의 문헌에서 고찰되

---

* 고대 인도에서 정치전략 및 정치경제 분야의 저술가였던 카우틸랴Kautilya는 현대의 문헌에서 조금이라도 언급될 때마다 '인도의 마키아벨리'라 묘사되어 왔다. 전략과 전술에 관한 그들의 생각이 다소 유사했다는 점에서는 그리 놀랄 일이 아니지만(기타 여러 — 보통 더 중요한 — 방면에서는 큰 차이가 있었다), 기원전 4세기를 살았던 인도의 정론가가 15세기에 태어난 유럽 사상가의 지방판으로 소개되어 왔다는 점은 실소를 자아낸다. 물론 이는 지역적 서열에 대한 조잡한 주장이 아니라, 단지 서구 지식인이 비서구 문헌에 익숙하지 않다는 것을 보여 준다(오늘날 서구교육의 세계적 지배력으로 인해 사실상 전 세계의 지식인이 그렇다).

** 실제로 나는 전형적으로 동양적인 우선사항은 물론 전형적으로 인도印度적인 우선사항조차 존재하지 않는다고 다른 지면을 통해 주장해 왔다. 이 나라들의 지성사에서 다방면의 논의들을 찾아볼 수 있기 때문이다(나의 저서 The Argumentative Indian(London and Delhi: Penguin, and New York: FSG, 2005)[『아마티아 센, 살아 있는 인도』, 이경남 옮김, 청림출판, 2008] 및 Identity and Violence: The Illusion of Destiny(New York: W. W. Norton & Co., and London: Penguin, 2006)[『정체성과 폭력 — 운명이라는 환영』, 이상환·김지현 옮김, 바이북스, 2009]를 참조할 것).

는 논의의 범위가 확장될 수 있으며, 그러한 추론이 전 세계에 존재한다는 것이 현대 서구 담론의 지배적인 전통에서 흔히 간과되고 홀대받는다는 것이다.

예컨대 기원전 6세기 인도의 석가모니('학문의 길path of knowledge'의 불가지론적 옹호자)나 로카야타 학파 사상가들(모든 전통적 신념에 대해 집요하게 검토했다)이 전개한 추론은 유럽 계몽주의를 대표하는 사상가들의 비판적 저작들과 적대적이라기보다 오히려 더 긴밀해 보인다. 그러나 석가모니를 유럽 계몽주의 그룹의 선구적 멤버로 봐야 하는지 결정하는 데 흥분할 필요는 없을뿐더러(아무튼 그가 나중에 얻은 이름은 산스크리트어로 '계몽'을 뜻한다) 유럽 계몽주의가 장거리에 걸쳐 아시아적 사유의 영향을 받은 것이라는 터무니없는 명제 또한 고려할 이유가 없다. 역사상 서로 다른 시기에 지구상 서로 다른 장소에서 유사한 지적 연대가 이루어졌다는 인식에 특별히 이상한 점은 없다. 비슷한 문제에 대해서도 어느 정도 상이한 논의들이 제시되는 일이 흔하기 때문에, 지역적으로 국한된 탐구를 수행하면 도리어 정의에 관해 추론하는 데 있어 적절한 실마리를 놓치게 될 것이다.

이와 관련된 흥미로운 예로 고대 인도의 법학에 등장하는 두 개념, 바로 '니티niti'와 '니야야nyaya' 간의 중요한 구별을 들 수 있다. 니티라는 개념은 조직의 적절성 및 행위의 정당성과 관계되어 있는 반면, 니야야는 벌어지는 일과 그 방식, 특히 사람들이 실제로 영위할 수 있는 삶과 관계가 있다. 이러한 구별의 타당성에 대해서는 서장에서 논의하겠지만, 정의의 아이디어가 도모해야 하는 공정성justness에는 서로 무관계하지는 않지만 상당히 다른 두 종류가 있다는 것을 분명히 보여 준다.*

---

* 나야야와 니티의 구별은 한 국가 내에서뿐만 아니라 국경 너머까지 의의를 가지는데, 이에 관해서는 2008년 7월 빈에서 열린 세계정의포럼World Justice Forum에서 내가 발표한

둘째, 계몽주의자들은 한목소리를 내지 않았다는 사실이다. 서장에서 논하겠지만, 계몽주의 시대의 근본 사상과 관계된 두 그룹의 주요 철학자들이 정의에 관해 펼치는 두 가지 추론과정 사이에는 견고한 이분법이 존재한다. 그 가운데 완벽히 공정한 사회적 협정을 발견하는 데 집중하는 접근법은 '공정한 제도'의 규정을 정의론의 주된 — 그리고 보통 유일하게 인정되는 — 과제라 생각한다. 이러한 계열의 사상에는 가상적 '사회계약'의 개념을 둘러싼 여러 방식과 엮이면서 17세기의 토마스 홉스를 비롯하여 이후 존 로크, 장 자크 루소, 임마누엘 칸트 등이 큰 공헌을 했다. 계약론적 접근법은 현대 정치철학에서도 지배적인 영향력을 갖는데, 특히 존 롤스가 이 접근법을 결정적으로 제시한 고전적 저작 『정의론』A Theory of Justice에 앞서 1958년 발표한 선구적 논문(「공정으로서의 정의」) 이후 그러한 경향은 더욱 뚜렷하다.[4]

이와 대조적으로 다른 계몽주의의 철학자들(예컨대 스미스, 콩도르세 Condorcet, 울스턴크래프트Wollstonecraft, 벤담, 마르크스, 존 스튜어트 밀)은 다양한 접근법을 통해 인간의 삶이 제도뿐만 아니라 인간의 실제 행위, 사회적 상호작용 및 기타 중요한 결정요인에 영향을 받아 영위되는 여러 방식들을 비교하는 데 공통의 관심이 있었다. 본서는 다분히 이 대안적 전통을 따를 것이다.* '사회선택이론social choice theory'이라는 분석적인 — 차라리 수학적인 — 분야는 그 연원을 18세기 콩도르세의 작업에서 찾을 수 있지만, 20세기 중반 케네스 애로Kenneth Arrow의 선구적 공

소론 「글로벌한 정의」'Global Justice'에서 논했다. 이 포럼은 미국변호사협회와 더불어 세계변호사협회, 미주변호사협회, 환태평양변호사협회, 국제변호사연합의 후원을 받으며, 미국변호사협회의 '세계정의프로그램'의 일환이다. 『법규의 글로벌한 관점』Global Perspectives on the Rule of Law이라는 제목으로 출간된다.

* 그렇다고 해서 첫 번째 접근법에서 얻은 통찰과 홉스나 칸트, 롤스 등의 저작에서 구한 깨달음을 무시하지는 않을 것이다.

헌으로 현재적 형태로 발전되었다. 이 또한 두 번째 계열의 연구에 속한다. 이제부터 논의하겠지만, 이 접근법을 적절히 적용함으로써 정의의 확장과 부정의의 제거에 관한 문제를 제기하는 데 상당한 기여를 할 수 있다.

이성의 장소

계몽주의의 두 전통, 즉 계약론과 비교론 간에는 차이도 있지만, 유사점 또한 많이 있다. 공통적 특징은 추론에 의존하고 공적 토론의 요구를 호소한다는 것이다. 본서는 임마누엘 칸트 등이 전개한 계약론적 추론보다는 두 번째 접근법과 주로 연관되어 있기는 하지만, 본서의 대부분은 기본적으로 칸트적 통찰에 의해 구동된다. (크리스틴 코스가드 Christine Korsgaard가 말하듯이) "이성을 세계에 가져오는 것은 형이상학이 아닌 도덕의 기획이 되며, 인류의 희망인 동시에 작업이 된다."[5]

물론 추론이 정의의 이론에 어느 정도까지 확실한 기반을 제공할 수 있느냐는 것은 그 자체로 논란의 대상이 되어 온 쟁점이다. 본서의 첫 장에서는 추론의 역할과 범위를 다룰 것이다. 나는 이성에 입각한 평가 없이 감정, 심리, 또는 본능을 그럴듯하게 가치평가의 독립적인 근거로 삼는 것에 반대론을 펼 것이다. 하지만 충동과 심적 태도가 여전히 중요한 것은 세계의 정의와 부정의를 평가할 때 그것들에 주목할 만한 충분한 이유가 있기 때문이다. 이때 이성과 감정 사이에 축소할 수 없는 대립은 없으며, 감정의 관련성을 위한 여지를 남겨야 할 확실한 이유가 있다.

그런데 추론에의 의존에 대한 다른 종류의 비판도 존재한다. 세상에는 비이성이 만연해 있으며, 이성이 명령하는 대로 세상이 움직일 것이라는 가정은 비현실적이라는 것이다. 콰메 앤터니 애피아Kwame Anthony

Appiah는 관련 분야의 내 저작에 대해 친절하지만 단호한 비판을 하며 다음과 같이 주장했다. "이성에 대한 이해를 아무리 확장하려 한들 센이 하려는 방식으로는 — 관심을 가질 만한 기획이지만 — 목적을 이룰 수 없을 것이다. 합당한 개인의 관점을 채택할 때, 센은 비이성이 만연한 현실을 외면할 수밖에 없다."[6] 세상의 실태를 서술한 점에서 애피아는 분명 옳으며, 그의 비판은 정의론의 구축을 겨냥하는 것이 아니라 (정체성의 정치와 같은) 혼란스런 사회문제에 관한 이성적 논의가 실천적으로 유효성을 얻기 힘들다는 회의론의 근거를 제시하는 것이다. 비이성이 만연해 있고 계속해서 되살아난다면, 곤란한 문제에 직면했을 때 이성에 입각한 대응의 유효성이 훨씬 떨어질 것이다.

추론의 범위에 대한 이런 특별한 회의론은 정의의 아이디어, 혹은 정체성과 같은 사회문제와 관련된 개념을 추구하는 데 가능한 한 이성을 사용하지 말라는 그 어떤 근거도 제시하지 못하고, (애피아가 보여 주듯이) 또 그럴 의도도 없다.* 각자의 결론에 대해 검토하도록 서로를 설득하자는 주장을 훼손시키는 것도 아니다. 또한 타인에게 '비이성'의 분명한 사례로서 보이는 것이 실제로는 꼭 그렇지 않을 수 있다는 사실에 주의할 필요가 있다.** 이성적 논의는 타인에게 '비이성적' 편견으로 비칠 수 있

---

* 실제로 쌍방향 공적 토론이 이성에 대한 거부를 약화시키는 데 도움이 될 수 있다는 수 많은 증거가 있으며, 이에 관한 실증적 자료가 *Development as Freedom*(New York: Knopf, and Oxford: Clarendon Press, 1999)[『자유로서의 발전』, 김원기 옮김, 갈라파고스, 2013] 및 *Identity and Violence: The Illusion of Destiny*(New York: Norton, and London: Penguin, 2006)[『정체성과 폭력 — 운명이라는 환영』, 이상환·김지현 옮김, 바이북스, 2009]에 제시되어 있다.

** 제임스 서버James Thurber가 언급하듯이, 미신을 믿는 자가 사다리 밑을 피하는 반면 "미신을 거부하고 싶은" 과학적 사고의 소유자는 "사다리를 찾아 기꺼이 그 밑을 지나기"를 선택할지도 모른다. 하지만 "만일 충분히 오랫동안 사다리를 찾아다니며 그 밑을 걷는다면 어떤 [나쁜] 일이 일어날 것이다"(James Thurber, 'Let Your Mind Alone!' *New Yorker*, 1 May 1937).

지만 실제로는 그렇지 않은, 서로 대립되는 입장을 조정할 수 있다. 때로 당연하게 여겨지듯이 이성에 입각한 대안들을 단 하나만을 남겨 두고 모두 제거하기를 강요하지 않는 것이다.

그러나 이 문제를 다루는 데 중심이 되는 것은 편견은 전형적으로 일종의 추론 — 빈약하고 자의적이기는 하지만 — 에 업혀 있다는 것이다. 실제로 매우 독단적인 사람들은 자신의 신조(조잡한 추론에 입각한 각종 편견들 가운데 인종차별, 성차별, 계급차별 및 카스트에 기반을 둔 편견들이 여기 속한다)를 뒷받침하기 위해 일종의 이유, 아주 미숙한 이유를 끌어들이려고 한다. 비이성은 대부분의 경우 추론이 완전히 결여된 것이 아니라 매우 원초적이고 불완전한 추론에 의지하는 것이다. 바로 여기에 희망이 있다. 서툰 추론은 더 나은 추론에 맞닥뜨릴 수 있기 때문이다. 비록 도전을 받은 많은 이들이 적어도 처음에는 이성에 입각한 교전에 참가하려 하지 않을지라도 그 여지는 분명 존재한다.

본서의 논의에서 중요한 것은 지금 모든 사람들의 사고에 이성이 편재한다는 것이 아니다. 그러한 추정은 불가능할뿐더러 필요하지도 않다. 사람들이 공개적이고 편견 없는 방식으로 추론한다면 어느 특정한 제안에 합의할 것이라는 주장은, 물론 그들이 이미 그렇게 추론하고 있다는 것, 심지어 그럴 의욕이 있다는 것조차 상정하지 않는다. 가장 중요한 것은 합당한 입장이 여럿 존재할 가능성을 감안하면서 정의의 추구를 위해 추론이 무엇을 요구하는지 검토하는 것이다. 그러한 작업은 어느 시점에서 모든 사람이 그러한 정밀조사에 기꺼이 착수하는 것은 아닐 가능성, 나아가 그 확실성과도 전적으로 양립할 수 있다. '비이성'이 다분히 존재하는 세계에서조차 추론은 정의를 이해하는 데 중심적인 역할을 한다. 사실 그러한 세계이기에 특히 더 중요한 것이다.

서장

정의에의 접근

사실상 프랑스혁명의 시작이었던 파리의 바스티유 습격이 일어나기 2개월 반쯤 전에 정치철학자이며 연설가인 에드먼드 버크Edmund Burke 는 영국의회에서 다음과 같이 말했다. "말하기 힘들지만 침묵을 지킬 수도 없는 사건이 일어났습니다." 1789년 5월 5일의 일이었다. 버크의 연설은 프랑스에서 전개되고 있었던 소동과는 별 상관없는, 바로 워런 헤이스팅스Warren Hastings에 대한 탄핵을 요구하는 것이었다. 그는 플라시전투(1757년 6월 23일) 승리 이래 인도 통치의 기틀을 마련한 영국 동인도회사를 지휘한 인물이다.

버크는 '정의의 영구법'을 내세우며 헤이스팅스가 그것을 '위반'했다고 주장했다. 어떤 문제에 대해 침묵을 지킬 수 없다는 것은 명백한 부정의로 인해 말로 다 표현 못할 만큼 화가 치밀어오를 경우에 주로 나타날 수 있는 현상이다. 그렇다 하더라도 부정의를 분석하려면 명확한 표현과 이성에 기초한 정밀조사가 필요할 것이다.

사실 버크는 왜 말을 하기 힘들었는지 충분한 근거를 제시하지 않았다. 그가 웅변을 토한 것은 헤이스팅스에게 혐의를 둔 하나가 아닌 수많은 죄목이었으며, 나아가 서로 다른 별개의 이유들을 대면서 워런 헤이스팅스와 인도 통치의 실상을 고발했다.

저는 워런 헤이스팅스 씨를 중대한 범죄 및 경범죄 혐의로 탄핵합니다.

저는 의회에 모인 영국 하원의 이름으로, 의회의 신임을 저버린 그를 탄핵합니다.

저는 모든 영국 하원의 이름으로, 영국 국민성에 먹칠한 그를 탄핵합니다.

저는 인도인들의 이름으로, 그들의 법과 권리와 자유를 침해하고 재산을 파괴했으며 국토를 황폐화시킨 그를 탄핵합니다.

저는 정의의 영구법의 이름과 그 힘으로, 이를 위반한 그를 탄핵합니다.

저는 인간성 자체의 이름으로, 모든 성별, 연령, 계급, 처지, 삶의 조건을 가리지 않고 이를 무참히 유린하고 훼손하고 억압한 그를 탄핵합니다.[1]

여기서 워런 헤이스팅스를 탄핵하는 **바로 그** 이유, 즉 결정타가 무엇인지 따로 구분되는 주장은 없다. 대신 버크는 헤이스팅스를 탄핵해야 하는 별개의 이유들을 나열했을 뿐이다.* 추후 본서에서는 '복수적 근거 짓기plural grounding'라 불릴 만한 것, 즉 다양한 선고의 근거들을 그 우열

---

* 나는 여기서 버크의 주장이 사실에 입각한 정확한 것인지를 논평하는 것이 아니라, 고발을 위해 복수의 근거를 제시하는 일반적 접근법에 주목하려 한다. 헤이스팅스의 개인적 행태에 관한 버크의 특정 논지는 사실 오히려 불공평한 것이다. 묘하게도 버크는 동인도회사 지배하의 인도에서 자행된 불법 약탈에 대해 훨씬 더 큰 책임이 있는, 그 교활한 로버트 클라이브Robert Clive를 옹호한 적이 있었다. 헤이스팅스는 법과 질서를 특별히 강조하며 (그리고 그때까지 회사의 통치에 심각히 결여되어 있었던 인간성의 척도를 도입함으로써) 그 약탈을 저지하려 했던 것이다. 이 역사적 사건에 대해 나는 플라시전투 250주년에 즈음하여 2007년 6월 런던시청에서 거행된 기념연설(「플라시의 의의」)에서 논의한 바 있는데, 그 증보판이 다음과 같이 출간되었다. 'Imperial Illusions: India, Britain and the wrong lessons', *The New Republic*, December 2007.

에 대한 합의를 구하지 않고 이용하는 방법을 검토할 것이다. 근본적인 문제는 교정이 시급한 부정의를 진단할 때 이성적 의견일치를 위해 특정한 단 하나의 견책 논리에 합의해야 하느냐는 것이다. 정의의 아이디어에 가장 중심적인 사항으로서 주의해야 할 것은 우리는 수많은 상이한 근거에 따라 부정의를 강하게 의식할 수는 있지만, 부정의를 진단하는 데 **바로 그** 주도적인 이유라 하여 특정한 단 하나의 근거에 합의할 수는 없다는 것이다.

합치가 내포하는 바에 관한 이러한 일반적 논점을 보여 주는 최근의 실례로서 미국정부가 이라크 무력침공 개시를 결정한 2003년의 사건이 피부에 와 닿을 것이다. 이러한 부류의 결정을 판단하는 데는 여러 방법이 있지만, 여기서 고려해야 할 점은 서로 구별되는 다수의 논의가 동일한 결론으로 이어질 수 있다는 것이다 — 이 경우 2003년 이라크전쟁을 개시한 미국 주도 연합군이 선택한 방침은 잘못되었다.

이라크 출정 결정의 비판으로서 타당하게 제시된 몇몇 논의에 관해 생각해 보자.* 먼저, 침공이 잘못되었다는 결론은 한 국가가 다른 국가에 자국의 군대를 정당히 진주시킬 수 있으려면 사전에 유엔 등을 통한 세계적 합의가 필요하다는 논리에 기반을 두고 있다. 두 번째 논거는, 필연적으로 수많은 사람들을 학살, 부상, 추방의 위험에 노출시킬 수밖에 없는 군사적 결정을 내리기에 앞서 이를테면 침공 전 이라크에 대량살상무기가 존재했느냐는 사항에 대해 숙지할 필요가 있었다는 것이다. 세 번째 논거는, '토론에 의한 통치'(이 오래된 표현은 흔히 존 스튜어트 밀과

---

* 물론 개입에 호의적인 주장도 있었다. 그중 하나는 사담 후세인이 9·11 테러에 책임이 있다는 것이고, 다른 하나는 그가 알카에다와 한통속이라는 것이다. 하지만 어느 혐의도 입증되지 못했다. 후세인이 잔학한 독재자인 것은 사실이지만, 그와 동급인 독재자는 전 세계에 많이 있었고 지금도 여전히 마찬가지이다.

결부되지만, 월터 배젓Walter Bagehot이 더 먼저부터 사용했다)로서의 민주주의와 관계되며, 국민에게 제공되는 왜곡된 정보가 지닌 정치적 의의에 집중한다. 예컨대 사담 후세인이 9·11이나 알카에다와 연관되어 있다는 가공된 이야기는 미국시민으로 하여금 출정 집행안을 제대로 평가하기 힘들게 만든다. 네 번째 논거는, 상기 논거들과 달리 개입의 실제적 **결과**를 주된 문제로서 파악한다. 침공한 국가에, 혹은 중동에, 아니면 전 세계에 안녕과 질서를 가져왔는가? 국제적 폭력과 테러의 위험을 감소시킬 것이라 기대할 수 있었는가? 오히려 증대시키는 것이 아닌가?

이것들은 전부 진지한 숙고이며, 평가적 관심사가 각각 다르다. 그 어떤 것도 이런 종류의 행위를 평가하는 데 상관없거나 중요하지 않다고 해서 손쉽게 배제될 수는 없다. 그리고 일반적으로 동일한 결론을 도출하지 않을지도 모른다. 하지만 만일 이 사례에서처럼 지지할 수 있는 모든 기준이 엄청난 실수라는 동일한 판단으로 이어진다는 것이 밝혀지면, 특정한 결론을 내기 위해 이 기준들의 상대적 우선순위가 결정되기까지 기다릴 필요가 없어진다. 상충될 가능성이 있는 다수의 기준 가운데 단 하나만을 남겨 놓고 나머지는 자의적으로 모두 잘라 내는 식의 행위는 선후책에 대한 유용하고 확고한 결론을 얻는 데 결코 필요조건이 될 수 없다. 이는 실천이성적 규범의 다른 어떤 분야와 마찬가지로 정의의 이론에도 적용되는 것이다.

추론과 정의

정의의 이론이 필요한 것은 버크가 언급했듯이 말하기 매우 힘든 주제에 관해 추론할 때 규범이 필요한 것과 관계있다. 때로 정의는 결코 추론의 문제가 아니라 부정의에 대한 적절한 민감성과 직감의 문제라고 주장되기도 한다. 쉽사리 그렇게 생각될 법도 하다. 이를테면 기근이 극심할 때, 정의와 부정의에 대해 정교하게 추론하기보다 차라리 분개하는 편이 자연스러워 보인다. 그렇지만 어떤 재난을 방지할 수 있었을 때, 특히 예방조치를 할 수 있는 자가 실행하지 않았을 때, 그 재난은 부정의의 사례일 것이다. 재난의 확인에서 부정의의 진단으로 이행할 때는 어떤 형태로든 추론이 개입될 수밖에 없다. 게다가 부정의의 상황은 확인 가능한 재난의 평가보다 훨씬 더 복잡하고 미묘할 수 있다. 다양한 논의로부터 전혀 다른 결론들이 제시되기도 하고, 정의의 평가는 결코 수월하지 않을 수 있다.

논거에 기초한 정당화를 회피하는 쪽은 보통 분개하는 시위자가 아니라 질서와 정의의 조용한 수호자이다. 역사를 통틀어 보았을 때 공권력을 부여받았지만 행동의 근거에 확신이 없거나 정책의 밑바탕을 검토하려 하지 않는 통치자들이 그러한 침묵의 유혹에 빠져 왔다. 18세기 영국의 유력한 재판관이었던 맨스필드 경은 새로 임명된 식민지 총독에게 다음과 같은 유명한 조언을 했다. "정의가 요구한다고 생각되는 것을 고려하여 그에 따라 결정하십시오. 하지만 절대 이유를 제시해서는 안 됩니다. 당신의 판단은 아마도 올바르겠지만, 당신의 이유는 틀림없이 잘못되었을 것이기 때문입니다."[2] 이는 노련한 통치에는 적합할지도 모르지만, 그 결정이 제대로 된 것인지 결코 보장하지 않을뿐더러 관련된 사람들이 정의의 실현을 인정하리라(나중에 논의하겠지만, 이는 정의에 관해 지지할 수 있는 결정을 내릴 때 삼을 수 있는 규범의 일부이다) 보장하지도 않는다.

정의의 이론의 필요조건 중 하나는 정의와 부정의를 진단하는 데 이성을 이용하는 것이다. 수 세기 전부터 세계 곳곳에 등장한 정의에 관한 저작은 부정의에 대한 보편적 감각에서 특정한 부정의의 체계적 진단으로, 나아가 정의를 확대시킬 방법의 고찰로 이행하기 위한 지적 기반을 정립하려 해 왔다. 정의와 부정의에 대한 추론의 전통은 전 세계에서 길고 경이로운 역사를 가지고 있으며, (지금부터 검토하겠지만) 그로부터 정의의 근거를 밝히는 여러 교훈을 얻을 수 있다.

계몽주의와 기본적 차이

사회정의에 관한 주제는 어느 시대에든 논의되어 왔지만 특히 18~19세기의 유럽 계몽주의 시대에 당시 유럽과 미국에서 진행되고 있던 정치환경의 변화 및 사회·경제체제의 전환에 힘입어 크게 진전되었다. 그 시기 급진적 사상을 이끈 유력한 철학자들은 정의의 추론에 관해 두 계통으로 나뉘어 있었다. 두 접근법의 차이는 그 중요성에 비해 충분히 주목받지 못했다. 이 이분법은 본서에서 제시하려는 정의의 이론을 상세히 이해하는 데 도움이 될 것이다. 따라서 논의의 출발점으로 삼겠다.

두 접근법 중 하나는 17세기 토마스 홉스의 작업에서 비롯되어 장 자크 루소 등 뛰어난 사상가들에 의해 여러 방식으로 계승되었으며, 사회적으로 공정한 제도장치를 규명하는 데 집중했다. 이는 '선험적 제도주의'라 불릴 만한 것으로 두 가지 특징이 있다. 첫째, 정의와 부정의의 상대적 비교가 아니라, 완벽한 정의라 여겨지는 것에만 주의를 기울인다. 정의에 관해 초월될 리 없는 사회적 구조만을 규명하려고 하며, 실현 가능한 사회들을 비교하는 것에는 관심이 없다. 그 사회들이 완벽이라는 이상에 미치지 못하기 때문이다. 그 탐구목표는 '공정한 것'의 본질을 밝히는 것이지 다른 것보다 '덜 불공정한' 대안 선택의 기준을 찾는 것이 아니다.

둘째, 선험적 제도주의는 완벽을 추구하며 주로 제도를 바로잡는 데 집중하고, 궁극적으로 출현하게 될 실제 사회에는 직접 초점을 맞추지 않는다. 어느 주어진 제도의 집합에서 기인하는 사회의 본질은, 물론 인간의 실제 행위나 그 사회적 상호작용과 같은 비제도적 특징에도 의존할 것이다. 제도가 가져올 예상 결과를 검토하는 데 선험적 제도주의에 입각한 이론이 관여한다면, 선택된 제도의 기능을 원활하게 하는 특정 행위상의 가정을 도입하게 된다.

위의 두 가지 특징은 토마스 홉스가 창시하고 존 로크, 장 자크 루소, 임마누엘 칸트가 더욱 진전시킨 '계약론적' 사고방식과 관련되어 있다.[3] 선택될 것이라 여겨지는 가상적 '사회계약'은 그것이 없을 때 사회가 당면할 수 있는 무질서를 대체할 이상적인 대안과 관련되어 있으며, 그들이 주로 논의한 계약은 무엇보다 제도의 선택을 다룬다. 그 총체적 결과로서 이상적 제도의 선험적 규명에 중점을 둔 정의의 이론이 발전되었다.[*]

그러나 완벽히 공정한 제도를 추구하는 선험적 제도주의자들이 때로는 사회적으로 적절한 행위에 관한 도덕적 혹은 정치적 요청을 명쾌하게 분석하기도 한다는 점을 지적해 두어야겠다. 특히 임마누엘 칸트와 존 롤스가 그러한데, 둘 다 선험적 제도의 고찰에 참여했을 뿐 아니라 행위적 규범의 요건도 광범위하게 분석했다. 그들은 제도적 선택에 집중했지만 더 넓게 보면 그들의 분석은 정의에 대한 '장치arrangement 중심적' 접근법이라 할 수 있으며, 그 장치는 모든 인간의 올바른 행위 및 올바른

---

[*] 홉스가 제시한 정의에 대한 사회계약론적 접근법은 선험주의와 제도주의를 결합시킨 것이지만, 이 두 요소가 꼭 결합될 필요는 없다는 데 주의할 필요가 있다. 이를테면 제도가 아니라 사회적 실현에 초점을 맞춘 선험적 이론도 가능하고(인간을 더 없이 행복하게 하는 완벽한 공리주의적 세계의 추구는 '실현에 입각한 선험성'을 추구한다는 것의 한 예이다), 아니면 완벽한 사회제도 구성의 선험적 추구보다 비교론적 관점에서의 제도 평가에 초점을 맞출 수도 있다(자유시장의 더 증대된, 혹은 더 축소된 역할을 우선시하는 것이 비교제도론의 한 예이다).

제도를 포함하는 것이다.* 정의에 대한 장치 중심적 개념과 실현 중심적 이해 사이에는 명백히 근본적인 차이가 있는데, 예컨대 후자는 모든 인간이 이상적 행위를 한다고 가정하기보다 인간의 실제 행위에 주력한다.

선험적 제도주의와는 대조를 이루면서 여러 다른 계몽주의 이론가들은 (실제 제도, 실제 행위 및 여타 영향에서 기인하는) 사회적 실현과 관계되는 다양한 비교론적 접근법을 취했다. 그러한 비교론적 사유의 다양한 형태를 18세기 및 19세기의 수많은 혁신적 사상가들 가운데서도 특히 애덤 스미스, 콩도르세, 제러미 벤담, 메리 울스턴크래프트, 칼 마르크스, 존 스튜어트 밀에게서 찾아볼 수 있다. 이들은 정의의 요구에 관한 서로 매우 다른 생각을 통해 사회 비교를 위한 상당히 구별되는 방식들을 제안했지만, 약간의 과장을 무릅쓴다면 그들 모두 완벽히 공정한 사회의 선험적 추구에 대한 분석에 국한하지 않고, 이미 존재했거나 실제 출현할 가능성이 있는 사회를 비교하는 데 참여했다고 할 수 있다. 실현 중심적 비교에 초점을 맞춘 이들은 보통 그들이 본 세계에서 명백한 부정의를 제거하는 데 주된 관심이 있었다.

두 접근법, 즉 **선험적 제도주의**와 **실현 중심적 비교** 간의 거리는 매우 중대하다. 공교롭게도 현대의 주류 정치철학이 정의의 이론을 탐구하는 데 주로 끌어들이는 것은 첫 번째 전통, 즉 선험적 제도주의이다. 이러한 접근법 가운데 가장 영향력 있고 중요한 것은 우리 시대의 지도적 정치철학자인 존 롤스의 작업에서 찾아볼 수 있다(그의 사상과 지대한 공헌

---

* 롤스는 다음과 같이 설명한다. "논의의 또 다른 한계는, 요컨대 질서 잡힌 사회를 통제하기 위한 정의의 원칙들을 검토하고 있다는 것이다. 그러한 사회에서는 모든 인간이 올바르게 행동하고, 공정한 제도를 유지하는 데 맡은 역할을 다한다고 가정되어 있다"(*A Theory of Justice*(Cambridge, MA: Harvard University Press, 1971), pp. 7~8[『정의론』, 황경식 옮김, 이학사, 2003, 41~42쪽]).

에 관해서는 제2장 「롤스와 그 너머」에서 검토할 것이다).* 실제 롤스는 정치적·도덕적 문맥에서 올바른 행위의 규범을 — 매우 명확히 — 연구하기도 했지만, 그의 『정의론』에서 '정의의 원칙'은 완벽히 공정한 제도와 관련해서만 정의되어 있다.**

그 밖에 현대의 뛰어난 정의론자 대다수도 대체로 선험적 제도주의의 경로를 택해 왔다. 특히 로널드 드워킨Ronald Dworkin, 데이비드 고티에David Gauthier, 로버트 노직Robert Nozick이 떠오른다. '공정한 사회'의 요구에 대해 서로 다르지만 각기 중요한 통찰력을 제공해 온 그들의 이론은, 비록 그 형식은 제각각이지만 공정한 규칙과 제도를 규명한다는 목적을 공유한다. 완벽히 공정한 제도를 정의하는 것은 현대 정의론의 중심과제가 되었다.

출발점

'공정한 사회'에 주목하는 대부분의 현대 정의론과는 대조적으로 본서에서는 정의의 발전 및 퇴보에 초점을 맞추는 실현 중심적 비교의 연구를 시도할 것이다. 이러한 관점에서 본서는 계몽주의시대에 나타난(홉

---

* 그는 『정의론』(1971)에서 다음과 같이 설명했다. "나의 목표는 로크, 루소, 칸트 등의 잘 알려진 사회계약론을 일반화하고 더 높은 수준으로 추상화하는 정의관을 제시하는 것이다"(p. 10[45쪽]). 또한 그의 *Political Liberalism*(New York: Columbia University Press, 1993)[『정치적 자유주의(증보판)』, 장동진 옮김, 동명사, 2016]도 참조할 것. 롤스 정의론의 '계약론적' 계보는 초기의 선구적 논문 'Justice as Fairness', *Philosophical Review*, 67(1958)에 이미 강조되어 있다.

** 그는 '반성적 평형reflective equilibrium'이라는 것의 필요성을 제시하면서 저마다의 가치와 우선순위를 비판적 정밀조사의 대상으로 할 필요성을 그의 사회분석 내에 짜 넣는다. 또한 앞서 잠시 언급했듯이, 롤스적 분석에서는 실제 행위가 올바른 행동규칙을 준수한다는 가정 아래 '공정한 제도'가 규명된다.

스가 주도하고 특히 로크, 루소, 칸트가 전개한) 선험적 제도주의의 강력하고 철학적으로도 더 저명한 전통보다는, 그와 같은 시기 혹은 그 직후에 구체화된(특히 스미스, 콩도르세, 울스턴크래프트, 벤담, 마르크스, 밀이 다양한 방식으로 추구한) '또 다른' 전통에 따를 것이다. 내가 이 다양한 사상가들과 출발점을 공유한다는 사실은, 물론 그들의 실체적 이론에 동의한다는 것을 의미하지는 않으며(그들 자신부터가 서로 매우 달랐기 때문에 충분히 납득할 수 있을 것이다), 공통의 출발점 너머에 있는 몇몇 최종 도착점들에 대해서도 살펴봐야 하겠다.* 본서의 나머지는 그것을 탐구하는 여정이 될 것이다.

출발점으로서 특히 어떤 물음을 선택하느냐가 중요하다(예컨대 '무엇이 완벽히 공정한 제도인가?'가 아니라 '어떻게 해야 정의가 발전되는가?'). 이러한 출발은 이중효과를 갖는데, 첫째, 선험적 노선이 아닌 비교론적 노선을 택하는 것과, 둘째, 제도 및 규칙에만 골몰하는 것이 아니라 관련 사회에서 실제 실현된 것에 초점을 맞추는 것이다. 현대 정치철학에서 강조하는 바의 균형을 고려하면, 이는 정의론의 지배적 접근법을 무너뜨리는 것을 전제로 한다.

왜 이러한 이원적인 출발이 필요할까? 선험주의부터 시작해 보자. 거기에는 두 가지 문제가 있다. 첫째, 편견 없는 정밀조사와 공평성이라는 엄격한 조건(예컨대 롤스가 '원초적 입장original position'이라 정의한 것) 아래서조차 '공정한 사회'의 본질에 대해서는 이성적 합의가 전혀 성립하지 않을지도 모른다. 이는 하나의 선험적 해답에 대한 합의의 **실현 가능성**

---

* 이들은 '정의'라는 말을 아주 다양한 의미로 사용한다. 애덤 스미스가 언급했듯이 '정의'라는 용어는 "서로 다른 여러 가지 의미들"을 가지고 있다(*The Theory of Moral Sentiments*, 6th edn(London: T. Cadell, 1790), VII. ii. 1. 10 in the Clarendon Press edition(1976), p. 269[『도덕감정론』, 김광수 옮김, 한길사, 2016, 589쪽]). 나는 정의에 대한 스미스의 생각을 폭넓은 의미에서 검토할 것이다.

의 문제이다. 둘째, 실제적 선택을 수반하는 실천이성의 발휘에 요구되는 것은 넘어설 수 없고 도저히 실현 불가능한 완벽한 상황의 특정화가 아니라, 실현 가능한 대안들 가운데서의 선택이 가능하도록 정의의 정도를 비교할 수 있는 틀이다. 이는 하나의 선험적 해답을 추구하는 것에 대한 **불필요성**의 문제로 이어진다. 이러한 문제들(실현 가능성과 불필요성)에 관해서는 곧 논의하겠지만, 그에 앞서 선험적 제도주의의 접근법에 수반되는 제도에의 집중에 관해 간단히 언급해 두겠다.

이러한 출발점의 두 번째 요소는 올바른 제도와 규칙이라 여겨지는 것의 수립만을 검토할 것이 아니라, 실제적 실현과 성과에 초점을 맞춰야 할 필요성과 관계되어 있다. 앞서 언급했지만 이와 같은 대비는 정의에 대한 **장치 중심적** 관점과 **실현 중심적** 이해 간의 일반적인 — 그리고 훨씬 광범위한 — 이항대립과 관련이 있다. 전자의 방식에서는 그 존재 자체로 정의가 실현되고 있음을 보여 주는 조직적 장치 — 제도, 법규, 행동규칙 — 로서 정의를 개념화해야 한다고 제안한다. 이러한 문맥에서 제기해야 할 물음은 정의의 분석을 기본제도와 일반규칙을 제대로 시행하는 데에만 한정해야 하느냐는 것이다. 그 제도와 규칙이 주어졌을 때 사회에 어떤 일이 발생할지, 이를테면 인간이 실제 어떤 삶을 영위할 수 있을지, 또 실제 행위를 비롯하여 인간의 삶에 불가피하게 미칠 수 있는 또 다른 영향은 무엇인지 검토할 필요는 없을까?

이제 이원적 출발에 관한 논의를 차례로 전개할 것이다. 먼저 실행 가능성의 문제를 다루면서 선험적 특정화의 문제에 착수하고, 이어서 불필요성의 문제로 넘어갈 것이다.

유일한 선험적 합의의 실현 가능성

비판적 정밀조사를 견뎌 내어 저마다 공정하다고 자부할 수 있는 서로 경쟁관계에 있는 정의의 원칙들 간에는 중대한 차이가 존재할 수 있다. 이 문제는 상당히 심각한데, 예컨대 인간이 자신의 기득권을 모른다는 원초적 평등의 가상적 상태(존 롤스가 '원초적 입장'이라 부르는 것)에서는 '정의의 두 원칙'의 유일한 조합이 전원일치로 선택될 것이라는 존 롤스의 가정에 대해서도 마찬가지이다. 이 가정은 기득권을 박탈하고 공평성의 요구를 만족시키는 불편부당한 추론은 기본적으로 단 한 가지 유형만이 존재한다는 것을 전제로 한다. 내 생각에 이것은 틀렸다.

이를테면 한편으로 분배적 평등에, 다른 한편으로 총체적 향상에 각각 어느 정도의 상대적 중요성을 두어야 할지에 대해서는 의견 차이가 생길 수 있다. 존 롤스는 선험적 정의를 특정화하면서 가능한 여러 공식들 가운데 단 하나(사전적 최소극대화 규칙으로 제2장에서 논할 것이다)만을 고집하는데, 여기에 공평성을 둘러싸고 자신의 매우 특별한 공식과 겨루는 다른 대안들을 모두 제거할 만한 설득력 있는 논의는 빠져 있다.* 롤스가 정의의 두 원칙에서 전념하는 특별한 공식을 포함하여 다른 수많은 합당한 해결책이 있을 수 있지만, 그의 원초적 입장이라는 공정한 환경에서 왜 다른 대안들은 주목을 끌 수 없는지 보여 주지 않는 것이다.

만일 완벽히 공정한 사회적 장치를 식별하는 데 해결 불가능한 문제가 있다면, 설령 이 세계에서 생각할 수 있는 모든 대안이 실현될 수 있

---

* 분배에 대한 여러 유형의 공정한 규칙에 관해서는 나의 저서 『경제적 불평등에 관하여』 On Economic Inequality(Oxford: Clarendon Press, 1973 extended edn, with a new Annexe, jointly with James Foster, 1997)에서 논했다. 또한 Alan Ryan(ed.), Justice (Oxford: Clarendon Press, 1993) 및 David Miller, Principles of Social Justice (Cambridge, MA: Harvard University Press, 1999) 참조.

을지라도 선험적 제도주의의 전략 전체는 몹시 위태로워진다. 예컨대, 제2장에서 더 상세히 논하겠지만, 존 롤스의 고전적 연구 '공정으로서의 정의'에서 정의의 두 원칙은 바로 모든 대안들이 가능한 세계에서의 완벽히 공정한 제도에 관한 것이다. 그러나 우리가 알 수 없는 것은 정의에 관한 복수의 추론들 가운데 단 한 집합의 정의의 원칙만이 원초적 입장에 나타날 수 있느냐는 것이다. 그렇지 않다면 공정한 제도의 식별과 확립에서부터 단계적으로 나아가는 롤스식 사회정의의 정교한 연구는 그 근저에서 마비될 것이다.

롤스는 이후의 저작에서 다소 양보하여 "물론 시민들마다 가장 합당하다고 생각하는 정치적 정의관이 제각기 다를 것"이라고 인정한다. 실제로 그는 『만민법』(1999)에서 다음과 같이 말을 잇는다.

공적 이성의 내용은 단일한 정치적 정의관이 아니라 일군의 정치적 정의관들에 의해 부여된다. 자유주의 및 그와 관련된 관점은 여러 종류가 있으며, 그렇기 때문에 수많은 형태의 공적 이성이 일군의 합당한 정치관에 의해 명시되는 것이다. 공정으로서의 정의 역시 그 장점이 무엇이든 그중 하나일 뿐이다.[4]

그러나 이러한 양보가 초래하는 광범위한 영향을 롤스가 어떻게 다루려 했는지는 분명하지 않다. 롤스가 『정의론』(1971)을 비롯한 초기 저작에서 보여 주었듯이 어느 특정한 제도가 사회의 기본구조로서 확고히 선택되면 정의의 원칙에 대해서도 특정한 하나의 해답을 요할 것이다.[*]

---

[*] 이후의 저작 *Justice as Fairness: A Restatement*, edited by Erin Kelly(Cambridge, MA: Harvard University Press, 2001), pp. 132~134[『공정으로서의 정의 재서술』, 김주휘 옮김, 이학사, 2016, 235~238쪽]에서 롤스는 원초적 입장으로부터 제도적 선택을 이끌 유일

(그 이후의 저작에서 나타나듯이) 롤스식 정의의 원칙의 유일성이 회수되자마자 제도의 구상은 분명 매우 불확정적인 상황에 빠질 것이다. 그러나 롤스는, 사회의 기본구조를 위해 서로 다른 제도적 조합을 요구하게 될, 서로 경합하는 일련의 정의의 원칙들을 기반으로 하여 어떻게 특정한 제도의 집합이 선택되는지 많은 것을 이야기해 주지 않는다. 물론 그는 초기 저작(특히 『정의론』)의 선험적 제도주의를 포기함으로써 그 문제를 해결할 수 있었고, 이는 본서의 저자인 나에게는 가장 마음에 드는 결단이었다.* 롤스는 후기 저작들에서 이 문제를 강력하게 제기하고는 있지만, 유감스럽게도 그 자신이 확신을 가지고 나아가는 방향이었다고는 할 수 없을 것 같다.

세 아이와 하나의 피리

완벽히 공정한 사회의 유일하고 공평한 해결이라는 문제의 핵심에는 공평성을 주장하면서도 서로 다른 — 그리고 경쟁하는 — 복수의 정의의 논리가 지속될 수 있다는 문제가 있다. 피리 하나를 두고 다투는 세 아이 — 앤, 밥 그리고 칼라 — 가운데 누가 그 피리를 가져야 하느냐는 예를 통해 그 문제를 살펴보자. 앤은 세 아이 가운데 오로지 자신만이 피리를 불

한 조합의 원칙들에 다다르기는 어렵다고 논한다. 공정으로서의 정의에 관한 롤스의 초기 이론과 후기 저작 간의 관계를 주제로 논의해 준 에린 켈리Erin Kelly[『공정으로서의 정의』 수정판의 편집자]에게 대단히 감사한다.

* 존 그레이John Gray는 롤스식 정의론에 대해 나보다 훨씬 더 회의적인 태도를 보이지만, 가치의 문제가 유일한 정답을 가질 수 있다는 신념을 우리 둘 다 거부한다. 또한 "생활양식 및 제도의 다양성은 오류의 증거가 아니라 인간적 자유의 증거"(*Two Faces of Liberalism*(Cambridge: Polity Press, 2000), p. 139)라는 그의 의견에도 동의한다. 나의 연구대상은 '이상적인' 제도에 관한 견해가 서로 달라도 부정의를 감소시키는 방안에 대해 도출될 수 있는 이성적 합의이다.

수 있고(다른 아이들은 이를 부정하지 않는다), 실제 피리를 불 수 있는 유일한 사람에게 허락하지 않는 것은 매우 부당하다며 피리를 요구한다. 만일 이 외에 다른 정보가 없다면 피리를 앤에게 주는 것은 설득력이 있을 것이다.

또 다른 시나리오는 밥이 세 아이 가운데 오로지 자신만이 가난해서 장난감이 없다고 외치며 자신의 소유권을 주장하는 경우이다. 이때 피리는 그의 장난감이 될 것이다(나머지 두 아이는 유복하여 재미있는 놀이 도구가 많다고 인정한다). 만일 밥의 말만 들었다면 그에게 피리를 주는 것이 옳다고 여겨질 것이다.

또 다른 시나리오에서 그 피리는 칼라 자신이 여러 달에 걸쳐 부지런히 만들어 낸 것이며(다른 아이들도 인정한다), 그녀가 막 작업을 마친 "하필 그때 이 수탈자들이 나타나 내 피리를 차지하려 했다"고 호소한다. 칼라의 말만 들었다면 제작품에 대한 소유권을 인정하여 피리를 그녀에게 주고 싶어질 것이다.

하지만 세 아이의 주장과 각각의 이유를 모두 듣는다면 결정은 곤란해진다. 공리주의자, 경제평등주의자, 강경한 자유의지론자와 같이 신조가 서로 다른 이론가들은 각자 간단하고 공정한 해결책을 어렵지 않게 찾을 수 있다고 생각할 것이다. 그러나 제각기 명백히 옳다고 여기는 것은 분명 서로 전혀 다른 해결책일 것이다.

가장 가난한 밥은 빈부격차 축소에 전념하는 경제평등주의자로부터 강력한 지지를 얻게 될 것이다. 한편 피리를 만든 칼라는 자유의지론자로부터 즉각적인 공감을 얻을 것이다. 공리주의적 쾌락주의자는 쉽사리 결정하기 힘들겠지만, 유일하게 피리를 불 줄 아는 앤이 가장 피리를 즐길 것이라는 사실에 자유의지론자나 경제평등주의자보다 무게를 둘 것이다('낭비하지 않으면 아쉬울 일도 없다'는 격언도 있다). 그렇지만 공리주의

자는 밥이 상대적 결핍 상태에 있기 때문에 피리로부터 얻는 행복감이 훨씬 더 클지도 모른다는 것 또한 받아들여야 한다. 자신이 만든 것에 대한 칼라의 '권리'는 공리주의자의 생각과 즉각 공명하지 않을지도 모르지만, 공리주의적 사고를 심화시키면 자신의 노력으로 생산한 것을 소유하게 함으로써 효용 발생이 유지되고 촉진되는 사회를 만들기 위해 작업동기가 필요하다는 데 주목하게 될 것이다.*

자유의지론자가 칼라를 지지할 때, 공리주의자가 인센티브 효과의 작동을 필요로 하는 것과 같은 조건이 부과되지 않는다. 자유의지론자는 사람들이 스스로 생산한 것을 소유할 권리에 직접 주목할 것이기 때문이다. 노동의 결실에 대한 권리라는 개념은 우파인 자유의지론자와 좌파인 마르크스주의자를 연합시킬 수 있다(아무리 서로 불편해할지라도).**

여기서 요점은 성취의 추구, 빈곤의 퇴치, 혹은 자신의 노동 산물을 누릴 자격에 입각한 각각의 주장은 근거 없는 것으로서 쉽게 무시할 만한 것이 아니라는 점이다. 모든 해결책에는 중요한 논거가 있기 때문에 자의적 판단 없이는 어느 한 가지를 항상 가장 낮다고 표명할 수는 없을 것이다.***

---

* 물론 여기서는 누가 무엇을 만들었는지 손쉽게 확인할 수 있는 경우를 검토하고 있다. 이 경우 칼라가 피리를 만들었다. 그런데 이런 종류의 분석은 비노동자원을 포함하는 다양한 생산요소가 관련될 때 큰 문제를 야기할 것이다.

** 공교롭게도 칼 마르크스 자신은 '노동에 대한 권리'를 '부르주아의 권리'라 간주하여 상당히 회의적으로 보았다. 결국 이를 버리고 '필요에 따른 분배'를 선택하는데, 마지막 주저 『고타강령비판』(1875)에 의욕적으로 전개되어 있다. 이 이분법의 중요성에 관해서는 나의 저서 『경제적 불평등에 관하여』On Economic Inequality(Oxford: Clarendon Press, 1973) 제4장에서 다루었다. G. A. Cohen, History, Labour and Freedom: Themes from Marx (Oxford: Clarendon Press, 1988)도 참조할 것.

*** 버나드 윌리엄스는 "의견 불일치를 반드시 극복할 필요는 없다"고 말했다. 실제 그것은 "타인과의 관계에서 중요하고 항시적인 특징을 이루며, 또 그러한 의견 불일치가 어떻게 유발되는지에 대한 최선의 설명에 비추어 볼 때 예상되는 것일 수 있다"는 것이다(Ethics and the Limits of Philosophy(London: Fontana, 1985), p. 133).

또 한 가지 주의할 점은 세 아이의 정당화 논리는 개개인에게 유리한 점의 차이가 아니라(피리를 갖는 것은 모든 아이에게 이득이며 각 주장에 의해 뒷받침된다), 전반적인 자원배분에 적용되는 원칙의 차이를 보여 주고 있다는 매우 분명한 사실이다. 이 차이는 사회적 합의가 어떻게 이루어져야 하는지, 어떤 사회제도가 선택되어야 하는지, 그리고 이를 통해 어떤 사회가 구현될 것인지에 관한 것이다. 즉, 단지 세 아이의 기득권이 다르다는 것이 아니라(물론 다르기는 하다), 각각의 논지가 자의적이지 않고 공평한 논리를 펼치고 있다는 것이다.

이는 롤스의 원초적 입장에서의 공정성 원칙뿐만 아니라 또 다른 공평성의 요구, 예컨대 우리의 원칙이 '타인이 온당히 거부할 수 없는 것'이어야 한다는 토마스 스캔론Thomas Scanlon의 요건에도 적용된다.[5] 앞서 언급했듯이 공리주의자, 경제평등주의자, 노동권론자, 강경한 자유의지론자 등 서로 다른 신조를 가진 이론가들은 모두 간단하고 공정한 해결책을 쉽게 찾을 수 있다고 생각하겠지만, 그들이 올바르다고 주장하는 해결책은 서로 전혀 다를 것이다. 공평한 합의를 이끌어 낼 완벽히 공정한 사회적 장치 같은 것은 사실 존재하지 않을지도 모른다.

비교적 틀이냐 선험적 틀이냐

선험적 접근의 문제는 정의를 평가하는 데 적합하다고 여겨지는 원칙들이 여러 개가 서로 경쟁할 수 있기 때문만은 아니다. 완벽히 공정하고 식별 가능한 사회적 장치가 존재하지 않는다는 문제도 중요하지만, 정의의 실천이성을 향한 비교적 접근을 지지하는 결정적으로 중요한 논거는 선험적 이론의 실행 불가능성뿐만 아니라 그 과잉성에서도 찾을 수 있다. 만일 어떤 정의의 이론이 정책, 계획, 제도를 합당하게 선택하도

록 이끈다면, 완전히 공정한 사회적 장치를 판별하는 일은 필요하지도
충분하지도 않다.

예컨대 피카소의 작품과 달리의 작품 중 어느 한쪽을 선택하려 할
때, 세계에서 가장 이상적인 그림은 모나리자라는 판단을 적용하는 것은
(설령 그러한 선험적 판단이 가능할지라도) 아무런 도움이 안 된다. 듣기에
흥미로울지는 모르지만 달리나 피카소의 선택과는 아무 상관도 없다.[6]
이러한 선택에 직면하여 세계에서 가장 위대하거나 가장 완벽한 그림이
무엇인지 이야기할 필요는 전혀 없는 것이다. 달리의 작품과 피카소의
작품 가운데서 선택해야 할 때, 모나리자가 세계에서 가장 완벽한 그림
이라는 것을 알았다고 한들 충분하지도 않을뿐더러 특별히 도움이 되지
도 않는다.

이는 언뜻 보기에 단순할지도 모른다. 선험적 선택지를 판별하는 이
론은 동일한 과정을 거쳐 비교에 기초한 정의에 관해 알고 싶은 것 또한
가르쳐주지 않을까? 아니, 그렇지 않다. 물론 완벽한 선택과의 거리에
따라 선택지를 평가함으로써 선험적 판별이 선택지의 순위를 간접적으로
산출할 수 있다는 생각에 빠질 수도 있을 것이다. 하지만 이러한 접근법
이 도움이 안 되는 것은 대상들이 서로 다양한 차원을 가지며(각 차원 내
에서 거리의 상대적 중요성을 평가한다는 또 다른 문제가 생긴다), 또한 서술적
유사성이 꼭 가치적 유사성의 지표인 것은 아니기 때문이다(백포도주보다
적포도주를 더 좋아하는 사람은, 분명 서술적인 의미에서는 순수 백포도주보다
백포도주와 적포도주의 혼합물이 적포도주에 더 가까울지라도 그 혼합물보다
차라리 백포도주를 더 좋아할지도 모른다).

물론 선택지들 간의 비교적 평가와 (우리의 관심을 끌 만한 여러 공평한
이유가 여전히 존속함으로써 불가능해지지 않는다면) 선험적 판별을 동시에
해내는 이론을 만들 수도 있다. 이는 일종의 '복합conglomerate'이론이겠

지만, 서로 다른 두 종류의 판단 중 어느 한쪽도 다른 쪽에서 유래하지 않는다. 먼저 선험적 판별의 접근(예컨대 홉스, 루소, 칸트, 혹은 현대의 롤스나 노직의 접근)과 관계있는 표준적 정의론은 사실상 복합이론이 아니다. 각자의 선험적 이론을 전개하는 과정에서 그들 중 몇몇은 비교적인 문제로 이행하는 특별한 논의를 펼치기도 했지만, 일반적으로 선험적 선택지의 판별은 어떤 두 비선험적 선택지 간 비교의 문제에 대한 해법을 제공하지 않는다.

선험적 이론은 단지 비교적 평가의 문제들로부터 또 다른 문제를 제기할 뿐이다 — 지적으로는 꽤 흥미로울지 모르지만 맞닥뜨리게 될 선택의 문제와는 직접적인 관련이 없다. 그 대신 필요한 것은 실현될 수 있는 선택지들의 순위에 관한 공적 추론에 근거한 합의이다. 선험적 접근과 비교적 접근의 분리는 상당히 포괄적인데, 이에 관해서는 제4장(「목소리와 사회적 선택」)에서 더 상세히 논의할 것이다. 공교롭게도 비교적 접근은 18세기에 주로 파리에서 활동한 마르퀴 드 콩도르세 및 여타 프랑스 수학자들에 의해 창시된 '사회선택이론'이라는 분석적 학문 분야의 중심이 된다.[7] 정식 학문으로서의 사회선택이론은 투표이론과 같은 특정 분과를 제외하면 오래도록 큰 효용이 없었지만, 20세기 중반 케네스 애로에 의해 부활되고 현재의 형태로 확립되었다.[8] 이러한 접근법은 최근 수십 년간 매우 활발한 분석적 연구 분야가 되었으며, 관련된 사람들의 가치와 우선순위에 기초하여 사회적 선택지를 비교적으로 평가할 수단과 방법을 탐구해 왔다.* 사회선택이론의 논문은 보통 상당히 전문적이고

---

* 그러한 분석결과를 유도 및 지지하는 사회적 선택 접근법의 일반적인 특징에 관해서는 1998년 12월 스톡홀름에서 열린 나의 노벨상 수상 기념강연을 참조할 것. 'The Possibility of Social Choice', *American Economic Review*, vol. 89(1999) 및 *Les Prix Nobel 1998* (Stockholm: The Nobel Foundation, 1999)로 출판되었다.

대체로 수학으로 표현되며, 또 광범위한 수학적 추론을 통하지 않고서는 그 결과의 많은 부분이 성립될 수 없기 때문에* 그 기초적 접근법은 특히 철학자들로부터 그다지 주목을 끌지 못했다. 그렇지만 이러한 접근 및 그 근저의 추론은 적절한 사회적 결정의 본질에 대한 상식적인 이해와 밀접하다. 본서에서 제시하려는 건설적인 접근법에서 사회선택이론으로부터의 통찰은 중요한 역할을 할 것이다.**

실현, 삶, 역량

이제 출발점의 두 번째 부분, 즉 제도의 선택이나 이상적인 사회적 장치의 판별에 국한되지 않는 이론의 필요성을 살펴보자. 정의를 성과에 기반을 두어 이해할 필요성은 정의는 사람들이 실제로 영위하는 삶에 무관심할 수 없다는 논의와 관계가 있다. 인간의 삶, 경험 및 실현의 중요성은 기존 제도나 유효한 규칙에 관한 정보로 대체될 수 없다. 물론 제도와 규칙은 일어날 일에 영향을 준다는 점에서 매우 중요하고 또 현실세계의 불가결한 부분이지만, 실현되는 현실은 조직상의 그림을 뛰어넘어 사람들이 꾸려 나가는 — 또는 그렇지 않은 — 삶까지도 포함한다.

삶의 본질을 이야기할 때 성공하는 일들뿐만 아니라 다양한 삶의 방

---

* 그러나 공리 및 정리로 제시되는 논의에서는 수학적 공식화가 어느 정도 중요하다. 수학적 형식을 갖춘 논의와 그렇지 않은 논의 간의 관련성에 관해서는 수학적인 장과 비형식적인 장이 번갈아 나오는 나의 저서 *Collective Choice and Social Welfare*(San Francisco, CA: Holden-Day; republished, Amsterdam: North-Holland, 1979)를 참조할 것. 또한 이러한 문헌들에 대해 내가 비판적으로 개관한 'Social Choice Theory', in Kenneth Arrow and Michael Intriligator(eds) *Handbook of Mathematical Economics*(Amsterdam: North-Holland, 1986)를 참조.

** 사회선택이론과 정의론 간의 연관성에 관해서는 특히 제4장 「목소리와 사회적 선택」에서 논의할 것이다.

식 가운데 실제로 선택해야 하는 자유에도 관심을 갖는 것은 당연하다. 삶을 선택할 자유는 복지well-being에 상당한 기여를 할 수도 있지만, 복지의 관점을 넘어 자유 그 자체가 중요한 것으로 간주될 수 있을 것이다. 이성적으로 판단하고 선택할 수 있다는 것은 인간적 삶의 주요한 측면이다. 실제 우리는 자신의 복지만을 추구할 책무는 없으며, 무엇을 추구할지 결정하는 것은 우리 자신이다(이에 관해서는 제8장 및 제9장에서 논할 것이다). 오로지 자신의 복지만을 추구하는 것과는 다른 목적이나 우선순위를 가질 수 있다는 것을 인식하기 위해 간디나 마틴 루터 킹, 넬슨 만델라, 데스몬드 투투가 될 필요는 없다.* 우리가 향유하는 자유와 역량은 또한 우리에게 가치 있는 것이며, 자유를 어떻게 사용할지 결정하는 것은 궁극적으로 우리 자신이다.

이 간략한 설명(본서의 후반부, 특히 제11장부터 제13장에 걸쳐 충분히 탐구될 것이다)에서조차 다음을 강조할 필요가 있다. 만일 사회적 실현이 (제러미 벤담을 비롯한 공리주의자들이 제시하는) 효용이나 행복이 아니라 사람들이 실제로 갖는 역량에 따라 평가된다면 상당히 중요한 출발점이 형성되리라는 것이다. 첫째, 인간이 결국 얻게 될 기쁨이나 효용이 아닌 것을 무시하지 않고 인간이 향유하는 실질적 자유에 주목함으로써 인간의 삶이 포괄적으로 파악될 것이다. 자유의 두 번째 중요한 측면은 자신의 행위에 대해 책임을 부과한다는 것이다.

선택의 자유는 무엇을 해야 할지 결정하는 기회를 주지만, 선택된 행동에 대해서는 그에 대한 책임이 동반된다. 역량은 무언가를 행하는 힘

---

* 애덤 스미스는 이기적인 인간조차 "그 본성에는 타인의 운명에 관심을 갖게 하는 몇몇 원리가 분명히 있다"고 주장하며 다음과 같이 말한다. "사회의 법을 상습적으로 위반하는 최악의 악당일지라도 그것이 전혀 없는 것은 아니다"(The Theory of Sentiments, 1.i.1.1. in the 1976 edn, p. 9[『도덕감정론』, 김광수 옮김, 한길사, 2016, p. 87]).

이기 때문에 그 능력 — 그 힘 — 에서 비롯되는 책임은 역량의 문제의 일부를 이루며, 이로써 의무에 대한 요구, 즉 광범위하게 의무론적 요구라 불리는 것의 여지가 생겨날 수 있다. 이때 행위주체agency 중심적 관심과 역량 중심적 접근의 영향 사이에 겹치는 부분이 있지만, 공리주의적 관점에서는 이에 비견될 만한 것(자신의 행복에 책임을 결부시키는 것)이 존재하지 않는다.* 사람들이 향유할 수 있는 실제 역량을 포함하는 사회적 실현의 관점을 통해 우리는 세계의 정의를 분석하는 데 매우 중요한 수많은 문제들에 필연적으로 직면하게 되는데, 이 문제들을 면밀히 검토해야 할 것이다.

인도 법학에서의 고전적 구별

장치에 중점을 둔 정의관과 실현에 중점을 둔 정의관 간의 차이를 이해하려면 윤리와 법에 관한 산스크리트 문헌에 등장하는 오래된 구별을 불러내는 것이 유용하다. 고전적 산스크리트에서 정의를 뜻하는 서로 다른 두 단어 — 니티와 니야야 — 를 살펴보자. 니티라는 말의 주요 용법 가운데는 조직상의 적절함과 행동의 올바름이라는 뜻이 있다. 니티와 달리, 니야야라는 말은 실현된 정의의 포괄적 개념을 의미한다. 그러한 시선 속에서 제도, 규칙, 조직의 역할은 물론 그 자체로 중요하기는 하지만, 단지 우리가 갖게 되는 제도나 규칙뿐만 아니라 실제로 출현하는 세계와도 필연적으로 연결되는, 더 광범위하고 더 포괄적인 니야야의 관점에서 평가되어야 한다.**

---

* 이 문제에 관해서는 제9장 「공평한 이유의 복수성」 및 제13장 「행복, 복지, 역량」에서 더 자세히 다룰 것이다.

** 고대 인도의 가장 유명한 법이론가인 마누Manu는 공교롭게도 니티, 그것도 가장 엄격한

그 적용을 고찰하기 위해 인도의 초기 법이론가들은 그들이 맛시야 니야야matsyanyaya라 부른 것, 즉 큰 물고기가 작은 물고기를 마음껏 집어 삼킬 수 있는 '물고기 세계의 정의'에 관해 비난하듯 이야기했다. 맛시야 니야야를 회피하는 것이 정의의 본질적인 부분이어야 하며, '물고기의 정의'는 인간 세계에 침입해서는 안 된다는 것을 확실히 하는 것이 중요 하다. 여기서 중심이 되는 인식은 니야야가 말하는 정의의 실현은 제도 와 규칙뿐만 아니라 사회 자체까지 판단하는 문제라는 것이다. 확립된 조직이 아무리 적절한 것일지라도 큰 물고기가 여전히 작은 물고기를 마 음대로 집어삼킬 수 있다면, 그것은 니야야로서의 인간 정의에 대한 명 백한 침해이다.

니티와 니야야를 더 분명히 구별하기 위해 예를 하나 들어 보자. 신 성로마제국의 황제 페르디난트 1세가 16세기에 남긴 유명한 말이 있다. "세상은 멸망할지라도 정의는 이루어지게 하라Fiat justitia, et pereat mundus." 이 엄중한 격언은 몇몇 사람이 옹호한(페르디난트 황제 자신이 그러했다) 니 티 — 아주 엄한 니티 — 일 수 있지만, 정의를 니야야라는 더 광범위한 형태로 이해한다면 완전한 재앙을 공정한 세계의 한 예로 받아들이는 것 은 곤란할 것이다. 만일 정말로 세상이 멸망한다면, 이 극단적인 결과를 초래한 엄격한 니티가 여러 정교한 논의에 의해 옹호될 수는 있을지라도

종류의 니티에 큰 관심을 가졌다(현대 인도에서는 마누를 '파시스트적 입법자'라 칭하기도 하는데, 이는 완전히 틀린 말은 아니다). 그러나 마누 역시 특정한 니티의 정당성을 주장하 는 데 실현과 니야야를 끌어들이지 않을 수 없었다. 예컨대 다음과 같이 말한다. 경멸하는 것보다 경멸받는 편이 낫다. "왜냐하면 경멸받은 자는 행복하게 잠들고, 행복하게 일어나 고, 이 세상을 행복하게 살 수 있지만, 경멸한 자는 곧 무너지기 때문이다"(제2장 163조). 마찬가지로 "여성이 존경받지 않는 곳에서는 모든 의식이 부질없다." 왜냐하면 "여성이 비 참한 가족은 곧 파멸되지만, 여성이 비참하지 않은 가족은 늘 번영하기" 때문이다(제3장 56 및 57조). 웬디 도니거Wendy Doniger의 훌륭한 번역 The Laws of Manu(London: Penguin, 1991)에서 인용했다[『마누법전』, 이재숙 · 이광수 옮김, 한길사, 1999].

상찬의 대상은 되지 못할 것이다.

또 실현에 중점을 둔 관점을 통해 완벽한 정의를 추구하기보다 세상의 명백한 부정의를 방지하는 일의 중요성을 더 쉽게 이해할 수 있다. 맛시야니야야의 예가 분명히 보여 주듯이, 정의의 과제는 단지 완벽하게 공정한 사회나 사회적 장치를 달성하려는 — 혹은 달성을 꿈꾸는 — 것이 아니라, (맛시야니야야의 끔찍한 상태를 방지하는 것과 같이) 명백히 심각한 부정의를 막는 데 있다. 예컨대 18세기 및 19세기에 사람들이 노예제 철폐를 부르짖었을 때, 그들은 노예제의 폐지가 세상을 완벽히 공정하게 만들 것이라는 환상을 품었던 것이 아니다. 오히려 노예제가 있는 사회가 완전히 부당하다는 것이 그들의 주장이었다(앞서 언급한 인물들 가운데 애덤 스미스, 콩도르세, 메리 울스턴크래프트는 이러한 관점을 제시하는 데 깊이 관여했다). 노예제 폐지가 최우선 과제로 꼽힌 것은 노예제는 참을 수 없는 부정의라는 진단 때문이었으며, 이를 위해 완벽히 공정한 사회란 무엇이냐는 합의를 찾을 필요는 없었다. 노예제 폐지를 이끈 미국 남북전쟁이 미국의 정의에 큰 공헌을 했다고 생각하는 자는, 물론 충분히 합당하지만, (완벽히 공정한 사회와 그렇지 않은 사회만이 유일하게 대비되는) 선험적 제도주의의 관점에서는 노예제 폐지를 통한 정의의 증진에 관해 별로 할 말이 없다는 사실을 받아들여야 할 것이다.*

---

* 칼 마르크스가 '현대사의 중대한 사건 중 하나'라고 평가하는 영광을 노예제 폐지를 이끈 남북전쟁에 돌린 것은 흥미롭다(Capital, vol. I(London: Sonnenschein, 1887), Chapter X, Section 3, p. 240. 마르크스는 자본주의의 노동제도가 착취적이라고 주장하는 한편, 임금노동제가 노예노동제에 비해 얼마나 큰 개선이었는지 열심히 지적했다. 이 주제에 관해서는 마르크스의 Grundrisse(Harmondsworth: Penguin Books, 1973)[『정치경제학 비판 요강』, 김호균 옮김, 그린비, 2007] 참조. 정의에 대한 마르크스의 분석은, 그의 비판자들이 많이 논의했듯이 '공산주의라는 최후 단계'에 대한 심취를 뛰어넘은 것이다.

과정과 책임의 중요성

니야야보다는 니티의 측면에서 정의를 보려는 사람은, 그 이분법을 무어라 부르든 현실의 실현에 집중하면, 개인적 의무 및 책임의 실행을 포함하는 사회적 과정의 중요성을 무시하게 될 우려감에 휩싸일 수 있다. 우리는 올바른 일을 할 수 있지만 성공하지 못할 수도 있다. 아니면 좋은 결과는 그것을 겨냥했기 때문이 아니라 어쩌면 우연한 다른 이유 때문일지도 모르고, 무언가에 속아서 정의가 이루어졌다고 착각하는 것일지도 모른다. 따라서 실제 일어난 일에만 집중하고 그 과정과 노력과 행동을 완전히 무시하는 것은 결코 적절하지 않다(고 논의는 이어질 것이다). 의무의 역할 및 의무론적 접근이라 불리는 것의 특징을 강조하는 철학자들은 장치와 실현 간의 구별이 정의에 대한 의무론적 접근과 결과론적 접근 간의 해묵은 대비와 아주 비슷해 보인다는 사실을 특히 의심할지도 모른다.

이러한 염려는 중요하기는 하지만 결국 가당찮은 염려라고 생각한다. 실현을 완전히 정의하려면 최종 사태를 일으키는 정확한 과정을 포함시킬 여지가 있어야 한다. 10년 전쯤 『이코노메트리카』*Econometrica*에 발표한 논문에서 나는 이것을 관련 과정을 포함하는 '포괄적 결과'라 불렀는데, 이는 단순한 '최종적 결과'와는 구별되어야 한다.[9] 예컨대 자의적 체포는 누군가를 사로잡아 구금하는 것 이상의 의미가 있다. 마찬가지로 최종적으로 일어나는 일에만 초점을 맞춤으로써 행위주체의 역할을 없앨 수는 없다. 이를테면 어찌할 수 없는 상황 때문에 굶어 죽는 사람과 의도적으로 바라고 굶어 죽는 사람 사이에는 분명한 차이가 있다(물론 두 경우 모두 비극이지만 정의와의 결부는 같을 수 없다). 또 다른 예로, 만일 어떤 대통령 후보자가 자신에게 정말로 중요한 것은 다가올 선거에서 그냥 이기는 것이 아니라 '정정당당하게 이기는 것'이라고 주장한다면 추구되는 결과는 포괄적 결과에 속하는 것이다.

다른 종류의 예를 하나 더 들어 보자. 인도의 서사시 『마하바라다』, 특히 그 일부인 『바가바드기타』(줄여서 『기타』)에서 이 서사시의 중심적 에피소드가 되는 전쟁 전야에 무적의 전사 아르주나는 수많은 인명을 살상하게 될 전투를 지휘하는 데 대해 깊은 의문을 제기한다. 그는 스승인 크리슈나로부터 결과야 어찌 되든 자신의 의무, 즉 전투를 최우선으로 삼으라는 조언을 받는다. 그 유명한 논쟁은 종종 의무론 대 결과론의 대결로 해석되는데, 의무론자인 크리슈나는 아르주나로 하여금 자신의 의무를 다하도록 촉구하고, 결과론자라 여겨지는 아르주나는 전쟁의 끔찍한 결과를 우려한다는 것이다.

크리슈나가 의무의 요구를 신성화한 것은 적어도 종교적 관점에서 보면 논쟁에서 이긴 것이라 간주된다. 실제 『바가바드기타』는 아르주나의 의문을 '제거'하는 데 특별히 초점을 맞춤으로써 힌두철학에서 신학적 중요성이 큰 문헌이 되었다. 크리슈나의 도덕적 입장은 전 세계적으로 수많은 철학자와 문학평론가로부터 설득력 있게 지지되어 왔다. T. S. 엘리엇은 『네 개의 사중주』에서 크리슈나의 관점을 훈계의 형식으로 요약했다. "행동의 열매를 생각하지 마라. 앞으로 나아가라." 그는 우리가 요점을 놓치지 않도록 다음과 같이 설명한다. "잘 해 나가는 것이 아니라, 앞으로 나아가는 것이다. 항해자들이여."[10] 다른 데(『아마티아 센, 살아 있는 인도』)서 논의했듯이, 만일 『바가바드기타』 즉 『마하바라다』의 일부분에서 이루어지는 논쟁의 결말이라는 협소한 범위를 넘어, 아르주나가 논의를 전개하는 『기타』의 앞부분이나 『마하바라다』를 살펴본다면 크리슈나의 관점 또한 그 한계가 분명히 드러난다.[11] 실제로 『마하바라다』의 결말 부분에서 '정의의 전쟁'을 성공적으로 수행한 결과 드러나는 황폐해진 땅, 일제히 타오르는 화장용 장작더미, 사랑하는 사람의 죽음을 슬퍼하는 여자들을 보면 아르주나의 더 넓은 관점이 크리슈나에게 결정적으로 패했다고 확신하기는 힘들다. 단지 '앞으로 나아가는' 것이 아니라 '잘해 나가는' 쪽이 설득력 있는 경우도 존재하는 법이다.

이러한 대비는 결과론적 관점과 의무론적 관점 간의 구별에 대체로 들어맞기는 하겠지만, 여기서 특히 중요한 것은 단순한 대비를 넘어 잘해 나가지 **못할** 가능성에 대한 아르주나의 염려 전체를 검토하는 것이다. 아르주나는 자신이 정의와 정당성 편에 서서 지휘해야 하는 전쟁이 일어나면 많은 사람들이 죽을 것이라는 사실만을 걱정하는 것은 아니다. 그는 또한 『기타』의 앞부분에서 동족의 두 파 간, 양쪽 모두에게 잘 알려진 자들도 참가한 전투에서 친한 사이이거나 개인적 관계로 얽혀 있는 많은 이들을 불가피하게 살육할 수밖에 없다는 우려를 표명하고 있다. 실제로 아르주나가 걱정하는 현실의 사건은 결과의 과정 독립적 관점을 초월한다. 니야야로서의 정의에 중요한 사회적 실현을 적절히 이해하려면 과정이 포함된 폭넓은 설명이 종합적으로 이루어져야 한다.[12] 좁은 의미에서 결과론적이며, 의무론적 관심의 근저를 이루는 추론을 무시한다는 이유 때문에 사회적 실현의 관점을 버리기는 어려울 것이다.

선험적 제도주의와 글로벌한 무관심

끝으로 주류 정치철학의 선험적 제도주의 집착에 대한 특히 제한적인 측면을 논평하면서 이 서론적 논의를 마치겠다. 오늘날 세계의 제도적 구조를 개선하여 (널리 받아들여지는 기준에 따라) 덜 부당하고 덜 불공정한 세상을 만들기 위해 제안될 수 있는 수많은 변화를 생각해 보자. 예컨대 (에이즈 등으로 고통 받는) 궁핍한 환자들이 안정적이고 저렴한 약을 더 쉽게 이용할 수 있도록 특허법을 개정하는 것을 생각해 보자. 이는 분명 글로벌 정의에 관한 한 상당히 중요한 사안이다. 여기서 제기해야 하는 문제는 세계를 조금 덜 불공정하게 만들기 위해서는 어떤 국제적인 개혁이 필요하냐는 것이다.

그런데 일반적으로 정의를 증진하고, 특히 글로벌 정의를 확대하기 위한 이러한 종류의 논의는 완벽한 제도의 조합을 통해 정의의 원칙을 적용할 주권국이 필요하다는 홉스적 — 그리고 롤스적 — 주장에 설복된 이들에게는 한낱 '산만한 이야기'로 들릴 것이다. 이것이 선험적 제도주의의 틀 내에서 정의의 문제를 다루는 일의 직설적 함의이다. 흠잡을 데 없이 공정한 제도의 조합을 통한 완벽한 글로벌 정의는 설령 그러한 것이 특정 가능할지라도 틀림없이 글로벌한 주권국을 요구할 것이며, 그러한 국가의 부재하에서 글로벌 정의의 문제는 선험론자들에게는 다룰 수 없는 것으로 보일 것이다.

우리 시대 가장 독창적이고 유력하고 인정 넘치는 철학자 중 한 사람이며 내게 많은 가르침을 준 토머스 네이글Thomas Nagel이 '글로벌 정의라는 개념'의 적합성을 단호하게 기각한 것에 대해 생각해 보자. 2005년에 『철학과 사회문제』Philosophy and Public Affairs에 발표된 너무나 매력적인 논문에서 그는 정의의 선험적 이해에 기반하여, 공정한 세계를 위한 정교한 제도적 요구는 오늘날 글로벌한 수준에서 충족될 수 없으므로 세계적 정의는 실행 가능한 논의주제가 아니라고 결론 내린다. 네이글은 다음과 같이 말한다. "정의와 주권의 관계에 관해 홉스의 주장에 반대하는 것은 내게는 매우 어려워 보이며", "만일 홉스가 옳다면 세계정부가 부재하는 가운데서 글로벌 정의의 개념은 키메라와 같다."[13]

따라서 네이글은 글로벌한 맥락에서 ('다른 모든 사람들과의 관계를 좌우하는') '최소한의 인도주의적 도덕성'과 같은 정의의 요건과는 다른 별도의 요건을 명확히 하는 것과, 제도장치의 철저한 개혁을 위해 장기적 전략을 세우는 것("일종의 글로벌 정의를 향한 가장 유망한 길은, 현재의 가장 강력한 국민국가의 이익을 허용하는, 명백히 불공정하고 불법적인 글로벌 권력기구의 설립을 통하는 것이라 믿는다")에 집중한다.[14] 이때 대비되는 것은 다음과 같다. (네이글이 개괄했듯이) 제도적 개혁을 선험적 정의로 인도하는 역할로서 파악하느냐, 아니면 (본서에서 제시하는 접근법의 구성요소인) 그러한 개혁이 실제로 이룩하는 개선, 특히 분명한 부정의의 사례로 보이는 것의 제거를 통한 개선으로서 평가하느냐이다.

롤스적 접근법에서도 정의론을 적용하려면 완전히 공정한 사회의 기본구조를 결정하는 대규모의 제도가 필요하다. 놀라운 일은 아니지만 롤스는 글로벌 정의에 관한 사고법을 평가할 때마다 자신의 정의의 원칙을 정말로 포기하며, 글로벌 국가를 바라는 공상적 방향으로는 나아가지 않는다. 그는 후기 저작 『만민법』에서 '공정으로서의 정의'의 요구를 국가적으로 (혹은 한 국가 내에서) 추구하는 데 대한 일종의 '보완'을 내세운다. 하지만 이 보완은 (정의의 극히 제한된 측면이라 볼 수 있는) 시민성civility과 인간성에 관한 매우 초보적인 사안을 둘러싸고 서로 다른 국가의 대표자들이 일종의 협상을 하는 매우 빈약한 형태로 등장한다. 사실 롤스는 이러한 협상에서 나올 수 있는 '정의의 원칙'을 이끌어 내려 하지 않으며(실제 그 이름에 걸맞은 것은 아무것도 나타나지 않을 것이다), 그 대신 인도주의적 행위의 일반원칙에 집중한다.[15]

오늘날 지배적인 선험적 제도주의 아래서 정식화되는 정의론은 정의와 가장 관련 깊은 문제들 다수를 공허한 — '선의'로 인정받을지라도 — 레토릭으로 격하시킨다. 전 세계의 사람들이 **더 많은** 글로벌 정의를 구현하자고 외칠 때 — 여기서 비교급 단어 '더 많은'을 강조한다 —, 그들은 '최소한의 인도주의'와 같은 것을 요구하는 것이 아니다. 사람들은 '완벽히 공정한' 세계사회를 요구하는 것이 아니라 애덤 스미스, 콩도르세, 혹은 메리 울스턴크래프트가 그들의 시대에 행했듯이, 글로벌 정의를 증진시키기 위해 터무니없이 불공정한 몇몇 장치의 제거를 요구할 뿐이다. 다른 문제들에 관해서는 의견 차이가 계속될지라도 이에 관해서는 공적 토론을 통해 합의에 도달할 수 있는 것이다.

억울한 자는 자신의 목소리가 셰이머스 히니Seamus Heaney의 기운을 북돋우는 시에 잘 반영되어 있음을 발견할 것이다.

> 역사는 말한다 이승에서는
> 희망을 갖지 말라고
> 하지만 일생에 한 번
> 간절히 기다리던 정의의
> 해일이 밀려오고
> 희망과 역사의 운韻이 맞으리라[16]

희망과 역사의 운이 서로 거대하게 맞아떨어지기를 갈망하는 것은 아주 매력적이지만, 선험적 제도주의가 말하는 정의에는 그러한 연결의 여지가 없다. 바로 이 한계가 주류의 정의론들과 본질적으로 결별해야 한다는 하나의 실례를 제시한다. 그리고 그것이 본서의 주제이다.

제I부

정의의 요구

제1장

이성과 객관성

우리 시대의 위대한 철학자 중 한 사람인 루트비히 비트겐슈타인은 1921년 출간된 첫 번째 주요 철학서 『논리철학논고』의 서문에 다음과 같이 썼다. "어쨌든 말할 수 있는 것은 명료하게 말할 수 있지만, 말할 수 없는 것에 대해서는 침묵해야 한다."* 비트겐슈타인은 차후의 작업에서 말하기와 명료성에 관한 견해를 재검토하려고 했지만 다행스럽게도 심지어 『논고』를 쓰고 있을 때조차 이 위대한 철학자는 자신의 엄격한 규율을 늘 따르는 것은 아니었다. 1917년, 파울 엥겔만Paul Engelmann에게 보내는 편지에서 비트겐슈타인은 매우 불가사의한 말을 남겼다. "나는 더없이 부지런히 일하지만, 더 좋아지고 더 현명해지기를 바랍니다. 이 두 가지는 완전히 동일한 것입니다."1 정말 그런가? **더 현명한** 인간과

---

* 흥미롭게도 에드먼드 버크 또한 어떤 상황에서는 말하기가 곤란하다는 것을 언급했다 (이와 관련해서 서장 들머리에 버크를 인용한 부분이 있으니 참조할 것). 그런데도 버크는 결국 그 주제에 대해 말하게 되는데, 주장에 따르면 그가 다루고 있었던 것(워런 헤이스팅스 탄핵 건)과 같은 중대한 문제에 대해 "잠자코 있기 불가능"했기 때문이다. 충분히 명료하게 말할 수 없을 때 침묵하라는 비트겐슈타인의 권고는 여러모로 버크의 접근과는 반대인 것처럼 보인다.

더 좋은 사람, 이 둘은 완전히 동일한 것인가?

물론 나는 현대적 어법이 대서양을 건너면서 도덕성으로서의 '좋은 것being good'과 사람의 건강에 관한 언급(아픔과 고통이 없다, 혈압이 좋다 등)으로서의 '좋은 것being well' 사이의 구별을 익사시켰다는 것을 알고 있고, 잘 지내냐는 말에 "아주 좋다I am very good"고 누가 봐도 자화자찬하는 친구들을 조심성 없다고 염려하는 것도 그만둔 지 오래이다. 하지만 비트겐슈타인은 미국인이 아니었고, 1917년은 활기찬 미국적 어법이 전 세계를 휩쓸기 훨씬 전이었다. 그가 "더 좋은" 것과 "더 현명한" 것이 "완전히 동일하다"고 한 것은 틀림없이 본질적인 주장을 펼치는 것이었다.

그 주장의 바탕이 되는 것은 불쾌한 행동은 보통 어떤 식으로든 착각에 빠진 사람들이 저지른다는 인식일 것이다. 현명함의 결여는 분명 선행이 도덕적 결함을 갖게 되는 한 원인일 수 있다. 무엇이 정말로 현명한 일이었을지 되돌아보면 타인에게 더 좋은 행동을 하는 데 도움이 될 수도 있다. 쉬이 그럴 수 있다는 것을 현대의 게임이론은 매우 명료하게 이끌어 냈다.[2] 선행을 하는 합리적인 이유 중 하나로 그러한 행동을 통해 자신이 얻게 되는 이익을 들 수 있다. 실제로 모두에게 도움을 줄 수 있는 선행의 규칙을 따름으로써 한 집단의 모든 구성원이 큰 이익을 얻을 수 있을 것이다. 그러한 규칙을 전부 어기는 방식으로 행동해 봤자 그 집단에게 별로 현명한 일은 못 된다.[3]

하지만 이것은 비트겐슈타인이 의도한 바가 아닐 것이다. 더 현명해지면 목적, 목표, 가치에 대해 더 명료하게 사고하는 능력도 생길 수 있다. 만일 (방금 언급한 복잡한 사정들에도 불구하고) 이기심이 궁극적으로 원시적인 사고라면, 우리가 신봉하고 추구하려는 더 정교한 우선권과 책무에 대한 명료성은 우리가 추론하는 힘에 의존할 것이다. 인간이 사회적으로 알맞은 방식으로 행동하는 데는 개인의 이익 촉진 외에 다른 내밀한 이유가 있을 수도 있다.

더 현명해지면 자신의 이기심을 이해할 뿐만 아니라 어떻게 자신의 행동이 타인의 삶에 큰 영향을 미칠 수 있는지 더 잘 이해하게 될 수도 있다. 이른바 '합리적 선택이론Rational Choice Theory'(경제학에서 처음 제안되고, 이후 많은 정치학자와 법학자가 열광적으로 받아들였다)의 지지자들은 합리적 선택은 오로지 이기심의 기민한 촉진에만 좌우된다는 이상한 해석(아주 묘하게도 이것은 상표화된 '합리적 선택이론'의 지지자들이 '합리적 선택'을 정의하는 방식이다)을 납득시키려 노력해 왔다. 그렇지만 우리의 머리는 그토록 생소한 신념에 완전히 지배된 것은 아니었다. 남을 위한 선행을 통해 자기 자신의 행복well-being이 북돋아지는 범위를 넘어서는데도 남을 위해 무언가를 한다는 것은 명백히 비합리적이라는 — 그리고 어리석다는 — 생각에는 상당한 저항이 있다.[4]

"우리가 서로에게 지는 의무"는 지적 성찰을 위해 중요한 주제이다.[5] 그 성찰을 통해 우리는 이기심이라는 편협한 관점의 추구에서 벗어날 수 있고, 제대로 숙고된 우리 자신의 목표는 배타적 이기주의의 좁은 경계를 완전히 가로지르도록 요구한다는 것을 깨달을 수 있다. 또한 우리와 세계를 공유하는 타인에게 목표(이기적이든 아니든) 추구의 여지를 인정한다는 적절한 행동규칙을 따르기 위해 우리 자신의 목표(이기적이든 아니든)를 배타적으로 추구하는 것을 억제할 이유가 생기기도 한다.*

비트겐슈타인의 시대에도 이미 널리 알려진 '합리적 선택이론'의 선

---

* 타인에게 목표 추구의 여지를 남겨 줌으로써 우리 자신의 고집스런 목표 추구를 희생하는 것을 합리적으로 용인할 수 있다는 데 곤혹스러워하는 논자도 있지만(심지어는 이로부터 우리가 목표로 삼은 것은 실은 우리가 가졌던 실제 목표가 아니었다는 일종의 '증명'을 통찰해 내기도 한다), 실천적 추론이 미치는 영역이 적절히 평가된다면 혼란은 없다. 이에 대해서는 제8장 「합리성과 타인」 및 제9장 「공평한 이유의 복수성」에서 다룰 것이다.

구자들이 있었기 때문에, 아마도 그의 논점은 더 현명해지면 사회적 관심사와 책임에 대해 더 명료하게 생각하는 데 도움이 된다는 것이었으리라. 어떤 아이들은 타인의 고통에 대한 본질과 강도를 충분히 인식하지 appreciate 못하기 때문에 다른 아이나 동물에게 잔인한 행위를 자행하는데, 이러한 인식은 일반적으로 지적 발육과 함께 형성된다고 논의되어왔다.

　물론 우리는 비트겐슈타인이 무엇을 말하려 했는지 정말로 확신할 수는 없다.* 하지만 그가 상당한 시간과 노력을 들여 자신의 책임과 의무에 관해 생각했다는 증거는 분명 많이 있다. 그 결과는 늘 지적이거나 현명한 것은 아니었다. 비트겐슈타인은 자신이 유대인이고 침묵을 지키거나 외교적 수완을 발휘할 수 없는데도 1938년 히틀러가 개선행진을 하고 있었던 빈에 가기로 굳게 결심했고, 급기야 케임브리지대학 동료들이 그를 만류해야 했다.** 그러나 비트겐슈타인의 여러 대화를 통해 그가 자신의 지적 능력을 반드시 더 좋은 세계를 만드는 데 써야 한다고 생각했다는 많은 증거를 찾을 수 있다.***

* 티버 머캔Tibor Machan은 1980년 제5회 국제 비트겐슈타인 심포지엄에서 'A Better and Smarter Person: A Wittgensteinian Idea of Human Excellence'라는 제목으로 이러한 해석적 문제를 조명하고 추적했다.

** 『논리철학논고』의 초기 철학적 입장을 재검토하여(이를 통해 비트겐슈타인이 『철학적 탐구』를 비롯한 후기 저작의 길을 닦는 데 도움을 주었다) 루트비히 비트겐슈타인에게 중대한 영향을 미친 경제학자 피에로 스라파Piero Sraffa는 비트겐슈타인이 빈에 가지 않도록 설득하고, 개선한 히틀러에게 신랄한 강의를 하는 데 주도적인 역할을 했다. 그들의 지적, 개인적 관계는 나의 에세이 'Sraffa, Wittgenstein and Gramsci', Journal of Economic Literature, 41(December 2003)에 정리되어 있다. 스라파와 비트겐슈타인은 막역한 친구이자 케임브리지 트리니티 칼리지의 동료였다. 제5장 「공평성과 객관성」에서는 스라파가 먼저 안토니오 그람시Antonio Gramsci 다음으로 비트겐슈타인에게 지적으로 관여한 것에 관해, 그리고 이 세 사람이 교류한 내용이 본서의 주제 일부와 연관되는 점에 관해 논의한다.

*** 이러한 책임은 그의 전기 작가인 레이 몽크Ray Monk가 '천재의 의무'라 부르는 것과 관

계몽주의 전통 비판

만일 비트겐슈타인이 정말 그런 뜻으로 말했다면, 그는 냉철한 추론이야말로 더 좋은 사회를 만들기 위한 중요한 동맹이라 간주한 유럽 계몽주의의 강력한 전통 속에 있는 것이며, 이는 중요한 의미를 지닌다. 체계적인 추론을 통한 사회 개선은 특히 18세기 유럽 계몽주의의 지적 활력을 불어넣는 데 있어 꼭 필요한 논의들 가운데 두드러진 한 갈래였다.

그러나 계몽주의 시대라 여겨지는 때에 유행하던 사고[의 영역]에서 이성이 압도적으로 우세했다고 일반화하는 것은 곤란하다. 이사야 벌린Isaiah Berlin이 보여 주었듯이, '계몽주의 시대'에는 여러 종류의 반反합리적 갈래도 존재했다.[6] 하지만 분명 이성에의 강한 — 그리고 다소 의식적인 — 의존은, 그 이전에 팽배했던 전통으로부터 벗어난 주된 계몽주의 사상 가운데 하나였다. 그리고 오늘날의 정치담론에서는 계몽주의가 이성이 미치는 범위를 과대평가했다는 주장이 아주 흔해졌다. 실제로 계몽주의 전통이 근대사상에 불어넣은 이성에 대한 과한 의존이 포스트계몽주의 세계에서 잔학행위가 늘어나는 경향을 낳는 데 일조했다고도 논의되어 왔다. 저명한 철학자 조너선 글로버Jonathan Glover는 '20세기 도덕의 역사'를 강력히 논의하면서 이러한 비난 행렬에 동참한다. "인간심리에 대한 계몽주의적 관점"은 점점 더 "얄팍하고 기계적으로" 비치고, "인도주의와 과학적 세계관을 통한 사회진보의 계몽주의적 희망"은 이제 차라리 "순진해" 보인다는 것이다.[7] 그는 나아가 (계몽주의에 대한 다른 비평가들과 마찬가지로) 근대적 폭정을 이러한 관점과 결부시켜 "스탈린과 그의 계승자들"이 완전히 "계몽주의에 사로잡혀" 있었을 뿐만 아니라 폴 포트

련된다(*Ludwig Wittgenstein: The Duty of Genius*(London: Vintage, 1991)[『비트겐슈타인 평전』, 남기창 옮김, 필로소픽, 2012]).

도 "그 영향을 간접적으로 받았다"고 주장한다.[8] 하지만 글로버는 그의 해답을 종교나 전통의 권위로부터 찾아내려 하지 않기 때문에(그는 이 점에 관해 "우리는 계몽주의에서 벗어날 수 없다"라고 지적한다) 이성에 대한 과도한 자신감과 사용이 불러일으키는 투철한 신념을 공박하는 데 집중한다. "스탈린주의의 미숙성은 그러한 신념에서 비롯된다."[9]

굳은 신념과 지독한 확신이 발휘하는 힘에 대한 글로버의 지침을 논박하거나, '스탈린주의에서 이데올로기의 역할'에 대한 그의 논지에 도전하기는 힘들 것이다. 여기서 제기해야 할 문제는 잘못된 생각의 불쾌한 힘과 관련된 것이 아니라, 일반적으로는 이성이 미치는 범위, 특별하게는 계몽주의적 관점에 대한 비판이라는 진단과 관련되어 있다.[10] 수많은 계몽주의의 입안자들이 선택을 할 때, 특히 맹목적 신념에 대한 의존에 맞서 이성의 역할에 현저한 중요성을 두었던 사실을 고려한다면, 섬뜩한 정치 지도자들이 조급한 확신과 무조건적 신념을 갖는 성향에 대한 책임을 계몽주의 전통에 전가하는 것은 정말로 옳은 일일까? 분명 '스탈린주의의 미숙성'은 반대될 수 있는데, 실제로 반체제인사가 약속과 실천 간의 엄청난 차이를 이성적으로 논증함으로써, 그리고 겉치장을 벗겨 체제의 잔인성 ― 당국이 검열과 삭제로써 정밀조사를 피해 숨겨야만 했던 잔인성 ― 을 까발림으로써 실행하기도 했다.

이성에 유리한 주된 논점들 가운데 하나는 그것이 이데올로기와 맹목적 신념을 면밀히 검사하는 데 도움이 된다는 것이다.* 실제로 이성은

---

* 물론 많은 미숙한 신념이 어떤 종류의 ― 아마도 상당히 원시적인(예컨대 인종차별주의자와 성차별주의자의 편견은 비백인이나 여성은 생물학적 혹은 지적으로 열등하다는 지각된 '이성'을 기반으로 끈질기게 이어진다) ― 이성에서 유래하는 것은 사실이다. 이성에 의존한다는 것은 사람들이 자신의 신념(아무리 미숙한 것일지라도)을 지키기 위해 이런저런 이유를 대곤 하는, 쉽게 인정되는 사실을 결코 부정하는 것이 아니다. 훈련discipline으로서의 **추론**reasoning은 지배적인 신념과 근거 없는 이유를 비판적으로 검토하는 데 주안점

폴 포트의 주된 동맹자가 아니었다. 광란과 불합리한 확신이 그 역할을 대신했고, 이성에 의거한 정밀조사는 설 곳이 없었다. 글로버가 계몽주의 전통을 비판하면서 강력히 제기하는 흥미롭고 중요한 문제는 다음 물음을 포함한다. 어떻게 나쁜 추론을 바로잡을 수 있는가? 이와 관련하여 다음과 같은 물음도 있다. 공감 및 교감을 포함하는 감정과 이성 사이에는 어떤 관계가 있는가? 또 나아가 다음과 같이 물어야 한다. 이성에 대한 의존을 정당화하는 궁극적 이유는 무엇인가? 이성은 좋은 도구로서 신봉되어야 하는가? 만일 그렇다면 무엇을 추구하려는 도구인가? 아니면 이성은 그 자체로 정당한 이유인가? 만일 그렇다면 맹목적이고 무조건적인 신념과 어떻게 다른가? 이 문제들은 어느 시대에든 논의되어 왔는데, 여기서도 특별히 맞대면할 필요가 있다. 본서에서는 정의의 개념을 탐구하기 위한 추론에 중점을 둘 것이기 때문이다.

아크바르와 이성의 필요성

W. B. 예이츠는 자신이 소장하던 니체의 『도덕의 계보』 여백에 다음과 같이 적었다. "그런데 니체는 왜 밤에 별은 없고 그저 박쥐와 올빼미와 광기 어린 달만 있다고 생각하는가?"[11] 니체는 인간성에 대한 회의와 미래에 대한 냉혹한 시선을 20세기가 되기 직전에 드러냈다(그는 1900년에 죽었다). 세계대전, 홀로코스트, 집단학살 및 그 밖의 잔학행위들을 포함한 20세기의 사건들은 인류에 대한 니체의 회의가 딱 들어맞은 것은 아니었는지 우려하기에 충분한 동기를 제공했다.* 조너선 글로버는 20세

을 둔다. 이 문제에 대해서는 제8장 「합리성과 타인」, 제9장 「공평한 이유의 복수성」에서 다시 다룰 것이다.

* 우르두 시인 자베드 아크타르Javed Akhtar는 어느 가잘[운율이 엄격한 서정시의 한 형식]

기 말에 니체의 우려를 살펴보고 나서 "우리 안의 괴물들을 똑똑히 응시하고, 그것들을 가두어 길들일" 수단과 방법을 고찰할 필요가 있다는 결론을 내린다.[12]

많은 사람들은 세기의 전환과 같은 때가 무엇이 일어나고 있고 무엇이 이루어져야 하는지 비판적으로 검토하는 데 적절한 시기라고 생각해 왔다. 그러한 성찰은 니체(혹은 글로버)의 경우처럼 인간 본성과 이성적 변화의 가능성에 대해 항상 비관적이거나 회의적인 것은 아니다. 오래전 한낱 새로운 세기가 아니라 새로운 '천 년'을 맞이하는 시점에서 인도 무굴 황제인 아크바르Akbar가 행한 숙고는 이와 흥미로운 대조를 이루고 있다. 이슬람 히즈리Hijri력의 첫 번째 천 년은 1591~1592년(서기 622년 무함마드가 메카에서 메디나로 장대한 여행을 한 지 태음년으로 천 년이 되는 해)*에 끝나는데, 이에 맞추어 아크바르는 사회적·정치적 가치와 법적·문화적 관행에 대한 광범위한 정밀조사에 착수했다. 이미 여러 문화가 공존했던 16세기의 인도에서 그는 공동체 간의 관계에 주어진 과제와, 공동체의 평화 및 생산적 협력의 영속적 필요성에 각별한 주의를 기울였다. 우리는 아크바르의 정책이 그 당시 얼마나 이례적이었는지 알아둘 필요가 있다. 종교재판이 한창 진행 중이고 1600년 로마에서 조르다노 브루노Giordano Bruno가 이단으로 화형에 처해지던 바로 그때, 아크바르는 인도에서 종교적 관용을 선언하고 있었다. 그는 국가의 의무가 "누구든 그 자신의 종교로 인해 방해받아서는 안 되고, 누구에게나 자신이 원하는 종교로의 개종이 허용될 것"[13]을 포함한다고 역설했을 뿐만 아니

에 다음과 같이 썼다. "종교도 전쟁도, 카스트도 인종도, 이것들을 그것은 모른다/ 우리의 만행 앞에 어찌 야수를 심판할 수 있으리"(Javad Akhtar, *Quiver: Poems and Ghazals*, translated by David Matthews(New Delhi: HarperCollins, 2001), p. 47).

* 1태음년은 평균 354일 8시간 48분이므로 1태양력보다 훨씬 빨리 지나간다.

라, 수도 아그라Agra에서 힌두교도, 이슬람교도, 크리스트교도, 자이나교도, 파시교도, 유대교도, 심지어는 불가지론자와 무신론자까지 포함하여 이들 간 체계적인 대화의 장을 마련하기도 했다.

아크바르는 국민의 종교적 다양성에 주목하며 다양한 방식으로 국가의 종교적 중립과 세속주의의 기반을 다졌다. 영국에서 독립한 인도가 1949년에 채택한 세속주의 헌법은 1590년대에 이미 아크바르가 옹호했던 많은 특징을 품고 있다. 국가가 서로 다른 종교들에 대해 동일한 거리를 유지하고 특정 종교에 특혜를 베풀지 않기 위한 필요조건으로서 세속주의를 인정한다는 원칙을 공유하고 있는 것이다.

아크바르가 사회적 관습과 공공정책을 평가하는 데 일반적으로 접근하는 방식은 (그가 '전통의 습지'라 불렀던 것이 아닌) 바로 '이성의 추구'가 선행의 어려운 문제와 정의사회 구축의 도전을 다루는 방법이라는, 그 자신이 중요시하는 명제에 기초를 둔다.[14] 아크바르에게 세속주의의 문제는 이성이 기존의 관습을 지지하는지, 진행 중인 정책을 정당화하고 있는지 자유롭게 검토해야 한다고 주장하는 수많은 사례 가운데 하나일 뿐이다. 예컨대 그는 비이슬람교도에게 부과했던 모든 특별세를 모든 국민에게 동등하지 않아 차별적이라는 이유로 폐지했다. 1582년에는 '강압'을 통해 이익을 얻는 것은 '정의와 선행의 영역을 벗어나기' 때문에 '모든 제국 노예들'을 해방시키기로 결심했다.[15]

아크바르가 지배적인 사회관행을 향해 가하는 비판의 실례는 그가 제기하는 논법에서도 쉽게 찾아볼 수 있다. 예컨대 그는 당시에 상당히 관습적이었던(심지어 오늘날 인도에서도 완전히 근절되지 않았다) 유아혼에 반대했는데, 결혼이 '의도하는 대상'과 '크게 동떨어져 있고, 부당한 취급을 당할 가능성에 직면해 있기' 때문이라는 것이었다. 또한 미망인의 재혼을 금지하는 힌두교의 관행(몇 세기가 지나서야 겨우 개선된 관행)을 비판하면서 '미망인의 재혼을 금하는 종교에서' 유아혼 허용의 난관은 '훨씬 더 거세다'고 덧붙였다. 재산상속에 대해 아크바르는 "여인은 나약하기 때문에 더 많이 상속받아야 마땅하지만, 이슬람교에서 허용되는 딸의 상속분은 적다"고 언급했다. 자신이 매우 회의적으로 생각했던 종교의례들을 허용했을 때는 전혀 다른 종류의 추론이 작용되었음을 알 수 있다. 아크바르가 모든 종교의례에 반대한다는 것을 알고 있는 둘째 아들 무라드가 이 의례들이 금지되어야 하는지 물었을 때, 아크바르는 "신체의 단련을 예배로 여기는 미련한 바보를 방해하면 신을 [전혀] 기억조차 못하게 될 것"이라는 이유로 금지에 즉각 반대했다.

아크바르 자신은 실천적인 이슬람교도였지만 모든 이들이 자신이 물려받은 신앙과 우선사항을 비판적으로 검토할 필요성을 역설한 것이다. 아크바르가 세속적이고 관용적인 다문화사회를 지키기 위해 가장 강조했던 점은 분명 이 기획 전체에서 추론에 부여한 역할과 관계가 있을 것이다. 아크바르는 이성을 최고의 가치로 여겼다. 이성reason을 반박할 때조차 반박의 이유reason를 제시해야 하기 때문이다. 자신과 동일한 종교단체에 속해 있으며 이슬람 전통에 따른 절대적이고 직관적인 신앙을 고집하는 강경 전통주의자들에게 공격을 받았을 때, 아크바르는 친구이자 신임하는 부관인 아불 파즐Abul Fazl(산스크리트어뿐만 아니라 아랍어와 페르시아어에도 매우 뛰어난 학자)에게 다음과 같이 말했다. "이성의 추구와 전통주의의 배격은 논쟁의 여지 없이 명명백백하다."[16] '이성의 길rahi aql', 즉 '지성의 통치'가 법적 의무와 권리의 용인 가능한 틀뿐만 아니라 선하고 공정한 행동에 대해서도 기본적 결정 요소여야 한다는 것이 그의 결론이다.*

윤리적 객관성과 이성적 정밀조사

아크바르가 이성의 불가결성을 지적한 것은 옳았다. 곧 논의하겠지만, 감정의 중요성조차도 이성이 미치는 범위 내에서 인정될 수 있다. 실제로 이성은 감정을 (무비판적이지는 않지만) 신중히 받아들임으로써 감정이 우리의 논의에서 차지하는 중요한 지위를 분명히 보여 준다. 만일 우리가 어느 특정한 감정에 크게 흔들린다면, 그것이 무엇을 뜻하는지 물을 합당한 이유가 있다. 이성과 감정은 인간의 성찰에서 상호 보완적인 역할을 하는데, 그것들 간의 복잡한 관계는 이 장 뒷부분에서 더 상세히 다룰 것이다.

윤리적 판단이 이성의 사용*rahi aql*을 요구한다는 것은 어렵지 않게 알 수 있다. 하지만 다음과 같은 문제가 여전히 남아 있다. 이성이 윤리적 신념의 궁극적 중재자여야 한다는 것을 왜 받아들여야 하는가? 윤리적 판단에 중대하고 결정적이라고 간주되어야 할 특별한 역할이 추론 — 아마도 어느 특정한 부류의 추론 — 에 존재하는가? 이성에 의거한 지지는 그 자체로 가치를 부여하는 본질quality일 수 없기 때문에 다음과 같이 물어야 한다. 이성에 의거한 지지는 대체 왜 그토록 중대한가? 이성적 정밀조사가 진실에 이르는 데 어떤 보증을 제공한다고 주장할 수 있는가? 그렇게 주장하기는 힘들 것이다. 도덕적 · 정치적 신념에서 진실의 본질이라는 것은 곤란한 주제이기도 하지만, 무엇보다 윤리학이나 다른 분야에

---

* 아크바르는 토마스 스캔론의 ("우리가 서로에게 지는 의무"를 결정하는 데 이성이 맡는 역할에 대한 계몽적 연구에서의) 판단을 지지했을 것이다. 그 판단이란, "이성이라는 개념을 이해하기 힘든 것으로 여기거나, 더욱더 기본적인 또 다른 개념을 통한 철학적 설명이 요구되는 것, 혹은 그렇게 주어질 수 있는 것이라 간주"해서는 안 된다는 것이다(*What We Owe to Each Other*(Cambridge, MA: Harvard University Press, 1998), p. 3[『우리가 서로에게 지는 의무』, 강명신 옮김, 한울, 2008, 20쪽]).

서는 가장 엄밀한 탐구일지라도 아직 기대에 못 미칠 수 있기 때문이다.

때로는 매우 의심스러운 방법이 극도로 엄밀한 추론보다 더 올바른 답을 우연히 내게 될 수도 있다. 이는 인식론에서 명백하다. 과학적 방법이 다른 대안들보다 성공 확률이 더 높을지는 모르지만 경우에 따라서는 말도 안 되는 방법이 올바른 답을 낼 수 있는 것이다(그런 경우 이성에 의거한 방법보다 더 올바르다). 예컨대 멈춘 시계로 시각을 확인하는 사람은 하루에 두 번 정확한 시각을 알 수 있는데, 마침 그 둘 중 한 순간에 시계를 보게 된다면 그의 멈춘 시계는 접할 수 있는 모든 움직이는 시계를 능가하게 될 것이다. 그러나 선택할 수 있는 방법으로서 실제 시각과 거의 같게 움직이는 시계 대신 움직이지 않는 시계를 택하는 것은, 움직이는 시계가 하루에 두 번씩 정지된 시계에 압도당하는 데도 불구하고 추천할 것이 못 된다.*

이성에 의거한 최선의 방법을 선택할 때도 비록 그것이 변함없이 옳다는 보장이 없고, 덜 이성적인 다른 방법보다 늘 더 옳다는 보장마저 없을지라도(어느 정도의 신뢰성을 갖고 판단의 정확성을 판단할 수 있다고 해도) 이와 비슷한 논의가 가능하다고 생각하는 것이 타당하다. 이성적 정밀조사의 논거는 사물을 올바르게 이해하는 확실한 방법(아마도 존재하지 않겠지만)에 있는 것이 아니라, 합리적인 범위에서 가능한 한 객관성을 유지하는 데 있다.** 윤리적 판단을 할 때 추론에 의존하는 것도 그 이면에 객

---

* 벵골인 작가(그리고 위대한 영화감독 사티야지트 레이Satyajit Ray의 종고모) 릴라 마줌다르Leela Majumdar는 어느 동화에서 다음과 같이 회상했다. 캘커타에서의 혈기 왕성한 대학시절, 그녀는 지나가는 낯선 사람을, 그저 괴롭히고 당황하게 할 요량으로 멈춰 세우고 물었다. "오, 안녕하세요. 치타공에서 언제 오셨나요?" 그 남자는 깜짝 놀라며 대답했다. "어제요. 어떻게 아셨죠?"

** 이성에 의거한 신념이 진실을 '지향한다'고 생각하는 버나드 윌리엄스Bernard Williams의 설득력 있는 논의를 참조할 것('Deciding to believe', in *Problems of the Self* (Cambridge:

관성의 요구가 있기 때문이며, 윤리적 판단은 추론의 특정 영역을 필요로 한다는 것이 나의 주장이다. 본서에서 추론에 부여된 중요한 역할은 정의와 부정의의 문제에 관해 생각할 때 객관적 추론이 필요하다는 것과 관련된다.

객관성은 그 자체로 도덕철학과 정치철학에서 까다로운 주제이기 때문에 더 논의할 필요가 있다. 윤리적 객관성의 추구는 윤리적 **대상**을 찾는 형태로 나타나는가? 윤리학의 객관성에 대한 수많은 복잡한 논의가 존재론(특히 '어떤 윤리적 대상이 존재하는가'를 묻는 형이상학)적인 측면에서 진행되는 경향이 있었지만, 그 윤리적 대상이라는 것이 무엇인지는 이해하기 어렵다. 대신에 나는 이러한 연구 방향은 거의 무용하고 오도된 것이라는 힐러리 퍼트넘의 주장에 동의한다.* 윤리학적 객관성의 요구에 대해 논의할 때, 우리는 소위 윤리학적 '대상'이라는 것의 본질과 내용에 대해 논쟁하지는 않는다.

물론 어떤 윤리학적 언명은 관찰될 수 있는 인식 가능한 대상의 존재를 가정하지만(예컨대 어떤 사람이 용감한지 동정적인지 판단하기 위해 관찰 가능한 증거를 찾아내는 일의 일부), 또 다른 윤리학적 언명은 그와 관련된 주제를 다루지 않을 수도 있다(예컨대 어떤 사람이 완전히 부도덕하거나 부당하

Cambridge University Press, 1973)). 또한 피터 레일턴Peter Railton의 *Facts, Values and Norms: Essays Toward a Morality of Consequence*(Cambridge: Cambridge University Press, 2003) 참조.

* 힐러리 퍼트넘Hilary Putnam, *Ethics without Ontology*(Cambridge, MA: Harvard University Press, 2004)[『존재론 없는 윤리학』, 홍경남 옮김, 철학과현실사, 2006]. 퍼트넘은 윤리학의 객관성에 존재론적으로 접근하는 것이 무용할 뿐만 아니라, 주제의 본질에서 한참 벗어난 무언가를 찾으려는 과오까지 범하게 된다고 우려한다. "나는 수학의 객관성을 존재론적으로 해명하려는 시도를 사실상 **수학적 언명의 진리에 수학 외적인 이유**를 부여하려는 시도라 여기고, 마찬가지로 윤리학의 객관성을 존재론적으로 해명하려는 시도를 **윤리학적 언명의 진리에 윤리학 외적인 이유**를 부여하려는 시도라 여기며, 이 두 가지 시도는 크게 오도되었다고 생각한다"(p. 3[20쪽]).

다는 판단). 서술과 평가 사이에는 어느 정도 겹치는 부분이 있는데도 윤리학은 단지 특정 대상의 진실한 서술만의 문제일 수는 없다. 오히려 퍼트넘이 주장하듯 "참된 윤리학적 물음은 일종의 실천적 물음이며, 실천적 물음은 오로지 평가만을 포함하는 것이 아니라, 철학적 신념, 종교적 신념, 그리고 사실에 근거한 신념이 복잡하게 혼합된 것까지 포함하는 것이다."[17] 객관성 추구에 사용되는 실제 방법은 늘 분명한 것도 자세히 설명되는 것도 아니겠지만, 퍼트넘의 주장처럼 밑바탕을 이루는 논점이 충분히 검토된다면 명확해질 수 있다.*

정의의 요건을 분석하는 데 요구되는 추론은 정의와 부정의의 개념에 꼭 필요한 요소들인 공평성의 기본적 요구들도 포괄할 것이다. 이 점에서 존 롤스가 '공정으로서의 정의'의 객관성을 옹호하기 위해 제시한 사상과 도덕적·정치적 객관성의 분석을 불러들일 가치가 있다(이 주제는 다음 장에서 다룰 것이다).** 롤스는 다음과 같이 주장한다. "첫 번째 본

---

* 나의 저서 Development as Freedom(New York: Knopf, 1999)[『자유로서의 발전』, 김원기 옮김, 유종일 감수, 갈라파고스, 2013]에서는 윤리학적 방법론에 대한 진지한 논의를 자제하고, 개발에 대한 일반적 우선사항의 용인 가능성을 상식에 기초해서 주장했다. 힐러리 퍼트넘은 그 개발경제학적 작업의 밑바탕을 이루는 방법론에 대해 명료하고 결정적인 분석을 하고, 나로서는 기쁘게도 그 방법론이 그가 일반적으로 객관성에 접근하는 방법에 얼마나 적합한지 논의했다. 그의 저서 The Collapse of the Fact/Value Dichotomy and Other Essays(Cambridge, MA: Harvard University Press, 2002)[『차이와 가치의 이분법을 넘어서』, 노양진 옮김, 서광사, 2010] 참조. 또한 비비안 월시Vivian Walsh의 'Sen after Putnam', Review of Political Economy, 15(2003)도 참조할 것.

** 여기서 강조해야 할 점은 객관성의 문제를 보는 퍼트넘의 방식과 롤스의 방식 사이에는 상당한 차이가 있다는 것이다. 퍼트넘은 '보편적 원칙'에 대한 회의론의 여지를 남겨 두는 반면("실제 문제들을 보편적 일반화의 단순한 사례로 취급하면 대부분 해결할 수 없다", Ethics without Ontology, p. 4[『존재론 없는 윤리학』, 21쪽]), 롤스는 특정한 윤리적 문제들의 특수성과 더불어 보편적 원칙을 이용한다(Political Liberalism, pp. 110~118[『정치적 자유주의(증보판)』, 219~230쪽]). 하지만 롤스와 퍼트넘 모두 윤리학의 객관성을 존재론적 측면, 혹은 현실 대상의 추구라는 측면에서 보려고 하지 않는다. 본서에서는 퍼트넘과 롤스 양쪽의 분석을 다루지만, 차이를 둘러싼 쟁점에 관해서는 더 이상 파고들지 않겠다.

질적 요소는 객관성의 개념이 판단의 개념을 적용하는 데 충분한, 그리고 논의와 숙고를 거쳐 이유와 증거를 기반으로 하는 결론에 이르는 데 충분한 사고의 공공적 체계를 확립해야 한다는 것이다." 그는 다음과 같이 덧붙인다. "정치적 확신이 객관적이라고 말하는 것은 (본질적 요소들을 만족시키는) 합당하고 상호 인정 가능한 정치적 구상에 의해 명시되며 합리적인 사람들에게 그것이 합당하다고 충분히 납득시킬 만한 이유가 존재한다고 말하는 것과 같다."[18]

분명한 규범적 요소를 갖는(특히 '합당한 개인'을 식별할 때) 이러한 객관성의 기준이 과연 정보에 입각한 공개토론을 거쳐서도 살아남는 것과 일치할 수 있을지 흥미로운 논의가 가능하다. 롤스와는 달리 위르겐 하버마스는 어떤 정치적 신념을 '합당하다'고 여기는 '합당한' 개인들을 납득시킬 만한 것을 절차와 별개로 식별하는 데 의존하지 않고, 주로 절차적인 경로에 중점을 둔다.[19] 나는 롤스와 하버마스의 접근법이 추론의 전략이라는 면에서 서로 근본적으로 다르다는 것을 완전히 납득할 수는 없지만, 하버마스의 논지는 설득력이 있고 그의 범주적 구별은 정확하다고 생각한다.

하버마스는 자신이 열중하는 정치사회를 달성하기 위해 공적 숙의에 많은 엄격한 요구를 부과하기도 한다. 만일 사람들이 타자의 관점에 주목하고 정보를 기꺼이 받아들이는 데 합당할 수 있다면 — 이는 편견 없는 공적 대화의 필수적 요구사항 중 하나여야 한다 — 두 접근법 사이의 간격이 꼭 중대하다고는 할 수 없을 것이다.*

---

* 또 하버마스는 자신이 묘사하는 체계에서 나타나게 될 합의는 롤스의 더 '자유주의적인' 규칙과 우선권과는 실질적으로 다를 것이라고 주장한다('Reconciliation through the Public Use of Reason: Remarks on John Rawls's Political Liberalism', *The Journal of Philosophy*(1995)). 실체적 성과에 대한 하버마스적 결론과 롤스적 결론 간의 차이가, 자유롭고 민주적인 교환에서 공개적이고 상호적인 숙의가 얼마나 기대될 수 있는지에 대한 그

롤스는 '합당한 개인'의 범주를 빈번하게 언급하고 눈에 띄게 사용하지만, 나는 그가 '합당한 개인'으로 분류하는 사람들과 그 밖의 사람들 사이에 큰 차이를 두지 않을 것이다. 편견 없이 정보를 받아들이고 다른 측면의 논의들을 숙고함과 동시에 근저에 있는 문제를 어떻게 보아야 할지 상호 심의 및 토론에 착수함으로써 우리 모두는 대체로 이성적일 수 있다는 것을 나는 다른 지면을 통해 논한 바 있다.[20] 나는 이 추정이 '도덕력'을 갖춘 '자유롭고 평등한 사람들'이라는 롤스 자신의 생각과 근본적으로 다르지 않다고 생각한다.* 사실 롤스의 분석은 '합당한 개인'을 그 밖의 유형과 분리하여 **범주화하기**보다는 숙고하는 인간을 **특징짓는** 데 집중하는 것 같다.** 제한 없는 공적 추론은 보통 민주정치에서, 특히 사회정의를 추구하는 데 중심적인 역할을 한다.***

들 각각의 신념에서 비롯된 것이 아니라, 정말로 하버마스와 롤스가 각각 사용한 서로 다른 절차의 결과로서 도출된 것인지 밝혀져야 한다. 또한 Jürgen Habermas, *Justification and Application: Remarks on Discourse Ethics*, translated by Ciaran Cronin(Cambridge, MA: MIT Press, 1993)[이 책의 일부가 『담론윤리의 해명』, 이진우 옮김, 문예출판사, 1997에 수록] 참조.

* 롤스는 특히 '두 가지 도덕력' 즉 '정의감을 가질 능력'과 '선善의 관념을 가질 능력'을 거론한다(*Justice as Fairness: A Restatement*, edited by Erin Kelly(Cambridge, MA: Harvard University Press, 2001), pp. 18~19[『공정으로서의 정의 재서술』, 49~50쪽]).

** 실제 롤스는 '합당하지 않은 개인'으로 보이는 자들이 어떻게 정의의 개념을 받아들이며 또 어떻게 사회질서에 통합되는지 별로 이야기하지 않는다.

*** Joshua Cohen, 'Deliberation and Democratic Legitimacy', in Alan Hamlin and Phillip Pettit(eds), *The Good Polity: Normative Analysis of the State*(Oxford: Blackwell, 1989) 및 *Politics, Power and Public Relations*, Tanner Lectures at the University of California, Berkeley, 2007 참조. 또한 Seyla Benhabib(ed.), *Democracy and Difference: Contesting the Boundaries of the Political*(Princeton, NJ: Princeton University Press, 1996) 참조.

애덤 스미스와 공평한 관찰자

정치적·윤리적 신념에서 공적 추론은 분명 객관성의 본질적 특징을 이룬다. 롤스가 정의를 평가하는 데 객관성에 대한 하나의 사고방식을 제공한다면, 애덤 스미스는 공평한 관찰자를 언급하며 또 다른 사고방식을 제공한다. 이 '낡은' 접근방식은(내가 이 문장을 쓰고 있는 시점으로부터 250년 전인 1759년에 스미스의 『도덕감정론』 초판이 나왔다) 매우 넓은 범위에까지 미치며, 절차적 내용과 실질적 내용을 모두 갖추고 있다. 공적 추론을 통해 해결책을 강구하면, 이익이 수반되거나 혹은 그 사고방식이 특정한 판단에 실마리 — 공표될 기회가 없었더라면 놓쳤을 실마리 — 를 던져 주기 때문에, 적절한 평가를 제시한 사람의 관점과 논리를 무시하지 않는 강력한 사례가 분명 존재한다.

롤스가 주로 개인적 관심사 및 개인적 우선순위의 다양성에 초점을 맞추었던 데 반해, 애덤 스미스는 가치관의 지역적 편협성을 방지하기 위한 논의 확장의 필요성에까지 관심을 기울였다. 적절한 논의도 어느 문화권에서는 낯설다는 이유로 무시될 수 있기 때문이다. 공적 토론의 실시는 반反사실적 형태를 띨 수 있기 때문에('멀리 떨어져 있는 공평한 관찰자는 그에 대해 뭐라 말할까?') 스미스의 주요 방법론적 관심 가운데 하나는 도처의 다양한 경험에 입각한 폭넓은 관점과 견해를 불러낼 필요성에 있다. 그것은 동일한 문화적·사회적 환경 속에 살고, 동일한 체험, 편견, 확신을 품고 이치를 따지며, 심지어는 동일한 신념으로 실현 가능성을 판단하는 타자와의 — 현실적이든 반사실적이든 — 마주침에 안주하지 않는 것이다.

애덤 스미스는 특히 감정을 '일정한 거리를 두고' 보아야 한다고 주장하는데, 이는 기득권의 영향뿐만 아니라 뿌리내린 전통 및 관습의 영향까지 면밀히 살핀다는 목적에 의해 동기를 부여받은 것이다.*

스미스, 하버마스 그리고 롤스는 서로 다른 유형의 논의를 제시했지만 객관성을 향한 각자의 접근법은 본질적으로 유사하다. 각 접근법을 통해 정보에 근거한 다방면의 정밀조사를 견뎌 내는 능력이 객관성과 직간접적으로 연결되기 때문이다. 마찬가지로 본서에서도 이성에 근거한 다각적 정밀조사가 윤리적·정치적 신념에 대한 객관성의 요구에 중요한 역할을 할 것이다.

그런데 그러한 정밀조사를 견뎌내는 원칙들은 (이유는 이미 서장에서 밝혔지만) 꼭 어느 특별한 조합일 필요는 없다는 것을 덧붙여야겠다 — 아니 주장해야겠다. 이는 사실 힐러리 퍼트넘보다도 존 롤스로부터 더 크게 벗어나는 것이다.** 롤스의 방식처럼, 어느 특정한 제도적 구조의 엄밀성rigidity을 통해 정의의 원칙을 선택하려 하고(이는 서장에서 논의한 선험적 제도주의의 일부이다), 정의를 전개해 온 가정법적 역사를 단계적으로 들려주는 정의에의 접근법으로는 서로 다른 목소리로 경쟁하는 원칙들의 공존을 쉽게 받아들일 수 없다. 서장에서 논의했듯이 나는 상반되는 입장들이 동시에 살아남을 가능성을 주장한다. 이러한 입장들에 과도하게 메스를 가하여 완벽하고 적절한 요구들이 들어 있는 깔끔한 상자 하나에 전부 집어넣을 수는 없지만, 롤스의 이론에서는 이 요건들을 만족시키기 위해 (주권국가가 시행하는) 어느 특정한 제도적 경로를 취하게 된다.

---

* '공통관점'의 역할, 그리고 특히 그 관점의 발전에 대한 애덤 스미스와 데이비드 흄의 공헌에 관해 사이먼 블랙번Simon Blackburn의 논의를 참조할 것(*Ruling Passions: A Theory of Practical Reasoning*(Oxford: Clarendon Press, 1998), 특히 제7장).

** 버나드 윌리엄스Bernard Williams로부터는 전혀 벗어나 있지 않다. *Ethics and the Limits of Philosophy*(London: Fontana, 1985) 제8장 참조. 또한 John Gray, *Two Faces of Liberalism*(London: Polity Press, 2000) 참조.

여기서 고려하는 객관성에 대한 접근법들은 서로 간에 차이는 있지만 공평성에 근거하여 이성적으로 마주할 필요성을 인식한다는 중요한 유사성을 갖는다(제6장에서 더 논의하겠지만, 이 접근법들은 공평성이 요구되는 영역에서 큰 차이를 보인다). 물론 이성은 쓸모에 따라 다양한 형태를 띨 수 있다.* 하지만 우리가 윤리적 객관성을 추구하는 한 그에 필요한 추론은 공평성의 요건으로 보일 수 있는 것을 만족시켜야 한다. 정의의 근거는 스미스의 표현을 쓰면 '자기애'의 근거와 다르고, 또 신중함의 근거와도 다를 수 있지만 여전히 넓은 범위를 이루고 있다. 앞으로 본서의 많은 부분을 그 드넓은 영역을 탐사하는 데 할애할 것이다.

이성이 미치는 범위

진흙탕 같은 세상에서 이성은 예나 지금이나 희망과 자신감의 강력한 원천이다. 왜 그런지는 어렵지 않게 알 수 있다. 갑자기 어떤 것을 뒤엎는 상황에 맞닥뜨렸을 때조차 우리는 그 반응을 문제 삼고, 그것이 과연 적절한 반응이며 정말 그에 따라야 하는지 물을 수 있다. 이성은 타자, 타문화, 다른 주장을 제대로 파악하고 대하는 방법과 존중 및 관용의 다양한 이유를 검토하는 것에 관여할 수 있다. 또한 일본이라는 국가가 자신의 '영토침략의 역사'를 수긍함으로써 '민주주의의 이념 및 다시는 전쟁을 일으키지 않겠다는 결단'의 약속을 지킬 것을 바라는 일본인 작가 오에 겐자부로처럼 우리는 자신의 잘못에 대해 추론하고 되풀이하지 않도록 배울 수도 있다.**

---

* 이 차이들에 관해서는 제8장 「합리성과 타인」과 제9장 「공평한 이유의 복수성」에서 다룰 것이다.

** Kenzaburo Oe, *Japan, the Ambiguous, and Myself*(Tokyo and New York: Kodansha

그에 못지않게 중요한 것은 해를 끼칠 의도는 아니었지만 그런 결과
를 낳는 행위를 판별하기 위해 지적 조사가 필요하다는 점이다. 예컨대
이용 가능한 식량의 증량 — 이는 신속히 대응하기 힘들다 — 없이는 대
기근을 피할 수 없다는 잘못된 추정에 따라 그와 같은 참사가 방치될 수
있다. 수십만 아니 수백만 명이 재난을 초래하는 무대책 때문에 죽을 수
있는 것이다. 이러한 사태를 빚는 비이성적 운명론은 현실주의와 상식에
입각한 평정심이라는 가면을 쓰고 있다.* 기근은 의외로 쉽게 막을 수
있다. 낮은 비율의 인구에만 영향을 미치고(웬만해서는 5%를 넘지 않고,
10%를 넘는 일은 거의 없다), 긴급 고용 창출과 같은 즉각적 수단을 통해
궁핍한 자에게 식량을 구매할 수 있는 당장의 소득을 제공함으로써 기존
식량의 재분배가 이루어질 수 있기 때문이다. 식량이 풍부할수록 일은
분명 쉬워지겠지만(식량의 공공분배에 도움이 되고, 시장에서 구할 수 있는 식
량이 풍부할수록 가격을 낮추는 데 유리하겠지만), 더 많은 식량이 구황에 성
공하는 절대적인 조건은 아니다(보통 절대적인 조건으로 여겨져 즉각적 구제
에 대한 무대책이 정당화되기도 한다). 기근 방지에 필요한 비교적 규모가

International, 1995), pp. 118~119. 또한 Onuma Yasuaki, 'Japanese War Guilt and
Postwar Responsibilities of Japan', *Berkeley Journal of International Law*, 20(2002) 참조.
마찬가지로 전후 독일의 과거사 반성, 특히 나치 시대로부터의 학습은 현대 독일에서 우선
시되는 중요한 사안이다.

* 나는 기근의 원인과 기근 예방을 위한 정책적 조건에 관해 *Poverty and Famines: An
Essay on Entitlement and Deprivation*(Oxford: Clarendon Press, 1981) 및 Jean Drèze와
의 공저 *Hunger and Public Action*(Oxford: Clarendon Press, 1989)에서 논한 바 있다. 이
것은 잘못된 이론이 치명적인 결과를 초래할 수 있다는 일반 문제의 한 실례이다. 이에 관해
서는 나의 *Development as Freedom*(New York: Knopf and Oxford: Clarendon Press, 1999)
[『자유로서의 발전』, 김원기 옮김, 갈라파고스, 2013]과 Sabina Alkire, 'Development: A
Misconceived Theory Can Kill', in Christopher W. Morris(ed.), *Amartya Sen*
(Cambridge: Cambridge University Press, 2009) 참조. 또한 Cormac Ó Gráda, *Famine:
A Short History*(Princeton, NJ: Princeton University Press, 2009)도 참조할 것.

작은 식량 재분배는 기근의 전형적 주요인인 재난 등의 이유로 소득원을 전부 잃은 사람들에게 구매력을 창출해 줌으로써 이루어질 수 있다.*

　마침내 마땅한 주목을 받기 시작한 또 다른 화제, 즉 자연환경의 방치와 악화에 대해 생각해 보자. 점점 분명해지고 있듯이 이것은 극히 심각한 문제이며 인간행위의 부정적 영향과 밀접한 관계가 있지만, 이 문제의 원인은 미래에 태어날 이들을 해치려는 현대인의 욕망도, 미래 세대의 이익에 대한 의도적 냉담도 아니다. 그리고 이성적 합의나 행동이 결여되어 있는 탓에 아직까지 주위 환경에 대해, 좋은 생활요건의 지속 가능성에 대해 제대로 살피지 못하고 있다. 인간의 무관심이나 완고한 냉담에 따른 참사를 방지하기 위해 우리는 타인에 대한 선의뿐만 아니라 비판적 정밀조사가 필요하다.[21]

　이성은 아군이지 우리를 위험에 빠뜨리는 적군이 아니다. 그런데 이성에의 의존을 크게 문제 삼는 자들에게는 왜 다르게 보일까? 고려해야 할 점 중 하나는 자신의 추론을 너무 쉽게 **과신**하고 이에 대한 반박, 그리고 자신과 반대되는 결론을 이끌어 낼 수 있는 다른 입장을 무시하는 자들이 있다는 사실 때문에 이성에 대한 의존이 비판받을 가능성이다. 이것을 글로버는 정말로 걱정했던 것 같고, 실로 이치에 맞는 걱정일 수

---

* 게다가 대부분의 기근 희생자가 (심각해지는 기근 때문에 쇠약해지고 전염병이 퍼져) 전형적인 질병에 시달리고 죽어가기 때문에, 건강관리 및 의료시설을 통해 많은 것을 해결할 수 있다. 1943년 벵골 대기근 때는 사망자 수의 5분의 4 이상이 그 지역에 흔한 질병과 직결되었고, 순수한 기아 사망은 전체의 5분의 1도 안 되었다[나의 저서 『빈곤과 기근』 Poverty and Famines(Oxford: Clarendon Press, 1981)에 수록된 부록 D 참조]. 다른 수많은 기근도 이와 비슷한 양상을 보인다. 특히 Alex de Waal, Famine that Kills: Darfur, Sudan, 1984~1985(Oxford: Clarendon Press, 1989) 참조. 또한 같은 저자의 Famine Crimes: Politics and the Disaster Relief Industry in Africa(London: African Rights and the International African Institute, 1997)도 참조할 것. 나는 The Oxford Textbook of Medicine(Oxford: Oxford University Press, 2008)의 'Human Disasters' 항목에서 이 사안에 대해 다루었다.

있다. 하지만 여기서 곤란은 이성의 활용보다는 경솔하고 잘못 추론된 확신에서 비롯된다. 잘못된 추론의 해결책은 더 좋은 추론이며, 전자에서 후자로 이행시키는 것은 바로 이성적 정밀조사의 역할이다. '계몽주의자'의 언명에서 재평가와 주의의 필요성이 충분히 강조되지 않을 수도 있지만, 그렇다고 해서 계몽주의적 견지에 대해 총체적으로 비난하거나, 심지어 공정한 행위 및 유익한 사회정책에 대한 이성의 일반적 역할까지 규탄하기는 힘들 것이다.

이성, 감정, 계몽주의

나아가 본능적 감정과 냉정한 계산의 상대적 중요성에 관한 문제가 존재하는데, 이에 대해 계몽주의자들은 할 말이 많았다. '새로운 인간심리학'의 필요성을 강조하는 조너선 글로버의 논의는 정치학과 심리학이 서로 얽혀 있다는 인식에 기대어 있다. 인간행위에 대한 가용 증거에 입각했을 때, 이성적 판단이 양쪽의 연결을 용인하지 않을 것이라고 생각하기에는 무리가 있다. 잔학행위를 막는 데 잔인성과 몰상식한 행위에 대한 본능적 혐오감에 기대할 수 있는 커다란 예방적 역할은 분명히 있으며, 글로버는 무엇보다 '일종의 경의로써 사람을 대하는 경향'과 '공감, 즉 타인의 고통과 행복에 대한 관심'의 중요성을 마땅히 강조한다.

하지만 그것들의 우선권을 정확히 보증할 수 있는 이성과 충돌할 필요는 없다. 편파적이고 자신감이 지나친 신념은 위험하다고 지적한 글로버 자신의 연구에서도 좋은 이성은 똑똑히 그 역할을 해 왔다(이성reason을 논박할 때조차 그 이유reason를 제시해야 한다는 아크바르의 논점은 분명 여기서도 의미가 있다). 이성은 또한 만일 정당화된다면, 냉정한 계산에만 의존하는 것은 인간 안보의 보장을 위한 좋은, 혹은 합리적인 방법이 아닐 수 있다는 인식을 보류할 필요도 없다.

사실 이성을 치켜세우면서 본능적 심리와 자발적 반응의 지대한 역할을 부정할 특별한 근거는 없다.[22] 양쪽은 상호 보완적일 수 있고, 감정이 갖는 확장 및 해방의 역할을 인식하는 것은 이성 자체를 위해서도 좋은 주제가 될 수 있다. 스코틀랜드 계몽주의의 중심인물이었던(그리고 프랑스 계몽주의에서도 영향력이 컸던) 애덤 스미스는 『도덕감정론』에서 감정과 심리적 반응의 중심적 역할에 대해 광범위하게 논의했다.[*] 스미스는 "거의 모든 도덕적 결정 및 판단에서 이성과 감정이 동시에 작용한다"[23]고 주장하는 데이비드 흄만큼 나아가지는 않았을지도 모르지만, 양자 모두 이성과 감정이 서로 매우 밀접한 활동이라 보았다. 물론 흄과 스미스는 디드로나 칸트 못지않은 '계몽주의자'였다.

하지만 감정의 힘이 인정되고 (잔인성에 대한 혐오감과 같은) 많은 본능적 반응의 긍정적 역할이 높이 평가된 이후에도 심리적 태도에 대한 이성적 정밀조사의 필요성은 사라지지 않는다. 특히 스미스는 — 어쩌면 흄보다 더 — 감정과 심리적 관심을 평가하는 데 이성에 커다란 역할을 부여했다. 실제로 흄은 정념passion을 이성보다 더 강력한 것으로 파악했던 것 같다. 토머스 네이글이 그의 저서 『최후의 발언』The Last Word에서 이성을 강력히 옹호하면서, "합리적 평가에 영향을 받지 않는 '정념'이 모든 동기의 기저를 이룬다는 이유로, 흄이 특히 실천이성이나 도덕이성과 같은 것은 존재할 수 없다고 믿었던 것은 유명하다"[**]라고 기술했듯이

---

[*] Martha Nussbaum, *Upheavals of Thought: The Intelligence of Emotions*(Cambridge: Cambridge University Press, 2001)[『감정의 격동』, 조형준 옮김, 새물결, 2015] 참조.

[**] 토머스 네이글Thomas Nagel, *The Last Word*(New York: Oxford University Press, 1997), p. 102. 하지만 흄은 그 우선순위의 문제에 관해서는 달랐던 것 같다. 그는 이성의 역할보다 더 두드러져 보이는 높은 지위를 정념에 부여하는 한편, 다음과 같이 주장한다. "어떤 추정이 틀렸거나 어떤 수단이 불충분하다는 것을 지각하자마자 정념은 아무런 반대

말이다. 스미스 또한 흄처럼 감정을 중요하고 영향력 있는 것으로 보고, 옳고 그름에 대한 우리의 '최초의 지각'은 "이성의 대상이 아니라 즉각적 감각과 감정의 대상이 될 수 있다"라고 주장했지만, 위와 같이 생각하지는 않았다. 그는 특정 행위에 대한 본능적 반응조차 '매우 다양한 사례'에서 행위와 결과 사이의 인과관계를 이성적으로 이해하는 데 — 단지 암묵적일지라도 — 의존하지 않을 수 없다고 주장했다. 나아가 최초의 지각은 또한 비판적 검토에 대응하여, 예컨대 어떤 '대상은 다른 것을 얻기 위한 수단'이라는 것을 보여 줄 수 있는 인과적이고 경험적인 조사에 기초하여 변화할지도 모른다고 언급한다.[24]

애덤 스미스는 지배적 관행에 대한 우리의 태도를 어떻게 평가할지 논의하면서 이성적 정밀조사가 지속적으로 필요하다는 인식을 드러낸다. 이는 노예제 폐지, 국가 간 무역에 대한 자의적인 관료주의적 규제의 부담 경감, 구빈법을 통한 경제지원의 조건으로 영세민에게 부과되는 징벌적 규제 완화와 같은 개혁을 강력히 지지하는 스미스에게는 분명 중요한 것이다.* 이데올로기와 교리적 신념이 종교나 관습 외의 다른 원천에서 출현할 수 있고 또 빈번히 그래 왔다는 것은 틀림없는 사실이지만,

---

없이 이성을 따르게 된다"(데이비드 흄David Hume, *A Treatise of Human Nature*, edited by L. A. Selby-Bigge(Oxford: Clarendon Press, 1888 2nd edn 1978), p. 416[『정념에 관하여』, 이준호 옮김, 서광사, 1996, 161쪽]).

* 존 브룸John Broome은 잘 논의된 에세이 「경제에는 왜 윤리이론이 필요한가」'Why Economies Need Ethical Theory'에서 다음과 같이 주장한다. "경제학자는 자신의 윤리적 의견을 남에게 강요하는 것을 좋아하지 않으며, 거기에는 의문의 여지가 없다. 자신의 의견을 누군가에게 강요할 수 있는 경제학자는 거의 없다. ⋯⋯ 그들에게 해법이란 제대로 논의하고 이론을 만들어 내는 것이지 타인이 선호하는 것에 충분한 근거가 없을 때나 더 나은 것을 선호할 수 있도록 경제학자에게 도움을 바라고 있을 때 그 뒤에 숨는 것이 아니다"(*Arguments for a Better World: Essays in Honor of Amartya Sen*, edited by Kaushik Basu and Ravi Kanbur, Vol. 1(Oxford: Oxford University Press, 2009), p. 14). 물론 이것은 바로 스미스가 노력했던 것이다.

그렇다고 해서 신중한 정책을 정당화하기 위해 제시된 논의를 평가하는 이성의 역할 못지않게 본능적 태도 이면의 근거를 평가하는 이성의 역할을 부정하는 것은 아니다. 아크바르가 '이성의 길'이라 부른 것은 본능적 반응의 가치에 주목하는 것을 거부하지도 우리의 정신적 반응이 해내는 유익한 역할을 무시하지도 않는다. 그리고 이 모든 것은 검토되지 않은 본능에 무조건적 최종 결정권을 부여하지 않는 것과도 전혀 모순되지 않는 것이다.

제2장

롤스와 그 너머

이 장의 대부분은 우리 시대 가장 중요한 정치철학자인 존 롤스의 정의론에 대한 비평이다. 어느 점에서 롤스에 동의할 수 없는지 논의하겠지만, 그 전에 먼저 그의 가르침이 내가 정의 — 그리고 정치철학 일반 — 를 이해하는 데 얼마나 큰 영향을 끼쳤는지 인정하고, 또한 정의의 문제에 대한 철학적 관심을 회복시킨 데 대해 우리 모두는 그에게 매우 큰 빚을 지고 있음을 언급해야겠다. 실제로 정의의 문제를 지금의 형태로 바꾼 것은 롤스이며, 그가 현대 정치철학을 진정 급진적인 방식으로 변형시키는 것을 지켜보며 느낀 흥분을 되새기면서 본 비평을 시작하려 한다. 나는 그의 저작에서 많이 배우기도 했지만, 이 대단한 사람을 친구이자 동료로 두는 특권까지 누렸다 — 그의 친절함은 놀라웠으며, 그의 통찰력 넘치는 논평, 비판과 제안은 항상 나를 깨우치고 내 자신의 사고에 심대한 영향을 주었다.

나는 시기적으로 운이 좋았다. 내가 타 분야(처음에는 수학 및 물리학, 나중에는 경제학)에 속한 관찰자로서 도덕철학 및 정치철학에 관심을 막 두기 시작했을 때, 그 분야는 롤스의 주도 아래 크게 진보하고 있었다.

그가 1958년에 낸 논문 「공정으로서의 정의」는 지금은 적절히 표현하기 힘든 한 줄기 빛을 던져 주었는데, 학부 시절 '결정절차decision procedures'의 본질과 '규칙'의 여러 개념들에 관한 그의 1950년대 논문들을 읽으면서 화통하여 머리가 트인 것과 꼭 같았다.[1]

그리고 1971년이 되어 롤스의 선구적인 저작 『정의론』이 등장한다.[2] (당시 재직했던 델리대학을 떠나) 1968~1969학년도에 하버드대학에 방문했을 때, 롤스와 케네스 애로와 나는 정치철학 공동강좌에서 이 책의 초안을 사용했다. 나는 사회적 선택 (및 그것이 정의를 다루는 방식)에 관한 저서 『집단선택과 사회후생』Collective Choice and Social Welfare(1970)을 쓰고 있었는데, 롤스는 예리한 지적과 제안을 통해 큰 도움을 주었다. 그 후 얼마 되지 않아 하버드대학 출판부로부터 『정의론』의 최종본에 관해 공식적으로 논평하는 영예가 주어졌는데, 조금 '과장'이라 들릴지 모르지만 워즈워스가 다음과 같이 표현한 감정을 정말로 이해할 수 있을 것 같았다. "그 새벽에 살아 있음은 지복이었지만, 젊어진다는 것이야말로 바로 천국이었다!"

그 흥분은 롤스 정의론의 몇몇 주요 사항에 심각한 결함이 있다고 생각하는 지금도 사그라지지 않는다. 의견 차이에 관해서는 곧 논의하겠지만, 먼저 롤스가 정의론 전체에 견고한 기반을 다졌다는 것을 인정해 두어야겠다.[3] 롤스가 본질적인 것으로 식별한 몇몇 기본개념은 나의 작업과 방향도 결론도 다르지만 내가 정의를 이해하는 데 계속해서 영향을 미치고 있다.

공정으로서의 정의 — 롤스식 접근

정의를 적절히 이해하는 데 있어 본질적인 개념은 정의를 공정의 요구라는 측면에서 보아야 한다는 것이 롤스의 기본적인 생각이다. 모든 요약은 궁극적으로 야만적인 행동이지만, (지나친 단순화의 위험을 무릅쓰고) 롤스의 '공정으로서의 정의'론을 간략히 기술하는 것은 롤스의 접근을 이해하는 데 도움이 되는 주요 특징들에 초점을 맞추고 또 정의론을 심화시키는 데 유용하다.* 이 접근에서 공정의 개념은 기초적이고, 어떤 의미에서는 정의의 원칙을 전개하기에 '앞서는' 것으로 여겨진다. 정의의 추구는 공정의 개념과 연관되어야 하고, 어떤 의미에서는 그로부터 도출되어야 한다는 롤스의 주장에는 설득될 만한 이유가 있다고 생각한다. 이러한 이해는 롤스 자신의 이론에 중요할 뿐만 아니라, 내가 본서에서 제시하려는 것을 포함하여 정의의 분석 대부분과 깊이 관련되어 있다.**

---

* 롤스의 작업에서는 정의의 개념이 적어도 세 가지 상이한 맥락에서 나타난다는 점을 지적해 두어야겠다. 첫째, '정의의 원칙'을 공정 개념에 근거하여 끌어내고, 이로부터 정의를 위한다는 이유로 사회의 기본구조에 필요한 제도를 판별한다. 롤스가 매우 정교하게 논의하는 이 이론은, 그로부터 그가 '공정으로서의 정의'의 요구사항이라 간주하는 법률의 제정 및 시행을 향해 순차적으로 나아간다. '반성적 평형reflective equilibrium'의 숙고 및 전개에 관한 두 번째 영역에서는 정의의 개념도 나타날 수 있지만, 무엇보다 좋음과 옳음에 대한 각자의 개인적 평가에 초점이 맞춰져 있다. 세 번째 맥락은 롤스가 '중첩적 합의 overlapping consensus'라 부르는 것으로, 사회질서의 안정성을 좌우하는 우리의 합의와 불일치가 복잡한 패턴을 이룬다는 것을 다룬다. 이 가운데 나의 주된 관심사는 첫 번째 사안인 정의의 원칙이다.

** 롤스의 사상이 지닌 영향력은 현대의 정의론자들, 예컨대 로널드 드워킨, 토머스 네이글, 로버트 노직, 토마스 포기, 조셉 라즈, 토머스 스캔론 등에게서도 찾아볼 수 있는데, 정의의 문제에 대한 이들의 분석은 분명 롤스 이론에 강한 영향을 받아 왔으며, 로버트 노직의 경우처럼 논쟁적이며 변증법적인 방식이기도 했다(노직의 *Anarchy, State and Utopia*(New York: Basic Books, 1974)[『아나키에서 유토피아로』, 남경희 옮김, 문학과지성사, 1997] 참조).

그럼 공정이란 무엇인가. 이 기본개념은 다양한 방식으로 구체화될 수 있지만, 그 중심에는 무언가를 평가할 때 편향을 피해야 한다는 요구가 있어야 하고, 타인의 이익과 관심에도 주목해야 하며, 특히 각각의 기득권이나 개인적 우선순위, 기벽, 편견 등에 의한 영향을 방지해야 한다. 대략적으로 말하면 공평성impartiality의 요구라 볼 수 있다. 공평성의 요구에 대한 롤스의 설명은 그의 '공정으로서의 정의'론에서 가장 중심적인 '원초적 입장'이라는 건설적인 생각에 기초한다. 원초적 입장이란 그룹 전체 내에서 당사자들이 자신의 정체성이나 기득권에 대해 전혀 알지 못하는 원시적 평등이 이루어지는 가상적 상황이다. 그들의 대표자는 이 '무지의 베일veil of ignorance', 즉 선택적 무지라는 가상적 상태(특히 롤스가 '포괄적 선호comprehensive preference'라 부르는 개인적 관심이나 실제적 인생관에 관한 무지) 아래서 선택해야 하고, 바로 그처럼 고안된 무지의 상태에서 정의의 원칙이 만장일치로 채택된다. 롤스의 정식화에 따른 정의의 원칙은 막 '창조'되려는 공상적 사회를 지배할 기초적인 사회제도를 결정한다.

이 공상 속의 원초적 입장에서 정의의 원칙에 대한 숙고는 공정에 필요한 공평성을 요구한다. 이에 관해 롤스는 『정의론』(1971, p. 17[52~53쪽])에서 다음과 같이 표현한다.

원초적 입장이란 적절한 초기상태이며, 거기서 도달한 기본적 합의는 공정하다는 것을 보증한다. 이 사실로부터 '공정으로서의 정의'라는 명칭이 탄생한다. 원초적 입장에 있는 합리적인 개인이 정의의 역할로서 다른 원칙들을 제쳐 두고 어떤 원칙들을 선택했을 때, 나는 그 정의관이 다른 것보다 합당하다고, 아니면 그에 대해 정당화가 가능하다고 말하고 싶다. 정의관들은 그러한 상황에 놓인 사람들에게 받아들여질 가능성에 따라 순위가 매겨질 것이다.

이후의 저작, 특히 컬럼비아대학의 듀이 강연Dewey Lectures에 기초한
『정치적 자유주의』(1993)에서 롤스는 공정성의 과정이 어떻게 작동하도
록 되어 있는지에 관해 더욱 빈틈없이 옹호한다.* 공정으로서의 정의는
'처음부터' 전형적으로 '정치적 정의관'이라 여겨진다(p. xvii[『정치적 자유
주의(증보판)』, 22쪽]). 롤스가 제기하는 근본문제는 한 사회에서 사람들은
'합당하지만 크게 대립되는 포괄적 교의'를 지지하는데도 어떻게 서로 협
력할 수 있느냐는 것이다(p. xviii[23쪽]). 이는 '시민들이 합당한 정치적
정의관을 공유할 때' 가능해지며, 그에 따라 '근본적 정치문제에 대한 공
적 토론이 진행되어 합리적으로 결정될 수 있는 기반'이 만들어진다. "물
론 모든 경우에 해당되지는 않겠지만, 헌법의 필수요건이나 기본적 정의
의 문제에 관련되는 대부분의 경우 그러할 것이라 희망한다"(pp.
xx~xxi[27쪽]). 예컨대 사람들은 종교적 신념이나 좋고 가치 있는 삶에
대한 일반적 관점은 서로 다를지라도 롤스의 설명에 따르면, 숙고함으로
써 구성원 간의 다양성을 어떻게 주목해야 할지 합의하고, 그룹 전체에
공정한 일련의 정의의 원칙에 이르게 된다.

---

* 이전의 저작을 강화하고 확장하는 롤스의 간행 및 미간행 저술의 진정한 성찬이 최근 출
간되어 그의 추론이 포괄하는 놀라운 범위를 더 확인할 수 있다. John Rawls, *Collected
Papers*, edited by Samuel Freeman(Cambridge, MA: Harvard University Press, 1999);
The Law of Peoples(Cambridge, MA: Harvard University Press, 1999)[『만민법』];
Lectures on the History of Moral Philosophy, edited by Barbara Herman(Cambridge,
MA: Harvard University Press, 2000); *A Theory of Justice*(Cambridge, MA: Harvard
University Press, revised edn, 2000)[『정의론』]; *Justice as Fairness: A Restatement*,
edited by Erin Kelly(Cambridge, MA: Harvard University Press, 2001)[『공정으로서의
정의 재서술』] 참조.

공정에서 정의로

이렇게 구축된 공정의 실행은 사회의 기본구조에 필요한 공정한 제도를 결정하는 데 적절한 원칙들을 판별하는 것을 목표로 한다. 롤스는 매우 구체적인 정의의 원칙들을 식별하고(이에 관해서는 곧 논할 것이다), 이 원칙들은 공정으로서의 정치적 정의관으로부터 도출될 만장일치의 선택일 것이라고 강하게 주장한다. 이 원칙들은 원초적 입장에서 원시적 평등을 보장받는 모든 이들에 의해 선택될 것이기 때문에 적절한 '정치적 정의관'을 구성하며, 이 원칙들의 지배를 받는 질서 정연한 사회에서 자란 사람들은 ('좋은 삶'에 대한 개개인의 신념이나 '포괄적' 우선순위와 관계없이) 그에 기초한 정의의 감각을 긍정할 것이라고 롤스는 주장한다. 그래서 이러한 정의원칙들의 만장일치 선택은 **정치적 정의관**의 결정뿐만 아니라 사회의 기본구조를 위한 **제도**의 선택을 포함하는 롤스적 체계에서 상당한 역할을 하게 된다. 롤스는 공유된 관점에 따라 개인적 행동이 영향을 받을 것이라고 상정한다(이에 관해서는 이 장의 뒷부분에서 다시 논의할 것이다).

정의의 기본원칙을 선택하는 것은 롤스에게 사회정의를 단계별로 전개하기 위한 서막이 된다. 이 첫 번째 단계는 다음의 '입법단계'로 이어지는데, 이때 실제 제도가 각 사회의 조건에 맞게, 선택된 정의의 원칙과 일치하도록 선정된다. 이제 이 제도들의 작동은 롤스적 체계의 후기 단계에서, 예컨대 (롤스의 '입법단계'에서) 적절한 법률제정을 통해 그 이상의 사회적 결정으로 이어진다. 이 공상적 연쇄는 완벽히 공정한 사회적 장치를 면밀히 전개시키면서 확고히 명시된 선에 따라 단계별로 나아간다.

이 전개의 전체 과정이 기초하는 것은 롤스가 '정의의 두 원칙'이라 부르는 것인데, 이는 첫 번째 단계에서 출현하여 롤스적 연쇄에서 일어나는 모든 것에 영향을 미치게 된다. 원초적 입장에서 완전히 공정한 사회에 필요한 공정한 제도들의 원칙으로서 오로지 특정한 하나의 집합만 선택된다는 롤스의 매우 독특한 주장에 대해 나는 상당히 회의적이라고 말해 두어야겠다. 그렇지만 우리가 정의를 이해하는 방식은 다원적이며 때로는 상충적인 일반적 관심들과 관계된다.[4] 단 한 가지 집합의 원칙만이 공평성과 공정성을 실현하고 나머지는 그렇지 않다는 편의적인 방식, 즉 선택하는 데 편리한 방식을 취한다면 그 관심들이 서로 다를 필요는 없다.* 그중 대부분은 편견이 없고 냉정하다는 특징을 공유하며, 그 지지자들이 (칸트의 유명한 명령을 인용하면) "보편법칙이 되도록 의도할" 수 있는 규범을 제시한다.[5]

실제로 편견 없는 원칙들의 다원성은 공평성이 여러 형식을 취하고 전혀 달리 나타날 수 있다는 사실을 반영한다고 생각한다. 예를 들면 서장에서 다루었던 피리를 둘러싸고 세 아이가 경합하는 예를 들면, 각 아이의 주장에는 사람들을 편견 없이 공평한 방식으로 다루는 방식에 대한 일반이론이 있으며, 각각 유효성 및 효용성, 경제평등성 및 분배공정성, 자신의 노력으로 획득한 산물에 대한 자격에 초점을 맞춘다. 그들의 논의는 완벽히 일반적이며, 공정한 사회의 본질에 관한 각각의 추론은 (기득권에 의존적이지 않고) 서로 공평하게 옹호될 수 있는 상이한 기본개념을 반영한다. 만일 사회의 기본구조에 필요한 제도를 식별하도록 주어진 일련의 정의의 원칙만이 유일하게 출현하는 것이 아니라면, 롤스의 고전적 이론에서 전개된 '공정으로서의 정의'의 모든 절차는 이용하기

---

* 존 로머John Roemer가 *Theories of Distributive Justice*(Cambridge, MA: Harvard University Press, 1996)에서 비교 대조하는 대체 가능한 정의론은 모두 공평성을 주장하기 때문에 그 가운데서 선택하려면 다른 이유에 기초해야 한다.

힘들 것이다.*

서장에서 논의했듯이 (『정의론』에서 논의 및 옹호된) 원초적 입장에서 특정한 조합의 정의의 원칙들만 출현한다는 롤스의 기본적 주장은 이후의 저작들에서 상당히 약해지고 수정된다. 실제『공정으로서의 정의 재서술』*Justice as Fairness: A Restatement*에서 그는 "원초적 입장에서 제기될 수 있는 고찰은 무수히 많은데, 각각의 정의관은 어떤 고찰에 의해서는 지지되고, 다른 고찰에 의해서는 지지되지 않으며" 또한 "이성의 균형 자체는 판단에, 즉 추론에 의해 숙지되고 인도되는 판단에 의존한다"고 언급한다.[6] 롤스가 "이상은 충분히 달성될 수 없다"고 인정한 것은 공정으로서의 정의라는 자신의 이상적인 이론을 염두에 둔 것이다. 그러나 정의의 요구에 대한 이성적 합의로부터 도출될 확고한 결론에 초점을 맞추면서도 어떤 사안들에 대해서는 불일치와 반대의 여지를 남기는 정의론에 특별히 '비이상적'인 것이 존재할 필요는 없다.

분명한 것은 만일 롤스의 재고(再考)가 말하려는 바가 정말로 그러하다면 공정으로서의 정의라는 단계적 이론은 포기해야 한다는 것이다. 제도가 원초적 입장을 통해 공정의 실행에서 비롯되는 특정한 조합의 정의의 원칙들을 기반으로 성립되어야 한다고 할 때, 그러한 특정 조합이 출현하지 않으면 그 이론의 근저가 흔들릴 수밖에 없다. 바로 이 점이 수년간 롤스 자신의 추론 속에 있어 온 갈등이다. 그는 적어도 명시적으로는

---

* '원초적 입장'에서 사회계약이 만장일치로 선택될 것이라는 롤스의 주장에 대한 나의 회의론은 새로운 생각이 아닐지도 모른다. 내 친구 개리 런시먼Garry Runciman과 공유한 첫 번째 의구심은 공저 논문 'Games, Justice and the General Will', *Mind*, 74(1965)에 반영되어 있다. 이는 물론 롤스의 『정의론』이 출간되기 전이었지만, 그가 선구적 논문 'Justice as Fairness', *Philosophical Review*, 67(1958)에서 '원초적 입장'에 대해 설명한 것에 기초했다. 또한 나의 저서 『집단선택과 사회후생』*Collective Choice and Social Welfare* (San Francisco, CA: Holden-Day, 1970 republished, Amsterdam: North-Holland, 1979)도 참조할 것.

공정으로서의 정의 이론을 포기하지 않지만, 원초적 입장에서 한 가지 조합의 정의의 원칙들에 관한 만장일치의 합의를 얻어 내는 데 구제 불능의 문제가 존재한다는 것을 받아들이는 것 같으며, 이는 '공정으로서의 정의' 이론에 파괴적인 영향을 줄 수밖에 없다.

나는 롤스의 독창적인 이론이 정의 개념의 다양한 측면을 이해하는 데 지대한 역할을 했다고 생각한다. 그리고 설령 그 이론이 포기되어야 한다고 할지라도 — 이를 위한 강력한 논거가 있음을 논할 것이다 — 그의 선구적인 공헌 덕분에 얻은 수많은 깨우침은 여전히 남아 계속해서 정치철학을 풍요롭게 만들 것이다. 어떤 이론에 대해 진심으로 감사하는 동시에 진지하게 비판하는 것은 가능하다. 그리고 공정으로서의 정의 이론에 대한 '이중적' 평가에 관여하게 될지라도 그와 친교를 맺은 것 이상으로 기쁜 일은 내게 없을 것이다.

롤스식 정의의 원칙의 적용

아무튼 롤스의 '공정으로서의 정의' 이론의 개요를 살펴보자. 롤스는 결코 그 이론을 포기하지 않았고, 현대도덕철학에서 가장 영향력 있는 정의론과 관련되어 왔다. 그는 원초적 입장에서 만장일치의 합의와 함께 다음과 같은 '정의의 원칙들'이 출현할 것이라고 주장했다(*Political Liberalism*, 1993, p. 291[『정치적 자유주의(증보판)』, 442쪽]).

a. 각자는 기본적 자유를 평등하게 보장하는 충분히 적절한 체계에 대한 평등한 권리를 가지며, 이는 모든 사람을 위한 자유의 유사한 체계와 양립될 수 있다.

b. 사회적 · 경제적 불평등은 다음 두 가지 조건을 만족시켜야 한다. 첫

째, 공정한 기회 평등의 조건 아래서 모든 사람에게 열려 있는 직무
및 직위에 결부되어야 한다. 둘째, 최소 수혜자에게 최대 이익을 가
져다주어야 한다.

주목해야 할 점은 롤스가 식별한 정의의 원칙은 자유의 우선('제1원
칙')을 포함하며, 경제적·사회적 평등을 비롯한 다른 고려사항보다도 모
든 사람들에게 비슷한 자유가 주어진다는 조건 아래 각자에게 최대한의
자유에 대한 우선권을 부여한다는 것이다. 평등한 개인적 자유는 일반적
기회의 평등 및 다목적 자원의 분배 형평성과 관련된 제2원칙의 요구보
다 우선시된다. 즉, 모든 사람들이 향유할 수 있는 자유는 이를테면 재
산이나 소득의 증대, 혹은 경제적 자원의 더 나은 분배를 이유로 침해될
수 없다. 롤스는 자유를 다른 모든 고려사항보다 더 높은 절대적 위치에
두었지만(이는 분명한 극단주의이다), 그 이면에 있는 더 일반적인 주장은
자유는 (경제적 풍요로움과 같은) 다른 편익facility들을 보완하는 고작 일종
의 편익으로 격하될 수 없다는 것이다. 인간의 삶에서 개인적 자유는 매
우 특별한 위치에 있다는 것이다. 이러한 더 일반적인 — 꼭 극단적이지
는 않은 — 주장으로부터 적극적 비판을 위한 착상을 얻게 될 것이다.
제도 선택에 관한 다른 문제들은 롤스식 정의의 원칙에서 '제2원칙'
을 이루는 요건들의 조합을 통해 제기된다. 제2원칙의 첫 부분은 어느
누구도 인종, 민족, 계층, 종교 등의 이유로 배제되거나 불리한 입장에
놓이는 일 없이 공공적 기회가 모든 이들에게 열려 있음을 보장하는 제
도적 요건과 관련된다. 제2원칙의 두 번째 부분('차등원칙difference
principle'이라 불린다)은 종합 효율 및 분배 형평성과 관련되며, 형편이 가
장 어려운 사회 구성원을 가능한 한 부유하게 만든다는 모습을 취한다.
자원배분의 형평성에 대한 롤스의 분석은 다양한 목적을 달성하기

위한 다목적의 수단(사람들이 원하는 다양한 것을 얻는 데 일반적으로 도움이 되는 모든 자원)이자 그가 '기본가치primary goods'라 부르는 지표를 만들어 낸다. 롤스는 기본가치를 '권리, 자유, 기회, 소득 및 재산, 그리고 자존감의 사회적 기초'와 같은 것들을 포함한다고 본다.[7] 여기에 다시 자유가 들어가는 것에 주목하자. 소득 및 재산과 같은 다른 편익들을 보완하는 일종의 편익으로서만 등장한다.

분배상의 관심사 가운데 포함되는 것 외에도 다른 이론가들이 강조해 온 몇몇 주장을 배제했다는 점은 중요하다. 실제 롤스는 가치 및 자격 개념과 관련된 획득권한entitlement이나 재산권 등에 기초한 고려사항을 직접적 가치계산에 끌어들이지 **않는다는** 데 주목할 필요가 있다. 그는 포함된 것뿐만 아니라 이처럼 배제된 것에 대해서도 합당한 정당성을 제공한다.*

하지만 생산성은 효율성과 형평성을 증대시키는 역할을 통해 간접적으로만 인식되며, 그에 동반되는 불평등은 만일 인센티브의 작동 등을 통해 최소 수혜자의 형편을 개선하는 데 도움이 된다면, 롤스의 분배이론에서 허용되고 옹호된다. 개인의 행동이 원초적 입장의 '정의관'에 의해서만 형성되는 것은 아니라면 분명 인센티브 문제는 피할 수 없다.

다른 한편으로, 만일 원초적 입장에서 인센티브의 요구에 기초한 불평등이 옳지 않거나 부당하다고 판단된다면(이는 사람들에게 부지런히 일하게 하고 적절히 생산적이게 만드는 뇌물과 같은 것이라 볼 수 있다), 원초적 입장에서 채택된 원칙들은 인센티브의 필요성을 제거해야 하지 않을까? 만일 공정한 경제가 인센티브로 인한 불평등을 허용해서는 안 된다면,

---

* Liam Murphy and Thomas Nagel, *The Myth of Ownership: Taxes and Justice*(New York: Oxford University Press, 2002)도 참조할 것. 여기서는 조세정책을 둘러싼 이데올로기적 논쟁에 정의의 일반개념을 적용한다(p. 4).

공평한 상태에서 출현하는 원칙들은 사람들이 뇌물을 받을 필요 없이 각자 몫의 일을 한다는 합의를 포함해야 하지 않을까? 그리고 계약 이후의 세계에서는 각자가 원초적 입장에서 생겨나는 정의관에 따라 행동할 것이라는 롤스의 추론에 근거하여, 그러한 의무 지향적 세계에서는 누구든 인센티브의 필요 없이 (정의관의 일부로서) 각자의 생산의무를 자발적으로 준수할 것이라 기대해야 하지 않을까?

사람들이 원초적 입장에서 합의한 것을 자발적으로 행하리라는 생각은 롤스 자신의 것이다.* 그렇지만 롤스의 생각은 '여기까지이고, 더 이상 나아가지 않는' 것처럼 보이며, (원초적 입장에서 생겨나는 행동규범들이 똑같이 유효한 세계에서조차) 인센티브에 기초하는 불평등만을 받아들이고 불평등의 다른 이유들은 거부하는 식으로 구분될 수 있는지 절대적으로 분명한 것은 아니다.[8]

이 문제는 서로 다른 두 가지 반응을 불러일으킨다. 하나는 G. A. 코헨Cohen이 『정의와 평등 구하기』Rescuing Justice and Equality(2008)에서 강력하게 제시한 논의로, 인센티브를 이유로 하는 불평등의 수용은 롤스식 정의론의 영향력을 제한한다는 것이다.[9] 인센티브에 대한 양보는 실천적인 의미는 있을지 모르지만 납득할 수 있는 이론 특히 정의에 관한 이론의 일부가 될 수 있을까? 정의가 오로지 선험적 정의만을 뜻하는 세계에서라면 코헨의 지적은 타당한 비판으로 보일 것이다.

또 다른 견해는 원초적 입장에서의 정의관이 모든 이들로 하여금 인센티브 장치 없이 자발적으로 생산적 역할에 매진하도록 만들 것이라는 기대에 근거하여, 인센티브의 필요성이 사라질 수 있다고 상상하는 것은 곤란하다는 것이다. 완벽히 공정하게 보일 수 있는 사회는 인센티브에

---

* 다음을 참조할 것. "모든 사람은 정의롭게 행동하고 공정한 제도를 유지시키기 위해 자신의 역할을 다할 것이라 가정된다"(Rawls, *A Theory of Justice*, p. 8[『정의론』, 41~42쪽]).

기초한 불평등의 방해를 받아서는 안 된다는 코헨의 주장은 아마도 옳겠지만, 그것은 정의론을 발전시키는 데 있어 선험적 정의에 너무 집착해서는 안 되는 또 하나의 이유가 된다. 롤스의 타협점은 코헨에게는 충분히 선험적이지 않을지도 모르지만 굳이 코헨을 본받지 않더라도 롤스가 직면해야 할, (이미 논의했던 이유로) 선험적인 것에 대한 집중이 야기하는 다른 문제들이 존재한다. 비교에 기초한 정의의 세계에서는 롤스가 공정으로서의 정의로써 제시하는 세계보다 코헨의 공정한 세계가 더 나을지도 모르지만, 비교정의론의 주요 용도는 코헨과 롤스의 '정의로운' 세계보다 — 정의의 측면에서 — 덜 고상한 실현 가능한 선택지들을 서로 비교하는 데 있을 것이다.

롤스식 접근의 긍정적 교훈

롤스가 공정으로서의 정의로 접근하는 방식과 그 함의를 제시하고 설명하는 방식에서 보여 준 매우 중요한 공헌을 통찰하는 것은 어려운 일이 아니다. 첫째로, 롤스가 명석하게 내세우는, 공정이 정의의 핵심이라는 생각은 정의를 주제로 하는 그 이전의 문헌(예컨대 벤담식 공리주의 이론의 정당화 논거)이 제시한 이해를 훨씬 넘어서는 주요 언명이다. 나는 (롤스가 크게 의존하는) '원초적 입장'이라는 반성적 장치로부터 파악된 공평성이 목적에 적합하다고는 믿지 않지만, 이는 결코 정의론을 전개하는 데 공정을 근본적으로 우선시하는 롤스의 기본사상에 대한 도전이 아니다.

둘째로, 실천이성적 객관성의 성질에 관한 롤스의 논지, 특히 "가장 중요한 점은, 객관성의 개념은 토론 및 숙고를 거친 이성과 증거에 기초하여 판단의 개념이 적용되고 결론이 도출되는 데 충분한 사고의 공공적 체계를 확립해야 한다는 점"이라는 주장의 지대한 중요성에 관해 강조했던 점을 되풀이해야 한다.[10] 이에 관해서는 제1장(「이성과 객관성」)에서 광범위하게 논했기 때문에 반복하지는 않겠다.

셋째로, 정의에 앞선 공정이라는 개념의 필요성을 명확히 한 것 말고도 롤스는 '정의감의 능력'과 '가치관 형성의 능력'과 관련하여 사람들이 갖고 있는 '도덕적 능력'을 지적함으로써 또 다른 근본적인 기여를 하고 있다. 이는 인간이 이기심과 타산에 따라서만 행동하며 공정과 정의에 관해서는 생각할 능력도 의향도 없다는 '합리적 선택이론'(이에 관해서는 제8장 「합리성과 타인」에서 더 자세히 논의하겠다)의 몇몇 해석에 대해서만 오로지 집중하는 공상적 세계와는 현저히 다르다.[11] 합리성의 개념을 풍부하게 한 데 덧붙여 롤스는 '합리적인rational' 것과 '합당한reasonable' 것을 매우 유용하게 구별한다.[12] 이 구별은 본서에서 상당히 광범위하게 사용될 것이다.

넷째로, 롤스는 극단적으로 자유에 전면적인 우선권을 부여하는데, 이는 자유를 사회적 장치의 정의를 평가하는 데 대한 별개의, 그리고 여러모로 최우선적인 개념으로 파악한다는 강력한 논거를 부각시킨다. 물론 자유는 다른 개념들과 더불어 개인의 전반적 이익을 결정하는 데도 작용하며, 롤스가 차등원칙에 적용시키기 위한 개인적 이익의 일부로서 구체화한 '기본가치'의 목록에 포함되어 있다. 그러나 기본가치의 하나로서 다른 개념들과 공유된 역할을 훨씬 뛰어넘어 자유는 그 자체로 중요한 추가적 지위까지 더 선택적으로 부여받는다. 자유에 특별한 위치 — 일반적 탁월성 — 를 부여하는 것은 개인의 전반적 이익에 영향을 미치는 것 가운데 하나로서 자유의 중요성에 주목하는 것 이상을 의미한다. 개인의 자유는 소득이나 다른 기본가치와 마찬가지로 실제 도움이 되는 것이지만, 그 중요성을 전부 차지하는 것은 아니다. 그것은 개인생활의 가장 사적인 측면에 관여하는 주된 관심사일 뿐만 아니라, (예컨대 언론의 자유처럼) 사회적 평가에 중요한 공적 추론의 실천에 필수적인 요건이기도 하다.* 놀랄 것도 없이 개인적 자유의 중요성에 대한 이성적 자각이 있었기 때문에 사람들은 수세기에 걸쳐 자유를 옹호하고 자유를 위해 싸워 온 것이다. 롤스는 모든 사람에게 공유되는 자유의 중요성을 분리함으로써 자유와 다른 유용한 편익들 간의 구별에 주의를 기울이는데, 이는 정말 주목하고 추구할 만하다.[13]

다섯째로, 롤스는 제2원칙의 첫 번째 부분에서 절차적 공정성의 필요성을 역설함으로써, 사회적 **지위**나 경제적 **성과**의 격차에만 너무 집중하고 시행과정에서의 격차, 예컨대 인종이나 피부색이나 젠더를 이유로 직무에서 배제되는 것 등을 무시하는 경향을 보여 온 사회과학적 불평등 연구를 크게 확장시켰다.**

여섯째로, 차등원칙은 자유를 정당하게 취급하고 사람들이 직무나 직위를 공평한 경쟁을 통해 얻을 수 있도록 하는 개방성의 필요성을 인정하고 나서 특히 형편이 어려운 사람들이 겪는 곤경이 부각되도록 사회적 장치에서 공평성이 중요하다는 것을 보여 준다.[14] 기본가치의 결여를 척도로 하는 빈곤을 퇴치하는 것은 롤스의 정의론에서 중요한 위치를 차지하며, 이러한 롤스의 초점은 빈곤퇴치를 위한 공공정책의 분석에 실로 큰 영향을 끼쳤다.

---

* 표현의 자유를 비롯하여 자유가 여러 가지 면에서 정의에 결정적으로 중요하다는 점에 관해서는 Thomas Scanlon, *The Difficulty of Tolerance*(Cambridge: Cambridge University Press, 2003) 참조.

** 버락 오바마가 미국 대통령으로 선출된 것에 전 세계가 이례적으로 긍정적인 반응을 보인 이유 중 하나는 그것이 미국 정치계에서 인종 간의 장벽이 약화되었음을 입증하기 때문이다. 이는 오바마 자신이 인종적 배경과 상관없이 비전을 가진 지도자로서 대통령에 적합한 인물이냐는 물음과는 별개의 문제이다.

마지막으로(다른 사람들이 롤스의 바른 해석이라고 생각하거나 그렇지 않을 수도 있는 나 자신의 해석이지만), 롤스는 '기본가치'(즉, 포괄적 목표의 추구를 위한 다목적 수단)에 주력함으로써 사람들에게 생전 바라는 것을 이룰 진정한 기회를 부여하는 데 인간적 자유freedom가 중요하다는 것을 간접적으로 인정한다. 개인의 기본가치 보유와 향유할 수 있는 실질적 자유 간의 적합도는 매우 불완전할 수 있다는 것, 그리고 이 문제는 사람들의 실제 역량에 주력함으로써 해결될 수 있다는 것을 제11장 및 제12장에서 논할 것이다.[15] 그렇다 하더라도 롤스는 인간적 자유의 중요성을 수단적 관점에서 강조함으로써 그의 정의론 본체 내에서 자유와 관련된 사고에 확정적 위치를 부여했다고 생각한다.*

효과적으로 해결될 수 있는 문제

그러나 문제와 난관도 있다. 롤스의 기본적 접근법을 위배하지 않고 풀 수 있다고 여겨지며 이미 충분한 주목을 받아 온 두 가지 중요한 문제부터 시작하자.

첫째, 자유의 전면적 우선성은 너무 극단적이라고 논의해 왔다. 왜 우리는 기아나 의료 방치가 어떤 종류의 자유 침해보다 예외 없이 덜 중요하다고 여겨야 하는가? 이 문제는 롤스의 『정의론』이 출간된 직후 허버트 하트Herbert Hart가 최초로 강하게 제기했고,[16] 롤스는 이후의 저작(특히 『정치적 자유주의』)에서 그 극단적 우선성을 완화하게 되었다.[17]자유

---

* 이와 마찬가지로, 모든 사람을 위한 기본소득에 찬성하는 필리프 판 파레이스Philippe Van Parijs의 강력한 논의는 각자의 자유를 증진시키는 역할에 의존한다. 그의 저서 *Real Freedom for All: What (If Anything) Can Justify Capitalism*(Oxford: Clarendon Press, 1995)[『모두에게 실질적 자유를』, 조현진 옮김, 후마니타스, 2016] 참조.

가 일종의 우선권을 가져야 한다는 것은 받아들일 수 있지만, 무제한적인 우선권은 지나치다. 예를 들면 어떤 사항에 부분적 우선권을 부여할 수 있는 다양한 가중치 전략weighting scheme이 존재한다.*

둘째, 차등원칙에서 롤스는 사람들이 갖는 기회를 기본가치를 넉넉한 생활로 변환시키는 능력이 사람에 따라 크게 다르다는 점을 고려하지 않고 그들이 보유한 재력에 따라서만 판단한다. 예컨대 신체장애자는 동일한 수준의 소득이나 기타 기본가치를 가진 건강한 사람보다 가능한 일이 훨씬 적다. 임산부는 임산부가 아닌 사람보다 특히 더 많은 영양 지원이 필요하다. 기본가치를 가치 있다고 여기는 여러 일들을 해낼 역량으로 변환시키는 것은 (예컨대 유전병을 앓는 경향처럼) 다양한 선천적인 특징이나 (예컨대 풍토병이 있거나 유행병이 잦거나 전염병의 위험이 있는 곳에 사는 것처럼) 상이한 후천적 특징 및 주변 환경의 영향에 따라 크게 다를 수 있다. 이처럼 기본가치 대신에 자유와 역량의 실제적 평가에 역점을 두자는 강력한 논거가 존재한다.** 그러나 만일 롤스가 기본가치 개념을 사용

---

* 롤스가 자유에 전면적인 사전적 우선권을 부여하도록 영향을 주었을지도 모르는 '가중치weighting'의 수학적 문제가 있다. 롤스는 인류의 번영을 위해 다른 편익들보다 자유를 더 강조하지 않는 것은 잘못되었다고 생각했다. 이 때문에 그는 어떤 대립의 경우에서든 자유에 압도적인 우선권을 부여하게 되는데, 내가 롤스의 의도를 제대로 읽었다면 이는 너무 과해 보인다. 실제로 가중치의 수학은 자유의 비중이 강조된 (다양한 강도의) 여러 중간적 입장을 허용한다. 가중치를 더 유연하게 이용할 수 있는 방법들에 관해서는 나의 저서 『선택, 후생 그리고 계측』Choice, Welfare and Measurement(1982), 특히 에세이 9~12에서 논의했다. (롤스가 선택한 '사전적lexical' 형식이 보여 주는) 어떠한 경우에도 침해받지 않는 우선권이 아니더라도, 어떤 사항에 얼마간의 우선권을 부여하는 방법은 얼마든지 있다.

** 이에 관해서는 나의 저술 'Equality of What?' in S. McMurrin(ed.), Tanner Lectures on Human Values, vol. I(Cambridge: Cambridge University Press, and Salt Lake City, UT: University of Utah Press, 1980), Commodities and Capabilities(Amsterdam: North-Holland, 1985), Inequality Reexamined(Cambridge, MA: Harvard University Press, and Oxford: Oxford University Press, 1992)[『불평등의 재검토』, 이상호 옮김, 한울아카데미, 2008] 및 마사 누스바움과 공편한 The Quality of Life(Oxford: Clarendon Press,

하게 된 동기를 내가 제대로 해석했다면(즉, 인간적 자유에 간접적으로 초점을 맞춘 것), 기본가치에서 역량으로의 이행은 롤스 자신의 계획에서 근본적으로 이탈하는 것이 아니라, 실천이성의 전략을 조정하는 것이라고 주장하겠다.[*]

새로운 조사가 필요한 난관

앞 절에서 논의한 문제들은 상당한 주목을 받아 왔고 앞으로도 그럴 것이다. 그것들은 완전히 해결되지는 않았지만 이제 그 핵심은 분명하며 충분히 이해되었다고 생각할 수 있다. 이에 관해서는 본서의 나머지 부분에서도 간과하지 않겠지만, 롤스식 접근과 관련하여 지금까지 별로 드러나지 않았던 다른 문제들을 명확히 하는 것이 시급해 보인다.

(1) 실제 행동의 불가피한 타당성

첫째, 사회계약적 접근을 통한 공정성의 실행은 롤스의 경우 '현재부터 미래에 이르기까지 기본구조 자체의 제도를 규제하는 원칙에 관한 합의'에 도달함으로써 오로지 '공정한 제도'만을 식별하는 쪽으로 나아간다.[18] 공정으로서의 정의라는 롤스식 체계에서는 유효한 제도와 실제 행동적 특징 양쪽에 의존하려는 '정의사회'에 초점을 맞추기보다도 거의 '공정한 제도'에만 집중한다.

1993) 참조. 그 근저에 있는 문제는 본서의 제11장 「삶, 자유, 역량」 및 제12장 「역량과 자원」에서 다룰 것이다.

[*] 기본목적이 자유를 증진하는 경우에조차 소득이라는 수단을 이용하는 것이 전략적으로 이롭다는 점에 관해서는 Philippe Van Parijs, *Real Freedom for All*(1995) 참조. 또한 Norman Daniels, *Just Health*(2008)도 참조할 것.

에린 켈리Erin Kelly와 함께 롤스의 방대한 저작을 모아 편집한 새뮤얼 프리먼Samuel Freeman은 롤스의 '공정으로서의 정의' 전략을 다음과 같이 요약한다.

> 롤스는 정의의 원칙들을 논의하기 위해 가상적 사회합의라는 개념을 적용한다. 이 원칙들은 먼저 **사회의 기본구조**를 구성하는 제도의 공정성을 결정하는 데 적용된다. 개인과 그들의 행동은 공정한 제도의 요구에 따르는 한 공정하다. …… [이 제도들이] 특정되고 사회체제로 통합되는 방식은 사람들의 성격, 욕망, 계획, 장래의 전망, 그리고 되고 싶은 인간의 유형에 큰 영향을 준다. 이 제도들은 우리가 어떤 유형의 인간인지에까지 지대한 영향을 미치기 때문에 롤스는 사회의 기본구조가 '정의의 기본주제'라고 말한다.[19]

이러한 니티 중심적 접근이, 예컨대 사회선택이론과 같은 니야야 중심적 접근과 어떻게 다른지 알 수 있다(서장에서 제시한 대비를 보라). 후자는 사회제도와 공적 행동패턴의 조합을, (특히 특정 제도와 행동패턴이 평가되어야 할 사회적 실현 내에서 갖는 본질적 중요성에 주목하면서) 그것이 이끈 사회적 결과 및 실현에 근거하여 평가하려 할 것이다.

이 비교에서 두 가지 문제가 특별히 주목받을 만하다. 첫째, 정의를 니야야로서 이해하면, (실제 행동패턴을 비롯한) 사회적 특징들이 주어졌을 때 어떤 제도를 선택함으로써 기대되는 실제 사회적 실현을 무시할 수 없다는 것이다. 니야야의 관점에서 보면, (그 자체로 중요하다고 여겨지는 제도 및 행동규범의 존재에 합당하게 부여되는 실질적 평가를 무시해서는 안 되지만) 사람들에게 정말로 일어나는 것이 정의론의 중심적 관심사가 되지 않을 수 없다.

둘째, 설령 만장일치의 합의를 통한 기본적 사회제도의 선택이 '합당한' 행동(혹은 '공정한' 행위)을 식별하리라 인정할지라도, 각자의 행동이 그 식별된 합당한 행동과 완전히 일치할지 장담할 수 없는 세계에서, 선택된 제도가 어떻게 작동하느냐는 커다란 문제가 여전히 남는다. 롤스는 정의의 원칙에 대한 만장일치의 선택이 모두가 인정하는 '정치적 정의관'을 형성하는 데 충분한 기반이라고 주장하지만, 그러한 제도를 가진 사회에서 생겨나는 실제 행동패턴과는 전혀 다를지도 모른다. 사회가 잘 기능하도록 개인이 '합당하게' 행동할 필요성에 대해 존 롤스 이상으로 강력하고 정교하게 논의한 사람은 없기 때문에, 그는 사회의 모든 구성원이 보편적이고 합당한 행동을 자발적으로 취할 것이라 가정하는 것이 얼마나 곤란한지 아주 잘 알고 있었다.

그렇다면 다음과 같은 질문을 던져야 한다. 만일 어떤 사회의 정의가 제도적 특성과 실제 행동의 특징의 조합에, 그리고 사회적 실현을 결정하는 다른 영향들에 의존한다면, (꼭 '공정'하거나 '합당'하지만은 않은) 실제 행동을 고려하지 않고 '공정한' 제도를 식별하는 것이 가능한가? 만일 추구하는 정의론이 실제 사회에서 제도의 선택을 이끄는 데 일종의 적용가능성applicability을 가져야 한다면, 몇몇 원칙들을 올바른 '정치적 정의관'을 형성하는 것으로서 받아들이는 것만으로는 이 문제는 해결될 수 없다.

실제 정의의 추구는 부분적으로는 행동패턴의 점진적 형성에 관한 문제라고 볼 수 있다. 어떤 정의의 원칙을 받아들이는 것과 그 정치적 정의관에 일치하도록 개개인의 실제 행동을 완전히 재고안하는 것 사이에 갑작스런 비약이 있는 것은 아니다. 일반적으로 제도는 해당 사회의 유형과 일치하도록 선택되어야 할 뿐만 아니라, 설령 정치적 정의관이 구성원 모두에 의해 수용될지라도 — 그리고 그 이후에도 — 기대될 수 있는 실제 행동패턴과도 상호의존적으로 선택되어야 한다. 롤스의 체계에서는 정의의 두 원칙을 선택함으로써 올바른 제도가 선택되는 것과 각자가 실제 적절히 행동하는 것 모두가 보장된다고 여겨지며, 개인심리학과 사회심리학은 정치윤리학에 철저히 의존적이게 된다. 일관되고 숙련된 방식으로 전개된 롤스의 접근은 사회정의의 실천이성에 중요한 방대하고 다면적인 과제 — 정의원칙의 작동과 사람들의 실제 행동을 결합시키는 과제 — 를 정형화하고 대담하게 단순화한다. 이것이 유감스러운 것은 사회제도와 개인의 — 이상적이지 않은 — 실제 행동 간의 관계는 사회선택을 사회정의로 이끄는 것을 목표로 하는 정의론에 결정적으로 중요할 수밖에 없기 때문이다.*

(2) 계약론적 접근의 대안

롤스의 연구법에는 '계약론적' 추론이 적용되고 다음과 같은 질문이 동반된다. 어떤 '사회계약'이 원초적 입장에서 만장일치로 받아들여질 것인가? 계약론적 추론은 넓게는 칸트적 전통이며,[20] 현대 정치철학 및 도덕철학에서 큰 영향력을 발휘해 왔다 — 이는 롤스에 힘입은 바가 크다. 롤스는 이론으로서의 '공정으로서의 정의'를 대체로 이 전통 안에 위치시키며, 서장에서 언급했듯이 '로크, 루소 그리고 칸트가 제시한 사회

---

* 곧 논의하겠지만, 정의의 추구에서 양자의 관계는 고대 인도의 정치사상에서, 예컨대 카우틸랴와 아소카 간의 주요 논쟁점이었다(제3장 「제도와 개인」 참조). 이는 또한 애덤 스미스가 정치철학과 법학 연구에서 중점적으로 관여한 주제 가운데 하나이기도 하다. *The Theory of Moral Sentiments*(T. Cadell, 1790 republished, edited by D. D. Raphael and A. L. Macfie, Oxford: Clarendon Press, 1976)[『도덕감정론』, 김광수 옮김, 한길사, 2016] 및 *Lectures on Jurisprudence, The Glasgow Edition of the Works and Correspondence of Adam Smith*, vol. 5, edited by R. L. Meek, D. D. Raphael and P. G. Stein(Oxford: Clarendon Press, 1978)[『애덤 스미스의 법학강의』, 서진수 옮김, 자유기업원, 2002] 참조.

계약의 전통적 이론을 일반화하고 더 높은 수준으로 추상화하려는' 시도라 칭한다.[21]

롤스는 사회계약을 낳는 이러한 추론법을 '모든 구성원에 대해 집계된 최고의 선이자 포괄적 교의에 의해 특정된 완전한 선'을 낳는 데 초점을 맞추는 공리주의적 전통과 비교한다.[22] 이는 흥미롭고 중요한 비교이기는 하지만, 이 특정한 대비에만 초점을 맞춤으로써 계약론적이거나 공리주의적이지 않은 다른 접근들을 간과해 버렸다. 애덤 스미스의 예를 다시 들자면, 그는 공정의 요건에 바탕을 둔 정의의 판단을 위해 '공평한 관찰자'라 부르는 것을 고안했다. 이는 사회계약의 모델도 효용 총합 극대화의 모델도 ('완벽한 행복' 합계지표의 극대화도) 아니다.

공평한 관찰자라는 장치를 통해 공정의 문제를 다루면, 롤스의 계약론적 추론으로는 곤란한 몇몇 가능성이 열린다. 사회계약론적 접근으로는 용이하지 않지만 공평한 관찰자를 포함하는 스미스식 추론을 통해 다룰 수 있는 사항들은 다음과 같다.

(1) 단순히 선험적 해법을 식별하는 데 그치지 않고 비교적 평가까지 나아가는 것
(2) 제도와 규칙의 요구뿐만 아니라 사회적 실현에도 주목하는 것
(3) 사회적 평가의 불완전성을 허용하면서도, 분명히 드러난 부정의의 시급한 제거 등 사회정의의 중요한 문제에 관한 지침을 제공하는 것
(4) 계약론적 집단 밖 사람들의 목소리에 귀를 기울여 그들의 이익을 고려하거나 지역적 편협성에 빠지지 않도록 하는 것

계약론적 접근 및 롤스의 '공정으로서의 정의'론을 제약하고 더 건설

적인 방식을 필요로 하는 이 문제들에 관해서는 서장에서 이미 간략히 지적했다.

(3) 글로벌한 관점의 타당성

롤스적 형식 내에서 사회계약을 이용하면, 정의의 추구에 참여하는 사람들은 주어진 정치공동체의 구성원, 즉 '국민people'(롤스는 이러한 집단을 보통 정치이론에서 말하는 국민국가의 구성원과 대체로 비슷하게 여겼다)으로 불가피하게 한정된다. 원초적 입장이라는 장치는 토마스 포기 등이 롤스의 원초적 입장을 '세계주의적cosmopolitan'으로 확장하며 시도했듯이 거대한 글로벌 사회계약을 구하는 것 이외의 가능성을 거의 남겨 두지 않는다.[23] 그러나 롤스적 절차에 따라 글로벌 사회를 위한 공정한 제도를 마련할 가능성, 즉 세계정부의 실현성은 심히 의심스러우며, 토머스 네이글 등으로 하여금 글로벌 정의의 가능성을 부정하게 만든 회의론에 관해서는 이미 서장에서 언급했다.

그렇지만 적어도 앞서 간략히 제시한 두 가지 이유에 따라 한 국가 내의 정의를 평가하는 데 그 국가 외부의 세계가 개입할 수밖에 없다. 첫째, 한 국가에서 일어난 일, 그리고 그 제도가 작동하는 방식이 다른 국가들에 영향을 미치고, 때로는 엄청난 결과를 초래할 수밖에 없다는 것이다. 이는 국제 테러활동이나 그것을 저지하는 시도, 혹은 미국 주도의 이라크 침공과 같은 사건을 생각해 보면 아주 명백하다. 국경을 초월하는 영향력은 우리가 사는 세계의 모든 곳에 존재하는 것이다. 둘째, 각 국가나 사회는 더 글로벌한 정밀조사를 요하는 지역적 신념을 가질 수 있다는 것이다. 그러한 검토를 통해 고려되는 물음의 종류와 형식을 넓힐 수 있고, 또 다른 나라나 사회의 경험을 참고하여 특정 윤리적·정치적 판단 이면에 있는 근거를 문제 삼을 수 있다. 예컨대 여성의 불평등한 지위를 둘러싼 사실과 가치, 혹은 고문이나 — 하물며 — 사형의 용인 등을 평가하는 데는 지역적인 논의보다 전 세계적인 문제 제기가 더 중요할 수 있다. 롤스의 분석에 따르면, 공정의 실행이 불러일으키는 다른 문제들은 특히 주어진 사회 **내에서** 개인의 이익과 우선순위가 서로 다른 것과 관계된다. 기득권 및 지역적 편협성의 한계를 다루는 수단과 방법에 관해서는 다음 장에서 검토할 것이다.

JUSTITIA와 JUSTITIUM

또 다른 아마도 그리 중대하지는 않을 문제를 고려하면서 이 장을 마치겠다. 롤스의 '공정으로서의 정의'론에서 공정의 개념은 **개인**과 관련되는 반면(어떻게 서로 공정할 수 있을까), 정의의 원칙은 **제도**의 선택에 적용된다(어떻게 공정한 제도를 식별할까). 그의 분석(이에 대해 나는 다소 회의적이다)에서는 전자가 후자로 이어지지만, 그의 논법에서 공정과 정의는 매우 상이한 개념이라는 사실에 주의해야 한다. 롤스는 이 두 개념 간의 차이를 주의 깊게 설명하는데, 이에 관해서는 이 장의 앞부분에서 언급했다.

그러나 — 그의 '공정으로서의 정의'론에서 불가결한 — 공정과 정의 간의 차이는 정말 그렇게 중요한 것일까? 이사야 벌린이 나에게 롤스의 접근에 대한 비판을 구두로 제기한 적이 있는데, 이에 관해 롤스에게 논평을 부탁했을 때 늘 그렇듯 명쾌한 답변을 얻을 수 있었다. 벌린이 내게 한 말은 세계의 몇몇 주요 언어가 공정과 정의를 분명히 구분조차 하지 않기 때문에 '공정으로서의 정의'는 기본개념이 될 수 없다는 것이었다. 예컨대 프랑스어에는 둘 중 하나만을 의미하는 단어가 없고 'justice'가 양쪽 모두를 뜻한다.* 롤스는 다음과 같이 대답했다. 의미가 충분히 구분되는 단어들의 존재 유무는 별로 중요하지 않다. 중요한 것은 어휘적으로 구분되지 않는 언어를 사용할지라도 별개의 개념을 구별하고, 필요한 만큼의 단어들을 사용하여 그 대비를 설명할 수 있느냐이다. 나는 이것이 벌린의 물음에 대한 올바른 대답이라 믿는다.** 말은 중요하지만 그것에 너무 구속되어서도 안 된다.

콰인W. V. O. Quine이 내 논문에 대해 논평했을 때, 'justice'라는 단어와 관련된 흥미로운 대조에 관심이 끌렸다. 그는 내게 보낸 1992년 12월 17일자의 편지에서 다음과 같이 썼다.

> justice라는 말을 solstice[하지, 동지 등을 가리키는 지점(至點)]라는 말과 나란히 생각해 봤네. 후자 solstitium은 분명 sol + stit(stat-의 축약형), 즉 '태양의 정지'를 뜻하는데, justitium은 어떤지 궁금했네. 원래 법의 정지란 뜻이었을까? 메이예Antoine Meillet에게 확인했더니 맞다고 하더군. 세상에! 법정의 휴가였다는 거야. 더 알아보니 justitia와 justitium은 관계가 없더군. justitia는 just(um) + -itia, 즉 마땅히도 'just-ness'[올바름]이고, justitium은 jus + stitium이라는 거지.

---

* 영어의 'fair'라는 단어는 게르만어에 뿌리를 두는데, 고대 고지高地 독일어의 'fagar'로부터 고대영어의 'faeger'가 생겨났다. 원래 그 용법은 주로 미적인 것으로 '유쾌하다' 또는 '매력적이다'라는 의미였다. 'fair'가 '공평하다equitable'는 뜻으로 쓰이게 된 것은 한참 뒤인 중세영어에서였다.

** 하지만 '공정으로서의 정의'에 관한 롤스의 책을 프랑스어로 번역하려 할 때 파리의 지식인들은 [프랑스어 번역어인] 'justice comme justice'와 씨름하는 도전적 과제에 어떻게 대처했을지 상상하는 것은 즐거웠다고 고백해야겠다. 롤스의 책을 번역한 사람은 잘 선택된 표현을 사용하고 기본개념을 'la justice comme équité'[공평으로서의 정의]라 강조함으로써 차이를 유지했다는 것을 덧붙인다(John Rawls, *Théorie de la justice*, translated by Catherine Audard(Paris: Éditions du Seuil, 1987)). 또한 John Rawls, *La justice comme équité: Une reformulation de Théorie de la justice*, translated by Bertrand Guillaume (Paris: Éditions La Découverte, 2008) 참조.

콰인의 편지를 받고 나서 우리의 민주주의 유산인 마그나카르타가 너무 걱정스러워져 다소 불안한 마음으로 그 민주적 통치에 관한 고전적 문서를 곧바로 찾아보았다. 다행히도 다음 구절을 발견하고 안심이 되었다. "Nulli vendemus, nulli negabimus aut differemus, rectum aut justitiam." 번역하면 다음과 같을 것이다. "짐은 누구에 대해서도 그의 권리나 정의를 팔거나 부정하거나 미루지 않을 것이다." 위대한 반권위주의적 운동의 지도자들이 자신들이 무엇을 하는지 알고 있었을 뿐만 아니라 어떤 단어를 사용해야 할지도 알았다는 사실은 기념할 만한 것이다 (반대로 전 세계의 현직 재판관들은 마그나카르타가 '법정의 휴가'를 보장하지 않아 뜨끔했을 것이라고 충분히 상상할 수 있지만 말이다).

공정과 정의의 개념에 대한 존 롤스의 주요한 공헌은 상찬할 일이지만, 이미 논의했듯이 그의 정의론에는 비판적 정밀조사 및 수정을 필요로 하는 다른 개념들도 있다. 공정, 정의, 제도 그리고 행동에 대한 롤스의 분석은 정의의 이해를 한층 심화시켰고, 정의론의 발전에 매우 건설적인 역할을 했으며 여전히 진행 중이다. 하지만 정의에 대한 롤스적 사고방식을 통해 지적 '정지'에 빠져서는 안 된다. 우리는 롤스에게서 얻은 개념들의 풍요로움을 이용해야 하며, '휴가'를 얻는 것이 아니라 앞으로 나아가야 한다. 우리에게 필요한 것은 'justitia'이지 'justitinum'이 아니다.

제3장

제도와 개인

비트겐슈타인이 시사했듯이 좋음과 현명함이 밀접히 관련되어 있다는 신념(제1장 참조)은 처음 느끼는 것만큼 참신한 것은 아니다. 비트겐슈타인의 발언만큼 단호하지는 않았을지도 모르지만 많은 사상가들이 오랜 기간 이 문제에 관해 발언해 왔다. 흥미로운 예를 들자면, 기원전 3세기 인도 황제 아소카는 선과 정의로운 행동에 관한 수많은 비문을 국내외 각지의 석판 및 석주에 남겼는데, 그의 유명한 비문 중 하나에 좋음과 현명함의 관계에 관한 기록이 남아 있다.

그는 불관용에 반대했고, 어떤 사회적 혹은 종교적 종파가 다른 종파와 대립하는 경우에조차 "다른 종파는 어떤 경우든 어떠한 점에서든 온당히 존중되어야 한다"고 주장했다. 이러한 행동을 조언한 것은 '타 종파의 사람들도 모두 어떤 이유로든 존중받아 마땅하다'는 깊은 인식이 있었기 때문이다. 그는 이어서 다음과 같이 말했다. "자신의 종파는 존중하면서 순전히 자신의 종파에 대한 애착 때문에 다른 종파를 폄하하는 자는, 사실 그러한 행위로 인해 **자신의 종파에 가장 심한 위해를** 가하는 것이다."[1] 아소카는 타인의 신념이나 종교에 대한 불관용은 자신의 전통이 관대하다는 신뢰감을 쌓는 데 도움이 되지 않는다는 사실을 분명히 지적했다. 따라서 무엇이 자신의 종파 — 번영시키려는 바로 그 종파 — 에 '가장 심한 위해'를 가하는지 알지 못하는 현명함의 결여는 어리석으며 역효과를 낸다는 것이다. 이 분석에 따르면 그러한 종류의 행위는 '좋지 않을'뿐더러 '현명하지 않은' 것이다.

사회정의에 관한 아소카의 사상에는 복지와 자유의 증진은 일반적으로 국가 및 사회 구성원을 위한 중요한 역할을 하며 사회적 풍요는 무력으로 강제되는 것이 아니라 시민들의 자발적 선행을 통해 이루어질 수 있다는 확신이 내포되어 있다. 그는 인생의 상당한 시간을 들여 사람들 간의 자발적 선행을 고취시키려 했으며, 그가 온 나라에 세운 비문은 그러한 노력의 일환이었다.*

아소카가 인간의 행동에 초점을 맞춘 데 반해, 아소카의 조부 찬드라굽타(마우리아 왕조를 세우고 거의 인도 전역을 지배한 최초의 왕)의 재상이자 기원전 4세기의 명저 『아르타샤스트라(실리론)』*Arthasastra*(넓게는 '정치경제학'이라 번역할 수 있다)를 쓴 카우틸랴는 사회제도의 확립과 이용을 강조했다. 카우틸랴의 정치경제학은 성공적 정치와 효율적인 경제성장 양쪽에서의 제도적 역할 이해에 기초하며, 규제와 금지를 포함한 제도적 특징은 선행을 이끌고 방종을 통제하는 데 큰 기여를 한다고 보았다. 이는 분명 정의를 증진시키기 위한 진지한 제도적 관점이며, 잘 고안된 물질적 인센티브나 필요에 따라서는 통제와 형벌에 의해 이끌리지 않고서 사람이 자발적으로 선행을 할 능력에 대해 카우틸랴는 회의적이다. 물론

---

* 자신이 통치하는 사람들을 위한 사회복지시설을 확충하는 등 아소카가 유별나게 사회적으로 참여했다는 놀랄 만한 기록은 웰스H. G. Wells로 하여금 다음과 같은 글을 남기게 했다. "역사책을 가득 채우는 수천, 수만의 군주들 가운데 위엄과 자애와 고귀함 속에서 아소카의 이름이, 거의 그것만이 별처럼 빛나고 있다"(H. G. Wells, *The Outline of History: Being a Plain History of Life and Mankind*(London: Cassell, 1940), p. 389).

오늘날 많은 경제학자들이 돈에 좌우되는 인간관을 카우틸랴와 공유하지만, 이러한 관점은 더 숙고하도록 설득하여 어리석은 생각이 조악한 행동을 낳고 모두에게 끔찍한 결과를 초래한다는 것을 이해하도록 장려함으로써 사람들의 행동을 극적으로 좋게 만들 수 있다는 아소카의 낙관적 신념과 뚜렷한 대조를 이룬다.

아소카가 행동적 개선만을 통해 이룰 수 있는 것을 과대평가했다는 것은 거의 확실하다. 그는 처음에는 엄격하고 가혹한 황제였지만, 인도의 미정복지(칼링가, 현재의 오리사)를 두고 승리한 전투에서 목격한 잔학행위에 반감이 생겨 도덕적·정치적 전향을 감행했다. 그는 도덕적·정치적 우선순위를 바꾸기로 결심하고, 고타마 붓다의 비폭력 가르침을 받아들였으며, 서서히 군대를 해산하고 노예 및 도제노동자를 해방시켜 강력한 지배자보다는 도덕적 스승의 역할을 맡았다.[2] 애석하게도 아소카의 광대한 제국은 그가 죽고 얼마 되지 않아 여러 영토로 분할되었는데, 그의 재임기간에 분열되지 않았던 것은 그가 사람들로부터 경외심을 받고 있기도 했지만, (브루스 리치Bruce Rich가 논의했듯이) 사실상 카우틸랴의 억압적 행정조직을 완전히 해체하지 않았기 때문이라는 증거가 있다.[3]

도덕적 행동의 영역과 범위에 대한 아소카의 낙관주의는 분명 정당화되지 않았지만, 사회윤리를 통해 좋은 결과를 낼 가능성에 대해 회의적이었다는 점에서 카우틸랴는 옳았을까? 아소카와 카우틸랴의 관점은 각각 불완전했지만 사회의 정의를 증진시키는 수단과 방법을 생각하는 데 주목할 필요가 있을 것이다.

제도 선택의 의존적 성질

사회의 정의를 달성하는 데 제도와 행동패턴이 갖는 상호의존적 역할은 카우틸랴나 아소카의 시대처럼 먼 과거의 통치개념을 평가하는 것 뿐만 아니라, 오늘날의 경제학과 정치철학에 적용하는 것과도 관련되어 있다.* 존 롤스의 '공정으로서의 정의'를 정식화하는 데 있어 물어야 할 것은 다음과 같다. 만일 행동패턴이 사회에 따라 다르다면(그렇다는 증거도 있다), 그의 '입헌단계'에서 서로 다른 사회의 기본제도를 수립하는 데 동일한 정의의 원칙을 사용할 수 있을까?

이 문제에 대답할 때 주의해야 할 점은 공정한 제도를 위한 롤스의 원칙은 일반적으로 특정한 물리적 제도를 명시하는 것이 아니라, 실제의 제도 선택을 지배하는 규칙을 식별한다는 것이다. 그러므로 실제의 제도 선택은 사회적 행동의 실질적 지표를 필요한 만큼 고려하면서 이루어질 수 있다. 예를 들어 롤스의 정의의 제2원칙을 생각해 보자.

> 사회적 · 경제적 불평등은 다음 두 조건을 만족해야 한다. 첫째, 공정한 기회균등의 조건하에 모든 사람들에게 열려 있는 직무와 직위에 결부되어야 한다. 둘째, 사회의 최소 수혜자에게 최대의 이익을 마련해 주어야 한다.[4]

첫 번째 부분은 행동규범을 조건으로 하지 않는 비차별적 제도를 직접적으로 요구하는 것처럼 보일지도 모르지만, '공정한 기회균등'의 요건은 적절한 제도를 선택할 때 행동적 특징에 더 큰 역할을 부여한다(예를 들면 주어진 행동적 특징을 고려할 때 어떤 선정기준이 효과적일까)고 생각하

---

* 에드먼드 펠프스Edmund S. Phelps는 프리드리히 하이에크의 자본주의관에서 상호의존성을 뛰어나게 분석했다. 'Hayek and the Economics of Capitalism: Some Lessons for Today's Times', 2008 Hayek Lecture(Friedrich August von Hayek Institute, Vienna, January 2008) 참조.

는 것이 타당하다.

제도 선택 원칙의 두 번째 부분('차등원칙'이라는 이름의 중요한 요건)에서는 서로 다른 잠재적 제도장치가 그 사회의 일반적 행동규범과 어떻게 서로 맞물려 있고 상호작용하는지 검토해야 한다. 실제로 차등원칙의 표현조차 이 기준이 사회에서 실제로 일어나는 일과 관련되어 있음을 나타내고(불평등이 '사회의 최소 수혜자에게 최대의 이익'을 가져다줄 것인가?), 또한 이는 롤스에게 행동의 차이에 대한 민감성을 불어넣을 여지를 훨씬 많이 부여한다.

계약론적 추론을 통한 행동규제

실제 행동과 제도 선택 간의 관계를 논의할 때 고려해야 할 두 번째 문제가 있다. 이에 관해서는 제2장에서 소개했지만, 일단 사회계약이 성립하면 사람들은 편협한 이기주의를 버리고 사회계약이 기능하는 데 필요한 행동규칙에 따른다는 롤스의 가정에 관한 것이다. '합당한' 행동이라는 롤스의 개념은 일단 — 원초적 입장에서 만장일치로 — 선택된 제도들이 시행되었을 때 가정할 수 있는 실제 행동에까지 미친다.[5]

롤스는 **계약 이후** 이루어질 행동의 성질에 관해 상당히 요구가 지나친 가정을 하는데, 이에 대해『정치적 자유주의』에서 다음과 같이 기술한다.

합당한 개인들은 …… 누구나 받아들일 수 있는 조건 아래 자유롭고 평등한 입장에서 서로 협력할 수 있는 사회를 바란다. 그들은 그러한 사회에서 각 개인이 다른 사람들과 마찬가지로 이익을 얻을 수 있도록 호혜성 reciprocity이 유지되어야 한다고 주장한다. 반면 협력체계에 가담하려고 계획하면서도 협력을 위한 공정한 조건을 명시하는 일반적 원칙이나 기준을 겉치레로서가 아니라 정말로 존중하거나 제안하려 하지 않는다면, 사람들은 그와 동일한 기본적 측면에서 합당하지 않다. 그들은 상황만 허락된다면 언제든 자신의 이익에 맞게 그 조건들을 위반할 것이다.[6]

롤스는 사회계약 성립 이후의 실제 행동이 계약에 따른 합당한 행동의 요구를 포함할 것이라고 가정함으로써 제도의 선택을 그만큼 단순하게 만들었다. 일단 제도가 확립되면 개인이 어떠한 행동을 취해야 하는지 알게 되기 때문이다.

그리고 롤스는 그의 이론을 제시할 때 불일치나 불완전성에 대해 비난받지 않게 된다. 하지만 이 논리적이고 일관된 정치학 모델이, 롤스의 주관심사인 공상적 세계가 아니라 바로 우리가 사는 세계에서, 어떻게 정의의 판단에 대한 지침으로 작용할 수 있느냐는 문제가 여전히 남는다. 만일 그의 의도가 완벽히 공정한 사회적 장치와 합당한 행동의 추가적 협조를 통해 완전히 공정한 사회를 달성하는 방법을 보여 주는 것이라면 그의 초점은 분명 타당하다.* 하지만 서장에서 언급했듯이, 이는 선험적 사고와 사회정의의 비교판단 간의 거리를 더 멀게 그리고 문제적으로 만들어 버린다.

---

* 그러나 롤스는 인센티브의 요구에 맞추는 데 필요한 불평등을 양보하기 때문에 선험적 정의를 특징짓는 그의 이론이 타당한 것이냐는 중요한 문제가 생긴다. 만일 G. A. 코헨이 *Rescuing Justice and Equality*(Cambridge, MA: Harvard University Press, 2008)에서 제시한 논의, 즉 사람들을 옳게 행동하라고 회유하기 위해(공정한 사회에서는 개인적 인센티브가 없어도 행해야 한다) 불평등을 양보해서는 안 되므로 완벽한 정의를 위한 롤스의 이론은 상당히 불만족스럽다는 것을 받아들인다면, 롤스식 정의론의 실질적 내용은 타격을 입을 것이다. 제2장에서 논의했듯이 롤스는 계약 이후의 세계에서 개인적 행동에 대해 지나친 요구를 하지만, 사회계약 자체 내에 인센티브를 수용함으로써 인센티브를 필요로 하지 않는 이상적 행동의 필요성을 면제하기 때문에 중요한 문제가 생기는 것이다.

원초적 입장에서 합의 후 합당한 행동이 나올 것이라는 롤스의 가정과, 사회는 옳은 행위(**다르마**)에 의해 주도될 것이라는 아소카의 전망 사이에는 유사성이 있지만, 롤스의 비판적 손길을 통해서는 제도와 행동의 이중역할에 주목하면서 우리가 추구하는 세계에서 일이 어떻게 진행될 것인지 훨씬 더 완전한 그림을 그려볼 수 있다는 점에서 차이가 있다. 이것은 선험적 정의를 그 자체로 사고하는 데 대한 중요한 공헌이라 볼 수 있다. 롤스는 제도와 행동에 대해 이상화된 선험적 전망을 다음과 같이 분명하고 설득력 있게 기술한다.

> 따라서 요약하면, i) 시민들은 선을 구상하는 능력 외에도 정의와 공정을 구상하는 능력 및 이 구상들의 요구대로 행동하려는 욕구를 갖는다. ii) 그들은 제도와 사회실천이 (이 구상들이 명시하듯이) 정의롭거나 공정하다고 믿을 때, 다른 사람들도 또한 스스로 역할을 다할 것이라는 합당한 보장이 있으면 자신들의 역할을 기꺼이 다할 것이다. iii) 만일 다른 사람들이 정의롭거나 공정한 장치 내에서 분명한 의도로써 자신들의 역할을 하려 한다면, 시민들은 그들에 대한 신뢰감을 높일 것이다. iv) 협력적 장치가 오랜 기간에 걸쳐 성공적으로 유지된다면, 이 신뢰감은 더욱 견고하고 완전해질 것이다. v) 이는 우리의 기본적 이익(기본권과 자유)을 보장하기 위해 고안된 기본제도가 더욱 확고히 그리고 흔쾌히 인식될 때도 마찬가지이다.[7]

이러한 전망은 계몽적이고 여러모로 아주 고무적이다. 그렇지만 제도적 공백과 부적절 행위가 뒤섞인 우리의 세계에서 부정의를 해결하려면, 제도를 당장 어떻게 수립해야 오늘 살고 내일 죽을 사람들의 자유와 복지를 강화하여 정의를 증진시킬 수 있을지 생각해야 한다. 바로 여기서 행동규범과 질서를 현실적으로 해석하는 것이 제도의 선택과 정의의 추구에 중요해진다. 현재 지켜지리라 기대되는 것보다 더 나은 행동을 요구하는 것은 정의를 촉진하는 데 좋은 방법이 될 수 없다. 오늘날의 정의와 부정의에 관해 생각할 때는 이러한 기본인식이 필요하며, 이를 바탕으로 본서의 나머지 부분이 전개될 것이다.

권력과 견제의 필요성

이제 우리는 사회가 필요로 하는 적절한 사회제도의 특징에 관한 존 케네스 갤브레이스John Kenneth Galbraith의 기본적 통찰에 주목해야 할 것이다. 갤브레이스는 제도적 균형이 사회에 매우 중요할 뿐만 아니라 권력은 부패하기 때문에 고삐 풀린 권력은 부정적인 영향을 미친다는 것을 잘 알고 있었고, 서로 '길항력'을 행사할 수 있는 별개의 사회제도가 중요하다고 강조했다. 그는 『미국의 자본주의』*American Capitalism*(1952)에서 이러한 요구와 타당성을 설명하고, 단일 제도가 행사할 수 있는 영향력과 잠재적 지배력을 억제하고 균형 잡는, 다양한 제도로부터 작동되는 힘에 미국사회의 성공이 얼마나 깊이 의존하는지를 비범하고 명쾌하게 밝혔다.[8]

그의 분석을 통해 최근 미국 행정부가 헌법에서 의도된 것을 능가하는 권력을 거리낌 없이 행사함으로써 얼마나 큰 잘못을 저질러 왔는지 알 수 있다. 그러나 더 눈에 띄는 것은 구소련처럼 중앙통제를 지휘하는 일당독재국에서 저지르는 잘못에 관해서도 역시 많은 것을 알 수 있다는 점이다. 10월 혁명의 초기에는 정치적 열광과 정의에 대한 기대가 있었지만, 머지않아 (숙청, 여론조작용 공개재판, 노동수용소, 무능한 관료주의적 경제·사회제도를 포함하는) 막대한 정치적·경제적 실패가 소련을 특징짓게 되었다. 내 생각에 이러한 실패는 길항력이 완전히 결여된 소비에트의 제도적 구조에서 어느 정도 유래할 수 있다. 이 문제는 민주주의의 결여와 분명한 관계가 있으며, 뒤에서 다시 다룰 것이다(제15장 「공적 이성으로서의 민주주의」). 민주주의적 실천의 문제는 목소리와 세력의 원천이 다양한 사회에서 작동하는 길항력과 밀접히 관계될 수 있다.

기반으로서의 제도

모든 정의론은 제도의 역할에 중요한 위치를 부여해야 하기 때문에 제도의 선택이 정의를 그럴싸하게 설명하기 위한 중심적인 요소가 될 수밖에 없다. 하지만 이미 논의한 이유로, 일종의 제도원리주의를 반영하여 제도 자체를 정의의 발현이라 여길 것이 아니라 정의를 **증진시킬** 제도를 모색해야 한다. 니티의 장치 중심적 관점은 적절한 제도의 존재 자체가 정의의 요구를 만족시킨다는 방식으로 보통 해석되지만, 니야야의 더 넓은 관점은 그러한 제도적 기초를 통해 실제로 어떤 사회적 실현이 이루어지는지 검토할 필요성을 보여 준다. 물론 제도 자체가 그것을 통한 실현의 **일부**로 간주될 수는 있지만, 사람들의 생활과도 얽혀 있기 때문에 오로지 제도에만 집중할 수는 없다.*

경제적 · 사회적 분석에는 올바르다고 여겨지는 제도적 구조로써 정의의 실현을 확인하는 오랜 전통이 있다. 그처럼 제도에 집중하는 예는 아주 많은데, 훌륭하게 돌아가는 자유시장 및 자유무역이라는 만병통치

---

* 대법관 스티븐 브레이어Stephen Breyer는 '목적과 결과에 주목하기'의 중요성을 강력하고 명료하게 드러내며 '주어진 해석이 민주주의적 목적에 얼마나 충실한지를 측정하는 주요 척도로서의 결과'의 역할을 강조했다(*Active Liberty: Interpreting Our Democratic Constitution*(New York: Knopf, 2005), p. 115).

약에서부터 공동화된 생산수단 및 마법처럼 효율적인 중앙집권적 계획이라는 유토피아에 이르기까지 다양한 것들이 공정한 사회의 대체적 제도 개념으로서 강력한 지지를 받아 왔다. 그러나 이 원대한 제도적 처방은 대체로 그 공상적 지지자가 바라는 것을 내놓지 못하며, 실제 좋은 사회를 실현하는 성과는 온전히 제반 사회·경제·정치·문화적 환경에 달려 있다는 것을 입증할 만한 근거가 있다.[9] 제도원리주의는 사회의 복잡성을 짓밟을 뿐만 아니라 제도적 지혜라고 우기며 자기만족에 사로잡혀 권고된 제도가 가져올 실제 결과의 비판적 검토조차 방해할 수 있다. 사실상 순수 제도적 관점에서는 적어도 형식적으로는 '공정한 제도'의 확립을 넘어서는 정의의 문제는 다루어지지 않는다. 아무리 좋은 제도일지라도 그것을 만족스럽거나 탁월한 사회적 성취를 위해 효과적으로 이용할 수 있는 방법이라 생각하지 않고 그 자체가 본래 좋은 것이라 여기면 곤란하다.

이런 사실은 충분히 쉽게 인식할 수 있다. 그런데도 제도원리주의는 정치철학에서조차 으레 선택된 제도 자체에 초점을 맞추어 지지하는 특성상 자주 시사된다. 예컨대 마땅히 유명한 '합의도덕론'의 탐구에서 데이비드 고티에David Gauthier는 제도장치의 합의라는 형태로 이루어지는 다양한 집단 간 합의에 의존하며, 이를 통해 순조롭게 사회정의에 이를 것이라고 한다. 제도는 압도적인 — 합의된 제도가 초래하는 실제 결과의 성질에 영향을 받지 않는 — 우선권을 부여받는다. 공교롭게도 고티에는 시장경제에 심하게 의존한다. 시장경제는 합의를 구하는 집단이 주목할 효율적인 장치를 생산해 낼 것이며, '옳은' 제도가 확립되기만 하면 그 제도의 확실한 손이 우리를 이끌 것이다. 그는 옳은 제도를 확립함으로써 집단은 도덕성의 제약으로부터도 해방된다고 명확하게 주장한다. 그의 저서에서 이것들이 설명되는 장의 제목은 적절하게도 「시장: 도덕

성으로부터의 자유」이다.[10]

데이비드 고티에처럼 사회정의를 평가하는 데 제도에 근본적인 역할을 부여하는 것은 다소 예외적일지도 모르지만, 다른 수많은 철학자들 또한 그러한 방향으로 이끌려 왔다. **한번** 제도가 가설적인 공정한 합의에 따라 합리적으로 선택되었다고 여겨지면 실제 성공 여부와 관계없이 침해될 수 없다고 상정하는 것은 상당히 매력적이다. 여기서 일반적 쟁점은 한번 제도가 선택되면 실제 어떤 결과가 나오든 간에 합의와 제도의 실태를 묻지 않고 모든 것을 제도의 선택(명백히 협상과 합의에 들어가는 한에서의 결과를 목적으로 선택된다)에 일임할 수 있느냐이다.*

고티에의 이론과 같은 제도원리주의의 형식을 취하지는 않지만 결과와 실현보다 선택된 제도를 우선시한다는 점을 공유하는 이론도 있다. 예컨대 로버트 노직은 정의를 위해 재산권, 자유로운 거래, 자유로운 이동, 자유로운 상속을 포함하는 개인의 자유를 보장할 필요성을 역설하면서 이 권리들에 필요한 제도(법적·경제적 틀)를 공정한 사회의 필수요건으로 삼는다.[11] 그리고 결과의 평가에 입각한 수정을 요구하는 대신에 그 제도의 손에 모든 것을 맡겨 버린다(그의 이론에서 결과의 '정형화'는 적어도 순수형식으로는 허용되지 않는다). 제도 자체를 평가하는 것과 노직의 체계에서처럼 사람들의 '권리'와 같은 또 다른 것을 실현하는 데 필요하다는 이유로 제도를 정의에 필수적인 것으로 보는 것 사이에는 분명한 차이가 있다. 그러나 이 차이는 상당히 형식적인 것이며, 노직의 이론도 제도에 관해서는 파생적 원리주의라 간주해도 완전히 빗나간 것은 아니다.

그런데 만일 '공정한 제도'로서 채택된 것들의 집합이 (노직의 경우처럼

---

* 그러나 모든 시장경제의 지지자가 무조건적인 것은 아니다. 예컨대 존 그레이John Gray는 결과가 조건으로 붙은 제도로서의 시장을 강력히 옹호한다(*The Moral Foundations of Market Institutions*(London: IEA Health and Welfare Unit, 1992)).

자유주의적 권리의 보장과 같은 당면 관심사를 침해하지 않고) 그 사회의 구성원들에게 끔찍한 결과를 초래한다면 어떻게 될까?* 노직은 여기서 문제가 생길 수 있다고 인정했다. 자유주의적 권리에 최대의 우선권을 부여하는 그의 체계가 '파국적인 도덕적 참사'로 이끄는 경우를 가능한 예외로서 취급한 것이다.** 그러한 극단적인 경우에 제도적 요건은 포기될 것이다. 하지만 한번 그러한 예외를 인정하면, 그의 이론에서 기본적으로 어떤 것이 우선권을 갖는지, 그리고 필요한 제도와 규칙에 어떤 지위가 부여되는지 불분명해진다. 만일 파국적인 도덕적 참사가 옳다고 여겨지는 제도에 전적으로 의존하는 것을 포기하는 데 적합한 이유라면, 꼭 파국적이지는 않더라도 사뭇 심각한 사회적 영향은 제도의 우선권을 덜 과감하게 수정해야 할 적합한 이유가 될 수 있을까?

물론 더 일반적인 문제는 채택된 제도가 아무리 훌륭할지라도 실제 세상에서 벌어지는 일에 항상 민감하지는 않다는 기본적인 불신이다. 존 롤스는 제도가 가져오는 사회구조의 측면에서 제도를 논의하려고 하지만, 어디까지나 '정의의 원칙들'을 오로지 제도적으로 정의함으로써 논의가 이루어지며, 그 역시 순수 제도적인 정의관을 향해 나아간다.*** 마

---

* 경제적 · 정치적 힘은 그 누구의 자유주의적 권리를 침해하지 않고도 막대한 기근까지 초래할 수 있다. 이에 관해서는 나의 저서 *Poverty and Famines: An Essay and Entitlement and Deprivation*(Oxford: Oxford University Press, 1981) 및 본서의 제1장 「이성과 객관성」을 참조할 것. 또한 Cormac Ó Gráda, *Ireland's Great Famine: Interdisciplinary Perspectives*(Dublin: University College Dublin Press, 2006) 참조.

** 하지만 미해결 문제가 남아 있다. "권리를 반영하는 이 부차적 제약들은 절대적인 것인가 아니면 파국적인 도덕적 참사를 피하기 위해 침해될 수 있는가. 만일 후자라면 결과적으로 어떤 구조가 나타나는가. 이는 피하고 싶은 문제이다"(Robert Nozick, *Anarchy, State and Utopia*(Oxford: Blackwell, 1974), p. 30[『아나키에서 유토피아로』, 남경희 옮김, 문학과지성사, 1997, 53쪽]).

*** 물론 '공정으로서의 정의'라는 롤스의 체계에서 제도는 결과를 고려하여 선택되지만, '정

찬가지로 다른 선도적인 정의론자들도 제도가 예상대로 작동할 것이라는 전망에 기초하여 자신들이 추천하는 제도의 건전성에 궁극적으로 의존한다.

이제 우리는 갈림길에 접어든다. 제도적 접근과는 대조적으로 상황이 어떤지, 장치가 공정하다고 여겨질 수 있는지 평가하기 위해 실제 사회의 상태에 폭넓게 주목하는 정의론과 사회선택이론이 있다. 공리주의가 (비록 사회의 상태를 평가할 때, 발생된 효용이라는 좁은 관점에 국한하고 다른 것들은 무시할지라도) 그러한 관점을 취하지만, 더 일반적으로는 콩도르세와 애덤 스미스 등의 규범적 접근에 따라 케네스 애로가 확립한 체계에서 볼 수 있듯이 평가와 정의에 관심을 갖는 사회선택이론도 마찬가지의 관점을 취한다. 여기서는 사태를 평가할 때, 이용된 과정의 심대한 중요성을 무시하면서 오로지 효용 혹은 (로버트 노직이 말하는) '종국상태 end state'에만 의존할 필요는 없다. 오히려 실제로 일어난 포괄적인 사태야말로 우리가 올바로 하고 있는지, 더 잘할 수는 없었는지를 평가하는 데 결정적으로 중요해 보인다.

니야야의 폭넓은 관점에서는, 틀림없이 옳다고 여겨지는 사회제도와 사회규칙의 니티에 정의의 과제를 떠안길 수 없으며, 그 이상의 사회적 평가를 무시할 수도 없다(데이비드 고티에의 화려한 문구 '도덕성으로부터의 해방'과 같은 것은 말할 나위도 없다). 상황이 어떠하며 또 개선될 수 있느냐고 묻는 것은 정의를 추구하는 데 있어 변함없이 불가피한 부분이다.

의의 원칙들'을 통해 한번 선택되기만 하면 그 제도가 예상된 결과를 실제 만들어 내고 있는지 점검하는 절차는 그 체계 내에 결여되어 있다.

제 4 장

목소리와 사회적 선택

　기원전 325년, 알렉산드로스대왕은 인도 북서부를 돌아다니며 펀자
브 및 그 주변의 왕들과 일련의 전투를 벌였고 전부 승리했다. 그러나 인
도 동부의 수도 파탈리푸트라(현 파트나)에서 인도 대부분을 통치한 강력
한 난다왕조와 맞붙을 만한 전의를 병사들에게서 이끌어 낼 수는 없었
다. 그렇지만 아리스토텔레스의 제자였던 알렉산드로스는 조용히 그리
스로 돌아가지 않고 인도의 종교 및 사회 철학자, 이론가들과 느긋하게
대화하느라 많은 시간을 보냈다.*

　어느 격렬한 토론에서 이 세계정복자는 왜 자신에게 아무런 관심을
주지 않는지 자이나교도Jain 철학자들에게 물었고, 다음과 같이 평등에

---

* 당시 인도는 지적 이단으로 충만했으며, 기원전 7세기와 기원전 5세기 사이, 즉 대서사
시 『라마야나』*Ramayana*(특히 『발미키 라마야나』*Valmiki Ramayana*)와 『마하바라다』
*Mahabharata*가 등장한 시기와 거의 겹친다. 나는 이 서사시들의 이단적 신념과 논법을 리
처드 곰브리치Richard Gombrich와 셸던 폴락Sheldon Pollock이 편집한 새로운 Clay
Sanskrit Library 판 『발미키 라마야나』의 서문에서 논의했다. 이는 또한 기원전 6세기부터
이어진 고타마 붓다와 마하비라 자인의 반역적 가르침이 지배적 정통파 신앙에 크게 도전
한 시기이기도 했다.

기초한 답변을 받았다.

알렉산드로스왕이여, 모든 사람은 이 지구에서 딱 서 있는 만큼의 땅바
닥만을 소유할 수 있습니다. 고향을 떠나 멀리 여행을 다니면서 늘 바쁘
고 나쁜 짓을 일삼고 당신 자신과 남들에게 폐를 끼친다는 점을 제외하
면 당신도 우리와 같은 인간입니다. …… 당신도 곧 죽을 것이고, 묻힐
만큼의 땅덩이만을 소유하게 될 것입니다.[1]

알렉산드로스의 전기 작가 아리아노스에 따르면, 알렉산드로스가 이
단호한 평등주의적 비난에 대해 답하면서 마치 디오게네스를 만났을 때
감탄했던 것처럼 상대에게 큰 경의를 표하며 자신에 대한 반론을 인정했
다는 것을 알 수 있다. 하지만 그의 행동은 변하기는커녕 "감탄해 마지
않았던 것과 완전히 반대"였다고 아리아노스는 기록했다.[2]

물론 논쟁 및 토론이 늘 효과적인 것은 아니다. 그러나 효과적일 수
있다. 실제 알렉산드로스의 경우에도 — 디오게네스, 자이나교도, 그리
고 기타 많은 사람들과 나눈 — 쓸데없어 보이는 잡담을 통해 생각의 범
위와 도량을 확장하고 지적 편협함을 배격하는 데 어떤 영향을 받았을
것이다. 하지만 알렉산드로스 자신에게 무슨 일이 일어났든 간에 그의
인도 방문을 통해 구축된 소통 경로는 몇 세기에 걸쳐 인도의 문학, 극,
수학, 천문학, 조각 및 기타 여러 분야에 지대한 영향을 미쳤고, 인도의
양상을 깊고 급격하게 바꾸었다.*

---

* 뒤에서 논의하겠지만(제15장 「공적 이성으로서의 민주주의」), 인도인들이 도시행정에
민주주의정부를 실험한 것도 그리스의 영향이었다. 다른 한편으로 그리스인들도 인도의 사
상 및 철학, 주로 다소 낭만화된 것들에 큰 관심을 갖게 되었다. 그 시기의 그리스철학과
인도철학의 유사성에 관해서는 다음의 훌륭한 연구를 참조할 것. Thomas McEvilley, *The
Shape of Ancient Thought: Comparative Studies in Greek and Indian Philosophies*(New

정의의 요구를 이해하는 것은 다른 훈련들에 비해 고독한 수양이 아니다. 어떻게 행동해야 하고 또 어떤 사회가 명백히 불공정한 것인지 평가하려 할 때는 자신의 결론을 수정하도록 이끄는 것이든 아니든 타인의 관점과 제안에 귀 기울이고 주목해야 한다. 또한 타인에게 자신의 우선 사항과 사고방식을 주목하게끔 시도하는데, 이는 성공할 때도 있지만 완전히 실패하기도 한다. 대화와 소통은 정의론이 다루는 주제의 일부일 뿐만 아니라('논의 없는 정의'의 가능성은 회의적이다), 제안된 이론의 성격, 견고함, 범위가 논의 및 담론의 공헌에 의존하는 것도 사실이다.

최선의 노력을 다해도 여전히 잘못에 빠지게 될 가능성을 배제하는 정의론은 눈에 띄지 않을지라도 옹호하기 힘든 허세를 만들어 낸다. 판단의 불완전성을 받아들이고 최종결정도 바뀔 수 있음을 인정하는 접근은 패배주의가 아니다. 포용력 있는 이론 내에 추론의 틀을 마련하는 것이 실천이성의 이론에 특히 중요하다 — 이는 본서에서 추구하는 정의론에의 접근법이다.

그러나 대부분의 주류 전문가들은 정의론이 추론의 틀만큼 일반적이고 불분명한 것은 아니라고 여긴다. 이들은 오히려 사회정의를 매우 상세히 공식화하고, 공정한 사회제도의 특징을 확고히 식별하려고 결심한 듯 보인다. 롤스의 정의론이 이를 잘 보여 준다. 지금까지 보았듯이 공정성의 우위, 원초적 입장의 개념, 그리고 원초적 입장에서 제도적 원칙을 선택할 때 만장일치의 행사 및 유형에 동반되는 대변representation의 특성을 비롯하여 수많은 중대한 추론이 존재한다. 그러한 일반적 추론은

York: Allworth Press, 2002). 어떤 유사성들은 서로 독립적으로 생겨났겠지만, 영향과 상호작용을 주고받은 영역도 많이 있다. 유감스럽게도 출간되지 않았지만 중요한 연구로서 John Mitchener, 'India, Greece and Rome: EastWest Contacts in Classical Times', mimeographed(Office of the UK Deputy High Commissioner, Kolkata, India, 2003)가 있다.

유일한 제도적 함의를 가진 분명한 정의의 원칙들로서 따라야 할 매우 명확한 규칙을 이끌어 낸다. (제2장에서 논의했듯이) 롤스의 정의론에서 이 원칙들이 주로 포함하는 것은 자유의 우선성(제1원칙), 절차적 평등의 요건(제2원칙의 첫 번째), 그리고 효율성과 결합되어 형편이 가장 어려운 집단의 이익을 촉진하는 데 우선권을 부여하는 형평성의 요건(제2원칙의 두 번째)이다. 롤스의 이론은 이러한 상세한 서술 덕분에 우유부단하다고 비난받을까 두려워할 필요는 없다.

그런데 과단성이 심한가? 만일 지금까지 제시된 추론이 옳다면, 이 특정화의 정도는 적절하고 실로 아주 중요한 여러 고찰에 대해 눈감을 것을 요구한다. 롤스식 '정의의 원칙들'의 특징 및 내용과 도출과정은 다음과 같은 심각한 문제가 될 배제를 낳을 것이다.

(1) 완벽히 공정한 사회의 요구를 식별하는 데만 골몰하여 정의에 대한 비교상의 물음에 답할 필요성을 무시하는 것

(2) 사회적 실현이라는 더 넓은 관점을 무시하고 오로지 '공정한 제도'와 관련된 정의의 원칙으로서만 정의의 요구를 공식화하는 것

(3) 한 국가에서의 행동 및 선택이 국경 너머의 사람들에게 미칠 수 있는 악영향을 무시하고, 영향을 받는 타국 사람들의 의견을 청취할 제도적 필요성을 인정하지 않는 것

(4) 나머지 세계와 분리되어 있는 사회에 쉽게 피해를 입힐 수 있는 편협한 가치의 영향을 바로잡기 위한 체계적 절차를 결여하는 것

(5) 원초적 입장에서 공적 토론을 거친 이후일지라도 사람들이 (그들의 기득권 차이 때문이 아니라) 그들이 추구하는 정치규범 및 가치의 복수성으로 인해 서로 다른 원칙들이 정의에 적합하다고 여겨질 수 있는 가능성을 허용하지 않는 것

(6) 가상적 사회계약인데도 어떤 사람들은 늘 '합당하게' 행동하지는 않을 가능성의 여지를 남기지 않는 것이며, 이는 (물론 제도의 선택을 포함하는) 모든 사회장치의 적절성에 영향을 미칠 수 있고, 모두가 '합당한' 특정 행위를 준수한다는 가정을 철저히 사용함으로써 매우 단순해진다.* 정의와 관련된 중요한 사안들을 무시하게 만드는 이러한 유혹을 거부한다면, 정의의 요건을 식별하고 추구하는 것은 훨씬 더 폭넓고 우발적인 형식을 취해야 할 것이다. 공적 추론을 위한 틀의 중요성은 ― 롤스 자신이 크게 강조했듯이 ― 그러한 더 큰 기획에 특히 중요하다.

그 과업의 특징은 사회선택이론의 도움으로 다소 분명해질 수 있으므로 이제 그쪽을 살펴보자.

사회선택이론 ― 하나의 접근법

윤리와 정치에 관한 논의는 새로울 것이 없다. 이 주제들에 관해 기원전 4세기에 아리스토텔레스는 주로 『니코마코스 윤리학』과 『정치학』에서 광범위하고 명료하게 기술했고, 그와 동시대에 인도에서는 (앞 장에서 논했듯이) 카우틸랴가 유명한 정치경제론서인 『아르타샤스트라』에서

---

* 이 한계들 중 일부는 이미 논의했으며, 다른 부분에 대해서도 계속될 것이다. 이러한 과실 및 태만의 목록에서 마지막 항목은 '비이상적' 조건을 다루는 이론의 필요성이 인식됨으로써 표준적인 문헌에서 어느 정도 양식화된 형태로 주목을 받아 왔다. 그러나 다른 항목들은 '이상적' 이론과 '비이상적' 이론 간 차이의 측면에서는 유효하게 이해되지 않는데, 그렇다고 숨겨져서도 안 된다. '이상적 이론'의 범위와 한계에 관해서는 잉그리드 로베인즈 Ingrid Robeyns와 애덤 스위프트Adam Swift가 주도한 계몽적 심포지엄 「사회정의: 이상론, 비이상적 상황」('Social Justice: Ideal Theory, Non-Ideal Circumstances' in *Social Theory and Practice*, 34(July 2008))에서 착수되었다.

더욱더 엄격히 제도적인 접근을 통해 다루었다. 하지만 공적 결정의 형식적 절차와 그 기초를 이루는 — 보통 숨어 있는 — 규범적 가정은 훨씬 뒤에야 탐구되기 시작된다. 그 과제를 검토하는 방법 중 하나를 사회선택이론에서 찾을 수 있는데, 사회선택이론이 체계적 학문 분야로서 처음으로 평가받은 것은 프랑스혁명이 일어나던 시기였다.

이 분야의 개척자는 장샤를 드 보르다Jean-Charles de Borda와 콩도르세 후작 등 주로 18세기 후반 파리에서 활동한 프랑스 수학자들로, 개인적 우선사항에 입각하여 집합적 평가에 이르는 문제를 수학적 용어로 다루었다. 그들이 사회선택이론이라는 정식 분야를 개시한 것은 구성원이 다양한 집단에서 개인적 판단을 집계하는 방법의 연구를 통해서였다.[3] 당시 지적 풍조는 유럽 계몽주의, 특히 사회질서의 이성적 구축에 관심을 기울인 프랑스 계몽주의(그리고 프랑스혁명)에 큰 영향을 받았다. 실제로 콩도르세를 비롯하여 초기의 사회선택이론가 중에는 프랑스혁명의 지적 지도자들도 있었다.

초기의 사회선택이론가들을 움직인 동기에는 사회선택 절차에서의 자의성 및 불안정성 회피가 포함되어 있었다. 그들의 작업은 집단 내 모든 구성원의 선호와 이익에 주목하는 합리적이고 민주적인 결정을 위한 틀을 개발하는 데 집중되었지만, 그 이론적 연구는 으레 비관적 결과를 낳았다. 예컨대 콩도르세는 다수결로 A가 B를 이기고 또 B가 C를 이기지만 역시 다수결로 C가 A를 이길 수 있듯이 다수결 원칙이 완전히 모순될 수 있음을 보였다('콩도르세의 역설'이라 불리기도 한다). 19세기 내내 유럽에서는 이러한 곤란의 본질에 관해 수많은 탐구가 이어졌다(역시 결과는 대부분 비관적이었다). 실제 매우 창의적인 사람들도 이 분야에 뛰어들어 사회선택의 곤란을 해결하려고 애썼으며, 예컨대 『이상한 나라의 앨리스』의 작가 루이스 캐럴은 C. L. 도지슨Dodgson이라는 실명으로 사

회선택에 관해 저술했다.[4]

1950년경 케네스 애로가 사회선택이론의 주제를 현대적인 형태로 부활시켰을 때(그가 그 명칭을 고안했다), 그 역시 집단결정의 곤란함과 그로 인한 모순에 크게 사로잡혔다. 그는 명시적으로 서술되고 검토된 공리를 통해 사회선택이론을 구조화되고 분석적인 형태로 제시하며, 사회선택이 합리성의 몇몇 최소조건을 만족시켜 그로부터 사회상태의 적절한 순위 및 선택이 이루어지기를 기대했다.[5] 이로써 현대판 사회선택이론이 탄생했다. 콩도르세와 보르다 등의 다소 마구잡이식인 접근은 사회결정의 절차가 받아들여지기 위해 만족되어야 할 조건들을 명시적으로 기술할 필요가 있다는 인식으로 대체되었고, 애로 자신의 공리와 요건도 이성적 비판을 거쳐 변경되는 것이 허용되었다.

이는 애로의 선구적 업적이 열어젖힌 긍정적이고 건설적인 길이었다. 그러나 그 자신의 공리에 관한 한, '애로의 불가능성정리'(애로 자신은 '일반가능성정리'라는 더 밝은 이름을 붙였다)로 알려진, 어디서든 성립하는 믿기 힘든 ― 그리고 아주 비관적인 ― 결과를 입증함으로써 기존의 암울함을 더욱 심화시켰다.[6] 이는 어떤 사회선택의 절차가 아무리 합리적이고 민주적일지라도 사회 구성원이 바라는 것을 결정하기 위해 정당하게 배려되어야 할 아주 가벼운 조건들마저 동시에 만족시킬 수 없다는 것을 보여 주는, 놀랄 만큼 우아하고 위력적인 수학적 결과이다(애로는 그 조건들을 그럴듯하게 묘사했다). 프랑스혁명 이론가의 저작 및 계몽주의 사상에 사회적 합리성이라는 야망이 꽃피고 나서 두 세기 후, 2차 대전의 참화에서 벗어나 새로운 민주주의에의 열기로 가득한 평화로운 세계가 탄생하고 있던 바로 그때, 합리적이고 민주적인 결정의 문제는 불가피한 최후를 맞을 것처럼 보였다.[7]

애로의 비관적인 정리와 그의 선구적 업적에 뒤따른 일군의 새로운 수학적 결과는 아주 전문적인 연구로부터 도출된 광범위한 일반 논의를 포함하여 결국 사회선택 분야에 중대하고 건설적인 영향을 미쳤다.* 집단의사결정의 이론가들은 세심한 민주적 실천에 합당해 보이는 요건들이 왜 불가능성의 결과를 낳았는지 깊이 살펴보아야 했다. 이러한 불가능성과 교착상태가 상당히 빈번하게 그리고 광범위하게 생겨나기는 하지만 의사결정의 절차에 더 많은 정보를 반영하게 함으로써 대체로 해결될 수 있으며[8] 복지와 상대적 편익의 대인비교에 관한 정보가 이러한 해결에 특히 중요하다는 것이 밝혀졌다.[9]

(투표와 선거와 같은) 정치적 선택이나 (국민소득의 평가와 같은) 경제적 평가의 기계적 절차들 대부분은 이에 동반되는 논의를 제외하면 정보를 거의 수용할 수 없다. 투표의 결과 자체는 어떤 후보가 다른 후보보다 더 많은 표를 얻었다는 사실을 제외하고 거의 아무것도 드러내지 않고, 국민소득 집계의 경제적 절차 또한 오로지 무엇이 얼마에 매매되었는지에 관한 정보에만 의지할 뿐이다. 평가나 의사결정 체계에 반영될 수 있는 모든 정보가 빈약하다면, 그러한 비관적인 결과를 감수해야만 한다. 그러나 정의의 요건, 사회조직 및 제도의 필요성, 그리고 공공정책의 만족스런 수립과정을 적절히 이해하려면 훨씬 많은 정보와 검토된 증거를 찾아내야 한다.

케네스 애로 자신은 사회선택의 정보적 기반을 넓힐 수단과 방법을 추구하는 데 가담했다.[10] 사실 콩도르세 또한 1780년대에 이미 그러한

---

* 불가능성정리와 그로부터 촉발된 건설적 발전 간의 계기적 및 분석적 관계에 관해서는 나의 노벨 강의 'The Possibility of Social Choice', *American Economic Review*, 89(1999) 및 *Le Prix Nobel 1998*(Stockholm: The Nobel Foundation, 1999)에서 논의했고, 수학적 관련성에 관해서는 나의 『집단선택과 사회후생』 및 'Social Choice Theory', in K. J. Arrow and M. Intriligator(eds), *Handbook of Mathematical Economics*, vol. 3 (Amsterdam: North-Holland, 1986)에서 검토했다.

방향을 막연히 시사한 바 있다.[11] 이는 그가 공교육, 특히 여성의 교육을 열정적으로 지지한과 밀접한 관계가 있는데, 그는 여성 교육이 특히 중요하다고 강조한 최초의 사람들 가운데 한 사람이었다. 또한 그가 사회통계의 충실화에 깊은 관심을 가졌고, 지속적인 공적 토론의 필요성을 피력했던 것과도 밀접히 관계된다. 이것들 모두 공공선택의 절차와 사회정의의 탐구과정에서 더 많은 정보의 이용을 촉진하는 데 도움이 되기 때문이다.[12]

이 사안들을 다루기에 앞서, 주로 선택 가능한 사회적 실현들을 순위 매기는 데 초점을 두는 사회선택이론 공식 간의 큰 차이가 갖는 성질과 함의, 그리고 정의의 개선 혹은 위축을 가늠하는 것이 아니라 '공정한 제도'라는 형식에서 완벽히 공정한 사회장치를 식별하는 데 집중하는 주류 정의론의 형식을 고찰할 것이다.

사회선택이론이 미치는 범위

형식적 사회선택이론은 당면 관심사와 동떨어져 보이기 때문에 많은 논자들은 그 적용 범위가 극히 제한되어 있다고 보는 경향이 있었다. 형식적 사회선택이론의 비타협적인 수학적 성질 또한 사회선택의 분야가 적용 가능한 실천이성과 동떨어져 있다는 인상을 부여했다. 사회선택이론과 현실적 관심사의 추구 간에 이루어지는 실제 상호작용은 까다로운 형식적·수학적 방법론과 손쉽게 이해할 수 있는 공적 토론 간에 큰 간극이 있는 것처럼 받아들여져 크게 방해받아 왔다.

예상할 수 있듯이 많은 논자들이 사회선택이론은 사회정의의 철학적 분석과 비교했을 때 실천적 관련성의 면에서 불리하다고 보고 있다. 홉스나 칸트, 롤스의 저작은 고된 숙고와 복잡한 성찰을 요구하는데도 그 주된 메시지를 받아들이고 이용하는 것은 사회선택이론과 비교했을 때 훨씬 더 쉬운 편이다. 따라서 많은 사람들은 사회선택이론보다는 주류 철학적 정의론이 현실세계에 훨씬 더 가깝다고 여긴다.

옳은 결론인가? 나는 이 결론이 잘못되었을 뿐 아니라 적어도 어떤 중요한 의미에서는 정반대라고 생각한다. 나중에 논하겠지만 정의론은 수많은 것을 사회선택이론으로부터 끌어낼 수 있는데, 먼저 사회선택이론과 주류 정의론 간의 가장 중요한 차이점 중 하나를 지적하려고 한다. 평가의 학문으로서 사회선택이론은 사회의 선택지들 중에서 택할 때 사회적 판단과 공적 결정을 위한 합리적 기초와 깊이 관계되어 있다. 사회적 선택 절차의 결과는 관련된 사람들의 평가를 고려하여 '사회적 견지'로부터 다양한 사태들의 순위를 매긴다.* 이는 홉스에서 롤스 및 노직에 이르는 정의론들과 관련된 모든 가능한 선택지 가운데서 최선의 것을 추구하는 것과는 매우 다르다.[13]

이 차이는 중요한데, 그 이유는 앞서 논의했다. 선험적 접근을 통해서는 완벽히 공정한 세계로의 상상 속 도약이라는 유토피아적 제안만 할 수 있을 뿐 정의를 촉진하는 문제에 착수할 수도 없고, 더 공정한 사회를 위한 대체적 제안들을 비교할 수도 없다. 정의에의 선험적 접근이 제공하는 — 혹은 제공할 수 있는 — 해결책은 사람들을 세계의 정의와 부정의(예컨대 기아, 빈곤, 문맹, 고문, 인종차별, 여성의 예속, 자의적 투옥, 의료혜

---

* 곧 논의하겠지만, 이 과정에서 정보 제공의 역할을 하는 각각의 순위매기기는 다양하게 해석될 수 있으며, 그러한 융통성은 사회선택이론의 범위, 그리고 사회선택의 형식을 사회 평가의 다양한 문제에 맞추는 능력에 중요하다. *Social Choice Re-examined*, edited by Kenneth J. Arrow, Amartya Sen and Kotaro Suzumura(London: Macmillan, 1997); *Handbook of Social Choice and Welfare*, vol. 1, edited by Kenneth J. Arrow, Amartya Sen and Kotaro Suzumura(Amsterdam and Oxford: Elsevier, 2002), vol. 2(2011); *The Handbook of Rational and Social Choice*, edited by Paul Anand, Prasanta K. Pattanaik and Clemens Puppe(Oxford: Oxford University Press, 2009) 참조.

택 배제 등 해결을 요하는 것들)에 관한 논의에 참여시키는 관심사의 유형과는 서로 다르고 또 거리가 멀다.

선험적인 것과 비교적인 것 간의 거리

이러한 기본적 대조는 중요하지만 정의에 관한 선험적 접근과 기능적 평가 간의 형식적 거리 자체로는 선험적 접근이 옳지 않다는 것을 나타낼 수 없다. 선험적인 것과 비교적인 것 사이에는 선험적 접근을 비교 평가에 이르는 옳은 방법으로 만드는 어떤 불분명한 연관성이 있을지도 모른다. 그러한 연구는 착수되어야 한다. 그러나 어떤 선험적 이론이든 모든 비교의 문제를 해결하는 데 도움이 된다는 충분한 근거를 내포해야 한다고 믿고 싶은 유혹에는 충분한 근거가 없다. 공교롭게도 선험적 이론의 지지자 중에는 여기에 간극이 있음을 단순히 인정하는 것도 모자라 비교적 접근이라는 곁길(순수 선험적 관점에서 보면 정말로 곁길이다)로 빠져야 한다는 어리석은 주장을 하며 아주 자랑스럽게 여기는 자들도 있다. 예를 들어 로버트 노직은 모든 자유주의적 권리가 충족될 것을 요구하지만(이는 **그의** 선험주의적 모습이다), 다양한 권리가 충족되지 않는 상황들 간의 트레이드오프 문제에 대해서는 묵살한다(그는 스스로 '권리의 공리주의'라 부르는 것을 거의 사용하지 않는다).[14] 마찬가지로 홉스나 로크, 루소의 틀에서는 완벽함의 진단을 통해 어떻게 불완전한 선택지 가운데서 결정적인 비교가 이끌어지는지 쉽게 이해할 수 없다.

칸트나 롤스의 경우는 문제가 더 복잡하다. 왜냐하면 그들이 선험적 해법을 식별하기 위해 펼치는 정교한 추론은 (모든 경우는 아니지만) 비교의 문제에도 단서를 제공하기 때문이다. 예컨대 롤스의 정의의 두 번째 원칙을 이루는 차등원칙은 최소 수혜자의 이익이라는 측면에서 다른 선택지들의 순위를 매기는 데 충분한 기반을 제공한다.[15] 그렇지만 이는 그의 두 번째 원칙의 다른 부분에는 들어맞지 않는데, 거기서는 기회균등의 침해를 평가하는 기준이 명확히 제시되지 않는다. 첫 번째 원칙의 이행을 무효화하는 자유의 침해에 대해서도 마찬가지인데, (롤스 자신이 논의하듯이) 자유에는 다양한 유형이 있으며, 다양한 자유의 침해가 어떻게 비교적으로 평가되는지 전혀 분명하지 않기 때문이다. 여러 방법이 있지만 롤스는 어느 특정한 것을 내세우지 않고, 사실상 이 문제를 거의 다루지 않는다. 물론 롤스의 목적으로서는 그것으로 족하다. 선험적 식별은 더 나아간 비교의 문제를 다루지 않아도 되기 때문이다. 선험적 이론은 서장에서 언급한 (선험적 문제와 비교의 문제를 동시에 해결하는) '복합이론'일 필요는 없으며, 롤스식 추론이 다른 수많은 선험적 이론보다 비교의 문제에 관한 표현이 더 많을지라도 여전히 큰 차이가 존재한다. 롤스는 (완벽히 공정한 제도를 식별하는) 그의 정의의 원칙들에 복합이론을 필요로 하지도 제안하지도 않는다.

하지만 비교의 문제에 명시적으로 직면하지 않을 때에도 선험적 식별은 그 자체로 비교의 문제에 관해 무언가를 말해 주지 않는가? 거기에는 어떤 **분석적** 연관성도 없는가? 존재하지도 않는 인위적 구분 때문에 우리가 길을 잃게 되지는 않을까? 이러한 의문들은 진지한 연구를 필요로 한다. 특히 제기해야 할 문제가 두 가지 있다. 첫째, 완벽히 공정한 사회장치의 선험적 식별은 다른 선택지들을 순위 매기는 방식 또한 자동적으로 제시할 수 있는가? 특히 선험적 물음에 대한 대답이 정의의 비교평가를 일종의 '부산물'로서 간접적으로 이끌어 낼 수 있는가? 특히 여러 사회장치의 '선험성과의 거리'를 비교하는 것이 그러한 비교평가의 기초가 될 수 있는가? 선험적 접근은 그 형식적 내용이 제안하는 것보다 더 많은 것을 산출하기에 '충분할' 수 있는가?

둘째, 여기에 충분성이 문제가 된다면 필요성 또한 그렇다. 선험적 물음('공정한 사회란 무엇인가?')은 **그것이 없으면 취약해지는 비교적 정의의 이론**에 설득력과 충분한 근거를 불어넣기 위한 필수요건으로서 제일 먼저 답해져야 하는가? 완벽히 공정한 국가의 식별을 목표로 한 선험적 접근은 정의의 비교판단에도 **필요한** 것인가?

비교평가에서 선험적 접근의 충분성이나 필요성(혹은 양쪽)에 대한 맹목적 믿음은 선험적 접근이 정의론 전체에 중대하다는 신념이 널리 퍼지는 데 분명 강력한 역할을 해 왔다.[16] 선험적 접근은 비교판단과의 실천적 관련성이나 그에 대한 지적 관심을 부인하지 않기 때문에 많은 이론가들에게 기초가 탄탄한 정의론의 중심적 요건으로 비쳐 왔다. 따라서 충분성 가설과 필요성 가설을 더욱 세밀히 검토하여 정의의 정치철학에서 선험적 이론들이 점하는 실질적 장소를 결정해야 한다.

선험적 접근은 충분한가

선험적 접근은 준비된 상관적 결론들을 부산물처럼 생산함으로써 선험성의 표면에 드러나는 것보다 훨씬 더 많은 것들을 우리에게 제공해 줄 수 있는가? 특히 완전히 공정한 사회를 명시하는 것이 완벽으로부터의 상대적 거리에 따라 공정성과의 괴리를 순위 매기는 데 충분하며, 그리하여 선험적 식별은 상대적 등급매기기까지 수반할 수 있는가?

거리-비교 접근법은 그럴싸해 보이지만 실제로는 기능하지 않는다. 여러 영역에서 생겨나는 간극, 다양한 차원의 일탈, 그리고 서로 다른 위반의 경중을 가리는 다양한 방법 등 거리 측정에 관여하는 변수가 많기 때문이다. 선험적 식별은 선험성으로부터의 거리를 상대적으로 순위 매기는 데 이르는 이러한 문제들의 해결수단을 제공하지 않는다. 예컨대 롤스식으로 공정한 사회를 분석할 때, 자유의 파괴를 비롯한 다양한 영역에서 간격이 생겨날 수 있으며, 여기에는 개개의 자유들(대부분 롤스의 폭넓은 범위의 자유 및 그 우선권에 나타난다)이 갖가지 방식으로 침해되는 상황까지 포함될 수 있다. 기본가치의 분배에서도 — 어쩌면 다른 형태로 — 평등의 요구가 침해받을 수 있다('차등원칙'의 요구로부터도 쉽게 벗어날 수 있다).

그러한 어긋남의 정도를 가늠하는 방법과, 완전한 정의의 원칙들이 요구하는 것과 실제의 분배 간의 괴리를 평가하는 방법은 많이 있다. 나아가 롤스식 정의의 요건(두 번째 원칙의 앞부분)에 나타나는 (공적 기회나 시설의 균등을 위배하는 것과 같은) 절차적 평등에서의 이탈도 고려해야 한다. 또한 롤스의 체계에 나타나는 개인 간 분배(예컨대 기본가치의 분배)의 부적절한 패턴과 이러한 절차적 이탈을 비교 · 검토하기 위해서는 상대적인 중요성이나 중대성(다차원적 평가에 쓰이는 다소 조잡한 용어로는 '트레이드오프')을 — 어쩌면 공리적公理的 용어로 — 명시할 필요가 있다. 이러한 방식은 도움은 되겠지만, 선험성 식별의 분명한 행사와 무관하며 정의에의 '선험적' 접근이 아니라 '비교적' 접근의 기본요소가 된다. 결점 없는 정의를 특징짓는 것은, 비록 명료하게 이루어질지라도, 그러한 무결점으로부터 얼마나 일탈해 있는지 비교하고 순위를 매기는 어떤 서술도 수반하지 않을 것이다.

그러한 비교적 함의의 결핍은 물론 독립된 성과로서 이해되는 선험적 이론 자체의 수치는 아니다. 상대성에 대한 침묵은 어떤 의미에서든 '내적인' 곤란이 아닌 것이다. 실제로 순수 선험주의자 중에는 등급매기기와 비교평가에 손을 대는 것조차 결사반대하고, 상대적인 결론을 그럴싸하게 피하려는 자도 있을 것이다. 그들은 '옳은' 사회장치는 어떤 경우라도 '최선'의 사회장치로서 이해되어서는 안 된다는 생각을 특히 내세울

지도 모른다. (상대적으로 완벽한 '최선'과 관련하여) '더 좋음' 혹은 '더 나쁨'의 형태로 평가가 등급화되는, 지적으로 불안정한 세계로의 길을 열 수 있기 때문이다. 선험적 '옳음'의 절대성은 — '더 좋음'과 '최선'의 상대성에 맞서 — 그 나름의 강력한 논거를 가질 수도 갖지 않을 수도 있다(여기서는 이 문제에 대해 검토하지 않겠다).* 그러나 물론 그것은 정의의 비교평가에, 따라서 정책대안 간의 선택에 전혀 도움이 안 된다 — 이것이 여기서의 핵심이다.

분명 어떤 정치형태의 일원이든 거대하고 완전히 포괄적인 재조직화가 일어나 이로 인해 완벽히 공정한 이상적 사회로 한번에 이행될 수 있다고 상상할 수 있다. 진지한 선험적 이론은 이런 의미에서 위대한 혁명가의 '단 한 방의 지침'과 같은 역할을 할 수 있다. 하지만 그 경탄할 만큼 급진적인 지침은 지금까지 참여해 온 정의에 관한 실제 논의에는 그다지 적용되지 않을 것이다. 세계를 특징짓는 갖가지 부정의를 감소시키는 방법에 관한 물음은 정의의 분석이 적용되는 영역을 결정하는 경향이 있으며, 선험적 완벽성으로의 도약은 거기에 포함되지 않는다. '들어가는 글'에서 이미 기술했듯이, 대규모의 기아, 만연하는 문맹, 혹은 심각한 의료서비스 부족과 같은 사회적 결핍을 분명히 진단하는 것은 다른 측면에서 완벽히 공정한 사회장치를 서로 다르게 식별하는 것과 양립할 수 있기 때문에, 부정의를 진단하는 데 유일한 '공정사회'를 특정할 필요는 없다는 일반요지를 여기서 주목해 둘 필요가 있다.

선험성을 '옳은' 사회장치라는 등급 없는 용어가 아니라 '최선'의 사회장치라는 등급화된 용어로 생각할지라도 최선의 식별 자체로는 최선이 아닌 두 가지 대안을 비교하는 것과 같은 등급매기기에 대해 별로 알 수

---

* Will Kymlicka, 'Rawls on Teleology and Deontology', *Philosophy and Public Affairs*, 17(Summer 1988) 참조.

없으며, 최선의 것을 정점에 둔 유일한 순위매기기도 명시할 수 없다. 실제로 똑같이 최선인 것이 동일한 정점에서 수많은 순위매기기와 양립할 수 있다.

앞서 사용한 비유를 들자면, 누군가가 「모나리자」를 세계 최고의 그림으로 여긴다는 사실로부터 그가 피카소의 작품 한 점과 반 고흐의 작품 한 점을 어떻게 평가하는지 알 수 있는 것은 아니다. 선험적 정의를 추구하는 것은 그 자체로 매력적인 지적 활동일 수는 있지만, ― 선험성을 등급 없는 '옳음'의 측면에서 생각하든 등급화된 '최선'의 틀로 파악하든 관계없이 ― 서로 다른 사회장치의 비교가치를 아는 데는 별다른 소용이 없다.

선험적 접근은 필요한가

최선의 것 혹은 옳은 것의 식별이 정의에 관한 어떤 두 선택지의 순위를 정하는 데 충분치는 않을지라도 필요하다는 가설에 관해 생각해 보자. 필요성의 통상적 의미에서 이는 다소 이상한 가능성일 것이다. 모든 분야의 비교판단에서 두 선택지 간의 비교평가는 보통 그것들 간의 문제이지 제3의 ― '상관없는' ― 선택지가 필요한 것은 아니다. 실제로 어떤 사회장치 X가 대안적 장치 Y보다 좋다는 판단을 할 때, 왜 Z라는 별개의 선택지가 바로 '최선'의(혹은 절대적으로 '옳은') 사회장치임을 확인해야 하는지 전혀 분명하지 않다. 피카소의 어떤 작품보다 반 고흐의 어떤 작품이 뛰어나다고 주장할 때, 반 고흐와 피카소, 그리고 그 밖의 모든 그림들을 압도하는 세상에서 가장 완벽한 그림이 무엇인지 따지느라 흥분할 필요는 없다.

그러나 선험적 정의론에서 '공정한 사회'는 많은 이들에게 명확한 식별이 가능해 보이는 데 반해 완벽한 그림은 무엇인지조차 알 수 없기 때문에 미학에 빗대어 말하는 것은 문제가 있다고 생각될지도 모른다. (최선의 ― 혹은 존중받아 마땅한 ― 선택지는 정의의 상대적 성과들을 가능한 한 완벽히 순위 매길 때조차 보장받지 못한다고 논의할 것이지만, 우선 그것이 가능하다는 가정하에 진행하겠다.) 식별 가능한 완벽한 선택지의 가능성이 그 밖의 두 선택지 간 우열을 판단하는 데 필요하거나 유용한 것은 아니다. 예를 들어 우리는 에베레스트산이 세계에서 가장 높은 산이며 높이에 관해서는 어느 산에도 뒤지지 않는다는 것을 확신을 갖고 기꺼이 받아들이겠지만, 그러한 이해는 예컨대 킬리만자로산과 매킨리산Mount McKinley의 높이를 비교하는 데 필요하지도 특별히 도움이 되지도 않는다. 어떤 두 선택지를 비교하기 위해서는 최고의 선택지를 사전에 식별해야 한다는 보편적 믿음에는 매우 이상한 점이 있으며, 거기에는 아무런 분석적 관련성도 없다.

비교는 선험성을 식별할 수 있는가

이처럼 선험적 식별은 정의의 비교판단에 이르는 데 필요하지도 충분하지도 않다. 그러나 비교적 접근과 선험적 접근을 연결할 수 있다고 생각되는 제3의 유형을 검토해야 한다. 상이한 선택지의 비교순위는 선험적으로 공정한 사회장치까지 식별해야 할까? 선험적 접근은 늘 비교적 접근의 충분한 활용을 통해 가능할까? 만일 그렇다면 다소 약한 의미에서 선험적 선택지는 필연적으로 규명될 수 있다고 그럴듯하게 주장할 수 있을 것이다. 물론 이것이 선험적 접근을 통해 비교평가에 이르러야 한다는 것을 의미하지는 않지만, 만일 선험적 물음에 답할 수 없다면 비교적 물음에도 마찬가지로 완벽히 답할 수 없다고 결론지어야 한다는 의미에서, 적어도 정의론에 선험적 식별이 필요하다는 것을 시사할 것이다.

쌍별비교를 거듭하면 늘 최선의 것에 이르게 될까? 그러한 추정이 매력적인 이유는 최상의 것이 왕성한 비교접근의 자연스런 종착지처럼 보일 수 있기 때문이다. 하지만 이는 대체로 그릇된 결론이다. 사실 '정렬' 순위(예컨대 유한집합에서의 완전하고 추이적인 순서)의 경우에만 쌍별비교의 집합은 항상 '최선'의 선택지도 식별해야 한다고 확신할 수 있다.

따라서 다음과 같이 물어야 한다. 그 평가는 체계적 이론 내에서 얼마나 완벽해야 하는가? 롤스의 정의론을 비롯하여 표준적 정의론을 특징짓는 '전체주의적' 접근에서 불완전성은 실패, 혹은 적어도 미완성의 표시라 여겨지는 경향이 있다. 불완전성의 잔존은 때때로 정의론의 결함이라 간주되며, 그러한 이론의 긍정적인 주장에 이의가 제기된다. 사실 체계적으로 불완전성의 여지가 있는 정의론은 (예컨대 "특정 국가에서 환경적인 이유로 휘발유 판매에 정확히 얼마의 세금을 매겨야 하는가?"와 같은 문제를 제기하면서) 모든 정치적 · 사회적 장치를 다른 모든 장치들과 견주어 평가할 필요 없이, (예컨대 번영하는 세계에서 끊이지 않는 기근, 혹은 여성의 끈덕지고 터무니없는 예속과 같은 부정의에 관해) 상당히 확고한 판단에 이를 수 있게 한다.

나는 다른 지면에서 사회정의의 평가를 포함하는 이성적 평가의 체계화된 이론이 왜 '전체주의적' 형식을 취할 필요가 없는지 논의한 바 있다.* 메울 수 없는 정보격차나 완전한 정보가 있어도 완벽히 제거될 수

---

* 이는 나의 『집단선택과 사회후생』(1970)에서 전개하려 한 사회선택이론에의 접근에 중심적인 논점이었다. 이 문제는 비판적 지적에 대한 답변을 포함시켜 다음의 최근 논문에서 다시 논의했다. 'Maximization and the Act of Choice', *Econometrica*, 65(1997); 'The Possibility of Social Choice', *American Economic Review*, 89(1999); and 'Incompleteness and Reasoned Choice', *Synthese*, 140(2004). 또한 이 마지막 논문에 대해 아이작 레비 Isaac Levi가 같은 잡지 같은 호에 기고한 답변 'Amartya Sen' 및 그의 유명한 저서 *Hard*

없는 의견의 괴리 등을 포함한 몇 가지 이유로 불완전성은 지속될 수 있다. 예컨대 형평성에 대해 서로 대립하는 주장들을 해결하는 것은 곤란할 것이다. 그중 아주 특별한 경우로 롤스의 사전적 최소극대를 들 수 있는데, 이는 경제적으로 곤란하지만 최악은 아닌 집단에 큰 손실을 초래하더라도 최소 수혜자 집단에 극미한 이익을 가져오는 데 우선권을 부여한다. 이러한 상황에 대해 공평한 관찰자들이 취할 수 있는 합당한 입장은 매우 상이할 것이다. 롤스의 제1원칙에서는 경제적 불평등의 저하보다도 — 그것이 아무리 클지라도 — 자유에 우선권이 부여되는데, 자유의 근소한 증대를 균형 잡는 데 합당한 타협 또한 다양할 것이다. 정의의 이성적 판단이 다양하다는 인식의 중요성은 앞서 논의해 왔고, 앞으로도 더 검토할 것이다.

그러한 모호함은 지속되겠지만 끈질긴 기근이나 광범위한 의료서비스 배제 등, 관련 비용을 고려했을지라도 긴급한 해결이 요구되는(그에 따라 정의가 촉진되는) 분명한 사회적 실패가 있다는 데 우리는 기꺼이 동의할 수 있을 것이다. 마찬가지로 개개인의 자유가 어느 정도 상충할(따라서 '평등한 자유'의 요구를 미세조정하기 힘들어질) 가능성을 인정할 수 있지만, 죄수에 대한 고문이나 피고에 대한 재판 없는 자의적 투옥과 같은 것은 긴급히 개정되어야 할 자유의 불공정한 침해라는 데 전적으로 합의할 수 있을 것이다.

가능한 사회장치들에 대하여 완벽한 순위를 모두가 갖고 있을지라도 추가적 고찰을 통해 사회정의의 판단에 불완전성의 여지를 정치적으로 남길 수 있다. 표준적인 형식의 정의론은 (예컨대 롤스의 '원초적 입장'에서 추구되는 만장일치의 합의처럼) 여러 집단 간의 합의를 요구하기 때문에 (수

Choices(Cambridge: Cambridge University Press, 1986) 참조.

많은 비교판단에 동의하는 것과 마찬가지로) 상이한 평가가 지속될 가능성으로부터 불완전성이 발생할 수 있다. 설령 기득권이나 개인의 우선사항이 '무지의 베일'과 같은 고안을 통해 어떻게든 '배제'된 이후라도 (피리의 사용을 둘러싸고 다투는 세 아이의 예에서 볼 수 있듯이) 자신의 노동성과에 대한 획득권한보다 필요성에 입각한 주장에 가중치를 두는 경우처럼, 사회적 우선사항에 관해서는 대립적인 견해가 남을 수 있다.

모든 관련 집단이 정의에 관해 자신만의 완벽한 순위를 매길 때조차 각 순위매기기의 '교점' — 즉 서로 다른 집단들이 **공유하는** 신념 — 은 (순위들 간 유사성의 정도에 따른) 다소 폭넓은 부분순위화를 이끌어 낼 것이다.[17] 평가 내에 불완전성을 허용하는 것은 사회선택이론 일반의 중심 과제이며, 롤스의 '공정으로서의 정의' 및 관련 이론이 '원초적 입장'등의 체재로부터 완전한 합의가 생겨난다고 아무리 확고히 주장할지라도(이는 제시된 논의에 의해 확립되지 않은 하나의 주장**일 뿐이다**) 불완전성의 허용은 정의론에서도 유효하다.

이처럼 불완전한 개인적 평가 및 불일치 때문에 끊임없이 지속되는 불완전성이야말로 사회정의 판단의 두드러진 특징이다. 이는 완벽히 공정한 사회를 식별하는 데 문제가 되고 선험적 결론의 도출을 곤란하게 할 수 있다.* 그렇지만 그러한 불완전성은 — 어느 특정한 두 선택지의

---

* 수학적 관점에서 보면 유한집합에서의 추이적이지만 불완전한 순서는 다른 원소보다 작지 않은 하나 이상의 원소가 존재한다는 의미에서 늘 하나 이상의 '극대' 원소를 가질 것이다. 그러나 극대원소의 집합을 '최선' 원소의 집합과 혼동해서는 안 된다. 왜냐하면 극대성은 최선요소(다른 원소보다 더 나쁘지 않은 유일한 원소)의 존재를 보증하지 않기 때문이다. (용인할 수 있는 선택에 필요한) 극대성과 (완벽한 선택을 위해 필요한) 최적성 간 차이의 광범위한 관련성에 관해서는 나의 'Internal Consistency of Choice', *Econometrica*, 61(1993), and 'Maximization and the Act of Choice', *Econometrica*, 65(1997) 참조. 그와 관련된 수학적 차이의 기본성질에 관해서는 N. Bourbaki, *General Topology*, Parts I and II, English translation(Reading, MA: Addison-Wesley, 1966), and *Theory of Sets*

순위매기기에 대해 공정한 합의가 이루어지는 — 대부분의 경우 정의를 촉진하고 부정의를 감소시키는 방식에 관한 정의의 비교판단을 방해하지 않을 것이다. 이처럼 정의에 대한 비교적 접근과 선험적 접근 간 단절은 중대해 보인다. '공정한 사회란 무엇인가'라는 물음은 그 자체로 지적 관심을 불러일으키기는 하지만 유용한 정의론의 좋은 출발점은 아니라고 나는 주장해 왔는데, 타당한 종착점도 아니라는 결론도 부가해야겠다. 비교정의의 체계적 이론은 '공정한 사회란 무엇인가'라는 물음에 대한 답을 필요로 하지도 않고 반드시 이끌어 내는 것도 아니다.

추론을 위한 틀로서의 사회선택

그렇다면 사회선택이론은 정의론과 어떤 연관성을 갖는가? 많은 관련이 있지만, 여기서는 (이미 논의한) 사회적 실현에 대한 초점에 덧붙여 주요한 공헌 일곱 가지를 살펴볼 것이다.[18]

(1) 선험적인 것이 아닌 비교적인 것에 대한 초점

사회선택 접근이 정의론에 가장 크게 기여한 점은 분명 비교평가와의 관련성일 것이다. 이러한 비교적인 틀은 선험적인 틀과는 달리 완벽히 공정한 사회(이에 관한 합의는 불투명하다)란 어떤 것일지 추측하기보다는 선택되어야 할 것과 내려야 할 결정의 배후에 있는 현실적 이유에 집중한다. 정의론은 더 이상 좋을 수 없을 만큼 훌륭한 세계라는 공상에 빠지지 말고 실제로 직면하는 선택에 관해 무언가 말할 수 있어야 한다. 이러한 대비는 이미 폭넓게 논의했기 때문에 더 언급하지는 않겠다.

(Reading, MA: Addison-Wesley, 1968) 참조.

(2) 대립되는 원칙들의 불가피한 복수성 인식

사회선택이론은 사회정의의 문제를 다룰 때 똑같이 주목해야 할 근거들이 복수로 존재한다는 것을 인정해 왔는데, 그것들은 때때로 상충될 수 있다. 이 불가피한 복수성은 교착상태를 이끌며 불가능성의 결과를 초래할 수도 아닐 수도 있지만, 배제할 수 없는 원칙들이 지속적으로 충돌할 가능성에 주목할 필요성은 정의론에 매우 중요할 수 있다. 앞으로 이러한 복수성을 더욱더 탐구할 것이다.

(3) 재검토의 용인 및 촉진

또 다른 중요한 특징은 사회선택이론이 재평가와 추가 정밀조사의 여지를 계속해서 만들어 내고 있다는 것이다. 실제로 애로의 불가능성정리와 같은 성과들의 주요 공헌 중 하나는, 처음에는 그럴듯해 보이는 사회적 결정에 관한 일반원칙이 역시 적어도 처음에는 그럴듯해 보이는 다른 일반원칙과 모순될 수 있기 때문에 상당한 문제를 안고 있을 수 있다는 것을 증명하는 데 있다.

우리는 원칙의 타당성을 생각할 때 보통 그 원칙에 주목하게 만드는 특정 사례들을 은연중에 떠올린다 — 인간의 정신은 일반원칙이 미치는 광대한 범위를 충분히 파악할 수 없는 것이다. 그러나 원칙이 제약 없이 정식화되어 그 원칙에 대한 관심을 불러일으킨 사례뿐만 아니라 다른 수많은 사례까지 포괄하게 되면, 이를테면 점선 위에 서명할 때는 예견하지 못했던 난관에 봉착할 수 있다. 그때는 무엇을 왜 양보할지 결정해야 한다. 사회선택이론은 너무 자유방임적이고 우유부단해 보일지도 모르지만(콩도르세는 자신의 결론을 논의의 끝이 아닌 시작이라 보았다), 엄격하고 요구사항이 많은 규칙을 완강히 고집하는 롤스나 노직 등의 주류 정의론에 잘 나타나는 대체적인 접근은 '정의의 아이디어'를 정당하게 평가하지 않는다.

(4) 부분적 해결의 허용 가능성

사회선택이론은 아무리 완벽한 정의론일지라도 정의의 순위를 불완전하게 매길 가능성을 인정한다. 실제 많은 경우에 불완전성은 가령 x와 y가 정의의 관점에서 순서지어질 수 **없다**는 식의 주장을 '적극적으로' 펼칠 수 있다. 이는 더 많은 정보, 더 철저한 검토에 근거하거나 추가적 기준을 사용하여 완성을 기다리는 ― 혹은 그것을 목표로 나아가는 ― 동안 잠정적으로 받아들여지는 불완전성과는 대조적이다.

정의론은 이 두 부류의 불완전성, 즉 적극적 불완전성과 잠정적 불완전성을 위한 여지를 마련해야 한다. 잠정적 불완전성은 개념이나 가치판단의 교착보다도 시행상의 곤란을 반영하고, 시행상의 문제는 지식의 제약, 계산의 복잡성, 혹은 적용의 실제 장벽과 관계될 것이다(이러한 고찰은 허버트 사이먼Herbert Simon이 강력하고 분명하게 진행해 왔으며, '제한된 합리성bounded rationality'이라는 중요한 개념을 낳았다).[19] 이런 의미에서 불완전성은 그것이 잠정적일 때조차 재검토와 확장의 여지를 마련하면서 작용 중의 정의론에 통합될 필요가 있을 만큼 강인하다. 반면 적극적 불완전성은 정의론 자체에 추가 정밀조사 및 수정의 여지를 남길수 있을지라도 그 이론이 도출한 결론의 필수적인 요소가 된다.

(5) 해석과 정보투입의 다양성

보통 개별 순위 및 우선사항과 사회적 결론 간의 기능적 관련성을 공리집합에 기초하여 탐구하는 사회선택이론의 형식구조는 대체해석의 가능성이 열려 있다. 예컨대 개별 이익의 총계aggregation와 개별 판단의 총계 간 차이가 이 분야에서 큰 관심을 불러일으켰다.[20]

개인의 목소리는 그의 이익이 달려 있거나 아니면 그의 추론과 판단이 논의를 발전시킬 수 있기 때문에 중요할 수 있다. 또한 개인의 판단은 그가 관계 당사자 중 한 사람이거나('회원자격membership entitlement'이라 할 수 있다) 아니면 그의 관점과 그 배후의 근거가 평가에 중요한 통찰과 분별력을 제공하기 때문에 중요하다고 간주될 수 있으며, 그가 관계 당사자가 아니더라도 경청할 만한 경우가 있다('계발적 관련성enlightenment relevance'이라 할 수 있다).[21] 공정으로서의 정의라는 롤스의 세계에서는 회원자격이 정치적 수준에서 모든 주목을 차지하는 것 같지만(롤스가 원초적 입장을 고안한 것은 정의의 원칙들을 선택하는 데 기득권의 영향을 배제하기 위해서였지만), 애덤 스미스가 '공평한 관찰자'를 언급하며 전개한 접근에서는, 예를 들면 지역적 편협성을 피하기 위해, 멀리 떨어진 목소리가 그 계발적 관련성 때문에 아주 중요한 지위를 부여받을 수 있다. 이 차이에 관해서는 제6장에서 더 충분히 살펴볼 것이다.

이른바 '개별' 순위 및 우선사항은 개인 간의 사항이 아니라, 한 개인이 의사결정 문제에 접근하는, 존중받고 주목받을 만한 서로 다른 방식들 간의 순위 및 우선사항을 가리키는 경우도 있다. 또한 개별 순위가 주류 사회선택이론에서 보통 가정되듯이 어떤 의미에서든 개인 선호도의 순위를 반영하는 것이 아니라, 다양한 유형의 추론을 통해 도출되는 다양한 순위가 될 가능성도 있다. 일반적으로 학문으로서의 사회선택이론은 관점 및 우선사항의 다양성에 기초하여 사회선택의 총체적 판단을 이끄는 데 관심이 있다.

(6) 명확한 표현 및 추론의 강조

완전하게 표현된 공리와 주의 깊게 확립된 전개의 명료성은 무엇이 가정되어 있고 그로부터 정확히 무엇이 도출되는지 알기 쉽게 만드는 이점이 있다. 공적 토론에서, 가끔은 정의론에서조차 정의의 추구와 관계되는 요구는 보통 더 명확한 표현과 더 완전한 옹호를 위한 상당한 여지를 남기기 때문에, 이러한 명료성은 그 자체로 일종의 공헌일 수 있다.

예컨대 원초적 입장에서 자신이 명시한 우선순위에 따라 계약이 출현할 것이라는 롤스의 주장을 살펴보자. 거기에는 그의 첫 번째 원칙에서 자유에 부여되는 총체적 우선권과 두 번째 원칙에서 기본가치의 소유에 따라 판단하여 최소 수혜자 집단의 이익에 부여되는 조건부 우선권이 포함된다.* 그러나 호소력 있는 계약은 그 밖에도 존재하며, 원초적 입장에서조차 이에 관한 분명한 합의가 이루어질 수 있을지 없을지 모른다. 원초적 입장에서 두 가지 원칙이 만장일치로 출현할 것이라는 롤스의 확신은 어떤 확고한 추론에 의해서도 뒷받침되지 않으며, 심지어는 어떤 규범적 전제가 바로 그 선택을 이끄는지 혹은 그 선택과 일치하는지조차 충분히 분명하지 않다. 사실 사회선택이론의 틀 내에서 다수의 상세한 연구들이 이러한 롤스의 전제에 깔려 있는 공리적 기초를 찾아내고[22] 논점이 무엇인지 밝히는 데 기여했다. 공리적 대응은 선택되어야 할 것에 대해 확신하는 어려운 문제를 해결하지는 않을지라도 규범적 논의가 유익하게 진행될 수 있는 방향을 제시한다.

인간적 가치와 사회적 추론은 복잡한 성질을 갖기 때문에 공리적 용어로 정확히 표현되기 힘들 수 있지만, 명료성의 필요는 가능한 범위 내에서 명백히 큰 대화상의 이점을 갖는다. 공리화를 어느 정도까지 추진할 것인가? 이는 결국 서로 대립되는 두 가지 요구를 판단하는 문제가 될 수밖에 없다. 두 가지 요구란 한편으로는 결정의 정확성, 다른 한편으로는 공리화는 곤란해도 더 일반적인 — 조금 더 느슨한 — 용어로 유익하게 논의될 수 있는 복잡성에 주목할 필요성이다. 사회선택이론은 이

---

* 롤스는 이 원칙들이 원초적 입장에서 호소력을 갖는 이유에 관해『정의론』(1971)에서 여러 논거를 제시했고, 그 이후의 저작들 특히『정치적 자유주의』(1993)에서는 더욱더 폭넓은 논의를 전개했다.

러한 상호과정을 밝히는 데 크게 기여할 수 있다.

(7) 사회선택에서 공적 추론의 역할

사회선택이론은 수학자들이 창시했지만, 그 주제는 공적 이성의 옹호와 밀접히 관계되어 왔다. 뛰어난 수학자였던 콩도르세 자신이 바랐듯 이 수학적 결과는 공적 토론에 투입될 수 있다. 콩도르세의 '투표의 역설' 및 훨씬 더 포괄적인 애로의 불가능성정리를 포함하는 불가능성의 결과는 이 문제들이 어떻게 해결될 수 있으며, 어떤 변수가 고려되고 검토되어야 하는지 가려낼 공적 토론에 공헌하도록 부분적으로 고안된 것이다.*

개인적 삶의 자유에 대한 최소한의 주장일지라도 만장일치 선호의 존중과 양립 불가능하다는 것을 보여 주는 사회선택이론의 또 다른 불가능성정리('파레토적Paretian 자유주의의 불가능성')를 생각해 보자.[23] 내가 1970년에 제시한 이러한 불가능성의 결과는 그 성질 및 원인, 그리고 함의에 관한 수많은 연구로 이어졌다.[24] 특히 (만장일치의 선호일지라도 그 이면의 추론은 다를 수 있다는 것을 밝히면서) 선호의 적절성에 관한 비판적 정밀조사를 이끌었고, 사회선택에 자유의 가치와 자유주의를 통합하는 올바른 길을 제시했다. (이 문제들은 제14장 「평등과 자유」에서 자세히 다룰 것이다.) 또한 개인적 삶에 대한 각자의 권리를 존중할 필요성의 논의로도

---

* 제임스 뷰캐넌과 그가 주도한 '공공선택' 학파는 공적 추론의 역할과 중요성을 밝히는 데 크게 기여했다. James Buchanan, 'Social Choice, Democracy, and Free Markets' 및 'Individual Choice in Voting and the Market' 참조. 둘 다 *Journal of Political Economy*, 62(1954)에 실려 있다. 또한 그의 *Liberty, Market and the State*(Brighton: Wheatsheaf Books, 1986) 및 고든 털록Gordon Tullock과의 공저 *The Calculus of Consent*(Ann Arbor, MI: University of Michigan Press, 1962)[『국민 합의의 분석』, 황수연 옮김, 지식을만드는지식, 2012] 참조.

이끌었는데, 불가능성의 결과는 모든 개인적 선호의 집합을 동등하게 인정하는 '전체 정의역universal domain'이라 불리는 조건에도 마찬가지로 의지하기 때문이다. 예컨대 모두의 자유를 보호하기 위해 서로에 대한 관용을 각자의 가치관 속에 함양해야 한다는 것이 밝혀진다면, 그것은 관용의 함양을 위해 공적 토론에서 이용할 수 있는 논거가 된다.[25] 이처럼 형식적으로는 단순한 불가능성의 결과인 것이 선호의 규범적 지위, 자유의 요건에 대한 이해, 추론 및 행동규범의 재검토 필요성을 포함한 다양한 공적 추론에 영향을 미칠 수 있다.[26]

제도개혁과 행동변화의 상호의존

앞서 논의했듯이 사회정의에 기초하여 행동을 재고하도록 장려하는 것과, 어떤 사회의 행동지표를 고려한 사회정의의 추구를 촉진시킬 제도적 필요성 사이에는 쌍무관계가 있다. 예컨대 콩도르세가 여성 교육의 중요성을 주장한 것은 무엇보다 가정 및 사회생활뿐만 아니라 공적인 일에도 여성의 발언권이 필요하다고 인식했기 때문이다. 결국 여성의 발언권은 사회정의 촉진의 일환으로 그 직접이익을 위해서도 간접효과를 위해서도 공공정책에서 여성 교육에 우선권이 부여되도록 할 수 있다.

콩도르세의 사회접근법에 있어 교육과 계몽의 역할은 중요하다. 예컨대 인간의 합리성이 인구의 물결을 저지하는 데 실패했다는 맬서스의 강박적 불안과 대조를 이루는 인구문제에 관한 콩도르세의 미묘한 관점을 생각해 보자. 인구증가율이 저하되지 않으면 심각한 인구과잉이 발생할 가능성을 콩도르세는 맬서스보다 먼저 지적했다 — 로버트 맬서스는 스스로 인정했듯이 이 관측으로부터 소란스러운 인구재앙론을 전개했다.

그러나 콩도르세는 사회계몽, 공적 토론, 여성 교육의 보급으로 교육

수준이 더 높은 사회에서는 인구증가율이 극적으로 감소되며, 심지어는 멈추거나 역전될 수도 있다고 생각했다 — 맬서스는 이를 완전히 부정하며 콩도르세를 어리석다고 꾸짖었다.* 오늘날 유럽이 인구폭발이 아니라 인구축소를 두려워하고, 교육 전반, 특히 여성 교육이 인구증가율을 감소시키는 데 극적인 효과를 낸다는 증거가 전 세계적으로 축적되고 있기 때문에 계몽과 상호이해에 대한 콩도르세의 인식은 억압 없는 추론이 세대규모의 감소에 미치는 영향을 부정하는 맬서스의 지독한 냉소주의보다 훨씬 큰 지지를 얻고 있다.[27] 콩도르세가 가족 의사결정과 사회과정에 대한 개인 및 공적 추론의 역할을 강조하는 것은 일반적 접근으로서의 사회선택이론을 지탱하는 이론적 기반에 잘 반영되어 있다.

실제로 공적 추론과 사회결정 참여요구 간의 기본적 관련성은 민주주의를 더 효과적이게 만드는 실천적 도전뿐만 아니라, 적절히 구조화된 사회정의의 관념을 사회선택 및 공정성의 요청이라는 토대 위에 구축하는 개념적 문제에서도 중심이 된다. 이 두 가지 과제는 모두 본서에서 중요한 위치를 점유한다.

---

* 다음을 참조할 것. Marie-Jean-Antoine-Nicolas de Caritat, Marquis de Condorcet's *Esquisse d'un tableau historique des progrès de l'esprit humain*(Oeuvres de Condorcet, vol. 6(Paris: Firmin Didot Frères, 1847); recently republished, Stuttgart: Friedrich Frommann Verlag, 1968)[일부가 『인간 정신의 진보에 관한 역사적 개요』, 장세룡 옮김, 책세상, 2002에 수록]; Thomas Robert Malthus, *Essay on the Principle of Population, As It Affects the Future Improvement of Society with Remarks on the Speculation of Mr. Godwin, M. Condorcet, and Other Writers*(London: J. Johnson, 1798 in the Penguin Classics edition, edited by Anthony Flew, *An Essay on the Principle of Population* (Harmondsworth: Penguin Books, 1982)[『인구론』, 이서형 옮김, 동서문화사, 2016]).

제 5 장

공평성과 객관성

1789년 7월 14일, 요새이자 감옥이었던 파리의 바스티유가 습격당했다. 혁명에 가속이 붙으면서 프랑스국민의회는 8월에 「인권선언」을 채택하고 11월에는 의원이 루이 16세 아래서 공직에 나서는 일을 금지했다. (서장에서 논했듯이) 동인도회사의 통치하에서 억압된 인도인을 위해 동정심을 표하고 1776년 미국 독립혁명 때는 예속을 강요받아 온 미국인을 강력히 옹호한 에드먼트 버크는 프랑스혁명을 즉각 환영했는가? 그는 1789년 11월 런던의 유명한 집회에서, 프랑스국민의회의 급진적 개입에 축의를 표한 혁명협회에 동조했는가? 아니다. 버크는 프랑스혁명에 완전히 반대했고, 1790년 2월 영국의회의 연설에서 맹비난을 퍼부었다.

그는 휘그당원이었지만 프랑스혁명에 대한 입장은 확실히 보수적이었다. 실제로 그의 그러한 평가에 따라 『프랑스혁명에 대한 성찰』 *Reflections on the Revolution in France*에서 근대 보수주의철학의 기반 중 하나가 정식화되었다. 그러나 이는 그가 인도에 대해 취한 급진적 태도와 충돌하지 않는다. 그는 무엇보다 인도의 오래된 사회질서 및 기능의 파괴를 안타까워했기 때문에 이 또한 기본적으로는 보수적인 것이다. 버크는 자신의 보수적 성향과 일관되게 영국의 새로운 인도 통치로 인한 격변에 반대했고 프랑스에서 일어나는 격변에도 반대했던 것이다. 오늘날의 분류에 따르면 전자(영국의 인도 통치에 대한 입장)는 '좌익', 후자(프랑스혁명에 대한 입장)는 '우익'이라 여겨지겠지만, 버크 자신의 원칙에 비추어 보면 서로 완벽히 어울리며 일관성이 있다.

하지만 미국 독립전쟁에 관해서는 어떤가? 그때 버크는 분명 보수적이지 않은 태도로 미국의 격변을 지지하고 대변화에 찬성했다. 이러한 입장은 정합적인가? 다양한 주제에 관한 한 사람의 다양한 판단을 단 하나의 분류 — 이 경우는 보수주의 — 에 따라 해석하려는 것은 잘못이라고 생각한다. 이는 폭넓은 지성을 소유하고 많은 일에 관여하며 다방면에 관심을 기울일 수 있었던 버크에게 특히 적용되지만, 개개의 사건과 관련된 서로 다른 정의의 이유들에도 적용된다. 18세기의 다양한 사건에 대한 버크의 태도를 **단 하나의** 성향 — 보수적, 급진적, 혹은 무엇이든 — 으로 설명하려는 것은 말도 안 된다.

그렇지만 미국 독립혁명의 경우에도 버크가 지지한 미국의 비전에는 강한 보수적 요소가 있었다. 영국의 급진적 활동가이며 초기 페미니스트 사상가였던 메리 울스턴크래프트는 버크가 의회에서 프랑스혁명을 비난하는 연설을 한 후 얼마 지나지 않아 그에게 예리한 질문을 던졌다. 그녀의 비판은 장문의 편지 형식으로 이루어진 책에 등장했는데, 단지 버크의 프랑스혁명에 대한 입장뿐만 아니라 미국 독립혁명에 대한 입장까지 비판한 것이었다. 그녀는 다음과 같이 곤혹스런 지적을 했다. "버크 씨가 무슨 원칙에 따라 미국의 독립을 옹호할 수 있었는지 이해할 수 없다."* 급진적인 메리 울스턴크래프트가 미국 독립혁명을 지지하는 버크

---

* 이는 오늘날 '인권'이라 불릴 만한 것에 관한 그녀의 두 책 중 첫 번째에 나와 있다. 첫 번째 책은 『인간 권리의 옹호』*A Vindication of the Rights of Men, in a Letter to the Right*

를 비판하면서 무엇을 이야기할 수 있었을까?

그녀는 자유와 독립을 보장받아야 할 일부 사람들을 분리하고 나머지 사람들의 곤경을 방치하는 자유의 옹호 방식이 부적절하다면서 버크가 독립을 요구하는 **비노예**의 자유만을 옹호하고 노예의 권리를 외면한 것에 반대했다. 그녀는 다음과 같이 기술했다.

그(버크)의 그럴듯한 논의는 노예제도를 불변의 토대 위에 설정한다. 낡은 것에 대한 그의 비굴한 경외심과 타산적인 이기주의가 효력을 가진다면, 노예무역은 결코 폐지되어서는 안 되는 것이다. 그리고 우리의 무지한 선조가 인간의 소박한 존엄을 이해하지 않고 이성과 종교의 모든 가르침에 위배되는 부정한 무역을 인정했다는 이유로 우리는 비인간적인 관습에 복종해야 하며, 인간성에 대한 잔인하기 짝이 없는 모욕을 조국에의 사랑, 그리고 우리의 재산을 지키는 법률에 대한 옳은 복종이라 불러야 한다.[1]

미국에서 노예제도가 폐지된 것은 대영제국보다 훨씬 뒤늦은 1860년대, 남북전쟁 이후이다. 울스턴크래프트가 미국 독립혁명에 관한 버크의 견해를 비판한 것은 지나고 나서 보니 이론적 일관성의 문제를 뛰어넘었다고 볼 수 있다. 미국은 노예의 처우 때문에 모두의 자유를 보장한다는 공약을 심히 위태롭게 만든 모순을 없애는 데 시간을 소모했다. 에이브러험 링컨 대통령조차 처음에는 노예의 정치적 · 사회적 권리까지 요구

Honourable Edmund Burke; occasioned by his Reflections on the Revolution in France 라는 제목으로 1790년에 완성되었고, 그로부터 2년 후 두 번째 책 『여성 권리의 옹호』*A Vindication of the Rights of Woman*가 출간되었다. 두 논문 모두 Mary Wollstonecraft, *A Vindication of the Rights of Men and A Vindication of the Rights of Woman*, edited by Sylvana Tomaselli(Cambridge: Cambridge University Press, 1995)에 수록되어 있다.

하지는 않았으며 — 생활, 자유, 노동의 성과에 대한 최소한의 권리만을 요구했다 —, 그것도 메리 울스턴크래프트가 미국식 자유의 레토릭에 잠재된 모순을 명확히 지적하고 나서 70년이나 지난 후의 일이었다.

메리 울스턴크래프트가 지적하는 주요한 논점은 자유 보장의 특혜를 받는 사람과 그렇지 않은 사람을 분리하는 자유의 옹호는 지속될 수 없다는 것이다.* 그녀는 버크에게 보낸 편지 이후 2년 만에 인권에 관한 두 번째 논문 『여성 권리의 옹호』A Vindication of the Rights of Woman를 출판했다.[2] 이 책을 관통하는 주제 중 하나는 여성의 권리에 비슷한 관심을 두지 않고서는 남성의 권리도 옹호할 수 없다는 것이다. 여기서 그녀가 다른 글에서와 마찬가지로 중점적으로 논의하는 것은 정의는 본질적으로 보편적 범위를 가져야 하며, 일부 사람들의 문제와 곤경에만 적용되고 그 밖의 사람들을 배제하는 것이어서는 안 된다는 것이다.

공평성, 이해, 객관성

일부 사람들만이 중요하고 나머지는 그렇지 않다고 암암리에 가정하면서 그 일부에게만 관심을 기울이는 윤리학을 그리고 정의론을 만족스럽게 이해할 수 있는가? 현대의 도덕철학 및 정치철학은 그러한 정의론을 부정하고 누구든 도덕적·정치적으로 소외시키지 말 것을 요구하는 메리 울스턴크래프트와 대체로 동일한 방향으로 진행되어 왔다.** 설령

---

* 울스턴크래프트의 논의는 광범위한데, 예컨대 인도의 불가촉천민(대영제국의 통치하에서도 묵인되었고 1947년의 인도 독립 후에 겨우 폐지되었다)부터, 아파르트헤이트에 기초한 남아프리카공화국 유색인종의 지위(이 체제의 붕괴 후 변했다), 그리고 계급, 종교, 민족에 따른 배제와 같은 비교적 명확하지 않은 경우에까지 이른다.

** 이러한 포함을 위한 투쟁이 어떻게 시작되었는지 — 그리고 어떻게 이론 수준에서 대부분 승리했는지 — 는 수전 몰러 오킨Susan Moller Okin을 기념하여 주요 철학자들이 참여

어떤 이유로 인해 특정 그룹의 사람들 — 예컨대 국가, 지역사회, 또는 가족의 구성원 — 의 자유에 집중하는 데 그쳤을지라도 그러한 옹졸한 활동을 모든 사람들을 고려하는 더 넓은 틀 내로 끌어들이는 일종의 지침이 있어야 한다. 자의적인 기준에 따라 특혜집단 — 그들의 이익이나 목소리가 중요시되는 — 에 선별적으로 포함시키는 것은 편견의 발로일 것이다. 울스턴크래프트가 요구하는 포함의 보편성은 사실 공평성의 일부를 이루며, 그것이 윤리학과 정의론에서 차지하는 위치에 관해서는 앞서(특히 제1장에서) 논의했다.

자주 언급되는 정언명령 "항상 당신의 의지가 동시에 보편법칙이 되도록 의도할 수 있는 격률에 따라 행동하라"[3]에서 포착되는 원칙을 포함하여 임마누엘 칸트만큼 보편주의적 요구를 이해시키는 데 기여한 인물은 없을 것이다. 위대한 공리주의 경제학자이며 철학자인 헨리 시지윅 Henry Sidgwick이 보편적 범위에 대한 자신의 요구를 명시했을 때, 공리주의와 칸트철학 사이의 큰 차이에도 불구하고 그 해석을 칸트의 것으로 돌렸다. 시지윅은 이를 고전적 저작 『윤리학의 방법』*The Methods of Ethics*에서 다음과 같이 표현했다. "무엇이든 내게 옳은 것은 비슷한 상황에 있는 모든 사람들에게도 옳아야 한다는 명제는 — 이 형식에서 나는 칸트의 격률을 받아들였다 — 틀림없이 본질적이고 분명 참이며 실천적 중요성을 가진다고 여겨진다."[4] 시지윅은 칸트의 격률을 '분명 참'이라고 규정하면서 윤리학에 들어맞는 용어 대신 과학과 인식론의 문제에 국한될 수 있는 언어를 이용한다.

평가의 공평성이 도덕철학과 정치철학에서 이해 가능하고 타당해 보

한 논문집 *Toward a Humanist Justice: The Political Philosophy of Susan Moller Okin*, edited by Debra Satz and Rob Reich(New York: Oxford University Press, 2009)에서 찾아볼 수 있다.

이는 객관성의 개념을 어떻게 제공할 수 있는지는 앞서 논의했다. 과학과 가치의 전통적 분리라는 측면에서 단지 잘못된 발언처럼 보이는 것이 언어 자체가 흡수하기에 이른 학문을 반영할 수 있다. 실제로 시지윅이 칸트의 주장을 '분명 참'이라 규정할 때 그의 논점은 충분히 분명하여 윤리적 주장이 객관적이거나 참일 수 있다는 의미에 관해 광범위한 토론을 벌일 필요가 없다. 정의와 부정의의 언어는 이런 종류의 언명 및 주장의 내용에 대해 공유되는 이해와 소통을 반영하는데, 그 주장의 중요한 성질이 이해되고 나서 이의가 제기될 때조차 그러하다.

사실 여기에는 비주관성의 두 가지 문제가 존재한다. (각자의 신념과 발언을 다른 사람들이 배제될 수 있는 일부 개인적 주관성에 국한되지 않도록 하는) 객관적 기초 위에서의 이해와 소통, 그리고 (여러 사람들이 내놓는 주장의 정당성을 논의할 수 있도록 하는) 객관적 용인 가능성이다. 도덕적·정치적 계산에 모든 사람들을 포함시키는 것이 본질적으로 정당하다는 울스턴크래프트의 주장이나, 보편성과 비편향성을 진리라 여기는 시지윅의 주장은 개인 간 이해의 문제와 일반적 진리의 문제를 동시에 포함하며, 두 문제 다 별개의 방식으로 객관성의 개념과 관련된다. 윤리적 객관성에 관한 연구는 이 문제들 각각에 관여해 왔는데, 양쪽은 서로 밀접하지만 완전히 동일한 것은 아니다.

얽힘, 언어 그리고 소통

첫 번째 문제 — 공적 추론에 중심적인 소통 및 개인 간 이해의 문제 — 부터 시작하자. 언어는 윤리적 평가를 이끄는 다양한 관심사를 반영한다. 여기에는 사실과 가치의 방대한 얽힘이 존재하는데, 비비안 월시가 예리하게 주시했듯이 "'사실과 가치의 얽힘'이라는 말은 편리한 약칭일 뿐, 우리가 전형적으로 다루는 것은 ([힐러리] 퍼트넘이 밝혔듯이) **삼중**의 얽힘, 즉 사실, 관습 그리고 가치의 얽힘이다."[5] 사회적·윤리적 의문을 이해하는 데 관습의 이해가 하는 역할은 여기서 특별히 강조할 가치가 있다.

20세기 가장 혁신적인 마르크스주의 철학자라 할 수 있는 안토니오 그람시는 80여 년 전 이탈리아 투리Turi의 파시스트 형무소에서 저술한 『감옥에서 보낸 편지』에 다음과 같이 기록했다. "사람은 자신의 세계관을 형성해 갈 때 동일한 사고양식과 행동양식을 공유하는 모든 사회요소들로 이루어진 특정 집단에 항상 속해 있다. 우리는 모두 어떤 체제에 대한 순응주의자이며, 늘 대중 속 인간 혹은 집단적 인간이다."[6]

다소 여담처럼 들릴지도 모르지만 그람시는 얽힘 및 언어규칙의 이용에 관심이 있었으며, 이는 현대철학의 발전과 광범위하게 관련된다. 다른 데서 논의했듯이,[7] 그람시의 사유방식은 루트비히 비트겐슈타인이 피에로 스라파에게 큰 영향을 받아, 『논리철학논고』(1921)에 대체로 반영된 다소 기만적인 '의미그림이론'의 전모를 탐구한다는, 실패로 끝날 만한 시도로부터 본격적으로 전환하는 데 중요한 역할을 했다. 그 추정상의 이해에 따르면, 문장은 마치 일종의 그림처럼 사태를 나타내며, 따라서 어떤 명제와 그것이 서술하는 것은 어떤 의미에서 동일한 논리형식을 가질 것이다.

비트겐슈타인이 이러한 접근의 타당성에 관해 품은 의문은 1929년 1월에 케임브리지에 돌아온 후 전개되고 숙성되었다(그는 앞서 케임브리지 대학의 학생이었으며 버트런드 러셀과 함께 연구했다). 이러한 변화에 핵심적 역할을 한 것은 케임브리지(비트겐슈타인과 마찬가지로 트리니티 칼리지에 있었다)의 경제학자 피에로 스라파로 안토니오 그람시에게 큰 영향을 받고 또 그와 밀접히 협력했다(특히 그람시가 창간하고 이후 무솔리니의 파시스트

정부가 금지한『오르디네 누오보』*Ordine Nuovo*라는 활발한 지적 세계에서). 나중에 비트겐슈타인은 핀란드의 저명한 철학자인 헨리크 폰 브리크트Henrik von Wright에게 스라파와의 교제는 마치 "모든 가지가 잘려진 나무"처럼 느껴졌다고 털어놓았다. 비트겐슈타인의 연구는 관례상 '전기 비트겐슈타인'과 '후기 비트겐슈타인'으로 나뉘는데, 1929년이 이 두 시기를 가르는 경계선이다. 그는 자신의 중대한 저작『철학적 탐구』의 서문에 "이 대학의 한 스승 P. 스라파 씨가 다년간 끊임없이 나의 사유에 제기한" 비판에 은혜를 입었다고 밝히고, "본서의 가장 중요한 아이디어는 이 자극에 힘입었다"고 덧붙였다.[8]

또 비트겐슈타인은 한 친구(케임브리지의 철학자 러시 리스Rush Rhees)에게 스라파에게 배운 가장 중요한 것은 철학적 문제를 바라보는 '인류학적 방법'이었다고 말했다.[9]『논리철학논고』에서는 언어를 그것이 사용되는 사회적 상황과 별개로 보려고 하지만,『철학적 탐구』에서는 발화된 말에 특별한 의미를 부여하는 관습과 규칙을 강조한다. 이는 물론 비비안 월시가 '삼중의 얽힘'이라 부르는 것의 일부로서 그람시와 스라파가 지대한 관심을 가진 것이었다. 이러한 관점과, 대체로 '후기 비트겐슈타인'의 영향 아래서 영미철학의 큰 분야를 이루게 되는 '일상언어철학'과의 연관성은 쉽게 알 수 있다.*

---

* 가십에 불과할지라도 비트겐슈타인이『논리철학논고』의 세계에서『철학적 탐구』의 세계로 이행하게 된 중요한 계기로서 자주 회자되는 일화를 간단히 언급하겠다. 그 이야기에 따르면, 비트겐슈타인이 어떤 발화의 의미를 이해하는 방법은 그 논리형식을 살피는 것이라고 스라파에게 말했을 때, 스라파는 손가락 끝으로 턱을 문지르는 — 나폴리인들이 회의적일 때 취하는 제스처로 이해된다 — 반응을 보이며 "이것의 논리형식은 무엇인가?"라고 물었다. 피에로 스라파(이후에 나는 케임브리지의 트리니티 칼리지에서 학생으로서 또 동료로서 그에 대해 잘 알게 되는 특권을 얻었다)는 그 이야기가 완전히 꾸며 낸 것은 아닐지라도("그런 구체적인 일은 기억이 나지 않는군") 실제 사건이라기보다는 오히려 풍설에 가

그람시는 일상언어가 철학에서 하는 역할을 드러내는 데 주안점을 두고, 이 인식론적 과제의 중요성을 그의 사회적·정치적 관심사와 결부시켰다. 그는 「철학의 연구」라는 논문에서 '예비적 평가기준'을 논의하면서 "철학이란 특정 전공자 그룹이나 훈련된 전문직 철학자들 고유의 지적 활동이기 때문에 낯설고 어려운 것이라는 널리 퍼진 편견을 파괴하는 것이 필수적"이라는 대담한 주장을 펼치고, 오히려 "먼저 누구나에게 걸맞은 '자생적 철학'의 한계와 특징을 정의함으로써 모두가 '철학자'라는 것을 입증해야 한다"고 주장했다. 무엇이 '자생적 철학'에 포함될까? 그람시가 이 표제 아래 열거하는 첫 번째 항목은 '문법적으로 내용을 결여한 단어들의 집합이 아니라 정해진 개념들의 집합인 언어 그 자체'이다. 이것과, 스라파가 비트겐슈타인에게 옹호한, 언어와 소통을 '인류학적 방법'으로 보는 것과의 관련성은 쉽게 간과할 수 없으며, 실제 그것은 그람시가 저술한 『옥중수고』의 중요한 관심사 가운데 하나이다.

공적 추론과 객관성

체제순응주의는 윤리적 의견을 포함하여 모든 분야에서의 이해를 위해 어떤 형태로든 필요하지만, 여태껏 이해되어 온 어떤 주장의 용인 혹은 불일치라는 추가적 문제가 생긴다. 정치적 급진주의자로서 그람시는 사람들의 생각과 우선사항을 바꾸고 싶어 했지만, 이 또한 공유된 사고

깝다고 주장했다("비트겐슈타인과는 자주 또 많이 논쟁했으니 손가락까지 끼어들 필요는 없었네"). 그러나 이 이야기는, 나폴리인이 손가락 끝으로 턱을 문지르며 전달하는 회의감은 (피사에서 온 토리노 출신의 토스카나 소년이 했을 때조차) 나폴리 세계에서 확립된 규칙과 관습(그람시 그룹은 이를 '삶의 흐름'이라 불렀다)의 측면에서 ─ 그리고 그 측면에서만 ─ 해석될 수 있다는 것을 생생히 그려 낸다.

양식 및 행동양식과의 관련성을 필요로 했다. 앞서 그의 말로 인용했듯이, 소통을 위해서는 "어떤 체제에 대한 순응주의자이며, 늘 대중 속 인간 혹은 집단적 인간"이어야 하기 때문이다. 이는 일종의 이중과제, 즉 순응주의적 규칙을 통해 효과적으로 잘 전달하는 언어와 심상을 활용하는 것, 그리고 이 언어가 불순응주의적 제안을 표현하도록 만드는 것이다. 그 목적은 아주 새롭지만 그럼에도 곧 오래된 표현규칙의 틀 내에서 이해되는 아이디어를 정식화하고 논의하는 것이었다.

이 이중과제의 연관성은 정의에 관해 잘 확립된 개념을 추구하는 동시에 정의론이 고려해야 할 부가적인 개념을 제안할 때 용이하게 파악할 수 있다. (이미 논의한 이유에 따라) 공적 추론과 공적 토론은 정의를 추구하는 데 중심이 되므로 이러한 이중관여의 역할은 본서의 과제에 더없이 중요하다. 어떤 윤리적 제안의 적절성을 검토할 때 특히 조사되어야 할 것은 그 주장이 기초하는 추론과 그러한 추론방식의 용인 가능성이다. 앞서 (제1장에서) 논의했듯이 객관성의 문제는 이러한 과제에 중심적으로 관여한다. 윤리적 객관성의 요구는 열린 공적 추론을 견딜 수 있는 능력과 밀접히 관련되며, 이는 결국 제안된 입장 및 그것을 지지하는 논의의 공평성과 밀접한 관계가 있다.

메리 울스턴크래프트의 버크 비판은 먼저 버크가 무조건적 독립이라는 미국의 요구를 옹호함으로써 이를테면 '영원한 토대everlasting foundation'로서의 노예제도를 정말로 지지하고 있는 것에 대한 규명을 포함한다. 그러한 분석을 통해 울스턴크래프트는 공평성과 객관성에 반하는 배제의 특성 때문에 버크의 일반 입장을 비난한다. 그것은 예컨대 롤스의 "정치적 신념은 객관적(이어야 한다)"는 요건, 즉 "(그 조건들을 만족하는) 합당하고 상호 인정 가능한 정치적 구상에 의해 명시되며 합당한 개인들에게 그것이 합당하다고 충분히 납득시킬 만한 이유가 존재해야 한다"는 요건에 저촉될 것이다.[10] 소통과 공적 추론의 언어에 대한 객관성의 요구는 윤리적 평가에서 공평성의 요건을 포함하는 더 구체적인 객관성의 요건으로 이어진다. 각 의미에서의 객관성은 이러한 공적 추론의 실행에서 역할을 하며, 그 역할들은 서로 밀접하지만 완전히 동일한 것은 아니다.

공평성의 영역들

이러한 관점에서 보면 사회정의 및 사회장치의 평가에서 공평성의 역할은 정의를 이해하는 데 매우 중요하다. 그러나 공평성의 적용에는 서로 다른 두 가지 방식이 있으며, 양쪽의 차이는 더 검토되어야 한다. 그것들을 각각 '열린' 공평성과 '닫힌' 공평성이라 부르자. '닫힌 공평성'으로 공평한 판단을 내리는 과정은 특정한 사회나 국가의 구성원(혹은 존 롤스가 특정한 '국민people'이라 부르는 것)과만 관계되며, 그 판단은 그들을 위해 준비된 것이다. '공정으로서의 정의'라는 롤스의 방법은 원초적 입장의 고안과, 그에 기초하여 특정한 정치공동체의 시민들 간에 이루어지는 사회계약을 이용한다. 어떤 외부인도 그러한 계약론적 과정에 관계되거나 관여하지 않는다.

반대로 '열린 공평성'의 경우 공평한 평가를 내리는 과정은 특히 해당 집단 외부에서의 판단도 받아들일 수 있기(그리고 경우에 따라서는 받아들여야 하기) 때문에 지역적 편향을 피할 수 있다. 애덤 스미스가 『도덕감정론』에서 설명하듯이, '공평한 관찰자'라는 유명한 장치에서 공평성의 요건은 '모든 공평하고 공정한 관찰자'의 객관적disinterested 판단을 요구하지만, 꼭 해당 집단에 한정될 필요는 없다(때로는 한정되지 않는 것이 이상적이다).[11] 공평한 견해는 어떤 공동체나 국가 혹은 문화 내에서 나올 수도 있고, 더 멀리서 올 수도 있다. 스미스는 양쪽 모두의 여지 — 그리고 필요 — 를 남길 것을 주장했다.

정의론에 있어 중요한 이 차이에 대해서는 다음 장에서 다룰 것이다.

제6장

닫힌 공평성과 열린 공평성

애덤 스미스의 공평성 사고실험은 '공평한 관찰자'라는 장치를 불러냈는데, 이는 '공정으로서의 정의'의 닫힌 공평성과는 상당히 다르다. 스미스는 『도덕감정론』에서 그 기본 아이디어를 자기 자신의 행동을 판단할 때 "우리가 상상하는 공평한 관찰자가 검토하는 것처럼 검토하기 위한" 필요조건, 그 책의 개정판에서는 "우리가 상상하는 모든 공정하고 공평한 관찰자가 검토하는 것처럼 자기 자신의 행동을 검토하기 위한" 필요조건으로서 간결하게 표현했다.[1]

현대 도덕철학 및 정치철학에서 공평성을 주장하는 것은 대부분 칸트의 강한 영향을 반영한다. 이 아이디어에 관한 스미스의 설명은 잘 기억되지 않지만, 칸트의 접근과 스미스의 접근 사이에는 상당한 유사점이 있다. 사실 '공평한 관찰자'에 대한 스미스의 분석은 공평성을 해석하고 공정성의 요건을 정식화하는 시도로서 유럽 계몽주의 세계를 사로잡은 선구적 아이디어였다고 주장할 만하다. 스미스의 생각은 스미스에 관해 저술한 적이 있는 콩도르세와 같은 계몽주의 사상가들에게만 영향력이 있었던 것은 아니다. 임마누엘 칸트도 『도덕감정론』(초판 1759)을 알고 있었고, 1771년, 마르쿠스 헤르츠Markus Herz에게 보낸 편지에 이를 언급했다(아아! 헤르츠는 긍지 높은 스코틀랜드인을 "잉글랜드인 스미스"라 불렀지만).[2] 이것은 칸트의 고전 『도덕형이상학정초』(1785)와 『실천이성비판』(1788)보다도 조금 빨랐는데, 아무래도 칸트는 스미스의 영향을 받았던 것 같다.

스미스의 '공평한 관찰자'라는 접근과 롤스의 '공정으로서의 정의'가 채용하는 계약론적 접근 사이에는 뚜렷한 차이가 존재한다. '모든 공정하고 공평한 관찰자'에게 어떻게 보일지 고려할 필요성은 다른 사회 — 가깝든 멀든 — 의 제삼자가 내릴 판단을 받아들일 수 있는 요건이 된다. 반면 제도의 구축에 토대를 둔 롤스식 체계의 특징은 공평한 평가를 실행하는 데 '외부인'의 관점이 수용될 수 있는 범위를 제한한다. 스미스는 공평한 관찰자를 종종 '가슴 속 인간the man within the breast'이라 했지만, 그의 지적 전략에 주로 동기를 부여하는 것 중 하나는 우리의 이해를 넓히고 윤리적 탐구의 범위를 확대하는 것이었다.[*] 그는 이 문제를 다음과 같이 표현한다(The Theory of Moral Sentiments, Ⅲ.3.38, pp. 153~154[『도덕감정론』, 김광수 옮김, 한길사, 2016, 357~358쪽]).

우리는 고독할 때 자신과 관련된 모든 것을 지나치게 강렬하게 느끼는 경향이 있다. …… 우리는 친구와 대화하면 기분이 좋아지고, 낯선 사람과 대화하면 더욱더 기분이 좋아진다. 우리의 감정과 행동에 대한

---

[*] 도덕철학에서 '공통관점'의 중요성을 뛰어나게 설명한 사이먼 블랙번Simon Blackburn은 스미스가 공평한 관찰자를 이용하는 것을 그러한 관점에서 해석한다(Ruling Passions: A Theory of Practical Reasoning(Oxford: Clarendon Press, 1998)). 스미스의 저작에는 공평한 관찰자의 그러한 용도가 분명히 나타난다. 그러나 스미스는 일반적 통념을 묻고 반박하는 변증법적 장치로서 그 사고실험을 이용하기도 한다. 그것은 설령 블랙번이 제대로 강조하는 공통관점의 타당성이 드러나지 않을지라도 분명 중요한 이용법이다.

추상적이고 이상적인 관찰자인 가슴속 인간은 자주 실제 관찰자의 존재에 의해 깨어나 자신의 의무를 상기해야 할 필요가 있으며, 최소한의 공감과 관용밖에 기대할 수 없는 그러한 관찰자로부터 우리는 자제의 교훈을 최대한 배울 수 있다.

스미스가 공평한 관찰자라는 사려 깊은 장치를 이용한 것은 사고의 지역적 관습에 — 아마도 부지불식간에 — 얽매일 수 있는 추론을 뛰어넘고, 받아들여진 관습이 멀리 떨어진 '관찰자'의 관점에서 어떻게 보일지 하나의 절차로서 신중히 검토하기 위해서이다. 그는 그러한 열린 공평성의 절차를 다음과 같이 정당화한다.

> 이를테면 자신의 원래 위치에서 벗어나 일정한 거리를 두고 바라보려 노력하지 않는 한 우리는 결코 자신의 감정과 동기를 살펴볼 수도 그것들에 관한 판단력을 형성할 수도 없다. 하지만 이것이 가능하려면 타인의 눈으로, 혹은 타인이 바라보듯이 바라보려고 노력하는 수밖에 없다.[3]

이처럼 스미스의 추론은 가까이 있는 사람뿐 아니라 멀리 떨어진 사람들의 관점까지 고려할 것을 허용하고 또 요구하는 것이다. 공평성을 이루기 위한 이 절차는 이런 의미에서 닫혀 있거나 오로지 지역사회의 시각과 이해에만 국한된 것이 아니라 열려 있는 것이다.

원초적 입장, 그리고 계약론의 한계

롤스의 '무지의 베일'은 대상 그룹 내 다양한 개인들의 기득권과 개인적 편향의 영향을 제거할 필요성은 효과적으로 제기하지만, (스미스의 말을 빌리면) '나머지 인류의 눈'을 통한 정밀조사는 구하려 하지 않는다. 해당 지역 그룹 범위 **안에서**의 '정체성 상실'은 이 문제를 해결하는 데 충분치 않다. '공정으로서의 정의'에서 닫힌 공평성의 절차적 장치는 이런 의미에서 구조적으로 '편협한parochial' 것이라 할 수 있다.

오해를 피하기 위해 내가 롤스의 '정의의 원칙들'에 이르는 (그리고 그것을 통해 '공정한 제도들'을 결정하는) 방식의 한계를 지적할 때 그를 지역주의자(물론 이는 터무니없다)라고 비난하는 것은 아님을 밝혀 둔다. 문제가 되는 것은 롤스가 원초적 입장을 통해 '공정으로서의 정의'에 도달하는 데 사용하는 특정한 전략뿐이며, 이는 그의 방대한 정치철학 연구의 일부에 지나지 않는다. 예컨대 개인적 선호, 우선사항 그리고 정의감을 결정하기 위해 '반성적 평형'이 필요하다는 롤스의 분석에는 그러한 제약이 전혀 없다. 애덤 스미스가 '나머지 인류의 눈'에 비치는 것에 관심을 쏟는 데 개방성이 필요하다고 주장한 점들은 롤스에 의해 거부되기보다는 지지되었을 것이 분명하다. 롤스는 정치철학자로서 다양한 방면에서 나오는 논의들에 보편적인 관심을 가졌다는 것은 의심의 여지가 없다.* '사고의 공적 틀'의 중요성과 "우리의 사회와 그 안에서의 지위를 객관적으로 바라볼"[4]필요성에 관한 롤스의 분석에는 사실 스미스의 추론과 공통점이 많이 있다.**

---

* 내가 1991년에 롤스의 '만민법Law of Peoples'에 관한 최초의 논문 원고(이후에 단행본으로 출간되었다)를 읽고 제기한 논점에 대해, 그는 1991년 4월 16일 자 편지에서 그 특유의 친절하고 고무적인 답변을 주었다. "세계사회에 대해서는 참으로 많은 관점들이 있지만, 저의 입장은 일종의 세계주의적 관점, 혹은 그 가능성입니다."

** 나중에 논의하겠지만 스미스의 공적 추론의 틀과 토마스 스캔론의 '계약론적' 접근 사이에는 훨씬 더 많은 유사점이 있다. 스캔론의 접근은 롤스식 계약론적 모델과는 다르지만, 그 자신이 "루소에게까지 거슬러 올라가는 사회계약 전통의 중심 요소"라 간주하는 것, 즉 "타인도 받아들일 만한 정당화의 근거를 찾아내기 위해 우리의 사적인 요구를 기꺼이 수정하려는 공유 의향의 개념"을 보유하고 있다(Scanlon, *What We Owe to Each Other*(1998),

그렇지만 고안된 격리상태에서 작동하는 '원초적 입장들'의 절차는 원초적 입장에서 규칙의 선택에 영향을 미칠 수 있는 사회관습과 지역감정을 충분히 객관적으로 정밀조사한다는 보증이 되지는 않는다. 롤스가 "우리의 도덕 원칙과 신념은 지금까지 도달되고 시험되어 온 만큼 객관적인데, 이는 일반적인 관점을 가정함으로써"라고 할 때, 그는 열린 정밀조사에의 문을 열어젖히려 하는 것이다. 하지만 동일한 문장의 뒷부분에서 지역적으로 고립된 원초적 입장에 부합하도록 요구하는 절차적 형식에 의해 그 문에는 부분적인 빗장이 걸리게 된다. "그리고 원초적 입장이라는 개념으로 표현되는 제약에 따라 그 원칙과 신념의 논거들이 평가된다."[5]

　　롤스가 원초적 입장에서의 숙고를 구성원들이 '태어난 곳에서 살아가는' 정치적으로 분리된 그룹에 국한시키도록 만드는 것은 '공정으로서의 정의'의 계약론적 틀이다.[*] 거기에는 지역적 편견의 민감성에 대비한 절차상의 바리케이드도 없고, 원초적 입장에서의 성찰을 인류의 눈에 터놓는 체계적인 방법도 존재하지 않는다. 이때 문제가 되는 것은 지역적 가치가 대상 그룹에서 보편화된 선입견과 편견이라는 것이 추가적 정밀조사를 통해 드러날 수 있는데도 이에 대한 강력한 조사 수단을 절차적으로 결여하고 있다는 것이다.

　　사실 롤스는 정의의 정식화가 지역적으로 한정되어 어느 특정 국가

---

p. 5[『우리가 서로에게 지는 의무』, 강명신 옮김, 한울, 2008, 23쪽]). 롤스의 정식화에 기초한 계약론적 추론에 관한 지금의 논의에 스캔론의 '계약론적' 접근이 포함되지는 않지만, 제8장 「합리성과 타인」 및 제9장 「공평한 이유의 복수성」에서 다시 다루어질 것이다.

[*] 더 인용해 둔다. "공정으로서의 정의는 사회계약의 독트린을 재구성한다. …… 사회적 협력의 공정한 조건은 당사자들, 즉 그 사회에서 태어나고 살아가는 자유롭고 평등한 시민들이 합의한 것으로서 이해된다"(Rawls, *Political Liberalism*, p. 23[『정치적 자유주의(증보판)』, 장동진 옮김, 동명사, 2016, 107쪽]).

나 정치체제의 '국민'에게 맞춰졌기 때문에 직면하는 한계를 언급하는 데까지 나아간다. "어떤 시기에 정치적 정의관은 사람들 간의 공정한 관계, 즉 내가 만민법law of peoples이라 부르는 것을 고심해야 한다." 그·주제는 롤스의 이후 저작에서 정말로 다루어진다(『만민법』The Law of Peoples (1999)). 그러나 '사람들 간의 공정한 관계'는 어떤 사회나 정치체제의 가치와 실천을 비지역주의적 절차를 통해 개방적으로 검토할 필요가 있다는 것과는 전혀 다른 문제이다. 롤스의 '원초적 입장'이라는 기획의 폐쇄적인 정식화는 지역적 가치가 열린 정밀조사를 받도록 하는 절차상의 보장이 없어서 큰 대가를 치르는 것이다.

롤스의 '원초적 입장'에서 '무지의 베일'은 사람들로 하여금 자신의 개인적 기득권과 목표 너머를 보게 하는 매우 효과적인 장치이지만, 지역적인, 어쩌면 지역주의적인 가치의 열린 정밀조사를 거의 보장하지 않는다. "이를테면 우리가 자신의 본래 위치에서 물러나 일정한 거리를 두고 바라보려 하지 않는다면" 지역적 조건 — 혹은 암묵적 편견까지 — 을 뛰어넘을 수 없다는 스미스의 회의론에는 배울 점이 있다. 결과적으로 스미스의 절차에는 공평성의 실천이 (지역적으로 닫혀 있지 않고) 열려 있어야 한다는 주장이 포함되는데, "이것이 가능하려면 타인의 눈으로, 혹은 타인이 바라보듯이 바라보려고 노력하는 수밖에 없기" 때문이다.[6]

국가의 시민과 그 밖의 타인

관점과 관심사의 범위를 주권국의 구성원으로 한정하면 어떤 문제가 생길까? 주권국으로 구성된 세계에서는 실제 정치가 그처럼 진행되지 않을까? 정의의 아이디어는 실제 정치가 도모하려는 것을 넘어서야 할까? 그러한 더 넓은 관심사는 정의의 아이디어에 포함되기보다는 인도주의의 영역으로 분류되어야 하지 않을까?

여기에는 적어도 세 가지의 문제가 있다. 첫째, 정의는 부분적으로는 서로에 대한 책무의 개념이 중요해지는 관계이다. 롤스는 우리가 서로를 위해 해야 하는 것, 그리고 다른 사람들을 위해 정말로 — 적어도 최소한 — 해야 하는 것에 관한 '반성적 평형'에 이를 수 있는 방법을 충분히 인정하고 있다. 임마누엘 칸트가 논의했듯이, 우리가 인정하는 많은 의무들이 그가 '불완전한 의무'라 부르는 엄밀하게 정의되지 않는 형식을 취하지만, 그것들은 존재하지 않는 것도 무시할 수 있는 것도 아니다(이에 대해서는 본서 제17장에서 인권을 다루면서 되짚기로 한다). 이웃이 아닌 타인에게 친절하고 관대하게 대하는 것은 매우 고결한 행위인데도 우리가 그들에게 정말로 어떤 책무도 지고 있지 않다고 주장한다면, 우리의 책무는 아주 좁은 범위로 한정되어 버릴 것이다. 우리가 타인에게 무언가를 빚지고 있다면 — 그들이 가까이 있든 멀리 있든, 그리고 그 책임이 상당히 모호할지라도 — 적절히 관용적인 정의론은 (자비로운 인도주의라는 외딴 영역이 아니라) 정의에 관한 우리의 사고 범위 안에 그들을 포함시켜야 한다.

주권국의 국경 내로 엄격히 한정된 공평성의 이론은 그 영토 내에서만 기능한다. 국경선은 물론 법적으로는 의의를 갖지만, 정치 및 도덕의 범위는 명확하지 않을 수도 있다.* 이는 우리가 보통 정체성을 생각할 때 일부만 포함시키고 나머지는 단호히 배제하는 그룹을 관련짓는다는 것을 부정하지 않는다. 하지만 우리의 정체감 — 사실 우리는 많은 정체성을 갖는다 — 은 오로지 국경 내로 한정되는 것이 아니다. 우리는 종교, 언어권, 인종, 젠더, 정치적 신념, 혹은 직업이 동일한 사람들에게

---

* 이 문제는 다음 장에서 더 자세히 다룰 것이다.

동질감을 느낀다.[7] 이러한 다양한 정체성은 국경을 가로지르며, 사람들이 어떤 일을 하는 것은 정말로 '해야만' 한다고 느끼기 때문이지 덕망 있게 받아들여서가 아니다.

둘째, 한 국가의 조치는 그 국가 밖의 삶에 심각한 영향을 미칠 수 있다. 여기에는 (예컨대 2003년의 이라크 점령처럼) 강제적 수단의 의도적 사용뿐만 아니라 덜 직접적인 통상무역의 영향도 포함된다. 우리는 격리된 고치 속에 살고 있지 않다. 만일 한 국가의 제도와 정책이 국외에 영향을 미친다면, 어떤 사회가 조직되는 과정(보통 다른 사회의 사람들에게 깊은 영향을 — 직접적이든 간접적이든 — 끼친다)에서 무엇이 공정하고 불공정한지 판단할 때 그처럼 다른 사회에서 영향을 받는 사람들의 목소리도 어떻게든 인정되어야 하지 않을까?

셋째, 스미스는 타 지역에서의 목소리를 전부 무시하는 지역주의의 가능성을 지적한 바 있다. 여기서 핵심은, 타지에서의 목소리와 관점이 고려되어야 하는 이유가 단지 그것들이 존재하기 때문이 아니라 — 전혀 설득적이지 않거나 무관계한 것일 수도 있다 — 상이한 경험의 영향을 반영하는 외부의 관점들을 신중히 검토하고 주목하는 것이 객관성의 요건이기 때문이라는 것이다. 상이한 관점은 문제를 제기하는데, 대부분은 충분히 고려된 후에 배제의 대상이 될지라도 항상 그렇다는 보장은 없다. 만일 우리가 확고한 신념과 특정한 관습을 가진 지역세계에 살고 있다면, 지역주의는 인식되지도 의심받지도 않는 결과가 될 것이다(스미스가 예로 들었듯이 플라톤과 아리스토텔레스를 포함한 고대 아테네인들은 확립된 영아살해 관습을 지적으로 지지했는데, 그들은 자신들이 필요하다고 우기는 그러한 관습 없이도 잘 돌아가는 사회를 알지 못했다). 타인의 관점과 그 배후의 추론을 고려하는 것은 객관성의 요건을 규명하는 효과적인 방법이 될 수 있다.

논의를 마무리하자. 정의의 평가는 '인류의 눈'의 참여를 필요로 하는데, 그 이유는 첫째, 우리는 지역사회뿐만 아니라 다양한 외부인과도 동질감을 가질 수 있고, 둘째, 우리의 선택과 행동은 가까이 있든 멀리 있든 사람들의 삶에 영향을 줄 수 있으며, 셋째, 그들 각각의 역사적 · 지리적 관점을 통한 시야는 우리 자신의 지역주의를 극복하는 데 도움이 될 수 있기 때문이다.

스미스와 롤스

애덤 스미스가 공평한 관찰자를 이용하는 것은 계약론적 추론과 관계가 있는데, 이는 공정한 중재(누구의 의견이라도 구할 수 있다)의 모델이 공정한 협상(특정 주권국의 정해진 '국민'을 위한 원초적 계약과 관련된 그룹 구성원만이 참가할 수 있다)의 모델과 관계되는 것과 비슷하다. 스미스의 분석에서 적절한 판단은 협상 참가자의 관점 밖에서 비롯될 수도 있는데, 스미스가 말하듯이 모든 '공정하고 공평한 관찰자'로부터 나올 수 있는 것이다. 스미스가 공평한 관찰자를 불러오는 의도는 이해관계가 없고 연루되지 않은 사람들의 최종 중재에 의사결정을 내맡기는 것은 물론 아니며, 이런 의미에서 법적 중재와의 유비類比는 들어맞지 않는다. 하지만 그 유비가 들어맞으려면 목소리에 귀를 기울일 여지를 남겨야 하는데, 이는 그 목소리가 결정자 그룹 혹은 이해 당사자로부터 나오기 때문이 아니라, 타인의 견해를 듣는 것이 우리가 문제를 더 충분히 — 그리고 더 공정하게 — 파악하는 데 도움이 될 수 있다는 의미에서 중요하기 때문이다.

만일 정의의 완벽한 평가에 이르러 모든 결정 문제를 해결하고 싶다

면 이는 물론 절망적인 조치일 것이다.* 앞서 (서장 및 제1장에서) 논의했
듯이 불완전성 — 잠정적 형태든 적극적 형태든 — 의 허용은, 가까이뿐
만 아니라 멀리 있는 공평한 관찰자들의 관점까지 이용하는 것을 용인하
고 촉진하는 학문적 방법론의 일부이다. 그들은 중재자로서가 아니라 어
떤 문제의 윤리와 정의를 덜 편파적으로 이해하는 데 도움이 되는 해석
과 평가를 제공하는 사람들로서 참여하는데, 이는 직접 관계된 사람들의
목소리에만 귀를 기울이는 것 (그리고 그 밖의 사람들에게는 남의 일에 참견
하지 말라고 하는 것)과 비교된다. 어떤 사람이 특정 정치체제에서 타결된
계약과 관계되는 그룹의 일원이기 때문에 그 사람의 의견이 타당할 수
있지만, 계약 당사자 외부로부터의 의견일지라도 관점을 계발하고 확대
시킨다면 그 역시 타당할 수 있다. 제4장에서 '회원자격'과 '계발적 관련
성'이라 부른 것들의 구별은 중요한 의미를 갖는다. 전자의 적절성은 후
자의 중요성을 제거하지 않는다.

　공평한 관찰자를 이용한 열린 공평성의 실천과 롤스 자신의 추론 사
이에는 상당한 유사점들도 있다. 앞서 언급했듯이, 공정으로서의 정의라
는 롤스의 이론은 '계약론적' 형식을 취하고 있는데도 정치철학에의 일반
적 접근에서, 그리고 정의에 대한 그 특유의 해석에서조차 사회계약은
유일한 장치가 아니다.** 여기서는 원초적 입장에서 일어나는 가상적 사

---

* 존 그레이John Gray는 "만일 자유주의에 미래가 있으려면 최선의 삶의 방식에 대한 합
리적 합의의 추구를 포기해야 한다"(*Two Faces of Liberalism*(Cambridge: Polity Press,
2000), p. 1)고 설득력 있게 주장한다. 정의의 완벽한 평가에 대한 합리적 합의가 회의적인
이유도 있으며, 이는 정의를 증진시킬 수단과 방법에 대한 이성적 합의, 예컨대 노예제도
의 폐지나 (실제 스미스가 논의했듯이) 특별히 비생산적인 경제정책의 폐기 등을 배제하지
않는다.
** 정치철학에 대한 롤스의 지대한 공헌을 '원초적 입장'이나 '공정으로서의 정의'라는 봉인
된 함 속에 가두지 않는 것이 특히 중요하다. 나 자신의 경험에 비추어 보면, 롤스의 저작
은 방대하지만 독파하면 중요한 통찰을 얻을 수 있다. 이는 예전에 비해 용이해졌는데, 그

건의 '배경'을 검토하는 것이 중요하다. 실제로는 인민의 대표자들이 원초적 입장 아래 모인다고 상정되기 이전에 이미 상당한 숙고가 이루어진다. '무지의 베일'은 공평성을 위한 절차상 요구로 볼 수 있으며, 이는 계약의 적용 여부와 관계없이 개인의 도덕적·정치적 숙고를 강요하는 것과 다름없다. 게다가 공평성 행사의 형식은 이미 논의한 의미에서 '닫혀' 있지만, 롤스의 의도는 무엇보다 과거사(및 개인의 이익)와 관련된 자의적 영향을 제거하는 데 있다는 것이 명백하다.

롤스는 원초적 입장을 '대표장치device of representation'라 여김으로써 우리의 실제 사고에 영향을 줄 수 있는 다양한 유형의 자의성을 다루려고 하며, 그것은 공평한 관점에 도달하기 위해 윤리적 규율의 대상이 되어야 한다. 그는 원초적 입장의 배후 동기에 대해 처음으로 기술하면서 이러한 측면을 분명히 밝혔다.

> 내가 '무지의 베일'이라 불러온 형식적 특징을 가진 원초적 입장이 바로 이러한 관점이다. …… 과거로부터의 부수적 이익과 영향은 현재부터 미래에 이르기까지 기본구조 자체의 제도를 규제하는 합의에 영향을 미쳐서는 안 된다.[8]

'무지의 베일'이라는 규율의 사용을 고려하면, 당사자들(즉, 이 베일 아

의 『정의론』(1971), 『정치적 자유주의』(1993), 『만민법』(1999)에 더하여 아래의 저작을 접할 수 있기 때문이다. John Rawls, *Collected Papers*, edited by Samuel Freeman (Cambridge, MA: Harvard University Press, 1999); *Lectures on the History of Moral Philosophy*(2000); *A Theory of Justice*(revised edition, 2000)[한국어판 『정의론』은 이 책의 번역본이다]; *Justice as Fairness: A Restatement*, edited by Erin Kelly(Cambridge, MA: Harvard University Press, 2001)[『공정으로서의 정의 재서술』, 김주휘 옮김, 이학사, 2016]. 롤스의 아이디어와 추론의 영향을 받고 있는 우리 모두는 그의 까다로운 원고들로부터 후기 저작을 집성한 에린 켈리Erin Kelly와 새뮤얼 프리먼Samuel Freeman에게 큰 빚을 지고 있다.

래의 개인들)은 계약교섭이 시작될 때 이미 서로 합의가 되어 있을 것이다. 실제 롤스는 이를 언급하면서 계약 이전의 합의가 주어졌어도 어쨌든 계약은 필요한 것인지 묻고 있다. 그의 설명에 따르면, 계약에 선행하는 합의가 있을지라도 원초적 계약은 중요한 역할을 하는데, 계약행위는 가상적인 형식일지라도 그 자체로 중요하며, 계약행위의 계획은 — '구속력 있는 투표'를 통해 — 계약 이전의 숙고에 영향을 줄 수 있기 때문이다.

그렇다면 교섭해야 할 의견 차이가 없는데도 왜 합의가 필요한가? 구속력 있는 투표 없이 만장일치의 합의에 이르는 것은 모두가 동일한 선택에 이르거나 동일한 의도를 형성하는 것과는 다르기 때문이다. 사람들이 보증한다는 사실은 각자의 생각에 마찬가지로 영향을 미칠 수 있으므로 그때 도출되는 합의는 다른 경우의 선택과 다를 것이다.[9]

따라서 원초적 계약은 롤스에게 중요하지만, 롤스의 추론 대부분은 계약 이전의 숙고를 대상으로 하며, 어떤 점에서는 공정한 중재를 포함하는 스미스의 절차와 평행선상을 달린다. 여기서 롤스의 방법과 스미스의 접근을 구별하는 것은 롤스가 '무지의 베일'을 대상 그룹의 구성원들에게만 한정하기 때문에 참여활동이 '닫혀' 있다는 것이다.*

이는 롤스가 이런 문맥에서 '회원자격'만을 인정하고 이 특정한 활동

---

* 스미스와 롤스는 공평성과 공정성으로부터 만장일치를 얼마나 크게 기대할 수 있느냐는 점에서도 다르다. 서로 다른, 그리고 대립되는 추론방식들이 모두 공평성 테스트를 통과할 수 있으며, 예컨대 그것들은 모두 스캔론이 *What We Owe to Each Other*(1998)[『우리가 서로에게 지는 의무』]에서 제시한 '합리적으로 거부되지 않는' 요건을 만족할 것이다. 이것은 특정 비교판단에 대한 스미스의 승인과 완전히 일치하지만, '공정으로서의 정의'가 롤스의 원초적 입장에서 기대하는 유일한 사회계약과는 일치하지 않는다.

에서 '계발적 관련성'을 충분히 인정하지 않으려는 경향과 일치한다. 이는 지금까지 논의해 왔듯이 심각한 한계인데, (계발적 관련성이 극히 중요해지는) 스미스의 대체적 접근을 다루기 전에 재확인해야 할 것은 롤스식 틀은 한계가 있지만 그로부터 정의의 개념에서 공평성이 차지하는 위치에 관해 매우 근본적인 어떤 것을 배울 수 있다는 것이다. 롤스는 왜 정의의 판단이 타인에게는 불가해한 완전히 사적私的인 문제일 수 없는지 강력한 추론을 통해 보여 주며, 그가 '계약'을 요구하지 않는 '사고의 공적 틀'을 가져온 것은 결정적으로 중요한 조치이다. "우리는 사회와 우리의 사회적 지위를 객관적으로 살펴보며, 타인과 공통의 관점을 공유하여 개인적 편향에 따라 판단하지 않는다."[10] 그러한 방향은 윤리적 원칙에서 객관성의 적절한 수준이 사고의 공적 틀 내에서 변호할 수 있는 것과 기본적으로 일치한다는 롤스의 논의, 특히 『정치적 자유주의』에서의 논의에 의해 더욱 강화된다.*

이러한 롤스의 이론은 애덤 스미스의 공평한 관찰자라는 개념을 확장함으로써 파생되는 정의론에의 접근과 어떻게 다른가? 많은 차이점이 있지만, 다음 세 가지가 가장 직접적이다. 첫째, 스미스는 ('회원자격'뿐만 아니라) 타인의 관점이 반영된 '계발적 관련성'의 정당성과 중요성을 받아들이면서 여기서 열린 공평성이라 불리는 것을 강조한다. 둘째, 스미스의 연구는 완벽히 공정한 사회의 추구를 뛰어넘어 (선험성뿐만 아니라) 상대성에 초점을 맞춘다. 셋째, 스미스는 (공정한 제도만의 추구를 뛰어넘어)

---

* [앞서 논의했듯이(47~48쪽)] 롤스의 접근은 규범적이지 결코 하버마스의 접근처럼 절차적이지 않다는 주장도 있을 수 있다. 그러한 구별은 너무 지나치며, 롤스 자신의 우선사항에 중심적인 요소들, 그리고 그가 모든 자유롭고 평등한 개인들에게 부여되었다고 여기는 '두 가지 도덕적 능력'의 도움을 받아 실행되는 민주적 심의의 특징에 있어 중심적인 요소들을 놓치게 될 것이다. 하지만 다음을 참조할 것. Christian List, 'The Discursive Dilemma and Public Reason', *Ethics*, 116(2006).

사회적 실현에 몰두한다. 어떤 면에서 이 차이들은 서로 관계되어 있는 데, 허용되는 목소리의 범위를 지역의 영토나 정치체제로 국한하지 않고 더욱 넓히면 정의와 관련된 매우 다양한 물음에 답할 때 서로 일치하는 원칙들을 더 많이 끌어들일 수 있기 때문이다. 물론 서로 다른 공평한 관점들 — 멀든 가깝든 — 사이에는 상당한 차이가 있겠지만, 이미 서장에서 제시한 이유에 따라, 이는 순서화가 일치하는 조합에만 기초하는 불완전한 사회적 순위를 초래할 것이고, 이러한 불완전한 순위는 모두가 공유하는 것이라 간주될 수 있다. 이 공유된 부분순위partial ordering 및 그와 관련된(순위의 불완전한 부분과 관계되는) 차이를 숙고함으로써 정의와 부정의에 관한 공적 추론을 매우 풍요롭게 만들 수 있다.*

물론 스미스의 '공평한 관찰자'는 비판적 정밀조사와 공적 토론을 위한 장치이다. 그러므로 롤스 정의론의 제도적 구속이 요구하는 만장일치나 완전한 합의를 추구할 필요는 없다.** 의견의 일치가 이루어지더라도 표현은 제한적이지만 확고하고 유용하게 명시할 수 있는 부분순위를 넘어설 필요는 없다. 그리고 그에 따라 도달되는 합의는 유일하게 공정한

---

* 하지만 이는 또한 완벽히 공정한 사회가 만장일치로 인정되는 것을 기대하기 어렵게 만들 것이다. 정의를 촉진할 특정한 조치에 대한 합의는 공적 행동을 위한 충분한 논거가 되며(앞서 '복수적 근거짓기'라 부른 절차에 따라), 이를 이끌어 내기 위해 완벽히 공정한 사회가 무엇인지 만장일치로 합의할 필요는 없다.

** 앞서 논의했듯이 롤스의 일반적 추론은 그의 형식적 모델을 넘어선다. 실제 롤스는 자신의 선험적 이론이 갖는 주요 특징에도 불구하고 원초적 입장에서의 숙고로부터 공정한 사회를 위한 제도적 구조를 확립하는 원칙으로의 도출에 근거하여 다음과 같은 사고를 스스로 허용한다. "합당한 개인들 사이에서조차 정치적 판단의 합의에 많은 장애물이 놓여 있음을 고려하면, 우리는 항상 합의에 도달하지는 않을 것이며, 어쩌면 긴 세월이 지나도 불가능할 것이다"(*Political Liberalism*, p. 118[『정치적 자유주의(증보판)』, 장동진 옮김, 동명사, 2016, 230쪽]). 이는 아주 옳게 보인다. 다만 이러한 인식이 관계 당사자들 간의 완전한 합의를 반영하는 유일한 사회계약에 따라 사회의 기본제도를 조직하는 그 자신의 기획과 어떻게 일치하는지는 전혀 분명하지 않다.

제안일 필요는 없지만, 다만 제법 공정하다고 여겨지거나 적어도 명백히 불공정하지는 않은 제안이어야 할 것이다. 실제로 이성적 실천의 요구는 수많은 불완전성이나 미해결된 갈등과 어떻게든 공존할 수 있다. '사고의 공적 틀'에서 출현할 합의는 부분적이지만 유용한 것일 수 있다.

롤스의 스미스 해석에 관하여

공평한 관찰자의 열린 공평성과 사회계약의 닫힌 공평성 사이에는 차이점뿐만 아니라 상당한 유사점도 있다. 다음과 같이 물을 수 있다. 공평한 관찰자는 정말로 계약론과 같은 닫힌 공평성의 입장에 직간접적으로 의존하지 않고 도덕적 혹은 정치적 평가를 실행할 수 있는 접근의 기반이 될 수 있는가? 사실 이 문제는 존 롤스 자신이 『정의론』에서 공평한 관찰자라는 일반장치를 논평하면서 제기했다(A Theory of Justice, pp. 183~192[254~268쪽]).

롤스는 공평한 관찰자 개념을 '이상적 관찰자' 접근의 한 특수한 예로 해석한다(p. 184[255쪽]). 이렇게 보면, 롤스가 제대로 지적하듯이 그 아이디어는 개념을 구체화하는 다양한 방식을 허용한다. 그는 이처럼 해석된다면 "이 정의와 공정으로서의 정의 사이에는 아직까지 아무런 대립도 없다"고 주장한다(p. 184[255쪽]). 실제로 "완벽하게 합리적이고 공평한 관찰자는 어떤 사회체제가 계약체계에서 채택될 정의의 원칙들을 만족시키는 경우에만 그 체제를 승인할 것이다"(pp. 184~185[255쪽])라고 한다.

이는 분명 '이상적 관찰자'의 가능한 해석이지만, 지금까지 보아 왔듯이 결코 스미스의 '공평한 관찰자' 개념은 아니다. 그러한 관찰자는 롤스의 사회계약 틀 내에서 기대할 수 있는 것을 주목할 수 있지만, 스미스는 공평한 관찰자에게 그것을 뛰어넘어 멀든 가깝든 '진짜 관찰자'의 관점에서 적어도 '타인의 눈'에 문제들이 어떻게 비칠지 살필 것을 요구한다.

롤스도 또한 "공평한 관찰자의 정의를 계약론적인 관점으로 보충할 수는 있지만, 그것에 연역적 기초를 제공하는 다른 방식들도 있다"고 이어 간다(p. 185[256쪽]). 그러나 그는 묘하게도 애덤 스미스가 아니라 데이비드 흄의 저작을 검토하기 시작한다. 놀랄 일은 아니지만, 이를 통해 그는 공평한 관찰자로 하여금 타인의 경험을 공감적으로 고려함으로써 생겨나는 '만족'에 기초하여 판단하도록 하는 대안을 생각하게 되며, "그[공평한 관찰자]의 승인이 갖는 효력은 그가 공감적으로 반응한 만족의 균형에 의해 결정된다"고 해석한다(p. 186[258쪽]). 롤스는 다시 이를 통해 공평한 관찰자가 정말로 복면의 '고전적 공리주의자'일 수 있다는 해석을 내놓는다. 이처럼 아주 기묘한 판단이 한번 내려지면 롤스의 반응은 물론 너무 뻔해진다 ― 그리고 예상대로 강력해진다. 그는 자신이 『정의론』 제1장에서부터 그러한 관점을 다루었으며 "어떤 의미에서 고전적 공리주의가 개인들을 신중히 구별하지 못한다"는 이유로 접근을 포기했다고 언급한다(p. 187[258쪽]).

롤스는 이 혼란에 더해 고전적 공리주의의 역사를 논의하면서 애덤 스미스를 흄과 더불어 초기 제창자에 포함시킨다.[11] 이는 아주 잘못된 판단이다. 스미스는 선과 옳음이라는 개념의 기반을 쾌락과 고통에 두는 공리주의적 제안을 단호히 거부했고, 복잡한 도덕적 판단에 필요한 추론이 단순히 쾌락 및 고통을 측정하는 것으로 환원되고, 더 일반적으로는 서로 다른 유의미한 고찰들이 '단 한 종류의 적정성'으로 환원될 수 있다는 관점 또한 일축했기 때문이다.[12]

이처럼 애덤 스미스와 그의 '공평한 관찰자'에 대한 롤스의 해석은 완전히 틀린 것이다.* 더 중요한 것은, 공평한 관찰자의 접근이 사실은 롤스의 계약론이나 벤담의 고전적 공리주의 ― 롤스가 단 두 가지밖에 없다고 여긴 선택지 — 중 어디에도 기초할 필요가 없다는 것이다. 오히려 롤스 자신이 분명히 논의하는 다양한 도덕적·정치적 관심사는 바로 공평한 관찰자가 닫힌 공평성을 부가적으로 (그리고 스미스의 관점으로는 불가피하게 자의적으로) 주장하지 말고 해결해야 하는 것이다. 공평한 관찰자의 접근에서 윤리적·정치적 추론의 엄밀성은 반드시 필요하며, 공평성의 요구는 무엇보다 중요하다. 유일하게 결여된 것은 그 공평성의 '폐쇄'뿐이다. 공평한 관찰자는 사회계약론자가 **아니어도** 위장한 공리주의자가 **아니어도** 제대로 작동하고 이끌 수 있는 것이다.

'원초적 입장'의 한계

공정성에 대한 특정 해석을 이용하여 정의의 원칙을 산출해 내는 장치인 원초적 입장은 다양한 관점에서 정밀조사의 대상이 될 수 있다. 먼저 동기의 적절성에 대한 문제가 있다. 특히 롤스의 추론이 '확장된 타산'의 추구에 너무 한정된 나머지 '합당한 개인들'의 고찰을 결국 '타인과의 협력'에서 얻을 수 있는 이익을 생각하는 것으로 제한할 가능성의 문제다.** 이는 '사회계약'이라는 특정한 접근 내에서 모델화된 공평한 사고

---

* 사상사에 관한 권위와 타인의 관점을 제시할 때 보이는 놀라운 관용을 생각하면 롤스가 스미스의 저작, 특히 『도덕감정론』에 주의를 거의 기울이지 않은 것은 그닥지 않다. 영향력 있는 그의 저작 *Lectures on the History of Moral Philosophy* edited by Barbara Herman(Cambridge, MA: Harvard University Press, 2000)에서 스미스는 다섯 가지 사항으로만 대충 언급된다. ① 프로테스탄트이고, ② 흄의 친구이며, ③ 언어를 잘 다루고, ④ 성공한 경제학자이며, ⑤ 데이비드 흄이 죽은 해(1776)에 그의 『국부론』이 출판되었다는 것이다. 무릇 우리 시대의 도덕철학자가 (칸트를 포함한) 당대의 철학적 사유에 큰 영향을 미친 글래스고대학의 도덕철학 교수에게 거의 관심이 없었다는 사실은 매우 놀랍다.

** Rawls, *Political Liberalism*(1993)[『정치적 자유주의(증보판)』] 참조. 이와 대립적인 논의는 확장된 타산에 의존하지 않는 토마스 스캔론의 더 일반적인 기준에서 찾을 수 있다

의 범위가 전반적으로 제한되는 것이라 볼 수 있는데, 토마스 홉스가 지적했듯이 이런 종류의 계약은 기본적으로 서로에게 이익이 되는 협력을 위한 장치이기 때문이다. 공평성은 서로에게 이익이 되는 협력과 결부되는 형식을 항상 취할 필요는 없으며, 가치 있다고 여겨지는 사회적 성과를 달성할 수 있기 때문에(꼭 그 성과로부터 이익을 얻지 않더라도) 인정하는 일방적 책무를 수용할 수도 있다.*

이제부터는 원초적 입장을 통해 추구되는 닫힌 형식의 공평성과 밀접히 관련된 몇몇 구체적인 문제에 집중할 것이다.[13] 가능한 한계는 세 가지의 일반적인 표제로 정리할 수 있다.

(1) 배타적 무시

닫힌 공평성은 대상 그룹에 속하지 않은 사람들의 목소리를 배제할수 있지만, 그들의 삶은 그 그룹의 결정에 영향을 받는다. 이 문제는 롤스의 '만민법'에서처럼 닫힌 공평성의 다단계 정식화에 의해서는 적절히 해결되지 않는다.

만일 (예컨대 원초적 입장에서) 대상 그룹의 결정이 그 그룹 밖의 사람들에게 아무런 영향도 미치지 않는다면, 물론 사람들이 완벽히 분리된 공동체에서 살지 않는 이상 매우 드물겠지만, 이러한 문제는 일어나지 않을 것이다. 이 사안은 국경을 넘는 정의를 다룰 때 '공정으로서의 정의'에 대해 특히 문제가 될 수 있는데, 어떤 사회에서 선택된 기본적 사회구조가 그 사회의 구성원뿐만 아니라 (그 사회의 원초적 입장에 수용되지 않는) 그 이외의 사람들에게도 영향을 미칠 수 있기 때문이다. 대표자가

(*What We Owe to Each Other*, 1998[『우리가 서로에게 지는 의무』]).

* 이 문제는 제8장 「합리성과 타인」 및 제9장 「공평한 이유의 복수성」에서 검토할 것이다.

없다면 큰 골칫거리가 될 수 있다.

(2) 포섭적 모순

대상 그룹이 내려야 할 결정이 그 그룹 자체의 규모나 구성에 영향을 줄 수 있다면 그 그룹의 '폐쇄'를 행사하면서 불일치가 생겨날 가능성이 있다.

예컨대 어떤 국가(혹은 정치체제)의 인구 규모나 구성 자체가 원초적 입장에서 내려진 결정(특히 기본적 사회구조의 선택)에 — 직간접적으로 — 영향을 받을 때, 대상 그룹의 구성원 자격은 그 그룹 자체가 내리도록 되어 있는 결정에 따라 달라질 수 있다. 롤스의 '차등원칙'과 같은 구조적 장치는 사회적 — 그리고 생물학적 — 교류의 패턴에 영향을 미칠 수밖에 없기 때문에 규모와 구성이 다른 집단을 만들어 낸다.[14]

(3) 절차적 지역주의

닫힌 공평성은 대상 그룹 구성원의 기득권이나 개인적 목표에 대한 편파성을 없애기 위해 고안되지만, 그 그룹에서 공유되는 편견에 대한 편파성의 한계를 다루도록 되어 있지는 않다.

마지막 두 문제(즉 '절차적 지역주의'와 '포섭적 모순')는 일반문헌에서 체계적인 주목을 전혀 받지 못했고 인식조차 거의 없었던 반면, 처음 문제('배타적 무시')는 어떠한 형태로든 이미 많은 관심을 받아 왔다. 롤스의 공정성 모델에 대해 비교적 잘 인식된 이러한 문제, 즉 배타적 무시부터 검토해 보자.

배타적 무시와 글로벌 정의

어떤 정치체제의 사회계약 당사자는 아니지만 그 정치체제에서 내린 결정의 결과 일부를 떠안는 사람들의 이해관계와 관점을 무시한다면 이는 분명 중대한 문제이다. 이런 문맥에서 왜 '글로벌 정의'의 요건이 '국제적 정의'의 요건과 상당히 다를 수 있는지 분명히 알아야 할 것이다.[15] 열린 공평성은 스미스의 공평한 관찰자와 같은 장치를 통해 이러한 어려운 문제에 통찰을 제공한다. 여러 국가 혹은 정치체제 간의 관계는 상호 의존적 세계에 편재해 있고 서로 영향을 주고받는다. 특히 존 롤스 자신이 서로 다른 정치체제(혹은 '인민') 대표자들 간의 두 번째 원초적 입장에 호소하는 '만민법'을 제안함으로써 국경을 넘는 정의의 맥락에서 이 문제를 구체적으로 제기했다.[16] 또한 찰스 베이츠Charles Beitz, 브라이언 배리 Brian Barry, 토마스 포기Thomas Pogge 등 다른 논자들도 이 문제를 다룰 수단과 방법을 제안했다.[17]

롤스는 이 문제를 해결하기 위해 또 하나의 '원초적 입장'을 가져오는데, 이번에는 서로 다른 '인민'의 대표자들로 구성된다. 지나치게 단순화하면 — 현 맥락에서 중요하지는 않지만 — 두 '원초적 입장'은 각각 국**내**적(한 국가 내의 개인들 간) 그리고 국**제**적(서로 다른 국가의 대표자들 간)이라 볼 수 있다. 둘 다 닫힌 공평성의 영역에 속하지만, 합치면 전 세계 인구를 커버하게 된다.

이 절차는 물론 영향을 받는 그룹 간의 불균형을 제거하지 못한다. 서로 다른 정치체제는 부여되는 자산과 기회의 측면에서 다양하며, 세계 인구를 커버하는 데 (롤스의 방법처럼) 우선순위가 매겨진 공평성을 차례로 행사하는 것과 (토마스 포기 등이 제시한 롤스식 원초적 입장의 '세계주의적' 버전처럼) 단 하나의 공평성을 포괄적으로 적용하는 것 사이에는 분명한 차이가 있기 때문이다. 그러나 전 세계 인구를 위한 사회계약을 글로벌하게 실천한다는 아이디어는 ― 현재에도 가까운 장래에도 ― 대단히 비현실적으로 보일 것이다. 여기에는 틀림없이 제도적 결함이 있다.*

하지만 유념해야 할 것은 이러한 강력한 실천적 포인트를 인식했을지라도 (많은 이들 가운데 특히) 스미스가 시도했듯이, 국경을 넘는 '사고의 공적 틀'이 만들어 내는 통찰과 교훈을 적용할 가능성까지 배제할 필요는 없다는 것이다. 글로벌한 논의의 타당성과 영향력은 글로벌 국가의 존재에도 거대한 제도적 합의를 위해 잘 조직된 전 지구적 포럼의 존재에도 의존하지 않는다.

더 즉각적으로는 우리가 살고 있는 정치적으로 분리된 세계에서조차 국경을 넘는 다양한 사람들이 오로지 국제적(혹은 '국민 간') 관계를 통해서만 움직일 필요는 없다는 사실을 충분히 인식해야 한다. 세계는 분명 분리되어 있지만, 다양하게 분리되어 있으며, 전 세계 인구를 별개의 '국가'나 '국민'으로 분할하는 것이 유일한 방법은 아니다.** ('만민법'에서 암묵

---

* 서장에서 논의했듯이 글로벌 정의에 대한 토마스 네이글의 회의론('The Problem of Global Justice', *Philosophy and Public Affairs*, 33 (2005))은 요구사항이 적은 스미스식의 열린 공평성을 적용한 글로벌 정의보다 세계주의적 사회계약의 추구와 훨씬 더 관련 있어 보인다. 세계주의적 사회계약은 '느슨한' 스미스식 접근과 달리 글로벌 제도에 크게 의존한다.

** 전 세계 인구를 분할하는 단 하나의 방식을 우선시하는 것이 수많은 정치적 논의에서 제안되어 왔고, 각각의 논의에서 서로 다양한 **이질적** 단일 범주화들을 가장 중요시 여겨 왔다. 이른바 '문명의 충돌'에서의 범주화는 경쟁적인 분할의 한 예인데(Samuel P. Huntington, *The Clash of Civilizations and the Remaking of the World Order*(New York: Simon & Schuster, 1996)[『문명의 충돌』, 이희재 옮김, 김영사, 2016] 참조), 국가나 정치체제에 입각한 범주는 문화나 문명의 범주와 일치하지 않기 때문이다. 이러한 경쟁적 주장들이 공존한다는 것 자체가 이처럼 기초적이라 여겨지는 분할들 ― 윤리학 및 정치학에 기초적이라고 주장되는 ― 중 그 무엇도 대립되는 다른 분할의 적절성을 쉽게 압도할 수 없고, 그에 따라 전 세계인의 서로 다른 정체성을 고려할 필요성 또한 제거할 수 없음을 보여 준다. 이 문제는 나의 *Identity and Violence: The Illusion of Destiny*(New York: W. W. Norton &

적으로 상정되는) 국가적 분할이 다른 범주화들보다 특별히 뛰어나고 우선적인 것은 아니다.

국경을 가로지르는 개인 간 관계는 여러 측면에서 국가 간 교류를 훨씬 뛰어넘는다. 국가 또는 '국민'의 '원초적 입장'은 인간행동이 국경 너머 미치는 수많은 영향을 다루는 데 특히 제약을 받을 것이다. 다국적기업의 경영이 미치는 영향을 평가하거나 검토하려면 그 실체, 즉 국경 없이 가동되며 업무 편의에 따라 법적 등록, 납세지 및 제반 사항들에 관한 사업상의 결정을 내리는 기업이라는 것을 알아야 한다. 그것은 하나의 '국민'(또는 '국가')이 다른 '국민'(또는 '국가')에 영향을 주는 모델에 거의 적용될 수 없다.

마찬가지로 국경을 넘는 의무와 관심과 관련하여 사람들을 결속하는 유대는 각 국가들의 집단성을 **통해** 작동할 필요는 없다.* 예를 들어 미국의 페미니스트 활동가가 수단 여성이 겪는 특정 불이익을 개선하기 위해 무언가 하려고 하면 친밀감에 이끌리면 될 뿐, 수단 국민의 곤경에 대한 미국 국민의 동조를 구할 필요는 없다. 같은 여성, 혹은 페미니스트적 관심사에 따라 행동하는 개인(남자든 여자든)으로서의 정체성은 어떤 맥락에서는 그녀의 시민권보다 더 중요할 수 있으며, 페미니스트적 관점은 국민적 정체성에 '종속'되지 않고 '열린 공평성'의 전개에 도입될 수 있을 것이다. '열린 공평성'의 전개에 특별히 적용될 수 있는 또 다른 정체성으로는 계급, 언어, 문학, 직업 등을 들 수 있고, 이것들은 국가 기반 정치의 우선순위에 대해 경쟁적인 여러 관점을 제공할 수 있다.

Co., and London and Delhi: Penguin, 2006)[『정체성과 폭력』]에서 한층 깊이 논의했다.
* 오늘날 전 세계에서 사람들이 서로 교류하는 다양한 채널과 그 윤리적·정치적 중요성은 David Crocker, *Ethics of Global Development: Agency, Capability and Deliberative Democracy*(Cambridge: Cambridge University Press, 2008)에서 명쾌하게 논의되었다.

인간이라는 정체성 — 아마도 우리의 가장 기본적인 정체성일 것이다 — 조차 충분히 이해된다면 그에 상응하게 우리의 관점을 넓히는 결과를 낳을 수 있을 것이다. 우리가 인간성과 관련지어 생각할 수 있는 당위는 특정 '국민'이나 '국가'와 같은 더 작은 집합체의 소속이 매개되어야 하는 것은 아니다. 실제 '인간성' 혹은 '인간다움humaneness'에 인도되도록 하는 규범적 요건은 국적, 종파, 종족(전통적이든 현대적이든)에 상관없이 인류라는 넓은 범주의 소속을 기반으로 할 수 있다.*

글로벌한 통상, 문화, 정치, 자선활동, (최근 시애틀, 워싱턴, 멜버른, 프라하, 퀘벡, 제노바 등지에서 벌어진 것과 같은) 시위의 행동적 상관성은 인간들 — 그들의 기준, 그리고 다양한 분류와 관련되는 그들 각각의 포섭 및 우선순위가 포함된다 — 간의 직접적 관계에 기초한다. 물론 이러한 윤리는 다양한 방식으로, 심지어는 또 다른 그룹 간 관계를 내세움으로써도 지지되거나 검토되거나 비판될 수 있지만, 국제관계(또는 '만민법')에 얽매일 — 혹은 끌려갈 — 필요는 없다. 국가(주로 민족국가)라는 정치적 구획을 어떤 식으로든 근본적인 것이라 여기고, 오로지 대처해야 할 실질적 통제로서가 아니라 윤리학 및 정치철학에서 기초적 의의를 가진 구획으로서 간주하는 것은 일종의 사상적 횡포라 할 수 있다.** 예컨대 경

---

* 인류라는 그룹에 속하는 정체성을 비롯한 정체성 기반 추론의 특징은 아무리 관대한 것일지라도 어느 특정한 **공통 소속**을 이용하지 않고 모든 인류의 행위를 이끌 것이라 기대되는 윤리적 규범(예컨대 친절함, 공정함 혹은 인간다움)의 적용을 고려하는 다른 논의와는 구별되어야 한다. 하지만 본서에서는 더 이상 구별하지 않을 것이다(나의 *Identity and Violence: The Illusion of Destiny*(New York: W. W. Norton & Co., and London: Penguin, 2006)[『정체성과 폭력』] 참조).

** 이와 관련하여 소위 '문화적' 혹은 '인종적' 정체성이라 주장되는 것을 다른 정체성보다, 그리고 비정체성 기반의 사항보다 우선시하는 횡포의 문제가 있다. 이에 관해서는 K. Anthony Appiah and Amy Gutmann, *Color Conscious: The Political Morality of Race*(Princeton, NJ: Princeton University Press, 1996) 및 Susan Moller Okin, with

영자 혹은 노동자, 여자 혹은 남자, 자유주의자, 보수주의자 혹은 사회주의자, 빈민 혹은 부자, 특정 전문직 구성원 혹은 다른 전문직 구성원(가령 의사 혹은 변호사)으로서의 정체성을 갖는 수많은 다양한 그룹이 있을 수 있다.* 수없이 다양한 유형의 집단을 끌어들일 수 있겠지만, 국제적 정의는 그야말로 글로벌 정의에 적합하지 않다.

이 문제는 오늘날 인권에 관한 논의와도 관련된다. 인권 개념은 우리가 공유하는 인간성을 기반으로 한다. 인권은 어떤 국가의 시민권이나 국적에서 나오는 것이 아니라, 모든 인간의 자격 혹은 권리로 여겨진다. 그러므로 지정된 사람들(예컨대 미국시민이나 프랑스시민)에게 보장하는 헌법상의 권리와는 다른 것이다. 예컨대 어떤 개인이 고문이나 테러공격을 받지 않을 인권은 그 사람이 속한 국가와는 별도로 천명되며, 그 국가 — 혹은 다른 국가 — 의 정부가 제공하거나 지원하려고 하는 것과도 전혀 관계없다.

'배타적 무시'의 한계를 극복하기 위해서는 스미스의 공평한 관찰자 개념과 밀접히 연관되는, 보편주의적 접근에 내장된 열린 공평성의 개념을 이용할 수 있다. 그러한 공평성의 광범위한 틀은 기본적인 시민적·정치적 자유 보호의 중요성을 포함하여 기본인권을 숙고하는 데 있어 왜 시민권과 국적에 기댈 필요가 없으며 국가에서 비롯된 사회계약에 제도적으로 의존하지 않을 수 있는지 특히 분명히 보여 준다. 게다가 세계정부를 상정할 필요도 가상적인 글로벌 사회계약까지 끌어들일 필요도 없

---

respondents, *Is Multiculturalism Bad for Women?*(Princeton, NJ: Princeton University Press, 1999) 참조할 것.

* 이와 유사하게, (옥스팜, 국제앰네스티, 국경없는의사회, 휴먼라이츠워치 등) 글로벌 비정부기구(NGO)에서 일하는 헌신적인 활동가들은 국경을 가로지르는 제휴 및 연합에 명시적으로 주력한다.

다. 이러한 인권의 승인과 관련된 '불완전한 의무'는 대체로 도와줄 형편이 되는 모든 사람들의 몫이라 여겨질 수 있다.*

열린 공평성의 해방적 역할은 편견 및 선입견이 없는 여러 유형의 관점을 고려하고 서로 다른 상황의 공평한 관찰자가 가져오는 통찰로부터 혜택을 입도록 촉진하는 것이다. 이러한 통찰을 함께 검토함으로써 강력히 부상하는 공통의 이해가 있을 수 있지만, 다양한 관점에서 생겨나는 모든 차이까지 마찬가지로 해결될 수 있다고 상정할 필요는 없다. 앞서 논의했듯이, 미해결된 갈등을 반영하는 불완전한 순서로부터 합당한 결정을 체계적으로 이끌 수 있다. 실제 (부분순위처럼) '느슨한' 형식의 결과를 허용하는 최근의 '사회선택이론' 연구는 평가과정에서 순위지어지지 않은 쌍들과 해소되지 않은 대립들이 많이 생겨난다고 해서 사회적 판단이 쓸모없거나 심히 문제적인 것은 아님을 분명히 했다.[18]

권리와 의무(그리고 옳고 그름)의 많은 중요한 문제에 대해 유용하고 공통적인 이해를 이끌어 내려면 완전한 순서짓기에 동의하거나 정의를 부정의로부터 완벽히 분리하는 것을 보편적으로 받아들였어야 한다고 고집할 필요는 없다. 예컨대 기근, 집단학살, 테러리즘, 노예제도, 불가촉천민, 문맹, 전염병 등의 퇴치를 위한 공동결의는 상속권, 소득세율, 최저임금수준, 저작권법 등의 적절한 공식에 대해서까지 마찬가지로 광범위한 합의를 필요로 하지 않는다. (가지각색 다양한) 세계인의 개개 관점들 — 서로 일치하는 것도 다른 것도 있다 — 이 근본적으로 중요한 것은 열린 공평성이 만들어 내는 이해의 일부를 이루기 때문이다. 이러한 인식에 패배주의적 요소는 없다.

---

* 이 문제는 제17장 『인권과 글로벌한 의무』에서 상세히 논의할 것이다.

포섭적 모순과 대상 그룹의 가소성

대상 그룹의 구성원이 계약론적 과정에서 비구성원은 누릴 수 없는 자격을 갖는다는 사실은 단 하나의 사회 — 혹은 하나의 '인민' — 에만 주목할 경우에도 문제를 일으킨다. 인구의 크기와 구성은 공공정책('인구정책'이든 아니든 관계없이)에 따라 달라질 수 있고 사회의 '기본구조'에 의해서도 변할 수 있다. 데렉 파핏Derek Parfit이 명쾌하게 논의했듯이, ('차등원칙'과 같은 규칙을 포함하는) 경제적 · 정치적 혹은 사회적 제도의 재편은 결혼, 성생활, 동거 및 그 밖의 생식 파라미터의 변화를 통해 장차 생겨날 그룹의 크기와 구성에 영향을 줄 것이다.[19] '기본구조'의 선택에 관여하게 될 대상 그룹은 그 선택 자체에 영향을 받을 것이고, 이로써 닫힌 공평성에 필요한 그룹의 '폐쇄'는 잠재적으로 모순을 안게 된다.

이러한 그룹 가소성 문제를 설명하기 위해 두 제도적 구조 A와 B가 있으며, 각각 500만 명과 600만 명의 인구를 가져올 것이라고 가정하자. 물론 서로 다른 사람들일 수도 있지만, 아무리 유리하게 가정할지라도 문제가 복잡하다는 것을 나타내기 위해, 위의 600만 명은 500만 명을 그대로 포함하고 또 다른 100만 명이 추가되었다고 하자. 이때 A와 B 간의 선택에 작용함으로써 각 인구 그룹의 크기와 구성을 좌우할 사회결정이 이루어지는 원초적 입장에 누가 포함되느냐고 물을 수 있다.

이러한 곤란을 회피하기 위해 600만 명의 그룹을 원초적 입장에 포함되는 대상 그룹으로 택한다고 가정하고, 또한 그 원초적 입장에서 선택된 제도적 구조가 A라서 실제 500만 명의 인구로 이어진다고 가정하자. 하지만 이 경우 대상 그룹은 잘못 지정된 것이다. 다음과 같이 물을 수도 있다. 존재하지도 않는 — 실제로 존재한 **적 없는** — 추가 인원 100만 명은 어떻게 원초적 입장에 참가했는가? 다른 한편, 만일 500만 명의 그룹이 대상 그룹으로 택해졌을 때, 그에 상응하는 원초적 입장에서 선택된 제도적 구조가 B라서 600만 명의 인구로 이어진다면 어떨까? 이 역시 대상 그룹이 잘못 지정된 것이다. 그때 100만 명의 추가 인원은 그들의 삶(출생 여부뿐만 아니라 실제 삶의 다른 측면들까지)에 광범위한 영향을 미치는 제도적 구조를 결정했을 원초적 입장에 참가하지 않은 것이 되기 때문이다. 만일 원초적 입장에서 내려진 결정이 인구의 크기와 구성에 영향을 준다면, 그리고 인구의 크기와 구성이 원초적 입장의 성질이나 거기서 내려지는 결정에 영향을 준다면, 원초적 입장과 관련된 대상 그룹이 모순 없이 나타난다는 것을 보장할 방법은 없다.

앞서 말한 곤란은 소위 롤스의 '공정으로서의 정의'를 '세계주의적' 혹은 '글로벌한' 형태로서 고려하여 (예컨대 토마스 포기 등이 제안했듯이) 전 세계인을 하나의 거대한 계약과정에 포함시킬 때조차 적용된다. 인구 가소성 문제는 한 국가를 고려하든 전 세계 인구를 고려하든 상관없이 제기될 것이다.

그러나 롤스의 체계가 넓은 세계 내에서 어느 특정한 '인민'에게 적용될 때 또 다른 문제가 생긴다. 사실 출생과 사망이 기본적 사회구조에 의존하는 것과 마찬가지로, 그 구조는 인민의 국가 간 이동에도 영향을 미치게 된다. 이러한 우려는 데이비드 흄이 이미 그의 시대에 제안된 '원초적 계약'의 개념적 타당성 및 역사적 영향력에 대해 표명한 회의론의 근거 중 하나와 유사하다.

지구의 표면은 끊임없이 변하고 있다. 작은 왕국이 대제국으로 확장되고, 대제국이 작은 왕국으로 분열되며, 식민지가 건설되고, 종족이 이동한다. …… 상호 합의나 자발적 연합이 그만큼 이야기될 여지가 있을까?[20]

하지만 현재의 문맥에서 논점은 인구의 크기와 구성이 끊임없이 변하고 있다는 것 — 사실 일차적인 것은 아니다 — 뿐만 아니라(이 문제도 중요하지만), 무엇보다 이러한 변화들이 계약론적 추론에서 원초적 입장 그 자체를 통해 도달된다고 여겨지는 기본적 사회구조와 무관하지 않다는 것이다.

그러나 대상 그룹이 기본적 사회구조에 의존하는 것이 롤스의 공정으로서의 정의에서 정말로 문제가 되는지 더 검토할 필요가 있다. 실제로 대상 그룹은 상응하는 원초적 입장을 통해 기본적 사회구조를 결정해야 하는가? 만일 원초적 입장의 당사자가 정확히 대상 그룹(즉 — **오로지** — 그 정치체제나 사회의 **모든 구성원**)이라 여겨진다면, 그 답은 물론 '그렇다'이다. 하지만 롤스는 때때로 '원초적 입장'을 '단순한 대표장치'라고 이야기한다.[21] 그렇다면 그 사회나 정치체제의 모든 사람이 원초적 계약의 당사자여야 한다고 가정할 필요가 없다는 주장이 유혹적일 수 있고, 따라서 대상 그룹이 원초적 입장에서 내려진 결정에 의존하는 것은 문제가 아니라고 논의할 수도 있을 것이다.

이것이 포섭적 모순의 문제에 대한 적절한 반박이라고는 생각할 수 없는 이유가 적어도 두 가지 있다. 첫째, 롤스가 사용하는 '대표'라는 개념은 사실 그 정치체제의 실제 인민과는 다른, 완전히 새로운 인민(혹은 유령)의 집합을 원초적 입장의 당사자로서 집결시키는 데까지 이르지는 않는다. 그것은 오히려 ('베일' 뒤에서) 자신들을 '대표한다'고 간주되는 '무지의 베일' 아래의 **동일한** 인민이다. 롤스는 이를 다음과 같이 설명한다. "이는 당사자가 무지의 베일 뒤에 있다고 비유적으로 표현된다. 요컨대 원초적 입장은 단순한 대표장치이다"(*Collected Papers*, p. 401). 실제 롤스가 (앞서 보았듯이) '인민이 행하는 약속'을 언급하며 계약의 필요성을 정당화할 때, 그는 원초적 계약에 관련된 바로 그 인민의 실제 참가(비록 무

지의 베일 아래서이기는 하지만)를 시사한다.[22]

둘째, 대표자가 다른 인민(혹은 상상 속 유령)이라고 해도 대상 그룹을 대표해야 할 것이다(예컨대 무지의 베일을 통해 대상 그룹의 구성원이 될 수 있을 것이다). 따라서 대상 그룹의 가변성은 이제 원초적 입장에서 **대표자가 대표**하는 인민의 가변성에 반영될 — 혹은 이 가변성으로 변형될 — 것이다.*

이는 **만일** 첫째로, 인구의 크기가 사회의 기본구조가 조직되는 방식에 영향을 주지 않고(완전 규모 불변성), 둘째로, 모든 개인의 그룹이 우선 사항과 가치의 측면에서 서로 완전히 같다면(완전 가치 불변성) 그리 큰 문제가 아닐 것이다. 실질적으로 모든 정의론의 구조에 추가 제약을 부과하지 않고서는 이 두 가지 중 어느 것도 가정하기 쉽지 않다.** 그러므로 닫힌 공평성을 **특정** 대상 그룹에서 실행할 때 그룹 가소성 문제는 여전히 남는다.

그러나 공평한 관찰자를 이용한 스미스의 접근도 마찬가지로 그룹 가소성에서 비롯되는 부조화로 혼란에 빠지는지, 그렇지 않다면 왜 그런

---

* 예상되는 반응을 피하기 위해, 이는 (**고정 그룹**으로 간주되는) 후대의 구성원을 대표하는 어려움과 동일한 것이 아니라고 강조해야겠다. 분명 거기에도 문제가 있지만(예컨대 아직 존재하지 않는 후대의 추론에 관해 얼마나 가정할 수 있는가 등), 엄연히 다른 사항이다. 대표되어야 할 (고정 그룹으로 간주되는) 후대의 합의에 관해 무엇을 가정할 수 있느냐는 문제와, 사회의 기본구조를 선택하는 데 그 구조의 선택에 따라 대상 개인들의 집합 자체가 달라질 때 대표되어야 할 고정 그룹은 존재할 수 없다는 문제 간에는 차이가 있다.

** 내가 이 논의를 제시했을 때(나의 논문 'Open and Closed Impartiality', *Journal of Philosophy*, vol. 99, 2002에서도 다루었다) 이미 맞닥뜨렸던 오해를 피하는 것 또한 중요하다. 혹자는 인구집단이 상이해도 '무지의 베일' 아래서 개개인은 서로 동일하기 때문에 롤스의 원초적 입장에는 어떤 변화도 생기지 않을 것이라 반박할 것이다. 주목할 점은, '무지의 베일'로 인해 **특정 그룹 내의 개인들**이 그들 자신의 이익과 가치에 대해 무지해졌을지라도(그리하여 그 그룹을 위해 동일하게 숙의할지라도) **서로 다른 그룹**이 동일한 이익과 가치를 공유하지는 않는다는 것이다. 더 일반적으로, 닫힌 공평성을 대상 그룹의 크기와 구성과 전혀 무관하게 실행한다면, 그 실질적 실행 내용은 매우 빈약해질 수밖에 없다.

지 물어야 한다. 사실 공평한 관찰자는 특정 대상 그룹에서 나올 필요가 없기 때문에 비슷한 혼란을 겪지 않는다. 실제 스미스의 '추상적이고 이상적인 관찰자'는 그룹 기반 계약과 같은 행위에서 '관찰자'이지 '참가자'가 아니다. 계약하는 그룹도 없고 평가자가 영향을 받는 그룹과 일치해야 한다는 주장조차 하지 않는다. 공평한 관찰자가 인구 크기의 가변성과 같은 문제(매우 복잡한 윤리적 쟁점)*를 어떻게 해결할 것이냐는 매우 어려운 문제는 여전히 남지만, 계약론적 과정에서 '포섭적 폐쇄'를 초래하는 모순과 부조화의 문제는 공평한 관찰자에 관해서는 나타나지 않는다.

닫힌 공평성과 지역주의

원초적 입장의 형식을 가진 닫힌 공평성은 정의의 기본적 아이디어 — 그리고 원칙들 — 를 어떤 그룹이나 국가의 지역적 관점과 편견이라는 좁은 범위 내에 가둘 수 있다는 것을 앞서 논의했다. 이에 대해 세 가지 논점을 덧붙이고 싶다.

첫째, 절차적 지역주의는 보편적으로 전혀 문제로 여겨지지 않는다는 사실을 인정해야 한다. 몇몇 사회적 판단의 접근법은 그룹 성향을 피하는 데 특별한 관심이 없다 — 때로는 오히려 정반대이다. 예컨대 공동체주의communitarianism의 어떤 유형들은 우선사항의 '지역적' 특징을 예찬하기조차 한다. 지역적 정의의 다른 형식들도 마찬가지이다.

극단적인 예를 들어 보면, 아프가니스탄의 탈레반 통치자들이 군사

---

* 만일 이러한 판단들이 **완전**순서의 형식을 취해야 한다면 복잡성은 훨씬 심해지겠지만, 앞서 논의했듯이 이는 유용한 사고의 공적 틀에도 '극대성'에 입각한 공적 선택에도 필요하지 않다(이에 관해서는 나의 'Maximization and the Act of Choice', *Econometrica*, 65, 1997 참조).

개입 이전에 오사마 빈 라덴을 샤리아에 따라 이슬람 성직자 그룹에게 재판받게 해야 한다고 주장했을 때, (빈 라덴에게 개인적 특혜나 편파적 처우를 제공하는 데 반대하여) 어떤 공평성이 필요하다는 것이 적어도 원칙적으로는 부정되지 않았다.** 하지만 그들이 제안한 것은 공평한 판단은 모두가 특정 종교적·윤리적 규범을 받아들이는 닫힌 그룹에서 이루어져야 한다는 것이었다. 따라서 그러한 경우들에서 닫힌 공평성과 그 밑에 있는 소속 규범 간의 내부적 긴장은 없다. 하지만 지역적으로 격리된 추론에만 주의를 국한하는 것이 용인될 수 있느냐는 점과 관련해서는 물론 더 큰 긴장이 남아 있다. 그리고 그러한 곤란과 한계는 스미스가 검토했던 내용이다.

지역적으로 국한된 윤리학의 세계를 떠나 닫힌 공평성의 절차를 다른 관점에서 보편주의적인 의도와 결합하려 한다면, 절차적 지역주의는 심각한 문제로 여겨질 것이다. 롤스의 '공정으로서의 정의'가 바로 그렇다. 일반적인 롤스의 접근은 철저히 비지역주의적인 의도를 갖지만, (개별 이익과 목표에 관한 '무지의 베일' 아래서 대상 그룹의 구성원에만 국한된 공평한 평가 프로그램을 장착한) '원초적 입장'에 관여하는 닫힌 공평성의 사용은 사실상 지역적 그룹의 편견에만 좌우되는 것을 방지할 어떤 절차적 보장도 포함하지 않는다.

둘째, 원초적 입장의 **절차**에 특히 주목해야 하며, 권장되는 절차보다 우위를 점하려고 하는 의도에만 집중해서는 안 된다. 일반적으로 롤스는 보편주의적 성향을 띠지만, 그가 제안한 원초적 입장의 형식적 절차는 바깥에서 불어오는 신선한 바람에 노출되지 못하도록 하는 데 맞춰져 있는 것처럼 보인다. 실제로 롤스는 원초적 입장의 폐쇄적 성질이 적어도

** 물론 여기서 언급하는 것은 탈레반 통치자들이 적용하는 정의의 원칙들에 관한 것일 뿐, 그들의 실행에 관한 것이 아니다.

원칙적으로는 크게 강화되어야 한다고 주장한다(*Political Liberalism*, p. 12 [『정치적 자유주의(증보판)』, 93쪽]).

나는 기본구조가 폐쇄적 사회의 것이라 가정한다. 즉 자족적이며 다른 사회들과는 무관계하다고 여긴다는 것이다. …… 어떤 사회가 폐쇄적이라는 것은 하찮은 것에 신경 쓰지 않고 특정 주요 문제들에 주력할 수 있다는 이유로만 정당화되는 상당히 추상적인 것이다.

여기서 회피되는 물음은, 다른 곳에서의 아이디어와 경험을 고려하는 것이 공정성 실행의 순수성을 위해 어떻게든 피해야 할 '하찮은 것에 신경 쓰는' 상황이냐는 것이다.

셋째, 열린 공평성을 지지할 만한 강력한 이유들이 있는데도 인간 정신의 한계와 지역세계를 넘어서는 능력의 한계로부터 심각한 곤란이 생겨날 것이라 생각할 수 있다. 이해력과 규범적 숙고를 통해 지리적 경계를 넘어설 수 있을까? 분명 어떤 이들은 특정 공동체나 국가의 경계를 넘어, 혹은 특정 문화의 경계를 넘어 서로 이해하는 것은 불가능하다는 신념의 유혹을 받고 있지만(특히 몇몇 형태의 공동체분리주의communitarian separatism가 유행하면서 조장된 유혹), 상호 소통과 공적 연대가 그러한 테두리 내에서만(또는 '하나의 인민'으로 여겨지는 사람들에 국한되어서만) 모색될 수 있다고 가정할 특별한 이유는 없다.

애덤 스미스는 공평한 관찰자가 가까이 있는 사람들은 물론 멀리 있는 사람들의 이해까지 이끌어 낼 수 있다고 강력히 주장했다. 이는 계몽주의 사상가들의 지적 관심 가운데 실로 중대한 주제였다. 경계를 뛰어넘은 소통과 인식의 가능성은 스미스가 살았던 18세기 세계와 마찬가지로 오늘날에도 터무니없는 것이 아니다. 글로벌 국가나 글로벌 민주주의는 존재하지 않지만, 스미스가 공평한 관찰자의 이용을 강조한 것은 현 상황에서도 글로벌한 공적 토론의 역할에 대해 직접적인 함의를 지닌다.

오늘날 세계에서 글로벌 정의에 지극히 중요한 글로벌 대화는 유엔이나 세계무역기구와 같은 기관들을 통하기도 하지만, 매체와 정치운동을 통해, 시민단체와 수많은 비정부기구의 열성적 활동을 통해, 그리고 국가정체성뿐만 아니라 노동조합, 협동조합, 인권 캠페인, 페미니스트 활동과 같은 연대성에 입각한 사회사업을 통해 훨씬 광범위하게 이루어진다. 열린 공평성의 대의는 현대 세계에서 완전히 무시되고 있는 것이 아니다.

게다가 국경을 넘은 테러리즘을 저지하기 위한 수단과 방법에 관한 논의에(그리고 글로벌 테러리즘의 뿌리에 관한 논쟁에), 또한 전 세계 몇 십억 인구의 삶에 고통을 주는 글로벌 경제위기의 극복 방안에 관한 논의에 여념이 없는 바로 이 시점에, 정치체제의 경계를 넘어서는 서로 전혀 이해할 수 없다는 주장을 받아들이기는 곤란하다.* 오히려 스미스의 '공평한 관찰자'가 끌어내는 확고히 '열린' 시야야말로 오늘날 재주장할 필요가 있는 것이다. 그것은 우리가 살고 있는 상호 연결된 세계의 도덕철학 및 정치철학에서 공평성의 요구에 대한 이해를 상당히 다르게 할 수 있다.

---

* 문화 간 소통의 곤란함에 관한 연구에서는 합의의 결여를 이해의 부재로 혼동하는 일이 종종 있다. 당연히 양쪽은 서로 전혀 다른 현상이다. 진정한 의견 불일치는 논쟁되고 있는 사항의 이해를 전제로 한다. 현대 세계에서 폭력에 맞서는 데 이해가 맡는 건설적 역할에 관해서는 영예롭게도 내가 의장을 맡은 영연방 존중 및 이해 위원회Commonwealth Commission for Respect and Understanding의 보고서 *Civil Paths to Peace*(London: Commonwealth Secretariat, 2007) 참조.

제 **II** 부

추론의 형식

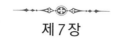

제 7 장

위치, 타당성, 환상

리어왕은 장님이 된 글로스터 백작에게 "사람은 세상이 어떻게 돌아가는지 눈 없이도 볼 수 있다"고 하면서 '귀로 보는' 방법을 이야기한다.

> 재판관이 천한 도둑을 야단치는 것을 보게. 귀로 잘 들어보게. 두 사람이 자리를 바꾸어도 어느 쪽이 재판관이고 어느 쪽이 도둑인지 알겠느냐? 너는 농부의 개가 거지에게 짖는 것을 본 적이 있느냐?[1]

자리를 바꾸는 것은 세상에 숨겨진 것들을 '보는' 한 방법이며, 리어왕은 이것을 강조한 것이다. 물론 농부의 개에게서 "권력자의 위대한 모습을 본다"는 체제전복적인 표현을 쓰면서 글로스터의 주의를 끌려는 목적도 있었다.

위치적 관점의 한계를 초월할 필요성은 도덕철학과 정치철학 그리고 법학에서 중요하다. 위치적 고립으로부터의 해방은 항상 쉬운 일은 아니지만, 윤리적 · 정치적 · 법적 사고를 할 때 받아들여야 할 도전이다. 우리는 '천한 도둑'을 거리낌 없이 야단치는 '재판관'을 넘어서야 한다.

관찰과 지식의 위치성

위치적 제한을 뛰어넘으려는 시도는 인식론에서도 역시 중요하다. 그러나 관찰 가능성의 문제가 있고, 관찰하는 쪽의 제한된 관점에서 실제 무엇이 일어나는지 이해하는 데도 장벽이 존재한다. 볼 수 있는 것은, 보려고 하는 것에 대한 상대적 위치와 무관하지 않다. 그리고 이는 신념, 이해 그리고 결정에 영향을 줄 수 있다. 위치 의존적인 관찰, 신념, 선택은 실천이성뿐 아니라 지식의 영위에도 중요할 수 있다. 실제 인식론, 결정이론 그리고 윤리학 모두 관찰 및 추론이 관찰자의 위치에 의존한다는 데 주의해야 한다. 앞서 논의했듯이* 물론 모든 객관성이 대상에 관한 것은 아니지만, 추구해야 할 객관성의 성질에 관찰 및 그에 입각한 이해가 포함되는 한 관찰의 위치성이 고려되어야 한다.

관찰이 위치에 따라 변화한다는 것은 충분히 기본적인 생각이며, 아주 간단한 물리학적 예로 설명될 수 있다. '**해와 달은 크기가 비슷하다**'는 주장을 살펴보자. 분명 그 관찰은 위치와 무관하지 않으며, 두 천체는 다른 곳, 예컨대 달에서 보면 크기가 전혀 다를 것이다. 하지만 위의 주장을 비객관적이라고 여기거나 순전히 한 개인에 고유한 정신현상이라고 간주할 이유는 없다. 다른 사람이 동일한 곳(지구)에서 해와 달을 관찰한다면 크기가 같다는 주장에 힘을 실을 수 있을 것이다.

위의 주장에는 위치에 관한 것이 명시적으로 언급되지 않지만 명확히 위치와 관련된 주장이며, 다음과 같이 풀어 쓸 수 있다. '**여기 지구에**

---

* 제5장 「공평성과 객관성」 참조. 예컨대 수학 및 윤리학에서 '대상 없는 객관성'의 가능성은 힐러리 퍼트넘Hilary Putnam의 *Ethics without Ontology*(Cambridge, MA: Harvard University Press, 2004)[『존재론 없는 윤리학』, 홍경남 옮김, 철학과현실사, 2006]에서 명쾌하게 논의된다.

서 보면 해와 달은 크기가 비슷하다.' 물론 관찰자는 현재 자신과 다른 위치에서 사물이 어떻게 보일지 주장할 수도 있고, 이는 다른 주장과 모순되지 않을 것이다. 지구에서도 '달에서 보면 해와 달은 크기가 다르다'고 말할 수 있는 것이다.

위치에 따른 객관성은 관찰하는 위치가 고정되어 있을 때 개인 간의 불변성을 요구하는데, 그 요구는 다른 위치에서 보았을 때의 변화와 완전히 양립될 수 있다.* 서로 다른 개인이 동일한 위치에서 동일한 관찰을 확인할 수도 있고, 한 개인이 서로 다른 위치에서 상이한 관찰을 할 수도 있다.

위치성의 해명과 오해

관찰결과의 위치 의존성은 어떤 것을 해명하는(이 경우 '여기서 대상이 얼마나 크게 보이는가'라는 물음에 답하는 것) 동시에 오도할(예컨대 '이 대상은 실제로 얼마나 큰가'처럼 크기와 관련된 전형적인 물음에 답할 때) 가능성도 있다. 위치상 변동의 두 가지 측면은 서로 매우 다른 물음에 답하지만, 둘 다 완전히 주관적인 것은 아니다. 이 점에 관해서는 조금 더 상세히 검토할 필요가 있다. 왜냐하면 객관성을 위치 의존적 현상으로서 특징짓는 것은 객관성의 개념을 이해하는 전형적인 방법이 아니기 때문이다.

토마스 네이글은 그의 영향력 있는 저서 『위치 독립적 관점』The View from Nowhere에서 다음과 같은 방식으로 객관성을 특징짓는다. "관점이나

---

* 위치에 따른 객관성이라는 생각은 예일 로스쿨의 스토스 강의Storrs Lectures(1990)에서 탐구하기 시작했고, 이후 린들리 강의Lindley Lecture 시리즈의 『객관성과 위치』Objectivity and Position(Kansas City: University of Kansas, 1992)에서도 이어졌다. 'Positional Objectivity', Philosophy and Public Affairs, 22(1993)(『합리성과 자유』Rationality and Freedom(Cambridge, MA: Harvard University Press, 2002)에 수록) 참조.

사고의 형식은 개인의 성질과 위치에 관한 세부사항이나 그가 속한 특정한 유형의 특징에 덜 의존할수록 더 객관적이다."[2] 객관성을 이처럼 파악하는 것은 객관성의 고전적 개념이 가진 중요한 측면 ─ 위치 독립성 ─에 중점을 둔다는 분명한 장점이 있다. 해와 달이 여기 지구에서 크기가 똑같아 보인다는 이유로, 예컨대 질량의 크기가 똑같다는 결론에 도달하면, 위치 독립적 객관성에 대한 중대한 침해가 될 것이다. 이런 의미에서 위치에 따른 관찰은 그 가변성에 충분한 주의를 기울이지 않거나 적절히 수정하려 하지 않으면 잘못 인도할 수 있다.

이와 대조적으로 '위치에 따른 객관성'이라 부를 수 있는 것은 어느 특정 위치에서 관찰되는 것의 객관성을 말한다. 여기서 관심을 끄는 것은, 어떤 주어진 위치에서 볼 수 있는 것에 의해 예증되는, 개인에 대해서는 불변적이지만 위치에 대해서는 상대적인 관찰 및 그 가능성이다. 위치적 의미에서 객관적 평가의 주제는 어떤 주어진 관찰위치에 있는 어느 누구라도 확인할 수 있는 것이다. 해와 달의 상대적 크기에 관한 주장으로 예시했듯이, 관찰되는 것은 위치에 따라 달라질 수 있지만, 서로 다른 사람들이 동일한 장소에서 각자 관찰을 하고 거의 비슷한 결과를 얻을 수 있다.

이 경우 어느 특정한 관찰위치에서 대상이 어떻게 보이는지가 주제이며, 동일한 위치에 있다면 누구에게라도 그처럼 보일 것이다.* 혹자가 주장하듯이 위치에 따른 관찰의 변화가 '주관성'에 기인할 수는 없다. 주관성의 두 표준적 기준에 따르면, '해와 달은 크기가 비슷하다'라는 주장

---

* 물론 위치적 특징은 오직 장소적일 (혹은 오로지 공간적 상황에만 관계될) 필요는 없으며, 관찰에 영향을 주고 또 다른 관찰자 및 관찰에도 체계적으로 적용될 수 있는, 특히 비정신적인 일반조건이라면 무엇이든 포함할 수 있다. 위치적 특징은 때때로 개인 특유의 비정신적 특성, 예컨대 눈이 보이지 않는 것과 관련될 수 있다. 서로 다른 개인들은 동일한 유형의 실명상태를 공유함으로써 동일한 관찰결과를 낼 수 있는 것이다.

을 '그 근거가 정신적인 것' 혹은 '개인의 주체나 정신작용에 관계되거나 특유한 것'이라 간주할 이유가 없다(『옥스퍼드 영어사전』Oxford English Dictionary의 주체성subjectivity 항목 참조).

관찰에 근거한 주장이 꼭 개인 정신의 특별한 작용에 관한 것은 아니다. 그것은 개인의 정신과는 독립적으로 물리적 특성을 가진 현상도 식별하는데, 예컨대 개기일식이 일어날 수 있는 것은 바로 지구에서 해와 달의 크기가 가시적으로 똑같기 때문이다. 지구라는 특별한 위치에서 보았을 때 크기가 작은 달이 크기가 큰 해를 가리는 것일 뿐, 일식을 '그 근거가 정신적인 것'으로 간주할 수는 없다. 만일 일식의 예측이 우리의 과제라면, 해와 달의 상대적 크기에 관해 이야기할 때 특히 유의미한 것은 지구로부터의 위치에 따른 사영射影이 일치한다는 것이지 각각의 실제 크기가 — 직접적으로는 — 아니다.

5세기 초 인도의 수학자이자 천문학자인 아리아바타Aryabhata는 사영의 크기로 일식 현상을 설명했는데, 이는 그의 수많은 천문학적 공헌 중 하나였다.[*] 예상대로 아리아바타는 종교적 정통주의에서 근본적으로 벗어나 있다며 공격을 받았다. 비판자 가운데 그의 뛰어난 제자이자 위대한 수학자였던 브라마굽타Brahmagupta도 있었는데, 정통주의를 지지하면서도 아리아바타의 혁신을 수용하고 확장한 인물이다. 수백 년 후인 11세기 초, 이란의 저명한 수학자이자 천문학자였던 알베루니Alberuni는 아리아바타를 옹호하며, 브라마굽타가 행한 것을 포함한 일식의 실제 예측은 힌두교 정통주의와 타협한 브라마굽타의 방법이 아니라 아리아바타의 사영법을 따른다는 사실을 강조했다. 천 년 전에 이루어진 비범한

---

[*] 아리아바타의 독창적인 공헌 중에는 태양이 지구 주위를 공전한다는 데 대한 논쟁과, 지구가 자전하는데도 물체가 지구 밖으로 던져지지 않는 이유를 설명하기 위해 중력의 존재를 암시한 것 등이 있다.

지적 변호에서 알베루니는 바라마굽타에 대해 다음과 같은 비판을 제기했다.

> 우리는 그[브라마굽타]와 논쟁할 것도 없이 단지 그의 귀에 속삭일 것이다. …… 당신은 왜 [아리아바타와 그 지지자들에게] 그런 [가혹한] 말을 내뱉고 나서 일식을 설명하기 위해 달의 지름을 계산하고, 또 월식을 설명하기 위해 지구 그림자의 지름을 계산하는가? 일식과 월식을 계산할 때 당신이 옳다고 판단한 자들의 견해가 아닌 이단자의 이론을 따르는 이유가 무엇인가?[3]

위치에 따른 객관성은 관련 사항에 따라 객관성을 적절히 이해하는 방식이 될 수 있다.

단순한 심적 태도나 심리의 기벽이 아니라 여러 개인에게 공유될 수 있는 위치적 파라미터의 다른 예로서는 (수많은 유사한 파라미터들 중에서도) 특정 언어의 구사 여부, 셈의 가능 여부, 색각의 이상 여부 등을 들 수 있다. 어느 특정한 '위치적' 속성을 가진 개인에게 세계가 어떻게 보이는지 주장한다고 해서 위치에 따른 객관성이 침해되는 것은 아니다.

여기서 주의해야 할 것은 인과관계에 의해 '설명'될 수 있는 모든 것이 위치에 따른 객관성을 띤다는 주장이 아니라는 점이다. 대부분 그 가변성의 성질에 달려 있을 것이다. 인도의 초기 인식론에서 많이 논의된 고전적인 예를 들면, 어떤 개인의 특수한 신경과민이나 뱀 공포증으로 인해 밧줄을 뱀으로 착각한다고 해도 이 명백히 주관적인 진단이 위치에 따른 객관성을 띠게 되는 것은 아니다. 하지만 밧줄 토막의 생김새 때문에, 예컨대 어두운 곳에서는 누구에게든 정말 뱀처럼 보이기 때문에 밧줄을 뱀으로 착각한 경우라면, 위치에 따른 객관성의 개념이 정당하게 적용될 수 있다.

위치적 관점의 각 역할, 즉 이해를 돕는 역할과 착각을 일으키는 역할 간의 대비에 필적하는 차이가 윤리적 · 정치적 평가에도 존재한다. 특별한 역할, 예컨대 자기의 자녀를 돌보는 부모의 역할을 요구하는 관계 기반의 개인적 책임 이론을 따를 때, 자녀의 이익을 특히 부각시키는 것은 윤리적으로 적절하다고 여겨질 수 있다. 이런 문맥에서 자녀의 삶에 비대칭적 관심을 갖는 것은 주관적인 어리석은 행동이 아닐 것이다 ― 오히려 객관적으로 추구되는 윤리적 관점(이 경우 부모라는 위치와 관련되어 있다)의 반영일 것이다.*

따라서 그러한 틀에서 윤리적 객관성을 '구체적으로 제시된 곳에서의 관점'이 아니라 오로지 '위치 독립적 관점'에 비추어서 생각한다면 빈틈이 생길 것이다. 위치적 특징은 특별한 타당성을 내포할 수 있으며, 포용적인 윤리학이라면 이를 충분히 인정하고 적절히 고려해야 한다. 다시 동일한 예를 들면, 자신의 자녀에 대한 의무는 단지 '마음속에서' 비롯되는 것이 아니라, 구체적인 윤리적 접근법 내에서 참된 중요성을 띨 수 있는 것이다.

제10장에서 제시하겠지만, 행위자에 상관적인 ― 더 일반적으로는 위치에 상관적인 ― 평가와 책임의 문제를 검토할 때, 위치에 따른 객관성의 명쾌한 측면이 관련될 것이다. 하지만 다른 문맥에서, 즉 비관계적

---

* 개인적 연결과 관계의 적절성은 도덕평가 분야에서 매우 중요하고 복잡한 주제이다. 버나드 윌리엄스Bernard Williams는 특히 ― 유일한 것은 아니다 ― 공리주의를 비판하면서 근저에 있는 많은 문제들을 강력하고 명료하게 논의했다. 그의 'A Critique of Utilitarianism', in J. J. C. Smart and B. Williams, *Utilitarianism: For and Against* (Cambridge: Cambridge University Press, 1973) 및 *Moral Luck: Philosophical Papers, 1973~1980*(Cambridge: Cambridge University Press, 1981), 특히 'Persons, Character and Morality' 참조.

윤리학의 관점에서 자기 자녀의 이익을 특별히 중요시하는 것은 분명한 잘못으로 여겨질 것이다. 예컨대 어떤 공무원이 공무수행 중에 자기 자녀의 이익을 우선시한다면, 그에게는 위치적으로 밀접한 자기 자녀의 이익이 더 중요할지라도 정치적 혹은 윤리적 실패라 간주될 수 있다.

이때 필요한 것은 '위치적으로 치우침 없는' 접근이다. 다른 아이들도 자기 아이와 마찬가지로 크고 중요한 이해관계에 놓일 수 있다는 사실을 적절히 인식할 것이 요구되며, 그러한 맥락에서 (예컨대 부모와 자식의 관계와 연결된) '구체적으로 제시된 곳'으로부터의 관점은 잘못된 것이다.

세계를 위치 독립적으로 이해하려는 것은 비관계적 접근에서 추구될 수 있는 윤리적 해명에 중심적이다. (제5장에서 논의했듯이) 메리 울스턴크래프트는 에드먼드 버크가 미국 독립혁명을 지지하면서도 마치 그가 백인 미국인을 위해 옹호한 자유가 흑인 노예에게는 적용되지 않는다는 듯 노예의 지위에 관해 아무런 관심도 갖지 않는 것을 강력히 비판하면서 위치적 편견과 파벌적 편파성을 극복할 보편주의적 관점을 내세웠다. 요점은 위치적 포괄성이 아니라 위치를 뛰어넘은 이해이다. 이 맥락에서는 '위치 독립적 관점'을 취하는 것이 분명 적절할 것이다.

객관적 환상과 위치에 따른 객관성

위치 독립적 관점이 인식론적, 윤리적 혹은 정치적 평가에 적합할 때조차도 위치적으로 치우침 없는 포괄성을 달성하는 것의 어려움을 설명하기 위해서는 관찰이 위치에 의존한다는 사실을 고려해야 할 것이다. 위치적 관점에 사로잡혀 있으면 위치적으로 한정된 시야를 뛰어넘기 힘들어진다. 예컨대 여성을 종속적인 지위로 격하시키는 전통이 확립된 사회에서는 열등하다고 단정 지어진 여성의 특징에 주목하는 문화적 규범이 매우 강하기 때문에 그 특징을 다르게 해석하려면 상당한 정신의 독립성이 요구될 것이다. 또한 만일 여성에게 과학을 연구하도록 장려하지 않는 사회에 여성 과학자가 거의 없다면, 성공적인 여성 과학자가 부족하다는 관찰된 특징 자체가, 여성도 과학에 능할 수 있으며 똑같이 과학을 추구하는 재능과 소질을 가질지라도 바로 적절히 교육받을 기회나 장려가 없기 때문에 두각을 나타내지 못한다는 것을 이해하는 데 장애물로 작용할 수 있다.

여성이 과학에 전혀 소질이 없다는 결론 — 위치에 따른 관찰로부터 이끌어진 — 이 완전히 잘못되었을지라도 어떤 사회에 여성 과학자가 거의 없다는 관찰은 전혀 틀리지 않을 수 있다. 이때 차별이 뿌리 깊은 사회에서 이루어지는 지역적 관찰의 위치성을 넘어설 것이 매우 강하게 요구된다. 여성에게 더 많은 기회가 부여되는 다른 사회에서 관찰하면, 여성도 필요한 기회와 시설이 주어진다면 과학을 연구하는 데 남성만큼의 능력을 발휘한다는 것을 확인할 수 있다. 이러한 논의는 '열린 공평성'과 관련되며, 애덤 스미스의 공평한 관찰자, 즉 가까운 관점뿐만 아니라 멀리 떨어진 관점까지 추구하는 방법론적 장치를 불러일으킨다.*

지역적 신념의 구속이 강하고 극복하기 어려울 때, 그 사회에서 여성이 취급받는 방식이 불공평하다는 사실을 직시하기가 단호하게 거부될 수 있으며, 많은 여성이 계층화된 사회에서 이루어지는 지역적 관찰의 그릇된 해석에 따라 '눈에 보이는 것'에 기초하여 스스로 지적으로 열등하다는 잘못된 신념을 받아들이게 된다. 사회적 불균형과 차별에 대한 저항 없는 용인을 설명할 때, 위치에 따른 객관성이라는 개념은 (위치를 넘어선 이해가 필요할 때) 위치적 포괄성이 부당하게 적용되는 것의 기원에

---

* 제6장 「닫힌 공평성과 열린 공평성」의 논의를 참조.

관한 통찰을 제공함으로써 체계적으로 공헌한다.

마르크스철학에서 사용되는 '객관적 환상'이라는 중요한 개념도 위치에 따른 객관성이라는 측면에서 잘 해석될 수 있다.* 이처럼 해석하면 객관적 환상은 실은 위치를 넘어선 정밀조사에 종속되지 않는, 위치에 따라 객관적인 신념이다. 객관적 환상이라는 개념은 입장에 따라 객관적인 신념, **그리고** 실제로 그 신념은 잘못되었다는 위치를 넘어선 진단 양쪽을 이끌어 낸다. 해와 달의 상대적 크기에 관한 예에서, (지구에서 관찰하기 때문에 위치에 따라 객관적인) 외견상 크기의 유사성은 — 다른 정보와 사고방식과 비판적 검토의 기회가 없다면 — (예컨대 각각의 주위를 도는 데 걸리는 시간에 대해) '실제 크기'가 유사하다는, 위치에 따른 '이해'로 이끌 수 있다. 이때 그 신념의 허위성은 객관적 환상의 실례가 될 것이다.

G. A. 코헨은 저서 『칼 마르크스의 역사이론 — 역사유물론 옹호』를 통해 마르크스 이론에서의 객관적 환상에 관해 흥미롭게 논의했다.

> 마르크스에게 감각이란 대기의 구성과 천체의 운행에 대해 우리를 잘 못 인도하는 것이다. 그렇지만 어떤 사람이 호흡을 통해 대기의 다른 성분들을 감지했다면 그의 코는 건강한 인간의 코처럼 기능하지 않았을 것이다. 또 어떤 사람이 움직이지 않는 태양 주위를 지구가 돌고 있다는 것을 지각했다고 진심으로 주장했다면 그는 시각이나 운동기능에 장애

---

* 객관적 환상이라는 개념은 (더 철학적인 저작에서뿐만 아니라) 『자본』 1권과 『잉여가치학설사』와 같은 경제학 저술에서 중요하다. 마르크스는 노동시장에서 공정한 교환이라는 일반적인 생각이 실은 환상에 불과한데도 시장가격에 따른 등가가치의 교환이 어떻게 이루어지는지 지켜보는 사람들에게 '객관적으로' 받아들여진다는 것을 보여 주는 데 특히 관심이 있었다. 마르크스의 분석에 따르면, 자신의 생산물이 지닌 가치의 일부를 빼앗기고 착취당하는 노동자조차 노동시장에서 '등가가치'의 교환이 아닌 무언가가 있다는 것을 알기 어렵다.

를 갖고 있을 것이다. 대기를 하나의 물질로서 감지하고 해가 움직인다고 지각하는 것은 환각이라기보다는 신기루를 보고 있는 것에 가깝다. 왜냐하면 어떤 사람이 적절한 조건하에서 신기루를 볼 수 없다면 그의 시각에 문제가 있는 것이기 때문이다. 그의 눈은 멀리 떨어진 빛의 작용을 기록하는 데 실패한 것이다.[4]

이때 객관적이라 여겨지는 관찰은 보통의 코로 호흡하고 보통의 눈으로 해를 보고 보통의 시력으로 멀리 떨어진 빛의 작용을 관찰하는 것 등의 위치적 특징과 관계되어 있다. 그리고 이러한 관찰된 특징들은 분명 위치에 따라서는 객관적이지만, 위치적 관점을 넘어섰을 때 적용될 수 있는 또 다른 ― 문맥상 더 설득력 있는 ― 진실의 기준에 비추어 보면 착각을 일으키거나 잘못된 관찰인 것이다.

건강, 질병, 위치에 따른 변화

마르크스가 객관적 환상이라는 개념을 사용한 것은 주로 계급분석의 문맥에서이며, 그로부터 그 자신이 '허위의식false consciousness'이라 부른 것을 연구하게 되었다. 또 매우 다른 예로 질병에 대한 자각이 있는데, 이는 개발도상국에서의 건강 상황을 분석하는 데 특히 중요할 수 있다. 예컨대 인도의 케랄라Kerala주는 다른 주들보다 기대수명이 훨씬 길며(중국보다 길고 유럽에 가깝다), 전문적인 의료평가는 케랄라주가 성공적인 보건이행health transition을 이끌어 냈다는 수많은 증거를 제시한다. 그런데도 자각된 이환율을 조사해 보면 케랄라주가 (평균적으로도 연령별로도) 단연 가장 높은 값을 보고하고 있다. 다른 한편 비하르Bihar나 우타르프라데시Uttar Pradesh와 같은 주에서는 기대수명이 매우 낮고 연령별 이환율이

유난히 높은데도(보건이행에 관한 증거도 거의 없다) 자각된 이환율이 놀라울 정도로 낮다. 의학적 증거와 공표된 사망률을 받아들인다면(배제할 특별한 이유는 없다), 자기 평가에 따른 이환율을 비교할 때 제시되는 상황은 잘못된 것, 아니면 적어도 매우 의심스러운 것이라 여겨져야 한다.

그렇지만 이러한 자각된 이환율을 단순히 우연 오차나 개인적 주관주의의 결과로 치부하여 묵살하는 것도 이상할 것이다. 이처럼 사망률과 자각된 이환율이 서로 불일치하는 패턴이 체계적으로 나타나는 이유는 무엇인가? 여기서 객관적 환상의 개념이 유용해진다. 케랄라주의 주민은 타 지역민보다 식자율(여성 식자율 포함)이 현저히 높고, 훨씬 폭넓은 공중보건 서비스를 향유하고 있다. 그래서 케랄라주에서는 앓을 가능성이 있는 질병과, 그 치료법을 강구하고 예방책을 시행할 필요성에 대한 인식이 훨씬 높다. 케랄라주에서 실제 이환율과 사망률을 낮추는 데 도움이 된 아이디어와 행동이 질병에 대한 의식을 높이는 효과도 갖는 것이다. 다른 한편 우타르프라데시나 비하르주의 주민은 식자율과 교육수준이 낮고 공중보건 시설이 심각하게 부족하지만, 앓을 수 있는 질병에 대한 인식은 낮다. 이 때문에 건강상태나 기대수명이 훨씬 나쁘지만, 질병에 대한 의식 또한 케랄라주에 비해 매우 약하다.

인도의 낙후된 주들에서 이환율이 낮다는 환상에는 주민들의 학교교육과 의료경험이 제한되어 있다는 객관적인 — 위치에 따라 객관적인 — 근거가 있다.* 이처럼 지역적으로 잘못된 진단에 나타나는 위치에 따른

---

* 이에 관한 실증적 작업은 대체로 인도의 데이터와 그 해석에 기반을 두고 있다. 나와 장 드레즈Jean Drèze가 공저한 *India: Economic Development and Social Opportunity*(Delhi and Oxford: Oxford University Press, 1995) 및 *India: Development and Participation*(Delhi and Oxford: Oxford University Press, 2002)에서의 논의와 거기에 인용된 광범위한 문헌을 참조할 것. 그런데 이러한 해석에 대체로 들어맞는 또 다른 개발도상국에서의 실증적 정보도 있다. 나의『자유로서의 발전』제4장 참조. 이러한 유형의 설명은 미국과

객관성은 주의를 끌게 마련이고, 사회과학자들은 그러한 진단을 단순히 주관적이고 제멋대로라며 무시하기는 쉽지 않다. 하지만 위치를 넘어 올바로 이해한다면 그러한 자각은 건강과 질병의 정확한 반영이라고 여겨질 수도 없다.

이런 유형의 객관적 환상이 생겨날 가능성과 빈도는 국가기관이나 국제기관이 의료 및 건강 통계를 제시하는 방식과 관련하여 중요한 함의를 갖는다. 질병의 자기보고와 치료의 요구에 관한 비교자료는 위치적 관점에 진지하게 주목하는 비판적 검토를 필요로 한다.*

젠더 차별과 위치에 따른 환상

또 다른 흥미로운 사례로서 남녀별 자각된 이환율의 순위와 확인된 이환율의 순위 간 불일치를 들 수 있다. 인도에서는 (중국, 파키스탄, 이란, 이집트와 같은 아시아 및 북아프리카의 국가에서와 마찬가지로) 대체로 여성이 남성에 비해 생존이 불리한 경향이 있다. 최근까지 전형적으로 여성의 사망률이 (몇 개월밖에 되지 않는 신생아 시기 이후) 35~40세까지의 전 연령층에서 남성보다 높았는데, 이는 동등한 치료를 받는다면 여성이 남성보다 연령별 사망률이 낮다는 의학적 증거를 고려할 때 생물학적으로 예상되는 것과 다르다.**

(케랄라주를 포함하는) 인도 간의 자각된 이환율 비교를 통해 강화된다. 질병별로 비교하면 케랄라주는 대부분의 질병에 대한 자각률이 인도의 다른 주들보다 훨씬 높지만 미국은 그보다 더 높다. 이에 관해서는 Lincoln Chen and Christopher Murray, 'Understanding Morbidity Change', *Population and Development Review*, 18(September 1992) 참조.

* 이 중요한 실천적 문제에 관해 본서에서는 더 이상 다루지 않을 것이다. 나의 『자유로서의 발전』 제4장 참조.

** 인도에서 여성의 기대수명은 최근 남성을 추월했지만, 남성의 수명에 대한 여성의 수명

인도의 여성은 사망률이 상대적으로 불리한데도 자각된 이환율은 보통 남성에 비해 높지 않다 — 때로는 훨씬 낮다. 이는 교육 기회의 박탈, 그리고 성적 불균형을 '정상적' 현상이라 간주하는 사회적 경향과 관계되어 있는 것 같다.* 다행히도(공리주의자라면 이 표현을 달갑게 여기지 않겠지만) 건강에 관한 여성의 불행은 전국적으로 일관되게 증가해 왔으며, 이는 건강상태의 좋고 나쁨에 대한 지역적으로 국한된 자각이 약해지고 있다는 것을 가리킨다. 여성 억압이라는 문제가 (여성 단체 등에 의해) 정치이슈화됨에 따라 그러한 불평등의 인식에 대한 편견도 흔하지 않게 되었다는 사실은 흥미롭다. 실제로 여성의 건강에 관한 문제와 환상의 본질을 더 잘 이해함으로써 사망률에서의 성별 편향을 상당히 줄일 수 (그리고 인도의 많은 지역에서 제거할 수) 있었다.**

위치에 따른 객관성이라는 개념은 전반적인 젠더 불평등을 이해하는

비율은 동등한 치료를 받을 때 예상될 수 있는 값보다 여전히 매우 낮다. 케랄라주는 이 점에서도 예외라서 여성의 기대수명이 남성에 비해 상당히 길다(그 비율은 유럽과 미국과 비슷한 수준이다).

* 앞서 나는 1944년의 벵골 대기근 이후에 관한 연구에서 남편을 잃은 여성은 건강이 '좋지 않다'고 보고한 예는 거의 없는 데 반해 부인을 잃은 남성은 건강에 대해 크게 불평했다는 놀라운 사실에 관해 논의한 적이 있다(나의 *Commodities and Capabilities*(Amsterdam: North-Holland, 1985), Appendix B 참조). 이와 관련해서는 나의 *Resources, Values and Development*(Cambridge, MA: Harvard University Press, 1984), 그리고 킨치Jocelyn Kynch와의 공동연구 'Indian Women: Wellbeing and Survival', *Cambridge Journal of Economics*, 7(1983) 참조.

** 사망률의 성별 편향 감소가 세계적으로 꽤 널리 진척된 결과, 성별 편향이 없다고 가정할 때 기대되는 것과 비교하여 '거기에 없는' 여성의 수를 나타내는 '잃어버린 여성missing women'이라는 현상은 인도와 중국을 비롯한 많은 국가에서도 급격히 줄어들었어야 했다. 하지만 불행히도 (여성 태아의 선택적 낙태를 통한) 출생률의 성별 편향이라는 비교적 새로운 현상이 정반대의 방향으로 작용하고 있다. 이러한 상황에 관해서는 나의 두 논문, 'Missing Women', *The British Medical Journal*, 304(March 1992) 및 'Missing Women Revisited', *British Medical Journal*, 327(December 2003)에서 논의되었다.

데 특히 중요하다. 가족의 작용은 편의와 가사를 분배하는 데 이해관계의 조화뿐만 아니라 갈등까지도 포함하지만('협력적 갈등cooperative conflict'이라 부를 수 있는 집단관계의 특성), 화목한 가정생활을 위해서는 갈등의 양상이 명시적인 협의를 통해서가 아니라 암묵적으로 해결되어야 한다. 그러한 갈등들을 늘어놓는 것은 보통 비정상적인 행동으로 비칠 것이다. 결과적으로 습관적인 행동패턴은 그저 정당하고 심지어는 합당한 것이라 여겨지며, 어떤 분야에서 남성에 비해 여성이 조직적으로 불리하다는 것을 주목하지 않는 경향이 세계 대부분 지역에 공통적으로 나타난다.

위치성과 정의론

이 문제는 정의론을 정식화하는 데, 더 구체적으로는 정의의 요구를 이해하기 위해 공적 추론에 특별한 역할을 부여하는 이론을 탐색하는 데 상당히 중요하다. 공적 추론이 미치는 범위는 사람들이 그들이 사는 세계를 읽어 내는 방식에 따라 실질적으로 한정될 것이다. 그리고 만일 위치성의 강력한 영향 때문에 사회의 이해가 어려워진다면, 이는 정의와 부정의를 평가할 때 직면하는 도전과 곤경을 인식하는 데 특별히 주목해야 하는 과제인 것이다.

관찰과 구성의 위치성은 과학적 지식의 확대에 중요한 역할을 담당하지만, 일반적으로 신념의 형성에 더 크게 공헌한다. 자연과학의 추구와 더불어 사회의 이해에도 중요한 것이다. 실제로 위치성의 역할은 사회적 이해와 공적인 일에 큰 영향을 미치고 왜곡할 수 있는 체계적이고 끈질긴 환상을 해석하는 데 특히 결정적이다.

지구에서 보이는 해와 달의 상대적 크기에 관한 단순한 예로 돌아가자. 거리에 따른 투영에 익숙하지 않거나 해와 달에 관한 정보가 없는 사회에 속해 있는 개인이 있다고 가정해 보자. 그는 적절한 개념적 틀과 부수적 지식이 없기 때문에 위치상의 관찰을 기반으로 해와 달이 실제로 크기가 같으며 (동일한 속력으로 이동하면) 각각 한 바퀴씩 도는 데 거의 같은 시간이 걸릴 것이라고 판단할 것이다. **만일** 그가 거리와 투영 등에 대해 알고 있다면 아주 이상한 판단이겠지만, 아무것도 모른다면 이상할 것이 없다. 해와 달의 크기가 같다는(특히 각각 한 바퀴씩 도는 데 같은 시간이 걸릴 것이라는) 그의 신념은 물론 잘못(환상)이지만, 그에게 주어진 위치적 특성 전체를 고려하면 그의 신념이 순수하게 주관적이라고 볼 수는 없다. 실제 누구든 그와 동일한 위치(특히 적절한 개념과 관련 정보에 대한 무지)에 놓인다면 비판적으로 검토하기에 앞서, 그와 같은 이유로 당연히 같은 관점을 취할 수 있다.*

위치에 따른 객관성과 관련된 환상은 그에 수반된 위치성이 무언가를 밝히기보다 그릇된 길로 이끌고 그릇된 정보를 전할 때조차 떨쳐 내는 것이 매우 힘들 수 있다.** 그처럼 잘못된 인식이 있을 때, 용인된 젠더 불평등을 극복하는 것은 물론, 주목해야 할 불평등이라고 분명히 밝

---

* 기원후 몇 세기 동안 명성을 떨친 인도 니야야학파 철학자들은 지식뿐만 아니라 환상도 선재하는 개념들에 의존한다고 주장했다. 어스름 속에서 밧줄을 뱀으로 착각할 때(앞서 논의한 고전적 예시), 이 환상은 바로 '뱀 개념'에 대한 사전 이해 — 참된 이해 — 때문에 발생하는 것이다. 뱀이 어떻게 생겼는지 모르고 '뱀 개념'과 이를테면 '돼지 개념'을 구별할 수 없는 사람은 밧줄을 뱀으로 착각하지도 않을 것이다. 당시 니야야학파와 라이벌 학파에서 탐구된, 개념과 실재 간 관련성의 함의에 관해서는 Bimal Matilal, *Perception: An Essay on Classical Indian Theories of Knowledge*(Oxford: Clarendon Press, 1986) 제6장 참조.

** 앞서 언급했듯이 정의론은 관계적 사항의 여지를 남길 수 있는데, 그때 위치적 관점이 중요하며 또 고려되어야 한다. 이는 부모의 책임처럼 특정 인간관계와 결부된 특수한 책무뿐만 아니라 (어떤 행위에 책임이 있는 행위자가 특별한 책무를 가진다고 여겨지는) 행위자 상관적인 의무나 우선순위와 같은 문제에도 적용된다. (정당화될 수 있을 때) 위치적 관점의 실제 타당성은 지금처럼 비관계적 윤리나 정치의 문맥에서 고려하는 것과는 상당한 차이가 있다. 전자에 관해서는 제10장 「실현, 결과, 행위주체성」에서 다룰 것이다.

히는 것조차 어려운 과제가 될 것이다.[5] 가정 내의 젠더 불평등은 차별받는 쪽도 같은 편으로 만듦으로써 존속하기 때문에 위치적 관점의 불투명성은 이러한 불평등의 확산과 지속에 주요한 역할을 한다.

위치적 한계의 극복

정의를 추구할 때 위치적 환상은 심각한 장애가 될 수 있는데, 평가를 위한 정보적 기반을 넓힘으로써 극복해야 한다. 이는 애덤 스미스가 멀리 떨어진 곳을 포함한 다른 곳에서의 관점도 체계적으로 받아들여야 한다고 주장한 이유 중 하나였다(제6장 참조). 열린 공평성을 신중히 이용하면 매우 유용할 수는 있지만 위치적 관점에서 궁극의 '위치 독립적 관점'으로 순조롭게 나아가리라고 기대할 수 없다.

우리가 어떤 생명체인지 고려한다면, 세계를 이해하는 것은 우리에게 가능한 지각과 사고에 완전히 의존한다고 할 수 있다. 그리고 지각과 사고는 우리의 감각기관과 뇌를 비롯한 신체적 능력에 전적으로 의존한다. 우리가 '관점'이라 부르는 바로 그 개념조차 눈을 통한 시각의 이해에 의존하고 있으며, 이는 인류가 진화시켜 온 생리적 기능으로서의 신체적 활동이다.

물론 사변적 사고를 통해서는 우리를 이 세계에 붙들어 매고 분별력과 사고력을 지배하는 신체적 활동 내에 가두는 닻을 푸는 문제를 생각해 볼 수 있다. 심지어는 우리가 실제로 받아들이는 빛, 소리, 열, 냄새, 맛, 촉감 등의 신호가 아닌 다른 것에 대한 지각을 갖는 세계에 관해 생각해 볼 수도 있지만, 그처럼 다른 감각을 통해 세계가 어떻게 '보일지' 구체적으로 상상하기는 힘들다. 사고과정의 범위와 사고능력의 확장에 대해서도 마찬가지로 제약이 따른다. 외부세계의 이해는 경험과 사고에 매여 있고, 그것들을 완전히 뛰어넘을 가능성은 상당히 제한되어 있다.

그렇지만 이것들이 덜 국한된 시야를 제공함으로써 위치성을 부분적으로 혹은 완전히 극복할 수 없다는 것은 아니다. 여기서도 마찬가지로 (정의론의 초점을 선택하듯이) 우리는 선험성이라는 유토피아적 목표가 아니라 비교적인 관점을 합리적으로 탐색할 수 있다. 비교에 기초한 확장은 혁신적인 인식론적 · 윤리학적 · 정치학적 연구의 지속적인 관심사로서 세계지성사에서 수많은 성과를 올려 왔다. 개인적 특성과 완전히 독립된 '열반'은 우리가 관심을 가져야 할 유일한 과제가 아니다.

누가 우리의 이웃인가

이웃에게는 어떤 의무가 있지만 이웃이 아닌 자에게는 아무런 의무도 지고 있지 않다는 관계적 시야에 저항함으로써 도덕적 관심을 가장 가까운 '이웃'에 한정하는 위치성을 넘어서려는 시도는 오랫동안 이어져 왔다. 이웃에 대한 의무의 문제는 세계윤리사상사에서 거대한 위치를 점하고 있다. 실제로 영국국교회의 일반기도서에는 "너는 이 계율들로부터 주로 무엇을 배우는가?"라는 물음에 대해 분명한 답이 제시되어 있다. "신에 대한 의무와 이웃에 대한 의무, 이 두 가지를 배웁니다"라고.

만일 우리의 책무에 대한 이러한 이해가 옳고 이웃의 권리가 다른 사람의 권리와는 비할 데 없을 정도로 강하다면, 이것이 '한 국가 내에서의 정의'(내가 계속 반대해 온 접근)의 조잡함을 완화시키는 데 도움이 된다고 생각할 수 없는가? 오로지 이웃만을 고려하는 데에 너무나 불균형한 우선권을 부여하려면 그 자체로 약간의 명분을 필요로 한다. 또한 인간을 이웃이라는 고정된 공동체로 파악하려는 지적 기반은 쉽게 무너질 수 있다.

후자에 관해서는 누가복음에서 예수가 말하는 '착한 사마리아인'의 이야기에 분명히 드러난다.* 고정된 이웃에 대한 예수의 의문은 착한 사마리아인의 이야기를 보편적 관심의 도덕으로 본다는 점에서 때때로 무시되어 왔는데, 이 또한 충분히 타당하지만, 예수가 말한 그 이야기의 요점은 고정된 이웃이라는 개념을 사리에 맞게 거부하는 것이다.

이 대목에서 예수는 우리가 의무를 지는 자들을 물리적인 의미에서의 이웃으로만 한정하는 어느 율법학자의 개념을 반박한다. 예수는 그 율법학자에게 다쳐서 거리 한 구석에 쓰러져 있는 사람이 사제와 레위인에게 도움을 거절당한 후 결국 착한 사마리아인에게 도움을 받는다는 이야기를 들려준다. 사제와 레위인은 다친 사람을 돕기는커녕 쳐다보지도 않고 길을 건너 반대편으로 걸어갈 뿐이었다.**

이때 예수는 이웃이든 아니든 어려움에 처한 **모든** 사람들을 도와야 할 의무를 직접 논의하는 대신, 이웃의 정의에 관한 분류상의 질문을 한다. 그는 논쟁하고 있는 율법학자에게 다음과 같이 물었다. "다친 사람의 이웃은 누구였는가?" 율법학자는 대답하지 않을 수 없다. "그를 도운

---

* 이에 관해서는 제러미 월드론Jeremy Waldron이 조금 다른 측면에서 훌륭하게 분석했다. 'Who Is My Neighbor? Humanity and Proximity', *The Monist*, 86(July 2003) 참조.

** 나의 동료이자 옥스퍼드 올소울즈칼리지All Souls College의 학장이었던 경외할 만한 고 존 스패로John Sparrow는 우리가 누군가에게 해를 가하지 않았다면 그에게 아무런 의무도 지고 있지 않다고 즐겨 말하고, 돕지 않고 길을 건너간 사제와 레위인이 흔히 생각하는 것처럼 '잘못된 행동'을 한 것이냐는 물음을 던지기를 좋아했다. 이에 대해 존 스패로 자신은 단호하게 대답했다. "물론 그렇다." 그는 대단히 즐기면서 큰 충격을 받은 청중에게(물론 이것이 포인트이다) 다음과 같이 설명했다. 레위인과 사제가 잘못된 행동을 한 이유는 다친 사람을 도와야 했기 때문이 (결코) 아니라 그를 쳐다보지 않고 길을 건너는 데 분명한 죄책감을 느꼈기 때문이다. 그들은 도덕적 용기를 갖고 다친 사람을 돕지 말고 그냥 지나쳐 같은 쪽 길을 곧장 걸었어야 하며, 불필요한 수치심이나 쓸데없는 무안함을 느끼지 말았어야 했다는 것이다. '우리가 서로에게 지고 있는 것'(더 명확히는 '우리가 서로에게 지고 있지 않은 것')에 관한 이러한 진지한 관점을 통찰하려면 John Sparrow, *Too Much of a Good Thing*(Chicago, IL: University of Chicago Press, 1977) 참조.

사람이다." 물론 그것이 예수가 지적하는 포인트였다. 이웃에 대한 의무는 옆집 사람들에게 국한된 것이 아니다. 예수의 주장에 담긴 설득력을 이해하기 위해서는 사마리아인이 멀리 떨어진 곳에 살고 있었을 뿐만 아니라 유대인에게 흔히 혐오나 경멸을 당했다는 사실을 상기해야 한다.*

사마리아인은 그 사건 자체를 통해 다친 유대인과 이어진다. 그는 고통 받는 사람을 발견했고 도울 필요를 느껴 실제로 도왔으며, 이제 그 다친 사람과 관계가 성립되었다. 사마리아인을 움직인 것이 자비심인지 '정의감'인지 아니면 나아가 '타자를 동등하게 대하는 공정감'인지는 중요하지 않다. 한번 이러한 상황에 놓이면 새로운 '이웃'인 것이다.

멀리 떨어져 있는 사람과의 관계로부터 구축되는 이웃은 특히 현대 세계에서 정의를 전반적으로 이해하는 데 매우 중요하다. 우리는 무역, 상업, 문학, 언어, 음악, 예술, 엔터테인먼트, 종교, 의학, 보건, 정치, 뉴스, 미디어 등을 통해 서로 이어져 있다. 데이비드 흄은 거의 250년 전에 정의감의 범위를 확장하는 데 접촉을 늘리는 것이 중요하다고 논평하면서 다음과 같이 언급했다.

> 다시 몇몇 별개의 사회가 상호 편의와 이익을 위해 일종의 교류를 유지한다고 가정하면, 정의의 경계는 시야의 넓이와 상호 관계의 견고함에 비례하여 확장된다.[6]

---

* 이처럼 놀라운 영향력과 유효성을 가진 복음서의 이야기를 생각하면서 나는 루트비히 비트겐슈타인이 복음서를 성 바울의 가공할 만한 서간과 견주며 했던 말을 떠올렸던 기억이 있다. "생각건대 복음서에서는 모든 것이 **덜 가식적**이고 더 겸손하고 더 소박하다. 거기에는 오두막집이 있지만, 바울의 서간에는 교회가 있다. 거기서 모든 인간은 평등하고 신 자신도 인간이지만, 바울의 서간에는 이미 계급이 존재하고 명예와 공직이 있다"(Ludwig Wittgenstein, *Culture and Value*, edited by G. H. von Wright(Oxford: Blackwell, 1980), p. 30[『문화와 가치』, 이영철 옮김, 책세상, 2006, 79쪽]).

열린 공평성을 추구하는 데 필요한 것은 '시야의 넓이'이고, '정의의 경계가 확장'되도록 만드는 것은 '상호 관계의 견고함'인 것이다.*

오늘날 타당성을 가진 정의론에서 우리의 관심사를 얼마나 넓혀야 하는지 논의할 수는 있지만, 적절한 범위에 대한 만장일치를 기대할 수는 없다. 하지만 부정의를 극복하기 위해 우리가 도와야 할 대상은 자신의 지역 내의 이웃뿐이라는 주장이 있을지라도 모든 정의론은 자신의 국가를 제외한 전 세계를 무시할 수 없고, 오늘날 세계로 확장되는 이웃을 고려하지 않을 수 없다.** 우리는 경제적·사회적·정치적 상호 관계뿐만 아니라, 세계에 도전하는 부정의와 비인간성, 세계를 위협하는 폭력과 테러리즘 등 막연하게 공유되지만 지대한 영향을 가져올 관심사를 통해서도 점점 더 이어지고 있다. 세계적 무력함에 관해 공유하는 불만과 생각조차 분열이 아닌 결속을 가져올 수 있다. 오늘날 이 세계에 남겨진 비非이웃은 거의 없다.

---

* 통신과 교통의 혁신으로 세계를 훨씬 더 작게 만드는 최근의 변화, 그리고 글로벌 미디어와 다국적 조직의 지속적인 발전은 전 세계의 광범위한 연결에 주목하지 않을 수 없게 만들며, 이는 (본서의 주된 관심인) 정의론의 형식 및 내용뿐만 아니라 세계정치 — 그리고 사실상 생존 — 에 관해서도 깊은 함의를 갖는다. 관련 주제에 관해서는 Chris Patten, *What Next? Surviving the Twenty-first Century*(London: Allen Lane, 2008)도 참조할 것.

** 우리의 광범위한 세계적 관심사는 시위나 요란한 항의를 통해 조직적으로 표출되기도 하고, 정치논평이나 언론보도, 혹은 개인 간 대화를 통해 조용히 나타나기도 한다. 이에 관해서는 제15장, 제16장 및 제17장에서 다시 다룰 것이다.

제 8 장

합리성과 타인

1638년, 위대한 수학자 피에르 드 페르마는 르네 데카르트에게 극대화와 극소화를 다룬 논문을 보냈다. 그 원고는 수년간 파리에 유포된 뒤에야 데카르트에게 보내졌는데, 정작 그는 특별한 인상을 받지 못했다. 그런데도 페르마의 논문은 수학에서 극대화 및 극소화라는 분야를 확립하는 데 중대한 역할을 했다.[*] 그 분야는 수학과 철학에서 중요하지만, 사회과학, 특히 경제학을 비롯한 학문에서도 널리 이용되고 있다.

극대화는 주로 경제학과 사회과학에서 행동적 지표로서 이용되지만 (곧 다룰 것이다), 흥미롭게도 광학에서 극소화 문제의 좋은 예인 (빛이 한 점에서 다른 점으로 가장 빨리 가는 방법을 다루는) 페르마의 '최소시간의 원리'는 빛의 최소시간 경로 '선택'에 자유의지가 들어 있지 않기 때문에 결코 의식적 행동의 문제가 아니었다. 실제로 물리학과 자연과학에서 극대화는 보통 의도적인 '극대화하는 자maximizer' 없이 이루어진다. 의사결

---

[*] 극대화와 극소화의 분석적 특징은 둘 다 '극값'을 구한다는 점에서 서로 본질적으로 다르지 않다. 실제로 극대화 문제는 단지 변수의 부호만 바꾸어도 극소화 문제로 손쉽게 전환할 수 있다(그 역도 마찬가지이다).

정 선택의 부재는 기하학 등에서 이용된 초창기 극대화 및 극소화의 분석에서도 일반적이었는데, 이는 그리스 수학자들이 '가장 짧은 호弧'를 찾거나 페르게의 아폴로니오스와 같은 고대 세계의 '위대한 기하학자들'이 유사한 문제를 탐구한 데까지 거슬러 올라간다.

반면 경제학에서 극대화 과정은 주로 의식적 선택의 결과로서 여겨지며(때로는 '습관적 극대화 행동'에도 역할이 부여되지만), 합리적 선택의 문제는 보통 어떤 사람이 최선의 이유로 진행하는 일의 의도적 극대화로서 해석된다. 욘 엘스터Jon Elster는 간결하고 세련된 저서 『이성과 합리성』 *Reason and Rationality*에서 '합리적 행위자란 충족이유로써 행동하는 사람'이라 기술했다.[1] 선택의 합리성이 추론과 강한 연관성을 가져야 한다는 생각은 확실히 피하기 어렵다. 그리고 극대화가 합리적 행위의 중심으로 여겨지는 것은, 추론을 통해 우리가 진척하거나 추구하고 싶은 것의 극대화가 이끌어질 것이라는, 흔히 명시적이지 않고 암묵적인 신념(결코 터무니없는 생각은 아니다) 때문이다. 경제학에서는 어떤 선택이 이루어질 만한지 예측하기 위해 '극값'을 구하는 접근법이 널리 이용되는데, 여기에는 소비자의 효용극대화, 생산자의 비용극소화, 기업의 이윤극대화 등이 포함된다.

선택의 합리성에 관한 이러한 생각은 결국 실제적 선택이 적절한 유형의 극대화에 기초한다고 간주해야 가장 잘 해석될 수 있다는 현대경제학의 공통된 추정으로 이어진다. 따라서 극대화하기에 합당한 것의 판별은 오늘날 합리적 선택의 본질과 실제적 선택의 결정을 연구하는 데 중심적 위치를 점한다.

그러나 경제학의 극대화 이용에 관해서는 처음에 주의해야 할 근본적인 방법론적 문제가 있다. 경제학에서 극대화하는 행동이 (무엇이 일어날 것인지 추측하는) 예측장치로서, 그리고 (합리적으로 보이는 선택을 위해 따라야 할 규범을 평가하는) 합리성의 척도로서 이중으로 사용된다는 점이다. 서로 다른 두 가지 문제(즉 합리적 선택과 실제적 선택)의 동일시는 현대경제학의 수많은 분야에서 일반적인 관행이 되었지만, 과연 합리적 선택이(아무리 적절히 정의될지라도) 실제적 선택을 잘 예측할 수 있겠느냐는 중요한 물음을 제기한다. 이는 분명히 논의하고 검토해야 할 문제이다.

합리적 결정과 실제적 선택

사람들은 변함없이 혹은 전형적으로 격정이나 충동이 아닌 이성에 이끌리는가? 만일 사람들이 실제적 행동을 할 때 합리적 행동의 규범을 따르지 않는다면, 어떤 행동이 합리적인 것이고 실제로 어떻게 행동하느냐는, 서로 다른 두 가지 물음에 대해 어떻게 동일한 답을 구할 수 있을까? 매우 상이한 두 가지 물음에 대한 답이 일반규칙으로서 완전히 동일하다고 기대할 수 있을까? 그처럼 극대화를 이중으로 사용하는 — 명시적 추론을 통해서든 암묵적 추정에 따라서든 — 경제학자들은 이를 고심하는 데 참여하면 안 되는가?

사실 많은 경제학자들이 실제적 선택에서 합리성을 떼어 놓는 데 주목해 왔다. 허버트 사이먼Herbert Simon이 제안한 연구의 한 축에 따라 등장한 논의는 제한된 합리성bounded rationality이라는 이름으로 알려져 있다.[2] 그것은 사람들이 합리성을 완벽히 추구하기 위해 필요한 정보를 구하고 이용하는 데 충분히 주의 깊거나 확고하거나 민첩하지 못하기 때문에 모든 경우에 완전히 합리적으로 선택하지 않을 가능성과 관계된 것이다. 다양한 실증연구를 통해 사람들의 실제적 행동이 그들의 목표 및 목적의 완벽한 극대화에서 벗어날 수 있다는 증거가 축적되어 왔다. 예컨대 카너먼Kahneman, 슬로빅Slovik, 트버스키Tversky가 강력히 제시한 수많은 증거에 따르면, 사람들은 어떤 특정 상황에서 이용 가능한 증거에 기초하여 무엇이 일어날지 예상할 때 그 불확실성의 성질을 제대로 이해할 수 없다.[3]

때로 '의지박약'이라 불리는 문제도 있을 수 있는데, 이는 아주 오랫동안 많은 철학자들이 주목해 온 주제이다 — 고대 그리스에서는 아크라시아라 불렸다. 사람들은 무엇을 합리적으로 해야 하는지 꽤 잘 알고 있는데도 그처럼 행동하는 데 실패한다. 과식하거나 과음하여 스스로 어리석고 비합리적이라고 생각하면서도 여전히 그 유혹을 이겨 낼 수 없는 것이다. 경제학에서 이는 '제한된 의지력bounded willpower' 또는 '불충분한 자제insufficient self-command'라 불리기도 하며, 이 문제 역시 — 18세기의 애덤 스미스에서 우리 시대의 토머스 셸링에 이르기까지 — 수많은 경제학자들로부터 폭넓은 주목을 받아 왔다.[4] 이 문제는 사람들이 완전히 합리적으로 행동할 수 없다는 것과 관계가 있지만, 실제적 행동에 나타나는 이러한 괴리가 합리성의 개념이나 그 요건 자체의 수정을 시사하는 것은 아니다.[5]

합리적 선택과 실제적 행동의 관계는 경제학 분야에서 오랜 대립으로 이어져 있는데, 사람들의 실제적 행동이 합리성의 명령에 따른다고 보아도 대체로 옳다는 자가 있는 반면, 그에 대해 매우 회의적인 자도 있다. 그러나 인간의 행동에 관한 기본적인 가정에서의 이러한 차이, 특히 실제적 행동을 합리적이라고 간주하는 데 대한 회의론은 현대경제학에서 합리적 선택이 예측장치로서 광범위하게 이용되는 것을 막지는 못했다. 그 가정은 특별한 옹호 없이도 빈번하게 이용되지만, 옹호하는 경우 일반적으로 진실에 충분히 가깝다거나(잘 알려진 몇몇 반례에도 불구하고), 아니면 그렇게 가정된 행동이 당면 목적에 충분히 유용하며 가장 진실에 가까운 서술을 추구하는 것과는 다를 수 있다고 주장하는 형태를 띤다.

서술의 정확성과 구별하려는 목적, 예컨대 좋은 실적을 내는 단순한 모델을 이용한 예측의 유용성을 위해 진실한 서술에서의 이탈을 용인하는 논의는 특히 밀턴 프리드먼Milton Friedman이 열정적으로 제시했다.[6] 나아가 프리드먼은 '현실적' 서술이라 간주되는 것조차 그 서술의 진실성이 아니라 "그 이론이 제대로 기능하는지, 즉 충분히 정확한 예측을 가져오는지 여부"에 기초해야 한다고 주장했다. 사실 이는 기술적 현실주의descriptive realism의 매우 특수한 관점이며, 예상대로, 특히 폴 새뮤얼슨Paul Samuelson이 강력히 비판했다(그는 이를 'F-twist'[프리드먼의 뒤틀림]이라 불렀다). 이 논쟁이나 관련 문제는 본서의 주제에 중요하지 않기 때문에 다루지 않겠지만, 다른 지면을 통해 이 논쟁(그리고 그와 관련된 방법론적 문제)을 논의한 바 있다.[7]

실제적 행동의 합리성을 검토할 때, 불합리한 행동을 너무 성급하게 단정해 버리는 중요한 해석의 문제도 존재한다.[8] 예컨대 타인에게는 극도로 비합리적이고 순전히 어리석게 보이는 것이 실제로는 그리 무의미하지 않은 경우가 있을 수 있다. 경솔한 행위라는 진단은 특정 선택의 배후에 근본적인 이유가 있고 이것이 충분히 납득할 만한데도 그것을 보지 못하는 데 기인하기도 한다.

비합리적 행동의 여지를 남겨 두는 것은 참으로 중요하지만, 불합리성의 진단은 언뜻 보이는 것보다 훨씬 더 복잡할 수 있다.[9] 본서에서 중요한 것은, 사람들은 변함없이 합리적으로 행동한다는 추정이 아니라, (때로는 실수도 하고 또 언제든 이성의 명령에 따르는 것은 아닐지라도) 합리성의 요건에서 완전히 동떨어져 있지는 않다는 생각이다. 예외 없이 모든 경우에 이성의 명령을 따르는 능력의 엄밀함이 아니라, 따를 수 있는 추론의 성질이야말로 본서에서 중심적인 것이다. 사람들은 단지 일상적 행동에서뿐만 아니라 정의의 성질이나 용인할 수 있는 사회의 특징과 같은 더 큰 문제에 관해 생각할 때도 이성에 따를 수 있다. 다양한 유형의 추론(잘 알려져 있는 것도 그렇지 않은 것도 있다)을 고려하고 그에 따르는 능력에 관해서는 본서에서 자주 언급할 것이다. 그 타당성은 단지 실제적 행동이 모든 경우에 합리적 선택과 일치하는 것이 아니라고 해서 사라지는 않을 것이다. 본서의 탐구에서 더 중요한 것은, 대체로 사람들은 그들 자신의 결정과 타인의 결정을 추론하고 검토할 수 있다는 사실이다. 거기에 메울 수 없는 간극은 없다.

합리적 선택 대 '합리적 선택이론'

실제적 행동이 합리성의 요건과 무관하지 않고 그로부터 영향을 받을 것이라는 이해를 조건부든 무조건이든 받아들일 때조차 합리적 선택의 정의가 무엇이냐는 큰 물음이 남는다. 정확히 무엇이 합리적 선택의 요건일까?

경제학에서, 그리고 최근 들어 정치학과 법학에서 인기를 얻어 온 하나의 대답은, 사람들은 오로지 사익만을 현명하게 추구할 때만 합리적으로 선택한다는 것이다. 합리적 선택에의 이처럼 극도로 좁은 접근은 '합리적 선택이론'이라는 야심 찬 — 그리고 특이하게도 총칭적인 — 이름으로 알려져 있다(다른 부연 없이 그저 그렇게 불리는 것이 다소 놀랍다). 상표명 '합리적 선택이론' 또는 약어로 RCT는 선택의 합리성을 단지 사익의 현명한 극대화로 특징짓는다. 이 접근에서는 만일 사람들이 다른 것에 주목하지 않고(다만 '그 다른 것'이 사익의 촉진을 직간접적으로 용이하게 하는 경우를 제외하고) 자신의 사익만을 현명하게 추구하지 않는다면 합리적이지 않을 것이라고 당연시한다. 인간은 사익의 일면적 추구 이외의 목적에도 쉽게 주의를 기울일 수 있고 더 폭넓은 가치나 선행의 규범적 규칙을 인식하는 데 유리한 논거를 찾을 수 있기 때문에, RCT는 이성과 합리성에 관한 극도로 제한된 이해를 반영하는 것이다.

예상할 수 있듯이 이 주제에 관해서는 수많은 문헌이 있으며, 거기에는 합리성을 사익의 촉진으로 이해하는 것을 세련되게 옹호하는 다양한 시도도 포함된다. 중요한 문제 중 하나는, 적절한 추론에 기초한 이타적 행위의 해석과 관계된다. 한 개인이 올바르다고 생각하는 그러한 이유가 존재하는 것은, 그가 실제로 그 이유('그 자신의 이유')에 따른 행동으로부터 개인적인 이득을 얻으리라는 것을 가리키는가? 그 대답은 거기에 포함된 이유의 성질에 달려 있다. 만일 한 개인이 심하게 불평등한 사회에 사는 데 고통을 느끼며, 그것이 그가 불평등을 감소시키기 위해 무언가 시도하는 이유라면, 그의 사익은 불평등의 감소라는 사회적 목표와 분명히 어우러진다. 다른 한편으로 만일 불평등을 감소시키고 싶은데 불평등을 바라보는 고통을 줄이기 위해서가 아니라 불평등이 사회에 나쁜 것이라는 판단에 따른 것이라면(불평등을 바라보며 고통을 느끼는지 아닌지 관계 없이), 그 사회적 논의는 사익의 개인적 추구와는 구별되어야 한다. 이 큰 ― 그리고 방대하게 연구된 ― 주제에서 다루어지는 다른 논의들은 나의 저서 『합리성과 자유』에서 검토했다.[10]

인간의 합리성을 오로지 사익의 추구로만 현저히 축소한 관점은 곧 검토하겠지만, 그에 앞서 선택의 합리성이 어떻게 ― 덜 제한적이고 더 설득력 있게 ― 정의될 수 있는지에 관해 내가 다른 지면에서 내놓은 제안을 생각해 보고 싶다. 이러한 관점에서 선택의 합리성이 주로 다루는 문제는, 선택의 기반을, 비판적 검토를 거친 후에도 반성적으로 **지지할** 수 있는 추론에 ― 명시적으로든 암묵적으로든 ― 두는 것이다.* 합리적

---

* 이 관점을 전개하는 데에는 수학적인 것을 포함한 기술적技術的 문제가 있지만, 합리성을, 검토를 거친 뒤에도 지지할 수 있는 이유에 따르는 것이라 간주하면, 주된 논의는 상당히

선택이란, 선택의 이유를 비판적 조사에 따르도록 하는 것과 근본적으로 연결되어 있는 것이다. 합리적 선택의 본질적 요건은 — 목적, 가치, 우선순위뿐만 아니라 행동의 — 선택을 이성적 검토의 대상으로 만드는 것과 관계된다.

이러한 접근은 우리가 선택할 합리적인 것과 선택할 이유가 있는 것의 연결이라는 아이디어에 기초한다. 무언가를 할 이유가 있는 것은, 단지 선택한 것을 하는 데 '훌륭한 이유'가 있다는, 검토되지 않은 신념 — 강한 '직감' — 의 문제가 아니다. 오히려 선택의 바탕이 되는 이유를 조사하고, 그 이유가 면밀하고 비판적인 검토를 견딜 수 있는지 고려할 것이 요구된다. 이는 그러한 자기 검토의 중요성을 이해한다면 실행할 수 있다. 선택의 이유는, 적절하고 접근 가능한 새로운 정보를 보충하면서 (충분한 숙려와, 필요하면 타인과의 대화도 동반한) 철저한 추론에 근거하여 조사를 견뎌야 한다. 우리는 목적과 가치에 비추어 자신의 결정을 평가할 수 있을 뿐만 아니라, 그 목적 및 가치 자체의 지속가능성을 비판적으로 검토할 수도 있다.[11]

이는 물론 무언가를 선택할 때마다 광범위한 비판적 검토를 하도록 요구하는 것은 아니다 — 합리적 행동이 그것을 요구한다면 우리의 삶은 견딜 수 없을 것이다. 하지만 어떤 선택이 이성적이고 비판적인 검토를 받고 **나서** 지속가능할 때만 합리적이라 간주된다고 주장할 수 있다. 특정 선택의 이유가 경험이나 습관의 형성을 통해 확립될 때, 결정의 합리성을 매번 입증하는 수고 없이도 충분히 이성적으로 선택할 수 있게 된다. 분별 있는 행동의 규범 내에서는 특별히 해가 되는 것이 없다(새로운

쉽게 이해될 수 있다. 이러한 접근의 제시 및 옹호에 관해서는 『합리성과 자유』의 「서론: 합리성과 자유」를 참조할 것. 같은 책 제3장부터 제7장까지는 더 기술적인 문제를 다루었다. 또한 Richard Tuck, *Free Riding*(Cambridge, MA: Harvard University Press, 2008) 참조.

환경이 변화를 요구할 때 오랫동안 몸에 밴 습관에 때로 속는 일은 있지만). 카페인이 들어 있는 일반 커피를 더 좋아하는데도 저녁 식사 후 습관적으로 디카페인 커피를 선택하는 여성은 그때마다 이성적 검토를 수행하지 않을지라도 비합리적으로 행동하는 것이라 볼 수 없다. 과거의 경험으로부터 저녁 시간의 커피가 잠을 방해한다는 것을 알기 때문에 그녀의 습관은 암묵적 추론에 기초할 수 있는 것이다. 저녁 시간에 마신 일반 커피 때문에 침대에서 잠 못 들고 뒤척인 것을 매번 기억해 낼 필요는 없다. 지속가능한 추론은 매번 명시적으로 검토하지 않아도 존재할 수 있는 것이다.

(합리적 선택은 지속가능한 이유에 기초한다고 보는) 합리적 선택에의 이러한 일반적 접근은 너무 일반적이어서 사실상 내용이 거의 없다고 생각하는 자도 있다. 그러나 실제로는 합리적 선택이 지속가능한 이유에 기초한다는 이해를 통해 나름의 강력한 주장을 펼치면서 '합리적 선택'에 관한 기타 여러 주장들을 물리칠 수 있다. 합리적 선택을 비판적으로 검토된 선택이라 보는 것은 엄격하면서도 관용적인 것이다.

그것이 엄격하다는 것은 (사익의 극대화와 같은) 어떤 단순한 공식도 자동적으로 합리적이라 여겨지는 것은 아니라는 의미에서이다. 면밀한 검토를 받아야 하며, 거기에는 추구할 대상 및 따를 만한 분별 있는 행동의 제약 모두에 대한 비판적 조사가 포함된다. 예컨대 소위 합리적 선택이론에 나타나는 합리성의 협소한 관점에는 적절하다고 여겨져야 할 즉각적인 권리가 없을 것이다.

규칙적인 선택에 수학적 구조를 제공하는 극대화의 일반적 틀은 특정한 사익의 극대화보다 훨씬 폭넓다는 점에 주목할 필요가 있다.* 만일

---

* (메뉴 의존적 선호를 포함한) 다양한 유형의 제약과 각종 목표를 통합하는 극대화의 수학이 가진 능력에 관해서는 나의 논문 'Maximization and the Act of Choice', *Econometrica*, 65(1997)에서 논의했다. 또한 『합리성과 자유』도 참조할 것. 그러나 극대화의 분석적 특징

누군가의 목표가 그 자신의 특정 이익을 뛰어넘어 촉진하거나 인정해야 할 더 큰 가치를 들여온다면, 목표 달성의 극대화는 사익의 극대화라는 특정 요구에서 벗어날 수 있다. 나아가 '품위 있는 행동'(화재경보기가 울렸을 때 비상구를 향해 서로 밀지 않고 질서 정연한 탈출을 위한 안전규칙을 따르는 것부터, 어떤 모임에서 제일 편한 자리에 앉으려고 남들보다 빨리 뛰지 않는 것과 같은 더 일상적인 실천에 이르기까지)이라는 스스로 부과한 제약을 받아들일 이유가 있다면, 스스로 부과한 제약을 받은 목표 극대화는 합리성의 전반적 요건에 부합할 수 있다.[*]

합리적 선택을 '비판적으로 검토된 선택'으로 여기는 접근이 이런 의미에서 사익 극대화의 단순한 공식을 따르는 것보다 더 엄격하다면, 비판적 검토를 견딜 수 있는 선택의 대상이 얼마든지 있을 가능성을 배제하지 않는다는 점에서 더 관용적이기도 한 것이다. 합리성의 규범을 위반하지 않는 사람보다 훨씬 더 이타적인 사람이 있을 수 있다. '합당함'

은 극대화라는 용어가 일상적으로 쓰이는 방식을 완전히 담아내지는 않는다는 것을 지적해 두어야겠다. 만일 내가 '폴은 지독한 극대화 추구자maximizer'라는 사실을 알아야 한다면, 폴이 이타적인 방식으로 사회적 선善을 집요하게 추구한다고 생각하지는 않을 것이다. '극대화 추구자'라는 용어의 일반적인, 있는 그대로의 용법은 그 언어적 문맥에서는 전적으로 옳지만, 극대화의 분석적 특징과는 구별되어야 한다.

[*] 품위 있는 행동의 이러한 규칙들은 결국 자신의 이익이 되기도 하지만, 그 정당화는 오로지 사익의 추구에 기초할 필요는 없다. 확인해야 할 점은, 어떤 행위가 (규칙을 따를 만한 특히 중요한 이유일 수 있는) 그 자신의 사익으로 이어지느냐가 아니라, (사익에 기초해서든 다른 이성적 기반에 기초해서든) 그 규칙을 따를 만한 충분한 이유가 있느냐이다. 그 차이에 관해서는 나의 논문 'Maximization and the Act of Choice', *Econometrica*, 65(1997)에서 분석했다. 또한 Walter Bossert and Kotaro Suzumura, 'Rational Choice on General Domains', in Kaushik Basu and Ravi Kanbur(eds), *Arguments for a Better World: Essays in Honor of Amartya Sen*, Vol. 1(Oxford: Oxford University Press, 2009) 및 Shatakshee Dhongde and Prasanta K. Pattanaik, 'Preference, Choice and Rationality: Amartya Sen's Critique of the Theory of Rational Choice in Economics', in Christopher W. Morris(ed.), *Amartya Sen*, Contemporary Philosophy in Focus series(Cambridge: Cambridge University Press, 2009) 참조.

의 개념을 사회적 맥락에서 파악하는(존 롤스가 그랬듯이) 사람보다 더 합당한 사람도 있을 수 있지만, 그렇다고 해서 전자가 꼭 비합리적이라는 것은 아니다. 비판적 자기 검토의 요건은 엄격하지만, 경쟁적으로 주목을 끌 만한 다양한 이유를 허용하는 것이다.*

그러나 이 허용성에는 지적해 두어야 할 직접적 영향이 있다. 합리적 선택의 요건은 선택되어야 할 유일한 선택지에 언제나 도달할 수는 없기 때문에 합리적 선택을 예측의 목적으로 이용하면 문제가 될 수밖에 없다. 여러 선택지가 합리적이라 간주된다면, 합리적 선택이 어떻게 실제로 선택될 것을 가리킬 수 있겠는가? 합리적 선택의 성질을 이해할 필요성을 그 자체로 중요하고 또 실제적 선택을 분석하는 데 적절하기 때문에 받아들이는 것과, (인간은 변함없이 합리적 선택을 고수한다고 가정할지라도) 선택의 합리성을 이해하는 것이 합리적이라 여겨지는 선택들의 집합에 기초하여 실제적 선택의 예측으로 곧바로 이어질 것이라 기대하는 것은 별개의 문제이다.

지속가능한 이유가 많이 존재할 가능성은 합리성을 정당하게 평가하는 데 중요할 뿐만 아니라, 합리적 선택의 개념을 주류경제학에서 널리 사용해 온 실제적 선택의 단순한 예측이라는 추정상의 역할로부터 분리시킨다. 설령 모든 실제적 선택이 비판적 검토를 견딜 수 있다는 의미에서 늘 합리적이라 할지라도, 합리적 선택의 복수성은 오로지 합리성의 개념만으로 실제적 선택에 관해 유일한 예측을 얻어 내는 것을 곤란하게 한다.

---

* 다음을 참조할 것. George Akerlof, 'Economics and Identity', *Quarterly Journal of Economics*, 115(2000); John Davis, *Theory of the Individual in Economics: Identity and Value* (London: Routledge, 2003); Richard H. Thaler and Cass R. Sunstein, *Nudge: Improving Decisions about Health, Wealth and Happiness*(New Haven, CT: Yale University Press, 2008)[『넛지』, 안진환 옮김, 리더스북, 2009].

주류경제학의 편협함

19세기 말의 지도적 경제이론가라고 평가할 만한 프랜시스 에지워스 Francis Edgeworth는 경제이론의 고전적 저작 『수리정신학』*Mathematical Psychics*에서 그의 경제 분석이 기반을 두는 인간행동의 가정(그 시대 경제학의 전통과 마찬가지로)과, 개인적 행동의 실제 성질에 관한 그 자신의 신념 사이에 존재하는 흥미로운 이분법에 관해 이야기했다.[12] 그는 "경제학의 제1원리는 모든 행위자가 오로지 사익에 따라서만 행동한다는 것"이라고 했다. 그는 당대의 사람들이 "대부분 불순한 이기주의자이자 잡다한 공리주의자"라고 믿었지만, 적어도 형식적 이론에서는 그 원리에서 벗어나려 하지 않았다. 만일 그처럼 위대한 경제학자가 스스로 틀렸다고 믿은 '제1원리'에 관한 일련의 연구에 생애 및 분석능력의 대부분을 할애했다는 사실이 조금밖에 신경 쓰이지 않는다면, 이후 한 세기에 걸친 경제이론의 경험을 통해 이러한 신념과 가정 간의 부조화에 오히려 더 익숙해진 탓이다. 인간이 완전히 이기적이라는 가정은 대다수 주류경제이론의 중요한 특징이 되었지만, 수많은 뛰어난 전문가들이 그 가정의 진실성에 대해 심각한 의문을 표명해 왔다.

그러나 이러한 이분법이 경제학에 늘 존재했던 것은 아니다. 아리스토텔레스나 (아퀴나스, 오컴, 마이모니데스를 비롯한) 중세 사상가들과 같은 경제문제의 초기 저작가들은 윤리학이 인간행동을 이해하는 데 중요한 역할을 한다고 여겼기 때문에 사회의 행동관계에서 윤리학적 원리에 중요한 역할을 부여했다.* 이는 (윌리엄 페티William Petty, 그레고리 킹Gregory

---

* 나는 여기서 서양의 전통을 참조하고 있지만, 다른 전통에서도 유사한 분석이 가능하다. 예컨대 기원전 4세기(아리스토텔레스와 동시대)의 인도 정치경제학자였던 카우틸랴는 경제적 및 정치적 성과에 대한 윤리적 행동의 역할을 논의했다. 다만 그는 도덕감정의 실제

King, 프랑수아 케네François Quesnay 등과 같은) 근대 초기의 경제학자들에게도 적용되며, 그들은 다양한 방식으로 윤리학적 분석에 큰 관심을 갖고 있었다.

이에 관해서는 근대경제학의 아버지, 애덤 스미스도 마찬가지로 — 그리고 훨씬 더 명확하게 — 생각했다. 스미스는 이른바 '경제인economic man'이라는 형태로 사익의 배타적 추구라는 가정을 지지했다고 종종 오해받는다. 사실 그는 사익의 보편적 추구라는 가정의 한계에 관해 상당히 공들여 논의했다. 그는 편협하게 이기적인 행동 배후의 충동을 '자기애'라 불렀는데, 그것은 인간이 갖는 수많은 동기들 중 하나에 불과하다고 지적했다. 그는 자기애의 명령에 반하는 다양한 이유들을 분명히 구별했는데, 그중에는 다음과 같은 것이 포함된다.

- 공 감: "가장 인간다운 행위는 자기부정도 자기통제도 우선의식의 행사도 요구하지 않으며", "이 훌륭한 공감이 자연스럽게 유도하는 것을 실행하는 데 있다."
- 관 용: "그렇지 않으면 관용으로써", "우리 자신의 중요한 이익을 친구나 윗사람의 동일한 이익을 위해 희생한다."
- 공공심: "두 가지 목적을 서로 비교할 때, 자신에게 어떻게 자연스럽게 나타나는지가 아니라 자신이 추구하는 국가에 어떻게 나타나는지 고려한다."[13]

한 개인의 기본적 '공감'은 대부분의 경우 타인에게 좋은 것을 자발적

범위에 관해서는 상당히 회의적이었다(Kautilya, *The Arthasastra*, translated and edited by L. N. Rangarajan(Harmondsworth: Penguin Books, 1992)[『실리론-고대 인도의 통치술』, 박이오 옮김, 너울북, 2012] 참조). 또한 제3장 「제도와 개인」도 참조할 것.

으로 하도록 만들 수 있으며, 타인을 기꺼이 돕기 때문에 '자기부정'은 수반되지 않는다. 어떤 경우에는 '행동의 원칙'을 이끌어 내기 위해 '공평한 관찰자'(앞서 논의한 개념)를 끌어들일 수도 있고[14] 이를 통해 '관용'과 '공공심'을 고려할 수도 있다. 스미스는 비이기적 행동의 필요성에 대해 광범위하게 논의하고, 나아가 '신중함prudence'은 "모든 덕德 가운데 개인에게 가장 도움이 되는 것"이지만 "인간성, 정의, 관용, 그리고 공공심은 타인에게 가장 도움이 되는 특질"이라는 것을 알아야 한다고 주장했다.[15]

스미스의 해석은 계속되는 논쟁점이었다. 그는 사익 이외의 동기가 중요하다고 자주 논의했지만, 어찌된 일인지 모든 사람이 오로지 사익만을 추구한다는 주장의 옹호자라는 평판을 얻었다. 예컨대 시카고의 저명한 경제학자 조지 스티글러George Stigler는 유명하고 설득력 있는 두 논문에서 자신의 '사익론self-interest theory'을 '스미스의 영향을 받은 것'으로서 제시했다.[16] 그의 진단은 특별히 새로운 것은 아니었다. 실제 그것은 스미스를 끊임없이 자신의 사회관을 뒷받침하기 위해 이용한 수많은 작자들이 강력히 조장해 온 표준적 해석이다.[17] 스미스에 대한 이러한 잘못된 해석은 영국문학에서조차 나타나는데, (작가이자 경제학자였던) 스티븐 리콕Stephen Leacock은 5행 희시limerick에서 다음과 같이 노래했다.

애덤, 애덤, 애덤 스미스
내 비난을 들어보라!
당신은 말하지 않았던가
어느 날 수업에서
이기심은 분명 수지맞는다고
모든 이론 가운데 그게 진수겠지
안 그런가, 안 그런가, 안 그런가, 스미스?[18]

어떤 자는 비천하게 태어나고 또 어떤 자는 변변찮은 것밖에 이루지 못하겠지만, 애덤 스미스는 분명 아주 시시한 취급을 받아 왔다.[19]

이러한 혼동이 생긴 한 가지 이유는 많은 경제학자들이 다른 논점, 즉 시장에서 경제적 교환이 이루어지는 동기를 설명하기 위해 사익의 추구 이외의 다른 목적을 언급할 필요는 없다는 스미스의 주장에 치중하는 경향이 있기 때문이다. 『국부론』에서 가장 유명하고 널리 인용되는 부분에 다음과 같은 구절이 있다. "우리가 저녁을 먹을 수 있는 것은 정육점, 양조장, 제과점 주인이 자비로워서가 아니라 그들 자신의 이익을 중요시하기 때문이다. 우리는 그들의 인간애가 아닌 이기심에 호소하는 것이다."[20] …… 정육점, 양조장, 제과점 주인은 우리에게 고기, 맥주, 빵을 제공함으로써 우리의 돈을 얻고 싶어 하고, 우리 ― 소비자 ― 는 그들의 고기, 맥주, 빵을 원하고 돈을 지불할 준비가 되어 있다. 그 교환은 우리 모두에게 이익이 되며, 그러한 교환이 성사되기 위해 대단한 이타주의자가 될 필요는 없다.

이러한 논의는 특정한 오로지 하나의 문제, 즉 (분배나 생산이 아니라) 교환, 특히 (신뢰처럼 정상적 교환을 지속가능하게 만드는 요인이 아니라) 교환 배후의 동기만을 다루는데도 몇몇 대학의 경제학부에서는 스미스에 대한 강의 내용이 저 몇 줄도 안 되는 부분을 넘지 않는 것 같다. 스미스의 나머지 글들에서는 인간의 행동 및 행위에 영향을 미치는 다른 동기들의 역할에 관해 폭넓게 논의되고 있는데 말이다.

또한 스미스는 우리의 도덕적 행위가 때로는 단지 확립된 관습에 따르는 경향이 있다고 지적하기도 한다. 그는 '성찰하고 사색하는 사람men of reflection and speculation'이 '대다수의 인류the bulk of mankind'보다 이러한 도덕적 논증의 영향력을 훨씬 쉽게 이해할 수 있다고는 언급했어도[21] 보통 사람들이 행동을 선택할 때 어김없이 도덕적 숙고의 영향을 받지 않는다고 제시한 적은 없다. 하지만 중요한 것은, 우리가 도덕적 논의의 영향을 받아 움직인다고 해도 그것을 알아차리지 못하고 단지 사회에 정착된 관행에 따라 선택한다고 느낄 수도 있다는 스미스의 인식이다. 그가 『도덕감정론』에서 "많은 사람들은 매우 예의바르게 행동하고 생애에 걸쳐 심한 비난을 받을 만한 일을 피하지만, 아마도 우리가 그들의 행위를 승인하는 것의 타당성에 관한 감정을 느낀 것이 아니라, 단지 확립된 행위규칙이라고 여겼던 데 따라 행동했을 것이다."[22]라고 기술했듯이. 이처럼 '확립된 행위규칙'의 힘에 초점을 맞추는 것은 인간의 행동과 그 사회적 함의에 관한 스미스의 분석에서 매우 중요한 역할을 한다. 확립된 규칙은 자기애의 명령에 따르는 것에 국한되지 않는다.

그러나 (이 장 도입부에서 언급했듯이) 스미스는 인간을 직간접적으로 움직이는 다양한 동기의 중요성을 명확히 밝힌 데 반해, 대부분의 현대 경제학은 사익 추구 이외의 모든 동기를 무시하는 단순함에 점점 더 빠져들고 있으며, 심지어 브랜드화된 '합리적 선택이론'은 인간행동에 관한 이러한 잘못된 획일화를 합리성의 기본원칙으로 치켜세워 왔다. 이제 그 연관성을 살펴보자.

사익, 공감, 커미트먼트

이른바 '합리적 선택이론'은 선택의 합리성을 사익의 지적인 추구라 특징짓지만, 한 개인이 타인에 대해 공감이나 반감을 품을 가능성을 배제할 필요는 없다. 합리적 선택이론의 더욱 제한된 해석에서는(지금은 한물가고 있지만) 합리적 개인이 이기적일 뿐만 아니라 타인과도 분리되어 있기 때문에 타인의 복지나 성과로부터 아무런 영향도 받지 않는다고 때때로 가정되어 왔다. 하지만 만일 타인의 복지로부터 자신의 기쁨 — 혹은 고통 — 을 알아챔으로써 자신의 복지를 증진시키기에 이른다면, 타인에게 관심을 갖는다고 해서 덜 이기적이라고(혹은 스미스가 말했듯이 '자기부정적'이라고) 볼 필요는 없다. 자기 자신의 복지가 타인의 환경으로부터 받는 영향에 주목하고 오로지 자신의 복지만을 추구하는 것과(여기에는 타인의 삶에 대한 반작용에서 오는 것들도 포함된다), 전적으로 자신의 복지만을 추구하는 것에서 벗어나는 것 간에는 큰 차이가 있다. 전자는 이기적 행위라는 폭넓은 이야기의 일부이며 합리적 선택이론의 접근법에 수용될 수 있다.

40여 년 전, 나는 「합리적 바보」'Rational Fools'라는 제목의 논문(옥스퍼드 허버트 스펜서Herbert Spencer 강의)에서 타인에 대한 행위의 기초로서 '공감'과 '커미트먼트'의 차이를 탐구하려고 했다.* 나는 공감(부정적일 때는 반감을 포함한다)은 "타인의 입장에 영향을 받는 개인의 복지"(예컨대 타인의 비참을 보면 우울해질 수 있다)를 나타내고, '커미트먼트'는 "개인적 복지(공감이 동반되든 아니든)와 행동의 선택(예컨대 타인의 비참이 자신에게 아무런 고통을 주지 않는데도 그것을 없애려고 돕는 것) 간의 긴밀한 연결을 깨는 것과 관계된다."[23]고 했다. 공감은 이기적 행위와 결합할 수 있고, 심지어는 애덤 스미스가 자기애라 부르는 것과도 양립할 수 있다. 설령 타인의 불행이 그 자신의 복지에 영향을 준다는 이유만으로 — 그리고 그 범위에서만 — 그 불행을 없애려 할지라도 이는 행동의 이유로서 유일하게

---

* Amartya Sen, 'Rational Fools: A Critique of the Behavioural Foundations of Economic Theory', *Philosophy and Public Affairs*, 6(1977), reprinted in *Choice, Welfare and Measurement* (Oxford: Blackwell, 1982, and Cambridge, MA: Harvard University Press, 1997) 및 Jane J. Mansbridge(ed.), *Beyond Self-Interest*(Chicago, IL: University of Chicago Press, 1990) 참조. 이러한 '공감'과 '커미트먼트'의 이중적 구별은 애덤 스미스가 다양한 동기를 다수의 범주로 구별한 것과 비교하면 그리 명료하지는 않지만, 사익의 편협한 추구라는 지배적인 관점에 반하는 것이며, 스미스의 분석으로부터 큰 영향을 받은 것이다.

받아들인 자기애와 모순되지 않는다.* 하지만 만일 타인의 불행으로부터 자신의 복지가 영향을 받는지 상관없이, 그리고 자신의 복지가 영향을 받는 범위에 얽매이지 않고 타인의 불행을 없앨 수 있는 일에 전념한다면, 이는 이기적 행위로부터 분명히 벗어난 것이다.

현대의 합리적 선택이론을 이끄는 한 사람인 게리 베커Gary Becker 교수는 타인에의 공감을 인간적 감정의 일부로서 체계적으로 받아들일 여지를 남김으로써 더 폭넓은 형태로 합리적 선택이론을 설명했지만, 오로지 사익을 추구한다는 점을 여전히 고수했다. 실제로 사람들은 이기적이기 위해 자기중심적일 필요는 없고, 그 자신의 효용 **내에서** 타인의 이익에 주목할 수 있다. 그러나 베커의 저작 『기호의 해명』Accounting for Tastes(1996)에서의 새로운 분석은 혁신적이기는 하지만 자주 인용되는 그의 고전적 저작 『인간행동에의 경제적 접근』Economic Approaches to Human Behavior(1976)에서 제시된 기본적인 신념, 즉 "모든 인간행동은 (1) 자신의 효용을 극대화하고, (2) 안정적인 선호를 형성하고, (3) 다양한 시장에서 정보 및 기타 투입을 최적의 양만큼 축적하는 참가자들을 포함하는 것으로 볼 수 있다"는 것과 근본적으로 전혀 다르지 않다.[24]

합리적 선택이론의 접근법에서 불필요한 제약을 제외하고 정말로 중심이 되는 것은, 행동을 선택할 때 극대화되는 것은 그 자신의 이익이나 복지밖에 없다는 것이며, 이러한 가정은 자신의 이익이나 복지는 타인의

---

* 토마스 네이글도 오로지 이기적 행동에만 의존하는 것을 비판한 선구적인 작업에서 또 다른 중요한 구별, 즉 이타적 행동으로부터 이익을 얻지만 그런 이유로 이타적 행동을 하지 않는 경우와 개인적으로 이익을 얻기 위해서 이타적 행동을 하는 경우의 구별을 제시했다(The Possibility of Altruism(Oxford: Clarendon Press, 1970)). 동기를 검토하지 않고 관찰된 선택만을 보면 이 두 경우는 거의 같다고 여겨지겠지만, 후자의 경우 이기심에 기초한 합리적 선택이론의 일반적 접근법에 들어맞는 반면 전자는 그렇지 않다는 데 주의해야 한다.

생활과 복지로부터 영향을 받는다는 인식과 양립 가능하다. 개인이 극대화한다고 여겨지는 베커의 '효용함수'는 합당한 선택에서 극대화되는 것과 사익 양쪽을 나타낸다. 양쪽의 일치가 베커가 행한 많은 경제적·사회적 분석에서 매우 중요하다.

그렇다면 선택의 유일한 합리적 기초로서 사익의 추구에 주력하는 합리적 선택이론에서 우리는 공감을 용이하게 수용할 수 있지만 커미트먼트는 피해야 한다 — 여기까지이다. 베커는 분명 합리적 선택이론을 기존의 불필요하게 제한된 형태에서 더욱 확장시키고 있지만, 그의 합리적 선택이론에서 여전히 배제되는 것에 주목해야 한다. 특히 자신의 복지와 다른 목표를 추구하거나(예컨대 '내게 무슨 일이 일어나든 그녀를 도와야 해' 혹은 '나는 많은 것을 희생해서라도 조국의 독립을 위해 싸울 준비가 되어 있다') — 더 나아가 — 오로지 자신의 목표를 추구하는 데서 벗어날(예컨대 '이게 정말 내 목표지만 타인에게도 공정해야 하니까 내 목표만을 추구해서는 안 된다') 이유를 고려할 여지가 없다. 이성과 합리성에 관한 현재 논의하고 있는 문맥에서 분명히 해 두어야 할 가장 중요한 문제는, 합리적 선택이론은 그 광범위한 형태에서조차 사람들이 실제 자신의 복지 추구 이외의 목표를 갖지 않는다고 가정할 뿐만 아니라, 자신의 복지에 영향을 미치는 외적 요인에 주목하고 나서 자신의 복지의 추구 이외의 다른 목표나 동기를 수용한다면 합리성의 요건을 침해하는 것이라고까지 가정한다는 것이다.*

---

* 또한 중요한 논문인 Christine Jolls, Cass Sunstein and Richard Thaler, 'A Behavioral Approach to Law and Economics', *Stanford Law Review,* 50(May 1998) 참조. 졸스, 선스테인, 테일러는 이기심의 자기중심적 특징을 감소시키는 방향으로 더 나아갔으며, 그들이 제시한 확장은 경험적 타당성과 설명능력을 갖고 있다. 그러나 이 논문에서 그들은 (1) (모든 공감과 반감이 고려된) 개인의 복지와, (2) 합당한 선택을 위해 극대화되는 것의 기본적 일치에 대해서는 적대적이지 않다. 그들이 제시한 비판은 넓은 의미의 합리적 선택이론에

커미트먼트와 목표

개인이 오로지 자신의 이기심에 한정되지 않는 목표의 추구를 선택하는 것이 특별히 드물지도 않고 이성에 반하지도 않는다는 것은 쉽게 이해할 수 있다. 애덤 스미스가 주목했듯이 우리는 자신의 이익만을 추구하는 것을 훨씬 넘어서게 하는 다양한 동기를 갖고 있다. 우리가 전적으로 자기 이익만 차리는 것이 아닌 일을 자진해서 하는 데 이성에 반하는 것은 없다. 스미스가 기술했듯이 '인간애, 정의, 관용 그리고 공공심'과 같은 동기들은 사회에 생산적이기까지 하다.*

그러나 자신의 목표(오로지 이기심에 기초하는지 아닌지 관계없이) 추구를 뛰어넘을 만한 좋은 이유를 가질 가능성에 대해서는 받아들이는 데 더 저항적인 경향이 있다. 만일 목표라고 생각하는 것을 의식적으로 추구하지 않는다면 그것은 실제 목표일 수 없다는 논리이다. 실제로 많은 저작가들이 자신의 목표 추구에 한정되지 않는 이유가 있을 수 있다는 주장은 '매우 이질적이거나 이타적인 사람조차 타인의 목표를 자신의 목표로 삼지 않고서는 추구할 수 없기 때문에 터무니없다'는 관점을 취해 왔다.**

서 정식화된 합리성의 기본적 개념 '내'의 논쟁에 중요한 공헌을 했다. 그들이 제시한 비판의 범위와 한계에 관해서는 나의 'Introduction: Rationality and Freedom', *Rationality and Freedom*(Cambridge, MA: Harvard University Press, 2002), pp. 26~37에서 논의했다.

* *The Theory of Moral Sentiments*, p. 189[『도덕감정론』, 김광수 옮김, 한길사, 2016, 429쪽]. 스미스는 그러한 다양한 동기의 여지를 마련해야 하는 다양한 이유를 고찰했는데, 거기에는 사회적 유용성뿐만 아니라 도덕적 호소와 예의 등도 포함된다.

** 이에 관한 흥미로운 논문집의 서론에서 파비엔 피터Fabienne Peter와 한스 베른하르트 슈미트Hans Bernhard Schmid가 '자기 목표의 선택'에서 벗어나는 데 대한 비판을 이처럼 요약했다. 'Symposium on Rationality and Commitment: Introduction', *Economics and Philosophy*, 21(2005), p. 1 참조. 이 반론에 대한 나의 논의에 관해서는 피터와 슈미트가 편집한 더 큰 논문집(그들 자신도 이 주제에 중요한 공헌을 했다)에 대한 나의 답변에 의지한다. 'Rational Choice: Discipline, Brand Name and Substance', in Fabienne Peter and

여기서 지적해야 할 점은, 합리성이 (오로지 자발적**이지 않은** 제약의 대상이 되는) 자신의 목표에 따라서만 행동해야 한다고 요구한다는 것을 부정하기 위해 굳이 타인의 목표를 촉진하는 데 헌신할 필요는 없다는 것이다. 우리는 타인에게도 공정하다고 여기는 행동규칙에 따라 나아가야 할 방향을 추론할 수 있고, 이는 자기 목표의 추구만이 지배하는 상황을 억누를 수 있다. 분별 있는 행동규칙을 존중하는 것은 전혀 이상하지 않으며, 오히려 이를 통해 우리가 일반적으로 진행하려는 목표로서 마땅히 — 그리고 합리적으로 — 간주하는 것을 추구할 수 있다.

타인의 목표를 우리의 '실제 목표'로 받아들이도록 강제하지 않는 자제의 예를 들어보자. 당신이 비행기에서 창가 자리에 앉아 있는데, 빛이 들어오도록 창의 블라인드를 내리지 않았다. 그때 당신 옆의 통로 쪽 자리에 앉은 승객이 블라인드를 내려 달라고 요청했다("괜찮으시다면 부탁드립니다"). 그래야 컴퓨터 화면이 더 잘 보여 게임에 몰두할 수 있기 때문이다. 당신이 아는 게임인데 '진짜 바보 같은' 게임('엄청난 시간 낭비')이라 생각한다. 당신은 평소 주변에 너무나 많은 무지가 만연해 있으며 많은 사람들이 뉴스를 접하지 않고 — 이라크나 아프가니스탄이나 심지어는 고향에서 무슨 일이 일어나고 있는지 모른 채 — 쓸데없는 게임이나 하고 있다는 데 불만을 품고 있다. 그런데도 당신은 예의 바르게 게임광의 부탁을 들어주기로 결심하고 블라인드를 내려 준다.

당신의 선택을 어떻게 평가할 수 있을까? 당신은 이웃이 — 혹은 누구든지 — 자신의 복지를 추구하도록 돕는 것이 싫지는 않다는 것을 어렵지 않게 이해할 수 있지만, 이웃의 복지가 사실은 아주 바보 같은 게임을 하는 데 시간을 낭비함으로써 — 그리고 그가 시간을 낭비하도록 도

Hans Bernhard Schmid(eds), *Rationality and Commitment*(Oxford: Clarendon Press, 2007) 참조.

와줌으로써 — 가장 잘 증진된다고는 생각하지 않는다. 실은 당신이 들고 있던 뉴욕타임스를 빌려주어 읽히고 싶고, 그것이 그의 교화와 복지를 위해 훨씬 나을 것이라 확신하고 있다. 당신의 행동은 복지의 보편적 추구로부터 도출되는 필연적 귀결이 아닌 것이다.

여기서 중요한 문제는, 이 경우처럼 타인의 목표가 그 자신의 복지를 증진시키는 데 도움이 안 된다고 생각될지라도 그 목표가 결코 나쁜 것이 아닐 때 타인의 목표 추구에 대해 장벽을 세워야 — 혹은 허물기를 거부해야 — 하느냐는 것이다. 아마도 당신은 이웃에게 도움이 되지 않는 것이 대체로 달갑지 않을 것이다(그들의 목표를 어떻게 생각하든). 혹은 창가 자리에 앉으면 블라인드를 조절할 권리가 있다고 해도 타인이 무엇을 바라는지 그리고 그가 블라인드에 관한 당신의 선택에 의해 어떤 영향을 받는지 고려하지 않고 이러한 부수적인 이점을 이용해서는 안 된다고 판단할지도 모른다(설령 당신이 이제 차단될 햇볕을 즐기고 있었고 그가 추구하는 목표에 관해 거의 생각하지 않았을지라도).

이 논의들은 당신의 결정에 명시적으로 드러날 수도 있고 암묵적으로 고려될 수도 있겠지만, 사회적으로 영향을 받은 당신의 행위가, 당신이 타인의 목표를 어떻게 생각하든 타인이 그 자신의 목표를 추구하도록 돕는 것이 당신의 목적임을 보여 준다고 생각하는 것은 옳은가? 당신이 사회적 행동규범을 받아들인 덕분에 결국 옆에 앉은 사람이 그의 목표를 추구하도록 돕게 되었다. 하지만 당신의 목적이 타인으로 하여금 각자의 목표를 추구하도록 최대한 돕는 것이라거나 그들의 목표가 어떻게든 당신의 목표로 바뀌었다는 것은 지나친 말이다(당신은 '아니라서 다행이지'라며 안도의 한숨을 내쉰다). 오히려 당신이 용인한 좋은 행동규범을 따르고 있을 뿐이며(타인에게 그들이 정말로 바라는 일을 하게 하라), 당신이 무엇을 할지 선택할 때 받아들인 자발적 행동규제인 것이다.

'타인을 있는 그대로 두라'는 당신의 결정에는 결코 아주 이상하거나 어리석거나 불합리한 점이 없다. 우리는 수많은 타인이 존재하는 세계에 살고 있고, 그들이 사는 방식을, 촉진해야 할 좋은 것으로 여기지 않고도 용인할 수 있다. 커미트먼트는 사익에 전적으로 의존하는 것이 아닌 목표의 추구를 바라는 형태뿐만 아니라, 타인에게 어떤 영향을 미칠지에 관계없이 오로지 자신의 목표만을 촉진하려는 경향을 억제하는, 무난하거나 심지어는 관대한 행동규칙에 따르는 형태까지도 취할 수 있다. 타인이 바라는 것과 추구하는 것을 배려한다고 해서 합리성을 침해했다고 여길 필요는 없는 것이다.

제 9 장

공평한 이유의 복수성

앞 장에서는 사익의 배타적 추구라는 좁은 경계를 뛰어넘는 선택과 결정을 하는 것이 전혀 이상하거나 불합리하지 않다는 것을 논의했다. 사람들의 목표는 오로지 사익만을 촉진하는 것을 넘어설 수 있고, 아마도 품위 있는 행동에 대한 염려에서 비롯되는 것 같지만, 그들의 선택은 개인적 목표만을 추구하는 것을 뛰어넘어 타인에게도 그들의 목표를 추구하도록 허용할 수도 있다. 합리성을 단지 사익의 지적 추구라 정의하는 이른바 합리적 선택이론은 인간의 이성적 판단을 극히 하찮게 여긴다.

선택의 합리성과 그 선택 배후에 있는 이유의 지속가능성과의 관계는 앞 장에서 논의했다. 그 논의에 따르면, 합리성은 기본적으로 우리의 선택을 반성적으로 **지속**시킬 수 있는 이성에 기초하도록 하는 문제이며, 우리의 행동과 목적, 가치와 우선순위와 마찬가지로 우리의 선택이 진지한 비판적 검토를 견딜 것을 요구한다. 또한 사익의 추구 이외의 동기는 비판적 검토를 통해 어떻게든 제거되어야 한다는 상상에는 아무런 근거도 없다고 논의했다.

그러나 선택의 합리성이 비이기적 동기를 쉽게 받아들일 수 있어도 합리성 자체는 이를 요구하지 않는다. 누군가가 타인에 대한 관심에 따라 움직인다고 해도 전혀 이상하거나 불합리한 점은 없지만, 그러한 관심을 갖는 데 필요나 책무가 있다는 것을 오로지 합리성에만 기초하여 논의하는 것은 곤란하다. 우리는 자신의 성향과 자기검토를 반영하는 행동에 대해 지속가능한 이유를 가질 수 있다. 선택행동의 한 특징으로서의 합리성은 헌신적인 이타주의자나 개인적 이익을 이성적으로 추구하는 자 어느 쪽도 배제하지 않는다.

만일 메리가 큰 희생을 감수해서라도 사회적 선에 대한 그녀 자신의 생각을 추구할 것을 타당하고 지적인 방식으로 결정한다면, 그 때문에 그녀를 '불합리하다'고 여길 수는 없을 것이다. 그리고 폴이 그의 가치와 우선순위와 선택을 그 자신의 진지한 검토를 거친 후에 극대화할지라도 그를 불합리하다고 비난하기는 어렵다.* 타인의 관심에 대한 커미트먼트가 단지 폴에게는 메리만큼 중요하지 않을 수 있다.** 폴이 메리보다 덜 '합당하다'고 생각할 수도 있지만, 존 롤스가 논의했듯이 이는 그러한 불합리성과는 다른 문제이다.1 합리성은 사실 상당히 관대한 개념이며, 이성의 테스트를 요구하지만 판단기준의 획일성을 부과하지 않고 이성적 자기검토가 아주 다른 형태를 취하는 것을 허용한다. 만일 합리성이

---

* 자기애를 진지하게 추구하면 반대로 타인과의 관계에 영향을 미쳐 이기적인 이유에서도 손실로 여겨질 수 있다는 사실에 폴은 특히 주의해야 할 것이다.

** 토마스 스캔론이 제시했듯이 '합리적'이라는 말을 더 구분할 수 있다. (1) 할 만한 가장 큰 이유가 있는 것, (2) 불합리함을 피하기 위해 해야 하는 것(Scanlon, *What We Owe to Each Other*(Cambridge, MA: Harvard University Press, 1998), pp. 25~30[『우리가 서로에게 지는 의무』, 강명신 옮김, 한울, 2008, 53~59쪽]). 메리와 폴은 **양쪽**의 의미에서 합리적이라 볼 수 있다. 그러나 그 이유들의 지속가능성이라는 더 큰 문제가 남아 있는데, 그것은 본서에서 제시하는 합리성의 개념에 중심적인 것이다(제8장 참조). 더 상세한 논의는 나의 *Rationality and Freedom*(2002) 참조.

교회라면 광교회파broad church일 것이다. 롤스가 기술했듯이 합당성의 요건은 단순한 합리성의 요건보다 더 엄밀한 경향을 보인다.*

　존 롤스의 해석에 따른다면 합리성의 개념에서 합당성의 개념으로 이행할 때 검토의 요건은 분명하고 엄격해야 할 것이다. 제5장 「공평성과 객관성」에서 논의했듯이, 실천이성과 행위의 객관성이라는 개념은 공평성의 요건과 체계적으로 결부될 수 있다. 이에 따라 윤리적 원칙의 객관성에 대한 적절한 기준을, 열려 있고 자유로운 공적 추론의 틀에서 옹호되도록 할 수 있다.** 이때 타인의 이익뿐만 아니라 그들의 관점과 평가도 합리성만을 고려할 때는 요구되지 않을 역할을 담당하게 될 것이다.***

---

* 그러나 토마스 스캔론은 '합당성과 합리성의 익숙한 구분'을 설명하면서 방향이 달라 보이는 예를 제시한다(*What We Owe to Each Other*, pp. 192~193[『우리가 서로에게 지는 의무』, 305쪽]). 그는 권력자의 행위가 전적으로 '합당하다'는 데 반대하는데도 그것을 고발하는 것은 권력자의 노여움을 살 수 있기 때문에 '비합리적'이라 판단할 수 있으며 따라서 합당한 주장이 경우에 따라 합리적으로 표현될 필요는 없다고 지적한다. 내게는 여기서 두 가지의 문제가 있다고 생각되는데, 첫째, 합리성과 합당성의 요건은 서로 다르고 일치할 필요가 없으며(나는 합당성이 보통 합리성보다 무언가를 더 요구한다고 주장한다), 둘째, 이해나 결정의 합리성은 그 이해나 결정을 공공연하게 표현하는 합리성과는 구별되어야 한다. '좋은 의견'과 '좋은 의견의 발표' 간의 구별은 사고와 소통의 이중규율에서 중대할 수 있다. 나는 'Description as Choice', in *Choice, Welfare and Measurement*(Oxford: Blackwell, 1982, and Cambridge, MA: Harvard University Press, 1997)에서 이 구별을 분석하려고 했다.

** 롤스 자신의 표현을 보면 모든 사람이 아니라 오로지 '합당한reasonable 개인들'과의 열린 대화에만 집중하는 것처럼 보인다. 명시된 규범적 요소('합당한 개인들'과 그들이 '합리적'이라 생각하는 것의 진단에 반영되어 있다)를 갖는 이러한 접근과 하버마스의 더욱 절차적인 관점 간의 차이에 관해서는 제5장에서 논의했다. 나는 거기서 이 차이는 언뜻 보이는 것만큼 선명하지는 않을 것이라고 논의했다.

*** '열려 있고 자유로운 공적 추론의 틀'이 미치는 범위는 다양한 방식으로 정의할 수 있으며, 그러한 정식화의 차이는, 이 접근을 롤스가 사용하는 방식과 칸트나 하버마스 등이 사용하는 방식 간의 정확한 — 때로는 미묘한 — 차이를 보는 데 매우 중요하다. 그러나 이는 본서의 접근에서 중심적인 것이 아니기 때문에 더 이상 자세히 논의하지는 않겠다.

그러나 우리는 타인을 설득할 때 옹호 가능성의 개념에 관해 더 면밀히 살펴야 한다. 옹호 가능성은 무엇을 왜 요구하는가?

타인이 합당하게 거부할 수 없는 것

윌리엄 셰익스피어의 희곡 『존왕』에서 사생아 필립은 우리가 세계를 평가할 때 흔히 자신의 특별한 이해관계에 영향을 받는다고 말한다.

> 그래, 내가 거지라면 분노할 것이다
> 부자가 되는 것보다 더한 죄는 없다고
> 내가 만일 부자였다면 말하리라
> 구걸보다 더한 악행은 없다고*

우리의 위치와 곤경이 사회적 차이와 불균형에 대한 태도와 정치적 신념에 영향을 줄 수 있다는 것을 부인하기는 어렵다. 만일 자기반성을 매우 진지하게 한다면, 일반적인 평가에서 더 큰 일관성을 추구할 만큼 확고해질 수 있을 것이다(예컨대 부자에 대한 평가가 자기 자신이 부유한지 가난한지에 따라 근본적으로 바뀌지 않을 것이다). 그러나 이러한 엄밀한 검토가 늘 이루어지리라는 보장은 없다. 왜냐하면 우리는 자신이 직접 관련된 것에 대해 방종할 수 있고 그 때문에 자기반성에 다다르지 못할 수 있기 때문이다.

타인에 대한 공정을 포함하는 사회적 문맥에서, 관대한 자기반성에 관한 합리성의 요건을 넘어 타인에 대한 '합당한 행동'의 요건을 고려할

---

* William Shakespeare, *King John*, Ⅱ. 1. pp. 593~596.

필요가 있다. 그처럼 더 많은 것을 요구하는 맥락에서 우리는 타인의 관점과 관심에 대해 진지하게 주의를 기울여야 하는데, 그것들이 우리의 판단이나 선택을 대상으로 하는 검토에서 일정한 역할을 다하기 때문이다. 이런 의미에서 우리가 사회에서 무엇이 옳고 그른지 이해할 때, 애덤 스미스가 '자기애'의 명령이라 부른 것을 뛰어넘어야 한다.

실제 토마스 스캔론이 설득력 있게 주장했듯이, "옳고 그름에 대해 생각하는 것은, 가장 기본적인 수준에서는, 적절히 동기가 부여된다면 합리적으로 거부될 수 없다는 근거에 기초하여 무엇이 정당화될 수 있는지를 생각하는 것이다."[2] 자기 자신에 대한 검토를 견디는 것은 합리성의 개념에서 중심적이지만, 타인의 관점에서 비판적 검토를 진지하게 고려하는 것은 합리성을 넘어 타인과의 관계에서 합당한 행동으로 이행하는 데 중요한 역할을 하게 된다. 여기에는 분명 정치적·사회적 윤리의 요건이 들어갈 여지가 있다.

스캔론의 기준은 앞서 살펴본 '원초적 입장'이라는 장치를 통한 롤스의 공정성의 요건과 다른가? 확실히 양쪽 간에는 긴밀한 상관관계가 있다. 롤스의 '원초적 입장'에서 '무지의 베일'(현실세계에서 자신이 어떤 입장에 놓일지 그 누구도 알지 못한다)은 사람들이 개인의 기득권과 목표를 넘어 판단할 수 있도록 고안된 것이다. 그런데도 궁극적으로 합의를 통한 상호 이익에 초점을 맞추는 롤스의 '계약론적' 접근과 이성적 판단을 광범위하게 분석하는 스캔론의 접근 간에는 상당한 차이가 있다(비록 스캔론은 자신의 접근을 '계약론자적contractualist'이라 부를 것을 주장하며 혼란을 일으키지만).

롤스의 분석에서는 대표들이 모여 사회의 기본적인 제도 구조를 이끌 '공정한' 원칙을 결정할 때 모든 개인의 이해관계가 고려된다('무지의 베일' 덕분에 현실세계에서 어떤 입장에 놓일지 아무도 모르기 때문에 익명성이 보장된다). 『정의론』에서 롤스가 원초적 입장을 특징지었듯이, 정당이나 그 대표자는 원초적 입장의 숙고에서 어느 특정한 도덕적 관점이나 문화적 가치를 풀어놓지 않는다. 그들의 과제는 단지 자신과 그들이 대표하는 사람들의 이익을 극대화하는 것일 뿐이다. 모든 당사자는 이익을 추구하지만, 만장일치가 이루어질 계약은, 롤스의 관점에서 종합해 보면 '무지의 베일' 아래 모두의 이익을 위한 최선의 것으로 여겨진다(베일 때문에 누가 어느 입장에 놓일지 아무도 모르기 때문이다).* '무지의 베일'을 이용하여 공평하게 종합하는 데에 아무 문제가 없는 것은 아니라고 강조해두어야겠다. 그처럼 고안된 불확실성 속에서 무엇이 선택될지는 전혀 알 수 없기 때문이다. 모든 당사자가 만장일치로 선택하는 유일한 해결책의 부재는 서로 대립하는 이익들에 대한 유일한 사회적 종합의 부재와 부합한다. 예컨대 최소 수혜자 집단의 이익을 우선시하는 롤스의 분배방식은, 모든 사람의 효용의 합계를 극대화하는 공리주의적 방식과 경쟁해야 한다. 실제 존 하사니John Harsanyi는 누가 어떤 입장에 놓일지 모른다는 불확실성에 근거하여 이러한 공리주의적 해결책에 도달한다.

반면 스캔론의 방식에서는 공적 토의의 기반이 되는 것이 당사자의 이익이지만, 내려지는 결정이 '합리적으로 거부될' 수 있는지를 생각할 특별한 논거를 제시할 수 있다면 해당 사회에 속하든 아니든 누구라도

---

* John Harsanyi, 'Cardinal Welfare, Individualistic Ethics, and Interpersonal Comparisons of Utility', *Journal of Political Economy*, 63(1955) 참조. 그 밖에도 해결책을 주장하는 자들이 있는데, 예컨대 제임스 멀리스James Mirrlees는 형평성이 조정된 효용의 총계를 극대화할 것을 제안한다('An Exploration of the Theory of Optimal Income Taxation', *Review of Economic Studies*, 38, 1971). 또한 John Broome, *Weighing Lives* (Oxford: Clarendon Press, 2004) 참조. 이 문제에 관해서는 나의 『집단선택과 사회후생』, 『불평등의 경제학』 및 'Social Choice Theory', in Kenneth Arrow and Michael Intriligator(eds), *Handbook of Mathematical Economics*(Amsterdam: North-Holland, 1986)에서 논의했기 때문에 본서에서는 더 이상 다루지 않을 것이다.

논의를 이끌 수 있다. 관계 당사자는 바로 그들의 이익이 영향을 받기 때문에 자격을 갖지만, 그들을 대신하여 무엇이 합리적으로 거부될 수 있을지(혹은 없을지) 판가름하는 논의는, 만일 합당하다고 판단된다면 당사자들의 논리에 국한하지 않고 상이한 도덕적 관점을 들여올 수 있다. 이런 의미에서 스캔론의 접근은 애덤 스미스가 '공평한 관찰자'(제8장 참조)라는 개념을 통해 탐구한 방향으로 나아가게 한다. 다만 스캔론의 분석에서조차 모든 논의는 관계 당사자의 관심과 이해관계에 한정된다.

그의 접근은 포섭적으로 확대될 수도 있는데, 롤스의 '인민에 의한' 정의의 추구처럼 이해가 걸려 있는 사람들이 모두 어느 특정한 사회나 국가나 정치체제의 구성원일 필요는 없기 때문이다. 스캔론의 방식을 통해 **이해**가 관련된다고 여겨지는 사람들의 집단을 넓힐 수 있다. 롤스의 모델에서처럼 그들 모두가 어느 특정한 주권국가의 시민일 필요는 없는 것이다. 또한 다양한 입장에 있는 사람들이 갖는 포괄적인 이유를 구하는 것이기 때문에 현지 주민들의 평가만이 중요한 견해인 것은 아니다. 주로 제6장에서 논의했듯이, 롤스의 '계약론적' 접근은 공적 숙고에서 허용되는 관점의 범위를 한정한다는 점에서 제한적인 성격을 갖지만, 스캔론의 이른바 '계약론자적' 접근은 이러한 제약 일부를 제거하기 때문에 우리는 롤스가 아닌 스캔론의 방식을 기반으로 삼을 만하다.

스캔론이 자신의 접근법을 '계약론자적'(계약론적 사고방식과의 차이점을 드러내는 데 도움이 되지 않는다고 생각하지만)이라 부르는 이유는, 그가 설명하듯이 "타인도 수용할 만한 정당화의 기초를 찾기 위해 우리의 사적인 요구를 변경할 의향의 공유라는 개념"을 이용하기 때문이다. 이는 어떤 계약도 상정하지 않지만, 이 개념을 "루소에까지 거슬러 올라가는 사회계약적 전통의 중심적인 요소로"(원저 p. 5) 간주한다는 점에서 스캔론은 틀리지 않았다. 그러나 이 일반적인 형식은 크리스트교(제7장에서

'착한 사마리아인의 이야기'의 해석에 관한 예수와 율법학자의 논쟁을 다루었다) 에서 스미스주의, 공리주의에 이르기까지 기타 여러 전통에서도 공유되는 기본적인 개념이기도 하다. 스캔론의 접근은 '사회계약적 전통'의 범위 안에 엄격하게 가두려는 그 자신의 시도에서 보이는 것보다 훨씬 더 일반적이다.

비거부성의 복수성

이제 다른 문제를 살펴보자. 합당하다고 간주될 수 있는 원칙을 식별하는 스캔론의 방식이 꼭 유일한 원칙들의 유일한 집합을 산출하는 것은 아니다. 그의 비거부성non-rejectability 테스트에 통과할 수 있는 원칙들이 서로 경쟁하는 다수성의 문제에 관해 스캔론 자신은 많은 것을 이야기하지 않는다. 만일 설명이 충분했다면 그의 이른바 '계약론자적' 접근과 본래의 '계약론적' 접근의 차이는 훨씬 더 명료했을 것이다. 계약론적 접근은 — 홉스식이든 루소식이든 롤스식이든 — 어느 특정한 계약으로 이어져야 하며, 롤스의 경우 '공정으로서의 정의' 아래 '정의의 원칙'의 유일한 집합을 명시한다. 실제 그 유일성이 롤스 사상의 제도적 기초에 얼마나 중대한지 알아야 한다. 왜냐하면 롤스가 이야기하듯, 바로 그 요건들의 유일한 집합이 사회의 기본적 제도구조를 결정하는 것이기 때문이다. 공정한 사회에 대한 롤스의 설명은 먼저 원칙들의 유일한 집합에의 합의에 기초한 첫 번째 제도적 단계에서 시작되고, 그 이후에 다른 과정(예컨대 '입법단계'의 작용)으로 넘어간다. 모두 원초적 입장에서 비롯된 복수의 제도적 요건들과 함께 경쟁적인 원칙들이 존재했다면, 롤스는 그가 이야기하는 방식으로는 내용을 전개할 수 없었을 것이다.

이 문제에 관해서는 앞서 제2장(「롤스와 그 너머」)에서 관련은 있지만 다른 측면 — 롤스의 원초적 입장에서 원칙들의 유일한 집합이 만장일치로 선택된다고 상정하는 것의 수용 불가능성 — 에서 논의한 바 있다. 만일 공정성의 논의 끝에 선택될 수 있는 선택지가 다수 존재한다면, 롤스가 제공하는 제도적 설명의 기초로서 특정될 수 있는 유일한 사회계약은 존재하지 않을 것이다.

면밀한 검토에서 비롯되는 확고하고 공평한 이유가 복수로 존재할 수 있음을 이해하는 것이 중요하다. 서장에서 논의했듯이, 정의에 관해 서로 대립하는 여러 유형의 이유가 존재하며, 서로 정합적이고 보완적인 원칙들의 한 집합만을 제외하고 나머지 전부를 거부하는 것은 불가능할 것이다. 누군가가 분명한 우선순위를 가진다고 해도 그것은 사람에 따라 다를 것이고, 타인이 우선시하는 납득할 만한 이유를 완전히 거부하는 것도 어려울 것이다.

예컨대 서장에서 논의한, 피리를 두고 언쟁하는 세 아이의 경우, 숙고와 검토를 거듭해도 세 가지 행동방침 모두 합리적으로 거부될 수 없기 때문에 정당화될 수 있다고 주장할 수 있다. 세 아이의 주장에 담긴 정당화 논리는 각각이 기반으로 하는 일반적 근거는 서로 다를지언정 모두 '공평한' 형태를 취할 수 있는 것이다. 한 주장은 성취와 행복의 중요성에 기초한 것이었고, 다른 주장은 경제적 형평성의 중요성에, 또 다른 주장은 자신의 노동에 의한 생산물을 향유할 권리의 인식에 기초한 것이었다. 물론 이 근거들 중 하나를 선택해야만 하는 상황이 생길 수도 있지만, 그 하나를 제외한 나머지를 '불공평'하니 거부되어야 한다고 주장하기는 매우 힘들 것이다. 실제로 기득권이나 개인적 기벽에 좌우되지 않는 매우 공평한 재판관들도 이와 같은 경우에 서로 다른 정의의 이유들을 납득할 수 있고, 각 주장에 공평성을 내세울 권리가 있기 때문에 결국 어떤 결정이 내려져야 할지 의견이 서로 엇갈릴 수 있다.

협력의 상호 이익

계약론적 접근이 왜 궁극적으로 개인적 이익을 고려하는 데서부터 적절한 행동이 이끌어지기를 바라는 이른바 '현실주의자'의 관심을 끄는지는 쉽게 이해할 수 있다. 롤스가 바라는 '공정한 협력체계로서의 사회'*는 이러한 일반적인 관점에 잘 들어맞는다. 롤스가 지적하듯이 협력의 개념은 "참가자의 합리적 이익 혹은 선善의 개념을 포함"하고, "합리적 이익의 개념은 협력에 관여하는 사람들이 그들의 선이라는 관점에서 무엇을 촉진하려 하는지 명시한다." 원초적 입장이라는 조건 아래서 개인의 정체가 무지의 베일에 가려져 있다는 점을 제외하면, 합리적 선택이론의 이기적 관점과 공통되는 부분이 있다. 또 모든 관계자는 타인과의 협력 없이 바라는 것을 달성할 수 없다고 분명히 인식한다. 따라서 협력적 행동이 모두의 이익을 위한 집단규범으로서 선택되는데, 거기에는 "각 참가자가, 다른 참가자들도 마찬가지로 받아들인다면, 합리적으로 받아들일 수 있거나 때로는 받아들여야 하는 조건"의 공동선택이 포함된다.[3]

이는 사회적 도덕성이겠지만, 궁극적으로는 **타산적인**prudential 사회적 도덕성이다. 서로 유익한 협력이라는 아이디어는 원초적 입장이라는 개념에서 매우 중요하고, 또 공정이라는 기초개념이 주로 원초적 입장이라는 장치를 통해 이끌어지기 때문에 롤스의 '공정으로서의 정의'라는 접근은 철저히 이익에 기초하는 토대 위에 성립하는 것이다.

사실 이익에 기초하는 관점은 사회적 규칙과 행동에 중요하다. 왜냐하면 약간의 이익을 잡아채려고 타인의 사태를 악화시키는 행위를 금하

---

* 의미심장하게도 이는 롤스의 『공정으로서의 정의 재서술』 제I부 제2장의 제목이다. 원저 pp. 5~8[『공정으로서의 정의 재서술』, 김주휘 옮김, 이학사, 2016, 27~32쪽].

는 행동규칙에 각자가 따름으로써 한 집단의 공동이익이 훨씬 커지는 경우가 많기 때문이다. 현실세계는 환경의 지속가능성 및 공유하는 천연자원('공유지the commons')의 보존에서 생산공정의 노동윤리 및 도시생활의 시민의식에 이르기까지 이러한 문제들로 가득하다.[4]

그러한 상황에 대처할 때, 협력을 통한 상호 이익을 달성하기 위한 방법은 크게 두 가지가 있다. 즉 강제될 수 있는 합의된 계약과 그러한 방향으로 자발적으로 작용할 수 있는 사회규범이다. 이 방법들은 정치철학에서도 계약론과 관련하여 그럭저럭 논의되어 왔고, 적어도 홉스에까지 거슬러 올라가지만, 계약에 기초한 강제적 방법이 중요한 위치를 점해 왔다. 반면 사회규범의 진화라는 방법은 사회학 및 인류학에서 깊이 탐구해 온 주제이다. 오스트롬Elinor Ostrom 등은 통찰력 있는 사회분석을 통해 협력적 행동의 이점을 밝히고 한 집단 구성원들의 자발적 규제를 통한 협력적 행동을 옹호하면서, 행동의 사회규범에 의한 집단행동의 출현과 잔존에 관해 논의했다.[5]

계약론적 추론과 그 범위

상호이익에 기초하여 사회적 협력과 그것을 통한 사회적 도덕성 및 정치를 내세우는 타산적 논의가 사회와 그 성패를 이해하는 데 적절하다는 것은 의심의 여지가 없을 것이다. 계약론적 추론은 윤리적 일탈과 제도의 마련을 통한 사회적 협력의 관점을 해명하고 발전시키는 데 큰 역할을 해 왔다. 해석인류학뿐만 아니라 정치철학도 계약론적 추론이 만들어 낸 통찰력에 의해 크게 발전해 왔다.

그러한 관점은 또한 롤스가, 그리고 그 이전에는 칸트가, 토마스 홉스에 의해 최초로 제시된 사회적 협력의 원시적인 — 하지만 계몽적인 —

분석을 이용하여 더욱 발전시켜 왔다. '상호 이익을 위한 협력'의 원동력은 궁극적으로 타산적이지 않을 수 없지만, 롤스가 '상호 이익'이라는 관점, 특히 공평한 추론을 이용하는 데는 매우 중요한 몇 가지 특징이 있다.

첫째, 롤스는 계약이라는 개념을 공정한 사회제도와 그에 상응하는 행동적 요건의 속성을 결정하기 위해 사용했지만, 그의 분석은 (수많은 계약론적 이론처럼) 합의의 강제적 실시에 의존하기보다는 행동하기로 '합의한' 것을 따르려는 의향에 의존한다. 그러한 관점을 통해 롤스는 처벌을 집행할 필요성과 거리를 둘 수 있고, 적어도 이론적으로는 완전히 피할수 있다. 그리고 행동규범은 계약 이후 재구축된 형식을 취하게 된다 — 이에 관해서는 제2장(「롤스와 그 너머」) 및 제3장(「제도와 개인」)에서 논의했다. 원초적 입장의 계약에 대한 전 단계로서 상호 이익을 제시하면 계약이 성립되며, 그것이 — (순수하게 가설적인 계약이기 때문에) 적어도 그것을 상상하는 것이 — 그 계약에 심어진 원칙을 통해 확립된 공정한 제도를 갖춘 사회에서 인간의 행동을 구체화한다.*

둘째, 롤스의 분석이 상호 이익을 위해 적절한 행동을 요구하는 통상적 논의를 넘어설 수 있는 또 다른 특징은, 원초적 입장에서는 그 누구도 자신의 실제 입장을 알고서 주장하거나 교섭할 수 없으며 무지의 베일 뒤에서 그래야만 한다는 것을 보증하는 것이다. 이를 통해 자기 자신의 사익이 어떻게 될지 알지 못한 채, 자신의 현실적 이익을 추구하는 것에서 공동체 전체의 이익을 촉진하는 것으로 이행된다. 이러한 점에서 롤스의 논의에는 분명 공평성이 존재하지만, (무지의 베일 때문에) 공평한 형

---

* 롤스의 정치적 분석은 오스트롬 등이 사회규범의 점진적 진화를 사회학적으로 분석한 것과 다소 차이가 있지만, 두 가지 추론의 행동적 함의라는 점에서는 공통점도 있다. 롤스의 경우, 서로에게 이로운 계약의 가능성을 인식하는 데서 시작하는 것이 사회계약적 합의의 정치윤리에 기초하여 실제 사회에서의 행동을 억제하는 영향을 준다.

식을 갖추고 이익을 추구하는 협력의 정당화와 결부되는 것을 뛰어넘지는 못한다.

롤스는 '공정으로서의 정의'를 분석함으로써 계약론적 추론이 계약론의 오래된 영역을 넘어서도록 전개시켰다. 그런데도 보통 개인적 이익, 특히 상호 이익에 초점을 맞추는 것은 계약론적 접근과 마찬가지로 롤스의 추론에서도 (정교한 형태이기는 하지만) 중심적인 위치를 점한다. 이처럼 확대된 형식에서 계약론적 추론이 이루어 낸 것도 있지만, 과연 직간접적인 이익의 추구가 합당한 행동의 견고한 기초를 유일하게 제공하는 것인지 검토해야 한다. 그리고 상호 이익 및 호혜가 모든 정치적 합당성의 토대여야 하는지 물어야 한다.

권력과 그 책무

이와 대비되는 다른 추론, 즉 만일 어떤 사람이 세계의 부정의를 줄어들게 할 것이라 여겨지는 변화를 일으킬 권력을 갖고 있다면 (정당화하기 위해 어떤 가상적 협력의 이익을 내세울 필요 없이) 그것을 행해야 한다는 사회적 논의가 유력할 것이라는 논의를 생각해 보자. 실질적 권력의 이러한 책무는 정당화와 동기라는 기본적인 관점에서 협력의 상호 의무와는 전혀 다르다.

권력의 책무라는 관점은 석가모니의 『숫타니파타』에 강력하게 제시되어 있다.[6] 거기서 붓다는 인간이 동물에 대해 책임을 지는 것은 바로 양자 간의 비대칭성 때문이며, 협력의 필요성으로 이끄는 대칭성 때문이 아니라고 논한다. 그는 인간이 다른 종들보다 훨씬 강력하기 때문에 이러한 힘의 비대칭성과 결부되는 다른 종들에 대해 책임을 지고 있다고 주장한다.

석가는 이를 설명하면서 다음과 같은 비유를 이용한다. 자신의 아이에 대해 모친이 책임을 지는 것은, 아이를 낳았기 때문이 아니라(이러한 관련성은 이 특수한 논의에는 적용되지 않지만, 다른 논의에서는 고려될 여지가 있다), 아이가 스스로는 할 수 없는 일을 함으로써 아이의 삶에 영향을 미칠 수 있기 때문이라는 것이다. 이러한 논리에 따르면, 모친이 아이를 돕는 이유는 협력의 보상에 이끌리는 것이 아니라 바로 아이 스스로는 할 수 없지만 아이의 삶을 크게 바꿀 일을 비대칭적으로 할 수 있다고 인식하는 데서 비롯된다. 모친은 상호 이익 — 실제적이든 공상적이든 — 을 추구할 필요가 없고, 아이에 대한 모친의 책무를 이해하기 위해 계약을 체결할 필요도 없다. 이것이 석가의 주장이다.

이때 정당화의 형식은 다음과 같다. 즉, 만일 자유롭게 행해질 수 있는 행동이 한 개인에게 열려 있고(그로써 실행 가능해진다), 그가 그 행동을 통해 세계가 더 공정해질 것이라고 평가한다면(그로써 정의를 촉진할 수 있다), 이는 이러한 인식 아래 그가 무엇을 해야 하는지 진지하게 고려하는 데 충분한 논거가 된다는 것이다. 물론 이 두 가지 조건을 만족시키지만 실행할 수 없는 행동도 많이 있다. 따라서 두 조건이 충족될 때마다 완벽히 준수할 것을 요구하는 것이 아니라, 행동할 경우를 고려하는 책무를 인정하자는 것이다. 모친이 자신의 아이를 돕는 경우를 분석하기 위해 확장된 형식의 계약론적 추론 — 그 교묘함 때문에 — 을 가져오는 것도 가능하지만, 권력의 책무에 기초한 추론이 곧바로 도출할 수 있는 결론을 얻기까지 아주 멀리 돌아가는 길일 것이다.

여기서 기본적으로 인식해야 할 점은, 합당한 행동의 추구에는 다양한 접근법이 있으며, 모든 것이 서로 이로운 협력이라는 이익 기반의 추론에 의존할 필요는 없다는 것이다. 상호 이익의 추구는 홉스의 직접적 형식이든 롤스의 익명적 형식이든 분명 거대한 사회적 중요성을 갖지만,

합당한 행동이 무엇인지 결정하기 위한 유일한 논의는 아니다.

공평한 이유의 복수성에 관해 마지막으로 하나의 소견을 밝히며 논의를 마치겠다. 오늘날에는 인권 접근이라 불리지만 오랫동안 다른 명칭으로 추구되어온 것(적어도 18세기의 톰 페인Tom Paine과 메리 울스턴크래프트에까지 거슬러 올라간다)과 관련된 책무의 이해는, 제17장(「인권과 글로벌한 의무」)에서 다루겠지만, 실질 권력의 책임과 결부된 사회적 추론의 강력한 요소를 구성해 왔다.[7] 상호 이익의 관점에 의지하는 대신 권력의 비대칭성으로 인한 일방적 책무에 집중하는 주장은 현대의 인권활동에서 많이 이용될 뿐만 아니라 모두의 자유를 ― 그리고 그에 맞게 인권을 ― 중시해야 한다는 귀결을 이끌어 내려는 초기의 시도에도 나타난다. 예컨대 울스턴크래프트가 여성과 남성의 권리 '옹호'라 부른 것에 관한 페인과 울스턴크래프트의 저작들은 이러한 유형의 동기에 크게 의존했으며, 이는 모두의 자유를 촉진시키도록 도와야 한다는 실질 권력의 책무에 관한 추론에서 이끌어진다. 물론 그러한 사고방식은, 앞서 논의했듯이 애덤 스미스가 도덕적 관심과 책무에 관해 사람들을 계몽하는 데 공평한 관찰자라는 장치를 고안하는 등 '도덕이유moral reasons'를 분석함으로써 강력히 지지했다.

대칭성과 호혜에 기초하는 상호 이익은 타인에 대한 합당한 행위를 생각하기 위한 유일한 토대가 아니다. 실질 권력을 갖는 것과 그로부터 일방적으로 따라오는 책무는 공평한 추론의 중요한 기초로서 상호 이익이라는 동기를 뛰어넘을 수 있다.

제10장

실현, 결과, 행위주체성

서장에서 고대 산스크리트어 서사시 『마하바라다』에 나오는 흥미로운 대화에 관해 논의한 바 있다. 그 대화는 델리에서 멀지 않은 크루크세트라에서의 대규모 전투 전야에 그 서사시의 영웅 전사 아르주나와 그의 친구이자 스승인 크리슈나가 주고받은 것이다. 그것은 일반적으로는 인간, 특별하게는 아르주나의 의무에 관한 것이며, 아르주나와 크리슈나는 서로 근본적으로 다른 관점을 전개한다. 아르주나와 크리슈나 간 논쟁의 쟁점을 더 철저히 검토하면서 이 장을 시작하겠다.

크루크세트라의 전투는 유디스티라Yudhisthira(아르주나의 첫째 형이자 합법적 왕위 계승자)가 통솔하는 고결한 왕족 판두족과 그들의 사촌이자 왕국을 부당하게 찬탈한 쿠르족 간에 벌어졌다. 인도 북부, 서부, 동부 지역 여러 왕국의 왕족들 대부분은 이 대전투에서 어느 한쪽에 가담했고, 양쪽 군에는 인도의 건강한 남자들 상당 부분이 포함되었다. 아르주나는 정의의 측인 판두족의 위대한 무적 전사이다. 크리슈나는 아르주나의 마부지만, 인간의 모습을 한 신의 화신이기도 하다.

아르주나와 크리슈나 간의 논쟁은 이 서사시의 내용을 풍부하게 하지만, 몇 세기에 걸쳐 수많은 도덕적 · 정치적 논의를 불러일으키기도 했다. 이 대화가 등장하는 부분은『바가바드기타』혹은 줄여『기타』라 불리는데, 논의 자체가 흥미진진하여 일반 독자들의 마음을 사로잡았을 뿐만 아니라 비상한 종교적 · 철학적 관심을 끌기도 했다.

아르주나와 크리슈나가 양쪽의 군대를 보고 일촉즉발의 대전에 대해 생각할 때, 아르주나는 전투가 과연 자신에게 옳은 일인지 깊은 의문을 터놓는다. 그는 자신들에게 대의명분이 있고, 이는 정의로운 전쟁이며, 강하기 때문에 (특히 아르주나 자신이 전사와 지휘관으로서 비범한 기량이 있기 때문에) 전쟁에서 이길 것이라는 데 의문을 품지 않는다. 하지만 그는 수많은 죽음이 있을 것이라고 보며, 그 자신도 많은 인명을 살상해야 할 것이고 싸우다 죽을지도 모르는 사람들 대부분이 (주로 친족에 대한 충성이나 다른 유대로 인해) 어느 한쪽에 붙기로 했을 뿐, 특별히 비난받을 만한 일을 하지 않았다는 사실 때문에 괴로워한다. 아르주나의 걱정은 한편으로는 곧 국토 대부분을 휩쓸고 그 자신의 역할과 무관하게 재앙이라 여겨질 수 있는 대학살, 다른 한편으로는 그와 긴밀한 관계에 있거나 정든 사람들에 대해 그가 저지르게 될 살인에 관한 그 자신의 책임이다. 따라서 아르주나가 전투를 바라지 않는 이유는 입장에 의한 것과 입장을 뛰어넘은 것 양쪽의 특징을 갖는다.*

아르주나는 크리슈나에게 자신은 정말 싸우고 죽여서는 안 되고 그냥 불법적인 쿠르족에게 그들이 찬탈한 왕국을 통치하게 만드는 편이 나은데, 그것이 두 악 중 덜한 것이기 때문이라고 말한다. 크리슈나는 결과에 관계없이 자신의 의무를 다하는 것이 우선시되어야 한다고 맞서는데, 이는 인도의 종교철학 및 도덕철학적 논의에서 수없이 되풀이된 논

---

* 입장성과 결부되는 차이에 관해서는 제7장「위치, 타당성, 환상」에서 다루었다.

의이다. 실제 크리슈나가 고결하지만 당파적인 판두족의 후원자에서 신의 화신으로 서서히 변해 감에 따라 『기타』 또한 신학적으로 중요한 기록으로 변모한다.

크리슈나는 아르주나에게 무슨 일이 일어나든 의무를 다해야 하며, 이 경우 결과가 어찌 되든 싸울 의무가 있다고 주장한다. 그것은 옳은 근거이며, 전사로서 그리고 아군이 의지해야 할 지휘관으로서 그는 자신의 책무를 주저할 수 없다. 의무 중심적이고 결과 독립적인 추론을 포함하는 크리슈나의 극단적인 의무론은 이후 2,000년간 도덕적 논의에 깊은 영향을 미쳐 왔다. 비폭력의 위대한 주창자인 간디조차 결과에 관계없이 자신의 의무를 다하라는 크리슈나의 말에 깊은 영향을 받았다고 여겨진다(그리고 자주 『기타』로부터 크리슈나를 인용했다). 다만 이 경우 아르주나의 의무는 폭력적인 전투에 참가하고 살인을 꺼리지 않는 것으로, 간디가 열광하지는 않았을 것이다.

크리슈나의 도덕적 입장은 전 세계의 철학자와 문학가로부터도 많은 지지를 받아 왔고, 『기타』, 특히 크리슈나의 논법에 대한 감탄의 목소리가 유럽 지성계에서 지속되어 왔다. * 크리스토퍼 이셔우드Christopher Isherwood는 『바가바드기타』를 영어로 번역했고,[1] T. S. 엘리엇은 크리슈나의 추론을 해석하며 주요 메시지를 훈계의 형식으로 압축했다. "그리고 행동의 열매는 생각하지 마라. /앞으로 나아가라. 잘해 나가는 것이 아니라, /앞으로 나아가는 것이다, 항해자들이여."[2]

---

* 19세기 초, 빌헬름 폰 훔볼트Wilhelm von Humboldt는 『기타』를 "가장 아름답고 아마도 알려진 언어에 존재하는 유일하게 진실한 철학적 시가詩歌일 것"이라는 찬사를 남겼다. 그러나 자와할랄 네루Jawaharlal Nehru는 훔볼트를 인용하며 "사상과 철학 분야의 각 학파는 …… (『기타』를) 자신들의 방식대로 해석한다"고 지적한다(*The Discovery of India* (Calcutta: The Signet Press, 1946, and republished, Delhi: Oxford University Press, 1981), pp. 108~109).

아르주나의 주장

논쟁이 진행되면서 아르주나와 크리슈나는 각자의 주장을 펼치는데, 결과 독립적인 의무론과 결과에 민감한 평가 간의 고전적 논쟁이라 볼 수 있다. 아르주나는 결국 패배를 인정하지만, 크리슈나가 신성을 초자연적으로 나타내면서 지력을 보강한 이후였다.

그런데 아르주나는 정말로 틀렸을까? 왜 우리는 '잘 가기'까지 바라지 않고 '앞으로 가기'만을 바라야 하는가? 결과에 관계없이 대의명분을 위해 싸울 의무에 대한 신념은, 정든 이들을 비롯한 사람들을 죽이고 싶지 않다는 이유를 짓밟을 수 있을까? 여기서 중요한 것은, 아르주나가 전투를 거부하는 것이 분명 옳다고 주장하는 것이 아니라(아르주나의 전투 철군을 비판하는 논의는 크리슈나의 주장 외에도 많이 있다), 많은 것들을 비교·검토하고 균형을 맞추어야 하며, 아르주나의 인명 중시 관점은 결과에 관계없이 단순히 전투의 명백한 의무를 들먹임으로써 일축될 수 있는 것이 아니라는 점이다.

이는 두 유력한 입장 간의 이분법으로, 각각은 서로 다른 방식으로 옹호될 수 있다. 크루크세트라의 전투는 그 서사시에서 볼 수 있듯이 그 땅에 사는 사람들의 인생을 바꿀 것이다. 무엇을 해야 할지 결정할 때는 결과 독립적인 방식으로 도달한 아르주나의 전투 의무 이외의 모든 관심사를 묵살한 단순한 답변이 아니라 광범위하고 비판적인 평가가 필요하다. 종교적 문서로서의 『기타』는 확고히 크리슈나 쪽이라고 해석되지만, 서사시로서의 『마하바라다』는 이 대화를 더 큰 이야기의 일부로 포함하면서 양쪽 각각의 논의를 전개할 여지를 제공한다. 실제로 서사시 『마하바라다』는 대체로 죽음과 대학살을 한탄하는 비극으로 끝나고, '정의'의 승리와 업적에는 고뇌와 비탄이 동반된다. 이것이 아르주나의 깊은 의념疑念을 옹호한다는 것을 간과할 수 없다.

제2차 세계대전 중 원자폭탄을 개발한 미국 팀을 이끈 로버트 오펜하이머J. Robert Oppenheimer는 1945년 7월 16일, 인간이 고안한 첫 번째 핵폭발의 가공할 위력을 목격하고 『기타』로부터 크리슈나의 말을 인용했다("나는 죽음, 세계의 파괴자가 되었다").[3] '전사' 아르주나가 정의를 위해 싸울 의무가 있다는 크리슈나의 조언과 마찬가지로 '물리학자' 오펜하이머는 당시 자신은 분명히 옳은 것을 위한 폭탄을 개발하는 데 기술적으로 종사했다고 정당화했다. 차후에 오펜하이머는 폭탄의 개발에 대한 자신의 공헌에 깊은 의문을 품으면서 당시의 상황을 회고했다. "기술적으로 매력적인 것을 보면 우선 해 버리고 만다. 기술적으로 성공하고 나서야 그것을 어떻게 다룰지 생각하는 것이다."* '앞으로 가라'는 강요에도 오펜하이머는 (크리슈나의 말에 전율을 느끼는 데 그치지 않고) 다음과 같은 아르주나의 염려에 대해 숙고하는 데 충분한 이유가 있었다. 그렇게 많은 사람들을 죽이는 것이 어떻게 선을 낳을 수 있는가? 그리고 왜 나의 행동으로 빚어질 비참과 죽음 등의 다른 결과를 무시하고 물리학자로서의 의무만을 수행해야 하는가?**

---

* In the Matter of J. Robert Oppenheimer: USAEC Transcript of the Hearing before Personnel Security Board(Washington, DC: Government Publishing Office, 1954) 참조. 또한 이에 기초한 하이나르 키프하르트Heinar Kipphardt의 극 In the Matter of J. Robert Oppenheimer, translated by Ruth Speirs(London: Methuen, 1967)도 참조할 것. 여기서 강조해야 할 것은, 오펜하이머가 크리슈나를 인용하고 그의 올바름에 대한 신념이 아르주나의 대의에 대한 크리슈나의 관점과 비슷하지만, 크리슈나와 오펜하이머의 입장이 완전히 같지는 않다는 것이다. 크리슈나는 정의의 추구를 위해 전사로서 싸울 아르주나의 '의무'를 내세웠지만, 오펜하이머는 '기술적으로 매력적인' 것에 참여하는 데 대한 모호한 정당화를 펼친다. 기술적인 매력이 과학자로서의 의무를 다하는 것과 연결될 수는 있지만, 크리슈나가 아르주나에게 직접 충고한 것과 비교하면 모호함이 남는다. 이에 관한 명쾌한 논의를 제공한 에릭 켈리Eric Kelly에게 감사를 표한다.

** 나의 『아마티아 센, 살아 있는 인도』에서 이미 논했듯이, 고교생이었던 나는 산스크리트

이것이 정의의 요건을 이해하는 데 어떤 도움이 되는지 검토하기 위해, 아르주나의 논법에서 서로 다르지만 연결되어 있는 세 가지 요소를 구분하는 것이 유용하다. 그것들은 『기타』로 인해 탄생한 수많은 문헌에서 보통 섞여 있지만, 각각이 주목되어야 할 별개의 사항이다.

첫째, 아르주나의 논의에서 중심적인 것은, 세상에 일어나는 일은 항상 고려되어야 하며 도덕적 · 정치적 사유에서도 중요한 역할을 해야 한다는 그의 일반적인 신념이다. 우리는 실제로 일어나는 일에 눈을 감을 수 없고, 일어날 사태를 무시한 채 결과 독립적 니티를 고수할 수 없다. '현실세계의 관련성'이라 할 수 있는 아르주나의 이러한 주장은 그를 끌어들이는 현실세계의 특정한 부분(연관된 사람들의 생사)을 파악함으로써 보완된다. 여기에는 예컨대 올바른 행동을 비난하거나 어떤 왕조 혹은 어떤 왕국의 영광을 (혹은 제1차 세계대전 때의 유럽에서처럼 '국가'의 승리를) 주창하는 등 우리의 관심이 다른 대상으로 돌려질지라도 우리의 삶이 중요하다는 일반적 논의가 있다.

서장에서 논의한 나야야와 니티의 고전적 구별을 이용하면, 아르주나의 논의는 군 지휘자로서의 의무를 우선시하여 정의로운 전쟁을 벌이는 니티가 아니라 분명 니야야 쪽으로 기울어 있다. 우리가 '사회적 실현'이라 불러 온 것은 이 논의에서 결정적으로 중요하다.* 그리고 그 일

어 선생님에게 신인 크리슈나는 아르주나에 대해 불완전하고 설득력 없는 논의를 모면했다고 할 수 있는지 질문한 적이 있다. 선생님은 다음과 같이 대답했다. "아마도 그렇게 말할 수 있겠지만, 다만 적절한 경의를 갖추어야 한다." 오랜 세월이 지나서 나는 실례를 무릅쓰고 아르주나의 원래의 입장을 지지했고, 왜 크리슈나가 옹호하는 식의 결과 독립적 의무론이 정말로 납득되기 어려운지를 'Consequential Evaluation and Practical Reason', *Journal of Philosophy*, 97(September 2000)에서 ― 바라건대 적절한 경의로써 ― 주장했다.
* 『기타』에서의 논쟁에서 크리슈나는 주로 자신의 의무를 다한다는 기본적인 니티에 두는 반면, 아르주나는 니티에 의문을 가지면서(나의 의무라 할지라도 왜 그토록 많은 사람들을 죽여야만 하는가), 전쟁의 결과 생겨나게 될 사회의 니야야에 대해서도 묻고 있다(대규모

반적인 틀 내에서 아르주나의 추론에 광범위하게 나타나는 하나의 논점은, 이처럼 윤리적으로 혹은 정치적으로 평가할 때 특히 인간의 삶에 일어나는 일을 무시할 수 없다는 것이다. 아르주나가 이와 같이 이해하는 것을 나는 '인간 삶의 중요성'이라 부를 것이다.

두 번째 문제는 개인적 책임이다. 아르주나는 심각한 결과를 초래한 결정을 내린 사람은 그 결과에 대해 개인적 책임을 져야 한다고 주장한다. 책임의 문제는 아르주나와 크리슈나 간 논쟁에서 중심적이지만, 아르주나의 책임을 어떻게 봐야 하는지에 대해 둘은 상당히 다른 해석을 제시한다. 아르주나는 무엇을 해야 할지 결정할 때 자신의 선택과 행동의 결과를 고려해야 한다고 주장하는 반면, 크리슈나는 무엇이 일어나든 자신의 의무를 다해야 하며 의무라는 것은 이 경우에서처럼 행동의 결과를 검토할 필요 없이 결정될 수 있다고 단언한다.

결과에 따른 평가와 의무 기반의 추론 각각의 주장에 관해서는 방대한 정치철학 및 도덕철학의 문헌이 존재하며, 이는 분명 크리슈나의 극단적 의무론과 아르주나의 결과에 민감한 추론 간 차이의 일례이다. 여기서 놓치기 쉽지만 주의해야 할 점은, 아르주나가 개인적 책임이라는 개념의 중요성을 부인하는 것이 아니라는 점이다. 그는 결과가 좋기를 바랄 뿐만 아니라 누가 무엇을 해야 하는지, 특히 그 자신이 무엇을 해야 하는지(이 경우 사람들을 죽이는 일까지 포함하여) 살피고 있다. 따라서 아르주나의 논의에서는 인간 삶의 중요성에 대한 염려와 더불어 자신의 행위주체성과 그에 따른 책임 또한 중대하다. 그가 주장하는 것이 행위주체

학살을 통해 공정한 사회를 구축할 수 있는가). 내가 여기서 강조하고 싶은 점은, 『기타』에서 대부분의 주의가 기울여진 의무와 결과에 관한 (그리고 그와 관련된 의무론과 결과론 간의 논쟁) 논의뿐만 아니라 그 풍부한 지적 논쟁에 직간접적으로 등장하는 다른 중요한 논점들도 무시되어서는 안 된다는 것이다.

와 무관한 결과론이 아니라는 점에 주의해야 한다.

셋째, 아르주나는 또한 죽게 될 사람들을 파악하고 특히 그의 친척을 비롯한 정든 이들을 죽여야 한다는 데에 괴로워한다. 그는 전반적인 살해행위 때문에 심한 고통을 받고 전쟁의 거대한 규모 때문에 더욱 그렇지만, 특히 그에게 어떤 식으로든 중요한 사람들을 죽여야 한다는 측면을 구분하고 있다. 이러한 염려는 특정 행동과 관련된 타인과의 개인적 관계에 주목하려는 그의 성향에서 비롯된다. 이는 명백히 위치에 기초하는 염려이며, 자신의 아이나 자신이 기른 아이처럼 타인에의 특별한 책임을 인정하도록 하는 관념에 속한다. (이 문제는 제7장 「위치, 타당성, 환상」에서 다루었다.) 행위주체성과 관련된 관심과 가족관계나 개인적 애정에서 비롯되는 관계적 책무는 특정 윤리적 문맥, 예컨대 공무원의 사회정책 제정에서는 올바로 제외될 수 있지만, 개인적 책임이 고려되고 제위치를 부여받는다면 그것들은 도덕철학 및 정치철학, 특히 정의론의 폭넓은 범위 내로 통합되어야 한다.

물론 『기타』에서 아르주나는 철학자로 묘사되지 않으며 그의 염려들에 대한 정교한 논의를 기대하기는 힘들 것이다. 그런데도 인상적인 것은 그 염려들 각각이 그가 전투에서 철수하는 것이 옳다는 결론 내에 명확히 드러나 있다는 점이다. 그의 기본적인 인간적 연민에 덧붙여 이 세 가지 점들은 그가 니야야의 내용을 파악하는 데 분명한 관련이 있다.

최종적 결과와 포괄적 결과

결과consequence에 기초한 논의는 자주 결과outcome와 관계된다고 여겨지기 때문에 (그리고 경우에 따라 **오로지** 결과와 관계된다고 해석되기 때문에) 아르주나의 논의를 이해하기 위해서는 '결과outcome'라는 개념을 보통 다루어지는 것보다 더 면밀히 그리고 더 비판적으로 검토해 두는 것이 유용할 것이다. 결과란 행동, 규칙, 처분 등 우리와 관련된 모든 결정에서 비롯되는 사태를 의미한다. 어떤 사태를 '온전히' 서술할 수는 없지만(필요하다면 사건과 행동을 자세히 검토함으로써 언제든 세부사항을 덧붙일 수 있다), 사태의 근본개념은 풍부한 정보를 가질 수 있고 우리가 중요하다고 여기는 모든 특징을 통합할 수 있다.

어떤 사태를 평가할 때 빈약한 설명을 요구할 이유는 특별히 없다. 특히 사태 — 우리가 여기서 검토하는 선택의 문맥에서는 결과 — 는 좁은 의미에서의 최종결과뿐만 아니라 선택의 **과정들**까지 통합할 수 있다. 결과의 내용은 모든 행위주체의 정보와 당면한 결정 문제에서 중요하다고 여겨지는 모든 개인적, 비개인적 관계를 포함한다고 볼 수도 있다.

나는 결정이론과 합리적 선택에 관한 앞선 저작에서 과정, 행위주체, 이해관계와 별개로 보이는 단순한 결과 — 나는 이를 '최종적 결과'라 부른다 — 에 **덧붙여**, 취해진 행동, 관련된 행위주체, 이용된 과정 등을 포함하는 '포괄적 결과comprehensive outcomes'에 특별히 주목하는 것이 중요하다고 주장했다.* 이러한 차이는 경제학, 정치학, 사회학에서, 그리고 합리적 결정과 게임의 일반적 이론에서 다루는 특정 문제에 중심적일 수 있다.** 게다가 결과에 기초한 추론의 범위를 평가하는 데도 결정적이다.

---

* 최종적 결과와 포괄적 결과의 차이에 관해서는 서장에서 논의했으며, 이는 본서에서 제시하는 정의의 접근에 매우 중요하다. 포괄적 결과는 최종적 결과가 맡을 수 없는 역할을 한다. 실제로 실천이성의 '결과론적' 이론이 품고 있는 문제 중 일부는 최종적 결과에만 초점을 맞추려는 경향에 기인한다. 이 차이의 폭넓은 범위에 관해서는 나의 논문 'Maximization and the Act of Choice', *Econometrica*, 65(1997), 'Consequential Evaluation and Practical Reason', *Journal of Philosophy*, 97(2000) 및 나의 저서 『합리성과 자유』 참조.
** 이러한 문제들 중 하나를 결정의 문맥에서 묘사하기 위해, 사태의 평가에서 과정과 행위주체의 관련성을 보여 주는 아주 간단한 예를 들어 보자. 누구든 긴 파티에서는 편안한 의자를 바라겠지만, 누구보다 먼저 가장 편안한 의자로 달려갈 의향은 특별히 없을 것이다.

결과는 단순한 여파에 그치지 않기 때문이다. 포괄적 결과의 판단은 사태 평가의 구성요소일 수 있고, 따라서 결과론적 평가에서 빼놓을 수 없는 기본 토대일 수 있다.

이 차이는 아르주나의 주장을 이해하는 것과 어떤 관계가 있을까? 앞서 언급했지만 『기타』의 내용에 관한 철학적 논의에서는 크리슈나를 집요하게 의무에 집중하는 전형적인 의무론자로, 아르주나를 전적으로 결과의 좋음(혹은 나쁨)에 기초하여 행동을 평가하는 전형적인 결과론자로 간주하는 것이 보통이다. 사실 이러한 해석은 중대한 오해를 낳는다. 일반적인 의무론적 접근은 서로 독립적인 의무들의 중요성에서 비롯되지만, 그렇다고 해서 결과에 크게 주목하는 것을 방해받지는 않는다. 따라서 크리슈나의 다소 빈약한 도덕성을 전형적인 의무론으로 보아서는 안 된다. 예를 들어 임마누엘 칸트의 의무론을 크리슈나의 극단주의에 근거하여 이해하는 것은 불가능하다.[*] 크리슈나의 의무론은 유달리 순수주의적인 형태를 띠는데, 의무에 기초한 추론의 중요성을 인정하는 데 그치지 않고 어떤 행동을 취해야 하는지 결정할 때 모든 관심, 특히 결과론적 관심의 타당성을 부정하는 데 이른다.

아르주나는 좁은 의미에서 정의된 결과론의 방식으로 최종적 결과 이외의 모든 것을 무시하려는 전형적이고 고지식한 결과론자가 아니다. 그의 도덕적 · 정치적 추론은 포괄적인 형태의 결과와 깊은 관련이 있다. 앞서 설명했듯이 사회적 실현이라는 개념은 행동, 이해관계, 행위주체에 주목하여 결과를 이처럼 폭넓게 볼 것을 요구한다. 또한 지금까지 논의해 왔듯이 아르주나는 그 자신의 행위주체성에 대한 책임을 고려하고

이처럼 과정에 기초한 숙고가 이루어질 때 많은 결정과 게임의 구조가 변하게 된다.

[*] 칸트의 기본적인 의무론적 입장이 결과와 큰 관련이 있었다는 것은 상당히 인상적이다. 『실천이성비판』 참조. 이러한 논의가 그의 전반적 윤리적 입장과 무관하다고 볼 수는 없다.

(떼죽음과 학살이 일어날 것이라는 비탄에 덧붙여) 전쟁으로 발생할 수많은 잠재적 희생자와의 특별한 관계도 인정함으로써 그의 의무관에 상당한 여지를 남기고 있다. 그것은 분명 최종적 결과에 기초하는 결과론보다 훨씬 폭넓은 것이다.

사태의 포괄적 이해가 사회적 실현의 전반적인 평가에 통합될 수 있다는 것이 본서에서 제시하는 접근방식이다. 특히 결과를 — 최종적 결과조차도 — 진지하게 다루지만, 공리주의학파가 두 세기 동안 이끌어 온 표준적인 결과론을 옹호하는 것은 아니다. 하지만 아르주나의 입장이 전형적이지는 않더라도 어떤 의미에서 결과론적인지 묻는 것은 유용하다.

결과와 실현

결과론에 대해, 옹호하는 쪽이든 비판하는 쪽이든 그것을 논의해 온 모든 사람들을 만족시킬 만한 정의를 내리는 것은 쉽지 않은 일이다. 공교롭게도 '결과론'이라는 말은 결과론적 평가의 지지자가 아니라 적이 창안한 것으로, 주로 도덕철학에 갖은 양념 — 그리고 지적인 재미 — 을 더한 다채로운 반증과 함께 공박하기 위해 이용되어 왔다. '결과론자'라고 인정하는 것은 '나는 런던에서 온 유색인wog'(혹은 어디에서 온 '프랑스인frog'이나 '영국인limey')이라고 소개하는 것과 거의 비슷하다. 분명 '결과론'이라는 말은 그것을 바라는 자에게 물려주는 것이 나을 정도로 유쾌하지 못한 것이다.[*]

---

[*] 나는 결과론이 정말 무엇인지 그 정의를 제안하는 데 큰 관심은 없지만, 아르주나의 접근이 필립 페팃Philip Pettit이 내린 정의와 일치한다는 것을 언급해 두어야겠다. 그는 자신이 편집한 논문집의 서론에서 다음과 같이 제시했다. "개략적으로 말해서 결과론은 특정 선택이 행위자에게 옳은 것인지 판단하기 위해 그 결정과 관계된 결과를, 그 결정이 세계에 미치는 영향을 살펴보는 이론이다"(*Consequentialism*(Aldershot: Dartmouth, 1993),

그러나 결과에 민감한 추론은 책임의 개념을 폭넓게 이해하는 데 필요하다. 이는 선택자가 자신의 선택으로 빚어질 모든 결과와 그 실제적 영향이 가져올 포괄적 결과의 고려를 포함하는 사태 평가에 기초한, 책임 있는 선택을 위한 규범의 일부여야 한다.[4] 물론 이 본질적인 문제는 '결과론'이라는 말의 사용법과 직접 관계된 것은 아니다. 여기서 탐구하고 있듯이, 책임과 사회적 실현의 개념이 '결과론'이라는 충분히 큰 바구니 안에 위치해야 하는가 하는 것은 그리 관심 있는 문제는 아니다.[*]

결과론적 윤리학이라 불리는 것 내에서는 개인적 책임의 중요성이 늘 적절히 인식되어 온 것은 아니다. 표준적인 공리주의 윤리학은 특히 이 점을 결여하고 있다. 어떤 결과가 사태의 본질적인 부분(예컨대 특정 행위자가 실제로 취한 행동)일 때조차 효용이 아니라면 모두 무시하기 때문이다. 이는 결과론에 추가적인 요구, 특히 '복지주의'를 결합하여 사태는 그와 관련된 효용적 정보(행복이나 욕구충족 등)에 따라서만 — 그 이외의 결과가 무엇이든, 예컨대 끔찍한 행위가 자행되거나 타인의 개인적 자유가 침해될지라도 — 판단되어야 한다고 주장하는 공리주의적 방법론에서 비롯된 것이다.[**]

---

p. xiii). 여기서는 결과에 대해 포괄적 결과에서 파악할 수 있는 행위주체, 과정, 관계와의 관련성을 무시하고 최종적 결과로만 한정해야 한다는 주장은 없기 때문에 필립 페팃의 의미에서 아르주나를 결과론자로 보아도 무리가 없다.

[*] 사실 결과론이라는 이름을 사태의 평가로 시작되는 — 그리고 그것에 초점을 맞추는 — 접근법에 적당하지 않게 만드는 '시그널링signalling'의 문제도 있다. 사태를 '결과'로 보는 것은 '무엇의 결과인가?'라는 당면 문제를 제기한다. 자신을 결과론자라 간주하는 철학자는 사태의 평가에서 시작하려고(그리고 이어서 행위나 규칙 등의 평가로 나아가려고) 하지만, 결과론이라는 말은 그 반대 방향을 가리킨다 — 사태가 곧 결과인 (행동이나 규칙, 혹은 무엇이든) 다른 것을 우선시한다는 것이다. 이는 마치 어떤 국가를 한낱 식민지로 정의해 버리고 나서 식민지가 내지와 관계없이 중요할 뿐만 아니라 내지 자체도 전적으로 식민지에 비추어 평가되어야 한다는 것을 보여 주려고 열심히 애쓰는 것과 같다.

[**] 실제로 공리주의적 추론은 세 가지 공리 즉 (1) 결과론, (2) 복지주의, (3) 총화주의sumranking

실현과 행위주체성

이제 결과론의 논의를 마치겠지만, 여전히 남아 있는 본질적인 문제들은 뒤에서 충분히 다룰 것이다. 그러나 이 장을 끝내기 전에 두 가지점을 지적하고 싶다. 나는 사회적 실현의 관점이 사태를 최종적 결과와동일시하는 것보다 훨씬 더 포괄적이라는 인식이 중요하다고 강조했다.특정한 선택에서 비롯될 결과에 주목하는 것뿐만 아니라 관련 행위주체의 성격, 이용될 과정, 사람들의 관계 등 결과로 나타날 실현을 충분히폭넓게 보는 것 또한 필요하다. 선택의 결과에서 비롯될 사회적 실현의평가에 기초한 책임 있는 선택을 다룰 때, 편협한 결과론적 추론을 부정하기 위해 적절히 제시된 의무론적 딜레마 중 어떤 것들은 적어도 그러한 형태로 생겨날 필요가 없는 것이다.

사회적 실현에서 사태의 중요성을 고려하면, 많은 결과론 비판자들이 다음과 같은 의문을 제기할 것이다. 행위주체, 과정, 개인적 관계에주목하고 싶다면, 합당하고 책임 있는 결정을 하는 데 기초할 수 있는 사회적 실현 평가의 **일관된** 체계를 가질 희망이 있는가? 일관성의 요구를고려한다면, 어떻게 두 개인이 동일한 사태에 대해 각자의 행동과 책임에 따라 서로 다른 평가를 내릴 수 있는가? 여기서 인식되는 문제는 분명 사회적 실현의 평가를 엄밀히 비개인적인 측면에서 보고 싶은 유혹에서 생겨난다. 당신과 내가 동일한 윤리학 체계를 따른다면 둘 다 포괄적결과를 완전히 동일하게 평가해야 한다는 주장은 결과론적 추론의 고전

가 혼합된 것이다(총화주의는 사태를 평가할 때, 예컨대 불평등에 주의를 기울이지 않고사람들의 효용을 단순히 집계하기만 하면 된다는 것을 의미한다). 공리주의의 '인수분해'에관해서는 나의 논문 'Utilitarianism and Welfarism', *Journal of Philosophy*, 76(September1979), pp. 463~489 및 Amartya Sen and Bernard Williams(eds.) *Utilitarianism andBeyond*(Cambridge: Cambridge University Press, 1982)(특히 그 서문) 참조.

적 사례이자 정보적으로 매우 제한된 공리주의적 윤리학의 요건에 부합한다. 행위주체, 관계, 과정에 관심이 있을 때조차 포괄적 결과의 평가에서 동일한 요건을 주장하는 것은 완전히 자의적이고 그 동기 또한 모순되어 있는 듯 보인다.[5]

사태의 전개에서 개인의 역할이 서로 전혀 다르다면, 두 사람이 사태를 완전히 동일하게 평가해야 한다는 요구는 터무니없을 것이다. 이는 사회적 실현의 구성요소인 행위주체에 주목하는 것을 우습게 만들 것이다. 예컨대 오셀로가 로도비코에게 "오셀로였던 자입니다. 여기 있습니다"라고 말하며 데스데모나를 죽였다고 설명할 때, 일어난 일에 대해 오셀로도 로도비코와 완전히 동일한 방식으로 파악해야 한다고 주장한다면 정말 우스울 것이다. 행위의 성격과 그 행위주체성의 자각은 그 자신이 살인에서 어떤 역할을 했는지 고려하지 않고서는 일어난 일을 판단할 수 없게 만들고 타자와는 전혀 다른 관점을 갖게 하며, 결국 오셀로를 자살로 이끈다. 오셀로의 위치성은 그가 그 사건을 평가하는 데 핵심을 이룬다 ─ 이는 무시할 수 있는 사항이 아니다.*

결과에 민감한 아르주나의 논의가 그 자신이 대량살상을 해야 할 것이며 살해된 사람들 중에는 정든 이들도 있을 것이라는 사실에 특별한 중요성을 부여했다는 것은 그리 놀랍지 않다. 결과에 대해 민감하다고 해서 세상에 일어나고 있는 일을 평가할 때 행위주체와 관계에 둔감해야 하는 것은 아니다. 세상에 일어나는 일을 평가할 때, 즉 니야야의 의미에서 정의를 평가할 때 행위주체와 관련된 관심과 행위주체와 무관한 관

---

* 제7장 「위치, 타당성, 환상」에서 논의했듯이 위치적 관련성이 개인의 사태 평가에 중요한 것인지 아니면 한낱 극복해야 할 왜곡을 초래하는 것인지 밝히는 것은 이성적 평가의 문제이다. 이 경우 데스데모나의 살해에서 오셀로가 맡은 역할이 무엇이 일어났는지 정확히 평가하는 데 무시해야 할 방해물이라고 주장하기는 힘들 것이다.

심 모두를 주목해야 하는 것이다.* 그러나 그 각각의 타당성과 중요성을 평가할 때 개인적 검토나 공적 추론이 면제되는 것은 아니다. 합당성의 평가에서 이성이 요구되는 것은 두 경우에 모두 적용된다.

---

* 책임이라는 개념은 연구의 문맥과 목적에 따라 서로 전혀 다른 의미를 가질 수 있다. 본 서에서 언급하지는 않았지만 몇몇 중요한 차이에 관해서는 특히 Jonathan Glover, *Responsibility*(London: Routledge, 1970); Hilary Bok, *Freedom and Responsibility* (Princeton, NJ: Princeton University Press, 1998) 및 Ted Honderich, *On Determinism and Freedom*(Edinburgh: Edinburgh University Press, 2005) 참조. 또한 Samuel Scheffler, 'Responsibility, Reactive Attitudes, and Liberalism in Philosophy and Politics', *Philosophy and Public Affairs*, 21(Autumn 1992)도 참조할 것.

제 **III** 부

정의의 재료

제 11 장

삶, 자유, 역량

2,500여 년 전, 이후 붓다로 알려지는 젊은 고타마가 깨달음을 얻고 자 히말라야 기슭에 있는 궁전을 빠져나왔을 때, 그의 주위에 가득한 죽음, 질병, 장애가 그의 마음을 뒤흔들었다. 그가 마주친 무지 또한 그를 괴롭혔다. 고타마 붓다의 고통은 특히 인간 삶의 궁핍과 위험에서 비롯되었다는 것을 쉽게 이해할 수 있다(그러한 경험을 통해 분석한 우주의 궁극 적인 성질에 관해서는 더 숙고해야겠지만). 우리가 살고 있는 세계를 이성적 으로 평가하는 데 인간의 삶이 중심적인 위치에 있다는 것을 어렵지 않 게 인정할 수 있다. 서장 및 그 이후에서 논의해 왔듯이 이는 니야야적 관점의 주요한 특성이며 규칙에 묶인 니티와는 대조를 이룬다 ― 니야야 의 개념 자체만으로는 사회의 평가에서 인간 삶의 중요성을 강조할 수 없지만.

실로 사람들이 영위할 수 있는 삶의 본성은 오랫동안 사회사상가의 주목의 대상이었다. 수많은 통계에 반영되고 널리 이용되는 경제적 발전 의 기준은 특히 무생물적 편의의 대상(예컨대 국민총생산(GNP)과 국내총생 산(GNP)은 무수한 경제성장 연구의 초점이 되어 왔다)의 향상에 초점을 맞추는 경향이 있었지만, 그러한 집중은 이 대상들이 인간의 삶에 미치는 영향을 통해서만 — 가능한 범위 내에서 — 궁극적으로 정당화될 수 있다. 대신 삶의 질, 복지, 자유의 직접적인 지표를 사용하는 경우가 점차 인정받고 있다.[1]

그러한 주목과 지지를 받는 양적 국민소득 추계의 창시자들조차 그들의 궁극적 관심은 인간 삶의 풍요로움에 있다고 설명하려고 했지만, 주목을 끈 것은 그들의 동기적 정당화가 아니라 그 수치였다. 예컨대 17세기, 국민소득 추계의 선구자였던 윌리엄 페티William Petty(그는 오늘날 '소득접근법the income method'과 '지출접근법the expenditure method'이라 불리는 방법을 이용하여 국민소득을 평가하는 수단과 방법을 제안했다)는 '왕의 신민'이 '불평분자들이 말하는 만큼 나쁜 상황'에 있는지 조사하는 데 관심이 있다고 말했다. 나아가 그는 사람들의 상황을 결정하는 다양한 요인을 설명했는데, 거기에는 '공공의 안전the Common Safety'과 '각자의 행복each Man's particular Happiness'도 포함되어 있다.[2] 경제 분석에서 그러한 동기는 자주 무시되고 생활의 수단이 연구의 최종 목적으로 주목되어 왔다. 그러나 수단과 목적을 혼동해서는 안 된다. 즉, 소득과 부유함이 사람들이 바라는 것, 예컨대 좋은 생활이나 가치 있는 생활에 얼마나 도움이 되는지 평가하지 않고 그 자체로 중요하게 보아서는 안 된다.[*]

경제적 부유함과 본질적 자유는 서로 무관하지 않지만 자주 괴리될 수 있다는 데 주의해야 한다. 합당한 길이의 수명을 자유롭게 누리는 것(예방 가능한 질병 및 조기 사망률의 원인에서 벗어나는 것)에 관해서만 보아

---

[*] 1998년에 타계한 파키스탄 출신의 통찰력 있는 경제학자 마부블 하크Mahbubul Haq(영광스럽게도 학창시절부터 나의 친한 친구였다)가 개척한 '인간개발 접근법'의 동기는 GNP와 같은 수단에 기초한 관점에서 탈피하여, 접근 가능한 국제적 데이터가 허용하는 한, 인간의 삶 그 자체의 측면에 집중하려는 것이다. 유엔은 1990년 이래 계속해서 『인간개발보고서』Human Development Reports를 내고 있다.

도, 놀랍게도 매우 부유한 국가들에서조차 사회적 혜택을 받지 못하는 그룹의 빈곤한 정도는 개발도상국의 상황과도 비견될 만하다. 예컨대 미국 빈민가의 흑인 집단이 고령에 도달할 확률은 코스타리카, 자메이카, 스리랑카, 혹은 중국과 인도의 많은 지역과 같이 더 가난한 지역에서 태어난 사람들보다 높지 않다 ― 상당히 낮은 경우도 많다.[3] 물론 조기사망률로부터의 자유는 대체로 소득이 높을수록 촉진되지만(이는 논쟁의 여지가 없다), 다른 많은 요인, 특히 공공의료, 의료보험, 교육, 사회적 결속 및 조화의 정도와 같이 사회조직과 관련된 요인에도 의존한다.* 사람들이 영위하는 삶을 직접 보는 것과 단지 삶의 수단만을 보는 것은 크게 다르다.[4]

우리의 삶을 평가할 때, 우리가 영위하는 삶의 유형뿐만 아니라 다양한 삶의 양식과 방법 가운데 우리가 선택할 수 있는 자유에 관해서도 관심을 가져야 한다. 실제로 우리의 삶을 결정할 자유는 우리가 소중히 여길 가치가 있는 삶의 한 측면이다. 자유가 중요하다는 인식은 우리의 관심과 책무도 넓힐 수 있다. 우리는 좁은 의미에서 우리 자신의 삶의 일부가 아닌 많은 목표(예컨대 멸종 위기에 처한 동물의 보호)를 달성하기 위해 우리의 자유를 이용할 것을 선택할 수도 있다. 이는 환경에 대한 책임과 '지속가능한 개발'의 요구와 같은 문제를 제기하는 데 중요하다. 이 중요한 문제에 관해서는 먼저 인간 삶의 평가에 있어서 자유의 관점을 일반적으로 검토한 후에 다시 다룰 것이다.

---

* 역량에 기초한 추론의 범위는 자주 논의되는 역량 접근의 응용범위를 넘어 아직 덜 고찰된 영역에까지 이를 수 있다. 예컨대 도시계획과 건축에서 기능할 역량과 결부된 자유에 주목하는 것을 들 수 있다. 이에 관해서는 로미 코슬라Romi Khosla 등의 선구적이고 매우 중요한 작업에 잘 나타나 있다. Romi Khosla and Jane Samuels, *Removing Unfreedoms: Citizens as Agents of Change in Urban Development*(London: ITDG Publishing, 2004) 참조.

자유의 평가

자유의 평가는 몇 세기, 실로 몇천 년에 걸쳐 논쟁점이 되어 왔고, 지지하고 열광하는 자뿐만 아니라 비판하고 폄하하는 자도 있었다. 하지만 양쪽의 구분은 때때로 여겨지듯이 지리적인 것이 아니다. 현대의 논쟁에서 자주 이용되는 용어를 사용하여, '아시아적 가치'는 항상 권위주의적이고 자유의 중요성에는 회의적인 반면, 전통적인 '유럽적 가치'는 친-자유적, 반-권위주의적이었다고 말할 수는 없다. 현대의 많은 '분류가'가 개인의 자유에 대한 신념을 '서양'과 '동양'을 구별하는 중요한 분류장치로 여기는 것은 사실이다. 분명 그러한 분류는 '서양문화'의 고유성을 지키려는 수호자와, 규율을 자유보다 우선시한다는 '아시아적 가치'를 옹호하는 요란한 동양의 투사 양쪽으로부터 지지된다. 그러나 이런 방식으로 사상사를 구분하는 경험론적 근거는 희박하다.[5]

서양의 고전적 저작에서도 자유의 옹호자와 비판자가 있고(예컨대 아리스토텔레스와 아우구스티누스를 비교해 보라), 비서양의 저작에서도 비슷하게 혼재되어 있다(제3장에서 논의했듯이 아소카와 카우틸랴를 비교해 보라). 물론 우리는 역사상의 시대별로 세계 각지에서 자유의 개념이 얼마나 자주 언급되었는지 통계적으로 비교할 수도 있고 흥미로운 수량적 발견이 있을지도 모르지만, 거대한 지리적 이분법을 통해 자유의 '옹호'와 '비판' 간의 사상적 차이를 포착할 가능성은 거의 없다.

자유: 기회와 과정

자유는 적어도 두 가지 이유로 가치가 있다. 첫째, 자유로울수록 우리의 목표 — 우리가 가치 있다고 여기는 — 를 추구할 **기회**가 더 많아진다. 예컨대 우리가 바라는 삶을 결정하고 우리가 추진하고 싶은 목적을 위해 일할 수 있도록 도와준다. 자유의 이러한 측면은 우리가 가치 있다고 여기는 것을 달성하는 능력과 관계되며, 그 달성이 이루어지는 과정과는 관계가 없다. 둘째, 우리는 선택의 **과정** 자체를 중시할 수 있다. 예컨대 타인이 부과한 제약 때문에 어떤 상태에 처해진 것이 아니라고 확실히 해 두고 싶을 수 있다. 자유의 '기회의 측면'과 '과정의 측면' 간의 차이는 중요하고 지대한 영향을 미칠 수 있다.*

먼저 자유의 기회의 측면과 과정의 측면 간 차이에 관한 간단한 예를 생각해 보자. 어느 일요일, 김Kim은 밖에 나가 어떤 활동적인 일을 하는 것보다 집에 머물고 싶어 했다. 그가 자신이 원하는 것을 한다면 그것을 '시나리오 A'라 부르자. 그와 달리 어떤 힘센 폭력배가 쳐들어와 김의 삶을 방해하고는 김을 끌어내 큰 도랑에 던졌다고 하자. 이 끔찍하고 역겨운 상황을 '시나리오 B'라 부르자. 세 번째로 '시나리오 C'에서는 폭력배가 김에게 집에서 나가지 말라고 명령하고 이를 어기면 가혹한 처벌을 하겠다고 위협했다고 하자.

시나리오 B에서는 김의 자유가 심각한 영향을 받았다는 것을 용이하게 알 수 있다. 그는 자신이 하고 싶은 것(집에 머무르는 것)을 할 수 없고 스스로 결정할 자유 또한 사라졌다. 따라서 김의 자유에 있어서 기회의 측면(그의 기회는 심하게 박탈당했다)과 과정의 측면(무엇을 할지 스스로 결정할 수 없었다) 모두 침해되었다.

시나리오 C는 어떤가? 분명 김의 자유에서 과정의 측면은 영향을 받

---

* 사상으로서의 자유가 서로 다른 두 측면을 가지며 평가의 접근법에 따라 한 측면을 다른 측면보다 더 잘 포착할 수 있다는 것을 인식하는 것이 매우 중요하다. 그 차이의 성질과 함의에 관해서는 나의 『합리성과 자유』 제20~22장에 실려 있는 케네스 애로 강의Kenneth Arrow Lectures 'Freedom and Social Choice'에서 고찰했다.

았다(하려고 한 일을 강압에 따라 어쨌든 했을지라도 그에게 선택의 여지는 없다). 그가 다른 일을 했다면 심한 처벌을 받았을 것이다. 김의 자유가 가진 기회의 측면과 관련하여 흥미로운 물음이 제기된다. 강압에 의해서든 아니든 두 경우 모두 같은 일을 하기 때문에 그의 기회의 측면도 동일하다고 할 수 있을까?

만일 사람들이 향유하는 기회가 제약이 없을 때 선택하려고 한 일을 행했는지에 따라서만 판단된다면, 시나리오 A와 C 간에 아무런 차이도 없다고 해야 한다. 이처럼 기회를 편협하게 보면, 두 경우 모두 그가 계획한 대로 집에 머무를 수 있기 때문에 김의 자유가 가진 기회의 측면에는 변함이 없다.

하지만 이는 우리가 이해하는 기회에 대해 적절히 인식하는 것인가? 원한다면 다른 선택지를 고를 수 있는지와는 상관없이, 선택하려고 한 상황이 되었는지만 보고 우리가 가진 기회를 판단할 수 있을까? 기분 좋게 산책하러 나가는 선택은 어떤가? 그 일요일에 김이 바란 선택지는 아니지만 도랑에 빠지는 것보다는 분명 더 낫다. 아니면 생각을 바꿀 기회는 어떠한가? 더 직접적으로 말해서 그냥 집에 머무는 **기회**가 아니라 집에 머물 것을 자유롭게 **선택할 기회**는 어떠한가? 이때 시나리오 C와 A는 기회에 관해서도 서로 다르다. 이것이 중요한 문제라면, 시나리오 C에서도 분명 시나리오 B만큼 과격하지는 않지만 김의 자유가 가진 기회의 측면이 영향을 받는다고 주장해도 타당할 것이다.

앞서 논의한 '최종적 결과'와 '포괄적 결과' 간의 차이도 이와 관련된다. 자유가 가진 기회의 측면은 그러한 차이에 비추어 다르게도 볼 수 있다. 만일 기회를 그처럼 편협한 방식으로 보고 선택권의 존재와 선택의 자유를 중요하지 않다고 간주한다면, 오로지 '최종적 결과'(개인이 결국 하게 되는 것)의 기회에 관해서만 정의될 수 있다.[6] 이와 달리 '포괄적 결과'

의 달성과 관련하여 개인이 최종적 상황에 도달한 **방식**(예컨대 스스로의 선택에 의한 것인지 아니면 타인의 명령에 따른 것인지)에도 주의함으로써 기회를 더 폭넓게 정의할 수 있다 — 이것이 훨씬 더 이치에 맞는다고 믿는다. 이러한 폭넓은 관점에 따르면 시나리오 C에서는 집에 머물도록 명령받았기 때문에(그는 다른 것을 선택할 수 없다) 김의 자유가 가진 기회의 측면은 분명히 약화된다. 반면 시나리오 A에서 김은 실현 가능한 다양한 선택지를 고려하고 내킨다면 집에 머무는 것을 선택할 기회가 있지만, 시나리오 C에서는 결코 그러한 자유가 없다.

기회의 편협한 관점과 폭넓은 관점 간의 차이는 자유의 기본적 개념에서 개인이 가진 역량과 같은 더 구체적인 개념으로 이행할 때 상당히 중요해진다. 그러한 문맥에서 우리는 가치 있다고 여기는 삶의 방식을 이끌 개인의 역량이 오로지 최종 선택지에 의해서만 평가되어야 하는지, 아니면 선택에 수반된 과정, 특히 본인의 의사에 따라 고를 수 있었던 다른 선택지에 주목하는 폭넓은 접근을 통해 평가되어야 하는지 검토해야 한다.

역량 접근

윤리학과 정치철학의 실질적인 이론, 특히 정의론은 정보적 기초를 선택해야 한다. 즉, 사회를 판단하고 정의와 부정의를 평가할 때 세계의 어떤 측면에 집중해야 할지 결정해야 하는 것이다.[7] 이 문맥에서 특히 중요한 것은 개인의 전반적인 이익을 평가하는 방식이다. 예컨대 제러미 벤담이 개척한 공리주의는 한 개인이 얼마나 이익을 얻었는지 그리고 타인의 이익과 비교하면 어떤지 평가하는 최선의 방법으로서 개개의 행복이나 쾌락(혹은 개개의 '효용'의 다른 해석)에 집중한다. 경제학의 실증적 연구에서 많이 쓰이는 또 다른 접근은 개인의 이익을 소득, 부, 자원의 면에서 평가하는 것이다. 이것들은 효용 기반 접근과 자원 기반 접근 간의 대비를 보여주며, 자유 기반의 역량 접근과 대조적이다.*

효용 혹은 자원 기반의 사고와는 달리 역량 접근에서는 한 개인이 가치 있다고 여기는 것을 행할 역량으로 개개의 이익을 판단한다. 한 개인이 가치 있다고 여기는 것을 달성할 역량이 낮다면 — 실질적 기회가 적다면 — 기회의 관점에서 그의 이익은 낮다고 판단된다. 여기서 초점을 맞추는 것은 한 개인이 가치 있다고 여기는 것을 행하기 위해 실제로 누리는 자유이다. 분명 우리가 가장 가치 있다고 여기는 것들은 달성 가능성이 특히 중요하다. 하지만 자유라는 사상은 우리가 원하는 것, 가치 있다고 여기는 것, 그리고 궁극적으로 우리가 선택할 것을 자유롭게 결정하는 것까지도 존중한다. 그러므로 역량의 개념은 '최종적'으로 일어나는 것에만 초점을 맞추는 것이 아니라, '포괄적' 기회라는 측면에서 보이듯이 자유의 기회의 측면과도 밀접히 관련되어 있다.

이 접근에는 때로 오해되거나 잘못 해석되는 특징이 있는데, 이에 관해서는 처음부터 분명히 해 두어야 하겠다. 첫째, 역량 접근은 개개의

---

* 나의 역량 접근 연구는 개개의 이익에 관해 기본가치에 초점을 맞추는 롤스의 방식보다 더 좋은 관점을 추구하면서 시작되었다. 'Equality of What?' in S. McMurrin(ed.), *Tanner Lectures on Human Values,* vol. 1(Cambridge: Cambridge University Press, and Salt Lake City, UT: University of Utah Press, 1980) 참조. 그런데 그 접근이 훨씬 광범위하게 쓰일 수 있다는 것이 곧 분명해졌다. *Commodities and Capabilities*(1985); 'Well-being, Agency and Freedom: The Dewey Lectures 1984', *Journal of Philosophy,* 82(1985); *The Standard of Living*(Cambridge: Cambridge University Press, 1987); *Inequality Reexamined*(Oxford: Oxford University Press, and Cambridge, MA: Harvard University Press, 1992)[『불평등의 재검토』, 이상호 옮김, 한울, 2008] 참조. 이러한 접근과 아리스토텔레스의 사상의 연관성에 관해 마사 누스바움이 지적해 주었는데, 그녀는 이 성장하는 분야의 연구에 선구적인 공헌을 하고 접근법의 발달에 큰 영향을 미쳤다. 우리가 공동으로 편집한 책 *The Quality of Life*(Oxford: Clarendon Press, 1993)도 참조할 것.

이익을 전반적으로 판단하고 비교할 때 **정보적 초점**을 이용하는데, 정보가 어떻게 이용될 수 있는지에 대해 그 자체로는 어떤 구체적인 방식도 제안하지 않는다는 것이다. 실제로, 제기되고 있는 문제(예컨대 빈곤이나 장애나 문화적 자유를 다루는 정책)의 성질에 따라, 더 실질적으로는 이용될 수 있는 데이터와 정보 자료의 이용 가능성에 따라 사용방법은 서로 다를 수 있다. 역량 접근은 개개의 이익에 관한 정보에 초점을 맞추고, 사회의 조직방식에 대한 구체적 '설계'보다는 기회의 측면에서 판단하는 일반적인 접근이다. 최근에는 마사 누스바움을 비롯한 연구자들이 사회적 평가 및 정책에 역량 접근을 이용함으로써 두드러진 공헌을 했다. 이러한 공헌의 완전성과 업적은 그것들이 기초하는 정보적 관점과는 구별되어야 한다.[8]

역량적 관점은 사회적 격차가 역량의 불평등과 크게 관련되어 있다고 지적하지만, 그 자체로 정책 결정을 위한 구체적인 방안을 제시하는 것은 아니다. 예컨대 자주 이루어지는 해석과는 달리, 평가에 역량 접근을 이용한다고 해서 다른 결과가 어찌 되든 모든 사람들의 역량을 동일시하는 데만 목적을 둔 사회정책에 합의할 것을 요구하지 않는다. 마찬가지로 사회의 종합적인 진보를 판단할 때 역량 접근은 모든 사회 구성원의 인간적 역량이 확대되는 것을 크게 중시하지만, 예컨대 종합적 고려와 분배적 고려(둘 다 역량의 관점에서 판단될지라도) 간의 대립을 다루는 방식에 관한 어떤 청사진도 규정하지 않는다. 그런데도 정보적 초점 — 역량에의 집중 — 의 선택은 내려야 할 결정에, 그리고 적절한 정보를 고려해야 하는 정책 분석에 주의를 기울이는 데 매우 중대할 수 있다. 사회와 사회제도의 평가는 접근법이 주목하는 정보에 의해 큰 영향을 받을 수 있는데, 이것이 바로 역량 접근이 주된 공헌을 하는 분야이다.[9]

강조해야 할 두 번째 사안은, 역량적 관점이 우리의 삶과 관심이 가진 서로 다른 특징의 복수성과 불가피하게 관계되어 있다는 것이다. 우리가 가치를 두는 인간적 기능의 성과는, 영양상태가 좋거나 조기 사망을 회피하는 것에서 공동체적 삶에 참여하거나 직업과 관련된 계획과 포부를 추구할 기량을 닦는 것에 이르기까지 매우 다양하다. 우리가 관심을 두는 역량은, 우리가 가치 있다고 여기는 것의 측면에서 서로 비교하고 판단할 수 있는 기능의 다양한 조합을 달성하는 능력이다.*

역량 접근은 특히 경제 분석에서 인간적 성공의 주된 기준으로 자주 이용되는 개인의 소득이나 재화와 같은 편의의 대상이 아니라 인간의 삶에 초점을 맞춘다. 삶의 **수단**이 아닌 삶의 **실제적 기회**에 집중할 것을 제안하는 것이다. 또한 특히 존 롤스가 '기본가치'라 부르는 것, 즉 소득, 부, 직무에서의 권력 및 특권, 자존심의 사회적 기반 등의 다목적 수단에 초점을 맞추는 수단 지향의 평가 접근으로부터 변화를 일으키는 데도 도움이 된다.

기본가치는 기껏해야 인간의 삶의 가치 있는 목적에 대한 수단에 불과하지만, 롤스의 정의원칙에서 그것은 분배적 형평성을 판단하는 데 중심적인 사항이 된다. 지금까지 주장했듯이 이는 잘못이다. (제2장에서 간단히 논의했듯이) 기본가치는 다른 것들, 특히 자유를 위한 수단에 불과하기 때문이다. 그러나 롤스의 논의 배후에 있는 동기, 특히 인간의 자유를 증진하는 데 초점을 두는 것은, 자유를 달성하기 위한 수단을 산출하

---

* (상응하는 각각의 기능을 달성하는 능력의 측면에서 보이는) 각각의 역량에 관해 이야기하는 것이 편리한 점도 있지만, 역량 접근은 궁극적으로 가치 있는 기능의 **조합**을 달성하는 능력과 관계되어 있다는 것을 명심해야 한다. 예컨대 영양상태가 좋은 역량과 위험으로부터 보호받는 역량 간이 트레이드오프 관계에 있을 수 있고(빈곤은 불가피하게 그러한 어려운 선택을 강요할 수 있다), 우리는 개인에게 열려 있는 달성의 조합이라는 측면에서 그의 전반적인 역량을 보아야 한다. 그럼에도 (다른 요구의 충족에 관한 암묵적 가정과 함께) **개개**의 역량에 관해 이야기하는 것은 편리하며, 앞으로도 설명의 단순화를 위해 종종 그리할 것이다.

는 것보다 자유의 평가에 직접 집중하는 것과 양립될 수 있다(따라서 그 차이는 얼핏 보이는 것만큼 근본적인 것은 아니라고 본다)고도 — 그리고 이것이 더 도움이 된다고 — 간단히 언급했다. 이에 관해서는 다음 장에서 충분히 검토할 것이다. 역량 접근은 목적을 성취하기 위한 기회와 실질적 자유보다 수단에 주목하는 것을 바로잡는 데 특히 관련이 있다.*

역량을 향한 이러한 방향 전환은 중요하고 건설적인 차이를 만들어 낼 수 있다는 것은 쉽게 알 수 있다. 예컨대 어떤 사람이 소득은 높지만 끊임없이 병치레를 하거나 심각한 신체적 장애가 있다면, 단지 소득이 높다고 해서 매우 유리한 입장에 있다고는 할 수 없다. 분명 그는 잘 살기 위한 수단 중 하나(즉 소득)를 더 많이 갖고 있지만, 질병과 신체적 장애라는 역경 때문에 그것을 좋은 삶(즉 그가 찬미하는 방식의 삶)으로 변환하는 데 어려움을 겪고 있다. 우리는, 만일 그가 선택한다면, 그가 가치있다고 여기는 것을 하는 데 충분한 건강상태와 신체적 조건을 실제로 어느 정도까지 달성할 수 있는지 보아야 한다. 만족스러운 인간의 삶을 위한 **수단**은 그 자체로 좋은 삶의 **목적**이 될 수 없음을 이해하면 평가활동의 범위를 상당히 넓힐 수 있다. 역량적 관점의 이용은 바로 거기서 시작된다. 역량적 관점이 이룩한 다양한 공헌은 이 분야의 많은 연구자들의 기여에 힘입은 것이다.[10]

역량 접근이 다루는 다른 측면 중 (오해 방지에 지나지 않을지라도) 여기서 언급할 만한 것은 다음과 같다. (1) 역량과 달성의 차이, (2) 역량의 복수적 구성과 역량 접근을 이용할 때의 (공적 추론을 포함한) 추론의 역할,

---

* 자유와 '인간 역량 형성'의 관련성은 인식력과 구상력의 발전을 다루는 새로운 연구의 필요성을 제기한다. 중요한 출발점으로 다음을 들 수 있다. James J. Heckman, 'The Economics, Technology, and Neuroscience of Human Capability Formation', *Proceedings of the National Academy of Sciences,* 106(2007).

(3) 역량 개념에서의 개인과 공동체의 위치 및 상호 관계이다. 이것들을 차례로 논의할 것이다.

왜 달성을 넘어 기회로 나아가야 하는가

역량 접근의 초점은 개인이 실제로 한 것뿐만 아니라 기회 이용의 여부에 관계없이 사실상 할 수 있는 것에도 맞춰져 있다. 역량 접근의 이러한 측면은 (리처드 아네슨Richard Arneson과 G. A. 코헨과 같은) 비판자들이 의문을 제기해 왔는데, 그들은 서로 다른 달성 가운데 선택하는 **역량**이 아니라 기능의 실제 **달성**에 주목해야 한다고 주장했고(폴 스트리튼Paul Streeten과 프랜시스 스튜어트Frances Stewart가 강조했다), 그러한 주장은 적어도 일견 타당해 보였다.[11]

그러한 논의는, 삶은 실제 일어나는 것으로 이루어지지 관련된 사람들이 다르게 생각했다면 일어났을 일로 구성되지는 않는다는 관점에서 비롯된다. 이는 지나치게 단순화되어 있는데, 우리의 자유와 선택은 실제 삶의 부분이기 때문이다. 앞서 든 예를 고려해 볼 때, 만일 김이 다른 선택지가 있는데도 집에 머무는 것이 아니라 집에 머물도록 강요받는 것이라면, 그의 삶은 영향을 받고 **있다**. 그럼에도 역량 접근에 대한 성과 기반의 비판은 많은 사람들이 공감하기 때문에 진지하게 검토할 가치가 있으며, 사람들의 유불리에 관한 사회적 판단을 그들의 달성 역량이 아니라 실제 달성에 기초하는 것이 더 적절한지 묻는 것이 중요하다.*

---

* 특정 개인이 갖고 있다고 여겨지는 역량의 실재가 의심스러울 때는 실제 달성에 특별한 주의를 기울여야 한다는 실용적인 논의도 존재한다. 이는 젠더 평등의 평가에서 중요한 문제일 수 있는데, 결정적으로 중요한 달성의 실제 증거를 찾는 것이 상응하는 역량의 존재에 대한 신념보다 더 마음이 놓일 수 있다. 이와 관련해서는 Anne Philips, *Engendering Democracy*(London: Polity Press, 1991) 참조.

이러한 비판에 대응하기 위해 나는 작고 다소 기술적인 문제로 시작할 것이다. 이는 방법론적으로 상당히 중요하지만 많은 비판자들이 너무 형식적이라 재미없다고 생각할지도 모르겠다. 역량은 파생적으로 기능에 관해 정의되고, 특히 개인이 선택할 수 있는 기능의 조합에 관한 모든 정보를 포함한다. 실제로 선택된 기능의 집합은 명백히 실현 가능한 조합의 일부이다. 그리고 달성한 기능에만 집중하는 데 열중한다면, 역량 집합의 평가를 그 집합에서 선택된 기능의 조합의 평가에 기초하여 행하는 것을 막지 못한다.[12] 만일 자유가 개인의 복지에서 **수단적** 중요성만을 갖는다면, 그리고 선택이 아무런 본질적 관련성도 갖지 않는다면, 이는 역량의 분석에서 적절한 정보적 초점이 될 수 있다.

역량 집합의 가치와 선택된 기능 조합의 가치를 동일시하는 것은 역량 접근에서 실제의 달성에 더 큰 비중 — 아마도 **모든** 비중 — 을 두는 것과 같다. 융통성의 측면에서 역량적 관점은 달성된 기능에만 초점을 맞추는 것보다 더 일반적 — 그리고 정보적으로 더 포괄적 — 이다. 적어도 이런 의미에서는 역량의 폭넓은 정보적 기반을 검토해서 잃을 것은 없으며, (바란다면) 달성된 기능의 평가에 의존하는 방식뿐만 아니라, 기회와 선택을 중요시하는 다른 방식도 이용할 수 있다. 이러한 예비단계는 확실히 최소한의 논의이며, 역량과 자유의 관점의 중요성에 관해서는 적극적이고 긍정적으로 논의해야 할 것이 많이 있다.

첫째, 두 사람이 달성한 기능이 완전히 같은 경우조차 각 개인의 이점 간의 중요한 차이를 숨길 수 있고, 이 때문에 한 사람이 다른 사람보다 훨씬 '불리할' 수 있다는 것을 이해하지 못할 수도 있다. 예컨대 굶주림과 영양 결핍의 측면에서, 정치적 또는 종교적 이유로 자발적으로 단식하는 사람은 기근으로 고통 받는 희생자와 마찬가지로 음식과 영양이 결핍될 수 있다. 그들의 표면적인 영양 결핍 — 그들이 달성한 기능 —

은 똑같을지도 모르지만, 단식을 **선택한** 유복한 사람의 역량은 빈곤과 결핍 때문에 비자발적으로 굶는 사람의 역량보다 훨씬 클 것이다. 역량의 사고는 이 중요한 차이를 수용할 수 있다. 그것은 선택의 최종 결과로 나타나는 것에만 주목하는 데 한정하지 않고 자유와 기회, 다시 말해 가능한 범위 내에서 다른 삶을 살기로 선택하는 사람들의 실제적 능력을 지향하기 때문이다.

둘째, 문화생활에서 서로 다른 소속 가운데 선택하는 역량은 개인적으로도 정치적으로도 중요할 수 있다. 비서양국가 출신의 이민자가 스스로 가치 있다고 여기는 조상 전래의 문화적 전통과 삶의 방식을 유럽이나 미국에 이주한 이후에도 유지할 자유에 관해 생각해 보자. 이 복잡한 문제는 어떤 일의 **실행**과 그것을 할 **자유**를 구별하지 않고서는 적절히 평가할 수 없다. 만일 이민자들이 이주한 나라에 널리 퍼져 있는 행동패턴과 비교하여 (종교상의 예배양식이나 고국의 시와 문학에 대한 충성심과 같은) 조상 전래의 문화가 더 가치 있다고 여긴다면, 적어도 그들이 그 일부를 유지할 자유를 지지하는 중요한 논의가 구성될 수 있다.*

하지만 이 문화적 자유의 중요성은 조상 전래의 삶의 방식을 추구하는 자가 그렇게 선택할 이유가 **있든 없든** 그를 옹호하는 논의로 간주될 수 없다. 이 논의에서 중심적인 문제는 삶의 방식 — 원한다면 조상 전래의 문화적 선호를 추구할 기회를 포함한다 — 을 **선택할** 자유이며, 그것

---

* 어린 여성의 할례나 간통한 여성에 대한 징벌적인 조치와 같은 포학하고 비열한 조상 전래의 관습은 이주한 나라의 다른 시민들에게 불쾌하므로 행해서는 안 된다는 논의가 자주 이루어진다. 그러나 이런 관습에 반대하는 결정적인 논의는 이민자가 장소에 구애받지 않는 끔찍한 본성을 갖고 있다는 것, 그리고 잠재적 이민자의 실제 이주에 관계없이 희생자의 자유가 침해되기 때문에 그러한 관습을 제거할 필요성이 극도로 강력하다는 것이다. 그 논의는 기본적으로 관련 여성의 자유를 포함한 자유 일반의 중요성에 관한 것이다. 그러한 관습이 타인 — 원주민 — 에게 불쾌감을 주는지는 강력한 반대 논거가 될 수 없으며, 이는 이웃보다 희생자와 관계된 문제이다.

을 하려는 의사 혹은 관습을 유지할 이유의 여부와 관계없이 그러한 행동패턴을 변함없이 추구하는 것을 옹호하는 논의가 될 수는 없다. 여기서 중요한 것은 선호나 선택과 무관한 특정 삶의 방식의 찬양이 아니라, 기회와 선택을 반영하는 역량의 중요성이다.

셋째, 다른 이유로 역량과 달성의 차이를 중요하게 만드는 정책 관련 문제가 존재한다. 이는 사회와 사람들이 궁핍한 자를 돕는 책임과 책무와 관계되며, 국가 내의 공적 공급과 인권의 일반적 추구 양쪽에 중요할 수 있다. 책임 있는 성인의 각 이익을 고려할 때, 사회에 대한 개인의 요구는 실제 달성이 아니라 (실제 기회의 집합에 의해 주어진) 달성할 자유의 측면에서 가장 잘 파악된다고 생각하는 것이 적절할 것이다. 예컨대 기본적 의료를 보장하는 것의 중요성은 주로 건강상태를 개선할 역량을 제공하는 것과 관련된다. 만일 사회적으로 지원되는 의료의 기회가 있지만 충분히 숙지한 후 그 기회를 이용하지 않겠다고 결정한다면, 이로 인한 곤궁은 의료의 기회를 제공하지 못했을 때만큼 화급한 사회적 관심사는 아니라고 주장할 수 있다.

이처럼 달성된 기능이라는 정보적으로 편협한 관점에만 집중하는 것보다 역량이라는 더 폭넓은 정보적 관점을 이용하는 것이 타당한 긍정적인 이유는 많이 있다.

통약불가능성의 공포

기능과 역량은 다양하며, 실제 우리의 삶과 자유의 여러 측면을 다루기 때문에 그럴 수밖에 없다. 물론 이는 특별할 것 없는 사실이지만, 일부 경제학과 정치철학에서는 (소득이나 효용과 같이) 동질적이라 여겨지는 특징을 수월하게 극대화될 수 있는(많을수록 즐거운) 유일하게 '좋은 것'으로 간주하는 오랜 전통이 있어서 역량 — 그리고 기능 — 의 평가처럼 이질적인 대상들을 포함하는 평가의 문제에 직면하면 불안감이 생긴다.

모든 가치 있는 것을 두드려 '효용'이라는 동질적이라 여겨지는 크기로 만드는 공리주의적 전통은 정확히 하나를 '세는'('더 많은가 적은가?') 안도감을 가져오는 데 가장 크게 공헌했고, 여러 좋은 것들의 조합을 '판단하는' 것('이 조합의 가치는 더 큰가 작은가?')은 취급하기 어렵다는 의심을 만들어 내는 데 조력하기도 했다. 그럼에도 사회적 판단의 진지한 문제들은 특히 이사야 벌린과 버나드 윌리엄스가 논의한 가치의 복수성을 수용하지 않을 수 없다.[13] 우리가 가치 있다고 여기는 모든 것을 하나의 동질적인 크기로 환원하는 것은 불가능하다. 설령 사회적 평가에서 효용 이외의 모든 것을 간과하기로 결정했을지라도 효용 자체 내에도 여러 가지 다양성이 존재하는 것이다.*

동질적 효용을 가정하는 공리주의의 오랜 전통이 통약 가능한 동질성에 대한 안도감을 가져오는 데 공헌했다면, GNP를 국가 경제상태의 지표로서 대규모로 사용한 것 또한 같은 공헌을 해 왔다. 경제적 평가에서 GNP에의 배타적 의존을 떼어 놓자는 제안은, GNP의 높고 낮음만을 확인하면 되는 안심감이 다양한 대상을 판단할 때는 사라지리라는 우려를 낳아 왔다. 그러나 사회적 평가의 진지한 실천은 경쟁적으로 주목을 요하는(많은 경우 상호 보완적이다) 다양한 대상의 평가를 회피할 수 없다. T. S. 엘리엇은 "인간은/ 너무 많은 현실을 견뎌 낼 수 없다"[14]고 통찰력 있게 이를 언급했지만, 인류는 단 하나의 좋은 것만 있는 세계상보다도 조금 더 많은 현실에 직면할 수 있어야 한다.

이 문제는 종종 '통약불가능성' — 가치 평가의 전문가들 사이에 불안

---

* 이 문제에 관해서는 아리스토텔레스와 밀의 복수성에 대한 논의가 포함된 나의 논문 'Plural Utility', *Proceedings of the Aristotelian Society*, 81(1980~1981) 참조.

과 공포를 불러일으키는 것처럼 보이는, 자주 쓰이는 철학적 개념 — 의 문제와 결부되어 있다. 역량은 다양하고 더 이상 줄일 수 없기 때문에 분명히 통약불가능하지만, 이는 서로 다른 역량 조합을 판단하고 비교하는 것이 얼마나 어려운지 — 혹은 쉬운지 — 결코 많은 것을 알려 주지 않는다.[15]

통약가능성이란 정확히 무엇인가? 서로 다른 두 대상이 (우유 두 잔처럼) 공통의 단위로 측정될 수 있다면 그것들은 통약가능하다. 가치의 여러 차원이 서로 환원될 수 없을 때 통약불가능성이 존재한다. 선택평가의 문맥에서 말하자면, 통약가능성은 그 결과를 평가할 때 우리가 모든 관련 결과의 가치를 정확히 하나의 차원에서 볼 수 있을 것 — 서로 다른 모든 결과의 중요성을 공통의 척도로 측정함으로써 — 을 요구한다. 따라서 무엇이 최선인지 결정할 때 모든 가치를 하나의 동질적인 척도로 '세기'만 하면 된다. 모든 결과가 하나의 차원으로 환원되기 때문에 모든 가치가 환원되는 그 '하나의 좋은 것'이 각 선택지에 의해 얼마나 제공되는지 확인만 하면 된다.

완전히 동일한 좋은 것을 제공하는 두 선택지 중 하나가 다른 하나보다 더 많이 제공한다면, 둘 중 선택하는 데 큰 문제는 분명 없어 보인다. 이는 전형적으로 사소한 경우이지만, 선택 문제가 그리 사소하지 않을 때 무엇을 해야 할지 결정하는 데 '큰 곤란'을 겪을 것이라는 신념은 이상할 정도로 미미해 보인다(어찌나 그리 '멋대로'인지 묻고 싶어진다). 실수의 한 집합을 세는 것만이 선택을 위한 추론에서 우리가 유일하게 할 수 있는 것이라면, 우리에게 가능한 합리적이고 현명한 선택은 많지 않을 것이다.

여러 상품 중 어느 것을 살지 결정하든, 휴일에 무엇을 할지 선택하든, 아니면 선거에서 누구를 찍을지 정하든 우리는 통약불가능한 측면을 가진 선택지를 불가피하게 평가해야 한다. 상점에 가 본 사람이라면 통약불가능한 대상들 사이에서 선택해야 한다는 것을 알 것이다 — 망고는 사과의 단위로 측정될 수 없고, 설탕은 비누의 단위로 환원될 수 없다(그것이 가능하다면 세상은 훨씬 더 좋았을 것이라고 어떤 부모가 말한 적은 있지만). 통약불가능성은 우리가 사는 세계에서 주목할 만한 발견은 아니다. 그리고 그 자체로 합리적 선택을 매우 곤란하게 만들지도 않는다.

예컨대 의학적 치료를 받는 것과 외국에 방문하는 것은 통약불가능한 두 가지 달성이지만, 자신의 상황에서 어느 쪽이 더 가치 있는지 결정하는 데 큰 문제를 겪지는 않을 것이고, 그 판단은 물론 자신이 알고 있는 건강상태와 다른 관심사에 따라 달라질 수 있다. 선택과 가중치 두기는 종종 곤란할 수 있지만, 다양한 대상의 조합들 중에서 합당한 선택을 하는 것이 일반적으로 불가능한 것은 아니다.

통약불가능한 보상들 가운데 선택하는 것은 산문을 이야기하는 것과 비슷하다. 보통 산문을 이야기하는 것은 특별히 어려운 것이 아니다(몰리에르의 희곡 『서민귀족』*Le Bourgeois Gentilhomme*에 등장하는 주르댕은 그렇게 힘든 위업을 이루는 우리의 능력에 놀랐을지라도). 하지만 그렇다고 해서 이야기하는 것이 때로 매우 어렵다는 인식이 부정되는 것은 아니다. 이는 산문에서 자신을 표현하는 것이 힘들기 때문이 아니라 예컨대 감정에 휩싸여 있을 때 그렇다는 것이다. 통약불가능한 결과의 존재는 선택-결정이 사소하지(단순히 무엇이 '더' 있고 '덜' 있는지 세는 것으로 환원 가능하지) 않으리라는 것을 보여 줄 뿐, 그것이 불가능하다는 것은 결코 아니다.

평가와 공적 추론

반성적 평가는 단순한 셈이 아니라 상대적 중요성에 관한 추론을 요구한다. 이는 우리가 항상 하고 있는 것이다. 그러한 일반적인 이해에, 평가의 범위와 신뢰도를 확장하고 평가를 더욱 강력하게 만드는 방법으로서 공적 추론의 중요성을 덧붙여야 한다. 검토와 비판적 평가의 필요성은 고립된 개인의 자기중심적 평가를 위한 요건일 뿐만 아니라 공적 토의와 상호적인 공적 추론의 유효성을 나타내는 지표이기도 하다. 사회적 평가가 오로지 독립되고 고립된 숙고에만 기초한다면 유용한 정보와 좋은 논의를 결여하게 될 것이다. 공적 토의와 숙의는 특정한 기능과 그 조합의 역할, 범위 그리고 중요성을 더 잘 이해하도록 이끌 수 있다.

최근 인도에서 젠더 불평등의 공적 토의가 일찍이 적절히 인식되지 못했던 자유의 중요성을 끌어내는 데 도움이 된 예를 살펴보자.* 이는 여성의 사회적·경제적 기회를 제한하는 고정적이고 전통적인 가족 역할에서 벗어날 자유, 그리고 여성보다 남성의 궁핍을 인식하도록 맞추어진 사회적 가치체계에서 벗어날 자유를 포함한다. 안정되고 남성 주도적인 사회에서 이러한 젠더 불평등의 전통적인 전례는 개인적 관심뿐만 아니라 정보 기반의 공적 토의, 그리고 매우 빈번하게 시위까지 필요로 한다.

사회평가에서 공적 추론과 역량 선택 및 가중치두기와의 관련성을 강조하는 것은 중요하다. 그것은 또한 역량 접근이 관련된 역량의 고정된 리스트에서 '주어진' 가중치의 집합이 있을 때만 쓸모 있을 것 ─ 그리고 '작동할 것' ─ 이라 주장하는 논의의 부조리함을 보여 준다. 사전에 주어지고 정해진 가중치를 추구하는 것은 개념적으로 근거가 없을 뿐

---

* 이 문제는 제16장 「민주주의의 실천」에서 논의할 것이다.

만 아니라 사용되는 평가와 가중치두기가 우리 자신의 끊임없는 검토와 공적 토의의 범위에 의해 적절한 영향을 받을 수 있다는 사실을 간과하는 것이다.* 이러한 이해를, 사전에 결정된 가중치를 확정된 형태로 융통성 없게 이용하면서 수용할 수는 없을 것이다.**

물론 사용할 가중치에 관한 합의가 완전하지 않은 경우도 있을 수 있고, 그때는 어느 정도 합의할 수 있는 가중치의 범위를 이용해야 할 것이다. 이는 앞서(서장의 도입부) 논의한 이유에 따라, 부정의나 공공정책 수립의 평가를 치명적으로 방해할 이유가 없다. 예컨대 노예제가 노예의 자유를 심하게 축소하거나, 의료보장의 부재가 삶의 실질적 기회들을 박탈하거나, 아이의 심각한 영양실조가 즉각적인 고통뿐만 아니라 인지능력 발달의 저하를 가져와 정의를 해치는 것을 보여 주기 위해 그러한 판단에 이용되는 다양한 차원에 관한 가중치가 유일한 집합을 이루어야 할 이유는 없다. 가중치들이 완전히 일치하지 않아도 그 폭넓은 범위는 상당히 비슷한 주요 지침을 이끌어 낼 수 있다.***

---

* 사회적 환경과 정치적 우선순위에 따른 일반적인 변화 외에도 포함inclusion과 가중치에 관해 흥미로운 문제가 새롭게 제기될 가능성을 열어 놓는 좋은 경우가 있다. 예컨대 자유와 보편성의 범위를 이해하기 위해 인간의 역량을 적용할 때, '예의'와 같은 가치를 특별히 강조하는 최근의 흥미롭고 중요한 논의가 있다. 이에 관해서는 코넬Drucilla Cornell의 통찰력 넘치는 분석인 'Developing Human Capabilities: Freedom, Universality, and Civility', in *Defending Ideals: War, Democracy, and Political Struggles*(New York: Routledge, 2004) 참조.

** 또한 가중치의 선택은 과제의 성질에도 의존할 수 있다(예컨대 역량적 관점을 이용하여 빈곤을 평가하거나 보건정책을 인도하는가, 아니면 서로 다른 개인들의 전반적 이익의 불평등을 평가하는가). 역량의 정보를 이용함으로써 다양한 문제를 제기할 수 있고, 그와 관련된 과제의 다양성은 가중치의 선택을 상당히 다르게 이끌 수 있다.

*** 규칙적인 부분순위를 만들어 내기 위해 가중치의 범위를 사용할 때 그 근저에 있는 분석적, 수학적 문제에 관해서는 나의 연구 'Interpersonal Aggregation and Partial Comparability', *Econometrica*, 38(1970) 및 *On Economic Inequality*(Oxford: Oxford University Press, 1973, expanded edition, with James Foster, 1997) 참조. 또한 Enrica

역량적 접근은 부분순위 및 제한된 합의에 대한 의존과 전적으로 일치하며, 그 중요성은 본서 곳곳에서 강조해 왔다. 생각할 수 있는 모든 가능한 비교에 관해 의견을 제시할 것을 강요받는 것이 아니라, 개인적 추론과 공적 추론을 통해 도달할 수 있는 비교판단을 올바로 행하는 것이 주된 과제이다.

역량, 개인, 공동체

이제 앞서 언급한 문제의 세 번째 사항을 살펴보자. 역량은 공동체와 같은 집단의 속성이 아니라 주로 개인의 속성으로 간주된다. 물론 그룹의 역량에 관해 생각하는 데 큰 어려움은 없다. 예를 들어 크리켓 테스트 매치에서 오스트레일리아가 다른 모든 국가를 압도하는 능력을 생각해 보면(내가 본서의 집필을 시작했을 때는 그랬지만 아마도 이젠 아닐 것이다), 논의의 대상은 오스트레일리아 크리켓 팀의 역량이지 특정 선수의 역량이 아니다. 정의를 고려할 때 개인의 역량과 더불어 그러한 그룹의 역량에도 주목하면 안 되는가?

역량 접근의 비판자들 중에는 개인의 역량에 집중하면 '방법론적 개인주의'라 불리는 ─ 이는 칭찬의 말이 아니다 ─ 악영향을 받는다고 보아 왔다. 먼저 왜 역량 접근을 방법론적 개인주의와 동일시하는 것이 중대한 실수인지 논의하며 시작하겠다. 방법론적 개인주의라 불리는 것은 여러 방식으로 정의되어 왔지만,* 프랜시스 스튜어트와 세브린 드뇔랭

Chiappero-Martinetti, 'A New Approach to the Evaluation of Well-being and Poverty by Fuzzy Set Theory', *Giornale degli Economisti*, 53(1994)도 참조할 것.

* 방법론적 개인주의의 진단과 관련된 복잡성에 관해서는 Steven Lukes, *Individualism* (Oxford: Blackwell, 1973), 그리고 그의 'Methodological Individualism Reconsidered',

Séverine Deneulin은 "모든 사회현상은 개인들이 생각하고 선택하고 행하는 것의 측면에서 설명되어야 한다"는 신념에 초점을 맞춘다.[16] 개인의 사고, 선택 그리고 행동을 개인이 속한 사회에서 분리하여 기반으로 삼는 학파도 분명 있었다. 하지만 역량 접근은 그러한 분리를 가정하지 않고 사람들이 스스로 가치 있다고 여기는 삶을 살 능력에 관심을 두는데, 이는 그들이 가치를 두는 것(예컨대 '공동체의 삶에 참여하는 것')과 그 가치에 미치는 영향(예컨대 개인적 평가에서의 공적 추론의 관련성) 양쪽의 측면에서 사회적 영향을 불러일으킨다.

그렇다면 사회 속의 개인이 그들을 둘러싼 세계의 성질과 작동으로부터 아무런 영향을 받지 않고 어떻게 생각하고, 선택하고 혹은 행동하는지 쉽게 상상할 수 없다. 예컨대 전통적인 성차별 사회에서 여성이 자신들의 위치가 일반적으로 남성보다 낮다는 것을 받아들이게 된다면, 그러한 관점 — 사회적 영향 아래서 여성 개개인이 공유하는 — 은 어떤 의미에서도 사회적 조건과 무관하지 않다.* 그 가정을 합당하게 거부하기 위해 역량적 관점은 그러한 주제에 대해 더 공적으로 관여할 것을 요구한다. 본서에서 전개하는 관점이 기초하는 '공평한 관찰자'라는 접근은 개인의 평가에서 사회 — 그리고 원근과 관계없이 사람 — 의 관련성에 초점을 맞춘다. 역량 접근의 이용(예컨대 나의 저서 『자유로서의 발전』(1999)에서)은 사회에서 개인을 분리하는 어떤 관점도 가정하지 않는다는 것은 매우 분명하다.

아마도 이러한 잘못된 비판은 역량 접근에서 이용되는 개인의 특성과 그들에게 미치는 사회적 영향을 적절히 구별하지 않으려고 했던 데서

British Journal of Sociology, 19(1968) 및 그 참고문헌을 참조할 것.

* 이 문제는 제7장 「위치, 타당성, 환상」에서 논의했다.

비롯된 것이리라. 이런 의미에서 비판은 너무 일찍 중단되었다. 개인이 '생각하고 선택하고 행동하는' 역할에 주목하는 것은 실제로 일어나는 일을 인식하는 것의 시작에 불과하지만(물론 우리는 개인으로서 사안에 대해 생각하고 선택하고 행동으로 옮긴다), 우리가 '생각하고 선택하고 행동하는' 것에 대한 사회의 깊은 영향을 이해하지 않고서는 끝낼 수 없다. 누군가가 무엇을 생각하고 선택하고 행동할 때, 그러한 일을 하는 것은 틀림없이 — 다른 누구도 아닌 — 바로 그 사람이다. 그러나 그의 사회적 관계를 이해하지 않고 그가 왜 그리고 어떻게 그런 행동을 취했는지 이해하는 것은 곤란하다.

기본적인 문제는 이미 한 세기 반 이전에 칼 마르크스가 다음과 같이 명료하고 폭넓게 제시했다. "특히 피해야 할 것은 '사회'를 개인에 대한 추상으로서 재구축하는 것이다."[17] 생각하고 선택하고 행동하는 개인의 존재 — 세계의 분명한 현실 — 가 방법론적 개인주의의 접근을 가져오는 것은 아니다. 개인의 생각과 행동이 그들이 속한 사회로부터 독립되어 있다는 부조리한 가정은 겁먹은 짐승을 거실에 데려오는 것과 같다.

방법론적 개인주의를 계속해서 고발하는 것은 곤란하겠지만, 물론 다음과 같이 물을 수는 있다. 왜 가치 있다고 여겨지는 역량을 그룹이 아닌 개인의 역량에만 한정해야 하는가? 왜 그룹 역량 — 예컨대 미국의 군사력이나 중국인의 운동경기 기량 — 이 그 사회나 세계에서의 정의나 부정의에 관한 담론에서 아프리오리(a priori, 선험적)하게 제외되어야 하는지에 대해 사실 특별한 분석적 이유는 없다. 이러한 방식을 단념하는 것은 거기에 포함될 추론의 성질과 관계있다.

그룹은 개인이 생각하는 방식으로 생각하지 않기 때문에, 그룹이 갖고 있는 역량의 중요성은 충분히 분명한 이유로 그룹 구성원(혹은 그 점에 관해서는 다른 사람들)이 그 그룹의 능력에 대해 인정하는 가치의 측면에서 이해되는 경향이 있다. 서로 교류하는 개인들의 평가가 서로 깊이 의존한다는 것을 인식하는 한, 우리가 궁극적으로 의지해야 할 것은 개인적 평가이다. 그 평가는 사람들이 어떤 것을 타인과 협력하여 할 수 있는 능력에 부여하는 중요성에 기초할 것이다.* 사회생활에 참가하는 개인의 능력을 평가할 때 사회생활 자체의 암묵적 평가가 존재하는데, 이는 역량적 관점의 중요한 측면이다.**

이와 관련된 두 번째 문제도 있다. 한 개인은 (젠더, 계급, 언어, 직업, 국적, 공동체, 인종, 종교 등과 관련하여) 여러 그룹에 속해 있는데, 그저 특정한 한 그룹의 구성원으로 여긴다면 각 개인이 스스로를 정확히 어떻게 볼지 결정할 자유를 부인하게 되는 것이다. 사람들을 하나의 지배적 '정체성'의 측면에서 파악하려는 경향이 커지면(예컨대 '이것은 당신이 미국인으로서 지는 의무이다', '당신은 무슬림으로서 이러한 행동을 해야 한다', 혹은 '중국인인 당신은 이 국가적 업무를 우선해야 한다') 외재적이고 자의적인 우선순위를 부과할 뿐만 아니라 (그가 속해 있는 모든) 다양한 그룹에 대해 각각의 충실도를 결정할 수 있는 개인의 중요한 자유까지도 부정하게 된다.

마침 칼 마르크스는 개인이 가진 다수의 소속을 무시하면 안 된다고 일찍이 경고한 바 있다. 마르크스는 『고타강령비판』에서 사회적 타당성

---

* '집단범죄'와 그 집단을 구성하는 개인들의 범죄를 구별하는 시야도 있다. '집단죄책감' 또한 그 집단에 속하는 개인들의 죄책감과 구별될 수 있다. 이에 관해서는 Margaret Gilbert, 'Collective Guilt and Collective Guilt Feelings', *Journal of Ethics*, 6(2002) 참조.
** 그처럼 상관적인 역량에 주목하는 것을 금지할 이유는 분명 없고, 오히려 주목해야 한다는 논의가 강력할 수 있다. 포스터James E. Foster와 핸디Christopher Handy는 상호 의존적인 역량들의 역할과 작용에 관해 통찰력 있는 논문에서 고찰했다. 'External Capabilities', mimeographed(Vanderbilt University, January 2008) 참조. 또한 James E. Foster, 'Freedom, Opportunity and Well-being', mimeographed(Vanderbilt University, 2008) 및 James E. Foster, 'Counting and Multidimensional Poverty Measurement', OPHI Working Paper 7(Oxford University, 2007)도 참조할 것.

을 인정받는 계급분석(물론 그는 이 주제에도 중대한 공헌을 했다)을 뛰어넘을 필요가 있다고 지적했다.

> 동등하지 않은 개인은 동등한 관점에 놓이는 한, 동등한 기준에 의해서만 측정될 수 있고, 하나의 **한정된** 측면에서만 파악되며, 예컨대 지금의 경우에서는 **오로지 노동자**로서만 여겨질 뿐 다른 무엇으로도 보이지 않고 다른 모든 것은 무시된다.[18]

여기서 누군가를 그가 속한 하나의 집단의 구성원으로서만 보는 것에 대한 경고는(마르크스는 노동자를 "오로지 노동자로만" 간주한 독일노동자당의 고타강령에 항의했다) 개인이 다른 모든 것들을 제외하고('다른 무엇으로도 보이지 않고') 단 하나의 사회적 범주 — 예컨대 무슬림이냐 크리스천이냐 힌두교도냐, 아랍인이냐 유대인이냐, 후투족이냐 투치족이냐, 혹은 서구문명의 구성원이냐(다른 문명과의 충돌이 불가피하게 보이든 아니든) — 에만 속한다고 간주하는 현재의 지적 풍조에서 특히 중요하다고 믿는다. 복수의 정체성, 다수의 소속 그리고 다양한 연합을 갖는 개개의 인간은 여러 종류의 사회적 상호작용 내에 있는 철저히 사회적인 동물이다. 개인을 한 사회 그룹의 구성원으로만 보자는 제안은 세계의 모든 사회가 가진 폭과 복잡성에 대한 부적절한 이해에 기초하고 있다. *

---

* 이 점에 관해 Kwame Anthony Appiah, *The Ethics of Identity*(Princeton, NJ: Princeton University Press, 2005) 및 Amartya Sen, *Identity and Violence: The Illusion of Destiny*(New York: W. W. Norton & Co., and London: Allen Lane, 2006)[『정체성과 폭력 — 운명이라는 환영』, 이상환·김지현 옮김, 바이북스, 2009]. 참조.

지속가능한 개발과 환경

나는 자유와 역량의 타당성에 관한 논의를, 지속가능한 개발을 다루는 실제적인 실례를 통해 끝맺으려 한다. 오늘날 환경이 직면하고 있는 위협은 최근의 논의에서 제대로 강조되어 왔지만, 현대 세계에서의 환경적 도전을 어떻게 생각해야 하는지 분명히 해 둘 필요가 있다. 삶의 질에 초점을 맞추면 이를 이해하는 데 도움이 될 수 있고, 지속가능한 개발의 요건뿐만 아니라 우리가 '환경문제'라 여길 수 있는 것의 내용과 타당성에 관한 실마리도 얻을 수 있다.

환경은 종종 삼림피복률, 지하수면의 깊이, 생물 종 수 등의 지표를 포함하는 '자연의 상태'로 여겨진다(나는 지나친 단순화라고 생각한다). 우리가 불순물과 오염물질을 추가하지 않으면 기존의 자연이 온전할 것이라고 가정하는 한, 환경은 우리가 가능한 한 손대지 말아야 가장 잘 보호된다는 것은 겉으로는 그럴듯해 보인다. 그러나 두 가지 중요한 이유에 따라 이러한 이해에는 심각한 결함이 있다.

첫째, 환경의 가치는 단지 존재하는 것이 문제가 아니라 사람들에게 제공하는 기회로 평가되어야 한다. 환경의 가치를 평가할 때, 환경이 인간의 삶에 미치는 영향을 주로 고려해야 하는 것이다. 극단적인 예를 들면, 왜 천연두의 박멸을 생태적으로 중요한 삼림의 파괴처럼 자연의 황폐화라고 간주하지 않는가를 이해할 때(우리는 천연두 바이러스가 소멸되어 환경이 피폐해졌다고 한탄하지 않는다), 일반적인 생명, 특히 인간의 삶과의 연관성을 고려해야 한다.

그러므로 환경의 지속가능성이 보통 인간 삶의 질의 보호와 향상이라는 측면에서 정의되어 왔다는 것은 놀라운 일이 아니다. 1987년에 발표된 유명한 브룬틀란 보고서Brundtland Report는 '지속가능한 개발'을 "미래 세대가 스스로의 요청에 응할 능력을 손상하지 않고 현재의 요청에 응하는 개발"이라 정의했다.[19] 지속해야 할 것에 대한 브룬틀란 위원회의 관점이 바로 옳은 것인지 논의할 여지가 있고, 지금 나는 브룬틀란의 특정 방안에 대해 더 할 말이 있다. 하지만 먼저 우리 모두는 그로 브룬틀란Gro Harlem Brundtland과 위원회에, 환경의 가치는 생명체의 삶과 분리될 수 없다고 이해한 데 대해 감사해야 한다.

둘째, 환경은 단지 소극적 보존의 문제일 뿐만 아니라 적극적 추구의 문제이기도 하다. 개발과정에 동반하는 수많은 인간의 활동이 파괴적인 결과를 초래할 수 있지만, 우리가 살고 있는 환경을 개선하는 것도 인간의 힘으로 가능하다. 환경파괴를 중단하기 위한 방법을 생각할 때 인간의 건설적인 개입도 포함해야 한다. 효과적이고 합당하게 개입할 능력은 개발과정 자체에 의해 상당히 향상될 수 있다. 예컨대 여성 교육 및 고용의 확대는 출산율 저하에 도움이 될 수 있고, 이로써 장기적으로는 지구 온난화를 약화시키고 자연 서식지의 파괴를 방지할 수 있다. 마찬가지로 학교 교육 및 그 질적 개선의 확산을 통해 환경을 더 잘 의식할 수 있고, 통신과 매체의 발달을 통해 환경 지향적 사고의 필요성을 더 잘 알 수 있다. 그 밖에도 수많은 긍정적 관여의 예를 쉽게 찾을 수 있다. 일반적으로 개발을 인간의 실질적 자유의 증대라는 측면에서 파악하면, 친환경적 활동과 관계된 인간의 건설적 행위주체성이 직접 개발 성과의 영역 내로 들어오게 된다.

개발은 기본적으로 힘을 부여하는 과정이며, 이러한 힘은 환경을 훼손하는 것뿐 아니라 보호하고 풍요롭게 하는 데에도 이용될 수 있다. 환경은 인간이 만들어 낸 결과까지 포함하기 때문에, 환경을 오로지 기존 자연조건의 보존의 측면에서만 생각해서는 안 된다. 예컨대 물의 정화는 우리가 살고 있는 환경을 개선하는 활동의 일부이다. 전염병의 제거는 개발과 환경적 향상 모두에 공헌한다.

하지만 지속가능한 개발의 요건에 관해 얼마나 엄밀하게 생각해야 하는지를 묻는 논점이 있다. 브룬틀란 보고서는 지속가능한 개발을 "미래 세대가 스스로의 요청에 응할 능력을 손상하지 않고 현재의 요청"에 응하는 것이라 정의했다. 지속가능성의 문제를 제기하는 이 이니셔티브는 이미 큰 도움이 되었다. 그러나 지속가능성의 이러한 이해에 내포된 인간의 개념이 인간성에 대해 적절히 폭넓은 관점을 취하고 있는지 물어야 한다. 분명 사람들은 필요사항을 갖고 있지만, 가치관도 가지며, 특히 추론하고 평가하고 선택하고 참여하고 행동하는 능력을 소중히 여긴다. 인간을 단지 필요의 측면에서만 보는 것은 인간성에 대한 상당히 빈약한 관점이다.

브룬틀란의 지속가능성 개념은 우리 시대 가장 중요한 경제학자 중 한 사람인 로버트 솔로Robert Solow의 저작 『지속가능성으로의 거의 실천적인 일보』An Almost Practical Step toward Sustainability에서 더 다듬어지고 멋지게 확장되었다.[20] 솔로는 지속가능성을 "적어도 우리의 생활수준만큼 좋은 생활수준을 달성하고 마찬가지로 그 다음 세대도 살필 수 있도록" 다음 세대에게 남겨야 한다는 요건으로 본다. 솔로의 정식화에는 몇 가지 매력적인 특징이 있다. 첫째, 솔로는 환경보전의 동기를 제공하는 생활수준의 지속에 초점을 맞춤으로써 필요의 충족에 집중한 브룬틀란의 시야를 확장했다. 둘째, 솔로의 깔끔하게 되풀이되는 정식화에서는 각 세대가 다음 세대를 위해 준비함으로써 모든 미래 세대의 이익이 주목을 받는다. 솔로가 여지를 남긴 세대적 적용범위에는 존경할 만한 포괄성이 존재한다.

하지만 지속가능한 개발에 대한 솔로의 재공식화는 인간성에 대한 적절히 폭넓은 관점을 포함하고 있는가? 생활수준의 유지에 집중하는 것에는 분명한 장점이 있지만(미래 세대가 "적어도 우리의 생활수준만큼 좋은 생활수준을 달성할" 수 있어야 할 것을 분명히 하려는 솔로의 정식화는 아주 매력적이다), 생활수준의 적용범위가 충분히 포괄적인지 여전히 의문이 남는다. 특히 생활수준을 유지하는 것은 가치 있고 중요하다고 여기는 것을 향유할 ― 그리고 보호할 ― 자유와 역량을 유지하는 것과 동일한 것이 아니다. 특정한 기회에 대한 가치가 항상 우리의 생활수준, 더 일반적으로는 우리의 이익에 기여하는 정도에 따라 평가될 필요는 없다.*

멸종 위기에 처한 다른 생물 종의 미래에 대한 우리의 책임감을 생각해 보자. 우리가 종의 보존을 중요하다고 생각하는 것은 그 종의 존재가 우리의 생활수준을 향상시키기 때문이 ― 혹은 그런 한에서가 ― 아니다. 예컨대 어떤 사람이 점박이올빼미와 같은 멸종 위기 종을 보호하기 위해 가능한 모든 일을 해야 한다고 판단할 수 있다. 그때 그가 다음과 같이 말해도 아무런 모순이 없을 것이다. "내 생활수준은 점박이올빼미의 존재에 거의, 실제로는 아무런 영향도 받지 않겠지만 ― 사실 점박이올빼미를 본 적도 없다 ― 인간의 생활수준과 별 관계없다는 이유로 그 올빼미를 멸종시켜서는 안 된다고 강하게 믿는다."**

이는 『숫타니파타』에서 고타마 붓다가 주장한 것(제9장 「공평한 이유의 복수성」에서 논의했다)과 직접적이고 즉각적으로 관련되는 부분이다. 우리는 다른 종들보다 훨씬 더 강력하므로 그 종들에 대해 이러한 힘의 불균형과 관련된 책임이 있는 것이다. 우리에게는 보존 노력을 할 많은

---

* 이 점에 관해서는 제8장 「합리성과 타인」의 논의를 보라.

** 자신의 삶에 직접적인 영향은 받지 않지만 환경적 재난에 취약한 사람들을 보호하는 활동에 참여하는 것을 이해하는 데도 이기적인 동기를 넘어설 필요가 있다. 예를 들어 해수면 상승으로 인한 몰디브나 방글라데시의 범람의 위험은 그러한 위협에 영향을 받지 않는 많은 사람들의 생각과 행동에 영향을 미칠 수 있다.

이유가 있다 — 그 전부가 우리 자신의 생활수준과 관계되는 (혹은 충족을 필요로 하는) 것은 아니며, 그중 일부는 바로 우리의 가치관과 신탁받은 책임 인식에 달려 있는 것이다.

만일 인간의 삶의 중요성이 단지 생활수준과 필요충족뿐만 아니라 우리가 향유할 자유에도 있다면, 지속가능한 개발이라는 개념은 그에 맞게 다시 공식화되어야 한다. 필요충족의 지속뿐만 아니라 더 폭넓게 (필요를 충족할 자유를 포함한) 자유의 지속 — 혹은 확장 — 까지 생각하는 것이 타당하다. 이처럼 다시 정의되면, 지속가능한 자유는 브룬틀란과 솔로가 제안한 정식화로부터 확장되어 비슷한 — 혹은 더 큰 — 자유를 가질 '미래 세대의 역량을 손상하지 않고' 현재 세대의 본질적 자유의 보존을, 그리고 가능하다면 확대까지도 아우를 수 있다.

케케묵은 구별을 이용하면, 우리는 필요사항이 고려되어야 하는 '수동자'일 뿐만 아니라 가치 있는 것과 그것을 추구하는 방식을 결정할 자유가 자신의 이익과 필요를 훨씬 뛰어넘어 확장될 수 있는 '행위자'이기도 하다. 우리의 삶의 중요성은 생활수준이나 필요충족이라는 작은 상자에 갇힐 수 없다. 수동자로서의 분명한 필요는 그 자체로 중요하기는 하지만 행위자로서 갖는 이성적 가치관의 중요성을 덮을 수 없다.

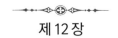

제 12 장

역량과 자원

소득이나 부는 우위성을 판단하는 데 부적절한 방식이라는 것은 아리스토텔레스의 『니코마코스 윤리학』에서도 다음과 같이 명쾌하게 논의되었다. "부는 분명 우리가 추구하는 선이 아니다. 그것은 단지 다른 것을 위해 도움이 될 뿐이기 때문이다."[1] 부는 우리가 그 자체를 위해 가치를 인정하는 것이 아니다. 또한 우리의 부를 기초로 하여 어떤 삶을 달성할 수 있는지를 보여 주는 좋은 지표도 아니다. 심각한 장애를 가진 사람이 건강한 이웃보다 소득이나 부가 많다고 해서 더 우위에 있다고 판단될 수는 없다. 실제 장애가 있는 부자는 장애가 없는 가난한 사람보다 더 많은 제약을 받고 있을지도 모른다. 서로 다른 사람들이 가진 우위성을 비교하여 판단할 때, 그들이 향유할 수 있는 역량 전체를 볼 필요가 있다. 이는 분명 평가의 기초로서 소득과 부에 집중하는 자원 중심적 접근보다 역량 접근의 이용을 지지하는 중요한 논의이다.

역량의 개념은 본질적 자유와 결부되어 있기 때문에, 가치 있다고 여기는 것들을 행할 **실제** 능력에 중심적인 역할을 부여한다. 역량 접근이 초점을 두는 것은 인간의 삶이지 인간이 편의의 대상을 소유하는 ― 혹은 이용하는 — 형태로 갖고 있는 자원이 아니다. 소득과 부는 보통 성공의 주된 기준으로 여겨진다. 역량 접근은 관심의 초점을 삶의 **수단**에서 개인이 가진 **실제 기회**로 옮기는 근본적인 변화를 제안함으로써 경제학과 사회과학에서 널리 이용되는 표준적인 평가방식을 상당히 급진적으로 변화시키는 것을 목표로 한다.

또한 그것은 예컨대 존 롤스가 그의 정의론에서 분배적 과제를 평가하기 위해 이용한 ('차등원칙'에 포함된) '기본가치'처럼 정치철학의 표준적인 접근에 만연해 있는 수단 지향성으로부터 실질적으로 일탈하는 데도 착수한다. 기본가치는 소득과 부, 직무상 권력과 특권, 자존심의 사회적 기초와 같은 다목적적인 수단이다. 그것들은 그 자체로 가치가 있지는 않지만, 우리가 정말로 가치 있다고 여기는 것을 추구하는 데 다양하게 도움을 줄 수 있다. 기본가치는 기껏해야 인간의 삶의 가치 있는 목적을 위한 수단에 불과하지만, 롤스의 정의의 원칙에서는 분배적 형평성을 판단하는 주요 지표로서 이용되었다. 역량 접근은 만족스러운 삶의 **수단**이 그 자체로 좋은 삶의 **목적**일 수는 없다고(아리스토텔레스가 지적한 점이다) 명시적으로 인식함으로써 평가행위의 범위를 크게 확장하는 데 도움을 준다.*

역량 부족으로서의 빈곤

이러한 문맥에서는 빈곤의 기준이 중심적인 문제가 된다. 빈곤을 저소득과 동일시하는 것이 확립되었지만, 이미 그 부적절성을 지적하는 상

---

* 나는 이러한 초점 전환의 논의를 다음 논문에서 제시했다. 'Well-being, Agency and Freedom: The Dewey Lectures 1984', *Journal of Philosophy*, 82(April 1985) 및 'Justice: Means versus Freedoms', *Philosophy and Public Affairs*, 19(Spring 1990).

당히 많은 문헌이 존재한다. 롤스의 기본가치는 소득보다 훨씬 포괄적이지만(실제로 소득은 기본가치의 구성요소 중 하나에 불과하다), 롤스의 분석에서 기본가치의 식별은 여전히 소득과 부가 특별한 — 그리고 특히 중요한 — 예가 되는 다목적적 수단의 추구에 의해 이끌어진다. 그러나 사람에 따라 소득과 기타 기본가치를 좋은 삶의 특징으로, 그리고 인간의 삶에 가치 있는 자유로 변환시키는 기회가 크게 다를 수 있다. 자원과 빈곤의 관계는 가변적이고 각 개인의 특징과 그가 살고 있는 환경에 크게 좌우된다 — 자연적이고 사회적이다.*

소득을 다양한 삶으로 변환시키는 데는 다양한 조건이 관여하고 있으며, 이는 적어도 네 가지 중요한 요인으로 나눌 수 있다.

(1) 개인적 이질성: 사람들은 연령, 젠더, 장애, 질병 성향 등과 관련하여 이질적인 신체적 특징을 보이며 그에 따라 필요사항 또한 매우 다르다. 예컨대 장애가 있거나 질병에 걸린 사람은 더 건강한 사람이 주어진 소득수준으로 할 수 있는 기본적인 것들을 하는 데 더 많은 소득을 필요로 할 것이다. 심각한 장애와 같은 불리한 조건은 치료나 인공신체에 막대한 비용을 지출할지라도 완전히 보완될 수 없을 것이다.

(2) 물리적 환경의 다양성: 주어진 소득이 얼마나 충분한지는 기온의 범위 같은 기후상황이나 홍수 등을 포함하는 환경적 조건에도 의존

---

* 라운트리Rowntree는 1901년에 발표한 초기 저작에서 저소득으로 정의되는 '일차적 빈곤'과 대비시켜 '이차적 빈곤'을 언급함으로써 이 문제의 한 측면에 주목했다(B. Seebohm Rowntree, *Poverty: A Study of Town Life*(London: Macmillan, 1901)). 그는 이차적 빈곤의 현상을 추구하며 특히 가계소비의 상품 구성에 영향을 미치는 습관과 행동패턴의 영향에 초점을 맞췄다. 이 문제는 오늘날에도 여전히 중요하지만, 저소득과 실제 궁핍 간의 괴리는 다른 이유에 의해서도 생길 수 있다.

할 것이다. 환경적 조건은 바뀌지 않는 것이 아니다 — 공동체의 노력에 따라 개선될 수도 오염이나 고갈로 악화될 수도 있다. 그러나 개개인은 소득과 개인적 자원을 기능과 삶의 질로 변환하는 데 환경적 조건 대부분을 주어진 것으로 받아들여야 할 것이다.

(3) 사회적 풍토의 다양성: 개인적 자원을 기능으로 변환하는 것은 공중보건과 전염병, 공교육제도, 특정 지역의 범죄와 폭력의 유행 또는 부재 등을 포함하는 사회적 조건에 의해서도 영향을 받는다. '사회자본'의 최근 연구가 강조하고 있듯이, 공공시설 외에도 공동체 관계의 성질이 매우 중요할 수 있다.[2]

(4) 상대적 관점의 차이: 한 공동체에서 확립된 행동패턴에 따라서도 동일한 기본적 기능을 달성하는 데 필요한 소득이 상당히 다를 수 있다. 예컨대 (애덤 스미스가 두 세기 이전에『국부론』에서 지적했듯이) "수치심 없이 공공장소에 나가기" 위해서는 가난한 사회보다 풍요로운 사회에서 의류와 기타 겉치장에 대한 더 높은 기준을 요구할 것이다.[*] 공동체적 삶에 참여하기 위해, 그리고 여러 문맥에서 자존심의 기본적 요건을 충족하기 위해 필요한 개인적 자원에 대해서도 마찬가지다. 이는 주로 사회 간의 차이이지만, 서로 다른 나라에 사는 두 개인의 상대적 우위성에도 영향을 미친다.[**]

---

[*] Adam Smith, *An Inquiry into the Nature and Causes of the Wealth of Nations*(1776 republished, R. H. Campbell and A. S. Skinner(eds) (Oxford: Clarendon Press, 1976)), pp. 351~352[『국부론 하』, 김수행 옮김, 비봉출판사, 2007, 1080쪽] 참조. 상대적인 불이익과 빈곤의 관계에 관해서는 다음의 최근 저작을 참조할 것. W. G. Runciman, *Relative Deprivation and Social Justice: A Study of Attitudes to Social Inequality in Twentieth-Century England*(London: Routledge, 1966) 및 Peter Townsend, *Poverty in the United Kingdom*(Harmondsworth: Penguin, 1979).

[**] 실제로 소득에 관한 상대적 빈곤은 역량에 관해서도 절대적 빈곤을 낳을 수 있다. 풍요로운 나라에서 상대적으로 가난한 것은 절대적 소득이 세계표준에 비추어 높을지라도 역량

빈곤의 여러 원천들 사이에서 불리한 조건의 '커플링'도 있을 수 있으며, 이에 대한 고려는 빈곤을 이해하고 그에 대처하는 공공정책을 수립하는 데 결정적으로 중요할 수 있다.[3] 나이나 장애나 질병과 같은 불리한 조건도 소득을 얻는 능력을 저하시킨다. 게다가 그것들은 소득을 역량으로 변환하는 것을 더 어렵게 만든다. 나이가 더 많거나 장애가 더 크거나 더 심각한 병에 걸린 개인은 동일한 기능을 달성하는 데(사실상 그 달성이 가능할지라도) (보조를 위해, 인공신체를 위해, 치료를 위해) 더 많은 소득이 필요하기 때문이다.[*] 따라서 (역량의 부족에 관한) 현실적 빈곤은 소득 데이터로부터 추정할 수 있는 것보다 훨씬 더 극심할 수 있다. 이는 고령자 및 기타 그룹의 낮은 소득능력과 더불어 역량 변환의 어려움을 지원하는 공공활동을 평가하는 데 결정적일 수 있다.[**]

가정 내 편익 및 기회의 분배는 빈곤에 대한 소득 접근을 더 복잡하게 만든다. 소득은 수입이 있는 구성원을 통해 가정에 축적되지만, 연

에 관해서는 큰 장애일 수 있다. 보편적으로 부유한 나라에서는 동일한 사회적 기능을 달성하기 위해 충분한 재화를 구입하는 데 더 많은 소득이 필요하다. 이에 관해서는 나의 논문 'Poor, Relatively Speaking', *Oxford Economic Papers*, 35(1983), reprinted in *Resources, Values and Development*(Cambridge, MA: Harvard University Press, 1984) 참조.

* (1) 소득빈곤에 의한 영양실조와 (2) 영양실조로 인한 노동부족에서 비롯되는 소득빈곤의 커플링 문제도 있다. 이러한 연관성에 관해서는 다음을 참조할 것. Partha Dasgupta and Debraj Ray, 'Inequality as a Determinant of Malnutrition and Unemployment: Theory', *Economic Journal*, 96(1986) 및 'Inequality as a Determinant of Malnutrition and Unemployment: Policy', *Economic Journal*, 97(1987).

** 영국에서 그러한 불리한 조건이 소득빈곤으로 이어지는 데 역할을 한다는 것이 앳킨슨 A. B. Atkinson의 선구적 실증연구에 의해 뚜렷하게 드러났다(*Poverty in Britain and the Reform of Social Security*(Cambridge: Cambridge University Press, 1969)). 그는 이후의 연구에서 소득의 불리함과 기타 궁핍 간의 연관성을 더욱 탐구했다. 그의 논문 'On the Measurement of Poverty', *Econometrica*, 55(1987) 및 *Poverty and Social Security*(New York: Harvester Wheatsheaf, 1989) 참고. 불리한 조건의 일반적 개념과 그것의 사회평가 및 공공정책에 대한 광범위한 관련성을 강력하게 검토한 연구로서 Jonathan Wolff, with Avner De-Shalit, *Disadvantage*(Oxford: Oxford University Press, 2007) 참조.

령, 젠더 그리고 노동능력과 무관하게 가정 내 모든 개개인에게 돌아가는 것은 아니다. 만일 가족소득이 특정 가족 구성원의 이익만을 증진하기 위해 불균형적으로 사용된다면(예컨대 자원의 가족 할당에서 뿌리 깊은 남아 선호가 존재한다면), 경시되는 구성원(이 경우 여아)의 빈곤의 정도는 가계소득의 집계에는 적절히 반영되지 않을 것이다.[4] 이는 많은 문맥에서 본질적인 문제가 된다. 성별 편향은 아시아와 북아프리카의 많은 나라에서 가족 할당의 주요 요소로 보인다. 여아의 빈곤을 더 용이하게 — 그리고 더 확실하게 — 평가하려면 가계 간 소득비교가 아니라 더 높은 사망률, 이환율, 영양실조 또는 의료적 방치 등에 반영되는 역량 부족을 살펴보아야 한다.*

장애, 자원, 역량

세계의 빈곤을 이해할 때 장애의 관련성은 보통 과소평가되어 있지만, 이는 역량적 관점의 주목을 요구하는 가장 중요한 논의 중 하나일 수 있다. 신체적 혹은 정신적 장애를 가진 사람들은 세계에서 가장 수혜를 받지 못할 뿐만 아니라 대부분 가장 방치되어 있다.

세계의 장애 문제는 그 규모가 참으로 거대하다. 6억 명이 넘는 사람

---

* 성별 편향은 유럽이나 북미의 불평등과 빈곤을 평가하는 데는 분명 그리 중심적인 관심사가 아니지만, 젠더 불평등의 문제는 '서양' 국가들에 해당되지 않는다는 가정 — 보통 암묵적으로 형성되는 — 은 상당한 오해의 소지를 불러일으킬 수 있다. 예컨대 유엔개발계획 UNDP의 『1995년판 인간개발보고서』(Human Development Report 1995(New York: United Nations, 1995))에 따르면, 이탈리아는 여성의 '미승인' 노동(대부분 따분한 가사노동) 비율이 1990년대 중반의 표준국민계정standard national account에 포함된 전 세계 국가 중 가장 높은 수준이었다. 소비된 노력 및 시간의 집계와 그것의 여성의 개인적 자유에 대한 함의는 유럽과 북미에서도 중요할 것이다. 고등교육의 기회나 최고수준의 직무에 채용될 가능성의 측면에서는 가장 풍요로운 국가들에서도 많은 경우 상당한 성별 편향이 나타난다.

들 — 전 인류의 약 10분의 1 — 은 큰 장애를 갖고 있고[5] 4억 명 이상이 개발도상국에 살고 있다. 개발도상국에서 장애를 가진 사람은 주로 소득의 측면에서 빈곤층 중에서도 가장 가난하지만, 평범한 삶을 살고 장애를 완화하기 위해 돈과 지원이 필요하기 때문에 소득의 **필요**는 장애가 없는 사람들보다 더 크다. '소득핸디캡'이라 불릴 수 있는 소득능력의 손상은 '변환핸디캡' — 바로 장애 때문에 소득과 자원을 좋은 생활로 변환하는 데 겪는 곤란 — 의 영향에 의해 강화되고 크게 확대되는 경향이 있다.

장애에서 비롯되는 '변환핸디캡'의 중요성은 윕케 쿠클리스Wiebke Kuklys가 영국에서의 빈곤에 대한 선구적인 연구에서 제시한 실증적 결과에 의해 분명히 드러난다. 이 연구는 그녀가 암으로 죽기 직전 케임브리지대학에서 마친 놀라운 학위논문에 실려 있고, 이후 책으로 출간되었다.[6] 쿠클리스는 17.9%의 개인이 빈곤선 이하 소득의 가정에서 살고 있다는 것을 확인했다. 구성원 중 장애자가 있는 가정에 주목하면, 빈곤선 이하로 생활하는 개인의 비율은 23.1%가 된다. 이러한 약 5%포인트의 차는 장애와 장애자 케어에 동반하는 소득핸디캡을 크게 반영한다. 변환핸디캡을 도입하고 장애의 불리한 조건을 개선하기 위해 필요한 더 큰 소득을 고려하면, 장애자가 있는 가정에서 생활하는 개인의 비율은 47.4%까지 상승하며, 이는 전체 인구에 대한 빈곤선 이하 개인의 비율 (17.9%)보다 거의 30%포인트나 높은 것이다. 상대적인 실태를 다른 각도에서 보면, 장애자가 있는 가정에서 생활하는 개인의 추가적 빈곤 불이익인 30%포인트 가운데 약 4분의 1은 소득핸디캡에, 4분의 3은 변환핸디캡(역량적 관점이 소득과 자원의 관점과 구별되는 중심적인 문제)에 기인할 수 있다.

장애자의 도덕적·정치적 요구를 이해하는 것이 중요한 이유는 그것이 인간성에 광범위하고 고통스런 영향을 미칠 뿐만 아니라 장애의 비극적 결과 대부분은 견고한 사회적 지원과 창의적인 개입에 의해 실제 상당히 극복될 수 있기 때문이다. 장애를 다루는 정책은 장애의 영향을 개선하는 것부터 장애의 진행을 막기 위한 프로그램에 이르기까지 넓은 범위에 걸칠 수 있다. 수많은 장애를 예방할 수 있다고 이해하는 것이 매우 중요하며, 장애의 **불이익**을 감소시킬 뿐만 아니라 그 **발생률**까지도 낮추기 위해 할 수 있는 일은 많다.

실제로 장애를 갖고 사는 6억 명 가운데 수태 시 혹은 출생 시 이러한 조건이 운명지어지는 것은 근소한 비율에 불과하다. 예를 들어 모친의 영양실조와 영유아기의 영양부족은 아이로 하여금 질병에 걸리게 쉽게, 그리고 건강상의 장애를 입기 쉽게 만든다. 실명은 감염과 오염수와 관련된 질병에서 비롯될 수 있다. 다른 장애는 교통사고나 산업재해뿐만 아니라 소아마비, 홍역 혹은 에이즈의 영향으로도 생길 수 있다. 전 세계의 분쟁지역에 흩뿌려져 사람들, 특히 아이들을 죽이거나 불구로 만드는 지뢰의 문제도 있다. 장애에 대한 사회적 개입은 관리와 완화에 그치지 말고 예방까지 포함해야 한다. 만일 정의의 요구가 완벽히 정의로운 사회를 멀리서 추구하는 데 집중하는 것이 아니라 (본서 전반에 걸쳐 주장했듯이) 분명한 부정의의 제거를 우선해야 하는 것이라면, 장애의 예방과 경감은 정의를 촉진하는 기획에서 상당히 중심적이지 않을 수 없다.

지적이고 인간적인 개입을 통해 무엇이 달성될 수 있는지 생각하면, 대부분의 사회가 장애라는 분담되지 않는 부담이 널리 퍼지는 데 대해 얼마나 소극적이고 독선적인지 놀라울 따름이다. 이러한 무대책을 키우는 데는 개념적 보수주의가 큰 역할을 하고 있다. 특히 분배상의 공정을 이끄는 원리로서 소득분배에만 집중하는 것은 장애의 곤경과 사회분석을 위한 그것의 도덕적·정치적 함의를 이해하는 데 방해가 된다. 빈곤의 파악에 소득 기반의 관점을 상용하는 것(예컨대 하루 1달러나 2달러 이하의 소득으로 살아가는 사람들의 수를 반복해서 언급하는 것 — 국제기관이 잘하는 활동)은 소득핸디캡과 변환핸디캡을 결합하는 사회적 박탈의 가혹함으로부터 주의를 분산시킬 수 있다. 전 세계 6억 명의 장애자는 단지 저소득 때문에 괴로워하는 것이 아니다. 이들은 좋은 생활을 향유할 자유를 수많은 방식으로 공격받고, 개인적으로든 집단으로든 위험에 노출된다.

롤스의 기본가치

앞서 기술했듯이, 역량과 자원 간 거리의 중요성을 생각하면, 존 롤스가 사회의 제도적 기초로 확립한 '정의의 원칙들'에서 분배상의 문제를 판단할 때 오로지 기본가치에만 주목하는 그의 차등원칙에 회의적이지 않을 수 없다. 이러한 차이는 그것이 아무리 중요할지라도 롤스가 본질적 자유의 중요성에 대한 관심을 결여한다는 것을 반영하지 않는다 — 이 점은 본서의 앞부분에서 이미 지적했다. 비록 롤스의 정의의 원칙들은 기본가치에 집중하지만, 다른 곳에서 그는 사람들의 실질적 자유를 더 잘 파악하기 위해 자원 중심 접근을 바로잡을 필요성에 주의를 기울인다. 롤스가 불리한 입장에 놓인 사람들에게 연민을 품고 있었다는 것은 그의 저작에 충분히 드러나 있다.

실제 롤스는 정의의 원칙들의 일부로서는 아니지만 장애와 불리한 조건 등의 '특별한 필요'에 대한 특별한 조치를 권고한다. 이러한 수정은 '입헌단계'에 있는 사회의 '기본적 제도구조'를 수립할 때 이루어지는 것이 아니라, 그 이후, 특히 '입법단계'에서 이미 확립된 제도를 **이용**할 때 이루어져야 하는 것이다. 이로써 롤스의 동기의 범위가 충분히 분명해지는데, 제기해야 할 물음은, 이것이 롤스의 정의의 원칙들에서 자원과 기본가치의 관점이 가진 부분적 맹점을 바로잡는 방식으로 적절한가 하는 것이다.

롤스가 기본가치의 측정에 부여하는 높은 위치에서는 (소득과 부 등의) 일반적인 자원을 역량으로 변환하는 기회가 개인적 특성이나 신체적·사회적 환경의 영향, 혹은 상대적 박탈(개인의 절대적 우위성이 타인과 비교되는 상대적 지위에 의존할 때) 때문에 사람에 따라 광범위하게 다양하다는 사실을 경시하게 된다. 변환기회의 차이는 '특별한 필요'라 간주되는 것의 문제가 아니라 인간의 조건 및 사회적 환경의 차이를 반영하는 것이다.

롤스는 단계별로 펼쳐지는 그의 정의론의 후기 단계에서 (예컨대 시각장애자나 다른 분명한 장애가 있는 사람들을 위한) '특별한 필요'에 대한 특별한 공급이 결국 출현한다고 이야기한다. 그러한 조처는 롤스가 불리한 입장에 깊은 관심이 있다는 것을 보여 주지만, 그가 이 만연해 있는 문제를 다루는 방식은 그 범위가 상당히 한정되어 있다. 첫째, 이러한 수정은 이루어진다고 해도 롤스의 '정의의 원칙들'에 따라 기본적 제도구조가 확립된 이후의 일이다 — 기본적 제도의 특성은 그러한 '특별한 필요'의 영향을 전혀 받지 않는다(소득과 부와 같은 기본가치는 차등원칙의 규칙을 통해 분배상의 문제를 다루는 제도적 기초를 확립하는 데 최상의 위치를 점한다).

둘째, 이후의 단계에서도 '특별한 필요'에 주목할 때 변환기회에 대해 사람들 간에 광범위하게 존재하는 다양성을 받아들이려 하지 않는다. 물론 현저하고 쉽게 알아볼 수 있는 장애(예컨대 시각장애)는 주의를 기울여야 할 중요한 문제이지만, 그 다양성은 다면적이기 때문에(예컨대 질병에 대한 더 큰 취약성, 역학적으로 더 불리한 환경, 다양한 수준과 종류의 신체적·정신적 장애 등과 결부되어) 제도적 구조를 수립할 때, 그리고 그것들이 공감할 수 있는 인간적 추론을 적절히 사용하며 잘 기능하는지 확인할 때 사회적 장치와 사회적 실현에 관해 생각하기 위해서는 정보적 초점을 기능과 역량에 맞추는 것이 필수적이다.

나는 롤스 또한 자유와 역량의 공정한 분배에 대한 관심이 동기가 되었다고 믿지만, 그는 차등원칙에 있어서 정의의 원칙들을 기본가치의 정보적 관점 위에 구축함으로써 분배 공정성을 위한 '공정한 제도'의 결정을 오로지 기본가치의 빈약한 어깨 위에 올려놓고 기본적 제도에 대한 지침을 구했다. 이 때문에 역량에 대한 그의 잠재적 관심은 정의의 원칙들이 직접적으로 관계되는 제도적 단계에서 영향을 미칠 여지가 없었다.

롤스 이론으로부터의 이탈

롤스가 선험적 제도주의에 초점을 맞추는 것과 달리, 본서에서 탐구하는 정의의 접근은 완벽히 공정한 사회를 나타내기 위해 순차적이고 우선순위가 지어진 시나리오를 추구하지 않는다. 따라서 제도나 기타 변화를 통한 정의의 증진에 초점을 맞추기 위해 변환과 역량의 문제를 나중으로 미루어야 할 하위 범주의 문제로 제쳐 놓는 일은 없다. 역량 부족과 불공평의 성질과 원천을 이해하는 것은 공적 추론이 부분적 합의를 통해 식별될 수 있는 분명한 부정의를 제거하는 데 분명 중심적이다.*

롤스의 접근은 현대의 도덕철학 및 정치철학에서 지배적인 추론의

---

* 롤스의 일반적 접근에서 정의의 원칙들을 정식화하는 데 기본가치의 지표에 집중하면 어떤 한계가 드러나는지 검토할 때, 물론 나의 의도는 기본가치를 직접 역량으로 대체하면 그의 선험적 제도주의의 접근이 순조로워질 것이라 주장하는 것이 아니다. 앞서 논의했듯이 롤스가 지향하는 것이 비교가 아닌 선험이라는 것, 그리고 그의 정의의 원칙이 순수하게 제도에만 초점을 맞춘다는 것에서 비롯되는 심각한 곤란은 분배의 문제를 어떤 정보적 기초에 따라 평가하든 여전히 남을 것이다. 내가 여기서 주장하는 것은, 선험적 제도주의의 접근에 의존할 때 발생하는 일반적인 문제와 더불어, 롤스의 이론이 정의의 원칙에서 분배의 문제를 다룰 때 기본가치에만 주목하기 때문에 **더욱** 악화된다는 것이다.

양식이었기 때문에 그가 명시한 영역 밖에서도 광범위한 영향을 미쳐 왔다. 예를 들어 전 세계를 아우르는 새로운 — 그리고 더 야심찬 — 정의론에서도 롤스의 계약론적 기초를 유지하려는 자는('세계주의적 정의론'과 같은 것은 롤스의 국가별 접근보다 훨씬 더 큰 영역을 대상으로 한다), 지구 전체의 선험적인 제도적 정의에 필요하기 때문에 분배상의 판단을 위한 완벽한 순서를 계속 추구한다.[7] 놀라운 일은 아니지만, 이러한 이론가들은 역량에 기초한 부분적으로 불완전한 순서로는 만족하지 않고, 토마스 포기가 말했듯이 "제도적 순서가 어떻게 설계되어야 하는지" 해결하기 위해 필요한, '한낱 부분적인 순위' 이상의 것을 요구한다.[8] 전 세계를 대상으로 하는 선험적으로 공정한 제도의 건설자들에게 행운을 빌고 싶지만, 세계를 심하게 괴롭히는 분명한 부정의를 감소시키는 데 잠시만이라도 전념하려는 자에게도 '한낱' 부분적인 순서는 정의론에서 실제 상당히 중대할 수 있다.[*]

내가 제시하려는 중심적 과제는, 어느 특정한 접근이 모든 대안들을 비교할 수 있는 완전한 범위를 갖느냐가 아니라 그 비교가 적절히 그리고 합당하게 이루어지느냐는 것이다. 자유와 역량의 비교는 우리를 올바른 곳에 있게 하지만, (무엇이 완벽히 순서지어지는지 따지지도 않고) 완벽한 순서의 유혹에 빠져 다른 곳으로 옮겨서는 안 된다.

자원적 관점과 비교하여 역량적 관점이 갖는 장점은 그 타당성과 본질적 중요성이지 완전한 순서의 보증이 아니다. 엘리자베스 앤더슨 Elizabeth Anderson이 설득력 있게 논의했듯이 역량 측정은 "수단보다 목적에 주목하고, 장애자에 대한 차별문제를 더 잘 다룰 수 있고, 평등의 면에서 중요한, 기능의 개인별 다양성에 적절히 민감하고, 공공서비스, 특

---

* 이 점에 관해서는 서장 및 제1~4장에서 논의했다.

히 보건과 교육 분야 서비스의 공정한 공급을 이끄는 데 적합하기 때문에 자원 측정보다 뛰어나다."[9]고 할 것이다.

드워킨의 자원평등론

롤스가 정의의 원칙에서 기본가치의 지표를 통한 자원의 관점을 채용하여 자원과 역량 간의 변환 다양성을 실질적으로 무시한 반면, 로널드 드워킨Ronald Dworkin은 그 역시 자원의 관점을 이용했지만 교묘한 시장 지향적 사고를 통해, 특히 변환핸디캡에 대한 보험의 가상적 원시시장을 이용함으로써 변환 다양성에 명시적으로 주목할 여지를 남겼다. 그 사고실험에서 사람들은 롤스식 원초적 입장의 무지의 베일 아래, 각 장애에 대한 보험을 판매하는 가상적 시장에 참여한다. 이 가상 상황에서는 누가 어떤 장애를 가질지 아무도 모르지만, 사람들은 가능한 역경에 대비해 모두 이 보험을 사고, (이를테면 '차후에') 실제 장애를 가지게 된 사람들은 보험시장에서 결정된 배상을 청구하여 보상으로 다른 종류의 자원을 획득한다. 드워킨은 이것이 그가 실질적 '자원의 평등'이라 여기는 것에 기초한, 가능한 가장 공정한 것이라고 주장한다.

분명 이는 흥미롭고 아주 기발한 제안이다(로널드 드워킨과는 옥스퍼드에서 10년간 함께 강의를 담당했고 그의 지성이 놀라운 범주에 이르러 있다는 것을 알았기 때문에 물론 그만한 기대를 했었다). 그러나 가상적 시장에 관한 뛰어난 공헌 이후, 드워킨은 특히 역량 기반 접근의 피해자들을 언급하며 '타도' 프로그램을 개시했다.* 그는 역량의 평등이 결국 복지의 평등을

---

* 그가 불만족스러운 역량 접근이라 보는 것의 주역으로서 내가 진지하게 지목된 데 대해 영광이라 여겨야 할 것 같다. 그의 *Sovereign Virtue: The Theory and Practice of Equality* (Cambridge, MA: Harvard University Press, 2000), pp. 65~119[『자유주의적 평등』, 염

의미하거나 ― 이 경우 (드워킨이 주장하기를) 형평성을 잘못 이해한 것이다 ― 아니면 그의 자원평등론과 동일한 해결책을 의미한다고 ― 이 경우 그와 나 사이에 아무런 차이가 없다(그리고 역량 접근의 추구에 아무런 이점도 없다) ― 주장한다.

나는 로널드 드워킨의 연구를 크게 존경하지만, 역량 기반 접근에 대한 이러한 비판의 문제점을 분석하기 위해 어디서부터 시작해야 할지 모르겠다고 밝혀야겠다. 첫째(분명히 하기 위해 아주 작은 점부터 시작하겠다), 역량의 평등이 복지 역량의 평등과 동일하다고 할지라도 그것이 복지의 평등과 동일할 수는 없다.* (역량과 달성의 차이는 이전 장에서 논의했다.) 그러나 더 중요한 것은, 내가 역량적 관점을 말하며 처음부터 주장해 온 것이 복지의 평등도 복지를 달성할 역량의 평등도 아니라는 점을 분명히 했어야 한다는 점이다.**

둘째, 만일 자원의 평등이 역량과 본질적 자유의 평등과 다르지 않다면, 자원은 다른 목적을 위한 수단으로서만 중요한데 왜 후자보다 전자를 생각하는 것이 규범적인 관점에서 더 흥미로운가? 자원은 (아리스토텔

수균 옮김, 한길사, 2005, 136~209쪽] 참조. 또한 그의 'Sovereign Virtue Revisited', *Ethics*, 113(2002)도 참조할 것.

* 예컨대 사치스런 생활양식의 **실제** 추구(드워킨은 이를 장려하지 않는다)와 사치스런 양식을 누릴 **역량**(많은 사람들이 갖고 있지만 실제 사용하지 않는)을 혼동해서는 안 된다.

** 역량의 이용에 관한 1979년도 태너 강연('Equality of What?' in S. McMurrin(ed.), *Tanner Lectures on Human Values*, vol. I(Cambridge: Cambridge University Press, 1980))에서 역량적 관점을 제시한 것은 롤스의 기본가치 집중과 대비시키는 것과 더불어 모든 복지 기반 접근에 맞서기 ― 그리고 그것들을 비판하기 ― 위해서였다. 드워킨은 자원평등론에 대한 그의 첫 번째 논문에서는 이에 관해 언급하지 않았다('What Is Equality?: Part 1: Equality of Welfare' 및 'What Is Equality? Part 2: Equality of Resources', *Philosophy and Public Affairs*, 10(1981)). 처음으로 언급한 것은 (내가 놓치지 않았다면) 그의 저작 *Sovereign Virtue: The Theory and Practice of Equality*(Cambridge, MA: Harvard University Press, 2000)[『자유주의적 평등』]에서이다.

레스가 말했듯이) "단지 다른 것을 위해 도움이 될 뿐"이고 자원의 평등은 궁극적으로 '다른 것'에 달려 있는데, 왜 자원의 평등을 역량의 평등에 이르기 위한 방법으로 위치 짓지 않는가?

물론 (효용이나 역량처럼) 목적이라 여겨질 수 있는 대상을 (소득이나 자원처럼) 그 목적을 달성하기 위한 수단의 '등가적' 양의 측면에서 생각하는 것은, 후자가 전자를 어떤 특정 수준으로 이끌 만큼 도구적으로 강력하다면 수학적으로 별로 곤란하지 않다. 이러한 분석기법은 효용을 직접 파악하지 않고 등가적 소득으로 파악하는 것(보통 '간접효용'이라 불린다)으로 경제이론, 특히 효용분석에서 많이 이용되어 왔다. 역량 평등과 이런 의미에서 '간접 역량'으로 볼 수 있는 드워킨의 자원평등은 보험시장이 드워킨의 자원평등 방식 아래 모두가 동일한 역량을 가지는 방식으로 작동해야만 일치할 수 있다. 하지만 그렇다면 왜 정말로 중요한 것(모두가 동일한 본질적 자유나 역량을 갖는 것)이 아니라 기껏 수단적 달성에 흥분하는가('모두가 동일한 자원을 가졌어. 만세!')?

셋째, 보험시장은 특정 대상을 다른 것보다 더 쉽게 다룰 수 있기 때문에 양쪽이 실제로 일치하지 않을 수도 있다. 역량적 불리함은 (장애와 같은) 개인적 특성뿐만 아니라 (애덤 스미스가 『국부론』에서 처음으로 논의한 상대적 빈곤과 같은) 상대적 · 환경적 특성에서도 비롯된다. 왜 개인 대상의 보험시장에서 그러한 비개인적 특징을 고려하는 것이 훨씬 더 곤란한지는 쉽게 알 수 있다.*

불일치가 가능한 또 다른 이유는, 빈곤의 개인차를 평가하는 것이 나

---

* 자원의 평등과 역량의 평등이 서로 다른 이유를 분석한 연구로 특히 다음을 들 수 있다. Andrew William, 'Dworkin on Capability', *Ethics*, 113(2002) 및 Roland Pierik and Ingrid Robeyns, 'Resources versus Capabilities: Social Endowments in Egalitarian Theory', *Political Studies*, 55(2007).

의 접근에서는 공적 추론의 주제인 반면, 드워킨의 보험시장에서는 원자적 참가자에게 맡겨지는 데 있다. 드워킨의 체계에서 다양한 유형의 보험의 시장가격과 보상수준을 결정하는 것은 개개인의 평가 간 상호작용이다. 그의 체계에서는 시장이 평가의 역할을 맡지만, 실제 그것은 공적 추론과 쌍방향 토론을 필요로 한다.

넷째, 드워킨의 초점은 다른 선험적 제도주의의 접근과 마찬가지로 (한번에) 완벽히 공정한 제도에 다다르는 데 맞춰져 있다. 하지만 부정의의 극단적인 경우를 제거함으로써 정의를 촉진하는 과제를 다룰 때는 완벽히 공정한 제도(혹은 그러한 제도에 대한 합의)를 달성할 희망이 없을 때조차 '한낱 부분적인 순위짓기'라 경멸적으로 불려 온 것을 이용할 수 있다. 드워킨이 제시한 장애에 대한 **가상적** 보험시장은 오로지 선험적 정의라는 공상적인 과제에만 집중하기 때문에 심지어는 정의의 증진을 위한 수단과 방법을 요구하지도 않는다.

다섯째, 드워킨은 그의 제도론에 필요한 효율적이고 완전경쟁적인 시장균형이 단 하나 존재한다는 것이 전혀 문제적이지 않다고 여긴다. '일반균형' 이론의 경제학적 연구가 반세기에 걸쳐 보여 주었듯이 그러한 추정은 막대한 곤란을 초래한다는 것을 우리는 잘 알고 있지만, 그는 별다른 방어논리 없이 가정만을 할 뿐이다. 실제로 정보적 한계(특히 정보 불균형), 공공재의 역할, 규모의 경제 등과 관련된 많은 문제가 보험시장에 특히 강하게 적용된다.[10]

유감스럽지만 드워킨의 접근에는 제도적 원리주의가 존재하고, 그의 추정에는 보험 기반 자원 재분배의 규칙에 합의하기만 하면 다양한 사람들이 향유하는 실제 결과와 실제 역량에 관해서는 무시해도 될 것이라는 무지가 만연해 있다. 그는 실제 자유와 결과를 **가상적** 시장을 통한 제도 선택이라는 믿음직한 손에 맡길 수 있다고 가정하고, 기대한 것과 실제 일어난 것이 일치하는지 뒤늦게라도 검토하는 법이 없었다. 보험시장은 일회적 사건으로서 기능한다고 상정된다 — 희망한 것과 실제 일어난 것에 관해서는 놀랄 만한 일도 반복도 논의도 없다.

만일 가상적 보험시장이라는 드워킨의 독창적인 장치에 유용한 것이 있다면, 그가 분배적 정의의 새롭고 실용적인 이론으로서 주장한 분야가 아닌 다른 곳에서나 쓸 수 있을 것이다. 그의 방식에서 자원평등은 역량 접근을 대체하기 힘들지만, 장애에 대한 보상이 소득이전과 관련하여 어떻게 생각될 수 있는지를 이해하는 하나의 방법 — 여러 방법 중 하나* — 이 될 수는 있다. 이 어려운 분야에서 우리는 사고실험이 제공하는 도움을 빌릴 수 있지만, 그것이 제도에 기초하는 재판관으로서 절대적 권력을 갖는 것처럼 행동하지 않는 한에서이다.

앞서 논의했듯이(특히 제3장에서) 정의를 촉진하고 부정의를 제거하기 위해서는 (무엇보다 사적 소득과 공공재를 다루는) 무엇이 보증되는지, 제도가 실제로 어떻게 기능하는지, 사태가 어떻게 개선될 수 있는지에 대한 공적 토론에 기초하여 제도적 선택, 행동조정, 그리고 사회적 장치의 수정절차가 공동으로 관여해야 한다. 결정적인 시장 기반의 제도 선택이 보증하는 미덕에 의존하여 쌍방향적 공적 추론을 멈출 권한은 누구에게도 없다. 가상적인 것을 포함하여, 제도의 사회적 역할은 그보다 훨씬 복잡하다.

---

* 장애자에게 사적인 소득을 추가로 제공하는 중요한 대안은 역시 무료 혹은 보조금이 지급되는 사회복지사업 — 유럽의 '복지국가'에서 중심적인 절차 — 이다. 그것은 예컨대 국민건강보험이 운영되는 방식이며, 아픈 사람에게 더 많은 소득을 주어 치료비를 부담하게 하는 것과는 다르다.

제 13 장

행복, 복지, 역량

내가 아무리 철학을 사랑할지라도 경제학이 나의 직업이기 때문에, 나의 직업은 행복의 관점과 좋지 않은 관계에 있다는 것을 인정하는 데서부터 시작하는 것이 좋겠다. 경제학은 토머스 칼라일의 말처럼 흔히 '우울한 과학'이라 불린다. 경제학자는 흥을 깨는 끔찍한 자, 인간의 자연스런 유쾌함과 서로에 대한 친근함을 정형화된 경제 원리의 혼합물 속에 빠뜨리기를 바라는 자로 여겨진다. 실제로 에드먼드 벤틀리Edmund Clerihew Bentley는 위대한 공리주의자 존 스튜어트 밀의 경제학적 저작을 음침한 정치경제학의 상자 안에 넣었다 — 기쁨도 친절도 없는.

존 스튜어트 밀
강력한 의지의 성과로
타고난 친밀감을 이겨 내고
『정치경제학 원리』를 썼다네

경제학은 정말 행복과 친화에 대해 적대적이라서 정치경제학을 고려하려면 무정하게도 친밀감을 이겨 내야 하는가?

물론 경제학의 주제가 심각하고 때로는 상당히 우울한 것임에는 의심의 여지가 없고, 예컨대 기아나 빈곤을 연구할 때, 혹은 치명적인 실업률과 지독한 궁핍의 원인 및 영향을 이해하려고 할 때 자연스런 유쾌함을 유지하는 것이 곤란한 것도 당연하다. 하지만 그럴 만한 것이다. 유쾌함 그 자체는 실업이나 빈곤이나 기아의 분석에 큰 도움이 되지 않는다.

그러나 꼭 충격적이지만은 않은 다양한 문제를 망라하는 경제학 일반은 어떤가? 행복의 관점을 수용하고 그것이 인간의 삶에, 따라서 좋은 경제정책에 중요하다는 것을 인정하는 데 도움이 되지 않는가? 이것이 이 장에서 제기할 첫 번째 문제이다.

두 번째는 개인의 복지나 우위성을 판단하는 데 행복의 관점이 얼마나 적합하냐는 것이다. 우리는 행복의 중요성에 정당한 가치를 부여하지 않거나 사람들의 복지를 평가할 때 그 중요성을 과대평가함으로써, 혹은 행복을 사회정의나 사회적 후생의 평가의 주요한 — 혹은 유일한 — 기초로 삼을 때 부딪히는 한계를 묵인함으로써 실수를 범할 수 있다. 이는 행복과 복지의 연관성을 고찰하는 것뿐만 아니라 행복이 자유와 역량의 관점과 어떻게 관계되는지 묻는 것과도 관련이 있다. 지금까지 역량의 중요성을 논의해 왔기 때문에 행복과 역량이라는 두 관점이 얼마나 다른지도 검토해야 한다.

세 번째는 역량이 개인의 복지와 어떤 관련이 있느냐는 것이다. 역량의 확대는 늘 복지를 증진시키는가? 그렇지 않다면 역량은 어떤 의미에서 '우위성'의 지표가 되는가?

이제 이러한 문제들을 검토하겠지만, 그 전에 역량의 관련성은 개인의 우위성을 보여 주는 역할에만 한정되지 않는다는 사실을 논의하고 싶다(역량이 행복과 경쟁할 수 있는 것은 이러한 역할에서이다). 역량은 적어도 하나의 관점에서는 개인의 의무와 책임에 대해서도 영향을 미치기 때문이다. 앞서 언급했듯이 역량은 일종의 힘이지만 행복은 분명 그렇지 않다. 이러한 대비는 도덕철학과 정치철학 일반에, 그리고 특히 정의론에 얼마나 중요한 의미를 갖는가?

행복, 역량, 책무

여기서 다룰 문제는 제9장(「공평한 이유의 복수성」)에서 논의한, 실질적인 힘이 갖는 책임과 관계가 있다. 계약론적 논의와 달리, 변화를 가져오는 실질적인 힘이 갖는 의무나 책임은 협력을 통한, 혹은 사회계약에서 형성된 책무에서 비롯된 공동이익의 상호성에서 발생하는 것이 아니다. 만일 누군가에게 세계의 부정의를 감소시킬 것이라 생각되는 변화를 가져올 힘이 있다면 (이를 협력의 가설적 틀에서 가상의 타산적 이익으로 변환할 필요 없이) 그것을 실천하는 것은 강력하고 이성적인 논의에 의해 정당화된다는 주장에 기초하는 것이다. 이는 능력과 힘의 유효성에 포함되는 책임에 관해 고타마 붓다가 분석한 것을 추적한 추론(붓다가 『숫타니파타』에서 제시한 논의)이지만, 많은 나라에서 여러 시대에 걸쳐 다양한 형태의 도덕철학과 정치철학에서 출현해 왔다.

자유 일반, 특히 행위주체적 자유는 개인이 갖고 있는 실질적인 힘의 부분이지만, 역량을 이러한 자유의 개념과 결부 지어 우위성의 개념으로서만 보는 것은 잘못이다 ─ 그것은 우리의 책임을 이해하는 데 중심적인 관심사이기도 하다. 이러한 고려는 정의론의 기본적인 정보요소로서 행복과 역량의 중대한 대비를 이끌어 낸다. 실질적 힘의 책임에 관한 논의가 인정될 때, 역량이 불가피하게 책임을 낳는 것과는 달리 행복은 책임을 발생시키지 않기 때문이다. 이러한 측면에서 한편으로 복지와 행복, 다른 한편으로 자유와 역량 간에는 중요한 차이가 있다.

역량은 사회윤리학과 정치철학에서, 우위성의 지표로서 행복 및 복지와 경쟁하는 것을 훨씬 뛰어넘는 역할을 담당한다. 이 차이는 왜 자유의 확대가 꼭 복지의 증대로 이어지는 것은 아닌지 설명하는 데 등장하겠지만, 여기서 ─ 적어도 직접적으로는 ─ 더 논의하지 않겠다. 그 대신 전통적인 후생경제학에서 행복의 관점을 강조하는 것과 달리, 개인적 상황과 우위성의 평가에서 인정되는 역량의 타당성에 집중할 것이다. 역량과 관계된 책임의 과제는 본서에서 제시하는 정의에의 접근 전반에 걸쳐 중요한 위치를 차지한다.

경제학과 행복

사태의 좋고 나쁨과 정책의 평가와 관련된 경제학의 일부인 후생경제학 분야는 행복을 평가 원리의 가장 중심에 두고 다양한 사람들의 복지와 우위성을 나타내는 유일한 지표라 간주해 온 긴 역사를 갖고 있다. 실로 오랫동안 ─ 한 세기 이상 ─ 후생경제학을 지배한 것은 특정한 하나의 접근, 즉 제러미 벤담이 근대적인 형태로 시작하고 경제사상가의 선도자들 가운데 특히 존 스튜어트 밀, 프랜시스 에지워스, 헨리 시지윅, 알프레드 마셜, A. C. 피구 등이 지지한 공리주의였다. 공리주의는 복지와 우위성을 평가할 때 행복에 특별히 중요한 지위를 부여하고 행복을 사회평가와 공공정책 수립의 근거로 활용했다. (존 로머가 훌륭하게 분석했듯이) 지금은 유력한 이론들이 많이 있지만, 공리주의는 아주 오랫동안 후생경제학의 '공식이론'과 같은 것이었다.[1]

오늘날에도 후생경제학의 대부분은, 적어도 그 형식은 여전히 공리주의적이다. 그럼에도 인간의 삶에서 행복이 중요하다는 것은 현대 경제 문제의 지배적 담론에서 자주 무시되어 왔다. 세계의 많은 나라에서 사람들이 더 부유해지고 과거 어느 때보다 실질적으로 더 많은 소득을 지출하게 되었지만, 이전보다 특별히 더 행복하다고 느끼지 않는다는 실증적 증거는 상당히 많이 있다. 경제성장이야말로 빈곤과 불행을 포함한 모든 경제적 질병의 만병통치약이라는 고지식한 옹호자들의 암묵적 전제에 관해 설득력 있고 실증적으로 뒷받침된 의문이, 리처드 이스털린 Richard Easterlin의 유명한 논문 제목을 따오면 '모두의 소득을 인상하면 모두의 행복도 커지는가?'라는 물음으로 제기되어 왔다.[2] 경제적으로 번영한 사회에서의 삶에 나타나는 '기쁨 없음'의 특성과 원인에 관해서도 많은 경제학들이 주목해 왔고, 그들은 효용수준이 항상 소득과 부의 증가와 더불어 증가할 것이라는 단순한 함수적 가정을 넘어설 준비를 해 왔다. 티보 시토브스키 Tibor Scitovsky의 (그의 유명한 책 제목을 인용하면) '기쁨이 없는 경제' 분석 ─ 일부는 경제학적, 또 일부는 사회학적 ─ 은 이 도외시되어 온 분야의 획기적인 연구였다.[3]

인간의 삶에서 행복의 중요성을 의심할 이유는 거의 없으며, 소득의 관점과 행복의 관점 간의 긴장이 마침내 주류파의 주목을 더 많이 받게 된 것은 좋은 일이다. 나는 오래된 친구 리처드 레이어드 Richard Layard와 논쟁을 할 기회가 많았지만(이제 그 논쟁 중 몇 가지에 관해 논의할 것이다), 그의 매력적이고 전투적인 저서 『행복: 새로운 과학으로부터의 교훈』 Happiness: Lessons from a New Science의 집필 계기인 역설에 대한 광범위한 연구의 중요성은 아무리 강조해도 지나치지 않다. "우리의 삶의 핵심에는 역설이 있다. 대부분의 사람들은 더 많은 소득을 바라고 얻고자 노력한다. 그렇지만 서양사회가 더 부유해질수록 사람들은 더 행복해지지 않았다."[4] 제기해야 할 물음은 인간의 삶에서 행복의 중요성이 충분히 인정되어야 비로소 생겨난다. 행복은 생활양식에 광범위한 영향을 미치며, 그에 따라 소득과 행복의 관계는 소득 지향적 이론가들이 추정하는 것보다 훨씬 더 복잡하다는 사실을 인식해야 하는 것이다.

그 물음은 인간의 삶의 질을 측정하는 다른 방식들의 현황, 사는 방식에서의 자유의 중요성과 관계되며, 이러한 다른 관심사들은 중요하지 않은지, 혹은 효용에 부수적인지, 혹은 행복을 증대시키는 결정요인 ─ 혹은 수단 ─ 으로서의 역할에 관해서만 봐야 하는지가 문제가 된다. 문제의 핵심은 행복의 중요성이 아니라, 행복 관점의 옹호자들이 중요하다고 여기는, 소위 다른 모든 것의 무가치이다.

행복의 범위와 한계

행복이 극히 중요하다는 것은 부정하기 어려우며, 우리 자신과 사람들의 행복을 촉진해야 하는 것은 당연하다. 리처드 레이어드는 행복의 관점을 강력하고 유쾌하게('행복 창조적'이라 해야 할 것이다) 옹호하면서 우리가 난처한 문제를 논의할 능력을 조금 과소평가하는 것 같은데, 그의 주장이 무엇을 의미하는지 쉽게 알 수 있다. "왜 행복이 중요하냐고 묻는다면 더 이상 외적인 이유를 들 수는 없다. 단지 명백히 중요하기 때문이다."[5] 분명 행복은 중대한 달성이고, 그 중요성은 누가 보아도 분명하다.

문제는 '행복은 궁극적인 목표이다. 다른 목표와는 달리 자명하게 좋기 때문이다'라는 주장에서 발생한다. 레이어드는 "미국 독립선언문은 스스로 '자명한' 목적이라고 말한다"는 사실을 지적한다.[6] (사실 미국 독립선언문이 말한 것은 모든 사람이 '양도할 수 없는 권리를 신에게서 부여받은' 것이 '자명'하다는 것이며, 저 다양한 권리들의 목록 가운데서 행복에의 권리가 전적으로 '다른 목표와는 달리' 나타나는 것은 아니다.) 자명하게 좋아 보이는 것에 관해 사람들이 생각해 왔고 계속해서 생각하려는 방식과 쉽게 공명하지 않는 다른 것들 ― 자유, 평등, 박애 혹은 무엇이든 ― 이 궁극적으로 중요하지 않다는 주장이다. 이는 2세기도 더 지난 프랑스혁명에서 무엇이 사람들을 움직였는지, 혹은 정치적 실천에서든 철학적 분석에서든 오늘날 사람들이 무엇을 옹호하는지 검토해도 마찬가지이다(철학적 분석에는 로버트 노직이 자유의 중요성이 가진 자명한 성질을 크게 강조하고, 로널드 드워킨은 최상의 덕으로서의 평등에만 주목하는 것 등이 포함된다).[7] 레이어드의 바람처럼 행복에 독보적인 위치를 부여하려면 '자명하게 좋다'고 지적만해서는 안 되며 그 이상의 추론이 필요하다.

행복의 기준을 옹호할 때 '더 이상 외적인 이유를 들 수는 없다'는 레이어드의 강력한 신념에도 불구하고 실제 그는 그러한 이유를 부여한다 ― 실로 그럴듯한 이유를. 레이어드는 역량의 주장에 대해 반론하면서 다음과 같은 비판적 논의를 제시한다. "그러나 만일 사람들이 느끼는 바에 따라 목표를 정당화할 수 없다면 온정주의paternalism의 실제 위험이 존재한다"(원저 p. 113). 온정주의의 회피는 행복이 갖는 논의의 여지가 없는 자명한 좋음과 달리 확실히 외적 이유이다. 레이어드는 절망적으로 빈곤한 자는 자신의 빈곤에 적응하여 빈곤을 퇴치하지 않고 삶을 더 견딜 수 있게 만든다는 데 주목하는 사회관찰자에 대해 온정주의의 혐의 ― "신을 연기하고 타인에게 무엇이 좋은지 결정한다" ― 를 적용한다.

그의 실천적 전제는 그의 지적 끝부분에 나타나 있는데, "타인은 절대 그렇게 생각하지 않는데도 우리가 그들에게 좋다고" 생각하는 것을 하지 말도록 요청한다(*Happiness*, pp. 120~121). 이는 레이어드가 논박하려는 관점의 소유자에게 공정한가? 지속되는 빈곤을 비이성적으로 받아들이는 것을 비판하는 자가 바라는 것은, '잘 적응한' 빈곤자가 불평할 만한 이유를 보고 느끼게 될 것이라는 기대를 가지고 영원한 약자를 괴롭히고자 더욱더 추론하는 것이다. 제7장(「위치, 타당성, 환상」)에서 이미 언급했듯이, 전통주의적인 인도에서 여성들이 자신들의 예속을 복종적으로 고민 없이 받아들인 것은 수십 년간 사회변화를 요구하는 '창조적 불만'에 자리를 내어주었고, 이러한 변화에서는 여성들이 종속적인 역할을 불평이나 불안 없이 소극적으로 받아들인 것을 문제로 삼은 것이 중요한 역할을 했다.* 만성적 빈곤의 용인에 관한 쌍방향적 공적 추론의 역할은 크며 보통 여성운동에 의해 이끌려졌지만, 더 일반적으로는 인도의 불평등의 다양한 원천에 대한 급진적인 정치적 재검토를 통해서도 이루어졌다.

우리는 즉각적인 느낌에 의해 잘못 이끌리고 있지 않다는 것을 확인하기 위해, 신념과 정신적 반응의 신뢰성에 관한 숙려를 통해 스스로, 그리고 공적 토론을 통해 서로서로 추론할 수 있고, 또 그렇게 행하고 있다. 자신의 성향(예컨대 '그 정의'가 '그 도둑'을 비난하는 것을 무비판적으로 받아들이는 성향)을 평가할 수 있으려면 타인의 입장에 서야 한다는 리어왕의 주장에서부터, 고대 아테네의 지적 영광 아래에서조차 문화적으로 고립된 사람들이 그 사회에 만연한 영아 살해의 통례에 관해 자신들이 느끼는 긍정적인 감정을 검토할 이유가 있다는 애덤 스미스의 논의에 이르기까지, 검토되지 않은 감정에 대한 추론의 필요성은 설득력 있게 옹호될 수 있다.**

이는 오늘날 의료, 식습관, 흡연 등에 관한 공교육의 역할에도 들어

---

* 내 친구 리처드 레이어드가 벤담이라는 극단에서 밀 쪽으로 조금 더 가까이 가기를 바란다.

** 삶, 신념, 실천에 관한 집요한 재검토의 경우를 훌륭하게 분석한 것으로 Robert Nozick, *The Examined Life: Philosophical Meditations*(New York: Simon & Schuster, 1989) 참조.

맞으며, 이민, 인종적 불관용, 의료권의 결여, 여성의 사회적 지위와 같은 주제에 관해 소위 온정주의 논쟁을 불러일으키지 않고 공개토론을 통해 논의할 필요성을 이해하는 것과도 관계된다. 많은 사회에서의 경험이 증명하듯이, 다양한 추론을 통해 다른 것에 우선하는 '느낌'과 검토되지 않은 감정이 쥐고 있는, 의심받지 않는 헤게모니에 도전할 수 있다.

행복의 증거적 관심

행복은 그 자체로 중요하기는 하지만 가치를 인정받는 유일한 것일 수 없고, 다른 것의 가치를 측정하는 유일한 기준일 수도 없다. 하지만 행복하다는 것에 그러한 절대적 역할이 부여되지 않을 때, 그것은 특별히 매우 중요한 인간적 기능으로 여겨질 수 있다. 마찬가지로 행복의 역량은 우리가 가치 있다고 여기는 자유의 주요한 측면이다. 행복의 관점은 인간의 삶의 결정적으로 중요한 부분을 비춘다.

행복은 그 자체의 중요성뿐만 아니라 증거로서의 관심과 적절성도 갖추고 있다고 볼 수 있다. 우리가 가치 있다고 여기는 (그리고 여길 만한) 다른 것들을 달성하면 우리의 행복감에 영향을 준다 — 그 충족감이 행복감을 만들어 낸다 — 는 사실에 주목해야 한다. 우리가 달성하려는 것을 달성했을 때 기쁨을 느끼는 것은 자연스럽다. 마찬가지로, 가치 있다고 여기는 것을 얻는 데 실패하면 실망의 원인이 될 수 있다. 이처럼 행복과 좌절은 목적 달성의 성공과 실패와 각각 관련되어 있다 — 어떤 목적이든. 이는 사람들이 가치를 인정하고 또 인정할 만한 것을 얻는 데 성공했는지 아니면 실패했는지 확인하는 데 중요한 상황적 증거가 될 수 있다.

그러나 이러한 관련성을 인식했다고 해서 우리가 어떤 것을 가치 있다고 여기는 것은 단지 그것을 얻지 못했을 때 느낄 좌절감을 피하기 위해서라는 신념으로 이끌릴 필요는 없다. 어떤 목적에 가치를 두는 이유를 알면(그 목적이 단순한 행복 추구와 거리가 있을지라도), 왜 우리가 달성하려는 것을 달성했을 때 현저하게 행복감을 느끼고 실패했을 때는 좌절감을 느끼는지 설명하는 데 실제로 도움이 된다. 이처럼 행복은 대체로 인생의 성공 및 실패와 관계되는 지시적 이점이 있다. 행복이 우리가 추구하는, 혹은 추구할 만한 유일한 것이 아닐지라도 그렇다.

공리주의와 후생경제학

이제 경제학 일반과 특히 (관심 주제로서, 정책수립의 지침으로서 복지를 다루는) 후생경제학이라 불리는 분야에서 행복이 어떻게 취급되는지 살펴보자. 벤담, 에지워스, 마셜, 피구와 같은 공리주의자는 사회적 선善의 순위짓기나 선택의 문제를 단지 개인적 후생의 총계에 기초하여 해결해야 한다고 주장했다. 그리고 그들은 개인의 후생을 개인의 '효용'으로 나타난다고 파악하고, 효용을 개인의 행복과 동일시했다. 그들은 또한 사람들 사이에 발생하는 후생과 효용의 분배적 불평등 문제를 무시하는 경향이 있었다. 그처럼 모든 대안적 상황은 각 상황에서 발견되는 행복의 총계에 의해 판단되고, 정책 대안도 각 정책에서 비롯되는 '행복 전체'에 의해 판단되었다.

1930년대에 들어 경제학자들이 라이오넬 로빈스Lionel Robbins 등이 제시한 효용의 개인 간 비교는 어떤 과학적 근거도 없고 합리적으로 이루어질 수 없다는 논의에 동의하면서 후생경제학은 큰 타격을 입었다. 한 개인의 행복은 타인의 행복과 어떤 방법을 통해서도 비교될 수 없다고 주장되었다. 로빈스는 "사람의 마음은 다른 사람에게 불가해하며, 감

정의 공통분모는 있을 수 없다"는 제본스W. S. Jevons의 말을 인용하면서 논의했다.[8]

이러한 도전은 큰 문제를 불러일으켰는데, 바로 삶의 기쁨과 고통에 대한 비교평가의 그럴듯한 규칙이 존재하기 때문이다. 의심과 논란의 여지는 남을지언정 왜 개인 간 비교에 관해 합의가 용이하게 이루어지고 그로부터 부분순위가 만들어지는지 이해하는 것은 그리 어렵지 않다(이에 관해서는 다른 곳에서 논의했다).* 이러한 합의는 서로 다른 개인의 행복을 기술하는 언어에도 반영되어 있고, 개개인이 서로 완전히 고립된 섬에 놓여 있지 않다는 것을 의미한다.** 만일 개인 간 비교가 아무것도 전하지 않는다면 『리어왕』의 비극을 이해하기 힘들 것이다.

그러나 경제학자들이 효용의 개인 간 비교를 이용하는 것은 방법론상 잘못이라고 — 너무나 성급하게 — 확신했기 때문에 공리주의적 전통의 완전한 해석은 머지않아 1940년대와 50년대에 효용이나 행복에 의존하는 정보적으로 빈곤한 해석에 자리를 내주었다. 그것은 '신후생경제학'으로 알려지게 되었다. 이는 **오로지** 효용에만 계속 의존하면서('후생주

---

* 나의 『집단선택과 사회후생』 참조. 거기서 나는 사회선택이론에서 후생의 개인 간 비교가 부분순위의 형태로 체계적으로 이용될 수 있다고 논의했다. 또한 나의 논문 'Interpersonal Comparisons of Welfare', in *Choice, Welfare and Measurement*(Oxford: Blackwell, 1982 republished, Cambridge, MA: Harvard University Press, 1997) 참조. 또 Donald Davidson, 'Judging Interpersonal Interests', in Jon Elster and Aanund Hylland (eds), *Foundations of Social Choice Theory*(Cambridge: Cambridge University Press, 1986) 및 Allan Gibbard, 'Interpersonal Comparisons: Preference, Good, and the Intrinsic Reward of a Life', in Elster and Hylland(eds), *Foundations of Social Choice Theory*(1986) 도 참조할 것. 관련 문제에 관해서는 Hilary Putnam, *The Collapse of the Fact/Value Dichotomy and Other Essays*(Cambridge, MA: Harvard University Press, 2002)[『사실과 가치의 이분법을 넘어서』, 노양진 옮김, 서광사, 2010] 참조.
** 객관성의 측면을 반영하는 언어의 엄격성에 관해서는 제1장 「이성과 객관성」 및 제5장 「공평성과 객관성」에서 논의했다.

의'라 불린다) 개인 간 비교를 완전히 제거한 형식을 취한다. 후생경제학의 '정보적 기초'는 효용에 편협하게 한정되어 있지만, 효용 정보의 이용이 허용되는 방식은 효용의 개인 간 비교의 금지에 의해 더욱더 제한된다. 개인 간 비교가 빠진 후생주의는 사회적 판단을 위한 정보적 기초가 사실상 너무 제한적이다. 한 개인이 그의 어떤 상황에서 더 행복한지는 논의할 수 있지만, 한 개인의 행복을 타인의 행복과 비교할 수는 없는 것이다.

정보적 한계와 불가능성

케네스 애로가 유명한 '불가능성정리'를 제시한 것은 사회복지에 관해 용인되는 공식을 탐색하고 있는 문맥에서이다. 그의 『사회적 선택과 개인적 가치』(1951)*Social Choice and Individual Values*는 사회선택이론의 새로운 분야를 개척했다.[9] 제4장 「목소리와 사회적 선택」에서 논의했듯이 애로는 사회적 선택이나 판단과 관련된 아주 가벼워 보이는 조건들을 개인적 선호로 고려하고 사회적 평가의 절차가 만족시켜야 할 최소한의 요건으로 보았다. 애로는 이러한 힘들지 않아 보이는 조건들을 동시에 만족시키는 것이 불가능하다는 것을 보였다. '불가능성정리'는 후생경제학을 심각한 위기에 빠뜨렸고, 그것은 실로 경제학뿐만 아니라 사회학 및 정치학의 역사에서도 획기적인 사건이었다.

개인적 선호에 기초한 사회선택의 문제를 정식화할 때, 그는 (그때까지 지배적이었던 관례에 따라) "효용의 개인 간 비교는 의미가 없다"라는 관점을 취했다.[10] 개인적 효용에만 의존하는 것과 효용의 개인 간 비교를 부정하는 것의 조합은 불가능성정리를 촉발시키는 데 결정적인 역할을 했다.

이 곤란한 상황의 한 측면을 살펴보자. 예를 들어 하나의 케이크를 두 명 이상의 개인에게 분배하는 여러 방법 중 하나를 선택하는 문제를 생각해 보자. 애로가 1951년에 만든 틀에서 제시한 정보의 이용 가능성과 관련해서는 부자와 가난한 자를 식별하는 데 필요한 어떤 공평의 개념도 실제 도출할 수 없다는 것이 드러났다. 만일 '부유함'이나 '가난함'이 소득이나 재화의 소유에 의해 정의된다면, 그것은 오로지 효용에만 의존한다는 요건 때문에 애로의 체계에서 직접 파악할 수 없는 비효용적 특징이다. 그렇지만 개인의 '부유함'이나 '가난함'을 행복 수준의 높낮이에 따라 식별할 수도 없다. 왜냐하면 역시 배제되어 있는, 행복이나 효용의 개인 간 비교를 포함하기 때문이다. 이러한 틀에서 공평의 문제는 응용 가능성을 근본적으로 잃고 있다. 개인의 상황을 나타내는 지표로서의 행복의 정도는 개개인에게 **따로** 적용될 수는 있지만 — 두 개인 간 행복 수준의 비교 없이 — 불평등을 평가하거나 공평의 요건에 주목하기 위해서는 행복의 측정은 이용될 수 없다.

이 모든 정보적 제한은 우리에게 실제로 (다수결과 같은) **투표**방법의 다른 형태인 의사결정 절차만을 남겨 둔다. 그 경우 개인 간 비교가 필요하지 않기 때문에 투표절차는 애로의 정보적 틀에서도 이용 가능하다. 그러나 그러한 방법에는 정합성의 문제가 있고(제4장에서 논의했다), 이는 콩도르세와 보르다를 대표로 하는 프랑스 수학자들이 200년 이상이나 앞서 제기한 것이다. 예컨대 선택지 A가 다수결에 따라 B를 물리칠 수 있고, 또 다수결에 따라 B가 C를, 다시 C가 A를 물리칠 수 있다. 그때 우리에게는 사회적 판단에 독재적 방법을 채용할 (즉, '독재자' 한 개인에게 맡김으로써 그의 선호가 사회적 순위짓기를 결정할 수 있는) 불쾌한 가능성이 남겨진다. 물론 독재적 의사결정은 지독하게도 정합적이겠지만, 분명 정치적으로 용인될 수 없는 의사결정 방법이며, 사실 애로의 조건('비독재'의 조건)에 의해서도 명시적으로 배제되어 있는 것이다. 애로의 불가능성은 이렇게 해서 탄생했다. 곧 애로의 정리의 그늘 아래 또 다른 불가능성의 결과들이 많이 등장했는데, 공리는 서로 달랐지만 이끌어 낸 실망스러운 결론은 비슷했다.

그러한 불가능성을 해결할 수단과 방법은 그 비관적인 시기 이후 광범위하게 탐구되어 왔는데, 무엇보다 (특히 경제적·사회적 문제에 적용될 때의 투표체계처럼) 정보가 결핍된 결정체계의 부정적인 함의를 극복하기 위해서는 사회선택의 정보적 기초를 강화하는 것이 필요하다는 것이 분명해졌다. 먼저, 이해득실의 개인 간 비교가 그러한 사회적 판단에서 중심적인 역할을 부여받아야 한다는 것이다. 만일 효용이 개인의 우위성을 나타내는 지표로 선택된다면, 실행 가능한 사회적 평가체계에서 결정적으로 필요해지는 것은 효용의 개인 간 비교이다.

이는 우위성이나 효용에 관한 개인 간 비교를 행하지 않는 사회적 선택의 메커니즘이 가능하다는 것을 부인하지는 않지만, 정의의 요건을 충족하는 데 그러한 메커니즘이 필요하다는 주장은 사람들의 복지와 상대적 우위성을 동일한 척도로 비교할 수 없기 때문에 약화된다.* 혹은 앞서 논의했듯이, 사회적 선택에서 개인의 선호순위라는 형태의 정보요소는 효용이나 행복의 등급 이외의 다른 방식으로도 해석될 수 있다. 애로 자신도 이를 지적했고, 사회적 선택체계의 정합성에 관한 논쟁은 사회적 선택체계의 수학적 모델에 도입되는 변수를 재해석함으로써 더 넓은 무대로 옮겨질 수 있다 — 실제 그렇게 되어 왔다. 이 문제는 제4장(「목소리와 사회적 선택」)에서 논의했는데, 확실히 '목소리'는 행복의 개념과는 매

---

* 그러한 사회적 선택의 좋은 예로 존 내시John Nash가 확립한 '교섭문제'의 고전적 모델 ('The Bargaining Problem', *Econometrica*, 18(1950))뿐만 아니라 최근의 혁신적인 연구로서 마르크 플뢰르베이Marc Fleurbaey의 제도론적 탐구('Social Choice and Just Institutions', *Economics and Philosophy*, 23(2007) 및 *Fairness, Responsibility, and Welfare*(Oxford: Clarendon Press, 2008))를 들 수 있다. 플뢰르베이는 과정의 균형을 추구하지만 복지의 개인 간 비교를 명시적으로 언급하지는 않는다.

우 다른 — 여러모로 더 융통성 있는 — 개념이다.[11]

이러한 문맥에서, 사회적 평가의 기반으로서 효용 — 행복이나 욕구 충족으로 해석되는 — 에만 의존하는 것이 현명한지, 다시 말해 후생주의를 받아들일 수 있는지 강력한 의문이 제기되었다. 일반적인 관점에서 후생주의는 그 자체로 사회윤리에의 매우 특별한 접근법이다. 이 접근법의 큰 한계 중 하나는, 개인의 후생이 동일할지라도 사회적 장치, 기회, 자유와 개인의 독립성이 상이하기 때문에 전반적인 사회적 상황이 전혀 다를 수 있다는 사실이다.

후생주의는 이처럼 다양한 (비효용적) 특징에 직접 주의를 기울이지 않고, 오로지 그것들과 결부된 효용이나 행복에만 주목하여 평가할 것을 요구한다. 하지만 효용 수치가 완전히 동일해도 어떤 경우에는 매우 필수적인 인간의 자유가 심각하게 침해될 수도 있고 다른 경우에는 그렇지 않을 수 있다. 혹은 인정되어야 할 개인의 권리가 부정되거나 그렇지 않을 수도 있다. 이처럼 다른 측면에서 무엇이 일어나는지 관계없이, 후생주의는 각각의 평가에서 그 차이들을 무시하고, 발생한 총 효용에 의해서만 판단할 것을 여전히 요구한다. 다양한 상황이나 정책을 평가할 때 효용이나 행복 이외의 모든 것에 본질적인 중요성을 전혀 부여하지 않는다는 것은 상당히 이상한 주장이다.

이러한 무시는 실질적 기회 — '적극적' 자유라 불리는 것(예컨대 무료 혹은 경제적으로 감당할 수 있는 학교교육을 받을 자유나 기본적인 의료서비스를 받을 자유) — 를 포함하는 자유에도 강력히 적용되지만, 국가나 타인으로부터 거슬리는 간섭을 받지 않을 '소극적' 자유(예컨대 개인적 자유의 권리)에도 적용된다.* 후생주의는 규범적 평가와 후생경제학의 매우 제한

---

* 여기서 주의해야 할 점은, 후생경제학에서 사용되는 '적극적' 자유와 '소극적' 자유 간의 구별은 이사야 벌린이 1969년의 옥스퍼드 강의 「자유의 두 개념」에서 보여 준 철학적 대비

된 관점을 요구한다. 효용을 중요하다고 여기는 것은 마땅하지만, 그 이외의 모든 것은 중요하지 않다고 주장하는 것은 전혀 별개의 것이다. 특히 사회적 장치를 평가할 때 자유는 중요하게 고려되어야 한다.

둘째, 개인의 후생을 행복의 정도나 욕망의 충족으로서만 보는 특정 공리주의적 해석은 정보적 제약을 훨씬 더 강화한다. 개인의 복지에 대한 이러한 편협한 관점은 빈곤의 **개인 간** 비교를 행할 때 특히 제한적일 수 있다. 이 문제는 여기서 더 논의할 필요가 있다.

행복, 복지, 우위성

행복이나 욕구충족에 기초한 공리주의적 계산은 지속적으로 빈곤한 사람들에게 매우 불공정할 수 있다. 우리의 정신구조와 욕망은 특히 불리한 환경에서 견딜 수 있도록 상황에 적응하려는 경향이 있기 때문이다. 편협한 공동체에서 탄압받는 자, 착취적인 산업체계에서 악조건으로 일하는 자, 불확실성의 세계에 살고 있는 위태로운 소작인, 혹은 몹시 성차별적인 문화에서 복종을 강요받는 주부 등 전통적으로 억압받는 자들이 자신의 삶을 조금 더 견딜 수 있게 만드는 것은 절망적인 곤경과의 '타협'을 통해서이다. 절망적으로 궁핍한 사람들은 근본적인 변화를 요구할 용기가 부족하고, 자신의 욕구와 기대를 실현 가능해 보이는 작은 것에 맞추어 버리는 경향이 있다. 그들은 자그마한 이득에도 기쁨을 느끼도록 스스로를 훈련하는 것이다.

만성적 역경에 놓인 사람들에게 그러한 적응의 실질적 이점은 쉽게

와는 상당히 다르다는 것이다. 벌린의 초점은 개인이 가치를 인정할 만한 것을 행할 능력에 부과되는 **내적** 제약과 **외적** 제약의 차이점에 있었다. Berlin, *Four Essays on Liberty* (London: Oxford University Press, 1969) 참조.

이해할 수 있다. 바로 지속적 궁핍 속에서도 평온히 살아갈 수 있는 하나의 방법인 것이다. 하지만 그러한 적응은 행복이나 욕구충족이라는 형태의 효용 척도를 왜곡하는 결과를 낳기도 한다. 기쁨이나 욕구충족의 관점에서, 절망적으로 억압받는 자의 불리한 상황은 빈곤과 부자유의 정도를 더 객관적으로 분석하는 데 기초하여 드러나는 것보다 훨씬 작아 보일 수 있다. 기대와 지각의 적응은 여성의 상대적 빈곤을 포함한 사회적 불평등의 영속화에 특히 중요한 역할을 한다.*

최근 행복의 관점은 리처드 레이어드뿐만 아니라 다른 사람들로부터도 강력한 지지를 받고 있다.[12] 이처럼 행복의 공리주의적 관점이 다시 옹호될 때 — 제러미 벤담이 정식화한 18세기 계몽주의철학의 부활이 시도될 때 — 동반되는 문제점을 분명히 해 두는 것이 중요하다.[13] 우리는 이러한 주장을, 특히 지금까지 지속적 빈곤과 관계된 행복의 적응적 척도에 관해 언급한 것을 부정하지 않고 받아들일 수 있는지 — 그리고 어느 정도까지 받아들일 수 있는지 — 검토해야 한다.

이러한 문맥에서 매우 중요한 것은, 복지의 개인 간 비교와 동일인의 상황 간 비교를 구별하는 것이다. 적응적 현상은 만성적으로 빈곤한 자의 고충을 과소평가함으로써 특히 효용의 개인 간 비교의 신뢰도에 영향을 미친다. 그들은 잠시 한숨만 돌려도 실제 빈곤의 제거 — 심지어는 상당한 감소 — 없이 정신적 고통이 경감되기 때문이다. 삶에서 작은 기쁨

---

* 나는 빈곤에 대한 효용 척도의 적응적 조정이 미치는 광범위한 영향에 관해 다음의 저작들에서 논의했다. 'Equality of What?' in S. McMurrin(ed.), *Tanner Lectures on Human Values*, vol. I(Cambridge: Cambridge University Press, 1980); *Resources, Values and Development*(Cambridge, MA: Harvard University Press, 1984); *Commodities and Capabilities*(Amsterdam: North-Holland, 1985 Delhi: Oxford University Press, 1987). 또한 Martha Nussbaum, *Women and Human Development: The Capability Approach* (Cambridge: Cambridge University Press, 2000)도 참조할 것.

을 만들어 내는 능력 때문에 그들의 불리한 상황을 간과하는 것은 사회 정의의 요건을 제대로 이해하는 데 좋은 방법이 될 수 없다.

이는 동일인의 상태를 비교하는 경우에는 그리 심각한 문제는 아닐 것이다. 행복은 삶의 질과 관련된 다른 모든 측면을 대변하는 좋은 지표는 아닐지라도 삶의 질과 무관하지도 않기 때문에, 적응적 기대를 통해, 그리고 욕망을 더 '현실적'이게 만듦으로써 기쁨을 창조하는 것은 그것을 달성하는 개인에게는 순이익으로 보일지도 모른다. 따라서 이는 행복과 욕구충족이 지속적 빈곤에 적응하여 발생되었을 때조차 그것들에 중요성을 부여하는 논의라 볼 수 있다. 어떤 의미에서 그러한 인식은 명백하다. 그러나 행복 척도를 사용하는 것이, 그것으로는 결코 잘 판단될 수 없는 다른 빈곤의 중요성을 무시하는 결과를 낳는다면, 동일인에게조차 상당히 그릇된 방법일 수 있다.

분명 사회적 환경과 지각의 관계는 효용이라는 정신적 척도에 또 다른 문제도 불러일으킨다. 우리의 지각이 우리가 실제로 겪고 있는 빈곤을 모른 체하는 경향이 있기 때문인데, 이는 더 분명하고 더 많은 정보에 기초한 이해를 통해 이끌어 낼 수 있다. 이 문제를 건강과 행복에 관한 예를 통해 살펴보자.

건강: 지각과 측정

건강상태를 평가할 때 생기는 문제 중 하나는, 자신의 건강에 대한 이해가 의학적 지식의 결여와 잘못된 상대적 정보에 의해 제한될 수 있다는 사실이다. 더 일반적으로, 환자 자신의 지각에 기초한 건강의 '내적' 관점과 훈련된 의사나 병리학자의 소견과 검사에 기초한 '외적' 관점 사이에 개념적 대비가 존재한다. 이 두 관점은 종종 유익하게 결합될 수 있지만(좋은 의사는 양쪽에 관심을 가질 것이다), 각각에 기초한 평가 사이에는 큰 갈등이 존재할 수도 있다.[14]

최근 외적 관점은 특히 아서 클라인만Arthur Kleinman 등의 뛰어난 인류학적 분석에 의해, 질병과 건강을 멀리서 덜 세심하게 보는 관점을 취한다고 상당한 비판을 받고 있다.[15] 이러한 연구는 고통을 질병의 중심적 특징으로 보는 것이 중요하다는 것을 이끌어 낸다. 기계적으로 관찰된 의료통계를 통해서는 나쁜 건강의 이러한 차원을 적절히 이해할 수 없다. 비트겐슈타인이 지적했듯이 고통은 자각의 문제이기 때문이다. 만일 당신이 고통을 **느낀다**면 고통이 **있는** 것이고, 고통을 **느끼지 않는다**면 어떤 외적 관찰자도 당신에게 고통이 **없다**는 견해를 정당히 부정할수 없다. 따라서 질병의 이러한 측면을 다룰 때, 건강정책의 계획, 경제 자원의 할당, 비용편익의 분석을 담당하는 자들이 의존해 온 실증적 자료에는 근본적인 결함이 있을 수 있다. 이러한 문제에 관해 인류학적 연구가 제공하는 풍요로운 통찰력을 받아들여야 한다.

사실 공중보건 정책이 환자들이 겪는 실제 고통과 치료의 경험에 부적절하게 대응하고 있다고 주장하는 것은 상식적이다. 다른 한편으로, 최근뿐만 아니라 과거에도 등장했던 이 논쟁을 평가할 때, 내적 관점이 갖는 광범위한 한계에 관해서도 고려해야 한다.* 지각적 평가에서 내적 관점의 우선성은 논쟁의 여지가 없지만, 의료행위는 나쁜 건강의 지각적 차원(틀림없이 중요할지라도)에만 관계되는 것이 아니다. 의료 문제에 관해 환자 자신의 관점에만 의존할 때 발생하는 문제는, 환자의 내적 관점

---

* 자기 보고에 따른 이환율은 이미 사회통계의 일부로서 널리 이용되고 있는데, 이러한 통계의 검토는 의료서비스에 관한 공공정책과 의료적 전략을 완전히 오도할 위험성을 불러온다. 나는 그에 동반되는 문제점에 관해 'Health: Perception versus Observation', *British Medical Journal*, 324(April 2002)에서 논의했다.

이 그의 지식과 사회적 경험에 따라 심각하게 제한될 수 있다는 사실이다. 질병이 만연하고 의료시설은 거의 없는 공동체에서 자란 사람은 임상적으로 예방 가능한 특정 증상을 '정상적'이라고 여길 수 있다. 적응할 수 있는 욕망과 기쁨처럼, 사회적 환경에의 적응이 모호한 결과를 초래하는 문제도 있다. 이에 관해서는 제7장(「위치, 타당성, 환상」)에서 논의한 바 있다.

'내적' 관점은 (지각과 관련된) 특정 정보에 대해서는 특권이 주어지지만, 그 밖의 정보에 대해서는 큰 결함을 가질 수 있다. 질병 자각의 통계를 질병과 치료에 관한 교육수준, 의료시설의 접근성, 공적 정보에 주목하면서 사회적으로 위치시킬 필요가 있다. 건강의 '내적' 관점은 주목할 만하지만, 의료서비스나 의료전략을 평가할 때 그것에 의존하면 극히 잘못된 방향으로 갈 수도 있다.

그러한 인식은 보건정책, 더 일반적으로는 좁게 정의된 '보건정책' 이외의 수많은 변수(예컨대 일반교육과 사회적 불평등)로부터도 영향을 받는 좋은 건강을 위한 정책과도 관련이 있다.* 그러나 현재의 논의에서 건강

---

* 보건정책 자체와 건강의 증진을 낳는 정책 간의 중요한 차이를 광범위하게 연구한 것으로 제니퍼 프라 루거Jennifer Prah Ruger의 'Aristotelian Justice and Health Policy: Capability and Incompletely Theorized Agreements', Ph.D. dissertation, Harvard University, 1998(to be published by Clarendon Press as *Health and Social Justice*) 참조. 또한 그녀의 'Ethics of the Social Determinants of Health', *Lancet*, 364(2004) and 'Health, Capability and Justice: Toward a New Paradigm of Health Ethics, Policy and Law', *Cornell Journal of Law and Public Policy*, 15(2006) 및 스리다르 벤카타푸람Sridhar Venkatapuram의 박사학위논문 'Health and Justice: The Capability to Be Healthy', Ph.D. dissertation, Cambridge University, 2008도 참조할 것. 마이클 마멋Michael Marmot이 이끈 세계보건기구WHO의 '건강의 사회적 결정요인 위원회Commission on Social Determinants of Health'에서는 건강의 결정요인을 폭넓게 이해하는 정책적 함의가 검토되었다(World Health Organization, *Closing the Gap in a Generation: Health Equity through Action on the Social Determinants of Health*(Geneva: WHO, 2008)).

의 지각과 실제 건강상태 간의 간극이 가져오는 것은 복지를 평가할 때 주관적 평가의 관점이 가진 한계이다. 행복, 기쁨 그리고 고통은 그 자체로 중요하지만, 그것들을 복지의 모든 측면에 적용되는 범용 지표로 취급하는 것은 적어도 부분적으로는 무모한 것이다.

복지와 자유

이제 세 번째 문제를 살펴보자. 역량은 개인의 복지와 어떻게 관계되는가? 그와 관련하여 역량의 확대는 언제나 후생을 향상시키는지도 물어야 한다.

이미 논의했듯이 역량은 자유의 한 측면이며, 실질적 기회에 특히 주목한다. 역량의 평가가 개인의 복지를 나타내는 좋은 지표라는 주장은 두 가지의 중요한 구별, 즉 (1) 행위주체와 복지의 구별, (2) 자유와 달성의 구별에 의해 제한된다. 다른 문맥에서의 이 두 차이는 본서의 앞쪽에서 언급했다. 그러나 역량과 복지의 관계를 평가하기 위해서는 이 차이들에 관해 더 직접적으로 논의해야 한다.

첫 번째는 개인의 복지 증진과, 행위주체로서 전반적인 목표를 달성하기 위한 개인의 노력 간 구별이다. 행위주체성은 개인이 채용할 만한 모든 목표를 망라하며, 특히 그 자신의 복지 증진 이외의 목표를 포함할 수 있다. 따라서 행위주체성은 복지의 순위와는 다른 순위를 만들어 낼 수 있다. 개인의 행위주체 목적은 일반적으로 무엇보다도 그 자신의 복지를 포함할 것이고, 따라서 행위주체성과 복지는 으레 공통점이 있을 것이다(예컨대 복지의 향상은, 다른 것들이 주어지면 행위주체로서의 달성을 고취하는 경향이 있을 것이다). 또한 자신의 복지 **이외**의 목적을 달성하는 데 실패하면 좌절감을 초래하고 그로 인해 자신의 복지도 저하될 것이다.

복지와 행위주체성 간에는 여러 가지 관계가 존재하지만, 그렇다고 해서 두 개념이 일치하는 것은 아니다.

두 번째는 달성과 달성할 자유 간의 구별이며, 앞서 특히 제11장에서 논의했다. 이 차이는 복지의 관점과 행위주체성의 관점에 모두 적용될 수 있다. 이 두 가지 구별은 우위성에 관해 서로 다른 네 가지 개념, 즉 (1) '복지 달성', (2) '행위주체성 달성', (3) '복지 자유' 그리고 (4) '행위주체성 자유'를 산출한다. 이 두 가지 구별에 기초하여 우위성을 가늠할 때 평가할 점을 네 가지 범주로 분류할 수 있다.[16]

이 네 가지 유형의 이점을 각각 가늠하는 것은 평가행위를 포함하지만, 모두 **동일한** 평가행위가 아니다. 각각은 개인의 우위성을 평가하고 비교하는 것과 관련된 문제에서 매우 이질적인 영향을 미칠 수도 있다. 예컨대 개인이 타인이나 국가의 지원을 필요로 할 만큼 궁핍한 정도를 판단할 때, 거의 틀림없이 개인의 복지가 그의 행위주체성 성공보다 더 관련이 있을 것이다(예를 들어 어느 충직한 개인이 그 자신의 기아나 질병을 피하는 것보다 자신이 숭배하는 영웅의 동상을 세우는 것이 더 중요하다고 여길지라도 국가로서는 그가 동상을 세우는 것을 돕기보다 기아와 질병을 극복하도록 지원하는 편이 나을 것이다).

게다가 성인 시민을 위한 국가정책을 구상할 때, 이 문맥에서는 복지 자유가 복지 달성보다 더 중요할 것이다. 예컨대 국가는 개인에게 기아를 극복하기 위한 적절한 기회를 제공할 이유가 있지만, 그 제공된 기회를 틀림없이 받아들여야 한다고 주장할 근거는 없다.* 모든 사람에게 최

---

* 가족 구성원 모두가 기아를 피할 역량이 지배적인 구성원의 우선순위가 달라서 달성에 이르지 못할 때(예컨대 남성 '가장'이 각 가족 구성원의 이익이 아닌 다른 목표에 더 관심이 있을 때) 사회정책은 심각한 문제를 안게 된다. 역량과 여러 개인의 결정에서 비롯되는 달성 간의 거리는 관련된 모든 개인의 우위성을 평가하는 데 달성의 관점의 타당성을 강화하는 경향이 있다.

소한의 온전한 삶을 영위할 기회를 제공한다고 해서 누구든 국가가 제공하는 모든 기회를 이용해야 한다는 주장을 동반할 필요는 없다. 예컨대 모든 사람에게 적당량의 음식에 대한 권리를 준다고 해서 단식의 금지를 동반할 필요는 없는 것이다.

행위주체성 달성이나 행위주체성 자유에 주목하면, 개인을 단지 복지의 매개체로 보고 개인의 행위주체성과 관련된 판단과 우선순위의 중요성을 무시하는 관점에서 벗어날 수 있다. 이러한 구별에 따라 역량 분석의 내용은 다른 형식을 취할 수도 있다. 개인의 역량은 복지 자유(자신의 복지를 증진시킬 자유를 나타낸다)와 행위주체성 자유(개인이 추구할 이유가 있는 목표와 가치를 증진시킬 자유와 관계된다)로 특징지을 수 있다. 전자는 공공정책의 관점에서 더 일반적인 관심의 대상(예컨대 복지 자유의 상실을 근절하는 형태의 빈곤 근절)이 될 수 있는 반면, 후자는 분명 개인의 가치의 관점에서 주요 관심사로 여겨질 수 있다. 만일 한 개인이 자신의 복지보다 다른 목표 혹은 행동규칙을 더 중요하게 여긴다면, 그 결정은 그가 내려야 한다고 여길 수 있다(자신의 우선순위를 명료하게 생각할 수 없게 만드는 정신기능장애와 같은 특별한 경우를 제외하고).

여기서 논의하는 구별은 다음의 물음에도 답하게 된다. 개인의 역량이 자신의 복지에 불리할 수 있는가? 앞서 논의한 이유에 따라, 행위주체성 자유 ― 그리고 그와 관련된 역량의 특정한 형태 ― 는 오로지 개인의 복지, 혹은 복지 자유의 배양만을 추구하는 것과는 다르다. 그 차이는 이해 못할 바가 아니다. 만일 행위주체성 목적이 개인복지의 극대화와 다르다면, 행위주체성 자유로 여겨지는 역량은 복지 달성의 관점과 복지 자유의 관점 모두에서 벗어날 수 있다. 제9장(「공평한 이유의 복수성」) 및 이 장의 앞부분에서 논의했듯이, 역량의 확대가 타인의 삶에 영향을 미치는 힘을 증대시킬 때, 강화된 역량 ― 증대된 행위주체성 자유 ― 을 자신의 복지에만 집중하지 않고 타인의 삶을 향상시키기 위해 이용하는 것은 특히 타인이 더 궁핍하다면 정당화될 수 있다.

그리고 동일한 이유에서 한 개인의 행위주체로서의 우위성이 복지의 관점에서의 우위성과 완전히 모순될 수 있다는 것을 충분히 이해할 수 있다. 예를 들어 자택에 구금되어 정치활동이 금지되었던 간디가 영국령 인도 당국에 의해 풀려났을 때 그의 행위주체성 자유는 확대된 반면, 그가 선택한 고난과 인도 독립을 위한 비폭력운동의 일부로 받아들인 고통은, 비록 자신의 목적을 위해 수용할 준비는 되어 있었지만, 분명 그 자신의 복지에 부정적인 영향을 미쳤다. 실제 간디가 정치적인 이유로 장기간의 단식을 결정한 것도 그 자신의 복지보다 행위주체성에 우선순위를 둔 것을 반영한 것이었다.

행위주체성 자유에 관해 더 큰 역량을 갖는 것은 하나의 우위성이지만, 그러한 특수한 관점에서만 그럴 뿐, 복지의 관점에서는 특별히 ― 적어도 꼭 ― 그런 것도 아니다. 사익과 결합시키는 것 외에는 우위성의 개념에서 어떤 의미도 찾을 수 없는 자들은(제8장 「합리성과 타인」에서 논의했듯이 그쪽을 지향하는 학파도 있다) 왜 행위주체성 자유가 관련 개인에게 우위성으로 여겨질 수 있는지 이해하는 데 어려움을 겪을 것이다. 그러나 누군가의 목적과 우선순위가 그 자신의 개인적 복지의 좁은 한계를 뛰어넘어 확장될 수 있다는 것을 이해하기 위해 간디(혹은 마틴 루터 킹이나 넬슨 만델라나 아웅 산 수지)가 될 필요는 없다.

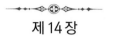

제 14 장

평등과 자유

　평등은 18세기 유럽과 미국의 가장 중요한 혁명적 요구였을 뿐만 아니라 계몽주의 시대 이후의 세계에서도 그 중요성에 관해서는 특별한 합의가 이루어져 왔다. 나는 앞서 출간한 저서『불평등의 재검토』에서 최근 지지되어 온 사회정의의 모든 규범적 이론이 **어떤 것** ─ 그 이론에서 특별히 중요하게 여겨지는 어떤 것 ─ 의 평등을 요구한다는 사실을 지적했다.[1] 그 이론들은 매우 다양할 수 있고(예컨대 평등한 자유, 평등한 소득, 혹은 관리나 효용의 평등한 취급에 주목한다) 또 서로 대립할지도 모르지만, 어떤 것(각 접근에서 중시하는 가치)의 평등을 바라는 공통의 특징을 갖고 있다.

　보통 '평등주의자'로 여겨지고 미국에서는 '자유주의자'로 표현되는 존 롤스, 제임스 미드James Meade, 로널드 드워킨, 토마스 네이글, 토마스 스캔론 등 정치철학자들의 업적에서 평등이 두드러지게 중요한 것은 놀라운 일이 아니다. 더 중요한 것은, '평등옹호론'에 반대하고 '분배적 정의'의 중요성에 대해 회의적이라고 여겨지는 자들조차 평등을 기본적인 형식으로 요구한다는 것이다. 예컨대 로버트 노직은 (제임스 미드처럼) 효용의 평등으로도, (존 롤스처럼) 기본가치 보유의 평등으로도 마음이 기울지 않겠지만, 그는 자유주의적 권리의 평등 — 어떤 한 사람이 자유의 권리를 다른 사람보다 더 가져서는 안 된다 — 을 요구한다. '공공선택이론'(어떤 의미에서 사회선택이론의 보수적 라이벌이다)의 선구자이며 평등의 요구에 상당히 회의적으로 보이는 제임스 뷰캐넌James Buchanan도 사실은 사람들을 법적·정치적으로 평등하게 취급하는 것(그리고 변화의 제안에 반대하는 이유를 평등하게 존중하는 것)이 좋은 사회에 관한 그의 관점 속에 포함되어 있다.[2] 각각의 이론에서 평등은 그 이론에서 중심적인 역할을 한다고 여겨지는 어떤 '영역'에서(즉, 각 개인과 관련된 어떤 변수에 관해) 추구되고 있다.*

이러한 일반화는 공리주의에도 적용될까? 이 제안은 즉시 저항에 직면할 것이다. 공리주의는 일반적으로 사람들이 향유하는 효용의 평등을 바라지 않기 때문이다 — 효용의 분배와 상관없이 오로지 **총** 효용의 극대화만을 바라기 때문에 특별히 평등주의적으로 보이지는 않는다. 그럼에도 공리주의자가 추구하는 평등이 있는데, 바로 모든 사람의 효용의 득실에 예외 없이 동등한 중요성을 부여하면서 모든 사람을 평등하게 취급하는 것이다. 모든 사람의 효용 증가에 동등한 가중치가 부여됨으로써 공리주의적 목적에도 특별한 형식의 평등주의가 그 자체의 산술방식에

---

* 앞서(제2장에서) 언급했듯이 존 롤스가 그의 정의의 원칙에서 인센티브의 이유로 불평등을 용인한 것에 대한 코헨G. A. Cohen의 비판(*Rescuing Justice and Equality*(Cambridge, MA: Harvard University Press, 2008))은 롤스가 완벽한 정의를 정의할 때 기본가치 균등화의 중요성에 관해 충분히 진지한 논의를 전개하지 않은 것을 비판한 것이라 볼 수 있다. 코헨은 실제 정책 입안에서 행동적 제약 및 기타 제약의 관련성을 부정하지 않으며, 그가 롤스를 비난하는 것은 오로지 완벽히 공정한 사회의 선험적 특징짓기에 관해서이다. 앞서 논의했듯이 롤스의 정의론에는 분명 비선험적 요소가 포함되어 있는데, 이는 계약 이후 세계에서는 인센티브 없는 공정한 행동을 상정함으로써 행동적 요건을 확장하지 않는 그의 선택에 나타나 있다.

통합되어 이용되고 있다. 바로 이러한 평등주의적 특징이야말로 (우리 시대의 위대한 공리주의자 중 한 명인 리처드 헤어Richard Hare를 인용하면) "모든 당사자의 동등한 이익에 대해 동등한 가중치를 부여한다"는 공리주의의 기본원칙, 그리고 (또 한 명의 현대 공리주의사상의 선도자인 존 하사니John Harsanyi를 인용하면) 항상 "모든 개인의 이익에 동일한 가중치"를 배정하는 공리주의적 요건과 관계되는 것이다.[3]

어떤 것 — 특정 규범적 이론이 매우 중요하다고 간주하는 어떤 것 — 의 평등을 추구하는 이러한 형식적 유사성이 특별히 중요하다고 보아야 하는가? 그 유사성은 '무엇의 평등인가?'의 본질에 관한 것이 아니라 완전히 형식적인 것이므로 우연의 일치라 생각하기 쉽다. 그렇지만 어떤 이론을 옹호할 때 평등주의적 공식이 필요하다는 것은 비차별의 광범위한 중요성을 보여 주며, 그러한 조건이 없다면 규범적 이론은 자의적이고 편향될 것이라는 생각의 영향을 받았다고 볼 수 있다. 여기에는 어떤 이론의 생존력을 위해서는 어떤 형태로든 공평성이 필요하다는 인식이 있는 것 같다.* 당사자 누구도 '합리적으로 거부'할 수 없다는 원칙이 필요하다는 토마스 스캔론의 기준을 생각하면, 일반적 용인성과 비차별 간에는 강한 상관관계가 있을 것이며, 이는 사람들은 기본적인 수준에서 모두 평등하고 그들의 거부도 각각 중요해야 한다고 요구한다.**

평등, 공평성, 본질

이전 몇몇 장에서 다룬 역량 접근은 정말로 중요한 물음은 "어디서든

---

* 이러한 인식은 제5장 「공평성과 객관성」에서 검토한 논의와 이어질 수 있다.
** 스캔론의 기준에 관해서는 앞서, 특히 제5장부터 제9장에 걸쳐 논의했다.

평등이 필요한가?"가 아니라 위에서 논의했듯이 '무엇의 평등인가?'라는 이해에 의거한다.* 그렇다고 해서 전자의 물음을 무시해도 좋다고 주장하는 것은 아니다. 또한 어떤 영역에서 평등을 요구하는 데 합의가 존재한다는 사실로 인해 이러한 추정이 옳다고 입증되는 것도 아니다. 그 이론들은 모두 잘못되었다는 입장을 취하는 것도 분명 가능하다. 무엇이 이러한 공통의 특징을 그럴듯하게 만드는가? 이는 여기서 공정하게 다루기 힘든 큰 문제지만, 납득할 수 있는 대답을 어느 방향에서 구해야 하는지 고려할 만한 가치가 있다.

(어떤 중요한 관점에서) 사람들을 평등하게 봐야 한다는 요구는 공평성의 규범적 요구, 그리고 그와 관련된 객관성의 요청에 관계된다. 물론 이는 그 자체로 완전한 독립적인 답이라 볼 수 없다. 공평성과 객관성의 정당화 또한 검토되어야 하기 때문이다(이에 관해서는 제5장에서 논의했다). 하지만 그러한 검토는 왜 유력한 정의론 각각이 어떤 기본적인(즉, 각 이론에서 기본적인) 수준에서 개인들을 평등하게 취급하려고 하는지 이해하는 데 궁극적으로 포함될 것이다.

'무엇의 평등인가?'라는 물음에 대한 답이 불일치하는 것을 보면, 평등주의적인 것은 어떤 분명한 의미에서도 '통합적인' 특징이 아니다. 매우 다양한 학자들의 접근법 각각에 기본적인 평등주의적 유사성이 존재한다는 사실이 널리 주목받지 못한 것은 바로 그들이 평등을 권고하는 영역들 사이에 본질적인 차이가 존재하기 때문이다. 그러나 그 유사성은 중요하다.

---

* 이 물음의 중요성과 그에 대한 답에서의 역량의 위치에 관해서는 나의 1979년 스탠퍼드 대학의 태너 강의 「무엇의 평등인가?」'Equality of What?'에서 제시했고, 같은 제목으로 S. McMurrin(ed.), *Tanner Lectures in Human Values*, vol.I(Cambridge: Cambridge University Press, 1980)에 실려 있다.

이 점을 설명하기 위해 윌리엄 레트윈William Letwin이 편집한 흥미롭고 중요한 논문집 『평등에 반대한다』Against Equality를 참고할 것이다.[4] 레트윈의 논문집에 수록된, 논증이 강력한 논문 중 하나에서 해리 프랑크푸르트Harry Frankfurt는 '도덕적 이상으로서의 평등'에 반대하는 논의를 전개하면서 그가 경제적 평등주의라 부르는 것, 즉 "모든 사람이 동일한 양의 소득과 부('돈'이라 약칭)를 갖는 것이 바람직하다는 독트린"을 설득력 있게 반박하고 있다.[5] 그는 이러한 거부를 표현하기 위해 선택한 어법에서 자신의 논쟁을 '도덕적 이상으로서의 평등'에 반대하는 논의로 해석하지만, 이는 주로 그 일반적인 용어를 특히 '경제적 평등주의'의 어느 특수한 유형을 거론하기 위해 사용하기 때문이다. "이러한 유형의 경제적 평등주의('평등주의'라 약칭)는 돈의 **분배**에서 불평등이 있어서는 안 된다는 독트린으로 정식화될 수 있다." 프랑크푸르트의 논의는 경제적 평등주의의 일반적인 해석에 나타나는 특정 요구를 (1) 그러한 평등이 본질적인 관심을 가진다는 것을 반론함으로써, **그리고** (2) 그것이 본질적으로 중요한 가치 — 모두에게 더 타당한 **다른** 방식으로 동등한 관심을 기울일 필요성과 밀접히 관련되는 가치 — 의 침해로 이어진다는 것을 보여 줌으로써 반박하는 것으로 볼 수 있다. 평등을 위한 영역의 선택은 이처럼 프랑크푸르트의 논지의 전개에 결정적으로 중요하다.[6]

이것들은 모두 어떤 영역에서의 평등을, 다른 영역에서의 평등의 더 중요한 요건을 침해한다는 이유로 비판하는 일반적인 패턴에 들어맞는다. 이렇게 보면 분배문제에 관한 논쟁은 '왜 평등인가?'가 아니라 '무엇의 평등인가?'에 관해 이루어지는 경향이 있다. 정치철학, 경제철학, 혹은 사회철학에서 평등의 주장은 전통적으로 (평등이 추구되는 해당 영역을 식별하는) 특정 집중 영역과 관련되기 때문에 보통 '평등주의'라 불리는 것은 그러한 영역(예컨대 소득, 부, 효용)에서의 평등이며, 다른 영역(예컨

대 권리, 자유 혹은 인간의 마땅한 대가라 여겨지는 것)에서의 평등은 반평등
주의적 주장으로 여겨진다. 그러나 우리는 그러한 관습에 너무 얽매이지
말고, 이론들 간의 기본적 유사성에도 주목해야 한다. 모두 **어떤** 영역에
서의 평등을 주장하고 거기서의 평등주의적 우선권을 역설하는 반면,
(그들에게는 덜 중요한) 다른 영역들에서 상충되는 평등의 요건들을 — 명
시적으로 혹은 암묵적으로 — 반박하기 때문이다.

역량, 평등 및 기타 관심

(본서에서 논의해 왔듯이) 평등이 중요하고 역량이 인간 삶의 중심적인
특징이라면, 역량의 평등을 요구해야 한다고 상정하는 것이 옳지 않은
가? 답은 '아니요'이다. 거기에는 몇 가지 이유가 있다. 물론 역량의 평
등에 중요성을 부여할 수 있지만, 그렇다고 해서 다른 중요한 고려사항
들과 충돌했을 때조차 역량의 평등을 요구해야 한다는 것을 의미하지는
않는다. 역량의 평등은 중요하기는 하지만 그것과 대립하는 다른 모든
중대한 고려사항들(평등의 다른 중요한 측면들이 포함된다)을 꼭 '능가하는'
것은 아니다.

첫째, 지금까지 강조해 왔듯이 역량은 실질적 기회와 관련된 자유의
한 측면에 불과하며, 정의의 아이디어와 관련된 절차에 포함되는 공정성
과 공평성에 적절한 주의를 기울일 수 없다. 역량의 아이디어는 자유의
기회적 측면을 평가하는 데 상당한 장점을 갖지만, 자유의 과정적 측면
은 적절히 다룰 수 없다. 역량은 개인의 우위성을 보여 주는 특징이며,
(제11장에서 논의했듯이) 관련 과정의 특징을 포함할 수 있지만, 그 과정의
공정성이나 공평성에 관해, 혹은 시민이 공정한 절차를 활용할 자유에
관해 충분히 말해 주지 못한다.

그 점을 설명하기 위해 꽤 냉혹한 예를 들어보자. 동등한 치료를 받았을 때 여성이 모든 연령층에서 남성보다 사망률이 낮고 더 오래 산다는 것은 잘 알려져 있다. 만일 (다른 것은 제쳐 두고) 역량에만, 특히 오래 사는 역량의 평등에만 관심이 있다면, 남성에게 여성보다 상대적으로 더 많은 의학적 관심을 두어 남성의 자연적인 핸디캡을 해소해야 한다는 논의를 구성할 수 있을 것이다. 그러나 동일한 건강문제에 대해 여성에게 남성보다 더 적은 의학적 관심을 두는 것은 과정 공평성의 중요한 요건(특히 삶과 죽음의 문제에 관해 사람들을 유사하게 취급하는 것)을 극악하게 침해할 것이고, 이러한 경우 자유의 과정적 측면에서의 공평성의 요건이, 기대수명에서 평등을 우선시하는 등 자유의 기회적 측면에만 집중하는 것보다 더 중요하다고 주장해도 불합리하지 않다.

사람들의 실질적 기회를 판단할 때 역량의 관점은 매우 중요하지만(그리고 내가 주장해 왔듯이 기회분배의 공평성을 평가할 때는 소득, 기본가치 또는 자원에 집중하는 다른 접근들보다 더 뛰어나지만), 이는 정의의 평가에서 자유의 과정적 측면에 더 충분한 주의를 기울일 필요성에 반대하는 것은 아니다.* 정의론 — 더 일반적으로는 규범적 사회선택의 적절한 이론 — 은 관련 과정의 공정성, 그리고 사람들이 향유할 수 있는 실질적 기회의 공평성 및 효율성 양쪽에 민감해야 한다.

역량은 사실 개인의 이해득실이 합리적으로 평가될 수 있는 하나의 관점에 지나지 않는다. 그 관점은 그 자체로 중요하고, 정의론과 도덕적 정치적 평가의 이론에도 결정적으로 중요하다. 그러나 정의도 정치적 · 도덕적 평가도 어떤 사회에서 개인의 전반적인 기회와 우위성에만 관련

---

* 일반적으로 이해되는 바와 같이, 이와 유사한 요지는 인권의 내용에 관해서도 작성될 수 있으며, 이에 관해서는 제17장 「인권과 글로벌한 의무」에서 논의할 것이다.

될 수 있는 것은 아니다.* 공정한 과정과 공평한 취급의 문제는 개개인의 전반적 우위성을 넘어 다른 — 특히 과정적 — 관심사를 들여오는데, 이 관심사는 역량에만 집중해서는 적절히 다뤄질 수 없는 것이다.

여기서 중심적인 과제는 평등이 문제가 되는 다양한 차원과 관계되며, 평등은 단일 영역에서는 경제적 우위성, 자원, 효용, 달성된 삶의 질 혹은 역량 등으로 환원될 수 없다. 평등의 요건을 단 하나의 관점에서 이해하려는(이 경우 역량 관점으로 한정하려는) 데 대한 나의 회의는 평등의 단일 관점에 대한 더 큰 비판의 일부를 이룬다.

둘째, 지금까지 개인적 우위성을 판단하고 평등을 평가하는 데 자유의 중요성을 논의해 왔지만, 분배적 판단에는 **다른** 요건이 있을 수 있고, 이는 어떤 의미에서도 서로 다른 사람들에게 평등한 전반적 자유의 요건이라 간주할 수 없는 것이다. 서장에서 논의했던, 피리를 두고 다투는 세 아이 간의 논쟁에 관한 예를 가져오면, 스스로 피리를 만들었다는 사실을 공정하게 인식해야 한다는 한 아이의 주장은 선뜻 묵살할 수 없다. 노력과 노동에 대한 정당한 보상에 중요한 지위를 부여하고 착취와 같은 규범적 개념을 낳기도 하는 추론은, 오로지 역량의 평등만을 추구하는 것을 멈춰야 할 근거를 제시할 수 있다.[7] 고된 노동의 착취와 '실제 일'을 하는 노동자가 받는 불공정한 보상에 관한 문헌은 이러한 관점과 강한 연관성이 있다.

셋째, 역량은 특히 복지 자유와 행위주체성 자유 간의 차이(제13장 「행복, 복지, 역량」에서 논의했다)에 관해 다양한 방식으로 정의될 수 있기 때문에 한 목소리를 낼 수 없다. 게다가 이미 논의했듯이 역량의 순위는

---

* 실제로 정의의 여러 문제들에 대한 롤스식 정의定義의 틀 내에서조차 역량은 차등원칙에서 상대적 우위성을 판단할 때 이용되는 기본가치와 유일하게 경쟁하지만, 개인적 자유의 위치와 공정한 과정의 필요성을 포함한 다른 문제들은 무시된다.

(행위주체성이나 복지와 같은) 특정한 것에 초점을 맞추고 있을 때조차 완벽한 순서를 만들어 낼 필요가 없다. 다양한 유형의 역량이나 기능에 부여할 상대적 가중치의 선택에는 합당한 변화(혹은 불가피한 모호성)가 있기 때문이다. 어떤 경우, 특히 노골적으로 불평등한 상황을 식별하는 경우에는 부분순위가 불평등을 판단하는 데 충분히 적절할 수 있지만, 다른 경우에는 불평등에 대한 분명한 판단을 내릴 필요가 없다. 이는 역량의 불평등을 축소하는 데 주목해도 소용없다는 것을 가리키는 것이 아니다. 분명 그것은 큰 관심사이지만, 정의의 요건의 일부로서 역량 평등이 미치는 범위의 한계를 파악하는 것이 중요하다.

넷째, 평등은 그 자체로 정의론과 관련되어야 할 유일한 가치가 아닐 뿐더러 역량의 개념이 유용하게 쓰이는 유일한 주제도 아니다. 사회적 정의에서 종합적 고려와 분배적 고려를 단순하게 구별한다면, 이해득실을 평가하는 중요한 수단인 역량의 관점은 종합적 고려와 분배적 고려 **양쪽**에 영향을 미친다. 예컨대 어떤 제도나 정책이 옹호되는 것은 그것이 역량 평등을 증대하기 때문이 아니라 (분배적 이득이 없을지라도) 모든 사람들의 역량을 확대하기 때문일 것이다. 역량의 평등, 더 현실적으로 역량 불평등의 축소는 분명 주목을 끌 만하지만, 모든 사람들의 역량의 전반적 향상도 역시 주목할 만한 것이다.

오로지 역량 평등, 혹은 일반적인 역량 기반의 숙고에만 집중하는 경우를 부정한다고 해서 정의의 아이디어에서 역량이 맡는 결정적으로 중요한 역할(앞서, 특히 제11장부터 제13장에 걸쳐 논의했다)까지 폄하하는 것은 아니다. 사회적 정의에서 매우 중요한 요소를 이성적으로 추구하면서도 그 밖의 모든 것을 밀어내지 않는 것은 정의를 촉진하는 데 중대한 역할을 맡을 수 있다.

역량과 개인적 자유

제2장에서 논의했듯이 존 롤스가 차등원칙에서 분배문제를 다루면서 기본가치에 집중한 것에서 벗어나 역량의 광범위한 역할을 도입할 때, 다른 문제에 관한 롤스의 논의까지 반박할 저의는 없다. 다른 문제에는 자유의 우선성이 포함되며, 그것은 롤스의 정의론에서 첫 번째 원칙의 주제를 이룬다.

(제2장 「롤스와 그 너머」에서) 이미 논의했듯이 개인적 자유에 일종의 실질적 우선권을 부여하는 데는 충분한 근거가 있다(롤스가 선택한 극단적인 사전적 형식을 꼭 취할 필요는 없다). 자유에 특별한 지위 — 일반적 탁월성 — 를 부여하는 것은 자유의 중요성을 개인의 전반적 우위성에 영향을 미치는 많은 요소 중 하나로 주목하는 것 이상을 의미한다. 분명 자유는 소득이나 다른 기본가치처럼 유용하지만, 그것은 자유의 중요성에 포함된 전부가 아니다. 자유는 매우 기본적인 수준에서 우리의 삶과 접촉하며 타인이 누구나 갖고 있는 이러한 매우 개인적인 관심사를 존중할 것을 요구하기 때문이다.

정의의 평가에서, 즉 개개인의 전반적 우위성의 비교에 기초한 일반적 분배문제의 평가에서 하나의 한정된 목적을 위해 기본가치와 역량의 경쟁적인 주장을 비교할 때, 이러한 구별에 유념해야 한다. 물론 그것은 롤스의 차등원칙의 주제이지만, 롤스식 정의의 더 큰 이론의 일부에 불과하다. 기본가치보다 역량이야말로 서로 다른 사람들의 전반적 우위성을 더 잘 판단할 수 있다고 주장할 때, 바로 그것이 주장하는 바이다 — 무언가 더 있는 것이 아니다. 역량 관점이 롤스 이론의 다른 부분에서 요구하는 일, 특히 자유의 특별한 지위나 절차적 공정성의 요구까지 대체할 수 있다고 주장하는 것이 아니다. 그러한 것을 역량은 기본가치보다 더 잘 해낼 수 없다. 기본가치와 역량이 겨루는 곳은 한정된 무대, 개개인의 전반적 우위성을 평가하는 것과 관련된 특정한 영역이다.

나는 롤스의 첫 번째 원칙, 즉 모든 사람이 동등하게 공유하는 개인적 자유의 우선성이 중요하다는 원칙의 기저를 이루는 추론에 대체로 동의하기 때문에 이러한 우선성이 롤스가 생각한 것만큼 절대적이어야 하는지 고찰하는 것이 유용할 것이다. 왜 자유의 침해는 물론 그 자체로도 중요한 문제지만 한 개인에게 — 혹은 한 사회에 — 극심한 기근, 기아, 전염병 및 기타 재난으로 고통을 겪는 것보다 항상 더 중대하다고 판단되어야 하는가? 제2장(「롤스와 그 너머」)에서 논의했듯이, (자유는 개인적 삶에 중심적이므로 '기본가치'라는 큰 가방 속의 요소들 중 하나로 취급하지 않고) 자유에 우선권을 부여하는 것**과**, 자유의 증대가 — 아무리 근소할지라도 — 좋은 삶을 이루는 다른 쾌적함을 — 아무리 클지라도 — 희생할 만한 충분한 이유가 된다고 여기며 자유에 **사전적** 우선권을 부여하는 '극단적' 요구를 구별해야 한다.

롤스는 설득력 있게 전자를 주장하면서도 차등원칙의 정식화에서는 후자를 선택한다. 하지만 제2장에서 논의했듯이 가중치에 차등을 두는 방식에 따라서는 자유에 추가적 가중치를 전혀 부여하지 않는 경우부터 완전한 우선권을 부여하는 경우까지 다양한 중간적인 경우가 가능하다. '자유의 우선성'에 관한 한, 우리는 후자에 서명하지 않아도 전자의 의미에서 '롤스주의자'가 될 수 있다.

특정 경우에 정확히 어느 정도의 우선권을 개인적 자유에 부여해야 하는지는 분명 공적 추론의 좋은 주제가 되겠지만, 여기서 롤스의 주요 성과는 왜 일반적인 공적 추론에서 개인적 자유에 확고한 지위를 부여해야 하는지 보여 준 데에 있다고 생각한다. 우리가 살고 있는 세계에서 정의는 모든 사람이 공유할 수 있는 자유에 매우 특별한 관심을 기울일 것

을 요구한다고 이해하는 데 도움을 준 것이다.* 여기서 주목해야 하는
중요한 점은, 공정한 사회적 장치에서 자유는 소득이나 부처럼 개인적
우위성의 일부라는 인식을 뛰어넘는 지위를 가진다는 것이다. (롤스와 달
리) 본서에서는 역량이라는 형식으로 본질적 자유의 역할을 강조하고 있
지만, 자유의 특별한 역할을 굳이 부정할 필요는 없다.**

자유의 다면성

정의의 이론들에서 다양한 형태로 자유에 부여된 중요성을 고려하
면, 경제학에서 열띤 논쟁의 대상이었던 [개인적] 자유(liberty)와 [일반적]
자유(freedom)의 **내용**을 더 면밀하게 검토해야 할 것이다. '프리덤freedom'
과 '리버티liberty'라는 말은 다양한 방식으로 사용되고 있는데, 각각의 영
역에 추가해야 할 것들이 있다.

특히 기회의 측면과 과정의 측면 간의 차이에 관해서는 제11장(「삶,
자유, 역량」)에서 탐구한 바 있다. 자유freedom의 다면성은 이미 논의한
기회의 측면과 과정의 측면 간의 구별 이외의 방법으로도 접근하고 확인
할 수 있다. 합당하게 달성하고 싶은 것을 달성할 자유는 다양한 요인과
관계되어 있고, 그 요인은 자유의 서로 다른 개념들과 가변적인 관련성

---

* 공유는 일부 사람들을 위해서만 요구되는 자유보다 훨씬 중요하다. 에드먼드 버크가 노
예의 자유를 문제시하지 않고 미국 독립을 지지한 데 대한 메리 울스턴크래프트의 비판에
관해 앞서(제5장 「공평성과 객관성」에서) 논의한 바 있다.

** 나의 논문 'The Impossibility of a Paretian Liberal', *Journal of Political Economy*, 78
(1970)에서 제시한 사회적 선택에서는 자유의 우선성이 중요한 역할을 한다. 이러한 연관
성을 존 롤스는 그의 논문 'Social Unity and Primary Goods', in Amartya Sen and
Bernard Williams(eds), *Utilitarianism and Beyond*(Cambridge: Cambridge University
Press, 1982)에서 명확하게 지적했다. 이 문제에 관해서는 이 장 뒷부분에서 다시 다룰 것
이다.

을 가질 수 있다.

한 개인이 합당하게 선택한 대상을 달성할 수 있는지 묻는 것은, 여기서 추구하고 있는 자유의 개념에 중대하며, 역량의 개념이 그 일부를 이룬다.* 그러나 선호의 유효성은 다양한 방식으로 생길 수 있다. 첫째, 한 개인은 선택한 결과를 자신의 행동을 통해 달성함으로써 성과를 낼 수 있다 ― 이는 **직접 통제**의 경우이다. 하지만 직접 통제는 유효성에 꼭 필요하지는 않다. 둘째, 개인의 선호가 유효할 수 있는지 ― 직접 통제를 통해서든 타인의 도움을 통해서든 ― 묻는 더 폭넓은 고찰이 있다. 선호하는 결과를 달성하는 '간접적 힘'의 예로는 대리인이나 충실한 친구나 친척이 대신하는 단순한 경우부터 환자가 충분한 지식과 이해를 갖추고 있다면 실제로 선택하게 될 결과를 의사가 대신 선택하는 복잡한 경우까지 다양하며, 이것이 유효한 힘의 문제이다. 간접 통제를 통한 **유효한 힘**의 중요성은 여기서 조금 더 논의할 필요가 있는데, 특히 자유를 단지 통제에 불과한 것, 스스로 특정한 일을 할 선택이 주어지는 것이라고 보는 것이 통례이기 때문이다.

우리가 사회에서 행사하고 있는 많은 자유는 직접 통제 이외의 과정을 통해 작동하고 있다.[8] 예컨대 사고로 부상을 입고 의식을 잃은 사람은 무엇을 해야 할지 결정을 내리지 못하지만, 환자가 의식이 있다면 선호했을 것으로 알고 있는 방침을 의사가 선택하는 한에서는 그 환자의 자유가 침해되지 않는다 ― 실제로, 의사의 선택이 환자가 바랐을 것을 따른다면 '유효한 힘'의 의미에서 환자의 자유는 실현된다.[9] 의사가 파악하

---

* 개인이 이성적 평가에 기초하여 바라는 결과를 달성할 힘이라는 측면에서 자유를 볼 때, 당연히 그 근저에는 그가 정말로 바라는 것을 추론할 적절한 기회가 있었느냐는 물음이 존재한다. 실제로 이성적 평가의 기회는 자유의 본질적인 이해의 중요한 부분일 수밖에 없다. 제8장 「합리성과 타인」에서 논의했듯이 이는 선호와 선택의 합리성을 평가하는 데 중심적인 물음이다.

는 환자의 복지는 다시 의사를 이끌 수 있지만, 여기서의 문제와는 별개이다. 환자의 자유를 존중하는 것은 보통 환자의 복지를 증진하는 것과 동일한 요건을 갖지만, 양쪽이 꼭 일치할 필요는 없다. 예컨대 의사의 관점에서 의식불명 환자의 복지가 잔혹한 동물실험으로 개발된 약을 이용함으로써 증진될지라도 환자가 그러한 약을 거부한다는 것이 잘 알려져 있다면 의사는 그것을 존중할 수 있다. 환자의 복지를 이끄는 것은 환자의 유효한 자유를 요구하는 것과 — 아마도 매우 선명하게 — 다를 수 있다.

유효한 자유라는 개념은 사회적 장치가 더 복잡한 경우로도 확장될 수 있다. 한 예로, 시 당국이 그 지역의 전염병을 근절하기 위해(이는 사람들이 바라는 것임을 알고 있다) 역학적 대책을 세우는 것을 들 수 있다. 유효성이란 개념은 그룹 및 그 구성원에 적용되며, 여기서 유효한 자유는 사회적인 — 혹은 협동적인 — 형식을 취하지만, 모든 개인이 사회결정에 대해 특정한 통제를 행사할 수 없을지라도 여전히 유효성의 경우를 나타낸다. 그 차이는, 어떤 정책을 주민들이 바라는 것이고 선택지가 부여되면 선택했을 것이라는 이유로 실시하는 지방 당국과, 그 정책을 행정가의 관점에서 보았을 때 지역 주민의 복지를 증진할 것이라는 이유로 실시하는 지방 당국을 비교하면 알 수 있다. 후자도 물론 충분히 가치 있는 이유지만, 전자의 이유와는 전혀 다르다(복지의 고려는 관련된 사람들의 선택 — 혹은 선택하리라 여겨지는 것 — 에 영향을 미치기 때문에 두 논의 사이에 인과관계가 있을지라도).

다른 종류의 차이는, 바로 타인의 선호와 일치할 수 있는 선호를 갖기 때문에 결과를 얻을 수 있는 것(예컨대 그 지역의 다른 사람들과 마찬가지로 전염병의 근절을 바라는 것 — 이러한 선호는 궁극적으로 공공정책을 이끌 수 있다)과 운이 좋아서 바라는 것을 얻을 수 있는 것을 비교하면 알 수 있다. 어떤 사람이 바라는 것이 이런저런 이유로 실제로 일어날 수도 있다. 이 경우 충족감은 있지만, 선호의 유효성이 꼭 존재하는 것은 아니다. 그의 우선순위가 실제로 일어난 일에 아무런 영향도 미치지 않기 때문이다(그 결과가 초래된 것은 개별적으로든 공동으로든 그가 바랐기 때문이 아니다). 여기서는 (직접적이든 간접적이든) 통제가 이루어지지 않을 뿐 아니라, 어떤 수단을 통해서든 선호에 따른 결과를 생산할 힘의 행사도 이루어지지 않는다. 어떤 선호에 관해서는 성공할지도 모르지만, 다른 선호들에 관해서는 꼭 그렇지 않다.

예를 들어 한 개인의 종교적 실천이 국가가 강제하려는 것과 일치할 수 있고 그때 그의 종교적 선호가 충족되었다고 볼 수도 있지만, 그 선호는 국가의 결정에 어떤 역할도 하지 않았다. 그러한 행운에 '자유'라 부를 수 있는 본질적인 것은 없으며, 특정 결과를 — 직접 통제나 간접 통제를 통해 — 가져온다는 측면에서 자유의 존재에 관한 회의론은 정당화될 수 있다. 그는 바라는 것을 얻는 데 유효성을 발휘하지 않고 단지 호의적인 상황에 있었을 뿐이기 때문이다.* 그럼에도 그가 바라는 대로 살아갈 자유는, 이교적 신념에 찬동하고 그것을 실천하는 데 어려움을 겪는 타인의 곤경(다른 시대였다면 종교재판을 받을 만큼 불운했을지도 모른다)과 선명히 대조적일 수 있다. 자신이 선호하는 생활방식을 따를 수 있다는 것은 실제 선택의 자유는 없을지언정(선호의 내용과 상관없다) 중요한 자유이다. 예컨대 아크바르가 누구든 "종교 때문에 간섭받아서는 안 되며, 자신이 바라는 종교로 개종하는 것이 허용되어야 한다"는 자유에 호

---

* 필립 페팃은 이러한 관점을 취하고 자유를 '내용 독립적인' 측면에서 파악한다(따라서 한 개인의 유효성은 정확히 그가 원하는 것과 독립적이어야 한다). 그의 *Republicanism: A Theory of Freedom and Government*(Oxford: Clarendon Press, 1997) 및 'Capability and Freedom: A Defence of Sen', *Economics and Philosophy,* 17(2001) 참조.

의적인 결정을 선언하고 법제화했을 때, 그는 수많은 사람들 — 실제 무슬림이 아니라는 이유로 차별을 받아 온 그의 백성 대다수 — 의 유효한 자유를 보장한 것이다. 만일 아크바르가 다른 선택을 했다면 그의 백성은 아크바르를 멈추게 할 힘을 갖지 못했을 것이다.

이제 이러한 차이와 관련하여, (이제부터 논의할) 자유의 특수한 접근에서 강조되는 일반적 역량과 의존 없는 역량 간의 차이를 논의하려고 한다. 이는 '공화주의적' 관점이라 불리며 특히 필립 페팃이 전개한 것이다. 하지만 지금까지의 논의를 통해 자유를 단 하나의 특징을 갖는 것으로 보지 않고 다면적으로 파악할 필요성이 확립되었으리라 기대한다.

역량, 의존, 간섭

개인적 자유[liberty]와 일반적 자유[freedom]를 번갈아 가며 쓰고 마치 동일한 것인 듯 취급하는 자도 있다. 그러나 개인적 자유를 우선시하는 롤스의 논의에는 개인적 삶에서의 일반적 자유, 특히 국가를 포함한 타인에 의한 거슬리는 간섭으로부터의 자유에 대한 특별한 관심이 있다. 롤스는 사람들이 — 모든 것을 고려하여 — 실제로 할 수 있는 것을 넘어, 그들이 바라는 삶을 영위할 개인적 자유, 특히 타인의 간섭에 의해 방해받지 않을 자유의 중요성도 탐구한다. 물론 이는 존 스튜어트 밀의 선구적인 업적인 『자유론』의 고전적 영역이다.[10]

일반적 자유에 관한 몇몇 이론, 예컨대 '공화주의적' 또는 '네오로마적' 이론이라 불리는 이론에서 개인적 자유는 개인이 특정 영역에서 할 수 있는 것에 관해 정의되어 있을 뿐만 아니라, 타인에 의해 개인의 그러한 능력이 제거될 수 없다는 요건도 포함한다. 이 관점에서 개인의 자유는 간섭이 존재하지 않더라도, 개인의 자유를 저해할 **수 있는** 타인의 자

의적인 힘이 실제로 행사되지 않을지라도 그 힘의 존재만으로도 침해될 수 있다.[11]

필립 페팃이 역량으로서의 자유의 개념을 비판하는 것은 이러한 '공화주의적' 이유에서인데, 개인은 '타인의 호의'에 의존하는 많은 것을 할 수 있는 역량을 가질 수 있기 때문이다. 그는 개인의 실제 선택(혹은 달성)이 이처럼 의존적인 한, 정말로 자유로운 것이 아니라고 주장한다. 페팃은 다음과 같이 설명한다. "당신에게 A와 B 중에서 선택할 의향이 있고, 그것은 내용과 관계없이 결정적이지만 당신이 그러한 결정적인 선호를 향유하는 것은 당신 주위 사람들의 선의에 의존한다고 가정하자. …… 당신은 결정적인 선호를 가졌다고 할 수 있지만 호의에 의존해서만 결정적일 뿐이다."* 분명 타인으로부터 독립적으로(따라서 타인이 무엇을 바라는지 관계없이) 어떤 것을 할 자유는 본질적 자유를 견고하게 만들며, 그러한 견고함은 그것을 할 자유가 타인의 도움 — 또는 관용 — 에 달려 있거나, 아니면 개인이 바라는 것과 그것을 중지시킬 수 있는 타인이 바라는 것 간의 (우연한) 일치에 의존할 때는 결여되어 있다. 극단적인 경우를 들면, 노예가 된 사람들은 그들의 선택이 주인의 의지와 전혀 대립하지 않을지라도 여전히 노예라고 주장할 수 있다.

자유의 공화주의적 개념은 중요하며 자유의 요구에 관해 우리가 갖고 있는 직관의 일면을 포착한다는 것에 의심의 여지는 있을 수 없다. 내

---

* Philip Pettit, 'Capability and Freedom: A Defence of Sen', *Economics and Philosophy*, 17 (2001), p. 6. 여기서 내가 지적하는 것은 페팃의 논의 가운데 '옹호' 부분이 아니라 내가 역량에 초점을 맞추는 데 대한 그의 비판이다. 그는 역량이 '공화주의적' 관점의 방향으로 확장되어야 하며 호의에 의존적인 역량은 실제적 자유로 간주되지 않는다고 제시한다. 페팃은 (내가 보였듯이) 이를 역량의 개념과 그 옹호의 자연스런 확장으로 본다. "나의 해석으로, 센의 자유론은 자유와 비의존성 간의 관계를 강조한다는 점에서 공화주의적 접근과 일치한다"(p. 18). 그러한 관계의 타당성은 인정하지만, 두 개념 모두 자유라는 개념이 갖는 불가피한 복수성의 서로 다른 측면들을 반영하기 때문에 둘 다 가치 있다고 주장해야 한다.

가 동의하지 않는 것은, 자유의 공화주의적 개념이 역량으로서의 자유라는 관점을 **대체할** 수 있다는 주장이다. 지금까지 비판해 왔듯이 자유의 한 측면에만 주목하는 관점을 고집하지 않는 한, 두 개념은 공존의 여지가 있고, 갈등의 원인이 될 필요도 없다.

도움을 받지 않고 스스로는 특정한 것을 할 수 없는 장애자 A와 관련된 세 가지 경우를 생각해 보자.[*]

경우 1: A는 타인에게 도움을 받지 않으며, 따라서 집 밖으로 나갈 수 없다.

경우 2: A는 그의 지역에서 가동되는 사회보장제도에 의해 배정된 도우미(혹은 선의의 자원봉사자)의 도움을 늘 받으며, 그 결과 언제든 원할 때마다 집 밖으로 나갈 수 있고, 자유롭게 돌아다닐 수 있다.

경우 3: A는 높은 보수를 지불하여 자신의 명령에 복종하는 — 복종해야만 하는 — 하인을 고용하여 언제든 원할 때마다 집 밖으로 나갈 수 있고, 자유롭게 돌아다닐 수 있다.

역량 접근에서 정의되었듯이, '역량'의 측면에서 경우 2와 3은 장애자에 관한 한 대체로 비슷하고(여기서 말하는 것은 오로지 장애자의 자유일 뿐, 또 다른 문제를 불러일으킬 하인의 자유는 다루지 않는다), 문제가 되는 역량이 결여된 경우 1과는 양쪽 다 마찬가지로 대비된다. 개인이 실제로 무엇을 할 수 있는지가 중요하기 때문에, 어떤 것을 할 수 있는 것과 할 수 없는

---

[*] 이 예는 페팃의 논문에 대한 나의 '답변'에서 각색한 것으로, 엘리자베스 앤더슨Elizabeth Anderson과 토마스 스캔론의 흥미롭고 중요한 각각의 공헌과 더불어 *Economics and Philosophy*, 17(2001)에 게재되어 있다.

것 간의 이러한 차이에는 분명 어떤 본질적인 것이 있다.

그러나 공화주의적 접근은 경우 1과 경우 2 모두에서 장애자를 부자유스럽다고 간주할 것이다. 경우 1에서는 바라는 것(즉, 집 밖으로 나가는 것)을 할 수 없기 때문이며, 경우 2에서는 바라는 것(즉, 집 밖으로 나가는 것)을 할 능력이 특정 사회보장제도의 존재에 의존하므로 (페팃의 용어를 사용하면) '문맥 의존적'이고 타인의 선의와 관용에 대해 '호의 의존적'일 수 있기 때문이다. A는 경우 2에 존재하지 않는 방식으로 경우 3에서는 자유롭다고 할 수 있다. 공화주의적 접근은 이 차이를 포착하며, 역량 접근에 결여되어 있는 구별능력을 갖추고 있다.

그러나 이 때문에 역량 접근이 주목하는 차이, 즉 '그가 실제 이것들을 할 수 있는가 없는가?'라는 구별의 중요성이 사라지는 것은 아니다. 경우 1은 한편으로 경우 2와, 다른 한편으로 경우 3과 극히 중요한 대비를 이룬다. 경우 1에서 A는 집 밖으로 나갈 역량을 결여하고 이 점에서 부자유스럽지만, 경우 2와 3에서는 원할 때마다 집 밖으로 나갈 역량과 자유를 가지고 있다. 역량 접근이 파악하려고 하는 것이 바로 이 구별이며, 이는 일반적으로 인정되어야 하고 특히 공공정책을 입안할 때 인식되어야 할 중대한 구별이다. 경우 1과 2를 부자유라는 동일한 상자 안에 넣고 그 이상 구별하지 않으면, 신체적 장애나 불리한 조건을 다룰 때, 사회보장제도를 도입하거나 사회 결속력을 다져도 누군가의 자유에 아무런 영향도 미치지 못한다는 관점으로 이끌릴 것이다. 정의론에서 그것은 큰 결함이다.

한 개인이 선택하려고 하고 또 선택할 만한 이유가 있는 것을 실제로 할 수 있는지 없는지를 파악하는 것이 특별히 중요한 경우도 많이 있다. 예컨대 각각의 부모는 자녀를 위해 자신만의 학교를 설립할 수 없고, 국가나 지역 정치와 같은 다양한 영향에 의해 결정될 수 있는 공공정책에 의존할 것이다. 그럼에도 그 지역에 학교를 설립하는 것은 아이들이 교육을 받을 자유가 증대되는 것이라 볼 수 있다. 이를 부정하면 이성과 실천에 기초한 자유를 생각하는 중요한 방식을 놓치게 될 것이다. 이 경우는 지역에 학교가 없고 학교교육을 받을 자유가 없는 경우와 선명한 대조를 이룬다. 어느 경우든 개인이 국가나 타인의 지원 없이 독립적으로 자신만의 학교를 세울 수는 없지만, 이 두 경우의 구별은 충분히 중요하며 바로 이 점에 역량 접근이 집중하는 것이다. 우리가 살고 있는 세계에서는 타인의 지원과 선의로부터 완벽하게 독립적인 것이 특히 달성하기 어려우며, 때로는 그것이 달성해야 할 가장 중요한 것도 아니다.

자유에의 접근으로서 역량과 공화주의 간의 갈등은 우리가 '기껏해야 하나의 관념'만을 갖고 있을 때 생긴다. 관념으로서의 자유가 환원될 수 없는 복수의 요소를 갖는다는 사실에도 불구하고 자유를 하나의 초점으로만 이해하려 할 때 그러한 갈등이 생기는 것이다.* 자유의 공화주의적 관점은 자유에의 접근으로서 역량 기반 관점의 타당성을 무너뜨리지 않고 오히려 그 관점을 **넓힌다**고 생각한다.

그러나 복수성은 거기서 끝나지 않는다. 역량의 결여가 타인의 간섭에 의한 것인지에 주목하는 구별도 있다 — 이미 제기한 문제이다. 여기서 우리가 주목하는 것은, 행사 여부와 관계없이 실질적으로 간섭할 수 있는 힘이 아니라 — 이는 공화주의적 관심일 것이다 —, 그러한 간섭의 실제 행사이다. 잠재적 간섭과 실제적 간섭의 구별은 중요하며, 현대 정

---

* 필립 페팃은 분명 단초점의 관점 — 그가 자유의 포괄적 이해라 여기는 것 — 에 **빠져 있**다. "여기서 옹호되는 입장은 자유를 단지 구획된 방식으로가 아니라 포괄적으로 생각하는 것을 지지하는 데 도움이 될 것이다"(*A Theory of Freedom*, 2001, p. 179). 여기서 페팃은 자유의지와 같은 문제를 포함한 다른 유형의 이원성을 이야기하고 있지만, 그의 동기적 언급은 자유에 대한 공화주의적 접근과 역량 기반 접근을 포함하여 논의 중인 특정한 내적 대비 — 그가 '구획화'라고 간주하는 것 — 에도 적용될 것 같다.

치사상의 선구자인 토마스 홉스를 분명히 사로잡은 문제이기도 하다. 초기의 홉스는 '공화주의적' 혹은 '네오로마적' 관점에 공감했을지도 모르지만(당시 영국의 정치사상계에서 유행하는 접근이었다), 퀜틴 스키너Quentin Skinner는 홉스가 실제 간섭의 행사 여부에 초점을 맞추는 비공화주의적 관점에서 자유를 이해했다는 것을 설득력 있게 보여 주고 있다.* 부정의 중심적 요소로서 타인의 간섭에 초점을 맞추는 것은 이처럼 홉스적 사상이다.

자유라는 관념 속에 역량, 의존의 결여, 간섭의 결여 각각에 초점을 맞추는 여러 특징을 수용하는 것은 전혀 곤란한 일이 아니다.[12] 자유의 '참된' 성질에 관해 유일하고 권위 있는 해석을 구하는 자는, 자유와 부자유의 관념이 우리의 지각과 평가에 들어올 수 있는 매우 다양한 방식을 과소평가하고 있을지도 모른다. 윌리엄 쿠퍼William Cowper가 "자유는 천의 매력이 있다/ 저 노예들이 아무리 만족해도 알 수 없는"이라고 읊었듯이. 서로 다른 개념이 천이나 된다면 다루기 어렵겠지만, 자유의 다양한 측면을 보는 것은 그것들이 경쟁적이지 않고 보완적인 만큼 크게 곤란하지 않을 것이다. 정의론은 각각에 주의를 기울일 수 있다. 실제로 본서에서 제시하는 정의에의 접근은 정의의 평가를 구성하는 요소로서 편재하는 복수성을 받아들일 여지를 남기고 있다. 자유의 복수적 측면은 그 큼직한 틀에 꼭 들어맞는다.

---

* Quentin Skinner, *Hobbes and Republican Liberty*(Cambridge: Cambridge University Press, 2008) 참조. 홉스는 초기 저작 『법의 기초』*Elements of Law*(1640)에서조차 실제 간섭이 존재하지 않아도 자유가 침해될 것이라는 논지에 적대감을 보였지만, 그 책에서 대안적인 이론을 전개하지는 않았다. 그러나 그러한 공화주의적 관점에 대한 그의 거부는 『리바이어던』*Leviathan*(1651)을 쓸 무렵에는 아주 분명하게 전달되었다. 거기서 그는 실제 간섭을 중심 문제로 삼는 대안적 접근으로 무장했다. 스키너가 주장하듯이, 분명 "홉스는 공화주의적 자유론의 가장 만만찮은 적이고, 그것을 의심하는 시도는 영어권 정치사상사에서 신기원을 이루는 사건"(*Hobbes and Republican Liberty*, p. xiv)이다.

파레토적 자유주의의 불가능성

자신이 바라는 대로 결과에 영향을 미칠 수 있는 역량은, 이미 논의 했듯이 자유의 중요한 부분일 수 있다. 어떤 결과의 해석은 필요하다면 최종 상태 — 최종적 결과 — 에 이르기까지의 과정에 충분히 주목할 수 있다(결과에 대해 과정이 포함된 관점을 '포괄적' 결과라 부른다). (제4장에서 논 의했듯이) 사회 상태와 관련되는 사회선택이론에서 자유의 결과 지향적 관점은 특히 주목을 받았다. 그리고 사회선택이론에서 논의되었던 개인 적 자유와 일반적 자유에 관한 많은 문제는 이러한 틀에서 이루어져 왔다.

그 결과, '파레토적 자유주의의 불가능성'이라 불리는 매우 간단한 정 리가 만들어졌다. 이는, 만일 사람들이 자신이 바라는 선호를 가질 수 있다면 파레토 최적의 형식적 요구는 개인적 자유의 최소한의 요구와 대 립할 수 있다는 것을 증명하는 형식을 취한다.[13] 이 불가능성정리가 어 떻게 작동하는지 살펴보지는 않겠지만, 많이 논의되어온 예를 들어 설명 할 것이다. 포르노라 여겨지는 책 한 권과 이를 읽을 수 있는 두 사람이 있다.* 프루드[Prude, 내숭]라 불리는 사람은 이 책을 싫어하며 읽고 싶어 하지도 않겠지만, 그 책을 대단히 좋아하는 다른 사람 — 루드[Lewd, 음 란]라 불리는 — 이 그것을 읽고 있다는 사실에 훨씬 더 고통 받고 있다 (프루드는 루드가 그 책을 킬킬거리며 읽는 것이 특히 신경 쓰인다). 다른 한편 루드는 그 책을 읽는 것이 매우 좋지만, 프루드가 읽기를 훨씬 더 바라고 있다(괴로울 정도로 바라고 있다).

---

* 어리고 순수했던 1960년대에 D. H. 로렌스의 『채털리 부인의 연인』을 예로 선택한 것은 너무 순진했던 것 같다. 나는 그 직전 펭귄북스가 바로 이 책을 출판할 권리를 영국법원에 서 쟁취했다는 사실에 영향을 받았다.

그래서 "어떻게 해야 할까?" 이때 아무도 책을 읽지 말아야 한다고 개인적 자유에 기초하여 논의할 수는 없다. 루드는 분명 그것을 읽고 싶어 하고, 프루드는 그 결정에 간섭할 수 없기 때문이다. 프루드가 그 책을 읽어야 한다고 자유에 기초하여 논의할 수도 없다. 그는 분명 그것을 읽고 싶어 하지 않고, 루드는 자신과 직접 관련되지 않는 그 선택에 끼어들 수 없기 때문이다. 남겨진 유일한 가능성은 루드가 그 책을 읽는 것이며, 이는 물론 각자 읽을(혹은 읽지 않을) 것을 결정하면 될 일이다. 그러나 설명했듯이 프루드와 루드 모두, 루드가 그것을 읽는 것보다 프루드가 읽는 것을 선호하고, 루드가 읽는 것이 프루드가 읽는 것보다 덜 좋다고 생각하기 때문에, 각자 선택한 선택지는 각자의 선호에 기초하는 파레토원칙에 반한다. 그러나 다른 두 가지 선택지는 자유의 최소한의 요건을 침해하며, 각 선택지는 다른 선택지보다 더 나쁘기 때문에 사회적 선택의 명시적 요건을 만족하도록 선택될 수 있는 것은 아무것도 없다. 따라서 두 원칙을 동시에 만족시키는 것은 불가능하다.

이러한 불가능성의 결과는 사회선택이론의 다른 불가능성정리들과 마찬가지로 선택의 문제와 씨름하는 방법에 관한 논의의 **시작**을 의미한다 — 가능한 논의의 **끝**이 아니라. 그리고 실제 그렇게 기능해 왔다. 어떤 사람들은 불가능성정리를 이용하여 자유를 유효하게 만들기 위해서는 (프루드와 루드가 그랬듯이) 자기 자신의 삶보다 타인이 개인적 삶에서 선택하는 것에 더 많은 관심을 갖지 말고 타인이 스스로 선택할 자유를 존중해야 한다고 주장한다.[14] 또 어떤 사람들은 수학적 결과를 이용하여 전통적인 후생경제학에서 신성시되는 파레토원칙조차 때로는 침해되어야 한다고 주장한다.[15] 여기서 개인의 선호는 좁게 타인을 향해 있고, 존 스튜어트 밀이 말했듯이 "한 개인이 자신의 의견에 대해 느끼는 것과 그 때문에 불쾌해하는 다른 사람이 느끼는 것 간에 공통의 척도는 없다"는 인식에 따라 그 지위는 타협된다.* 또 다른 사람들은 개인적 자유의 권리는 개인적 선호에서 타인의 자유를 존중하는 것을 조건으로 해야 한다고 주장한다.[16]

그 밖에도 다른 해결책이 제안되어 왔다. 그 가운데 많이 논의된 것이 '공모에 의한 해결'이라 부를 수 있는 것이다. 이것이 제안하는 것은 당사자가 파레토적 개선의 계약을 맺음으로써 문제가 해결된다는 것이며, 이 경우 프루드가 그 책을 읽어 루드로 하여금 읽지 못하게 하는 것이 된다.** 이는 얼마나 성공적인 해결책인가?[17]

첫째, 아주 일반적인 방법론적 문제가 있다. 파레토적 개선의 계약은 늘 파레토적 **비효율**의 상황에서 가능하다. 그렇다고 해서 개인적 선택이 파레토적 비효율의 결과를 이끄는 세계에서 직면하는 문제를 깎아내리는 것은 아니다. 이러한 방식으로 해법을 추구하는 데 동반하는 일반적인 문제에도 주의하자. 파레토적 개선의 계약은 그것의 파기에 따른 인센티브가 강력할 수 있기 때문에 실행 불가능할지도 모른다.[18] 이는 공모를 통한 문제해결에 반대하는 주요한 논의는 아닐지도 모르지만(해결책이라 여겨지는 이것에 반대하는 주된 논의는, 그러한 계약을 제의하고 수락하는 두 당사자의 배후에 있는 추론과 관계되어 있을 것이다), 더 심각한 문제로 들어가기에 앞서 고려해야 할 논의이다. 우리는 그러한 계약의 신뢰성과 그 준수를 보장하는 것(즉 프루드가 그 책을 읽는 척하는 것이 아니라 정말로

---

* 고백하자면, 파레토 원리의 우위성을 무조건적으로 받아들이는 것을 다시 묻는 것이 내가 이 결과를 제시한 주된 동기였다. 또한 Jonathan Barnes, 'Freedom, Rationality and Paradox', *Canadian Journal of Philosophy*, 10(1980); Peter Bernholz, 'A General Social Dilemma: Profitable Exchange and Intransitive Group Preferences', *Zeitschrift für Nationalkonomie*, 40(1980) 참조.
** 수많은 연구자가 이러한 방식을 찾아 왔다. 가장 최근의 연구로 G. A. Cohen, *Rescuing Justice and Equality*(2008), pp. 187~188 참조.

읽는다는 것을 확실히 하는 방법)의 곤란함을 검토해야 한다.

이는 보통이 아닌 문제이지만, 아마도 더 중요한 것은 그러한 계약을 자유의 이름으로 시행하는 시도(예컨대 경찰관이 입회하여 프루드가 단순히 페이지만 넘기는 것이 아니라 정말로 그 책을 읽고 있다는 것을 확인하는 것)가 자유 그 자체를 심히 — 그리고 오싹하게 — 위험에 빠뜨릴 수 있다는 것이다. 그러한 거슬리는 감시를 개인의 삶에서 요구할 자유주의적 해결책을 추구하는 자는 바람직한 자유주의적 사회상에 관해 상당히 이상한 생각을 하고 있음에 틀림없다.

물론 사람들이 자발적으로 합의에 따른다면 그러한 강제는 필요 없을 것이다. 만일 개인적 선호가 선택을 결정한다면(다른 것에 근거한 변화 없이 — 제8장에서 논의했듯이), 이러한 가능성은 열려 있지 않다. 프루드는 선택이 주어진다면(즉, 거슬리는 감시가 없다면) 그 책을 읽지 않을 것이기 때문이다. 다른 한편으로 선호가 개인의 **욕망**(꼭 자신의 선택일 필요는 없다)을 나타낸다면(이 경우에 더 합당할 것이다), 설령 프루드와 루드 모두가 계약에 위배되는 방식으로 행동하기를 바랄지라도 그들은 계약에 서명했고 따라서 자신의 욕망의 노예가 되는 것에 저항할 이유가 있기 때문에 실제 그렇게 행동할 필요가 없다고 주장할 수 있다. 하지만 이러한 문제가 제기되고 욕망에 반하는 행위가 허용된다면, 그 전에 먼저 '공모에 의한 해결'에 대한 — 더 기본적인 — 문제를 다음과 같이 제기해야 한다. 왜 우리는 프루드와 루드가 (그들이 일치하는 결과 — '최종적 결과'라 여겨지는 — 를 **원할** 수 있는데도 불구하고) 우선 그러한 계약을 맺기를 **선택할** 것이라고 가정해야 하는가?

왜 프루드와 루드가 유별나게 '타인을 향한' 사회계약을 맺어야 하는지, 즉 그 책을 읽고 싶어 하는 루드로 하여금 읽기를 그만두게 하기 위해 프루드가 자신이 싫어하는 책을 읽는 데 합의해야 하는지, 그리고 왜

루드는 주저하는 프루드로 하여금 대신 읽게 하기 위해 자신이 대단히 좋아하는 책을 읽는 것을 포기하는 데 합의해야 하는지 전혀 분명하지 않다. 만일 사람들이 단지 자신의 욕망에 따르는 것보다 자신의 일에 신경 쓰는 것이 더 중요하다고 생각한다면, 그러한 이상한 계약은 사실상 실현될 필요가 없다(다음과 비교하라. "나는 앤이 잭과 이혼해야 더 행복해질 거라 생각하고, 그녀가 그러기를 바란다 — 그러니 끼어들어 그녀에게 그렇게 하라고 말해야겠다"). 자신이 좋아하는 것을 읽고 타인들로 하여금 **그들이** 좋아하는 것을 읽도록 하는 좋은 자유주의적 실천은 이러한 이상한 계약을 맺으려는 유혹을 견뎌 낼 수 있다. 공모에 의한 해결을 해결책으로 보는 것은 매우 곤란하다.

어떤 설명할 수 없는 이유로 몇몇 학자는 이 문제가 (특정 권리를 팔아 버리는 것이 허용된다는 의미에서) 권리가 '양도 가능한' 것인지, 그리고 관계되는 사람들은 그러한 계약을 맺는 것이 **허용되**어야 하는지를 묻는 것이라고 믿는 것 같다.[19] 나는 왜 이러한 권리가 일반적으로 상호 합의를 통한 계약 및 교환의 대상이 되어서는 안 되는지 그 이유를 알 수 없다. 보통 그러한 계약을 맺기 위해 다른 누군가(혹은 '사회의')의 허가가 필요하지 않다는 것은 의심할 바가 없다. 하지만 그 이유가 필요하며, 그것이 곤란한 점이다. 이미 누군가가 그랬듯이, 그 이유로서 그러한 계약이 파레토적 효율의 결과를 얻는 — 그리고 유지하는 — 유일한 방법이라는 사실을 내놓는 것은 논점을 피하는 것이다. 불가능성정리를 논의하는 하나의 동기는 바로 파레토적 효율성을 우선하는 것을 묻고 평가하는 것이기 때문이다.

진짜 문제는 그러한 계약을 우선적으로 맺고 굳게 지켜야 할 이유의 적절성과 관련된다. 물론 (자신의 일만 신경 쓴다는 원칙을 무시하는) 쾌락이나 욕구충족의 현실적인 극대화는 그러한 계약을 추구하거나 받아들이는 데 **어떤** 이유를 제공할 수 있다. 그러나 이는 프루드와 루드 모두에게 만일 계약에 서명했다면 그것을 취소할 만한 좋은 이유를 제공할 것이고 (그들의 단순한 욕망 순위가 그것을 가리키므로), 그 계약을 고려할 때 루드와 프루드 모두 이 사실에 주의해야 할 것이다. 더 중요한 것은 욕망 기반의 선택에서도 우리는 누군가가 특정한 방식으로 행동하도록 하는 욕망(예컨대 루드의 욕망은 프루드가 그 책을 읽는 것이다)과 그가 그렇게 행동하도록 강제하는 **계약**에 대한 욕망(예컨대 루드는 프루드가 읽지 않을 책을 읽도록 구속하는 계약에 서명하기를 바란다)을 구별해야 한다는 것이다. 만일 결과를 '포괄적'인 측면에서 본다면, 욕망의 이러한 두 가지 목적은 전혀 동일하지 않다.* 프루드가 그 책을 읽어야 한다는 루드의 일반적인 욕망은 프루드로 하여금 그 책을 읽도록 **강요하는 계약**을 체결할 욕망을 수반할 필요가 전혀 없다. 계약의 도입은 계약이 없을 때 개인이 취할 행동에 관한 단순한 욕망을 언급하는 것만으로는 회피할 수 없는 문제를 불러온다.

파레토적 자유주의의 불가능성은 애로의 웅장한 불가능성정리와 마찬가지로, 그것이 없었다면 제기되지 않았을 문제에 초점을 맞춤으로써 공적 토론에 공헌했다고 볼 수 있다. 앞서(제4장 「목소리와 사회적 선택」에서) 논의했듯이, 그것은 관련 문제를 명확히 하고 그에 관한 공적 토론을 장려하려고 할 때 사회선택이론을 활용하는 주요 방법 중 하나이다. 그러한 참여는 본서에서 제시하는 정의에의 접근에서 중심적인 것이다.

---

* 앞서(서장과 특히 제7장에서) 논의했던 '포괄적' 관점과 '최종적' 관점 간의 차이는 여기서도 중요하다.

사회선택 대 게임 형식

30여 년 전에 로버트 노직은 파레토적 자유주의의 불가능성에 관해, 그리고 사회선택이론에서 자유를 정식화하는 것에 관해 중요한 문제를 제기했다.

문제는 선택지 가운데 선택할 개인의 권리를, 그 선택지의 상대적 순위를 사회적 순위 내에서 결정할 권리로 취급하는 데서 비롯된다. …… 개인의 권리를 더 적절히 파악하는 관점은 다음과 같다. 개인의 권리는 동시에 가능한 것이고, 각 개인은 자신의 선택에 따라 권리를 행사할 수 있다. 이러한 권리의 행사는 세계의 몇몇 특징을 고정시킨다. 이러한 고정된 특징의 제약 아래, 사회적 순서에 기반을 둔 사회선택의 메커니즘에 의해 선택이 이루어진다 — 만약 선택이 남아 있다면! 권리는 사회적 순서를 결정하는 것이 아니라, 특정 선택지를 배제하고 다른 것을 고정하는 등의 과정을 통해 사회선택이 이루어지는 제약을 설정한다. 만일 어떤 양식이 정당하다면, 그것은 사회선택의 영역 **내에** 포함되며, 따라서 사람들의 권리에 의해 제약된다. 달리 어떻게 센의 결과에 대처할 수 있을까?[20]

노직은 이처럼 특정 개인적 결정에 대한 **통제권**을 개인에게 부여한다는 관점에서 자유의 권리를 정의하며, "각 개인은 자신의 선택에 따라 권리를 행사할 수 있다"고 한다. 그러나 결과에 대한 보장은 없다 — 그것은 단지 행동을 선택할 권리에 불과하다.

자유에 대해 전적으로 과정 지향적인 이러한 관점은 사실은 권리에 관해 생각하는 대체적인 방식이다. 이러한 접근은 많은 반향을 불러일으키고 그 분야의 발전을 이끌었다. 복잡성의 원인 중 하나는 상호의존성의 문제와 관련된다. 즉, 개인이 어떤 것을 할 권리는 다른 것들이 일어나거나 일어나지 않는 데 달려 있다고 볼 수 있다는 것이다. 만일 노래하는 사람들에 합류할 권리가 무엇이 일어나든(예컨대 타인이 노래를 부르든 기도를 하든 먹든 강의하든) 관계없이 노래할 권리와 구별되어야 한다면, 그때 허용되는 전략은 타인의 전략 선택과 관련하여(그 문맥에서) 정의되어야 한다. 사회적 선택의 정식화는 그러한 상호의존성을 용이하게 다룰 수 있다. 왜냐하면 권리는 (전략의 조합과 연관되어) 결과의 명시적 언급과 함께 특징지어지기 때문이다. 비슷한 감도를 얻기 위해 자유의 과정 지향적 해석은 (타인과 분리되어 정의된 각 개인의 권리의 측면에서 자유를 파악하는 노직의 시도를 버리고) 게임이론에서 차용한 개념인 '게임 형식'을 통합하려고 해 왔다.[21]

게임 형식의 정식화에서 각 개인은 허용되는 행위나 전략의 집합을 가지며 그 가운데 하나만을 선택할 수 있다. 그 결과는 모든 사람의 행위 선택이나 전략에 의존한다. 자유의 요건은 받아들일 수 있는 결과의 형태(우리가 얻는 것)가 아니라, 허용되는 행위나 전략의 선택에 부과되는 제약의 형태(우리가 할 수 있는 것)로 명시된다. 이러한 구조는 자유를 적절히 명시할 만큼 견고한가? 분명 그것은 행동의 자유가 보통 이해되는 방식을 포착한다. 그러나 개인적 자유와 일반적 자유는 개개의 행동뿐만 아니라 그 선택들이 합쳐졌을 때 생겨나는 것과도 관련되어 있다.*

자유를 정의할 때 상호의존성의 문제는 '침략적 행위'라 부를 수 있는 것을 고려하기 위해 특히 중요하다. 얼굴에 담배연기를 맞지 않을 비흡연자의 권리를 생각해 보자. 이는 물론 결과에 대한 권리이며, 초래되는

---

* '사회적 실현'의 중요성은 특히 니야야와 니티를 대비시키며 논한 바 있다(제1~6장, 제9장).

결과와 완전히 분리되어 있다면 어떤 자유의 해석도 부적절하다. 게임 형식의 정식화는 받아들일 수 있는 결과에서 시작하여 그 결과 중 하나를 가져올 전략의 조합으로 옮김으로써 '반대로' 이루어져야 한다. 따라서 게임 형식의 정식화는 이러한 문제에 간접적으로 이르러야 한다. 담배연기가 내 얼굴로 불어오는 결과가 초래될 가능성의 거부가 아니라 절차상의 요건이 전략 선택에 제약을 부과하는 형식을 취한다. 다음 각각의 유효성을 시험해 볼 수 있다.

- 타인이 반대하면 흡연을 금지한다.
- 타인이 있는 곳에서는 흡연을 금지한다.
- (타인이 거리를 둘 필요가 없도록) 타인이 있든 없든 공공장소에서의 흡연을 금지한다.

덜 구속적인 제약이 간접흡연을 회피할 자유의 실현에 필요한 결과를 가져오지 않으면, 우리는 흡연자에게 더욱더 까다로운 요구를 하게 된다(실제 몇몇 국가의 입법사에서 일어났듯이). 물론 이때 우리는 다양한 '게임 형식' 가운데 선택하지만, 게임 형식의 선택은 자유를 위해 목표로 해야 할 사회적 실현을 얼마나 효율적으로 이루는가에 따라 이끌어진다.

게임 형식은 상호의존성을 고려하고 타인의 침략적 행위로부터 보호할 수 있도록 정의될 수 있다는 데 의심의 여지는 없다. 허용되는 게임 형식을 정의하는 것은 다양한 사람들이 선택하는 전략의 조합에서 비롯되는 결과에 비추어 ― 직간접적으로 ― 이루어져야 한다. 만일 게임 형식의 선택 배후에 있는 추진력이 피해자가 '간접흡연'을 하거나 간접흡연을 피하기 위해 자리를 떠나는 결과를 초래할 경우 흡연을 인정하지 않는다고 판단하는 데 있다면, 게임 형식의 선택은 사회선택이론이 주목하는 것, 즉 나타나는 사회적 실현(혹은 포괄적 결과)의 성질에 의존하는 것이다. 자유를 적절히 이해하기 위해서는 행동의 자유와 결과의 성질 모두를 고려해야 한다.

이 논의의 결말은 평등과 자유 모두 그 광대한 영역 내에 다양한 차원을 갖고 있다고 봐야 한다는 것이다. 평등이나 자유에 대한 편협하고 일원적인 시각을 채택하여 이 폭넓은 가치들이 요구하는 다른 관심사를 모두 무시하는 일은 피해야 한다. 이러한 복수성은 필연적으로 이 웅장한 개념들 — 자유와 평등 — 각각이 제기하는 다양한 고려사항에 민감해야 하는 정의론의 일부를 이룬다.

제 **IV**부

공적 추론과 민주주의

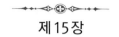

제15장

공적 이성으로서의 민주주의

올더스 헉슬리Aldous Huxley의 소설 『연애대위법』에서 주인공인 시드
니 퀼즈Sidney Quarles는 표면상으로는 대영박물관에서 고대 인도의 민주
주의를 연구하기 위해 에섹스Essex의 시골집에서 런던까지 자주 다닌다.
그는 부인 레이첼Rachel에게 기원전 4세기부터 3세기까지 인도를 지배한
왕조를 언급하며 '마우리아왕조 때의 지방정부에 관한 것'이라고 설명한
다. 그러나 레이첼은 그것이 자신을 속이기 위한 시드니의 교묘한 술책
이라는 것을 어렵지 않게 알아채고, 그가 런던에 가는 진짜 이유는 새 정
부와 시간을 보내기 위해서라고 추측한다.

올더스 헉슬리는 지금 일어나는 일을 레이첼 퀼즈가 어떻게 파악하
는지 말해 준다.

〔시드니의〕 런던 방문은 잦아지고 길어졌다. 두 번째 방문 후 퀼즈 부인
은 시드니가 다른 여자를 찾은 것이 아닌지 몹시 궁금했다. 그리고 그가
세 번째 여행에서 돌아오고 나서 며칠 후, 네 번째 여행의 전날 밤, 고대

인도의 민주주의 역사가 어마어마하게 복잡하다며 보란 듯이 않는 소리를 하기 시작했을 때, 레이철은 그가 여자를 찾은 것이라 확신했다. 그녀는 시드니를 충분히 잘 알고 있었고, 만일 그가 정말로 고대 인도에 관해 읽고 있다면 식탁에서 애써 이야기하지 않았을 것이다 — 그렇게 길고 끈질기게. 시드니는 잡힌 오징어가 먹물을 내뿜는 것과 동일한 이유로 자신의 행동을 감추기 위해 이야기했다. 고대 인도라는 먹물 뒤에서 [시드니는] 발각되지 않고 여행에 나설 수 있기를 바랐다.[1]

헉슬리의 소설에서 레이철 퀼즈가 옳았다는 것이 분명해진다. 시드니는 바로 그녀가 의심한 대로 먹물을 내뿜고 있었던 것이다.

'먹물'의 혼란은 본서의 주제와 중요한 관련이 있다. 민주주의의 경험은 서양에 한정되지 않고 고대 인도와 같은 다른 곳에서도 발견될 수 있다고 추정하는 것은 — 시드니 퀼즈가 레이철을 호도하려고 한 것과 동일한 방식은 아니겠지만 — 우리 스스로를 호도하는 것인가? 민주주의는 서양 이외의 세계 어느 곳에서도 번창한 적이 없다는 신념은 널리 퍼져 있고 또 자주 언급된다. 그리고 그것은 오늘날의 사건을 설명하는 데도 이용된다. 예컨대 무력간섭 이후의 이라크에서 직면하고 있는 엄청난 어려움과 문제에 대한 비난은 2003년의 군사개입이 정보 부족과 나쁜 논리로 감행되었다는 이상한 점에는 그리 향해 있지 않지만, 대신 민주주의와 공적 추론은 이라크와 같은 비서양 국가의 문화와 전통에는 맞지 않다고 보는 공상적인 곤란에 집중되어 있다.

민주주의의 주제는 최근 그것을 둘러싼 수사법이 이용되는 방식 때문에 심각하게 혼란스러워졌다. 비서양 세계의 국가에 민주주의를 '강요하고' 싶은 사람들(물론 그 국가 '자체의 이익'을 위해)과 그러한 '강요'에 반대하는 사람들(그 국가 '자체의 방식'을 존중하기 때문에) 간의 이상하게 혼란스러운 이분법이 점점 더 심해지고 있다. 그러나 양쪽 모두에서 이용되는 '강요'라는 말은 극히 부적절한 것이다. 왜냐하면 그것은 민주주의가 오로지 서양에만 속하며, 서양에서만 시작되고 번창한 철저하게 '서양적인' 개념이라는 것을 암묵적으로 전제하기 때문이다.

그러나 그러한 논지와 그것이 세계의 민주주의 실현 가능성에 관해 만들어 내는 비관론은 정당화하기 지극히 어렵다. 공교롭게도 레이철이 말한 '고대 인도의 먹물'조차 완전히 공상적인 것이 아니라, 실제로 고대 인도에서는 지역 민주주의의 실험이 얼마간 이루어졌다(현재는 더 많이 이루어지고 있다). 세계 민주주의의 뿌리를 이해하기 위해서는 세계의 서로 다른 지역에서 이루어진 사회참여와 공적 추론의 역사에 관심을 기울여야 한다. 민주주의를 유럽과 미국에서의 발전에 관해서만 생각하는 것을 극복해야 한다. 만일 민주주의를 서양에 특화된 일종의 문화적 산물이라 간주하면, 아리스토텔레스가 통찰력 있게 기술한, 참가하는 삶의 편재하는 요구를 이해하지 못할 것이다.

물론 현대 민주주의의 제도적 구조가 대체로 지난 몇 세기에 걸쳐 유럽과 미국에서 쌓인 경험의 산물이라는 데 의심의 여지는 없다.* 이러한 제도적 구성방식의 발달은 대단히 획기적이고 궁극적으로 유효했기 때문에 이를 인식해 두는 것은 극히 중요하다. 여기에 중대한 '서양적' 성과가 있다는 것은 의심할 수 없다.

---

* 존 던John Dunn은 민주주의 제도사에 관한 그의 계몽적인 책에서 다음과 같이 지적했다(*Democracy: A History*(New York: Atlantic Monthly Press, 2005), p. 180). "정치체제로서 대표민주주의의 전개는 1780년대부터 오늘날에 이르기까지 지도에 핀을 꽂아 가며 추적할 수 있다. 시간에 따라 제도적 구성방식의 동질화가 진행되었을 뿐만 아니라 도처에서 그것과 경쟁한 다른 국가 형태의 풍부한 다양성이 누적적으로 손상되어 왔다. 이 기간 동안 발달한 국가 형태는 유럽이 선도했다. 그것은 먼저 유럽이, 이어 미국이 매우 불균형적인 군사력과 경제력을 행사한 세계 내에서 확산되었다."

그렇지만 미국 민주주의의 위대한 역사가였던 알렉시 드 토크빌 Alexis de Tocqueville이 19세기 초에 지적했듯이, 당시 유럽과 미국에서 일어난 '위대한 민주주의 혁명'은 '새로운 사건'이었지만, 그것은 "가장 지속적이고 오래되었고 영속적인 역사적 경향이기도 했다."* 이러한 급진적 주장에 대한 토크빌의 해명은 유럽을 뛰어넘지도 않고 12세기로 거슬러가지도 않았지만, 그의 전반적인 지적은 훨씬 더 넓은 의미를 갖는다. 민주주의의 장단점을 평가할 때, 우리는 세계의 서로 다른 장소에서 일관성을 갖고 나타났다가 사라지는 참여형 정부의 매력을 적절히 인식해야 한다. 그것은 분명 저항할 수 없는 지배력은 아니었지만, 세계 대부분의 장소에서 권위주의를 몰아낼 수 없다는 검토되지 않은 신념에 계속해서 도전해 왔다. 정교한 제도적 형식을 가진 민주주의는 세계적으로도 상당히 새로운 것이지만 — 그 실행의 역사는 2세기를 넘지 않는다 — 토크빌이 언급했듯이 그것은 훨씬 더 길고 광범위한 역사를 갖는 사회적 삶의 경향을 표현한다. 민주주의의 비판자는 — 그들의 거부가 아무리 완강할지라도 — 오늘날에도 지속적으로 의미가 있으며 근절할 수 없는 참여형 정부의 깊은 매력을 다루는 방식을 찾아야만 한다.

민주주의의 내용

본서의 앞쪽 장들로부터 공적 추론의 역할이 정의를 이해하는 데 얼마나 중심적인지 분명해졌을 것이다. 이러한 인식은 우리를 정의의 아이디어와 민주주의의 실천 간의 연관성으로 이끈다. 현대 정치철학에서 민

---

* Alexis de Tocqueville, *Democracy in America,* translated into English by George Lawrence(Chicago, IL: Encyclopaedia Britannica, 1990), p. 1[『미국의 민주주의 1』, 임효선 · 박지동 옮김, 한길사, 2002, 60쪽].

주주의를 '토론에 의한 통치'로 파악할 수 있다는 관점은 광범위한 지지를 얻고 있기 때문이다. 이 구절은 서장에서 언급했듯이, 아마도 월터 배젓Walter Bagehot이 처음으로 만든 것 같지만, 존 스튜어트 밀의 작업이야말로 그러한 관점을 더 잘 이해하고 옹호하는 데 큰 역할을 담당했다.*

물론 토론에 의한 통치라는 폭넓은 관점이 아니라 주로 선거와 무기명 투표라는 더 오래된 — 더 형식적인 — 관점에서 민주주의를 파악하려는 자도 있다. 그럼에도 현대 정치철학에서는 민주주의의 이해의 폭을 광대하게 넓혀 왔고, 그 결과 민주주의는 단지 **공적 투표**의 요구뿐만 아니라 존 롤스가 '공적 추론의 행사'라 부르는 것의 측면에서도 더 포용력 있게 파악되고 있다. 실제로 민주주의 이해의 큰 변화는 롤스[2]와 하버마스[3]에 의해, 그리고 특히 브루스 애커만Bruce Ackerman,[4] 세일라 벤하비브 Seyla Benhabib,[5] 조슈아 코헨Joshua Cohen,[6] 로널드 드워킨[7]의 공헌을 포함한 최근의 방대한 연구에 의해 이루어졌다. 유사한 민주주의 해석은 '공공선택'의 선구적 이론가인 제임스 뷰캐넌James Buchanan의 저작에도 등장한다.[8]

『정의론』에서 롤스는 이러한 관점을 전면에 내세운다. "숙의민주주의의 결정적 아이디어는 숙의 그 자체이다. 시민들은 숙의할 때 의견을 교환하고 공적인 정치문제를 지지하는 이유에 관해 논쟁한다."[9]

하버마스가 공적 추론을 다루는 방식은 롤스 자신이 지적했듯이 여러모로 롤스보다 폭넓은 것이다.[10] (제5장에서 보았듯이) 롤스와 하버마스가 공적 추론의 과정과 결과를 특징지을 때 절차적 특징의 사용에 관해

---

* 클레멘트 애틀리Clement Attlee는 이러한 민주주의의 표현을 1957년 6월 옥스퍼드에서 행한 '불공평하게 유명하다'고밖에 묘사할 수 없는 연설에서 언급했다. 그때 그는 정말로 큰 주제에 관해 작은 농담 — 처음 들었을 때는 충분히 즐겁다고 생각한다 — 을 덧붙이고 싶은 유혹을 견디지 못했다. "민주주의는 토론에 의한 통치를 의미하지만, 사람들의 입을 다물게 할 수 있을 때만 유효하다"(『더 타임스』 1957년 6월 15일 판).

분명한 대비를 이루는 것은 다소 기만적이지만, 하버마스는 롤스 등 다른 접근에서보다 민주주의에 더 직접적인 절차적 형식을 부여한다. 그러나 하버마스는 공적 추론이 폭넓은 범위를 갖는 것, 특히 정치적 담론에서 '정의의 도덕적 물음'과 '권력과 강제의 수단적 물음'이 이중적으로 존재하는 것을 밝히는 데 참으로 결정적인 공헌을 했다.*

공적 추론의 성질과 결과의 특징짓기에 관한 논쟁에서는 서로의 관점에 대해 오해가 있었다. 예컨대 위르겐 하버마스는 존 롤스의 이론이 "자유주의적 권리의 우선성을 이끌고 민주적 과정을 낮은 지위로 강등시키며" 자유주의자가 바라는 권리의 목록에 "신념과 양심의 자유, 삶의 보호, 개인적 자유, 재산"을 포함한다고 지적한다.** 그러나 기본가치를 여기에 포함시키는 것은 존 롤스가 표명하는 입장과 어울리지 않는다. 일반적 재산권은 내가 아는 한 어느 저작에서도 롤스가 실제로 옹호한 권리가 아니기 때문이다.***

---

* 하버마스는 공적 추론의 개념과 역할에 대한, 개념적으로 다른 세 가지 접근 간의 차이에 관해 명확히 언급했다. 그는 자신의 '절차-숙의적 관점'을 '자유주의적' 혹은 '공화주의적' 관점과 대비시킨다(그의 'Three Normative Models of Democracy', in Seyla Benhabib (ed.), *Democracy and Difference: Contesting the Boundaries of the Political*(Princeton, NJ: Princeton University Press, 1996) 참조). 또한 Seyla Benhabib, 'Introduction: The Democratic Moment and the Problem of Difference', in *Democracy and Difference* (1996) 및 Amy Gutmann and Dennis Thompson, *Why Deliberative Democracy?* (Princeton, NJ: Princeton University Press, 2004)도 참조할 것.

** Jürgen Habermas, 'Reconciliation through the Public Use of Reason: Remarks on John Rawls's Political Liberalism', *Journal of Philosophy*, 92(1995), pp. 127~128.

*** 아마도 하버마스는 롤스가 인센티브의 필요에 맞추기 위한 여지를 남겼기 때문에 재산권에 중요한 수단적 역할을 부여할 수 있다고 판단했을 것이다. 롤스는 그의 완벽히 공정한 장치에서 인센티브가 최소 수혜자가 받는 대우를 향상시킬 때 그것을 이유로 불평등을 허용한다. 이 문제에 관해서는 제2장(「롤스와 그 너머」)에서 롤스식 정의의 원칙의 이러한 특징에 대한 G. A. 코헨의 비판(그의 저서 *Rescuing Justice and Equality*, 2008)을 언급하며 논의했다. 인센티브를 이유로 불평등을 받아들이는 것이 완벽히 공정한 사회라 주장되는

분명 정치학과 담론윤리학에서 공적 추론의 역할을 보는 방식들에는 많은 차이가 있다.* 그러나 내가 여기서 탐구하려는 주된 논지는 이러한 차이들이 존재해도 위협받지 않는다. 더 중요한 것은 민주주의를 더 폭넓게 이해할 때 중심적인 문제는 정치참여, 대화 그리고 공적 상호작용이라는 일반적 인식을 이끌어 내는 데 이러한 새로운 공헌 전체가 도움이 되었다는 것이다. 민주주의의 실천에서 공적 추론의 결정적 역할은 민주주의의 전체 주제를 본서에서 중심이 되는 주제, 즉 정의와 밀접하게 관련시키는 것이다. 만일 정의의 요건이 공적 추론의 도움이 있어야만 평가될 수 있다면, 그리고 공적 추론이 본질적으로 민주주의의 개념과 관련 있다면, 정의와 민주주의 사이에는 밀접한 연관성이 있으며 담론적 특징을 공유하게 된다.

　　그러나 민주주의를 '토의에 의한 통치'라 보는 것은, 오늘날 정치철학에서는 널리 받아들여지고 있지만(정치제도주의자에게는 꼭 그렇지도 않다), 민주주의와 그 오래된 — 더 엄격히 조직적인 — 의미에서의 역할에 관한 현대적 논의와 종종 대립한다. 민주주의를 단지 무기명 투표와 선거의 측면에서 파악하는 니티 지향적인 제도적 이해는 오랜 전통을 갖고 있을 뿐만 아니라, 새뮤얼 헌팅턴Samuel Huntington을 비롯한 많은 현대

것에서 어떤 역할을 맡을 수 있는지는 논란의 여지가 있지만, 중요한 것은, 롤스가 로버트 노직이 그랬던 것처럼(*Anarchy, State and Utopia*, 1974)[『아나키에서 유토피아로』, 남경희 옮김, 문학과지성사, 1997] 무조건적인 재산권을 자유주의적 권리의 일부로서 지지한 것은 아니라는 점이다.

* 다음을 참조할 것. Joshua Cohen, 'Deliberative Democracy and Democratic Legitimacy', in Alan Hamlin and Philip Pettit(eds), *The Good Polity*(Oxford: Blackwell, 1989); Jon Elster(ed.), *Deliberative Democracy*(Cambridge: Cambridge University Press, 1998); Amy Gutmann and Dennis Thompson, *Why Deliberative Democracy?*(Princeton, NJ: Princeton University Press, 2004); James Bohman and William Rehg, *Deliberative Democracy*(Cambridge, MA: MIT Press, 1997).

정치학자들에게도 지지되어 왔다. "열려 있고 자유롭고 공정한 선거는 민주주의의 진수이자 불가피한 필수요소이다."[11] 정치철학에 나타나는 민주주의의 개념적 이해에는 일반적인 변화가 일어나고 있는데도, 아직까지도 무기명 투표와 선거라는 절차에 집중하는 매우 편협한 제도적 이해를 기반으로 하여 민주주의의 역사가 이야기되고 있다.

물론 무기명 투표는 공적 추론의 표현과 그 과정의 유효성에 매우 중요한 역할을 다하고 있지만, 그것만이 중요한 것은 아니다. 그것은 민주적인 사회에서 공적 추론이 작동하는 방식의 단지 한 부분 ― 인정하건대 매우 중요한 부분 ― 이라 볼 수 있다. 무기명 투표의 유효성 자체는 그와 함께 이루어지는 것, 예컨대 언론의 자유, 정보에의 접근성, 반대의 자유 등에 결정적으로 의존한다.* 무기명 투표만으로는 매우 부적절할 수 있다는 것은 오늘날 북한에서처럼 예나 지금이나 권위주의체제에서 독재자가 거두는 경악스러운 선거 승리를 보면 아주 분명히 알 수 있다. 문제는 투표자에게 행사하는 정치적 압력과 처벌에만 있는 것이 아니라, 검열, 정보차단, 공포 분위기 조성과 더불어 정치적 반대 및 미디어 독립성의 억압, 기본적인 시민권 및 정치적 자유의 부재로 인해 여론의 표현이 좌절되는 방식에도 존재한다. 이 모든 것들 때문에 권력자는 투표행위 자체의 순응을 보장하는 데 큰 힘을 쏟지 않아도 된다. 실제로 전 세계의 수많은 독재자는 주로 공적 토론과 정보의 자유를 억압함으로써, 또 불안 분위기를 조성함으로써 투표과정에서 공공연한 강압을 가하지 않고도 선거에서 압도적인 승리를 거두어 왔다.

---

* 언론자유의 중요성과 미국에서의 관련 논의에 관해서는 Anthony Lewis, *Freedom for the Thought That We Hate: A Biography of the First Amendment*(New York: Basic Books, 2007)[『우리가 싫어하는 생각을 위한 자유』, 박지웅·이지은 옮김, 간장, 2010] 참조.

민주주의의 한정된 전통?

본서에서 탐구하고 있듯이 민주주의가 정의의 분석과 밀접히 관련되어 있다는 것을 제대로 이해하고 받아들일지라도 전 세계적으로 토론과 시위를 고무하는, 널리 퍼져 있는 정의의 개념을, 민주주의의 형태에서 철저히 '서양적' 개념으로 여겨지는 것의 측면에서 생각하는 데 심각한 문제는 없는가? 우리는 이 세계의 공정과 정의에의 일반적 접근으로서 정치조직이 갖고 있는 순수하게 서양적인 특징에 초점을 맞추고 있지는 않은가? 만일 공적 추론이 정의의 실천에 결정적으로 중요하다면, 민주주의의 일부인 공적 추론의 기술이 일반적인 생각에 따라 철저히 서양적이고 지역적으로 한정되어 있을 것처럼 보일 때, 우리는 세계 전체의 정의에 대해 생각조차 할 수 있을까? 민주주의가 기본적으로 유럽 ― 그리고 미국 ― 을 기원으로 하는 서양적 개념이라는 신념은 널리 퍼져 있으며, 그것은 궁극적으로 옳지 않고 피상적인 판단인데도 누가 보아도 그럴듯한 면을 가지고 있다.

(서장에서 논의했듯이) 존 롤스와 토마스 네이글은 글로벌한 주권국가가 존재하지 않기 때문에 글로벌 정의의 가능성에 대해 회의적이었지만, 전 세계 사람들의, 그들을 위한, 그들에 의한 공적 토론을 통해 글로벌 정의의 향상을 목격하려는 데에 다른 곤란은 없는가? 본서(특히 제5장 「공평성과 객관성」 및 제6장 「닫힌 공평성과 열린 공평성」)에서 이미 주장했듯이 열린 공평성의 요건은 현대 세계 모든 곳의 정의를 충분히 고려하기 위해 글로벌한 관점을 필요케 한다. 만일 그것이 옳고, 전 세계 사람들이 엄격히 구분된 그룹으로 나뉘고 그들 대부분이 어떤 식으로든 공적 추론에 참여할 수 없다면, 그 필요성을 충족하는 것은 사실상 불가능하지 않은가? 이는 광범위한 실증적 연관성에도 불구하고 정의론을 다루

는 본서에서 피할 수 없는 거대한 문제이다. 따라서 민주주의의 전통이 투표와 선거에 관한 제도적 해석에서든 더 일반적으로 '토론에 의한 통치'로서든 철저히 '서양적'인지 아닌지 검토하는 것이 중요하다.

민주주의가 지난 몇 세기 동안 특히 유럽과 미국에서 강력히 등장한 특정 제도적 특징을 뛰어넘어 공적 추론이라는 더 넓은 관점에서 파악될 때, 우리는 — 단지 유럽과 북미뿐만 아니라 — 세계 많은 곳의 여러 국가에서 나타난 참여형 통치의 지적 역사를 재평가해야 한다.[12] 민주주의가 보편적 가치라는 주장을 비판하는 문화적 분리주의자는 고대 그리스의 독특한 역할, 특히 기원전 6세기에 특수한 형태의 투표가 등장한 고대 아테네의 역할을 자주 지적한다.

민주주의의 글로벌한 기원

고대 그리스는 정말로 매우 독특하다.* 민주주의의 형식과 그 내용의 이해에 대한 그 공헌은 아무리 강조해도 지나치지 않다. 그러나 그 경험을 민주주의가 본질적으로 '유럽적' 혹은 '서양적' 개념이라는 분명한 증거로 간주하는 것은 통상 이루어지는 것보다 훨씬 더 비판적인 검토를 필요로 한다. 우선, 아테네적 민주주의의 성공조차 단지 투표가 아니라

---

* 고대 그리스는 민주적 절차의 출현을 가능케 한 주목할 만한 상황을 갖추고 있었다. 존 던이 민주주의의 역사를 꿰뚫으며 보여 주듯이, 민주적 통치는 "2,500여 년 전 그리스에서 발생한 지역적 문제의 즉흥적 해결책으로 시작되었고, 잠시지만 눈부시게 번창했으며, 2,000년간 거의 모든 곳에서 자취를 감추었다"(*Democracy: A History*(2005), pp. 13~14). 나는 민주주의가 공적 추론의 측면에서 폭넓게 이해되면 그처럼 덧없는 흥망성쇠의 역사를 갖지 않는다고 주장하지만, 던의 발언은 고대 그리스에서 출현하여 이란, 인도, 박트리아와 같은 많은 나라에서 (그리스의 경험에 영향을 받아 — 이제 논의하겠지만) 일시적으로 제도화되었지만 우리 시대에 가까워질 때까지 다시 출현하지 않았던 민주주의의 형식적 제도에는 적용될 것이다.

열린 공적 토론의 풍토에 달려 있으며, 분명 투표제는 그리스에서 시작되었지만 공적 토의의 전통(아테네와 고대 그리스에서 매우 강하다)은 훨씬 더 폭넓은 역사를 갖고 있다는 것을 이해하는 것이 특히 중요하다.

투표에 관해서도 선거의 기원이 유럽에 있다는 문화적 차별주의의 관점을 지지하는 경향은 더 검토되어야 한다. 첫째, 문명을 사상과 행위의 빈틈없는 역사에 관해서가 아니라 폭넓은 지역성, 예컨대 극히 집합적인 속성을 지닌 '유럽'이나 '서양'이라는 지역성에 관해 정의하는 데는 근본적인 어려움이 있다. 문명적 범주를 이처럼 파악하면, 고대 그리스는 동쪽이나 남쪽의 다른 고대 문명(특히 이란, 인도, 이집트)과 지적 교류를 하는 데 열중한 반면, 예컨대 생기 넘치는 고트족과 서고트족과 잡담하는 데는 거의 관심을 보이지 않았는데도 바이킹족과 서고트족의 후손을 ('유럽적 혈통'의 일부이기 때문에) 고대 그리스적 선거 전통의 진정한 후계자로 여기는 데 큰 어려움이 없을 것이다.

두 번째 문제는 초기 그리스의 투표 경험이 실제 무엇으로 이어졌느냐는 것과 관련된다. 아테네는 분명 투표를 시작한 선구자였지만, 이어진 몇 세기 동안 많은 아시아 지역에서도 주로 그리스의 영향을 받아 투표가 이루어졌다. 그리스의 선거에 의한 통치 경험이 그리스와 로마의 서쪽 국가들, 즉 현재의 프랑스, 독일, 영국에 직접적 영향을 주었다는 증거는 없다. 반면 아시아 — 이란, 박트리아, 인도 — 의 몇몇 도시는 아테네 민주주의의 전성기 이후 몇 세기 동안 지방자치에 민주적 요소를 통합했다. 예컨대 이란 남서부 도시 수산 혹은 수사에는 수 세기 동안 선출직 의회, 주민총회 그리고 총회에서 선출되는 치안판사가 있었다.[*]

---

[*] 인도에서 나타난 민주적 지방통치의 다양한 예에 관해서는 Radhakumud Mookerji, *Local Government in Ancient India*(1919)(Delhi: Motilal Banarsidas, 1958) 참조.

고대 인도에서 지방자치 민주주의가 실행되었다는 기록도 잘 남아 있다. 시드니 퀼즈가 레이철과 대화할 때 런던에서 연구하는 가공의 주제 — 심지어 그는 그 주제에 관한 관련 저자의 이름을 정확히 인용했다 — 로 언급한 것도 이 문헌이었다.[13] 1947년 인도 독립 직후 제헌의회에서 채택된 인도 신헌법 초안의 기초위원회 의장을 맡은 암베드카르 B. R. Ambedkar는 고대 인도의 지역 민주주의 경험이 현대 인도 전체의 큰 민주주의를 설계하는 것과 관계된다는 것을 상당히 폭넓게 기술했다.*

사실 선거의 시행도 비서양 사회에서 상당한 역사를 갖고 있지만, 민주주의를 공적 추론의 측면에서 폭넓게 보면, 민주주의를 순수 지역적 현상으로 여기는 문화적 비평이 완전히 실패했다는 것을 분명히 알 수 있다.[14] 아테네는 분명 공적 토의의 훌륭한 기록을 남겼지만, 열린 숙의는 그 밖의 몇몇 고대문명에서도 때로는 화려하게 꽃피었다. 예컨대 특별히 사회적·종교적 문제에 관한 상이한 관점 간의 분쟁을 해결할 목적으로 만들어진 가장 초기의 열린 일반 집회는 인도의 이른바 '결집'에서 이루어졌다. 거기서 서로 다른 관점의 지지자들은 그 차이에 관한 논쟁을 벌였는데, 이는 기원전 6세기에 시작되었다. 최초의 결집은 고타마 붓다의 사후 얼마 되지 않아 라자그리하(현재의 라즈기르)에서 열렸고, 두 번째는 그로부터 100여 년 후 바이살리에서 열렸다. 마지막 결집은 기원후 2세기에 카슈미르에서 열렸다.

아소카 황제는 기원전 3세기에 인도제국의 수도였던 파트나(당시 파

---

* 사실 암베드카르는 고대 인도의 지역 민주주의사를 연구한 후, 결국 현대 인도의 민주주의를 위한 헌법을 고안하는 데 그 오래된 — 그리고 엄격히 지역적인 — 경험에 의존하는 것에는 거의 장점이 없다고 보았다. 그는 이어 '지역주의'가 '편협한 정신과 공동체주의'를 낳는다고 주장하면서 "이 마을공화국들은 인도를 파괴해 왔다"고 기술했다(The Essential Writings of B. R. Ambedkar, edited by Valerian Rodrigues(Delhi: Oxford University Press, 2002), 특히 essay 32: 'Basic Features of the Indian Constitution' 참조).

탈리푸트라라 불렸다)에서 세 번째이자 가장 큰 결집을 주재했고, 가장 초기의 공적 토론 규칙(19세기 '로버트 토의절차 규칙'의 초판과 같은 것)을 성문화하고 전파하려고도 했다.* 또 다른 역사적 예를 들면, 7세기 초 일본에서 불교도였던 쇼토쿠태자는 숙모인 스이코천황의 섭정을 맡고 604년에는 이른바 「17조 헌법」을 제정했다. 그 헌법은 6세기 후인 1215년에 서명된 「마그나카르타」의 정신과 비슷하게 다음과 같이 주장했다. "중요한 문제의 결정은 단 한 사람이 행해서는 안 된다. 많은 사람들이 논의해야 한다."[15] 평자 가운데는 불교의 영향을 받은 이 7세기의 헌법을 일본의 '민주주의를 향한 점진적 발전의 첫 걸음'[16]이라 보는 자도 있다. 「17조 헌법」은 다음과 같이 설명한다. "타인이 우리와 다를 때 화내서는 안 된다. 모든 사람에게는 마음이 있고, 각자의 마음은 그 자체의 성향을 갖고 있다. 그들에게 옳은 것이 우리에게는 틀리고, 우리에게 옳은 것이 그들에게는 틀릴 수 있다." 실제로 공적 토론의 중요성은 비서양 세계 많은 나라의 역사에서 되풀이되는 테마이다.

그러나 이러한 글로벌한 역사의 타당성은 우리가 역사에서 탈피할 수 없고 새로운 출발을 개시할 수도 없다는 암묵적 가정에 있지 않다. 과거로부터의 탈출은 항상 전 세계에서 다양한 방식으로 필요하다. 우리는 오늘날 민주주의의 길을 선택하기 위해 민주주의의 역사가 긴 나라에 태어날 필요는 없다. 이러한 측면에서 역사의 중요성은 다음과 같이 더 일반적인 이해에 있다. 즉, 확립된 전통은 사람들의 생각에 계속해서 영향을 가해 촉진하거나 저해할 수 있지만, 그 생각들은 감동을 주는 것이든 저항하고 극복하고 싶은 것이든 혹은 (인도의 시인 라빈드라나드 타고르가 존경스러울 만큼 명확히 논의했듯이) 과거로부터 계승해야 할 것과 거부해야

---

* 제3장 「제도와 개인」 및 나의 『아마티아 센, 살아 있는 인도』 참조.

할 것을 현재의 관심사와 우선순위에 비추어 검토하고 싶은 것이든 고려되어야 한다.[17]

그러므로 통찰력 있고 두려움을 모르는 전 세계의 정치지도자(쑨원, 자와할랄 네루, 넬슨 만델라, 마틴 루터 킹, 아웅 산 수지와 같은)들이 이끈 민주주의 투쟁에서 지역의 역사와 더불어 세계의 역사에 대한 지식이 중요하고 건설적인 역할을 했다는 것은 놀라운 일이 아니다 — 오히려 오늘날 더 분명하게 인식될 필요가 있다. 넬슨 만델라는 자서전『자유를 향한 머나먼 여정』*Long Walk to Freedom*에서 그가 어렸을 때 음케케즈웨니에 있는 통치자의 집에서 열린 지역 집회의 민주적인 절차를 보고 강한 인상과 영향을 받았다고 기술했다.

> 말하고 싶은 사람은 누구든 그렇게 했다. 그것은 가장 순수한 형태의 민주주의였다. 발언자들 간에는 중요도의 면에서 계층의 차이가 있었겠지만 누구든 말할 수 있었다. 족장과 부하, 전사와 주술사, 상점주와 농민, 지주와 노동자 …… 자치의 기본은 모든 사람이 자신의 의견을 자유롭게 발언하고 시민으로서의 가치가 동등한 것이었다.[18]

만델라의 민주주의 이해는 유럽에서 이주해 온 사람들이 운영하는 아파르트헤이트국가에서 그가 주변의 정치관행을 보고 얻어진 것이 아니다. 이 문맥에서는 그들이 자신을 '백인'이 아니라 문화적 용어인 '유럽인'이라 불렀다는 것을 떠올릴 필요가 있다. 사실상 프레토리아는 만델라가 민주주의를 이해하는 데 거의 공헌하지 않았다. 민주주의에 대한 그의 식견은 그의 자서전에서 볼 수 있듯이 글로벌한 뿌리를 갖는 정치적·사회적 평등에 관한 일반적인 생각과, 지방의 마을에서 참여형 공적 토론의 실천을 목격한 경험에서 비롯되었다.

중동은 예외인가

과거 민주주의의 역사적 배경을 재검토할 때, 중동의 역사도 재평가 해야 한다. 왜냐하면 자주 표명되듯이 중동 국가들은 민주주의에 대해 늘 적대적이었다고 믿어지기 때문이다. 그처럼 끊임없이 반복되는 신념 은 아랍세계의 민주주의 투사들에게 정말 짜증스러운 것이지만, 역사적 일반화의 한 조각으로서도 무의미한 것이다. 물론 제도로서의 민주주의 가 과거 중동에서 두드러지지 않았다는 것은 사실이지만, 제도적 민주주 의는 세계의 대부분 지역에서 사실상 매우 새로운 현상이다.

그 대신 지금까지 논의해 온 민주주의의 폭넓은 이해에 따라 공적 추 론과 서로 다른 관점에 대한 관용을 추구하면, 중동은 상당히 뛰어난 과 거를 갖고 있다. 우리는 이슬람적 공격성의 좁은 역사를, 무슬림의 방대 한 역사 및 무슬림 지도자에 의한 정치적 전통과 혼동해서는 안 된다. 12세기에 유대인 철학자 마이모니데스가 에스파냐에서 추방되었을 때 (더 관용적인 무슬림 정권이 훨씬 덜 관용적인 정권에 무너졌을 때), 그는 유럽 이 아니라 아랍세계의 관용적인 무슬림 왕국에서 피난처를 찾았고, 카이 로의 살라딘 황제의 궁정에서 명예롭고 영향력 있는 지위를 부여받았다. 살라딘은 분명 강력한 무슬림이었다. 실제 그는 이슬람을 위해 십자군과 격하게 싸웠고, 사자심왕 리처드는 그의 쟁쟁한 적 중 하나였다. 하지만 마이모니데스가 새로운 기반을 마련하고 발언권을 되찾은 곳은 살라딘 의 왕국이었다. 반대에 대한 관용은 물론 공적 추론을 실행하는 기회에 중심적이며, 종교재판이 들끓던 유럽이 억압한 자유를 관용적인 무슬림 정권은 그 전성기에 제공했다.

그러나 마이모니데스의 경험은 예외적인 것이 아니었다. 현대 세계 는 무슬림과 유대인 간의 충돌로 가득하지만, 아랍세계나 중세 에스파냐의 무슬림 통치는 자유 — 그리고 때로는 지도적 역할 — 가 존중되는 사회공동체의 확실한 일원으로서 유대인을 받아들인 긴 역사를 가지고 있다.* 예컨대 마리아 로사 메노칼Maria Rosa Menocal은 저서 『세계의 장식품』The Ornament of the World에서, 무슬림이 지배했던 에스파냐의 코르도바가 10세기까지 '지구상 가장 문명화된 장소라는 타이틀을 걸고 바그다드를 위협할 만한, 어쩌면 그 이상인 경쟁자'에 등극한 것은 칼리프 압드 알 라만 3세와 그의 유대인 고관 하스다이 이븐 샤프루트 두 사람의 영향에 의한 것이었다고 지적했다.[19]

중동의 역사와 무슬림의 역사는 또한 공적 토론과 대화를 통한 정치적 참여에 관한 수많은 이야기를 포함하고 있다. 카이로, 바그다드, 이스탄불을 중심으로 한 무슬림 왕국에서, 혹은 이란과 인도에서, 혹은 이 점에 관해서는 에스파냐에서, 많은 공적 토론의 옹호가 이루어졌다. 견해의 다양성에 대한 관용도는 유럽과 비교해서도 특출했다. 예컨대 1590년대 무굴제국의 아크바르대제가 종교적 및 정치적 관용의 필요성을 인도에서 선언했을 때, 그리고 그가 다양한 신념을 가진 사람들(힌두교도, 이슬람교도, 크리스트교도, 파시교도, 자이나교도, 유대교도 그리고 심지어는 무신론자) 간의 대화를 조직하느라 여념이 없었을 때, 유럽에서는 종교재판이 한창이었다. 아크바르가 아그라에서 종교와 민족의 울타리를 넘어 대화할 필요성과 관용성에 관해 강연하고 있을 때조차 로마에서는 1600년에 조르다노 브루노가 이단의 죄로 화형에 처해졌다.

중동 및 지나치게 단순화되어 '무슬림 세계'라 불리는 곳이 오늘날 안

---

* 이 문맥에서 중요한 것은, 이슬람의 지적 유산이 유럽문화의 발전과 지금 우리가 보통 서양문명과 결부시키는 많은 특징의 출현에 얼마나 큰 영향을 미쳤는지 살펴보는 것이다. 이에 관해서는 David Levering Lewis, *God's Crucible: Islam and the Making of Europe, 570~1215*(New York: W. W. Norton & Co., 2008) 참조.

고 있는 문제는 분명 막대한 것이겠지만, 이 문제들의 원인을 면밀히 살피기 위해서는 내가 『정체성과 폭력』에서 논의했듯이 정체성 정치학의 성질과 역학관계를 충분히 이해해야 한다. 이는 사람들이 종교 이외에도 다양한 소속을 가지고 있고, 그들의 충성심은 세속적인 우선사항부터 종교적 차이를 활용하려는 정치적 관심에 이르기까지 다양할 수 있다는 사실의 인식을 요청한다. 중동의 제국주의적 과거와 서양 제국주의의 지배 — 여전히 많은 영향을 남기고 있는 지배 — 에 따른 종속의 변증법적인 관계에도 주목해야 한다. 중동이 불가피하게 비민주적 운명을 타고났다는 환상은 오늘날 세계정치나 글로벌 정의에 관해 생각하는 방식을 혼란스럽고 또 매우 심각하게 — 치명적으로 — 호도하고 있다.

언론과 매체의 역할

이처럼 민주주의가 (세계의 다른 지역과 비교가 안 되는) 길고 독특한 역사에서 비롯된 서양의 지적 유산이라는 논지는 성립하지 않는다. 민주주의를 공적 투표로 한정하는 관점을 채택할지라도 그 주장은 버틸 수 없고, 민주주의의 역사를 공적 추론의 측면에서 파악한다면 더더욱 그렇다.

세계의 공적 추론을 발전시키기 위해 고려해야 할 중심적 과제 중 하나는 자유롭고 독립적인 언론에 대한 지지이다. 그것의 결여가 종종 눈에 띄지만, 그러한 상황은 분명히 역전될 수 있다. 그리고 과거 300여 년간 유럽과 미국에서 확립된 전통은 실로 거대한 차이를 가져왔다. 이러한 전통에서 얻어지는 교훈은 인도에서 브라질까지, 그리고 일본에서 남아프리카공화국까지 전 세계에서 탈바꿈되어 왔고, 자유롭고 활발한 매체의 필요성은 전 지구적으로 급속히 학습되었다. 특히 기운을 북돋우는 것은 매체의 도달 범위 — 그리고 그 문화 — 가 변화하는 속도이다.*

　제약 없고 건전한 매체는 몇 가지 이유에서 중요한데, 그것이 이룰 수 있는 공헌을 구분하는 것이 유용하다. 첫 번째 — 그리고 가장 기본적인 — 연관성은 일반적으로 언론의 자유, 특히 보도의 자유가 우리의 삶의 질에 **직접 공헌**한다는 것이다. 우리에게는 서로 의사소통하고 우리가 살고 있는 세계를 더 잘 이해하고 싶은 충분한 이유가 있다. 매체의 자유는 이를 이룰 수 있는 역량에 결정적으로 중요하다. 자유로운 매체가 없고 서로 의사소통할 능력이 억압받는다면, 설령 그러한 억압을 부과하는 권위주의국가가 GNP의 측면에서 매우 부유할지라도 인간의 삶의 질을 직접적으로 저하시키는 효과가 생긴다.

　둘째, 언론은 지식을 전파하고 비판적 검토를 가능하게 하는 데 주요한 **정보적 역할**을 맡는다. 언론의 정보적 기능은 (예컨대 과학적 진보나 문화적 혁신에 관한) 특정 보도뿐만 아니라 어디서 무엇이 일어나는지 사람들에게 알리는 것과도 관련되어 있다. 게다가 탐사보도는 그것이 없었다면 주목받지 못하거나 심지어 알려지지도 않았을 정보를 캐낼 수 있다.

　셋째, 매체의 자유는 무시되고 불리한 입장에 놓인 사람들에게 발언권을 제공하는 중요한 **보호적 기능**을 가지며, 이는 인간의 안전보장에 크게 기여할 수 있다. 한 국가의 지도자는 보통 일반인의 비참한 상황으로부터 격리된 생활을 한다. 그들은 기근이나 다른 재난과 같은 국가적 재앙을 겪으면서 희생자의 운명을 공유하지 않을 수 있다. 그러나 만일 그들이 검열 없는 언론을 통해 여론의 비난에 직면해야 하거나 선거를

---

* 사담이지만, 1964년에 처음으로 태국을 방문했을 때 당시 신문의 비참한 상황을 보고 태국이 오늘날 세계에서 가장 강건한 매체 전통을 가진 국가 중 하나가 될 정도로 급속히 발전할 줄은 상상도 못했다. 이러한 발전은 태국에서 공적 토론의 범위가 확장되는 데 큰 공헌을 했다.

앞두고 있다면, 그 대가 또한 치러야 하고, 이는 그들에게 그러한 위기를 모면하기 위해 신속한 조치를 취하게 하는 강력한 인센티브를 제공한다. 이 문제는 다음 장 「민주주의의 실천」에서 더 자세히 다룰 것이다.

넷째, 정보에 기초하고 통제되지 않는 **가치의 형성**은 소통과 논의의 개방성을 필요로 한다. 이러한 과정에 언론의 자유는 결정적이다. 이성에 기초한 가치 형성은 상호적 과정이며, 언론은 이 상호작용을 가능하게 하는 데 주요한 역할을 담당한다. 새로운 표준과 우선순위(예컨대 아이가 더 적게 태어나는 소가족이나 젠더 평등 필요성의 더 큰 인식이라는 표준)는 공적 담론을 통해 출현하며, 여러 지역을 가로질러 새로운 표준을 확산시키는 것도 공적 토론의 역할이다.*

민주주의적 실천의 필수요소인 다수결 원칙과 소수자 권리의 보호 간의 관계는 특히 관용적인 가치와 우선순위의 형성에 의존한다. 제14장 「평등과 자유」에서 논의했듯이, '파레토적 자유주의의 불가능성'이라는 사회적 선택의 결과에서 얻을 수 있는 교훈 중 하나는, 자유와 자유주의적 권리를 다수결 원칙의 우선성 — 그리고 특정 선택에서 만장일치에 의해 인도되는 것 — 과 정합적이게 만드는 데 상호 관용적인 선호가 결정적으로 중요하다는 것이다. 만일 다수자가 소수자의 권리, 심지어는 자신에 반대하거나 의견이 일치하지 않는 자의 권리를 지지할 준비가 되어 있다면, 다수결 원칙이 제한되지 않아도 자유는 보장될 수 있다.

마지막으로, 잘 기능하고 있는 매체는 일반적인 공적 추론을 촉진하는 데 결정적으로 중요한 역할을 담당할 수 있다. 정의의 추구에서 공적 토론이 중요하다는 것은 본서에서 반복적으로 다루어 온 주제이다. 정의

---

* 사회적 선택에서 소통과 숙의의 역할에 관해서는 제4장 「목소리와 사회적 선택」에서 논의했다. 또한 Kaushik Basu, *The Retreat of Democracy And Other Itinerant Essays on Globalization, Economics, and India*(Delhi: Permanent Black, 2007)도 참조할 것.

의 판단에 필요한 평가는 고독한 작업이 아니라 불가피하게 논증적인 것이다. 왜 정력적이고 효율적인 매체가 그러한 논증적 과정을 크게 촉진할 수 있는지는 어렵지 않게 알 수 있다. 매체는 민주주의뿐만 아니라 일반적인 정의의 추구를 위해서도 중요하다. '토의 없는 정의'는 유폐된 개념이다.

매체의 다방면에 걸친 관련성은 제도적 변경이 공적 추론의 실천을 변화시키는 방식도 이끌어 낸다. 공적 추론의 직접성과 견고성은 역사적으로 계승된 전통 및 신념뿐만 아니라 제도와 실천이 가져오는 토론과 상호작용의 기회에도 의존한다. '태곳적부터 변함없다'고 여겨지는 문화적 파라미터는 특정 국가에서 공적 토론의 결함을 '설명'하고 심지어는 정당화하는 데 너무나도 자주 이용되어 왔는데, 이는 현대 권위주의가 작동하는 것 — 검열, 언론통제, 반대파의 억압, 야당 결성 금지, 반체제 인사의 투옥(혹은 더 심한 것)을 통해 — 을 충분히 이해함으로써 얻을 수 있는 것보다 훨씬 더 형편없는 설명이 될 뿐이다. 민주주의의 사상은 이러한 장벽을 제거하는 데 공헌할 수 있으며, 이는 작은 일이 아니다. 그것은 그 자체로 중요한 공헌일 뿐만 아니라, 본서에서 전개한 접근이 옳다면 정의의 추구에도 가장 중요하다.

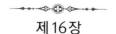

제16장

민주주의의 실천

"인도 국무장관은 이상하게 잘못된 정보를 받고 있는 것 같다." 캘커타의 신문 『정치인』The Statesman 1943년 10월 16일 자 사설에는 강도 높은 표현이 등장했다.* 그리고 다음과 같이 이어졌다.

전보가 그에게 불공평하지 않다면, 목요일, 그는 의회에 캘커타를 포함한 벵골 지역의 (짐작건대 아사로 인한) 일주일간 사망자가 약 1,000명이지만 더 많을 수도 있다고 말했다. 공적으로 이용 가능한 모든 데이터가 훨씬 더 크다는 것을 가리킨다. 그의 위대한 부서는 그에게 충분한 발견

---

* 본서의 다른 부분과는 달리 이 장은 주로 실증적이다. 정치철학의 몇몇 중심적 과제를 이해하는 것은, 이미 논의했듯이 사회적 실현에 영향을 미치는 인과관계의 타당한 판독에 달려 있다. 즉, 제도적인 니티로부터 니야야를 펼치는 것이다. 민주주의가 작동하는 방식과 민주주의 부재의 평가방법이 이 장의 주제를 이룬다. 특정한 경험이나 사례로부터 일반적인 경험적 통찰을 얻는 데 동반되는 한계는 잘 알려져 있지만, 그럼에도 우리는 이러한 **실제** 경험을 검토함으로써 통찰을 얻을 수 있다.

수단을 제공해야 한다.*

이틀 후 벵골 주지사(T. 러더퍼드Rutherford 경)는 인도 국무장관에게 다음과 같이 썼다.

사망자 수에 관한 장관님의 의회 발언은 아마도 저와 총독의 연락에 기초한 것이라 생각합니다만, 몇몇 신문에서 혹독한 비판을 받고 있습니다. …… 결핍의 영향이 이제 완전히 느껴지고 있고, 일주일간 사망자는 무려 2,000명 이상일 것입니다.

그래서 얼마였나? 1,000명, 2,000명, 혹은 다른 값인가?

기근조사위원회가 1945년 12월에 제출한 보고서는 1942년 7월부터 12월까지 기록된 사망자는 130만 4,323명으로, 직전 5년간 같은 기간의 사망자 평균 62만 6,048명과 대조를 이루며, 기근으로 인한 사망자만 67만 8,000명이 넘는다고 결론지었다. 이를 일주일간 사망자 수로 환산하면, 1,000이나 2,000에 가깝기는커녕 2만 6,000명 이상이다.**

나도 어린 시절 목격한 1943년도의 벵골 대기근은 식민지 인도에 민주주의가 결여되어 있었을 뿐만 아니라 인도 언론의 보도와 비판에 심각

---

* 사설 「사망자 수」, 『정치가』 1943년 10월 16일 자. 이 주제에 관해서는 나의 *Poverty and Famines: An Essay on Entitlement and Deprivation*(Oxford: Clarendon Press, 1981) 참조. 거기에는 여기서 인용한 모든 참고문헌이 제공되어 있다.

** *Poverty and Famines*(1981)에서 나는 기근조사위원회가 추계한 기근에 의한 총 사망자 수 또한 심각하게 축소되어 있다는 것을 밝혔다. 그 주된 이유는 기근이 초래한 전염병으로 인해 기근이 원인이 된 사망률의 증가가 그 후 몇 년간 지속되었기 때문이다(Appendix D). 또한 *The Oxford Handbook of Medicine*(Oxford: Oxford University Press, 2008)에 수록된 나의 'Human Disasters' 항목도 참조할 것.

한 규제가 부과되고 영국 소유의 매체가 기근에 관해 자발적으로 '침묵'을 선택했기(인도의 관문인 버마까지 닥쳐온 일본군에 도움이 될까 두려워 소위 '전쟁노력'의 일환으로 선택했다는 주장도 있다) 때문에 가능했던 것이다. 매체의 강제적 침묵과 자발적 침묵이 결합된 효과는 본국 영국에서 기근에 관해 참다운 공적 토론이 이루어지는 것을 방해하는 것이었고, 런던의 의회에서는 기근에 관해 논의되는 일도 그에 필요한 정책에 관해 검토되는 일도 없었다(1943년 10월에 『정치가』가 등을 떠밀기 전까지는). 물론 영국의 식민통치하에 있었던 인도에 의회는 없었다.

사실상 정부의 정책은 도움이 되기는커녕 오히려 기근을 악화시키는 것이었다. 매주 몇천 명씩 죽어 가던 몇 개월 동안 공식적인 기아 구호품은 하나도 없었다. 더구나 기근이 더욱 악화된 것은, 첫째, 뉴델리에 있는 영국령 인도 정부가 인도의 주들 간 쌀과 곡류 거래를 중단시켜 벵골 지역의 식료품 가격이 훨씬 비쌌는데도 민간 거래의 합법적인 채널을 통해서는 식료를 들여올 수 없었다는 사실 때문이다. 둘째, 당국의 정책은 그 기간 동안 벵골 지역에 해외로부터 더 많은 식료를 들여오는 것이 아니라 — 뉴델리의 식민지정부는 그것을 단호히 거부했다 — 오히려 벵골 **밖으로** 수출하려는 것이었다. 실제로 기근이 발생하기 직전인 1943년 1월에조차 인도 총독은 벵골 지방정부의 지사에게 "벵골에서 부족해질지라도 그저 더 많은 쌀을 벵골에서 실론으로 수출**해야 한다!**"고 말했다.[1]

여기서 언급해야 할 것은 이 문제에 관해 생각한 영국령 인도의 당국자를 어떻게든 이해하자면, 이 정책들이 당시 벵골의 식량생산에 특별한 감소가 없었고 '따라서' 기근은 '그야말로 일어날 수 없다'는 인식에 기초하고 있다는 것이다. 식량생산량에 관한 정부의 이해가 완전히 틀린 것은 아니었지만, 기근에 관한 그들의 이론은 참담하게 잘못되었다. 왜냐하면 벵골에는 전쟁에 대비하여 병사 및 전쟁 관련 요원이 도착하고, 전시 호경기를 만나 건설 및 부수 경제활동이 활발해져 식량수요가 급격히 늘어났기 때문이다. 대부분 시골 지역에 살며 수입이 고정되어 있는 인구의 상당 부분은 도시 지역의 수요 증가에 따른 식료품 물가 급등에 직면하여 굶주릴 수밖에 없었다. 이 취약계층의 식량 구입 능력을 확보하기 위해서는, 예컨대 긴급 고용이나 공적 구제를 통해 그들에게 더 큰 소득과 구매력을 부여하는 것이 도움이 되었겠지만, 그 지역의 곡물 공급을 확대하는 것도 방법이 될 수 있었다 — 그 위기는 공급 감소가 아니라 수요 증가에 의해 **초래된** 것이다.

식민지정부가 기근에 대한 잘못된 신념을 갖고 있었던 것 이상으로 놀라운 것은, 매일 수 천명이나 되는 사람들이 거리에서 죽어 가고 있던 것을 알아채지 못한 뉴델리의 무능이다. 관리들은 현장의 사실을 그처럼 지독히도 피하기 위해 진짜 '이론가'여야만 했다. 공적 비판과 의회의 압력을 동반하는 민주주의 시스템이었다면 벵골 주지사나 인도 총독을 포함한 당국자들에게 그러한 사고방식을 허용하지 않았을 것이다.*

정부의 정책이 역효과를 낳은 세 번째 요인은 벵골 내 식량의 재분배 정책이었다. 정부는 벵골 농촌지역에서 높은 가격으로 식량을 수매하고 특히 캘커타 거주 인구를 위해 통제가격으로 선택적 배급제를 실시했다. 이는 전쟁노력의 일환으로 도시 지역의 불만을 진정시키려는 의도가 있었다. 이 정책의 가장 심각한 결과는 소득이 낮고 고정된 시골 인구가 급등하는 식료품 가격에 직면한 것이었다. 전시 호경기 때문에 벵골 농촌지역에서 식량을 반출하는 움직임은 농촌 지역에서 비싸게('원하는 가격'에) 사고 캘커타의 선택된 인구에게 싸게 파는 정부 정책에 의해 크게 강화되었다. 이 문제는 보도 통제의 기간 동안 의회에서 제대로 논의된 적

---

* 이 문제들에 관해서는 나의 *Poverty and Famines: An Essay on Entitlement and Deprivation* (1981), Chapter 6에서 논의했다.

이 없었다.

　캘커타의 벵골어 신문은 정부의 검열이 허용하는 한 소리 높여 항의 했다 — 전쟁과 '사기 진작'의 이유로 아주 큰 소리를 내지는 못했던 것 같다. 확실히 이러한 현지의 비판이 런던에서 반향을 일으키는 경우는 거의 없었다. 해야 할 일에 관해 책임 있는 공적 토론이 런던의 관계자 집단에서 시작된 것은 1943년 10월로, (당시 영국이 소유한) 캘커타의 『정치가』의 용감한 편집자였던 이언 스티븐스Ian Stephens가 10월 14일과 16일에 생생한 기사와 신랄한 사설을 게재함으로써 '침묵'의 자발적 정책을 따르지 않기로 결심한 이후의 일이다.* 앞서 인용한 인도 국무장관에 대한 힐책은 이 두 사설 중 두 번째 것이다. 이는 즉시 영국령 인도의 통치 집단을 동요시켰고, 런던의 웨스트민스터에서도 진지한 논의를 이끌었다. 그리고는 11월에 벵골에서 공적 구제장치가 — 마침내 — 시작되는 결과를 낳았다(그 이전에는 민간 자선활동밖에 없었다). 기근은 12월에 끝났는데, 부분적으로는 새로운 수확물 때문이지만 더 중요하게는 결국 실시된 구제책 때문이었다. 그러나 그때까지 기근에 의한 사망자는 이미 수십만 명이었다.

기근 예방과 공적 추론

　정기적 선거, 야당, 기본적인 언론의 자유, 비교적 자유로운 매체와

---

* 이언 스티븐스가 이 문제에 관해 직면한 딜레마와 저널리스트로서의 역할에 우선순위를 부여한 궁극적 결정에 관해서는 그의 저서 *Monsoon Morning*(London: Ernest Benn, 1966)에 멋지게 논의되어 있다. 이후 1970년대에 그를 알게 되었을 때, 그 어려운 결정의 기억이 그의 마음속에 얼마나 강하게 존재했는지 곧바로 이해할 수 있었다. 그러나 그는 자신의 편집 방침에 따라 수많은 사람들의 목숨을 구하고 '사망자 명단'의 흐름을 가까스로 저지했다는 사실을 마땅히도 자랑스럽게 여기고 있었다.

함께 민주주의가 작동하는 국가에서는 (설령 그 국가가 매우 가난하고 식량 사정이 심각할지라도) 큰 기근이 일어난 적이 없다고 전 장에서 언급했다. 이러한 이해에 대해 처음에는 많은 회의론이 있었지만, 지금은 상당히 널리 받아들여지고 있다.* 이는 정치적 자유의 방어력이 지닌 가장 기본적인 측면의 단순하지만 매우 중요한 예이다. 인도의 민주주의에는 많은 결함이 있지만, 그럼에도 그에 따라 발생되는 정치적 인센티브는 독립 후에 큰 기근을 없애는 데 적합했다. 인도에서 마지막 대기근 — 벵골 대기근 — 이 일어난 것은 제국이 막을 내리기 불과 4년 전이었다. 영국령 인도제국의 긴 역사에서 끈질기게 퍼졌던 기근은 독립 후 민주주의의 확립과 함께 갑자기 끝난 것이다.

중국은 많은 경제 분야에서 인도보다 큰 성공을 거두어 왔지만, — 독립된 인도와 달리 — 1958년부터 1961년까지 막대한, 역사상 가장 큰 기근을 경험했고, 사망자 수는 3,000만 명에 가깝다고 추산된다. 기근은 3년간이나 대유행했지만, 정부는 파멸적인 정책을 바꾸라는 압력을 받지 않았다. 중국에는 비판적 반대에 열려 있는 의회도 야당도 언론의 자유도 없었다. 실제 기근의 역사는 특이하게도 권위주의 체제, 예컨대 식민주의(영국령 인도나 아일랜드에서처럼), 일당독재(1930년대의 소비에트연방, 이후 중국이나 캄보디아에서처럼), 군사독재(에티오피아나 소말리아에서처럼)와 밀접히 연관되어 있다. 북한의 기근 상황은 현재진행형이다.[2]

기근의 직접적 불이익은 정부가 아닌 고통 받는 대중만이 떠맡는다. 통치자는 결코 굶지 않는다. 그러나 정부가 대중에 대해 해명할 책임이

---

* 이 논지를 'How Is India Doing?' *New York Review of Books*, 29(1982) 및 'Development: Which Way Now?' *Economic Journal*, 93(1983)에 처음 제시한 후, (식량 전문가를 포함한) 여러 비판가들로부터 많은 질책이 쏟아졌고, *New York Review of Books* 및 *Economic and Political Weekly*에서는 내 논문 뒤로 강한 어조의 격론이 이어졌다.

있을 때, 그리고 자유로운 보도와 검열 없는 공적 비판이 존재할 때, 정부 역시 기근을 근절하기 위해 최선의 노력을 다하는 뛰어난 인센티브를 갖게 된다.*

토론을 통한 통치에 내장되어 있는, 기근을 방지할 정치적 인센티브와의 직접적 연관성 외에도 주목해야 할 구체적인 문제가 두 가지 더 있다. 첫째, 기근에 직접 영향을 받는, 혹은 위협을 받는 인구의 비율은 매우 작다 — 보통 10%(이보다 훨씬 작은 경우도 많다)보다 훨씬 작고, 그것을 넘는 일은 매우 드물다. 따라서 기근이 맹위를 떨치거나 그 조짐을 보일 때, 불만을 품은 기근의 희생자가 집권 정부에 반대표를 던질지라도 정부는 여전히 매우 안정적일 수 있다. 기근을 집권 정부의 정치적 참사로 만드는 것은 공적 추론의 범위이며, 이는 매우 높은 비율의 일반 대중을 움직이고 활력을 부여하여 '냉담한' 정부에 항의하고 실각시키도록 할 수 있다. 재난의 특성에 관한 공적 토론은 희생자의 운명을 강력한 정치적 이슈로 만들어 매체의 보도 및 공적 토론의 풍조에, 궁극적으로는 다

---

* 민주적 선거는 시작했지만 다른 면에서는 민주주의가 기능하지 못했던 몇몇 국가에서 기근, 혹은 적어도 기근에 가까운 상황이 일어났다는 사실이 언급되면서, 이러한 명제의 범위에 대한 의심이 종종 제기되었다는 것을 여기서 언급할 가치가 있다. 니제르는 선거와 기근이 공존하는 국가로, 2005년에 많은 사람들이 반례라며 제시했다. 여기서 인식해야 할 점은 『뉴욕타임스』가 사설에서 지적했듯이 인센티브 기반의 기근 방지책은 **기능하고 있는** 민주주의에 특별히 적용된다는 것이다. 니제르는 자격을 얻지 못했다. 왜냐하면 민주주의는 (니제르가 최근 제도화한) 선거의 도움만으로 기능하는 것이 아니라 책임을 발생시키는 다른 민주적 제도들도 기반으로 삼기 때문이다. 그러한 기본 사안을 『뉴욕타임스』는 다음과 같이 명료하게 기술했다. "아마르티아 센은 '세계 역사상 민주주의가 기능하고 있는 곳에 기근이 일어난 적이 없다'고 제대로 가르쳤다. 기능하고 있다는 것이 키워드이다. 민중에 정말로 해명 책임을 갖는 지도자는 적시에 예방대책을 취할 강한 인센티브를 갖는다. 올 6월에 부시 대통령이 백악관에서 모범적인 민주주의자로 맞이한 탄데자 씨(니제르 정부 수반)는 분명 인간적인 경제학과 책임 있는 민주주의에 관해 재교육을 받을 필요가 있다"('Meanwhile, People Starve', *New York Times*, 14 August 2005).

른 사람들 — 잠재적 다수자 — 의 투표에 지대한 영향을 미칠 수 있다.*
민주주의의 성과 가운데 특히 중요한 것은 공적 토론을 통해 서로의 곤
경에 관심을 갖게 하고 타인의 삶을 더 잘 이해하게 만드는 능력에 있다.

두 번째 점은 민주주의의 정보적 역할이며, 이는 인센티브의 기능을
뛰어넘는다. 예컨대 1958년부터 1961년에 걸친 중국의 대기근에서 공영
화의 급격한 확대를 포함하는 이른바 '대약진정책'의 실패는 극비 사항이
었다. 기근의 특성, 규모, 범위의 공적 지식은 중국 내외에 거의 존재하
지 않았다.

실제로 보도의 자유의 결여로 인해 정부는 자기 자신의 선전에, 그리
고 베이징의 신망을 다투는 지방 당 임원들의 장밋빛 보고에 취해 궁극
적으로 정부 자신을 잘못 이끌었다. 방대한 수의 인민공사나 협동조합은
충분한 곡물을 생산하는 데 실패했기에 물론 자신의 문제를 알고 있었
다. 그러나 보도 관제 때문에 중국 농촌 전체에 퍼진 실패에 관해서는 거
의 아무것도 알지 못했다. 어떤 집단농장도 자신만이 실패했다는 것을
인정하고 싶지 않아 했고, 베이징의 정부는 심각하게 실패한 집단으로부
터도 대성공이라는 장밋빛 보고를 받게 되었다. 기근이 절정에 이르고
있었을 때, 중국 정부 당국은 이 숫자들을 합산함으로써 실제보다 1억
톤이나 많은 곡물이 생산되었다고 믿어 버렸다.[3]

중국 정부는 국내의 기아를 없애려고 상당히 전념하고 있었지만, 기
근이 발생한 3년 동안 (무모한 '대약진정책'과 관련된) 처참한 정책을 사실상

---

* 이것들은 앞선 장, 특히 제8장 「합리성과 타인」과 제15장 「공적 이성으로서의 민주주
의」에서 제시한 논의와 분명한 연관성이 있다. 제9장 「공평한 이유의 복수성」에서 논의한
다양한 유형의 공평한 이유도 기근 희생자의 곤경이 불러일으킬 수 있는 정치적 관여와 관
련성을 갖는다. 거기에는 협력과 상호 이익에 대한 숙고뿐만 아니라, 기근에 직면한 나라
에서 운이 좋은 사람들이 공적 추론 덕분에 더 취약한 사람들을 분명히 인식할 수 있는 '유
효한 힘'의 책임도 포함되어 있다.

바꾸지 않았다. 그처럼 정책을 바꾸지 않을 수 있었던 것은 단지 정치적 반대의 결여나 독립적 매체의 부재 때문만이 아니라, 중국 정부 스스로가 정책을 바꿀 필요성을 인식하지 않았기 때문이며, 이는 부분적으로 '대약진정책'이 얼마나 실패했는지 충분한 정보가 없었다는 데 기인한다.

'대약진정책'의 개시와 꾸준한 지속에 대한 투철한 신념을 갖고 있었던 마오 주석조차 뒤늦게 실패를 알아채자 민주주의의 한 가지 역할을 인정했다는 것은 흥미롭다. 기근으로 수천만 명이 죽은 직후인 1962년, 마오는 공산당 간부단 7,000명이 모인 집회에서 다음과 같이 논평했다.

> 민주주의가 없으면 아래쪽에 무엇이 일어나고 있는지 모르고, 전반적 상황이 불분명하며, 사방에서 충분한 의견을 모을 수 없고, 상하 간의 소통이 불가능하다. 수뇌부는 편파적이고 부정확한 자료에 의존하여 사안을 결정할 것이고, 주관주의에서 벗어나기 힘들 것이다. 이해의 통일, 행동의 통일을 이룰 수 없고 참된 중앙집권체제도 달성할 수 없을 것이다.[4]

여기서 마오의 민주주의 옹호는 물론 매우 한정된 것이다. **정보적** 측면에만 초점이 맞춰져 있고, 인센티브 역할과 정치적 자유의 본질적인 중요성은 무시되고 있다.* 그럼에도 마오 자신이 당국의 파멸적인 정책이 정보적 연결의 결여에서 비롯되었으며, 더 활발한 공적 추론이 제공하는 정보를 통해 중국이 경험한 유형의 참사를 방지할 수 있다고 인정한 것은 매우 흥미롭다.

---

* 이 점에 관해서는 Ralph Miliband, *Marxism and Politics*(London: Oxford University Press, 1977), pp. 149~150 참조. 여기서는 마오 정치사상의 이러한 이상한 전환에 대한 매우 명확한 분석과 평가가 제공된다.

민주주의와 개발

대부분의 민주주의 옹호자는 민주주의 자체가 개발을 촉진하고 사회복지를 향상시킨다는 것을 제의하는 데는 상당히 과묵했다 — 그들은 그것들을 좋기는 하지만 별개인 목표라 간주해 왔다. 다른 한편, 민주주의를 폄하하는 사람들은 민주주의와 개발 사이에 심각한 갈등이 있다는 진단을 표명하는 데 적극적이었다. 그것들이 양립할 수 없다고 선언하는 이론가들 — '결정하라. 민주주의냐? 아니면 개발이냐?' — 은 보통, 적어도 처음에는 동아시아 국가 출신이었고, 그들의 목소리는 몇몇 동아시아 국가가 — 1970년대와 80년대에, 그리고 이후에도 — 민주주의의 추구 없이 경제성장에 대단한 성공을 거둠에 따라 영향력이 커졌다. 그러한 한 줌에 불과한 사례의 관찰로 어떤 일반이론과 같은 것이 급속히 출현했다. 즉, 권위주의 정권이 달성할 수 있는 것과 비교할 때, 민주주의는 개발을 견인하는 데 매우 좋지 않다는 것이다. 한국, 싱가포르, 대만 그리고 홍콩은 적어도 초창기에는 민주적 통치의 기본 요건을 충족하지 않고도 놀랄 만큼 빠른 경제성장을 달성하지 않았는가? 그리고 권위주의 국가인 중국은 1979년의 경제개혁 이후 민주주의 국가 인도보다 훨씬 더 높은 경제성장을 이루지 않았는가?

이 문제들을 다룰 때, 개발이라 불리는 것의 내용과 민주주의의 해석(특히 투표와 공적 추론 각각의 역할) 양쪽에 특별한 주의를 기울여야 한다. 개발의 평가는 사람들이 영위할 수 있는 삶, 그리고 실제로 향유하는 자유와 분리될 수 없다. 개발은 단지 GNP(혹은 개인소득)의 상승이나 공업화와 같은, 무생물적 편의 대상의 증대라는 측면에서는 거의 파악될 수 없다 — 진정한 목적에 대한 수단으로서는 중요할지도 모르지만. 그것들의 가치는 사람들의 삶과 자유에 미치는 영향에 의존해야 하며, 이것이 개발의 개념에 중심적이어야 한다.*

만일 개발을 폭넓게 이해하고 인간의 삶에 초점을 맞춘다면, 개발과 민주주의의 관계는 그 외적 연결뿐만 아니라 부분적으로는 구성적 연관성의 측면에서도 파악되어야 한다는 것이 분명해진다. 정치적 자유가 '개발에 도움이 되느냐'는 물음이 자주 제기되지만, 정치적 자유와 민주적 권리가 개발의 '구성요소'라는 중요한 인식을 놓쳐서는 안 된다. 그것들과 개발의 관련성이 GNP 성장에의 공헌을 통해 **간접적으로** 확립될 필요는 없다.

그러나 이러한 중심적 연관성을 인정한 후에도 민주주의의 귀결적 분석이 필요하다. (정치적 자유와 시민권 이외의) 다른 종류의 자유에도 주목해야 하기 때문이다. 예를 들어 경제적 빈곤에 관심을 가져야 한다. 그러므로 1인당 GNP나 GDP의 성장이라는 매우 한정된 측면에서조차 경제성장에 흥미를 가질 만한 이유가 있다. 실질소득의 향상을 통해 정말로 중요한 달성에 이를 수 있기 때문이다. 예컨대 경제성장과 빈곤의 제거 간의 일반적 연관성은 이제 분배적 관심이 추가됨으로써 잘 확립되어 있다. 경제성장의 과정은 많은 사람들의 수입을 창출할 뿐 아니라 국고 세입의 규모도 확장하여 사람들의 삶과 역량을 직접 향상시키는 학교 교육, 의료서비스, 보건의료 및 기타 시설과 같은 사회적 목적을 위해 쓸 수 있게 한다. 실제로 급속한 경제성장에 따른 국고 세입의 확장이 경제성장 그 자체보다 훨씬 **빠른** 경우가 많다(예컨대 최근 인도의 경제성장률이 연 7∼9%일 때 국고 세입의 증가율은 약 9∼11%였다). 국고 세입은 정부가 경제 확대의 과정을 더 공평하게 나눌 수 있는 기회를 창출한다. 이는 물론 잠재적 조건에 불과하다. 확장되는 국고 세입의 실제 사용은 매우 중요

---

* 이 문제는 제11장 「삶, 자유, 역량」에서 주목했다.

한 별개의 문제이기 때문이다. 하지만 정부가 선택을 책임감 있게 행사할 때, 경제성장은 그러한 조건을 만들어낼 수 있다.*

민주주의와 급속한 경제성장의 양립 가능성에 관해 자주 언급되는 회의론은, 특히 급속한 경제성장을 이룬 동아시아와 오랜 기간 연 3%의 비교적 느린 성장을 지속한 인도에 초점을 맞춘 선택적인 국가 간 비교에 입각한 것이었다. 그러나 더 많은 국가 간 비교는 가치가 있을지는 모르겠지만(적어도 선택적인 국가 간 비교 한 줌만으로 큰 결론을 이끌어 내려는 팽배한 관행보다는 가치 있다), 민주주의가 경제성장에 불리하다는 신념에 대해 아무런 실증적 근거도 제시하지 못했다.[5] 인도는 민주주의 국가가 권위주의 국가보다 훨씬 느리게 성장할 운명이라는 주장의 좋은 본보기로 제시되어 왔지만 현재 인도의 경제성장은 현저하게 가속화되고 있으므로(이는 1980년대에 시작되었지만 1990년대의 경제개혁을 통해 확고해졌고, 이후 높은 성장률이 지속되고 있다), 인도를 민주적 통치하에서는 경제 발전이 더디다는 전형적인 예로 이용하는 것은 곤란해졌다. 오늘날 인도는 1960년대나 1970년대와 마찬가지로 여전히 민주주의 국가이다.** 실제로 성장은 무자비한 정치체제의 포악함이 아니라 우호적인 경제 풍토의 지원에 의해 촉진된다는 압도적인 증거가 존재한다.***

---

* 경제성장이 산출해 낸 자원을 이용하는 — 그리고 낭비하는 — 다양한 유형 간의 중요한 차이에 관해서는 Jean Drèze와의 공저 *Hunger and Public Action*(Oxford: Clarendon Press, 1989) 참조.

** 인도는 1인당 소득이 상당히 높아야 안정적인 민주주의 체제가 가능하다는 논지에 대한 반례이기도 하다.

*** 여기서 또 주목해야 할 것은 인도에서는 혼란스런 경제정책이 몇십 년간 이어졌는데도 민주주의체제 그 자체가 경제성장을 가속화하는 데 필요한 개혁들을 허용했다는 — 그리고 그 길을 열었다는 — 것이다.

인간의 안전보장과 정치권력

나아가 우리는 경제성장을 뛰어넘어 발전과 사회복지의 요건을 충분히 이해해야 한다. 민주주의와 정치적·시민적 권리가 여러 상황에서 가난하고 취약한 사람들에게 발언권을 부여함으로써 (인간의 안전보장과 같은) 다른 종류의 자유를 촉진한다는 광범위한 증거에 주목해야 한다. 이는 중요한 문제이며, 공적 추론 및 '토론에 의한 통치'의 조성이라는 민주주의의 역할과 밀접히 연관되어 있다. 민주주의가 기근을 방지하는 데 성공하는 것은 인간의 안전보장을 강화하는 데 다방면에 걸쳐 공헌하는 것에 속하지만, 그 외에도 많은 적용 분야가 있다.*

안전보장을 제공하는 민주주의의 보호적 힘은 사실 기근 예방보다 훨씬 더 폭넓게 걸쳐 있다. 1980년대와 1990년대 초반, 호황을 누리던 한국과 인도네시아에서 모두의 경제적 자산이 함께 증가하는 것처럼 보였을 때, 빈곤층은 민주주의에 대해 별로 생각하지 않았을지도 모른다. 그러나 1990년대 후반에 경제위기가 닥쳤을 때(그리고 무너졌을 때), 경제적 수단과 삶이 심하게 파괴된 사람들은 민주주의와 정치적·시민적 권리가 절망적으로 결여되어 있다는 것을 알아챘다. 이 국가들에서 민주주의가 갑자기 중심적 과제가 되었고, 한국은 그 방향으로 크게 솔선하여 나아갔다.

의심할 바 없이 인도는 자연재해의 위협이 있을 때 통치자에게 지원하는 행동을 취하도록 정치적 인센티브를 부여하는 면에서는 민주주

---

* 유엔과 일본 정부가 공동으로 설립한 인간안전보장위원회의 보고서 *Human Security Now*(New York: UN, 2003) 참조. 나는 전 유엔난민고등판무관 오가타 사다코 박사와 함께 공동으로 이 위원회의 의장을 맡는 영예를 누렸다. 또한 Mary Kaldor, *Human Security: Reflections on Globalization and Intervention*(Cambridge: Polity Press, 2007)도 참조할 것.

의 보호적 역할의 혜택을 입어 왔다. 그러나 인도의 경우처럼 민주주의의 실천과 범위는, 그 성과는 부정할 수 없을지라도 매우 불완전할 수 있다. 민주주의는 기근처럼 갑자기 심각하게 일어나는 문제가 아니라 만성적이고 아주 오래된 문제에 대해서도 정책 변경을 요구할 기회를 제공한다. 학교교육, 기본적 의료보건, 아동 영양, 필수적 토지개혁, 젠더 평등에 관한 인도의 사회정책이 상대적으로 빈약한 것은 단지 정부의 공식적의견이 부적절해서가 아니라, 정치적으로 관여하는 공적 추론과 (반대파의 압력을 포함한) 사회적 압력이 부족하다는 것을 반영한다.* 실로 인도는 민주주의의 두드러진 성취, 그리고 민주적 제도가 제공하는 기회를 부적절하게 활용한 구체적인 실패 양쪽의 좋은 예를 보여 준다. 선거라는 니티를 뛰어넘어 민주주의라는 니야야로 나아가야 할 강력한 이유가 존재하는 것이다.

민주주의와 정책 선택

인도의 일부 지역에서만 사회정책의 긴급성이 적절히 정치 이슈화되어 왔다. 케랄라주의 경험은 아마도 가장 분명한 사례를 제공할 것이다. 거기서는 보편적 교육, 기본적 의료보건, 기초적 젠더 평등, 토지개혁의 필요성에 대해 효과적인 정치적 지원이 이루어졌다. 그러한 현상은 역사와 현재의 발전을 망라해야 설명할 수 있다. 케랄라에서는 반상류카스트

---

* 인도 언론도 즉각적이고 치명적인 것이 아닌 지속되는 빈곤을 취급할 때는 충분한 영향력을 발휘하지 못했다고 비난받을 수 있다. 이 문제에 관해 인도의 가장 저명한 편집자 중한 명이 분석한 것으로 N. Ram, 'An Independent Press and Anti-hunger Strategies: The Indian Experience', in Jean Drèze and Amartya Sen(eds), *The Political Economy of Hunger*(Oxford: Clarendon Press, 1990) 참조. 또한 Kaushik Basu, *The Retreat of Democracy*(Delhi: Permanent Black, 2007)도 참조할 것.

운동(현재 케랄라의 좌익 정치는 그 후계자이다)을 지향하는 교육이 이루어지는데, 이는 트라방코르-코친의 '토착 왕국'(영국 통치의 영향 밖에 있었다)에서 이른 시기에 시작되었고, 선교사들이 교육을 보급했으며(그들의 영향은 케랄라 인구의 5분의 1을 구성하는 크리스트교도에만 한정되지 않았다), 힌두교 공동체에서 유복하고 영향력 있는 계층 ― 나이르 ― 의 모계적 재산권과도 일부 연관되어 가족의 의사결정에 여성의 발언권이 강했다.[6] 아주 오랜 기간 케랄라는 정치적 행동주의와 발언권을 잘 활용하여 사회적 기회의 범위를 확대해 왔다. 민주적 제도의 활용은 분명 사회적 조건의 특성과 무관하지 않다.

경제성장, 사회적 기회, 정치적 발언권과 공적 추론은 모두 서로 밀접하게 관련되어 있다는 일반적인 결론을 피하기는 힘들다. 그 영역에서는 최근 정치적·사회적 발언권의 이용이 확고해져 상당한 변화의 조짐을 보이고 있다. 근래 젠더 불평등의 문제는 (보통 여성운동을 통해) 훨씬 더 많은 정치적 참여를 이끌어 냈고, 이는 사회적·경제적 분야에서 젠더 불평등을 줄이려는 확고한 정치적 노력을 증대시켰다. 인도에는 특정 영역에서 여성이 탁월성을 발휘해 온 긴 역사가 있는데, 정치적 지도자의 지위가 그중 하나이다. 그 성과들은 (최근 참여정치의 기회에 힘입어) 분명 여성의 발언권과 연관되었지만, 그것이 미치는 범위는 비교적 작은 ― 대부분이 가장 부유한 계층인 ― 인구에 한정되어 왔다.* 현대 인도의 공적 생활에서 여성의 발언권이 강화되고 있는 현상의 중요한 특징은 그 사회적 범위가 점차 확대되고 있다는 것이다. 여성의 지위에 만연해 있는 불평등을 제거하기 위해 인도는 아직 갈 길이 멀지만, 여성의 사회적

---

* 인도의 여성 정치지도자 대부분은 도시 엘리트층 출신이지만, 농촌 지역 낮은 카스트 집단의 여성 지도자가 놀라운 정치적 성공을 거둔 경우도 몇몇 있다. 그들은 그 집단에서도 가장 부유한 계층이다.

역할에서 정치적 관여가 증대되고 있는 것은 인도의 민주주의 실천의 측면에서 중요하고 건설적인 발전이다.

일반적으로 사회적 불평등과 빈곤의 문제에 대한 참여는 관심을 다른 데로 돌린 파벌 정치 때문에 몇 년간 가로막혀 있었지만, 이제 그에 대한 공적 선동의 가능성이 전보다 더 많이 활용되기 시작했다. 최근에는 학교교육을 받을 권리, 식량(그리고 특히 학교급식)에 대한 권리, 기본적 의료서비스를 받을 자격, 환경보전의 보장, '고용보장'의 권리와 같은 폭넓은 인권의 요구에 기초한 조직적 운동을 통해 훨씬 더 많은 행동이 취해지고 있다. 이러한 운동은 매체를 통한 개괄적인 공적 토론을 부분적으로 보완하는 것으로서 특정한 사회적 실패에 주의를 집중시키는 역할을 하지만, 사회적으로 중요한 요구에 강력한 정치적 진지함을 부여하기도 한다.

민주적 자유는 사회정의를 향상시키고 더 낫고 공정한 정치를 실현하는 데 틀림없이 이용될 수 있다. 그러나 그 과정은 자동적으로 따라오는 것이 아니라 정치적으로 참여하는 시민 측의 행동주의가 요구된다. 여기서 제시한 실증적 경험의 교훈은 주로 아시아, 특히 인도와 중국에서 오는 것이지만, 미국과 유럽을 포함한 다른 지역에서도 비슷한 교훈을 얻을 수 있다.*

---

* 실제, 세계에서 가장 오래된 민주주의도 참여 장벽과 매체 보도의 범위의 측면에서는 그 실천이 여전히 매우 불완전하다(버락 오바마가 대통령에 당선됨으로써 결국 참여의 큰 장벽 중 하나가 꼭대기에서 붕괴되기는 했지만). 미국의 민주주의 실천 문제에 관해서는 Ronald Dworkin, *Is Democracy Possible Here? Principles for a New Political Debate* (Princeton, NJ: Princeton University Press, 2006)[『민주주의는 가능한가 — 새로운 정치 토론을 위한 원칙』, 홍한별 옮김, 문학과지성사, 2012] 참조.

소수자 권리와 포괄적 우선순위

마지막으로, 민주주의가 맞붙어야 할 의심할 바 없이 가장 곤란한 문제 중 하나로 넘어가 보자. (앞 장에서 논의했듯이) 조직의 맥락에서 민주주의는 흔히 투표와 다수결 원칙의 측면에서만 파악되고 있지만, 민주주의는 다수결 원칙과 소수자 인권 모두에 관여해야 한다는 인식은 새로운 것이 아니다. (앞 장에서 논의했듯이) 민주주의를 투표의 이용을 넘어서는 공적 추론으로서 폭넓게 이해하면, 민주주의 전체 구조 내에서 다수표를 무시하지 않고도 소수자 권리의 중요성을 수용할 수 있다. 18세기 사회선택이론의 선구자 콩도르세는 "소수는 다수를 위해 정당하게 희생될 수 있다는, 고대 및 현대 공화주의자 사이에 너무나 널리 퍼져 있는 원칙"에 대해 경고한 바 있다.[7]

그러나 거리낌 없이 소수자 권리를 제거하려는 무자비한 다수자가, 다수결 원칙과 소수자 권리의 보장 가운데 선택할 것을 사회에 강요하는 문제는 여전히 남아 있다. (제14장에서 논의했듯이) 따라서 민주주의체제가 원활히 기능하기 위해서는 관용적 가치의 형성이 매우 중요하다.

그것은 종파 간 폭력을 방지하는 민주주의의 역할에도 적용된다. 이 문제는 민주주의가 기근을 근절할 수 있다는 수월한 인식에 비하면 훨씬 복잡하다. 기근의 희생자가 위기에 노출된 인구 중 낮은 비율에 불과할지라도 민주주의는 기근을 방지할 수 있다. 일반 대중은 잠재적 기근 희생자를 향해 강한 적대감 ― 혹은 착취적 적의 ― 을 품을 특별한 이유가 없으므로 소수자의 곤경이 공적 토론을 통해 정치 이슈화되면 기근 방지에 대해 압도적인 찬성이 이끌어지는 것이다. 그 과정은 집단 간의 적개심이 과격파의 선동에 의해 부채질될 수 있는 종파분쟁의 경우 훨씬 복잡해진다.

집단 간의 폭력을 방지하기 위한 민주주의의 역할은 포괄적이고 쌍방향적인 정치적 과정을 통해 공동체의 분열을 조장하는 독살스러운 광신을 진압하는 능력에 달려 있다. 이는 독립 후의 인도, 특히 1940년대, 집단 간의 갈등과 폭력이 횡행하던 시기에 다종교의 세속적인 체제가 탄생한 이래 계속해서 중요한 과업이었다. 그 시기는 햇수로 치면 짧지만 취약성의 큰 그림자를 드리웠다는 점에서는 길었다. 그 문제에 관해 간디는 그가 이끈 독립운동이 추구하는 민주주의의 본질적 요소로서 포괄성의 중요성을 밝히면서 명쾌하게 논의했다.[8]

이러한 측면에서는 몇 가지 성공도 있었고, 인도의 세속주의는 가끔 긴장도 있었지만 상호적 관용과 존경을 통해 대체로 온전히 살아남았다. 그러나 그처럼 생존했어도 분열에서 이익을 얻는 정치집단이 조장하는 종파 간 폭력이 간헐적으로 분출되는 것을 막을 수는 없었다. 종파적 선동의 영향은 분열의 장벽을 뛰어넘는 더 폭넓은 가치를 지지함으로써만 극복할 수 있다. 각 개인이 갖는 복수의 정체성(종교적 정체성은 그중 하나에 불과하다)을 인식하는 것이 이러한 맥락에서 결정적으로 중요하다. 예컨대 인도의 힌두교도, 이슬람교도, 시크교도 그리고 크리스트교도는 단지 국적만을 공유하는 것이 아니라, 개인에 따라서는 언어, 학식, 직업, 지역과 같은 다른 정체성을, 그리고 그 밖의 많은 범주 기반들을 공유할 수 있다.* 민주적인 정치는 이러한 비종파적 제휴와 상충되는 요구에 관해 논의하여 종교적 분열을 극복할 기회를 허용한다.** 2008년 11월 뭄바

---

* 마찬가지로 1994년에 르완다에서 투치족에게 끔찍한 폭력을 감행한 후투족 활동가는 분열을 초래하는 후투족의 정체성을 갖고 있을 뿐만 아니라, 투치족과도 르완다인, 아프리카인, 아마도 키갈리인이라는 다른 정체성도 공유하고 있다.

** 인도 인구의 80% 이상이 힌두교도지만, 총리는 시크교도, 연립여당(의회 제1당)의 대표는 크리스트교도이다. 2004년과 2007년 사이에는 대통령이 이슬람교도여서(그 이전에도

이에서 일어난 이슬람교도 테러리스트(파키스탄계임이 거의 확실하다)의 잔인한 공격 이후, 인도의 이슬람교도에 대해 몹시 두려워하는 반응이 나타나지 않은 것은 대부분 그 공격 직후 이루어진 공적 토론에 힘입은 바가 크며, 거기에는 이슬람교도와 비이슬람교도 모두가 크게 공헌했다. 민주주의의 실천은 인간이 복수의 정체성을 갖는다는 인식을 확산하는 데 확실한 도움이 될 수 있다.[9]

그렇지만 국가적 민주주의가 구축한 유대가 유효한 보호장치로 기능하지 않는다면, 인종의 차이와 같은 집단 간 구별은 불만을 부추기고 폭력을 선동하려는 자에 의해 이용될 여지가 남는다.* 관용적 가치를 만들어 내는 데는 민주적 정치의 활력에 기대는 바가 크며, 단지 민주적 제도의 존재만으로는 저절로 성공이 보장되는 것이 아니다. 특정 그룹의 문제와 곤경과 인간성을 다른 그룹에게 더 잘 이해시키기 위해서는 적극적이고 활발한 매체가 극히 중요한 역할을 다할 수 있다.

민주주의의 성공은 우리가 생각할 수 있는 가장 완벽한 제도적 구조를 갖는다는 차원의 문제가 아니다. 그것은 우리의 실제 행동패턴과 정치적 · 사회적 상호작용에 불가피하게 의존한다. 그 문제를 순수하게 제도적인 기교를 부리는 '안전한' 손에 맡길 수는 없다. 민주적 제도는 다른 모든 제도와 마찬가지로 합당한 실현의 기회를 활용하는 행위주체의 활동에 의존하여 작동한다. 이러한 실증적 설명에서 얻을 수 있는 실천

있었다) 그 시기 인도의 3대 주요 직책 가운데 다수파인 힌두교도가 맡은 자리는 없었다 — 그런데도 불만의 소리는 들리지 않았다.

* 2002년 인도 구자라트에서 발생한 조직적 폭동으로 인해 2,000명에 가까운 사람이 죽었고 대부분 이슬람교도였다. 이는 인도 정치사의 엄청난 오점으로 남았지만, 이 사건에 대한 나머지 지역의 항의는 민주주의 국가 인도가 가진 세속적 가치의 위력을 보여 주었다. 선거 연구에 따르면, 이 수치스러운 사건은 그 후 치러진 2004년도 총선에서 세속적 정당에 대한 지지를 강화했다는 증거가 있다.

적 교훈은 지금까지 본서에서 탐구해 온 이론적 논의를 광범위하게 보완한다. 정의를 추구하는 데 니티뿐만 아니라 니야야를 이용해야 한다는 개념적 논거는 여기서 제시한 실증적 연구의 교훈을 통해서도 강력히 지지된다.

제 17 장

인권과 글로벌한 의무

모든 사람은 세계 어디에 있든 국적, 거주지, 인종, 계급, 카스트 혹은 공동체와 관계없이 타인으로부터 존중받아야 하는 기본적인 권리를 갖는다는 생각은 마음을 끄는 면이 있다. 인권에 대한 도덕적 호소는 전 세계적으로 고문, 자의적 투옥, 인종차별에 대한 반대부터 기아와 기근, 의료적 방치의 종식 요구에 이르기까지 다양한 목적으로 이용되어 왔다. 동시에 단지 인간이기 때문에 갖는다고 여겨지는 인권의 기본적 개념은 많은 비평가로부터 이성에 기초한 토대가 전혀 없다고 여겨졌다. 다음과 같은 물음이 반복해서 제기된다. "그러한 권리는 존재하는가? 어디서 오는가?"

인권에 호소하는 것은 일반적인 신념으로서 매우 매력적이고, 수사법으로서 정치적으로도 효과적이라는 데에는 논란의 여지가 없다. 회의론과 불안은 인권의 개념적 기초가 '모호'하거나 '취약'하다는 생각과 관계되어 있다. 많은 철학자와 법학자는 인권이라는 수사법이 단지 부질없는 이야기 — 뜻이 좋고 갸륵하기까지 한 부질없는 이야기 — 일 뿐, 지적 설득력이 크지 않다고 본다.

인권이라는 개념의 광범위한 사용과 그 개념적 견실성에 관한 지적 회의론 간의 선명한 대조는 새로운 것이 아니다. 미국 독립선언은 모든 사람이 "양도할 수 없는 확실한 권리"를 갖는 것을 "자명한" 것이라 간주했고, 13년 후인 1789년, 프랑스 '인권'선언은 "사람은 태어날 때부터 자유롭고 평등한 권리를 갖는다"고 주장했다.* 그러나 얼마 후 제러미 벤담은 프랑스의 '인권'에 반대하여 1791년부터 1792년에 걸쳐 『무정부주의적 오류』Anarchical Fallacies를 저술하고 그러한 주장을 완전히 일축할 것을 제안했다. 벤담은 다음과 같이 주장했다. "자연권은 그냥 헛소리다. 자연적이고 불가침한 권리라니 허풍 떠는 헛소리, 죽마에 올라탄 헛소리이다."[1] 나는 이 말이 인위적으로 치켜세워진 헛소리라는 뜻이라 생각한다.

그러한 이분법은 오늘날에도 여전히 살아 있으며, 인권의 개념이 전 세계적으로 끊임없이 이용되는데도 (벤담의 또 다른 조소적 표현을 쓰면) "종이 위에서 고함치는" 것에 지나지 않는다고 보는 자도 많다. 인권 개념의 일축은 보통 포괄적이고, 인간이 국적처럼 특정한 자격에 관해 실제의 법률이나 '관습법'의 조항에 근거하여 우연히 갖는 권리가 아닌, 그들의 인간성 덕분에 가질 수 있는 권리가 존재한다는 신념에 반대한다.

인권 활동가에게 이러한 지적 회의론은 상당히 짜증스럽다. 왜냐하

---

* '인권'선언은 프랑스혁명과 관련된 급진적인 사상에서 나왔다. 이 엄청난 정치적 사건은 사회적 긴장의 고조뿐만 아니라 사상의 격변까지도 반영한 것이다. 미국 독립선언도 사회적·정치적 사상의 변화를 반영했다. 제퍼슨은 다음과 같이 기술했다. "정부는 자명하게 다소간 유용한 도구에 불과하고, 정부에 의해 인간은 평등하게 태어나 자신의 삶과 자유, 자신의 행복을 추구할 권리의 보장을 추구한다." 그는 유럽의 궁전들에 울려 퍼지도록 다음과 같이 말했다. "정부가 이러한 목적들을 침해할 때, '정부를 바꾸거나 폐지하는 것은 인민의 권리이다'"(Bernard Bailyn, Faces of Revolution: Personalities and Themes in the Struggle for American Independence(New York: Vintage Books, 1992), p. 158).

면 인권을 언급하는 많은 자들의 관심은 (칼 마르크스 때문에 유명해진 고전적 구별을 상기하면) 세상을 바꾸는 것이지 그것을 해석하는 것이 아니기 때문이다. 활동가가 전 세계의 지독한 궁핍에 대처해야 할 급선무가 있는 상황에서 회의적 이론가를 납득시키려고 개념적 정당화에 많은 시간을 쓰고 싶지 않다고 하는 것도 어렵지 않게 이해할 수 있다. 이러한 행동주의는 결실을 맺어 왔다. 인권이라는 일반적으로 어필하는 개념을 즉시 사용함으로써 이론적 의혹이 해소되기까지 기다리지 않고도 악랄한 억압이나 극심한 비참에 맞설 수 있기 때문이다. 그럼에도 인권이라는 사상이 이성적이고 지속적인 충성의 대상이 되려면, 그에 관한 개념적 의문이 제기되어야 하고, 그 지적 기반도 밝혀져야 한다.

인권이란 무엇인가

인권의 특성과 기초에 관해 진지하게 고려하는 것, 그리고 이러한 주장을 성급히 묵살하려는 오랜 — 그리고 확고부동한 — 전통에 응수하는 것이 중요하다. '인권'은 그냥 '헛소리'("죽마에 올라탄 헛소리"까지는 아니라 하더라도)라는 벤담의 주장은 수많은 사람들이 — 가볍게 혹은 강력하게 — 공유하는 일반적인 의문을 거칠게 표현한 것에 불과하다. 인권의 지위를 규명하고 정의의 개념과의 관련성을 이해하기 위해 그러한 의문은 진지하게 분석되어야 한다.

인권이란 정확히 무엇인가? 자주 의문시되듯이 그러한 것은 실제로 존재하는가? 사람에 따라 인권이라는 개념이 언급되는 방식은 다양하다. 그러나 그 개념을 활용하는 현대의 실천뿐만 아니라 그 이용에 관한 긴 역사까지 검토함으로써 이러한 표현들 배후에 있는 기본적인 관심사를 알 수 있다. 그 역사는 18세기, 미국 독립선언에 "양도할 수 없는 권리"가 언급된 것과 프랑스 '인권'선언에 비슷한 표현이 등장한 것뿐만 아니라, 비교적 최근에는 1948년, 유엔이 세계인권선언을 채택한 것도 포함된다.

인권의 '존재'는 예컨대 런던 중심부에 있는 빅벤의 존재와 같지 않고, 제정되어 법령집에 나오는 법의 존재와도 다르다. 인권의 선언은, 인권이라 불리는 것의 **존재**를 인정하는 형식으로 기술되어 있지만, 실제로는 **해야 할** 것에 관한 강력한 윤리적 선언이다.* 그것은 의무가 승인될 것을 요구하고, 이 권리들을 통해 인식되는 자유가 실현되어야 한다고 지적한다. 예외가 되는 것은, 이러한 인권이 법률이나 관습법을 통해 인정받아 이미 확립된 **법적** 권리라는 주장이다(곧 논의하겠지만 벤담은 이 두 문제를 혼동했다).[2]

만일 이것이 인권을 이해하는 방식이라면, 내용과 실행 가능성에 관해 곧바로 두 가지 의문이 생길 것이다. 내용의 문제는 인권선언을 통해 이루어지는 윤리적 주장의 주제이다. 대략적으로 답하자면(이론화되는 것과 실제로 적용되는 것에 기초하여), 그 윤리적 주장은 (고문을 받지 않을 자유

---

* 우리가 사용하는 표현인 '사실-가치 얽힘fact-value entanglements'의 주제는 제1장 「이성과 객관성」 및 제5장 「공평성과 객관성」에서 일반적인 표현으로 논의했다. 여기서 중요한 것은, 인권이 존재한다는 주장에 힘을 불어넣는 것은 존중되어야 할 몇몇 중요한 자유를 인식하는 것, 그리고 어떻게든 이러한 자유를 지지하고 촉진해야 할 사회의 책무를 받아들이는 것이다. 이러한 윤리적 연관성에 관해서는 뒤에서 더 이야기할 것이다. 그러한 얽힘과 관련된 방법론적 문제에 관해서는 Hilary Putnam, *The Collapse of the Fact/ Value Dichotomy and Other Essays*(Cambridge, MA: Harvard University Press, 2002)[『사실과 가치의 이분법을 넘어서』, 노양진 옮김, 서광사, 2010] 참조. 또한 Willard Van Orman Quine, 'Two Dogmas of Empiricism,' in his *From a Logical Point of View*(Cambridge, MA: Harvard University Press, 1961)[『논리적 관점에서』, 허라금 옮김, 서광사, 1993, 제2장 「경험주의의 두 가지 도그마」]도 참조할 것. 이러한 얽힘을 피하려는 시도는 경제학에 상당한 어려움을 초래하는 원인이 되어 왔다. 이에 관해서는 Vivian Walsh, 'Philosophy and Economics', in John Eatwell, Murray Milgate and Peter Newman(eds), *The New Palgrave: A Dictionary of Economics*(London: Macmillan, 1987), pp. 861~869 참조.

나 굶주리지 않을 자유와 같은) 특정한 자유가 결정적으로 중요하다는 것, 그리고 이러한 자유를 촉진하거나 보호해야 할 사회적 책무를 받아들일 필요가 있다는 것이다.* 양쪽 주장 — 자유와 책임에 관한 — 모두 더욱 충분히 검토되어야 할 것이다(지금은 인권의 윤리학이 어떤 **유형**의 요구를 제시하려고 하는지 확인만 할 것이다).

두 번째 문제는 인권선언에 포함되는 윤리적 요구의 실행 가능성에 관한 것이다. 다른 윤리적 요구와 마찬가지로 인권을 선언하는 데도 그 기저에 있는 윤리적 요구가 정보에 기초한 개방적 검토를 거쳐야 한다는 암묵적 추정이 있다. 바로 이것이 지금 논의되고 있는 것의 이해가 본서에서 이미 논의한 '열린 공평성'의 실천과 관계되는 지점이다. 타인의 주장에 열려 있고 얻을 수 있는 관련 정보에 민감한 비판적 검토의 상호 과정을 이용하는 것이 본서에서 이미 탐구된 윤리적·정치적 평가의 일반적 틀이 가진 중심적인 특징이다. 이러한 접근에서 공평한 추론의 실행 가능성은 설령 그러한 추론이 상당한 모호함과 불일치를 남길지라도 인권의 옹호에 중심적인 것이라 파악된다.** 검토와 실행 가능성의 분야는 인권의 특정 영역에도 적용되어야 하는데, 이 문제는 본 장의 마지막 부분에서 다시 다룰 것이다.

인권선언에 포함되는, 분명한 정치적 내용을 동반하는 윤리적 선언은 개인 혹은 단체에서 나올 수 있으며, 개인적 발언이나 사회적 선언으

---

* 블라우Judith Blau와 몬카다Alberto Moncada가 *Justice in the United States: Human Rights and the US Constitution*(New York: Rowman & Littlefield, 2006)에서 지적했듯이, 분명한 기본권을 인정한 1776년의 독립선언은 "다음으로 올 모든 것 — 독립, 헌법 입안, 정부기관의 설립 — 을 보여 주는 큐 카드와 같은 것이었다"(p. 3).

** 앞서, 특히 서장 및 제4장 「목소리와 사회적 선택」에서 논의했듯이, 부분적 불일치는 본서에서 이용하는 접근법을 곤란하게 하지 않는다. 이에 관해서는 마지막 장인 다음 장 「정의와 세계」에서 더 고찰할 것이다.

로서 제시될 수 있다. 또한 미국 독립선언이나 프랑스 인권선언의 입안자, 혹은 세계인권선언을 탄생시킨 (엘리너 루스벨트가 이끈) 유엔 위원회처럼 이러한 문제를 검토하도록 위임받은 특정 그룹에 의해 매우 두드러지게 주장될 수도 있다. 이러한 집단의 표명은, 예컨대 새로 설립된 유엔에서 1948년에 이루어진 투표처럼 일종의 제도적 승인을 받기도 한다. 그러나 표명되거나 승인되고 있는 것은 하나의 윤리적 주장이다 ─ 이미 법적으로 보장된 것의 제의가 아니다.

이러한 인권의 공적 표명은 이미 법적으로 설치된 것에 의존하기보다는 새로운 법제화를 개시하는 제안이 되는 것이 보통이다. 1948년, 세계인권선언의 입안자들은 인권의 표명된 승인이 전 세계의 인권을 법률화하기 위해 제정될 새로운 법의 본보기로 기능하기를 분명히 기대했다.* 초점은 새롭게 법제화하는 데 있었지 기존의 법적 보호를 더 인도적으로 해석하는 데 있지 않았다.

인권의 윤리적 선언은 이를테면 공리주의적 윤리학의 선언에 비길 만하다 ─ 인권 표명의 실질적 내용은 공리주의적 주장과 전혀 다르지만. 인권 옹호론자는 특정한 자유의 중요성이 인식되고 그것을 보호할 사회적 책무가 수용되기를 바라는 반면, 공리주의자는 효용이 궁극적으로 중요한 유일한 것이기를 바라고 정책이 총 효용의 극대화에 기초하여 이루어지기를 요구한다. 양쪽은 윤리학이 요구하는 것에 관해서는 다르지만, 그 투쟁은 윤리적 신념과 선언이라는 동일한 ─ 그리고 공유되는 ─ 일반적 영역에서 이루어진다. 그리고 그것이 '인권이란 무엇인가'

---

* 특히 엘리너 루스벨트는 신생 유엔을 이끌어 1948년에 세계인권선언을 채택시켰을 때 그러한 기대를 가졌다. 이 중대한 세계적 선언의 비상한 역사를 멋지게 그려낸 것으로 Mary Ann Glendon, *A World Made New: Eleanor Roosevelt and the Universal Declaration of Human Rights*(New York: Random House, 2001) 참조.

라는 문제에 답할 때 논점이 된다.

이처럼 이해하면, 인권의 주장(예컨대 "이 자유는 중요하며 서로 도와 그 것을 실현시키려면 무엇을 해야 하는지 진지하게 고찰해야 한다"는 형식으로)은 "행복은 중요하다" 혹은 "자율성이 중요하다" 혹은 "개인적 자유는 보장 되어야 한다"와 같은 다른 윤리적 선언과 비교될 수 있다. "인권이라는 것이 정말 존재하는가?"라는 물음은 따라서 "행복은 정말 중요한가?" 혹 은 "자율성이나 자유가 정말로 중요한가?"를 묻는 것에 비길 만하다.* 이것들은 탁월하게 논의될 수 있는 윤리적 물음이며, 그로부터 제기되는 특정한 주장의 실행 가능성은 주장되는 것의 검토에 의존한다(실행 가능 성의 조사와 평가는 곧 다룰 주제이다).** 인권 운동가에게 자주 요구되는 '존 재증명'은 다른 유형의 윤리적 주장 ― 공리주의적 주장에서 롤스적 혹

---

* 그러나 이 중대한 물음에 대한 답을 찾기 위해 인권으로서 식별할 수 있는 어떤 윤리적 '대상'의 존재를 추구할 필요는 없다. 윤리적 평가의 일반적 문제에 관해서는 제1장 「이성 과 객관성」 참조. 또한 Hilary Putnam, *Ethics without Ontology*(Cambridge, MA: Harvard University Press, 2004)[『존재론 없는 윤리학』, 홍남경 옮김, 철학과 현실사, 2006]도 참조할 것.

** '권리'가 중요하다는 주장은 권리는 정의상 '일어나면 좋은 것'에 기초한 모든 반대되는 주장을 '능가'해야 한다는, 로널드 드워킨이 선택하고 토마스 스캔론이 지지하는 해석과 혼 동되어서는 안 된다(Dworkin, *Taking Rights Seriously*(Cambridge, MA: Harvard University Press, 1977)[『법과 권리』, 염수균 옮김, 한길사, 2010] 및 Scanlon, 'Rights and Interests', in Kaushik Basu and Ravi Kanbur(eds), *Arguments for a Better World*(Oxford and New York: Oxford University Press, 2009), pp. 68~69). 권리를 진지하게 생각하려 면, 그것이 침해되면 나쁠 ― 때로는 끔찍할 ― 것이라는 인식이 필요하다고 나는 생각한다. 이는 어떤 요구를 권리라고 인식하려면 그것이 (예컨대 복지에, 혹은 그 권리에 포함되지 않는 자유에 기초한) 다른 모든 반대 주장을 항상 압도해야 한다는 가정이 필요하다는 것을 의미하지 않는다. 인권이라는 개념에 반대하는 자가 인권에 모든 것을 정복할 야심을 떠안 겨 놓고서는 그러한 야심을 받아들일 수 없다는 이유로 인권을 묵살한다는 것은 그리 놀랍 지 않다. 메리 울스턴크래프트도 토마스 페인Thomas Paine도 인간의 권리에 무조건적으 로 모든 것을 정복할 야심이 있다고 생각하지 않았고, 오늘날 인권 운동가로 간주될 수 있 는 대부분의 사람들도 마찬가지이다. 그들은 인권이 무시되거나 쉽게 제압되는 것이 아니 라, 진지하게 생각되고 행동의 강력한 결정요인에 포함되는 것이어야 한다고 주장한다.

은 노직적 주장에 이르기까지 — 에 입증을 요구하는 것과 비슷하다. 이 점에서 인권의 주제가 본서의 초점과 밀접히 관련된다. 공적 검토는 지금 다루고 있는 접근에서 가장 중요하기 때문이다.

윤리와 법

윤리적 제의로서 인권의 표명과 공리주의적 선언 간의 유사성은 인권에 관한 논의를 오랫동안 괴롭혀 온 혼란을 처리하는 데 도움이 될 수 있다. 사회윤리에 이르는 대체적 — 그러나 서로 매우 다른 — 경로로서 이 두 가지 접근의 기본적 유사성은 쉽게 파악할 수 있다. 그러나 현대 공리주의의 위대한 창시자인 제러미 벤담은 프랑스 '인권'선언에 대한 그의 고전적 악평에서 그 연관성을 완전히 놓쳐 버렸다. 벤담은 인권의 관점을 (그 자신의 공리주의적 접근에 대해 대체적이면서 경쟁적인) 윤리적 접근으로 이해하는 대신 (1) 인권의 선언과 (2) 실제 법제화된 권리 각각의 **법적 지위** 간 비교가 적절하다고 여겼다. 놀랄 일은 아니지만 그는 전자는 법적 근거가 본질적으로 결여되어 있고, 후자는 분명하게 갖춰져 있다고 보았다.

잘못된 물음과 잘못된 비교로 강력히 무장한 벤담은 경탄할 만한 신속함과 숨 막히는 단순함으로 인권을 물리쳤다. 그는 "**권리**, 실질적 **권리**는 법의 자식이다. **현실**의 법에서 **현실**의 권리가 나온다. 하지만 **가상**의 법, '자연법'에서는 오로지 **가상의 권리**'가 나올 수 있다"고 주장했다.[3] 벤담이 자연적 '인권'의 개념을 거부한 것은 '권리'라는 말을 특권적으로 사용하는 수사법에 전적으로 의존한다는 것을 쉽게 알 수 있다.

그는 어떤 요구가 권리라 간주되려면 법적 효력이 있어야 하며 그렇지 않은 경우에 '권리'라는 말을 사용하는 것은 — 아무리 흔할지라도 —

잘못이라고 주장했다. 그러나 인권이 중요한 윤리적 요구를 의미하는한, 법적 효력을 가질 필요가 없다는 사실은 명백하고 그 요구의 성질과는 무관하다.[4] 적절한 비교는 근본적인 윤리적 중요성을 효용에만 부여하고 일반적 자유와 개인적 자유에는 — 적어도 직접적으로는 — 부여하지 않는 (벤담 자신이 옹호한) 효용 기반의 윤리학과, ('인권'의 옹호자들처럼) 일반적 자유와 그에 따른 책무의 관점에서 권리의 기본적인 중요성을 인정하는 인권 윤리학 간의 비교이다.*

공리주의적인 윤리적 추론이 무엇을 해야 할지 결정할 때 그와 관련된 개인의 효용이 고려되어야 한다고 주장하는 형식을 취하는 것처럼, 인권적 접근은 일반적 자유와 그에 따른 책무를 존중하는 형식으로, 모든 사람이 가진 인정된 권리가 윤리적 승인을 받아야 한다고 요구한다. 적절한 비교는 바로 이러한 중요한 차이를 구별하는 것이며, 법제화된 권리의 법적 효력(벤담의 '법의 자식'이라는 말은 이를 적절히 표현한다)과, 권리를 법제화나 법적 재해석 없이 **윤리적**으로 승인할 때 나타나는 법적 근거의 명백한 부재를 구별하는 것이 **아니다**. 실제로 법적 허세라 간주한 것을 강박적으로 말살한 벤담이 1791년부터 1792년까지 '인권'을 묵살하는 글을 쓰느라 여념이 없었던 바로 그때, 인간 자유의 가치에 입각한, 권리의 윤리적 이해가 미치는 거리와 폭이 토마스 페인의 『인권』 Rights of Man(1791, 1792)과 메리 울스턴크래프트의 『인간 권리의 옹호』 (1790), 『여성 권리의 옹호』(1792)에서 강력하게 탐구되었다.[5]

---

* 일반적 자유와 권리의 중요성은 복지에 가중치를 부여하는 것과 당연히 결합될 수 있다. 이에 관해서는 제13장 「행복, 복지, 역량」 참조. 그러나 윤리적 추론에 효용과 개인적 자유의 우선순위를 포함시키면 정합성의 문제가 생길 수 있으며, 이는 명확하게 다루어야 한다. 이 문제는 제14장 「평등과 자유」에서 논의했다. 나의 『집단선택과 사회후생』 제6장 및 Kotaro Suzumura, 'Welfare, Rights and Social Choice Procedures', *Analyse & Kritik*, 18(1996)도 참조할 것.

인권을 윤리적으로 이해하는 것은 분명히 그것을 법적 요건으로 보는 것에 위배되고, 벤담의 관점에서처럼 법적 허세라 간주하는 것에도 위배된다. 윤리적 권리와 법적 권리는 물론 동기의 측면에서 연관성을 가진다. 사실, 법 지향적이면서도 벤담의 오해를 회피하여 인권을 법제화의 근거가 될 수 있는 도덕적 제의로 인정하는 접근법이 존재한다. 허버트 하트Herbert Hart는 1955년에 출판되고 정당하게 유명해진 논문 「자연권은 존재하는가?」에서 사람들이 "그들의 도덕적 권리를 이야기하는 것은 주로 그것을 법체계에 편입시키고 싶을 때"라고 주장했다.[6] 그리고 권리의 개념이 "특히 언제 한 개인의 자유가 타인의 자유에 의해 제한되는지, 따라서 어떤 행위가 강제적인 법률의 대상이 될 수 있는지를 밝히는 것과 관련된 도덕성의 한 분야에 속한다"고 덧붙였다. 벤담은 권리를 '법의 자식'으로 보았지만, 하트의 관점은 인권을 사실상 **법의 부모**로 여기는 형식을 취한다 — 인권은 특정한 법제화를 낳는다.*

하트는 분명히 옳다 — 도덕적 권리의 개념이 새로운 법률의 근거가 될 수 있고 실제 자주 그렇게 되어 왔다는 것에 의심의 여지는 없다. 그것은 이런 방식으로 빈번하게 활용되어 왔고, 실로 인권의 주장은 이처럼 이용되는 것이 중요하다.** 인권이라는 말이 쓰이든 안 쓰이든 특정한 자유가 존중되어야 하고 만일 가능하다면 보장되어야 한다는 주장은 과거 강력하고 효과적인 정치적 운동의 기반이 되어 왔다. 한 예로 여성의 투표권을 요구하는 참정권 확장운동을 들 수 있고, 이는 결국 성공했다.

---

* 조셉 라즈Joseph Raz는 이처럼 인권을 법적 계획의 도덕적 기반으로 보는 관점을 전개했다. 대체로 비판적이지만 궁극적으로 건설적인 그의 논문('Human Rights without Foundations', in Samantha Besson and John Tasioulas(eds), *The Philosophy of International Law*(Oxford: Oxford University Press, 2010))을 참조할 것.
** 그것은 이를테면 양도할 수 없는 권리의 판단이 미국 독립선언에서 이용되고 뒤이은 법제화에 반영된 방식이며, 전 세계 많은 국가의 법제사에서 잘 다져져 온 길이다.

법제화를 자극하는 것은 인권의 윤리적 힘이 건설적으로 이용되는 확실한 방법이며, 이 특정한 문맥에서 하트가 인권의 개념과 유용성을 적절히 옹호한 것은 계몽적이고 강력한 영향력을 발휘해 왔다.* 많은 법률이 개개의 국가, 혹은 국가연합에 의해 제정되어 왔고, 이로써 기본적 인권이라 여겨지는 특정한 권리에 법적 효력이 부여되었다. 예컨대 (유럽인권보호조약에 따라) 1950년에 설치된 유럽인권재판소(ECHR)는 가맹국의 개인이 인권침해에 대해 제기한 소송을 심리할 수 있다. 영국의 경우 이는 유럽인권조약의 주요 조항을 국내법에 편입시킬 목적으로 제정된 1998년 인권법에 의해 보완되었고, 유럽인권재판소는 국내 재판에서 이 조항들의 '정당한 이행'을 보장하려고 한다. 확실히 '입법 경로'는 적극적으로 활용되어 왔다.

입법 경로를 넘어

그럼에도 우리는 이것이 인권에 관한 전부인지 물을 수 있다. 인권의 개념은 법제화에 동기를 부여하는 것 외에 몇몇 다른 방식으로도 이용될 수 — 그리고 이용되고 — 있다는 것을 이해해야 한다. 인권의 승인이 인권을 목표로 하는 새로운 법제화를 이끌 수 있다고 인정하는 것은, 인권의 타당성이 **오로지** 무엇이 '강제적인 법률의 대상이 되어야 하는지'를 결정하는 데 있다는 것과는 다르며, 그것을 인권의 **정의**로 만드는 것은 특히 혼란을 불러올 것이다. 만일 하트 자신이 인권을 '도덕적 권리'라

---

* 토마스 페인이 미국의 빈곤 퇴치를 위한 공공정책을 출현시키는 데 미친 막대한 영향에 관해서는 Gareth Stedman Jones, *An End to Poverty*(New York: Columbia University Press, 2005) 참조. 또한 Judith Blau and Alberto Moncada, *Justice in the United States* (2006)도 참조할 것.

보듯이 인권을 강력한 도덕적 요구라 간주한다면, 이 도덕적 요구를 촉진하는 여러 방안을 고려하는 데 관대해야 한다. 인권의 윤리학을 발전시킬 수단과 방법은 새로운 법의 제정에 한정될 필요는 없다(법제화가 옳은 진행방안이라 판명되는 경우가 많을지라도). 예를 들어 (여러 유형의 비정부기구를 고려하면) 국제인권감시기구Human Rights Watch, 국제사면위원회 Amnesty International, 옥스팜OXFAM, 국경없는의사회Mdecins sans Frontires, 세이브더칠드런Save the Children, 적십자, 액션에이드Action Aid 같은 단체가 제공하는 사회적 감시 및 기타 활동가의 지원은 승인된 인권의 유효한 범위를 확장하는 데 도움이 될 수 있다. 사실 많은 상황에서 법제화는 전혀 포함되지 않을지도 모른다.

입법 경로의 적절한 영역에 관해서는 흥미로운 문제가 있다. 만일 중요한 인권이 법제화되어 있지 않다면 정확히 명시된 법적 권리로 제정하는 것이 최선책이라고 때때로 상정된다. 그러나 그것은 잘못일지도 모른다. 예컨대 가족 내 결정에서 아내가 유효한 의견을 가질 권리는 전통적으로 성차별적인 사회에서 보통 부정되지만, 이를 인정하고 옹호하는 것은 매우 중요할 것이다. 이 권리의 옹호자는 그 광범위한 윤리적·정치적 타당성을 올바르게 강조하겠지만, 그 인권을 (허버트 하트의 표현을 빌리면) '강제적인 법률'로 제정하는 것은(남편이 아내와 상의하지 못하면 체포될 것이다) 합리적이지 않다는 데 동의할 것이다. 필요한 변화는 매체 노출 및 비판과 공적 토론 및 캠페인을 포함한 다른 방식으로 야기되어야 할 것이다.* 소통, 옹호, 언론 노출, 그리고 정보에 기초한 공적 토론 덕분에 인권은 꼭 강제적 법제화에 의존하지 않아도 영향력을 가질 수

---

* 이러한 인식은 여성의 권리가 확장될 수 있는 다양한 방법을 논의한 메리 울스턴크래프트에게 놀라운 일은 아닐 것이다(*A Vindication of the Rights of Woman*(1792)[『여권의 옹호』, 손영미 옮김, 연암서가, 2014]).

있다.

마찬가지로, 말을 더듬는 자가 공공집회에서 모욕당하거나 비웃음거리가 되지 않을 자유의 윤리적 중요성은 매우 중요하고 또 보호받아야하지만, 그의 언론의 자유가 침해되는 것을 막기 위한 징벌적 법제화(못되게 행동하는 자에게 벌금이나 금고형을 선고하는)의 대상으로는 적합하지않을 것이다. 그러한 인권의 보호는 다른 방식으로, 예컨대 예의와 사회적 행동에 관한 교육과 공적 토론의 영향력을 빌려 추구되어야 할 것이다.* 인권적 관점의 유효성은 법제화의 제안으로 추정되는 상황에만 의존하는 것은 아니다.

본서에서 추구하는 접근에서 인권은 자유의 중요성과 관련된 윤리적요구이며, 특정한 요구가 인권으로 여겨질 수 있다는 주장의 확고함은열린 공평성이 포함되는 공적 추론의 검토를 통해 평가되어야 한다. 인권을 변호하는 적절한 법의 제정 및 이행에서부터 타인 및 공적 캠페인의 도움을 받아 인권침해에 반대하는 것에 이르기까지, 인권은 다양한활동의 동기가 될 수 있다.** 다양한 활동이 중요한 자유의 실현을 촉진시키는 데 ─ 따로 또 같이 ─ 공헌할 수 있다. 인권을 보호하고 고취하는 방법은 법제화 이외에도 다양할 뿐만 아니라, 그 다양한 경로는 상당

---

* 예의와 관련 가치의 광범위한 역할을 계몽적으로 논의한 것으로 Drucilla Cornell, *Defending Ideals*(New York: Routledge, 2004) 참조.

** 1948년의 세계인권선언에 따라 많은 선언이 이루어졌는데, 1951년에 제노사이드 범죄의 방지 및 처벌에 관한 협약이 조인되고, 1966년에 시민적 · 정치적 권리에 관한 국제규약과 경제적 · 사회적 · 문화적 권리에 관한 국제규약이, 1986년에는 개발의 권리에 관한 선언이 조인되는 등 주로 유엔 주도하에 이루어졌다. 인권의 윤리적 힘은 그 집행이 실시되지 않을 때조차 그것에 사회적 승인과 인정된 지위를 부여함으로써 실질적으로 더 강력해질 수 있다는 생각이 그러한 접근에 동기를 부여했다. 이에 관해서는 Arjun Sengupta, 'Realizing the Right to Development', *Development and Change*, 31(2000) 및 'The Human Right to Development', *Oxford Development Studies*, 32(2004)도 참조할 것.

히 상보적이라는 것을 강조해야 한다. 예컨대 새로운 인권법의 유효한 시행에 있어 공적 감시와 압력은 매우 다른 결과를 가져올 수 있다. 인권의 윤리학은 서로 관계되는 다양한 수단과 여러 방법을 통해 훨씬 효과적으로 실현될 수 있다. 이는 인권의 개념을 법제화라는 좁은 상자 — 현실적이든 이상적이든 — 안에 조급하게 가두는 것이 아니라 인권의 일반적인 윤리적 지위에 정당성을 부여하는 것이 중요한 이유 중 하나이다.

자유로서의 권리

인권의 선언은, 이미 논의했듯이 인권의 정식화에 포함된 자유의 중요성에 적절한 관심을 기울여야 할 필요성을 윤리적으로 긍정하는 것이므로, 인권의 타당성을 검토하려면 인권의 기저에 있는 자유의 중요성에서 출발해야 한다. 자유의 중요성은 우리 자신의 권리와 자유를 주장해야 할 뿐만 아니라 타인의 자유와 권리에도 관심을 가져야 하는 근본적인 이유를 제공한다 — 공리주의자가 집중하는 쾌락과 욕구충족을 훨씬 뛰어넘어.* 벤담이 윤리적 평가의 기초로서 효용을 선택한 근거는 정당성이 뒷받침되기보다는 단정적인 것이었지만, 자유에 초점을 맞추는 이유와 대비되어야 하고 비교적으로 평가되어야 한다.[7]

자유가 인권의 일부로 포함되기 위해서는 타인이 그것에 진지한 관심을 기울여야 하는 이유가 제시되어야 한다. 자유의 중요성과 그 실현에 영향을 미칠 가능성에 관한 '한계조건'이 충족되어야 자유가 인권의 스펙트럼 내에 정당히 도입될 수 있는 것이다. 인권의 사회적 틀에 어떤 합의가 필요한 이상, 그 합의를 이루기 위해서는 특정 개인의 특정 자유

---

* 그 대비에 관해서는 제13장 「행복, 복지, 역량」에서 검토했다.

가 윤리적 중요성을 가지는지, 뿐만 아니라 그 자유가 그 개인의 인권의 일부로 포함되고, 이를 실현할 수 있도록 돕는 책무를 타인에게 부여할 만큼의 사회적 중요성을 충분히 가지는지 물어야 한다. 이에 관해서는 곧 충분히 논의할 것이다.

그 한계조건은 다양한 이유에 따라 특정한 자유가 인권의 내용이 되는 것을 방해할 수 있다. 예를 들어 한 개인 — '리하나'라 부르자 — 이 갖는 다음 다섯 가지의 자유 모두가 상당히 중요하다고 어렵지 않게 주장할 수 있다.

(1) 리하나가 폭행을 당하지 않을 자유
(2) 그녀의 심각한 건강문제에 대해 기본적인 치료를 보장받을 자유
(3) 그녀가 혐오하는 이웃으로부터 자주 그리고 상식 밖의 시간에 걸려오는 전화로 방해받지 않을 자유
(4) 그녀가 좋은 삶을 영위하는 데 중요한 평온함을 누릴 자유
(5) 타인의 가해행위에 대한 '공포로부터의 자유'(가해행위 자체로부터의 자유를 넘어)

이 다섯 가지 모두 어떻게든 중요할 수 있지만, 첫 번째(폭행을 당하지 않을 자유)가 인권의 좋은 주제이고 두 번째(기본적인 치료를 받을 자유)도 마찬가지인 데 반해, 세 번째(싫어하는 이웃으로부터 너무 자주 그리고 너무 비상식적으로 걸려오는 전화로 방해받지 않을 자유)는 일반적으로 사회적 타당성의 한계조건을 충분히 만족하지 못하므로 인권으로서의 자격이 없다고 주장해도 전혀 납득할 수 없는 것은 아니다. 반면 네 번째(평온함을 누릴 자유)는 리하나에게 극히 중요하겠지만 너무 내향적이고, 인권의 주제로 적합한 사회정책의 유효한 범위를 벗어나 있을지도 모른다. 평온함

의 권리를 배제하는 것은 그것이 리하나에게 정말로 중요하지 않다는 추정이 아니라, 그 자유의 내용 그리고 사회적 지원을 통해 영향을 미치는 것의 곤란함과 관련되어 있다.

타인의 적대행위에 대한 공포와 관련된 다섯 번째는 그 공포의 근거와 제거방안을 검토하지 않고서는 제대로 판단될 수 없다. 물론 인간조건으로서의 유한한 삶에 대한 공포처럼 전적으로 납득할 수 있는 공포도 있다. 그 밖의 공포는 이성적인 근거에 따라 정당화되기 어려울 것이다. 로버트 구딘Robert Goodin과 프랭크 잭슨Frank Jackson이 그들의 중요한 논문 「공포로부터의 자유」에서 논의했듯이, 무언가를 "합리적으로 두려워" 해야 하는지 결정하기 전에 "그 가능성이 얼마나 되는지 확인해야 하며, 알고 보면 매우 희박할 수도 있다."* 구딘과 잭슨은 "우리를 불합리하게 두렵게 만드는 과도한 영향으로부터 자유로운 것"으로 여겨지는 "공포로부터의 자유는 …… 진정으로 중요하지만 진정으로 포착하기 어려운 사회적 목표"라는 올바른 결론을 내렸다.[8] 그럼에도 공포로부터의 자유는 특별히 합리적이든 아니든 한 개인이 바랄 이유가 있고 타인 — 혹은 사회 — 이 지원할 만한 것일 수 있다. 정신적 이상이 있는 사람의 공황발작은 치료를 위해 주의를 요구하고, 관련 의료시설이 필요하다는 주장은 인권의 관점에서 설득력이 있다. 그러한 공포의 불합리성 때문에 권리의 관점에서 고려할 때 공포가 배제될 필요는 없다. 이 경우 공

---

* 구딘과 잭슨은 이 문맥에서 딕 체니Dick Cheney 전 미국 부통령의 '1% 독트린'을 인용한다. "만일 테러리스트가 대량 살상 무기를 손에 넣을 가능성이 1%라도 있다면 — 그리고 그러한 일이 일어날 작은 확률이 잠시라도 있어 왔다면 — 미국은 그것이 확실하게 일어날 것처럼 행동해야 한다"(Robert E. Goodin and Frank Jackson, 'Freedom from Fear', *Philosophy and Public Affairs*, 35(2007), p. 249). 또한 Ron Suskind, *The One Percent Doctrine: Deep Inside America's Pursuit of Its Enemies Since 9/11*(New York: Simon & Schuster, 2006)[『1퍼센트 독트린』, 박범수 옮김, 알마, 2007]도 참조할 것.

포와 고통은 진짜이며 환자 혼자만의 노력으로는 제거될 수 없기 때문이다.

테러의 공포가 확률과 통계로 정당화되는 것 이상으로 강할지라도, 그 공포의 제거를 인권의 틀 내에 위치시키는 데는 합당한 이유가 있을 수 있다. 2001년 뉴욕에서 일어난 테러, 혹은 2005년의 런던 테러, 혹은 2008년의 뭄바이 테러의 여파로 테러리스트의 폭력에 대한 공포가 과장되어 왔을지도 모르지만, 일반적인 공포 분위기에서 관심을 가져야 할 것이 있다.* 다섯 번째 경우에 관해 인권의 관점에서 타당한 것은 검토와 평가에 열려 있다는 것이며, 그 결과는 실질적 필요성의 정의에 크게 의존할 것이다. 특히 사회나 국가가 개인의 노력이 합리적이든 아니든 개인 혼자서는 불가능한 방법으로, 그러한 공포를 제거하는 데 도움이 될 수 있는지 물어야 한다.**

---

* 체니의 '1% 독트린'이 지닌 문제는, 가능성이 1%밖에 없는 끔찍한 일을 두려워하는 것이 불합리하다는 것이 아니라, '그것이 확실하게 일어날' 것처럼 취급하는 것이며, 이는 분명히 불합리하고 특히 국가가 해야 할 일을 결정하는 방법으로 특별히 좋은 것이 아니다.

** 개인의 자유가 국가의 간섭으로 위태로워질 **가능성**은 필립 페팃이 옹호한 자유의 '공화주의적' 관점에서 다른 종류의 문제를 불러일으킨다(*Republicanism: A Theory of Freedom and Government*, Oxford: Clarendon Press, 1997). 이는 또한 퀜틴 스키너의 '네오로마적' 관점과 매우 유사하다(*Liberty before Liberalism*, Cambridge: Cambridge University Press, 1998[『퀜틴 스키너의 자유주의 이전의 자유』, 조승래 옮김, 푸른역사, 2007]). 자유의 내용을 그처럼 파악하는 방식은 국가 간섭의 높은 위험성이 아니라 개인의 자유를 타인의 의지에 의존시키는 간섭의 사소한 가능성을 중심으로 한다. 나는 그것을 자유의 다양한 측면이라는 폭넓은 스펙트럼 내에 위치시켜야 한다고 논의해 왔지만, 그것이 자유의 중심적 내용이라는 논의에는 반대해 왔다(제14장 「평등과 자유」 참조). 앞서도 논의했듯이, 토마스 홉스가 공화주의적 관점에 보낸 모든 지지는 자유론에 관한 후기 저작에서는 모습을 감추었다. 이에 관해서는 Quentin Skinner, *Hobbes and Republican Liberty*(Cambridge: Cambridge University Press, 2008) 참조. 또한 Richard Tuck, *Hobbes*(Oxford: Oxford University Press, 1989)[『홉스의 이해』, 강정인 편역, 문학과지성사, 1993] 및 Richard Tuck and M. Silverthorne(eds.), *Hobbes: On the Citizen*(Cambridge: Cambridge University Press, 1998)도 참조할 것.

분명히 우리는 타당성의 한계조건을 어떻게 결정해야 하는지, 그리고 어느 특정한 자유가 그 조건을 만족하는지 논의할 수 있다. 특정한 자유의 심각성과 사회적 타당성에 관한 한계조건의 분석은 인권의 평가에서 중요한 위치를 점하고 있다. 불일치의 가능성은 인권의 선언에 항상 존재하며, 비판적 검토는 인권학이라 불릴 수 있는 것의 일부이다. 곧 논의하겠지만, 인권에 관한 주장의 실행 가능성조차 공평한 검토와 밀접히 연관되어 있다.

자유의 기회의 측면과 과정의 측면

이제 자유의 개념에서 인권론과 관계될 수 있는 다른 차이를 살펴보자. 나는 앞서, 특히 제11장(「삶, 자유, 역량」)에서 자유의 '기회의 측면'과 '과정의 측면' 간 차이의 중요성에 관해 논의했고, 각 측면을 평가할 때 동반되는 복잡한 문제를 지적했다.[9] 제11장에서 논의한 예를 조금 바꾸면, 인간의 자유에 포함되는 실질적 기회와 실제 과정의 타당성을 분리하여(꼭 독립되어 있을 필요는 없지만) 밝히는 데 도움이 된다. 술라라는 젊은 여성이 저녁에 친구와 함께 춤추러 나가려고 결정했다고 하자. 여기서 그다지 중요하지 않은 (그러나 논의를 불필요하게 복잡하게 만들 수 있는) 고려사항을 처리하기 위해, 밖에 나가는 데 특별한 안전상의 위험은 없고, 이 결정에 관해 곰곰이 생각하여 나가는 것이 현명하다(그녀의 관점에서는 '이상적'이다)고 판단했다고 가정하자.

이제 이 자유를 침해하는 위협을 생각해 보자. 권위주의적인 사회적 후견인이 그녀가 춤추러 나가서는 안 된다고 결정하고("진짜 꼴사납다") 어떻게든 집에 머물도록 강제한다고 하자. 이 하나의 침해에 두 가지의 문제가 포함되어 있음을 알기 위해, 권위주의적인 후견인이 그녀가 저녁에 나가야 한다고 — 반드시 **나가야 한다**고 — 결정하는 경우로 바꿔 생각해 보자("저녁에 접대할 중요한 손님이 너의 행동과 이상한 모습을 보고 당황할 테니 쫓겨나는 거다"). 이 경우에서도 자유의 침해는 분명히 존재하는데, 술라는 어쨌든 하려고 선택한 것을 하도록 강요받고 있다(그녀는 나가서 춤을 추어야 한다). 이는 두 선택지, '나갈 것을 자유롭게 선택하는 것'과 '나갈 것을 강요받는 것'을 비교해 보면 쉽게 알 수 있다. 후자의 경우, 그녀가 자유롭게 선택할 행동일지라도("밥과 함께 춤추는 대신 거만한 손님과 시간을 보낼 것을 상상해 봐") 그것이 강요되고 있기 때문에 자유의 '과정의 측면'이 즉시 침해된다. 기회의 측면도 간접적이기는 하지만 영향을 받는다. 기회는 선택지를 가져야 설득력 있게 설명할 수 있고, 술라는 무엇보다 자유로운 선택에 가치를 둘 수 있기 때문이다(이는 제11장 「삶, 자유, 역량」에서 논의한 문제이다).

그러나 만일 타인이 선택한 것뿐만 아니라 스스로 선택하지 않았을 것까지 하도록 강요받았다면, 기회의 측면의 침해는 더 본질적이고 분명할 것이다. 어쨌든 나가려고 했을 때 '나갈 것을 강요받는 것'과 지루한 손님과 함께 집에 머물 것을 강요받는 것을 비교하면 그 대비가 분명해진다. 이는 과정의 측면이 아니라 주로 기회의 측면과 관련된다. 집에 있으면서 거들먹거리는 은행가의 이야기를 들을 것을 강요받는다면, 술라는 두 가지 방식, 즉 선택의 자유 없이 무언가를 하도록 강요받음으로써 **그리고** 선택하지 않았을 것을 하도록 강요받음으로써 자유를 잃게 된다.[10]

과정과 기회 모두 인권에 포함될 수 있다. 자유의 기회의 측면에서는 '역량' — 가치 있는 기능을 달성할 실제 기회 — 의 개념이 자유를 정식화하는 데 유용하겠지만, 과정의 측면과 관련된 문제는 자유를 역량의 관점에서만 보는 것을 뛰어넘을 것을 요구한다. 이를테면 적절한 재판을 거치지 않고 수감될 때 '적법절차'가 부정되는 것은 인권의 주제가 될 수 있다 — 공정한 재판을 거치면 다른 결과가 나올 것이라 기대할 수 있든 없든.

완전한 의무와 불완전한 의무

여기서 개괄하고 있는 일반적 접근에서는 권리의 중요성이 기회의 측면과 과정의 측면을 포함하는 자유의 중요성과 궁극적으로 관련되어 있다. 이 권리와 관련될 수 있는 타인의 의무는 어떤가? 우리는 자유의 중요성에서 계속 나아갈 수도 있지만, 이제 자유와 책무를 연결하는 인과적 연관성을 살펴보자. 만일 (지금까지 논의한 방침에 따라) 자유가 중요하게 여겨진다면, 사람들은 서로 각자의 자유를 옹호하거나 촉진하기 위해 무엇을 해야 하는지 물을 만한 이유가 있다. 중요한 권리의 바탕을 이루는 자유가 침해되는 — 혹은 실현되지 않는 — 것은 나쁜 일(혹은 나쁜 사회적 실현)이므로, 침해를 일으키지는 않았지만 도울 수 입장에 있는 타인도 이러한 경우 무엇을 해야 할지 고려할 만한 이유가 있다.[11]

그러나 결과에 민감한 윤리체계에서 충분히 명확한 (타인을 돕기 위한) 행동 **이유**에서 그 행동에 착수할 실제 **의무**로 이행하는 것은 간단하지도 않고 단 하나의 명확한 정식화로 해결할 수 있는 것도 아니다. 가능성 있는 다양한 추론이 여기에 받아들여질 수 있고, 어떻게 — 그리고 얼마나 강하게 — 행동 이유를 취해야 가능한 의무의 근거로 작용할 수 있는지 평가하는 것도 포함된다. 이 물음과 관련하여 스스로 타인의 관심사 — 그리고 그것을 추구할 자유 — 에 관여하는 공감의 문제가 있다. 공감의 범위와 세기는 인권의 개념적 토대의 일부여야 한다. 그러나 타인의 고통을 느끼는 식의 공감은 아픈 (혹은 다른 심각한 불행이나 박탈로 괴로워하는) 사람을 도울 이유를 판단하는 데 본질적인 것은 아니다.*

여기서 기본적인 일반 책무는 한 개인이 타인의 자유 실현을 돕기 위해 합당하게 할 수 있는 것을 진지하게 고찰하는 것이어야 하며, 이때 그 중요성과 영향력, 그리고 자신의 상황과 예상되는 유효성이 고려되어야 한다. 물론 거기에는 모호함이 있고 불일치의 여지도 있지만, 이러한 논의를 진지하게 고찰할 책무를 인정하기 위해 무엇을 해야 하는지 결정할 때 본질적인 차이를 가져온다. (우리는 서로에게 어떤 의무도 지고 있지 않다는 안이한 가정에 따라 행동하는 것이 아니라) 그러한 문제를 제기할 필요성은 더 포괄적인 윤리적 추론의 출발점이 될 수 있으며, 인권의 영역이 거기에 속한다. 그러나 그 추론은 거기서 멈출 수 없다. 인간은 제한된 능력과 영향력, 그리고 다양한 책무들과 합당하게 가질 수 있는 다른 — 비의무론적인 — 관심사들 간의 우선순위를 갖기 때문에 (불완전한 의무를 포함하는) 다양한 책무를 직간접적으로 고려하는 진지한 실천적 추론이 이루어져야 한다.**

인권을 인정한다고 해서 세상의 모든 인권침해를 방지하기 위해 모든 사람이 대처해야 한다고 주장하는 것은 아니다. 만일 누군가가 인권침해를 막는 데 유효한 일을 할 수 있는 위치에 있다면 그가 그것을 할

---

* 애덤 스미스가 '공감'에 기초하여 타인을 돕는 것과 '관용'이나 '공공심' 때문에 타인을 돕는 것을 구별한 것이 이 점에서도 적절하다(『도덕감정론』). 이 구별에 관해서는 제8장 「합리성과 타인」도 참조할 것.

** 능력 및 영향력과 관련된 책무의 중요성은 제9장 「공평한 이유의 복수성」 및 제13장 「행복, 복지, 역량」에서 논의했다. 이를 통해 우리는 공상적인 '사회계약'과 관련된 책무를 훨씬 넘어설 수 있다. '사회계약'은 자신이 속한 공동체나 정치체제 내의 사람들에게 한정되어 있고, 그 경계 밖의 타인에게는 적용되지 않는다. 외국인에 대한 무시, 혹은 외국인을 위해 해야 할 일의 기계적 공식을 배제한 글로벌한 포괄성의 일반적인 문제에 관해서는 다음의 계몽적인 논의를 참조할 것. Kwame Anthony Appiah, *Cosmopolitanism: Ethics in a World of Strangers*(New York: W. W. Norton & Co., 2006), Chapter 10.

명분이 있다는 것을 — 그리고 무엇을 해야 할지 결정할 때 그것을 고려해야 한다는 것을 — 인정하는 것이다. 다른 책무, 혹은 책무가 아닌 관심이 문제가 되는 특정 행동의 이유를 압도할 수도 있지만, 그 이유를 '자신의 일이 아니'라고 해서 쉽게 털어지는 것은 아니다. 여기에는 보편적인 윤리적 요구가 있지만, 이미 정해져 있는 행동을 자동적으로 규정하는 요구가 아니다.

이러한 의무와 관련된 행동의 선택은 우선순위, 가중치 그리고 평가의 틀의 선택에 따라 상당한 변화를 허용해야 한다. 인과분석을 수행할 때, 특히 돕거나 해를 끼칠 수 있는 타인이 맡을 수 있는 행동을 다룰 때도 다양성이 존재할 수 있다. 그러므로 의무를 명시할 때 큰 다양성과 심지어는 모호성도 동반될 수 있다. 하지만 어떤 생각에 모호성이 존재한다고 해서 그 타당성을 묵살할 이유는 없다. (『불평등의 재검토』에서 논의했듯이) 모호성이 없었다면 중요했을 개념을 적용할 때 나타나는 모호성은 그 개념 자체를 이해하는 데 적절한 불완전성과 허용되는 다양성을 받아들일 이유가 된다.*

느슨하게 명시된 책무를 책무가 전혀 없는 것과 혼동해서는 안 된다. 앞서 언급했듯이, 그것은 오히려 중요한 범주의 의무에 속해 있는데, 이는 임마누엘 칸트가 '불완전한 의무'라 부른 것으로, '완전한 의무'라는 — 충분히 명시된 — 다른 명령과 공존할 수 있다.[12] 이러한 다른 종류의 의무 간 차이 — 그리고 그 동시적 존재 — 를 설명하려면 예시가 도움이 될 것이다. 1964년 뉴욕 퀸스 지역에서 일어난 실제 사건에 관해 생각해 보

---

* 나의 저서 *Inequality Reexamined*(Cambridge, MA: Harvard University Press, and Oxford: Clarendon Press, 1992), pp. 46~49, 131~135[『불평등의 재검토』, 이상호 옮김, 한울, 2008, 91~95, 232~238쪽] 참조. 이 문제는 나의 논문 'Maximization and the Act of Choice', *Econometrica*, 65(1997), reprinted in *Rationality and Freedom*(Cambridge, MA: Harvard University Press, 2002)에서도 다루었다.

자. 캐서린(키티) 제노비스Catherine(Kitty) Genovese라는 이름의 여성이 여러 차례 폭행당해 결국 숨졌는데, 다른 사람들이 아파트에서 그 사건을 지켜보고 있었지만 목격자 모두 도움을 청하는 그녀의 외침을 무시했다.* 거기서 서로 다르면서도 관련되어 있는 세 가지 끔찍한 일이 벌어졌다고 주장할 수 있다.

(1) 폭행당하지 않을 **여성의 자유**가 침해되었다(물론 이것이 주요 문제이다).

(2) 폭행하거나 살해해서는 안 되는 **가해자의 의무**가 위반되었다('완전한 의무'의 위배).

(3) 폭행과 살해에 직면한 사람에게 적절한 도움을 제공할 **타인의 의무** 또한 위반되었다('불완전한' 의무의 불이행).

이 실패들은 서로 관련되어 있고, 구조화된 윤리학에서 권리와 의무의 복잡한 상호작용을 초래하는데, 이는 인권의 평가적 틀을 설명하는 데 공헌할 수 있다.** 인권의 관점은 이러한 다양한 사안에 관여할 것을 요구한다.***

---

* 아파트 위에 있던 목격자 한 명이 가해자에게 "그 여자를 놓아줘"라고 외쳤지만, 도움이라고는 아주 멀리서 외친 그 한마디가 전부였고, 경찰을 부른 것도 폭행이 일어난 후 한참이 지나서였다. 그 사건 및 관련 도덕적·심리학적 문제에 관한 강력한 논의는 Philip Bobbitt, *The Shield of Achilles: War, Peace and the Course of History*(New York: Knopf, 2002), Chapter 15, 'The Kitty Genovese Incident and the War in Bosnia' 참조.

** 이 분석에서는 행위주체 의존적인 도덕적 평가와 행위주체 중립적인 도덕적 평가 간의 차이에 관해 논의하지 않겠다. 여기서 다루는 유형의 특징짓기는, 제10장 「실현, 결과, 행위주체성」에서 논의했듯이 위치 의존적인 평가의 여지를 만듦으로써 더욱 확장될 수 있다. 나의 논문 'Rights and Agency', *Philosophy and Public Affairs*, 11(1982) 및 'Positional Objectivity', *Philosophy and Public Affairs*, 22(1993) 참조.

*** 키티 제노비스가 폭행당하고 살해당하는 것을 수동적으로 목격한 이들의 책무 불이행은

법적 권리에서 당연하다고 여겨지는 명확성은 인권의 윤리적 요구에서 불가피한 모호성과 자주 대비된다. 그러나 이 차이 자체는 불완전한 의무를 포함한 윤리적 요구에서 곤란한 상황은 아니다. 규범적 추론의 틀은 충분히 명시된 법적 요건에서는 쉽게 수용될 수 없는 다양성을 상당히 허용할 수 있기 때문이다. 아리스토텔레스가 『니코마코스 윤리학』에서 언급했듯이, 우리는 "주제의 성질이 허용하는 한에서만 사물의 각 층에서 엄밀성을 추구해야 한다."[13]

불완전한 의무와 그것에 동반되는 불가피한 모호성은 나머지 인류 — 직접 관련된 사람들 이외의 — 가 합당하게 도울 수 있는 것을 실행할 책임을 면제받을 때만 회피될 수 있다. 그러한 일반적 면제는 **법적** 요건에 관한 한 합당해 보이지만, **윤리적** 영역에서 그러한 면책을 정당화하기는 힘들 것이다. 몇몇 국가에서는 제3자에게 적절한 도움을 제공할 것을 법적으로 요구한다. 예컨대 프랑스에는 특정 유형의 범죄로 고통 받는 타인에게 적절한 도움을 제공하지 않는 경우에 대한 '부작위의 형사책임' 조항이 있다. 놀랄 일은 아니지만 그러한 법의 적용에서 모호성이 상당히 중요하다는 것이 입증되었고, 최근에는 법적 논의의 대상이 되었다.[14] 이런 유형의 의무가 갖는 모호성은 타인에 대한 제3자의 일반적 책무에 어떤 여지가 남아 있는 한 피하기 어려울 것이다.

자유와 이해관계

인권선언은 본서에서 해석했듯이, 이 권리의 정식화에서 확인되고

그들이 지체 없이 경찰을 부르는 등 그녀를 돕기 위해 무언가를 했어야 했다는 판단과 관계되어 있다. 그러나 그런 일은 일어나지 않았다. 아무도 나와서 가해자를 쫓아 버리지 않았고 경찰을 부른 것도 사건 이후 — 실제 한참이 지난 후 — 였다.

인정되는 자유의 중요성을 주장하는 것이다. 예컨대 고문당하지 않을 인권이 승인될 때, 고문당하지 않을 자유의 중요성이 모든 사람에게 재확인되고 인정되며,* 이로써 고문당하지 않을 자유를 모두에게 보장하기 위해 타인이 합당하게 할 수 있는 것을 고려할 필요성도 확인되는 것이다. 고문하려는 자에게 그 요구는 확실히 직설적이다. "그만 두어라"(이는 분명 '완전한 의무'이다). 타인에게도 역시 책임이 있지만, 그 책임은 분명하지 않고 일반적으로 그런 상황에서 합당하게 할 수 있는 것의 실행으로 구성된다(이는 '불완전한 의무'의 넓은 범주에 속할 것이다). 누구에게도 고문하지 말라는 완벽하게 명시된 요구는 고문을 막을 수 있는 수단과 방법을 고려하고, 이 특별한 경우에 마땅히 해야 할 일을 결정하라는 더 일반적인 — 그리고 덜 정확하게 명시된 — 요건에 의해 보완된다.[15]

인권의 기초로서의 자유와 이해관계라는 경쟁적인 요구에 관해서도 흥미롭고 중요한 문제가 있다. 여기서 자유에 초점을 맞추는 것과 달리, 조셉 라즈Joseph Raz는 특히 그의 통찰력 있는 저서 『자유의 도덕성』*The Morality of Freedom*에서 이해관계 기반의 강력한 인권론을 전개했다. "권리는 타인의 이익에 따른 행동요건에 근거를 둔다."[16] 라즈의 접근을 매력적이라고 생각하는 것은 그가 나의 오랜 친구이고 옥스퍼드에서 10년 이상(1977~1987) 함께 토론하며 내게 많이 가르쳐 주었기 때문이 아니라, 이해하기 쉽고 호소력 있는 추론을 그려 내기 때문이다.** 그러나 권

---

* 찰스 베이츠Charles Beitz가 지적했듯이 인권은 "도덕적 시금석의 역할, 즉 국내 제도를 평가하고 비판하는 기준, 그 개혁 목표의 기준, 그리고 점점 더 국제 경제·정치제도의 정책과 관행을 평가하는 기준으로서의 역할"을 다한다('Human Rights as a Common Concern', *American Political Science Review*, 95(2001), p. 269).

** 비슷한 주장에 관해서는 Thomas Scanlon, 'Rights and Interests', in Kaushik Basu and Ravi Kanbur(eds), *Arguments for a Better World*(2009)도 참조할 것. 이 논문에서 관련은 있지만 다른 스캔론과의 불일치점에 관해, 그의 신념에 곡해가 있다는 것을 이 기회에 언

리의 토대로서 서로 다른 사람들의 이해관계에 초점을 맞추는 것이 매력적이기는 하지만, 일반적 권리 특히 인권의 이론에 적합한지 물어야 한다. 그리고 이 물음과 관련하여, 자유의 관점과 이해의 관점 간의 대비가 중요한지도 물어야 한다.

확실히 여기에는 대비되는 점이 있다. 나는 이러한 대비가 인권과는 다른 문맥에서는 매우 중요하다고 이미 언급했다. 제8장에서 논의한 예를 생각해 보자.* 창가 자리에 앉은 사람에게, 옆에 앉은 사람이 멍청한 컴퓨터 게임을 할 수 있도록 (자신이 햇볕을 즐기는 것을 희생하면서) 블라인드를 내려야 할 강력한 이유가 생긴다. 창가 자리에 앉은 사람이 보았을 때, 그 이유는 게임광의 '이익'이 아니라(실제로 창가 자리에 앉은 사람은 그로 인해 게임광의 이익이 촉진되기는커녕 오히려 그 반대라고 생각했다), 그가 너무나 하고 싶은 것을 할 '자유'이다(창가 자리에 앉은 사람이나 게임광 자신이 보았을 때 그것이 게임광의 이익에 도움이 되든 안 되든). 자유와 이해관계

급해 둔다. 즉, 권리에 기초한 다양한 요구들을 '저울질할' 필요성을 주장하는 나의 논의를 받아들인다면 "필요한 것은, 대립하는 경우 어느 권리가 우세한지 결정하는 **권리의 순위매기기**"일 것이라는 그의 주장은 잘못되었다(p. 76, 굵은 글씨 인용자 강조). 저울질의 수학은 강도强度, 상황, 결과에 주목하며 다양한 저울질 절차를 허용하고, 모든 경우에 어떤 권리를 다른 권리보다 상위에 두는 단순한 '사전적' 우선순위를 택할 것을 요구하지 않는다. 이 문제는 앞서 제2장 「롤스와 그 너머」에서, 롤스가 자유와 경쟁하는 모든 것을 무시하지 않고도 자유에 강력하고 특별한 중요성을 인정할 수 있는 정교한 형식의 가중치두기를 채택하지 않고, 자유에 대해 (모든 경우에 어떤 대립되는 관심사보다도 우세한) 사전적 우선순위를 선택한 것을 언급하면서 논의했다. 이러한 논점은 경우에 따라서는 자유가 복지의 고려보다 우세할 수 있지만 자유의 행사가 사람들의 복지에 매우 불리한 결과를 초래한다면 자유의 요구가 너무 무거울 수 있다는 허버트 하트의 논의와도 관련된다. 비사전적 가중치체계는 권리에 관한 경쟁적인 관심사 간의 갈등을 순수한 '유형분류'나, 맥락 없이 강도와 결과를 완전히 무시하는 '권리의 순위'를 통해 해결할 필요는 없다는 상당히 평범한 이해를 수용할 수 있다. 같은 책(*Arguments for a Better World*)에 수록된 S. R. Osmani, 'The Sen System of Social Evaluation'도 참조할 것.

* 제8장 「합리성과 타인」, 217~219쪽 참조.

의 대비는 이처럼 매우 중요할 수 있다.

이제 다른 예를 생각해 보자 — 라즈의 인권 연구에 등장하는 경우와 연관 지어. 런던에 살지 않는 사람이 (이를테면 2003년 미국 주도의 이라크 군사 개입에 반대하는) 런던의 평화적 시위에 참여하기 위해 런던을 여행할 자유는 시위에 참여하려고 하는 자를 막으려는 배제정책에 의해 침해될 수 있다(이는 가상적 예일 뿐, 실제 그러한 배제는 없었다). 만일 그러한 제한이 부과된다면 (시위 참가를 원하지만) 배제되는 사람의 **자유**가 명백히 침해되며, 만일 권리가 그러한 자유를 포함한다면, 그에 따라 그 사람의 어떤 **권리**도 침해된다. 이는 직접적인 연관성을 보여 준다.

그러나 만일 권리가 그 사람의 ('자유'가 아니라) '이해관계'에만 기초한다면, 이라크 침공 반대 시위에 참가하는 것이 그에게 **이익**이 되는지 고찰해야 할 것이다. 그리고 만일 집회에 참가하는 것이 그 잠재적 시위자의 정치적 우선사항이기는 하지만 그 자신의 '이익'에 상당히 혹은 전혀 부합하지 않을 때, 그의 인권이 이익에 기초해야 한다면 런던에서 시위할 자유는 인권의 궤도 내에 쉬이 포함될 수 없을 것이다. 만일 이익 기반의 인권 해석이 받아들여진다면, 시위에 참가할 인권의 기초로서 자유의 지위는 분명히 손상될 것이다. 다른 한편으로, 만일 자유가 (그가 추구하는 것이 개인적 이익이든 전혀 다른 것이든) 그에게 선택의 기회를 부여하고 (이익 지향적이든 아니든) 그 자신의 우선순위에 따라 살도록 이끌기 때문에 중요하게 받아들여진다면, 인권의 이익 기반 관점은 궁극적으로 부적합하다.*

---

* 리처드 터크는 "권리의 이론과 공리주의 간의 두드러진 차이 중 하나는, 누군가에게 권리를 부여할 때 그의 내적 조건을 평가할 것을 요구하지 않는 것"이라고 설득력 있게 주장했다. 터크는 계속해서 다음과 같이 설명했다. "만일 그에게 트라팔가 광장에 서 있을 권리가 있다면, 그 행동으로부터 쾌락을 얻든 도스토예프스키적인 비극을 느끼든 상관없다. 심지어는 그 행동을 선택하는 것이 어느 특정한 기회에 따른 것인지 아닌지도 상관없다(인간

이렇게 말하기는 했지만, '이익'은 한 개인이 동기와 무관하게 추구하려고 선택하는 모든 관심사를 망라하는 것이라고 광범위하게 — 그리고 포용력 있게 — 정의할 수도 있다는 것을 덧붙여야겠다. 실제로 일상 언어로는 선택의 자유가 침해된다는 것이 이익에 반한다는 것과 흔히 동일시된다.* 이익을 그처럼 광범위한 관점에서 파악하면 이해관계와 자유 간의 차이는 그만큼 제거될 것이다.** 만일 그것이 라즈의 논지를 제대로 파악한 것이라면 권리에의 접근에서 우리는 상당 부분 일치할 것이다.

경제적·사회적 권리의 타당성

이제 인권의 일반적 분석에서 인권의 범주에 포함될 특정 유형의 주장에 대한 분석으로 넘어가자. 인권이 이른바 '경제적·사회적 권리'와 때로 '복지권'이라 불리는 것을 포함하느냐는 문제가 있다.*** 이러한 권리는 그 지지자에게는 최저생활이나 의료혜택에의 공통적 권리와 같은 중

이 항상 자신을 지키려 하든 말든 엄밀히는 상관없다는 홉스와 비교해 보라)"('The Dangers of Natural Rights', *Harvard Journal of Law and Public Policy*, 20 (Summer 1997), pp. 689~690).

* 나는 제8장 「합리성과 타인」에서뿐만 아니라 제9장 「공평한 이유의 복수성」 및 제13장 「행복, 복지, 역량」에서도 그러한 동일시 배후에 있는 추론에 반대해 왔다.

** 실제로 조셉 라즈 자신은 『자유의 도덕성』에서 이익의 개념과 자유의 개념 간의 폭넓은 연관성을 논의한다. 나는 그 두 가지 간에 실질적 차이가 있다고 생각하지만, 두 개념의 함의 간에 어느 정도의 차이가 존재하는지 여기서 평가하지는 않겠다.

*** 여기서 '복지welfare'라는 표현은 복리well-being 일반의 동의어로서 사용되는 것보다 훨씬 더 좁고 구체적이다(이 용어는 정의의 평가에서 행복 혹은 복리의 관련성을 논의하는 문맥에서 이용되었다(제13장 「행복, 복지, 역량」 참조)). 일반적으로 '복지권'은 잘 확인되는 특정 경제적·사회적 곤궁의 경감을 목적으로 하는 연금수급권, 실업급여 및 기타 특정 공적 공급을 가리키며, 곤궁의 목록은 문맹과 예방 가능한 불건강을 포함시킬 정도로 확장될 수 있다.

요한 '제2세대' 권리라 여겨지며, 초기에 선언된 인권에 비해 비교적 최근에 부가되었고 그로써 인권의 영역이 대단히 확장되었다.[17] 이러한 권리는 미국 독립선언이나 프랑스 '인권'선언과 같은 고전적 인권선언에는 나타나지 않지만, 캐스 선스타인Cass Sunstein이 '권리혁명'이라 부르는 것의 현대적 영역에는 매우 많이 등장한다.[18]

이 분야에서 큰 진전은 1948년의 세계인권선언과 함께 시작되었다. 그 새로운 선언은 변화하고 있는 20세기 세계에서 급진적 사회사상의 변화를 반영했다. 이전 선언과의 대비는 아주 뚜렷하다. 에이브러햄 링컨 대통령조차 처음에는 노예의 정치적·사회적 권리를 요구하지 않았다는 것을 상기할 수 있다 — 생명, 자유, 노동의 성과에 관한 몇몇 최소한의 권리만을 인정했다. 유엔인권선언은 훨씬 더 긴 목록의 자유와 요구를 그 보호 우산 아래에 둔다. 여기에는 기본적인 정치적 권리뿐만 아니라 일할 권리, 교육을 받을 권리, 실업 및 빈곤으로부터의 보호, 노동조합에 가입할 권리 그리고 공정하고 유리한 보수를 받을 권리까지 포함되어 있다. 이는 1776년의 미국 선언이나 1789년의 프랑스 선언의 좁은 한계에서 근본적으로 벗어난 것이다.

20세기 후반, 정의에 대한 세계정책은 이러한 제2세대 권리와 더욱더 깊은 관련을 갖게 되었고, 글로벌한 대화의 특성과 새 시대에 전개되는 추론의 유형은 행위주체성의 더 폭넓은 해석과 글로벌한 책임의 내용을 반영하게 되었다.[19] 브라이언 배리Brian Barry가 주장했듯이, "세계인권선언은 개별 국가뿐만 아니라 국제사회 전체에도 — 매우 중요한 — 영향을 끼쳤다."* 세계적 빈곤의 퇴치와 기타 경제적·사회적 곤궁은 인권

---

* Brian Barry, *Why Social Justice Matters*(London: Polity Press, 2005), p. 28. 배리는 그가 중대한 인식의 함의라 주장하는 것을 확인하는 데까지 나아간다. "만일 정부가 적절한 영양과 주택, 깨끗한 식수, 위생, 대체로 건강한 환경, 교육과 의료혜택 등을 모든 사람에

에 대한 글로벌한 참여의 중앙 무대에 등장했고, 이는 토마스 포기와 같은 철학자들이 주도하기도 했다.[20] 이 주제에 대한 관심의 급속한 팽창은 정책개혁의 요구에도 큰 영향을 주었다. 실제로, 딘 채터지Deen Chatterjee가 주장했듯이 "특정 지역의 빈곤과 조직적 불공평을 심각한 인권문제라 여기는 글로벌한 인식은 개별 국가에 민주적 개혁을 요구하는 압력을 가하고, 더 공정하고 효과적인 국제적 제도 지침의 필요성을 강조해 왔다."[21] 제2세대 권리는 '불완전한' 글로벌 의무의 이행을 위한 제도적 개혁의 의제에 상당한 영향을 미쳐 왔고, 명시적으로 승인되기도 했지만 암묵적으로 승인되는 경우가 더 많았다.

제2세대 권리를 포함함으로써 글로벌한 개발의 일반적 개념 배후에 있는 윤리적 과제를 숙의민주주의의 요구와 통합하는 것이 가능해졌는데, 양쪽 모두 인권과, 그리고 인간 역량의 촉진이 중요하다는 이해와 관련된다. 데이비드 크로커는 그의 저서 『글로벌 개발의 윤리학 — 행위주체성, 역량, 숙의민주주의』*Ethics of Global Development: Agency, Capability, and Deliberative Democracy*를 통해 이러한 통합에 광범위한 공헌을 했다. 그는 행위주체성과 가치 있는 역량이 "인권, 사회정의, 그리고 개인적 및 집단적 의무의 기초이므로 개발윤리는 개인과 기관이 권리를 존중할 도덕적 책무를 이행하는 데 글로벌화된 세계가 어떻게 돕거나 방해하는지도 검토할 것"이라 지적한다. 그는 계속해서 "공정하고 좋은 개발의 장기적 목표는 — 국가적이든 국제적이든 — 적절한 수준의 행위주체성과 도덕적으로 기본적인 역량을 — 국적, 민족성, 종교, 연령, 젠더 혹은 성적 취향과 관계없이 — 전 세계의 모든 사람에게 보장하는 것이어야 한다"고 주장한다.[22] 제2세대 권리를 포함해야만 확장된 통합을 요구하는

게 제공하는 수단을 갖지 않는다면, 부유한 국가들은 개별적으로 혹은 협력하여 어떻게든 그러한 자원이 마련되도록 보장할 책무를 진다"(p. 28).

이러한 급진적인 제안이 인권의 틀을 벗어나지 **않고** 가능해진다.[23]

그러나 이러한 인권의 확장은 더 전문화된 논쟁의 대상이 되어 왔고, 그것을 거부하는 논의가 다수의 정치이론가와 철학자로부터 강력히 제시되어 왔다. 그 반론은 경제적·사회적 권리의 전 세계적 이용에 한정되지 않고, 특정 국가의 범위 내 실행 가능성에까지 적용되려고 한다. 가장 강력히 거부한 두 논자는 모리스 크랜스턴Maurice Cranston과 오노라 오닐Onora O'Neill이다.[24] 서둘러 설명해 두어야 할 것은 이러한 자유를 인권 내에 포함시키는 데 반대하는 논의는 보통 그 중요성을 무시하는 데서 비롯되는 것이 아니라는 점이다. 실제로 오닐은 ― 대부분 칸트적 관점에 따라 세계의 빈곤과 기아를 포함하는 ― 철학적 문제의 분석을 통해 이러한 문제의 중요성에 관한 광범위한 고찰을 제공한다.[25] 오히려 인권 영역에서의 배제를 제안하는 것은 오닐을 포함한 비판자들이 선호하는 인권 개념의 내용 및 범위의 해석과 관련되어 있다.

사실상 구체적인 비난의 방식은 두 가지 존재하는데, 이를 '제도화 비판' 및 '실현 가능성 비판'이라 부르자. 제도화 비판은 특히 경제적·사회적 권리를 겨냥한 것으로, 참된 권리는 정확히 정식화된 관련 의무와 엄격한 상관성을 가져야 한다는 신념에 기초한다. 그리고 그러한 상관성은 오로지 권리가 제도화되었을 때만 존재한다고 주장한다. 오노라 오닐은 명확하게 그리고 강력하게 다음과 같은 비판을 제시한다.

> 불행히도 권리에 관한 수많은 글과 수사법은 재화나 서비스에 대한 보편적 권리를 선언한다. 그 권리에는 특히 국제적 헌장 및 선언에서 눈에 잘 띄는 사회적·경제적·문화적 권리와 더불어 '복지권'이 포함되는데, 무엇이 각 추정 권리자를 책무 소지자와 연결하는지 밝히지 않아 이러한 소위 권리라는 것의 내용이 완전히 모호하다. …… 보편적인 경제

적·사회적·문화적 권리의 옹호자는 그것들이 제도화될 **수 있다**고 강조하는 데서 멈추어 있다. 그것은 맞는 말이지만, 차이점은, 제도화되어 **야 한다**는 것이다. 그렇지 않으면 권리는 존재하지 않는다.[26]

이 비판에 답하기 위해서는 이미 논의했듯이 의무는 완전할 수도 있고 불완전할 수도 있다는 것을 언급해야 한다. 뉴욕에서 키티 제노비스가 대중의 눈앞에서 폭행을 당한 예가 보여 주듯이, 폭행으로부터의 자유와 같은 고전적인 '제1세대' 권리조차 타인에 대해 불완전한 의무를 부과한다고 볼 수 있다. 경제적·사회적 권리도 마찬가지로 완전한 의무와 불완전한 의무 모두를 필요로 한다. 어느 특정한 사회나 국가가 — 빈곤한 사회나 국가까지도 — (이를테면 기근의 유행이나 만성적 영양부족, 혹은 의료혜택의 결여와 관련된) 기본적인 경제적·사회적 권리의 침해를 방지하기 위해 무엇을 할 수 있는지에 관한 유익한 공적 토론의 기회는 풍부하고, 효과적인 압력의 가능성도 클 것이다.

실제로 사회조직의 지원활동은 보통 제도적 변화를 겨냥하고 있고, 그 활동은 기본적 인권이 침해되고 있는 사회에서 개인과 집단이 지는 불완전한 의무의 일부로 볼 수 있다. 오노라 오닐은 '복지권'을 실현하기 위한 (그리고 심지어는 경제적·사회적 권리 일반을 위한) 제도의 중요성을 파악한다는 점에서는 물론 옳지만, 이러한 권리의 윤리적 중요성은 제도뿐만 아니라 사회적 태도에 대해서도 변화를 요구하거나 변화에 공헌하는 작업을 통해 그 실현을 추구할 만한 충분한 근거를 제공한다. 이는 예컨대 새로운 법률 제정을 호소하거나 문제의 심각성에 대한 의식을 환기함으로써 이루어질 수 있다.* 이러한 요구의 윤리적 지위를 부정하면 이러

---

* 사회적·경제적 곤궁을 경감하거나 제거하는 데 도움이 되는 공적 토론과 매체의 역할은 제15장 「공적 이성으로서의 민주주의」 및 제16장 「민주주의의 실천」에서 논의했다.

한 건설적인 활동을 고취하는 추론까지 무시하게 될 것이고, 거기에는 활동가들이 인권이라 여기는 것을 실현하기 위해 오닐이 추구할 만한 제도적 변화를 지지하는 것도 포함된다.

'실현 가능성 비판'은 제도화 비판과 무관하지 않으며, 경제적·사회적 권리라 주장되는 것을 모든 사람에게 보장하는 것은 아무리 최선의 노력을 다할지라도 실현 가능하지 않다는 논의에서 비롯된다. 이는 그 자체로 흥미로운 경험적 관찰이기는 하지만, 인권이 일관적이려면 모든 사람에게 달성 가능해야 한다는, 거의 옹호될 수 없는 추정에 기초하여 이러한 권리의 수용을 비판한다. 만일 이 추정이 받아들여진다면, 특히 빈곤한 사회를 중심으로 수많은 경제적·사회적 권리를 가능한 인권의 영역 밖으로 즉시 밀어 버리는 효과를 낼 것이다. 모리스 크랜스턴은 다음과 같이 주장한다.

> 전통적인 정치적·시민적 권리를 제도화하는 것은 어렵지 않다. 그 대부분은 정부와 타인에게 개개인을 그냥 내버려 둘 것을 요구한다. …… 그러나 경제적·사회적 권리의 요구가 제기하는 문제는 상황이 전혀 다르다. 산업화가 거의 시작도 안 된 아시아, 아프리카, 남아메리카 지역의 정부에, 급증하는 수백만 명의 국민에게 사회보장과 유급휴가를 제공할 것을 어떻게 무리 없이 요구할 수 있는가?[27]

일견 그럴듯해 보이는 이러한 비판은 설득적인가? 나는 그것이 윤리적으로 인정되는 권리가 요구해야 하는 것의 내용을 혼동한 데에 기인한다고 주장한다. 공리주의자가 효용의 극대화를 추구하고, 효용 달성에 개선의 여지가 늘 존재한다는 사실에 의해서도 그 접근법의 실행 가능성이 위태로워지지 않는 것처럼, 인권주의자는 **승인된** 인권이 최대한 **실현**

되기를 바란다.[28] 이러한 접근의 실행 가능성은 더 많은 수의 승인된 권리가 충분히 실현 가능해지고 실제로 실현되기 위해서는 언제든 그 이상의 사회적 변화가 필요하다는 단순한 이유로 무너지지 않는다.*

만일 실현 가능성이 사람들이 권리를 갖기 위한 필요조건이라면, 모든 사람에게 생명과 자유를 그 침해로부터 보장하는 것이 실현 불가능하므로, 사회적·경제적 권리뿐만 아니라 모든 권리가 — 자유권조차 — 무의미해질 것이다. '내버려 두어질' 것을 모두에게 보장하는 것은 (크랜스턴의 주장과 달리) 그리 용이한 것이 아니었다. 우리는 매일 어딘가에서 일어나는 살인을 막을 수 없다. 또한 최선의 노력에도 1994년 르완다, 2001년 9월 11일 뉴욕, 최근 런던, 마드리드, 발리, 뭄바이에서 일어난 것처럼 모든 대량살상을 멈출 수는 없었다. 불완전한 실현 가능성을 근거로 하여 인권의 요구를 묵살할 때 혼동하는 것은, 완전히 실현되지 않은 권리도 역시 권리이며 개선책을 요구한다는 것이다. 비실현 자체가, 주장되는 권리를 비권리로 만드는 것이 아니다. 오히려 그것은 한층 더한 사회적 행동에 동기를 부여한다. 인권의 성역에서 모든 경제적·사회적 권리를 내쫓고 자유와 기타 제1세대 권리만을 남겨 두는 것은 모래 위에 선을 긋는 것만큼 유지되기 힘든 것이다.

검토, 실행 가능성, 이용

이제 지금까지 미루어 왔던 인권의 실행 가능성의 문제를 살펴보자.

---

* 인권의 주장은 행동을 요청하는 것 — 사회적 변화를 요청하는 것 — 이지 선재하는 실현 가능성에 의존하는 것이 아니다. 이에 관해서는 나의 논문 'Rights as Goals', in S. Guest and A. Milne(eds), *Equality and Discrimination: Essays in Freedom and Justice* (Stuttgart: Franz Steiner, 1985) 참조.

우리는 인권의 요구가 용인될 수 있는지 어떻게 판단하고 또 그것이 직면할 수 있는 도전을 어떻게 평가할 수 있는가? 그러한 논쟁 — 혹은 옹호 — 은 어떻게 진행되는가? 이 문제에 대해서는 인권을 어느 특정한 방식으로 정의함으로써(더 정확히는 인권의 이용 배후에 있는 암묵적 정의를 드러냄으로써) 간접적으로는 이미 어느 정도 답해 왔다. 공평한 검토하에 수용될 것을 요구하는 다른 윤리적 명제와 마찬가지로, 인권을 선언할 때도 그 배후에 있는 윤리적 주장의 타당성이 정보에 기초한 열린 검토를 통과할 것이라는 암묵적 가정이 존재한다. 이는 열린 공평성이 담보되는 비판적 검토의 상호적 과정을 수반하고(특히 다른 사회에서 제공되는 정보와 가깝고 먼 데서 오는 논의에 열려 있는 것을 포함한다), 인권이라 추정되는 것의 내용과 범위에 관한 논쟁을 허용한다.[*]

어떤 자유가 인권이라 여겨질 만큼 중요하다는 주장은 이성적 검토를 거쳐서도 그 판단이 지속될 것이라는 주장이기도 하다. 그러한 지속은 실로 많은 경우에 이루어지지만, 그러한 주장이 제기될 때마다 그런 것은 아니다. 때로는 보편적 동의를 받지 못할지라도 일반적 합의에 매우 근접할 수 있다. 특정 인권의 옹호자는 그 기본적 관념이 가능한 한 널리 받아들여지도록 활발히 활동할 수도 있다. 세계의 모든 사람이 바라는 것에 대해 완벽한 만장일치가 있을 것이라 기대하는 사람은 물론 아무도 없고, 이를테면 열광적인 인종차별주의자나 성차별주의자가 공적 논의에 힘입어 반드시 개과천선할 것이라는 희망은 거의 없다. 어떤 판단의 유지되기 위해 필요한 것은, 다른 사람들이 공평성에 기초하여 그 주장을 검토할 때 그러한 권리를 지지하는 추론의 범위에 대해 전반적으로 공감하는 것이다.

---

[*] 제1장 「이성과 객관성」, 제5장 「공평성과 객관성」 및 제6장 「닫힌 공평성과 열린 공평성」의 공적 추론과 열린 공평성에 관한 논의를 참조할 것.

물론 실제로는 인권이라 추정되는 것의 공적 검토가 전 세계적 규모로 시행되지는 않는다. 그러한 공평한 검토가 이루어져도 자신의 주장이 유지될 것이라는 일반적 신념에 기초하여 행동이 이루어지는 것이다. 박식하고 사려 깊은 비판가로부터 강력한 반대의견이 나오지 않으면 지속 가능하다고 가정되는 경향이 있다.[29] 그러한 근거로 많은 사회가 새로운 인권 법안을 도입해 왔고, 인종 간 혹은 젠더 간 비차별, 또는 정당한 언론의 자유를 가질 기본적 자유를 포함한 특정 자유에의 인권을 변호하는 자에게 힘과 발언권을 부여해 왔다. 더 폭넓은 인권의 승인을 옹호하는 자는 물론 더 많은 것을 요구할 것이며, 인권의 추구는 당연히 계속적이고 상호적인 과정이다.*

그러나 인권의 주장에 관해 합의되었을지라도 인권을 제대로 주시하는 방식에 관해서는, 특히 불완전한 의무의 경우 여전히 심각한 논쟁이 있을 수 있다는 것을 인식해야 한다. 또한 다양한 유형의 인권에 상대적 가중치를 두는 방식과 각각의 요구를 통합하는 방식, 그리고 인권의 주장을 역시 윤리적으로 주목할 만한 다른 평가적 관심사와 통합하는 방식에 관해서도 논쟁이 있을 수 있다.[30] 어떤 종류의 인권을 받아들여도 토론, 논쟁 그리고 논의의 여지는 여전히 남아 있다 — 그것은 실로 이 분야의 특성이다.

인권선언의 형식을 가진 윤리적 주장의 실행 가능성은 방해받지 않는 토론을 거쳐도 그 주장이 살아남을 수 있다는 가정에 궁극적으로 의존한다. 인권과 공적 추론 간의 연관성을 본서 앞쪽(특히 제1장 및 제4~

---

* 유엔의 세계인권선언은 매우 중요한 주제에 관한 논의와 논쟁을 불러오는 데 중심이 되어 왔고, 세계적으로 추론과 행동 양쪽에 미친 영향은 상당히 놀라운 것이다. 그러한 비전 있는 조처의 성취에 관해서는 나의 논문 'The Power of a Declaration: Making Human Rights Real', *The New Republic*, 240(4 February 2009)에서 검토했다.

9장)에서 더 일반적으로 논의한 객관성의 요건과 특히 관련지어 이해하는 것이 극히 중요하다. 이러한 윤리적 주장의 일반적인 타당성은 충분한 정보를 바탕으로 한 방해받지 않는 논의와 검토에 직면했을 때의 생존력에 달려 있다고 할 수 있다.

어떤 인권의 주장이 공개적인 공적 검토를 통과하기 어렵다는 것을 보여 줄 수 있다면, 그 주장의 영향력은 대단히 약화될 것이다. 그러나 인권의 개념에 대한 회의론과 거절의 이유로 흔히 제시되는 것과는 달리, 그러한 경우일지라도 공개적인 공적 토론이나 국외 정보에 대한 자유로운 접근이 허용되지 않는 전 세계의 억압적인 정권에서 많은 인권이 진지한 공적 지위를 얻을 수 없다는 사실 — 자주 언급되는 사실 — 을 지적하는 것만으로 폐기될 수는 없다. 인권침해의 감시와 '공개적 비행 폭로naming and shaming'의 절차가 (적어도 침해자가 수세에 몰린다는 점에서) 매우 효과적이라는 사실은 정보의 이용이 가능해지고 윤리적 논의가 억압되지 않고 허용될 때 공적 추론의 범위가 확장된다는 것을 보여 준다. 정당화할 때뿐만 아니라 거부할 때도 억제되지 않은 비판적 검토는 필수적이다.

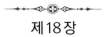

제18장

정의와 세계

    소란스러웠던 1816년 영국의 여름, 공리주의철학자 제임스 밀은 그 시대의 위대한 정치경제학자 데이비드 리카도에게 가뭄이 농업생산에 미치는 영향에 관해 편지를 썼다. 밀은 가뭄이 가져올 피할 수 없는 비참한 결과를 걱정했다. "등골이 오싹한 생각 ─ 인구 3분의 1이 죽을 것이다." 기근과 가뭄에 관한 밀의 운명론도 놀랍지만 고통의 제거에만 맞추어져 있는, 공리주의적 정의의 아주 단순한 해석에 대한 그의 신념 또한 놀랍다. 그는 "그들〔굶주리는 사람들〕을 거리와 가도로 끌어내어 돼지처럼 목을 베어 버리는 편이 나을 것"이라고 썼다. 리카도는 밀의 격분에 상당한 공감을 표하고, 밀(존 스튜어트 밀이 아니라 제임스 밀이라는 것을 급히 강조해 둔다)처럼 정부가 그들을 도울 수 있다는 잘못된 이야기를 퍼뜨림으로써 확립된 질서에 대한 불만의 씨를 뿌리려는 사회운동가들에게 경멸을 표했다. 리카도는 밀에게 "법률이 그들을 구할 수 있다고 설득하여 하층계급을 흥분시키려는 수작을 보면 유감스럽다"고 썼다.[1]

    1816년의 흉작으로 기근의 위협을 받는 사람들을 어떻게든 구할 방법이 없다는 리카도의 — 그리고 밀의 — 신념을 생각하면, 그가 선동적 시위를 맹비난한 것도 이해할 만하다. 그러나 본서의 일반적 접근은 그러한 비난에 반대한다. 이러한 차이의 이유를 이해하는 것이 중요하다.

첫째, 고통받는 사람들을 '흥분시키는' 것은 정책입안과 부정의의 분석 모두에서 직접적인 관심의 대상이 될 수밖에 없다. 부정의감은 설령 그 근거가 잘못으로 드러났을지라도 검토되어야 하고, 그 근거가 충분하다면 물론 철저히 추구되어야 한다. 조사하지도 않고 잘못되었는지 아닌지 확신할 수는 없다.* 하지만 부정의는 매우 빈번하게 계급, 젠더, 지위, 지역, 종교, 공동체 및 기타 확립된 장벽과 연관된 강고한 사회적 분열과 관계되며, 그 장벽을 극복하여 실제 일어나고 있는 것과 일어날 수도 있었을 것의 차이 — 정의의 진보에 중심적인 차이 — 를 객관적으로 분석하는 것은 보통 어렵다. 의심, 의문, 논의 그리고 검토를 거쳐야 정의는 진보될 수 있는지, 그리고 어떻게 진보될 수 있는지에 관한 결론을 낼 수 있다. 본서가 그렇듯이, 특히 부정의의 분석과 연관된 정의의 접근은 비판적 검토의 서막으로서 '흥분'에 주목해야 한다. 분노는 추론을 대체하는 것이 아니라 동기를 부여하는 데 이용될 수 있다.

둘째, 데이비드 리카도가 당대 영국의 가장 저명한 경제학자였을지라도 그가 기껏 시위 선동자라고 여긴 자들의 논의는 그처럼 즉각적으로 묵살될 만한 것이 아니다. 굶주림의 위협을 받고 있는 사람들을 정부의 법률과 정책이 기아를 경감시킬 수 있다고 믿도록 부추긴 것은, 유효한 사회적 구제의 가능성에 비관적이었던 리카도보다 실제로 더 옳았다. 확

---

* 부적절하게 검토된 이론과 그로 인해 초래될 비참할 결과의 관계는 개발 분석의 중심적 과제이다. 이에 관해 Sabina Alkire, 'Development: A Misconceived Theory Can Kill', in Christopher W. Morris, *Amartya Sen,* Contemporary Philosophy in Focus series (Cambridge: Cambridge University Press, 2009) 참조.

실히 좋은 공공정책은 기아의 발생을 완전히 제거할 수 있다. 기근의 정밀한 조사는 그것이 용이하게 방지될 수 있다는 것을 밝혀냈고, 그 결과는 구제의 가능성을 확립함으로써 판에 박힌 — 다소 나태한 — 묵살을 옹호하는 것이 아니라 시위자들의 탄원을 지지한다. 기근의 원인과 예방 가능성에 관해 경제학적으로 제대로 이해하고 그와 관련된 경제적·정치적 원인의 다양성을 적절히 고려하면, 최근의 경제조사가 밝혀 왔듯이 기아를 기계적으로 식량부족의 관점으로 보는 것이 얼마나 순진한지 알 수 있다.*

기근은 사람들에게 먹을 식량이 충분하지 않은 결과일 뿐, 그 자체로 먹을 식량이 충분히 존재하지 않았다는 증거가 되지는 않는다.[2] 이런저런 이유로 식량 전쟁에서 완전히 패하는 사람들은 공적 고용을 포함한 다양한 소득 창출 조치를 통해 시장구매력을 신속히 회복할 수 있고, 이로써 경제 분야에서 식량의 불공평한 분배가 개선될 수 있다(이는 지금도 자주 이용되는 기근의 예방수단이다 — 인도에서 아프리카까지). 여기서 논점은 데이비드 리카도의 비관론이 정당화되지 않는다는 것뿐만 아니라 반대 의견이 진지한 검토 없이 묵살될 수는 없다는 것이다.** 상반되는 신념이 아무리 일견 타당해 보이지 않을지라도, 그리고 [그에 대한] 미숙하고 조

---

* 기근과 (식량부족이 아니라) 식량권 부재의 연관성에 관해서는 나의 저서 *Poverty and Famines: An Essay on Entitlement and Deprivation*(Oxford: Clarendon Press, 1981) 참조. 잃어버린 식량권을 되찾을 수단과 방법(예컨대 공공사업을 통한)에 관해서는 나와 드레즈의 공저 *Hunger and Public Action*(Oxford: Clarendon Press, 1989) 참조. 가장 취약한 자에게 필요한 최소한의 식량권을 부여하는 공공정책을 통해, 심각한 식량부족이 기아로 이어지는 것을 막은 최근의 사례가 전 세계적으로 많이 있다. '하류층'의 '흥분'이 리카도와 밀처럼 품위 있는 지식인보다 더 제대로 된 일을 한 것이다.

** 전 세계가 실제로 겪은 일에 대한 실증적 연구에 기초하여, 기아의 부자유를 포함한 다양한 '부자유'를 제거하기 위한 면밀한 공공정책의 유효성에 관해 나의 『자유로서의 발전』에서 논의했다. 또한 Dan Banik, *Starvation and India's Democracy*(London: Routledge, 2007)도 참조할 것.

잡한 항의가 아무리 유창하게 들릴지라도, 필요한 것은 상반되는 신념의 즉각적 거부가 아니라 공적 추론이다. 공적 토론에 편견 없이 참여하는 것은 정의의 추구에서 매우 중요하다.

분노와 추론

부정의에 대한 저항은 보통 분노와 논의 양쪽에 의지한다. 불만과 분노는 동기를 부여하는 데 도움이 될 수는 있지만, 불만의 근거(만일 있다면)에 대한 타당하고 지속가능한 이해를 얻고 근본적인 문제 제기를 위해 할 수 있는 것을 결정하려면, 결국 평가와 유효한 행동 두 측면에서 이성적 검토에 의존해야 한다.

분노와 추론 각각의 기능은 선구적인 페미니스트 사상가였던 메리 울스턴크래프트의 '여성 권리의 옹호'를 달성하려는 시도에 잘 나타난다.* 울스턴크래프트가 여성의 예속에 대한 급진적 거부의 필요성을 논의할 때 격분의 표현이 많이 등장한다.

> 여성에게 권리를 부여하라. 그러면 남성의 덕목과 겨룰 것이고, 그래야 해방되었을 때 더 완벽해져 있을 것이다. 그렇지 않으면 약한 존재임을 의무로 묶어 버리는 권위를 정당화하게 된다. 만일 후자라면, 러시아와 무역을 개시하여 채찍을 들여오는 게 쓸모 있을 것이다. 이는 결혼식 날 부친이 사위에게 주어야 할 선물로, 남편도 같은 방식으로 가족 전체

---

* 나는 본서의 앞부분에서 울스턴크래프트의 저작을 논의하고 많이 이용했다. 또한 내가 그녀의 몇몇 저작에 관해 논의한 것으로 'Mary, Mary, Quite Contrary: Mary Wollstonecraft and Contemporary Social Sciences', *Feminist Economics*, 11(March 2005) 참조.

의 질서를 바로잡을 것이다. 그리고 이 왕권을 행사함으로써 정의를 침해하지 않고 통치할 것이다. 그가 집안의 유일한 주인이다. 거기서 이성을 가진 유일한 존재니까.[3]

인간과 여성의 권리에 관한 두 저작에서 그녀의 분노가 향하는 곳은 여성이 겪는 불평등만이 아니다. 예컨대 미국이나 다른 곳의 노예와 같은 또 다른 박탈된 무리의 취급도 겨냥하고 있다.* 그럼에도 그녀의 고전적 저작은 궁극적으로 이성에의 강력한 호소에 기초하고 있다. 항상 분노의 수사법 다음에는 그녀가 반대자에게 숙고하기를 바라는 이성적인 논의가 이어진다. 그녀는 『여성 권리의 옹호』를 헌정한 탈레랑-페리고르M. Talleyrand-Périgord에게 보낸 편지에서 이성에의 의지에 대한 강력한 확신을 재확인하며 다음과 같이 끝맺었다.

선생님, 저는 프랑스에 그러한 고찰을 퍼뜨리고 싶습니다. 이성이 여성의 권리에 대한 존중을 요청하고 인류의 절반을 위한 정의를 소리 높여 요구한다는 것이 충분히 증명된다면, 당신의(프랑스의) 헌법이 개정될 때 여성의 권리가 존중될 것이고, 저의 원칙은 확인되어야 할 것입니다.[4]

이성의 역할과 범위는 분노에 의해 약화되지 않는다. 분노는 울스턴크래프트가 살았던 18세기의 세계와 오늘날 우리가 살고 있는 세계를 특징짓는 끈질긴 불평등의 성질과 근거를 설명할 수 있도록 이끌어 준다. 그녀는 하나의 저작에서 분노와 추론을 결합시킨 점에서(실제로는 나란히 두었다) 매우 뛰어나지만, 순수한 불만과 실망의 표현조차 분노의 합

---

* 에드먼드 버크가 독립을 요구하는 백인 미국인의 자유를 지지하면서 노예 문제를 무시한 데 대한 울스턴크래프트의 성난 비판은 제5장 「공평성과 객관성」에서 논의했다.

리적 근거에 대한 조사로 (아마도 타인에 의해) 이어진다면 공적 추론에 공헌할 수 있다.

메리 울스턴크래프트가 고집하는 공적 이성에의 호소는 내가 본서에서 제시하려고 해 온 정의에의 접근의 중요한 특징이다. 다른 분야에서 인간을 이해하는 것처럼 정의의 요건을 이해하는 것도 고독한 활동이 아니다.* 정의가 어떻게 진보될 수 있는지 알아 내려고 할 때는 다른 지평과 다른 관점에서 비롯된 논의를 포함하는 공적 추론이 기본적으로 필요하다. 그러나 반대의견과의 논쟁을 통해, 모든 경우에 상충하는 이유의 대립을 해소하고 모든 문제에 관해 합의된 입장에 도달할 수 있다고 기대해서는 안 된다. 완벽한 해결은 누구에게도 합리성의 요건이 아니고, 이성 기반의 정의론을 비롯한 합리적인 사회적 선택의 조건도 아니다.**

실행되는 것이 보이는 정의

다음과 같은 예비적인 문제를 제기할 수 있다. 왜 공적 추론으로 이루어진 합의가 정의론의 건전성에서 특별한 지위를 갖는다고 간주되어야 하는가? 메리 울스턴크래프트가 M. 탈레랑-페리고르에게, 충분한 숙고와 공개적인 공적 추론이 주어지면 '여성의 권리'의 승인이 중요하다는 일반적 합의가 이루어질 것이라는 기대를 표명했을 때, 그녀는 그러

---

* 제5장에서 논의했듯이, 소통과 담론은 도덕적 · 정치적 주장을 이해하고 평가하는 데 중요한 역할을 한다. 이에 관해서는 Jürgen Habermas, *Justification and Application: Remarks on Discourse Ethics,* translated by Ciaran Cronin(Cambridge, MA: MIT Press, 1993)[일부가 『담론윤리의 해명』, 이진우 옮김, 문예출판사, 1997에 수록]도 참조할 것.
** 합리성과 타당성의 요건은 제8장 「합리성과 타인」 및 제9장 「공평한 이유의 복수성」에서 검토했다.

한 이성적 합의를 그것이 사회정의의 진정한 진보인지 (그리고 '인류의 절반'에 정당한 권리를 부여하는 것으로 볼 수 있는지) 결정하는 중대한 과정으로 보았다. 물론 무언가를 한다는 합의가 그 무언가를 실행하는 데 도움이 된다는 것은 충분히 쉽게 이해할 수 있다. 그것은 실천적 타당성을 지닌 인식이지만, 도구적 중요성을 넘어 왜 합의나 이해가 정의론의 실행 가능성을 평가할 때 특별한 지위를 점해야 하는지도 물을 수 있다.

밀접히 관련되는 분야, 즉 법률의 실천에서 자주 되풀이되는 명제를 생각해 보자. 정의는 단지 실행되어야 할 뿐만 아니라 '실행되는 것이 보여야' 한다고 흔히 주장된다. 왜 그런가? 만일 정의가 실행되고 있다면, 정의가 실행되고 있다고 실제로 합의하는 것이 왜 중요한가? 왜 엄밀한 법률상의 요건(정의가 실행되는 것)에 인민의 요구(일반 대중이 정의의 실행을 목격할 수 있는 것)에 따른 조건, 제약, 보완을 추가하는가? 법적 정확성과 대중적 지지가 — 법학과 민주주의가 — 혼동되는 것은 아닌가?

사실 어떤 결정이 정의롭다는 것이 **보일** 필요성을 중요하게 여기는 도구적 이유는 어렵지 않게 짐작할 수 있다. 우선 첫째로, 만일 재판관이 일을 망치지 않고 잘하고 있는 것이 보인다면, 재판의 집행은 일반적으로 더 효율적 수 있다. 만일 어떤 판단이 신뢰와 일반적 지지를 고취한다면, 그것은 더 용이하게 시행될 수 있다. 따라서 정의가 '실행되는 것이 보일' 필요성에 관한 표현이 1923년에 휴어트Hewart 경이(*Rex v. Sussex Justices Ex parte McCarthy*〔1923〕 All ER 233에서) 정의는 "실행되는 것이 분명하고 확실하게 보여야 한다"는 충고를 처음 언명한 이래, 왜 그러한 강력한 지지와 반복적인 찬성을 받아 왔는지 설명하는 것은 그리 어렵지 않다.

그럼에도 정의의 관찰 가능성에 그처럼 결정적인 중요성을 부여하는 것은 오로지 이러한 집행상의 이점뿐이라고 설득하는 것은 곤란하다. 전원의 승인을 얻는 것의 시행상의 이점에는 물론 의심의 여지가 없지만, 휴어트의 기본원칙이 단지 편의와 방편에만 기초한다고 생각하는 것은 이상하다. 그것을 뛰어넘어 만일 다른 사람들이 최선의 노력을 해도 어떤 판단이 이해 가능하고 합당한 의미에서 정의로운 것을 볼 수 없다면, 그 시행 가능성이 악영향을 받을 뿐만 아니라 그 건전성에도 깊은 의문이 제기될 것이다. 어떤 판단의 객관성과 그것이 공적 검토를 견뎌 낼 능력 간에는 분명한 연관성이 있다 — 이는 본서의 앞부분에서 다양한 각도로 탐구해 온 주제이다.*

이유의 복수성

공적 토론의 중요성이 본서의 주요 관심사 중 하나였다면, 평가활동에서 정당히 수용될 수 있는 이유의 복수성을 인정할 필요성 또한 마찬가지였다. 어떤 평가에서 여러 이유들은 우리를 어떤 방향으로든 설득할 때 서로 경쟁할 수 있다. 그것들이 상충되는 판단을 초래한다면, 모든 논의를 고려한 뒤에 어떤 신뢰할 만한 결론이 이끌어질 수 있는지 결정할 때 중요한 도전이 존재한다.

애덤 스미스는 200년도 더 이전에 옹호될 수 있는 모든 가치를 설명할 수 있는 단 하나의 동질적인 덕을 추구하는 경향이 일부의 이론가들에게 있다고 불평했다.

서로 다른 모든 덕목을 이러한 한 종류의 적정성에 몰아넣음으로써 에피쿠로스는 모든 사람에게 자연스럽지만 특히 철학자들이 자신의 재

---

* 특히 제1장 「이성과 객관성」, 제5장 「공평성과 객관성」 및 제9장 「공평한 이유의 복수성」 참조.

간을 보여 주는 훌륭한 수단으로서 특유한 애착을 가지고 몰두하기 쉬운, 모든 현상을 가능한 한 적은 원리로 설명하려는 경향에 빠졌다. 그리고 그가 자연적 욕구와 혐오의 모든 일차적 대상을 신체의 쾌락과 고통으로 돌렸을 때, 틀림없이 이러한 경향에 더욱더 빠졌다.*

서로 다른 모든 가치가 유일한 중요성의 원천으로 궁극적으로 환원된다고 명시적으로든 암묵적으로든 주장하는 학파도 분명히 있다. 그러한 추구는 통약불가능성 — 즉, 서로 다른 가치 대상 간 환원 불가능한 다양성 — 이라 불리는 것에 대한 공포와 혼란에 어느 정도 사로잡혀 있다. 이러한 불안은 다양한 대상 간의 상대적 중요성을 판단하는 데 장애가 된다고 여겨지는 것의 추정에 기초하는데, 평범한 삶의 일부로서 시행되는 거의 모든 평가가 서로 다른 관심사에 우선순위와 가중치를 둔다는 것, 그리고 평가가 경쟁적인 우선순위를 해결해야 한다는 인식에 딱히 특별한 것은 없다는 사실을 간과하고 있다.** 우리는 사과가 오렌지가 아니라는 것을 아주 분명하게 이해한다는 사실, 그리고 그것들의 음식으로서의 덕목은 차원에 따라 — 쾌락에서 영양까지 — 다르다는 사실 때문에 둘 중 무엇을 먹을지 선택할 때마다 얼어붙지는 않는다. 모든 가치가 어떻게든 하나의 가치로 환원되지 않는다면 무엇을 할지 결정할 수 없다고 고집하는 사람들에게 분명 세는 것('더 많은가 적은가?')은 편안하겠지만 판단하는 것('이것이 저것보다 더 중요한가?')은 그렇지 못하다.

---

* Smith, *The Theory of Moral Sentiments*, revised edn 1790, VII. ii. 2, 14(republished, Oxford: Clarendon Press, 1976), p. 299[『도덕감정론』, 김광수 옮김, 한길사, 2016, 644쪽]. 여기서는 에피쿠로스만 언급하지만, 스미스는 후기에 원시 공리주의적 성향을 보인 가까운 친구 데이비드 흄까지 염두에 두었을 수 있다. 물론 벤담이 흄보다 더 잘 부합할 것이다.
** 이 문제는 제11장「삶, 자유, 역량」에서 다양한 역량의 상대적 중요성을 평가하는 것과 관련된 특정 문맥에서 논의했다.

정의의 이론이 수용해야 할 이유의 복수성은, 그 이론에서 중요하다고 인정되는 가치 대상의 다양성뿐만 아니라 그 이론에서 여지가 남을 수 있는 관심사(예컨대 서로 다른 종류의 평등이나 자유의 중요성)의 유형에도 관계되어 있다.* 정의에 대해 판단하려면 다양한 종류의 이유와 평가적 관심사를 수용할 수 있어야 한다. 그러나 우리가 경쟁적인 고려사항의 상대적 중요성에 우선순위와 순서를 매길 수 있다는 인식이 동일인에게 조차 모든 대체적 시나리오가 항상 완벽히 순위 지어질 수 있다는 것을 가리키는 것은 아니다. 한 개인은 몇몇 순위에 관해 분명한 관점을 가질 수는 있어도 다른 비교에 관해서까지 확신할 수는 없다. 어떤 사람이 추론을 통해 노예제나 여성의 예속을 거부할 수 있다고 해서 그가 소득세 최고세율 40%가 39%보다 나은지 — 혹은 더 공정한지 — 확신을 가지고 결정할 수 있는 것은 아니다. 추론을 통한 결론은 부분순위의 형식을 쉽게 취할 수 있으며, 앞서 논의해 왔듯이 그것을 인정하는 것은 결코 패배주의가 아니다.

공평한 추론과 부분순위

만일 불완전한 해결이 개인적 평가행위 영역의 일부일 수 있다면, 공적 추론에 의해 도출되리라 기대할 수 있는 것에서는 훨씬 더 중요한 역할을 맡는다. 한 집단을 다룰 때, 서로 다른 개인 각각의 부분순위뿐만 아니라 그들이 합리적으로 합의할 수 있는 공유된 부분순위에 존재할지도 모르는 불완전성의 정도까지도 수용하는 것이 필요하다.** 사람들이

---

* 평등과 자유의 폭넓은 개념 내에 존재하는 불가피한 복수성은 제14장 「평등과 자유」에서 검토했다.

** 이 문제는 제4장 「목소리와 사회적 선택」에서 논의했다.

여성의 기본적 자유를 존중해야 할 이유를 공평하게 검토한다면 그들은 "이성이 이러한 존중을 요청한다"는 데 합의하리라는 것이 메리 울스턴크래프트의 주장이었다. 현실에 존재하는 불일치는 뿌리 깊은 편견, 기득권, 미확인된 선입견에 이의를 제기함으로써 보강되는 추론을 통해 제거될지도 모른다. 이로써 정말 중요한 수많은 합의에 도달할 수 있지만, 그렇다고 해서 생각할 수 있는 모든 사회적 선택의 문제가 그처럼 해결될 수 있다고 주장하는 것은 아니다.

이유의 복수성은 분명한 결정에서 아무런 문제도 제기하지 않을 수 있지만, 다른 경우에는 심각한 도전을 내어놓을 수 있다. 서장에서 논의한 피리를 요구하는 세 아이의 경우는 무엇이 공정할지 결정할 때 막다른 골목에 다다를 가능성을 보여 준다. 하지만 고려사항의 다양성을 받아들인다고 해서 그러한 난국이 꼭 수반되는 것은 아니다. 세 아이의 경우에서도 피리를 만든 아이인 칼라가 가장 가난하거나 피리를 불 수 있는 유일한 아이일 수도 있다. 혹은 가장 가난한 아이인 밥의 빈곤이 너무나 극심하고 가지고 놀 무언가에 의존하는 것이 인간다운 삶을 위해 너무나 중요해서 빈곤 기반의 논의가 정의의 판단을 지배할게 될지도 모른다. 많은 특별한 경우에는 다양한 이유가 일치할 수도 있다. 정의의 개념은 다양한 유형의 경우를 포함하며, 어떤 경우에는 해결이 쉽지만 또 어떤 경우에는 매우 곤란한 결정의 문제를 불러온다.

이러한 추론이 함의하는 것 중 하나는 폭넓은 정의론이 그 이론 자체 **내에** 고려사항이 불일치할 여지를 둔다고 해서 일관성이 없거나 다루기 힘들거나 쓸모없다고 여길 필요가 없다는 인식이다. 복수성이 존재해도 명확한 결론이 도출될 수 있다.* 그러한 복수성에 반영되는 경쟁적인 관

---

* 이 문제는 캐스 선스타인Cass Sunstein이 논의했듯이 "법적 논쟁의 참가자가 특정 결과에 관해 불완전하게 이론화된 합의를 이끌어 내려고 하는" 경향과 밀접히 관련된다(Cass

심사가 갖는 이점이 광범위하지만 그 상대적 가치가 여전히 부분적으로 결정되어 있지 않을 때, 상대적 중요성의 문제를 완전히 해결하지 않고 얼마나 나아갈 수 있는지 확인하는 것도 합당할 것이다.* 그리고 때로는 그 이론이 경쟁적인 주장 각각의 엄격한 요건을 희생시키지 않고 상당히 유용해지는 데까지 나아갈 수도 있다.

경쟁적인 기준은 선택지에 대해 서로 다른 순위를 매기겠지만, 거기에는 공유되는 요소도 서로 다른 요소도 있을 것이다. 서로 다른 우선순위가 만들어 내는 다양한 순서의 교차점 — 혹은 순위들 간에 공유되는 부분 — 이 부분순위를 이끌 것이고, 그것은 몇몇 선택지에 대해서는 명확하게 그리고 내적으로 일관되게 순위를 짓겠지만, 그 밖의 선택지에 대해서는 전혀 그렇지 못할 것이다.** 그때 공유되는 부분순위의 공통점을 그 폭넓은 이론의 최종적인 결과라고 볼 수 있다. 최종적인 결론은 드러날 때 도움이 되는 것이며, 정의의 개념을 적용하려는 모든 경우에 '최선의' 혹은 '옳은' 선택이 이끌어져야 한다는 보증을 요구할 필요는 없다.

여기서 기본적인 문제는 분석적인 절차를 제거하면 충분히 간단해진

Sunstein, 'Incompletely Theorized Agreements', *Harvard Law Review*, 108(May 1995)). 선스타인은 선택 배후의 이론에 관한 합의 없이 실질적인 합의가 이루어질 가능성에 초점을 맞추지만(이는 법적 결정 못지않게 비법적 결정에서도 중요한 문제이다), 나는 관련은 있지만 다소 상이한 문제를 밝히려 하고 있다. 즉, 상당히 이질적인 관점들이 포용력 있는 이론 **내에** 수용되어 부분적으로 완전한 순위가 매겨지면 타당해 보이는 결정('최선'의 결정이 아닐지라도)을 분명히 거부된 제안과 분리하는 데 도움이 된다는 것이다.

* 그러나 해결 불가능한 의견 차를 받아들이는 것은 첫 번째 옵션이라기보다는 최후의 수단이다. 제1장 「이성과 객관성」에서 논의했듯이, 모든 불일치는 우선 비판적으로 검토되고 평가될 필요가 있기 때문이다.

** 복수의 기준을 만족하는 교차점이 불완전할 때, 확실한 결정의 영역을 식별하는 명확한 수학적 해결법이 있다. 이에 관해서는 나의 저서 『집단선택과 사회후생』 참조. 또한 'Interpersonal Aggregation and Partial Comparability', *Econometrica*, 38(1970) 및 'Maximization and the Act of Choice', *Econometrica*, 65(1997)도 참조할 것.

다. 완벽한 정의론은 결정과정의 선택지를 불완전하게 순위 매길 것이고, 합의된 부분순위는 어떤 경우에는 분명하게 말할 것이고, 또 어떤 경우에는 침묵을 지킬 것이라는 인식이 필요하다는 것이다. 콩도르세와 스미스가 노예제의 폐지가 세상을 훨씬 덜 불공정하게 만들 것이라고 주장했을 때, 그들은 노예제가 있는 세계와 없는 세계를 비교하여 후자에 찬성할 가능성을, 다시 말해 노예제 없는 세계의 우월성 — 그리고 더 큰 정의 — 을 보여 주고 있었다. 그들은 그러한 결론을 주장하면서 다양한 제도와 정책이 만들어 낼 수 있는 모든 선택지를 완전히 순위 매겨야 한다고까지 나아가지는 않았다. 제도로서의 노예제는 이 세계가 직면하는 다른 모든 제도적 선택을 — 동일한 확실성으로 — 평가하지 않아도 평가될 수 있다. 우리는 '전부 아니면 전무'의 세계에 살고 있지 않다.

특히 가능한 오해를 피하기 위해 강조해 두어야 할 것은, 추구되는 합의는 추론에 기초한 부분순위의 영역을 벗어나 서로 다른 사람들의 **실제** 선호순위가 완벽히 일치되는 것과 전혀 다르다는 것이다. 여기에 모든 노예 소유자가 다른 인간에 대한 그의 권리 — 법률에 따라 그에게 부여된 권리 — 를 포기해야 한다는 가정은 없다. 오히려 스미스, 콩도르세, 울스턴크래프트의 주장은 공적 추론과 공평성의 요건이 주어지면 노예제 찬성론이 폐지론에 의해 압도되리라는 것이다. 비판적 검토를 견뎌 낸 공평한 추론들에 공통되는 요소는 부분순위의 토대를 이루며, (앞서 논의했듯이) 이는 정의의 분명한 향상을 요구하는 근거가 된다. 정의의 비교를 목적으로 하는 부분순위의 기초는 공평한 추론의 결론이 서로 일치하는 것이며, 이는 서로 다른 개인적 선호가 완전히 합의되어야 한다는 요건과 동일한 것이 아니다.*

---

* 이는 제8장 「합리성과 타인」 및 제9장 「공평한 이유의 복수성」에서 논의한 '합리성'의 요건과 '타당성'의 요건 간의 차이와 분명히 관련되어 있다. 그 차이는 롤스에게서 비롯된 것

부분적 해결의 범위

사회적 순위가 유용하려면 어떤 구체적인 내용을 가져야 하지만 완전할 필요는 없다. 본질적으로 정의론은 정의의 다양한 이유에 따라 생성되는 서로 다른 순위들의 교차점 — 혹은 공통점 — 에 기반을 두는 부분순위에 의존해야 하며, 그 이유는 모두 공적 토론의 검토를 견딜 수 있어야 한다. (서장에서 논의한) 피리를 둘러싼 세 가지 접근의 예에서, 그 세 가지 선택지의 순위에 대해 만장일치에 이를 수 없을 가능성이 아주 크다. 만일 그 세 가지 선택지에서 하나만 선택하는 데 특별히 관심이 있다면, 그 선택에서는 불완전한 순위로부터 도움을 얻을 수 없을 것이다.

다른 한편, 차이가 분명한 부분순위가 크게 도움이 되는 선택은 대단히 많이 있다. 예를 들어 정의의 이유를 비판적으로 검토함으로써, 선택지 y와 선택지 z 간에 순위를 매길 수는 없지만 선택지 x를 y나 z보다 위에 둘 수 있다면, y와 z 간의 논쟁을 해결하지 않아도 아무 문제없이 x를 택할 수 있다. 만일 정의의 이유를 검토했을 때 운이 좋지 않아 x와 y 간에 순위를 매길 수 없고 x와 y 모두 z보다 위에 둘 수 있다면, 정의를 숙고하는 것만으로는 명확한 선택을 할 수 없다. 그럼에도 정의의 이유는 분명히 x나 y보다 못한 z를 거부하고 완전히 피할 수 있도록 이끌어 준다.

이러한 부분순위도 상당한 범위까지 영향을 미칠 수 있다. 예컨대 전 국민 의료보험과는 거리가 먼 미국의 현 상황이 여러 제도를 통해 그것을 실현하는 특정 대안들보다 명백하게 덜 정의롭다면, 현 상황보다 뛰어난 모든 선택지가 정의의 이유에 따라 완전히 순위 매겨지지 않을지라

이지만, 여기서는 살아남은 공평한 이유의 복수성을 롤스식 정의의 원칙에서 수용되는 것 이상으로 받아들이고 있다(이에 관해서는 제2장 「롤스와 그 너머」에서 논의했다).

도 정의를 이유로 현 상황을 거부할 수 있다. 정의의 고찰에 기초하는 논의를 비판적으로 검토함으로써 이러한 관점에서 나오는 부분순위를 얼마나 멀리 확장시킬 수 있는지 확인할 만한 훌륭한 이유가 있는 것이다. 부분순위를 얻는 데 그치고 그 때문에 몇몇 선택이 불가능해질지라도 그로부터 얻을 수 있는 도움을 거절할 이유는 없다. 의료보험의 경우 설령 사회적 선택의 다른 문제들에 합의할 수는 없을지라도, 구체적인 방안 중 하나를 통해 전 국민 의료보험을 요구할 만한 충분한 이유가 있을 것이다.*

비교의 틀

정의에 관한 논쟁은 ─ 실용성과 관련해서는 ─ 비교에 관한 것일 수밖에 없다. 우리는 완벽히 정의로운 것을 식별할 수 없을지라도 비교를 그만두지 않는다. 예컨대 광범위한 기아나 만연하는 문맹을 퇴치하기 위한 사회정책의 도입은, 그로써 정의가 향상될 것이라는 이성적 합의에 의해 지지될 수 있다는 것이 밝혀질 것이다. 그러나 그러한 정책의 시행은 우리가 개인적으로 제안할 수 있고 또 사회적으로 받아들일 수 있는 많은 개선책을 여전히 배제할 수 있다. 완벽히 공정한 사회의 선험적 요건을 정의하는 것은, 만일 그것이 가능하다면, 현실 사회를 이상화하는

---

* 합리적 선택은 어느 뛰어난 선택지가 채택되어야 하는지 결정될 수 없어도, 명백히 뒤떨어진 현 상황을 고수하기보다는 뛰어난 선택지들 ─ 서로 순위가 매겨질 수 없는 ─ 중 하나를 선택하기를 요구할 것이다. 이는 뷔리당의 당나귀라는 옛이야기가 주는 교훈이다. 그 이야기에서 당나귀는 눈앞에 있는 두 건초 더미 중 어느 것이 더 좋을지 결정하지 못하여 계속 망설이다가 결국 굶어 죽는다. 불완전한 순위를 동반하는 추론과 합리성의 요건에 관해서는 나의 논문 'Maximization and the Act of Choice', *Econometrica*, 65(1997) 및 『합리성과 자유』에서 논의했다.

방법에 관한 수많은 다른 요구들을 — 그러한 변화가 실제로 시행될 수 있는지는 차치하고 — 맞닥뜨리게 될 것이다. 정의를 촉진하는 변화나 개혁이 요구하는 것은 '그 공정한 사회'의 흠 없는 정의가 아니라 비교 평가이다.

이러한 추론이 옳다면, 정의에의 접근은 비록 완벽히 공정한 사회의 요건(혹은 '공정한 제도'의 정확한 속성)을 정의할 수 없을지라도 이론의 측면에서도 전적으로 용인될 수 있고 실천의 측면에서도 크게 유용할 수 있다. 그러한 접근은 합당하고 공평한 판단들이 선험적 선택지의 식별 — 그리고 그 존재 — 에 관해 서로 다를 수 있다는 해석을 포함한다. 더 중요한 것은 이 접근은 특정 개인이 비판적 검토를 통해서도 모든 경쟁적인 고려사항을 하나만 제외하고 버리는 것이 불가능하다면 서로 다른 선택지를 충분히 비교할 수 없을 가능성을 인정할 — 그리고 허용할 — 수 있다는 것이다.

정의는 대단히 중요한 개념이다. 과거에도 사람들을 움직여 왔고 미래에도 계속해서 그럴 것이다. 그리고 추론과 비판적 검토는 이 중요한 개념의 범위를 확장하고 그 내용을 명확하게 하는 데 실로 많은 것을 제공할 수 있다. 그럼에도 정의의 개념과 관련된다고 여겨지는 모든 결정 문제가 이성적 검토를 통해 해결될 수 있다고 기대하는 것은 잘못이다. 그리고 앞서 논의했듯이 모든 논쟁이 비판적 검토를 통해 해결될 수 있다는 이유로, 이성적 검토로 확실한 판단이 내려지는 경우에 정의의 개념을 이용할 만한 확고한 근거가 없다고 추정하는 것도 잘못이다. 우리는 이성적으로 가능한 만큼 나아가야 한다.

정의와 열린 공평성

다양한 집단과 다양한 지역에서 비롯되는 타당한 평가가 미치는 범위에 관한 문제가 남아 있다. 공평성 — 혹은 공정성 — 의 행사는 주권을 공유하는 하나의 국가, 혹은 사고방식과 우선순위를 공유하는 하나의 문화에만 한정되어야 하는가? 이 문제는 앞서(제5~9장) 논의했지만, 본서에서 제시하는 정의에의 접근에 중요하기 때문에 다시 정리해 두는 것이 유익할 것이다.

정의에 관한 공적 추론이 한 국가나 지역의 경계를 뛰어넘을 것을 요구하는 주요 근거는 두 가지인데, 이것들은 각각 타인의 **이익**이 중요하기 때문에 타인에 대한 편견을 없애고 공정해야 한다는 것, 그리고 타인의 **관점**이 중요하기 때문에 우리 자신의 원칙을 폭넓게 검토하고 지역사회의 가치와 신념에 대한 근거 없는 지역주의를 피해야 한다는 것에 기초한다.*

이해관계의 상호 의존과 관련된 첫 번째 근거는 우리가 살고 있는 세계에서 쉽게 인식할 수 있다. 뉴욕에서 일어난 9·11의 만행에 대한 미국의 대응은 세계의 다른 곳에 살고 있는 수억 명의 삶에 영향을 미쳤다 — 아프가니스탄과 이라크는 물론이고 미국이 직접 개입한 지역을 훨씬 뛰어넘었다.** 마찬가지로 미국이 현재의 경제위기(본서가 완성되어 갈 때 전

---

* 이 문제들은 제5장 「공평성과 객관성」 및 제6장 「닫힌 공평성과 열린 공평성」에서 논의했다.

** 오늘날 우리는 전쟁과 평화를 통해 서로 독특하게 연결된 세계사의 한 국면에 살고 있다. 확실히 에릭 홉스봄Eric Hobsbawm이 지적했듯이 말이다. "20세기의 전쟁과 평화라는 주제에 관해 쓰는 것은 만일 그 두 가지 간의 차이가 20세기 초반에 그랬던 것만큼 뚜렷했다면 더 쉬웠을 것이다"(Hobsbawm, *Globalization, Democracy and Terrorism*(London: Little, Brown & Co., 2007), p. 19[『폭력의 시대』, 이원기 옮김, 민음사, 2008, 24쪽]). 또한 Geir Lundestad and Olav Njølstad(eds), *War and Peace in the 20th Century and*

개되고 있는 2008~2009년의 위기)를 극복하는 방식은 미국과 무역 및 금융 관계가 있는 국가들, 그리고 미국의 교역국과 거래하는 다른 국가들에까지 지대한 영향을 끼칠 것이다. 게다가 에이즈와 기타 전염병이 국가에서 국가로, 대륙에서 대륙으로 이동해 왔고, 동시에 세계의 일부 지역에서 개발되고 생산되는 약은 멀리 떨어진 지역에 사는 사람들의 삶과 자유에 중요하다. 상호 의존의 수많은 다른 경로도 또한 손쉽게 확인할 수 있다.

상호의존성은 한 국가의 부정의감이 다른 국가의 삶과 자유에 미치는 영향도 포함한다. "어딘가의 부정의는 모든 곳의 정의에 위협이 된다"라고, 마틴 루터 킹 주니어 박사는 1963년 4월, 버밍엄 감옥에서 보낸 편지에 썼다.* 한 국가의 부정의에 기초한 불만은 급속히 다른 국가로 퍼질 수 있다. 이제 우리의 '이웃'은 사실상 전 세계로 확대되었다.** 현대 세계에서 무역과 통신을 통한 타인과의 관련은 놀라울 만큼 광범위하고, 문학적, 예술적, 과학적 활동을 통한 글로벌한 접촉은 다양한 이해관계나 관심사가 어느 한 국가에 한정되어 적절히 고려될 수 있다는 기대를 저버린다.

정의의 요건으로서의 비지역주의

상호 의존적인 이해관계의 글로벌한 특징에 덧붙여, 공평성의 요건

Beyond (London: World Scientific, 2002) 및 Chris Patten, *What Next? Surviving the Twenty-first Century*(London: Allen Lane, 2008)도 참조할 것.

* 글로벌 정의가 지역적 정의와 관계된다고 킹이 판단한 배경에 관해서는 *The Autobiography of Martin Luther King, Jr.,* edited by Clayborne Carson(New York: Werner Books, 2001) [『나에게는 꿈이 있습니다』, 이순희 옮김, 바다출판사, 2015] 참조.

** 이는 제7장 「위치, 타당성, 환상」에서 논의했다.

을 검토할 때 '열린' 접근을 취할 필요성을 받아들인다는 — 지역주의의 덫을 회피한다는 — 두 번째 근거가 있다. 만일 정의의 요건에 관한 논의가 특정 지역 — 한 국가 혹은 더 넓은 지역 — 에 한정된다면, 그 지역의 정치적 논쟁에 등장하지 않거나 지역 문화에 한정된 담론에 수용되지 않을 것이고, 그렇다면 공평한 관점에서 고려할 가치가 매우 큰 많은 도전적인 반론을 무시하거나 방치할 위험성이 있다. 국가적 전통 및 지역적 이해와 연관된 지역주의적 추론에만 의존하는 이러한 제한은 바로 애덤 스미스가 반대한 것이다. 이를 위해 그는 특정 관습이나 소송이 이해관계가 없는 사람 — 멀리 있든 가까이 있든 — 에게 어떻게 보일 것인지를 묻는 사고실험의 형식으로 공평한 관찰자라는 장치를 이용했다.*

스미스는 특히 법학과 도덕적·정치적 추론에서 지역주의의 지배를 회피하는 데 관심이 있었다. 「관습과 유행이 도덕적 승인과 부인의 감정에 미치는 영향」이라는 제목의 장에서 그는 어떤 사회 내에 한정된 논의가 매우 편협한 이해 속에 갇혀 있는 다양한 예를 제시한다.

> …… 영아 살해는 그리스의 거의 모든 도시국가에서, 심지어 교양 있고 문명화된 아테네인들 사이에서도 허용된 풍습이었다. 부모의 상황으로 아이의 양육이 곤란할 때는 언제든 유기하여 굶주리게 하거나 야수에게 먹히도록 두어도 비난이나 책망의 대상이 아니라 여겨졌다. …… 그때까지 이어진 관습은 철저히 그러한 풍습을 정당하다고 인정했는데, 세간의 해이한 격률이 이 야만적인 특권을 용인했을 뿐만 아니라, 더 공

---

* 스미스의 공평한 관찰자를 이용한 접근은 제6장 「닫힌 공평성과 열린 공평성」에서 검토했다. 그가 공평한 관찰자라는 장치를 이용한 것은 최종적 중재자로서의 공평한 관찰자로부터 도출된다고 여겨지는 정형화된 답으로 논쟁을 끝내기 위해서가 아니라 논의를 개시하기 위해서였다. 스미스에게, 수많은 중요한 문제를 제기하는 공평한 관찰자는 공평한 추론의 일부이며, 그런 의미에서 본서에서도 그 개념을 이용해 왔다.

정하고 엄밀했어야 하는 철학자의 학설조차 오랜 관습에 이끌려 다른 많은 경우와 마찬가지로 공익이라는 말도 안 되는 배려로 그 끔찍한 학대를 책망하는 대신 지지했다. 아리스토텔레스는 그것을 행정장관이 자주 장려해야 할 것으로 이야기한다. 인간적인 플라톤의 의견도 동일하며, 인류애가 그의 모든 저작에 생기를 불어넣고 있는데도 이 풍습을 부인하는 표현은 어디에도 없다.[5]

무엇보다도 우리의 감정을 "일정한 거리를 두고" 봐야 한다는 애덤 스미스의 주장은 이처럼 기득권의 영향뿐만 아니라 견고한 전통과 관습의 매혹적인 지배도 검토하려는 목적에 의해 동기를 부여받는다.

애석하게도 스미스가 든 영아 살해의 예는 겨우 몇몇 사회에 해당되기는 하지만 오늘날에도 들어맞고, 다른 예들 중 일부도 역시 현대의 많은 사회와 관련이 있다. 이는 예컨대 "어떤 처벌이 공정한" 것인지 판단하려면 "나머지 인류의 눈"을 빌려야 한다는 그의 주장에도 적용된다.[6] '이단자'라 밝혀진 자에게 린치를 가하는 풍습조차 미국 남부에서 폭력으로 질서와 품위를 집행한 자에게는 완벽히 공정하게 보였을 것이며, 이는 그리 오래된 이야기가 아니다.* '거리'를 둔 검토는, 탈레반의 아프가니스탄에서 행해지는 간통한 여성의 투석형, 중국, 한국 그리고 인도의 일부에서 이루어지는 여성 태아의 선택적 낙태,** 중국과 미국에서 집행되는 사형처럼(일부 지역에서 사형을 기념하는 공적 축제가 거행된다는 것이 전

---

* 예컨대 미국 남부의 노예시장을 둘러싼 사상에 관한 연구로 Walter Johnson, *Soul by Soul: Life inside the Antebellum Slave Market*(Cambridge, MA: Harvard University Press, 1999) 참조.

** 이에 관해서는 나의 논문 'The Many Faces of Gender Inequality', *The New Republic*, 522(17 September 2001), and *Frontline*, 18(2001) 참조.

혀 알려지지 않은 것은 아니지만 그 여부를 떠나)* 오늘날에도 다양한 풍속에 대해 유용할 것이다. 닫힌 공평성은 공평성 — 그리고 공정성 — 을 정의 의 개념에 중심적이게 만드는 성질을 결여하고 있다.

거리를 둔 관점의 타당성은 현재 미국에서 벌어지고 있는 몇몇 논쟁 과 분명한 관계가 있는데, 한 예로 미성년 시절에 저지른 범죄에 대한 사 형선고의 적부에 관해 연방대법원에서 2005년에 벌어진 논쟁을 들 수 있다. 실행되는 것이 보이는 정의의 요구는, 미국 같은 국가에서조차, 그 문제가 유럽과 브라질에서 인도와 일본에 이르기까지 전 세계의 다른 국가에서는 어떻게 평가되는지 물음으로써 얻을 수 있는 이해를 완전히 무시할 수는 없다. 이 경우 연방대법원의 다수판단은 범인이 성인이 된 이후일지라도 미성년 시절에 저지른 범죄에 대해서는 사형선고에 반대 하는 것이었다.**

미국 연방대법원의 구성이 바뀌어 이 판단의 유지는 용이하지 않을 것이다. 현 연방대법관 존 로버츠John G. Roberts, Jr는 그의 인준청문회 진 술에서 법정의 소수의견에 동의한다고 표명했다. 이는 미성년자가 저지 른 살인에 대한 사형 집행을 성인이 되면 허용하는 것이다. "우리의 헌 법이 의미하는 바를 독일인 법관의 결정에 의존하게 된다면, 국민에 대해 책임이 있는 그 어떤 대통령도 그 법관을 임명하지 않았을 것이 다. …… 그럼에도 그는 이 나라의 국민에게 지우는 법률을 구현하고 있 다."7 이에 대해, 그 판결에서 연방대법원의 다수의견에 투표한 긴즈버

---

* 국제사면위원회는 2008년에 처형되었다고 알려진 2,390명 가운데 [가장 많은] 1,718명이 중국에서 집행되었고, 이란(346명), 사우디아라비아(102명), 미국(37명), 파키스탄(36명)이 뒤를 이었다고 보고했다. 남미와 북미 두 대륙 전체에서 "단 한 국가 — 미국 — 만이 지속 적으로 사형을 집행한다"('Report Says Executions Doubled Worldwide', *New York Times*, 25 March 2009).

** *Roper v. Simmons*, 543 U.S. 551, 2005.

그Ginsburg 대법관은 다음과 같이 대답했다. "왜 우리는 적어도 교수가 쓴 법률 논평을 읽는 것만큼 용이하게 외국 법관의 지혜를 고려해서는 안 되는가?"[8]

보편적 지혜는 법률과의 연관성도 포함하여 분명 문제의 한 측면이며, 긴즈버그는 그것이 국내뿐 아니라 국외에서도 올 수 있다고 옳게 생각했다.* 하지만 그 논쟁과 더 분명히 관련되는 점이 있는데, 애덤 스미스는 지역적 혹은 국가적 지역주의에 빠지지 않기 위해서는 멀리서 이루어진 판단을 고려하고 검토하는 것이 중요하다고 지적했다. 스미스가 "나머지 인류의 눈"이 보는 것에 주목해야 한다고 주장한 것은 바로 그런 이유에서이다. 연방대법원의 다수는 미성년자가 저지른 살인에 대해 사형의 타당성을 부정하면서 (연방대법원 판결 때 반대의사를 밝힌 스칼리아 Scalia 대법관이 넌지시 비쳤듯이) 단지 "마음이 맞는 외국인들의 의견에 따른" 것만은 아니다. (스미스가 자세히 논의했듯이) "멀리"서 이루어진 검토는 근거가 충분하고 편협하지 않은 판단에 이르기 위해 매우 유용할 수 있다.

지역주의적 가치가 타당해 보이는 것은, 보통 타인의 경험에서 실현 가능하다고 입증된 지식이 결여되어 있기 때문이다. 스미스가 언급했듯이 고대 그리스에서 영아 살해가 관성적으로 옹호된 것은, 영아 살해가 금지되었지만 그 결과 혼란이나 위기에 빠지지 않은 다른 사회에 관한 지식이 결여되어 있었던 데서 비롯된다. '지역적 지식'의 중요성에 의문의 여지는 없지만, 글로벌한 지식 또한 가치가 있고 지역적 가치와 관습

---

* 미국에서 법적 판단을 내릴 때 외국인과 그들의 평가에 주목하는 것은 잘못이라고 보는 몇몇 연방대법원 법관과는 달리, 미국 시민사회는 오늘날의 법과 정의의 요건과 관계있는 외국인의 사상(예수 그리스도에서 모한다스 간디와 넬슨 만델라에 이르기까지)을 무시해야 한다고 주장하지 않는다. 제퍼슨이 외국인의 논의로부터 영향을 받은 것은 괜찮지만 이제 미국 밖에서 제시되는 논의에 귀를 막아야 한다고 주장하는 것은 매우 특수한 논지이다.

에 관한 논쟁에 공헌할 수 있다.

먼 곳의 목소리를 듣는 것은 애덤 스미스의 '공평한 관찰자'를 이용하는 활동의 일부로, 외부에서 들어오는 모든 논의를 존중할 것을 요구하지 않는다. 다른 곳에서 제안된 논의를 고려하려는 의향은 결코 그러한 제안 모두를 받아들이는 경향이 아니다. 우리는 제안된 논의 대다수 — 때로는 그 전부 — 를 거부할지도 모르지만, 한 국가나 한 문화에 단단히 자리 잡은 경험과 관습과 관련된 우리 자신의 해석과 관점을 재검토하게 만드는 특정한 경우도 있을 것이다. 처음에는 '이상하게' 보이는 논의도 (특히 실제로 해외에서 처음 왔을 때), 우리가 그러한 지역적으로 이례적인 견해의 배후에 있는 추론을 헤아리려 한다면 우리의 사고를 풍부하게 하는 데 도움이 될 수 있다. 미국이나 중국의 많은 사람들은 다른 많은 국가 — 예컨대 유럽 대부분 — 에서 사형이 금지되어 있다는 사실만으로는 깊은 인상을 받지 않을지 모른다. 그럼에도 추론에 기초한 이유가 중요하다면, 다른 국가에서 사형의 반대를 정당화하기 위해 내세우는 주장을 검토해야 한다는 강력한 논거가 있을 것이다.*

정의, 민주주의, 글로벌한 추론

각 방면에서 오는 상이하고 반대되는 의견과 분석을 진지하게 고려하는 것은 공적 추론을 통한 민주주의의 기능과 많은 공통점이 있는 참여과정이다.** 이 두 가지는 물론 동일하지 않다. 민주주의는 정치적 평가

---

* 그러한 형벌이 광범위하게 이루어지는 미국이나 중국, 혹은 기타 국가들에서 내세울 수 있는 사형을 지지하는 논의를 계속해서 검토해야 한다는 논거도 물론 있을 것이다.
** 제15장 「공적 이성으로서의 민주주의」, 제16장 「민주주의의 실천」, 그리고 제17장 「인권과 글로벌한 의무」 참조.

에 관계되는 ─ 우리를 (이러한 해석에서는) '토론에 의한 통치'로 이끄는 ─
데 반해, 멀리 떨어져 있는 관점에 주목하는 비자기중심적이고 비지역주
의적인 검토는 대부분 객관성의 요구에 의해 동기를 부여받기 때문이다.
그럼에도 공통적인 특징이 있으며, 실제로 민주주의의 요구는 (적어도 하
나의 해석에서는) 정치적 과정의 객관성을 향상시키는 방법으로 볼 수 있
다.* 그렇다면, 이러한 인식이 글로벌 정의의 요건, 그리고 글로벌 민주
주의의 속성과 조건에 대해 함의하는 것이 무엇인지 물을 수 있다.

　요점은, 가까운 장래에 글로벌 국가를 갖는 것은 현실적으로 불가능
하며, 따라서 글로벌 민주주의 국가를 갖는 것은 더더욱 불가능하다는
것이다. 그렇기는 하지만, 민주주의를 공적 추론의 측면에서 본다면 글
로벌 민주주의의 실천을 무기한 보류하지 않아도 된다. 영향을 미칠 수
있는 목소리는 다양한 원천에서 비롯되며, 거기에는 국제기구뿐만 아니
라 덜 공식적인 소통 및 교류도 포함된다. 이러한 경로는 물론 글로벌한
논의의 목적에 딱 들어맞지는 않지만, 확실히 존재하고 실제로 어느 정
도 유효하게 작동한다. 그리고 이는 정보의 전파를 돕고 국경을 초월한
토론의 기회를 늘릴 기구를 지원함으로써 더 유효해질 수 있다. 이러한
관점에서 보면, 원천의 복수성은 글로벌 민주주의의 활동 영역을 확장시
킨다.**

　여기에는 유엔 및 그 관련 기구를 비롯한 많은 기구의 역할이 있지
만, 시민단체, 비정부기구, 언론매체에 위임된 역할도 존재한다. 또한

---

* 제15장 「공적 이성으로서의 민주주의」 참조.

** (본서 전체에 걸쳐 주장해 왔듯이) 비교의 필요성이 강한 정의의 평가에서처럼 민주주의
에 관해서도 중심적인 물음은, 공상적인 완벽한 민주주의를 (설령 이에 관해 합의될 수 있
을지라도) 어떻게 정의해야 하는가가 아니라, 민주주의의 범위와 효력을 어떻게 증진시킬
수 있는가이다. 또한 제15장 「공적 이성으로서의 민주주의」 및 제16장 「민주주의의 실천」
도 참조할 것.

수많은 개인 활동가들이 함께 나서는 이니셔티브도 중요한 역할을 한다. 워싱턴과 런던은 이라크에서의 동맹전략에 대한 비판이 널리 확산되어 신경이 곤두서 있고, 파리와 도쿄는 이른바 '반세계화' 시위 — 오늘날 가장 세계화된 운동 중 하나 — 의 일환으로 글로벌 비즈니스에 대해 쏟아지는 비방에 질렸을 것이다. 시위자의 주장이 항상 합리적인 것은 아니지만(때로는 전혀 합리적이지 않다), 그중 다수는 매우 적절한 의문을 제기하고 그로써 공적 추론에 건설적으로 공헌한다.

글로벌한 관계에서 얻어지는 이익의 배분은 국내정책뿐만 아니라 다양한 국제적 사회장치에도 의존하며, 여기에는 무역협정, 특허법, 글로벌 보건 이니셔티브, 국제적 교육설비, 기술 보급시설, 생태적 · 환경적 규제, (보통 과거의 무책임한 군사정권이 초래한) 누적채무의 처리, 그리고 지역분쟁의 억제가 포함된다. 이것들은 모두 충분히 논의 가능한 과제이며, 멀고 가까운 데서 들려오는 비판에 귀를 기울이는 글로벌한 대화에서 생산적인 주제가 될 수 있다.*

활발한 공공캠페인, 시사해설, 공개토론 등은 글로벌 국가를 기다리지 않고도 글로벌 민주주의를 추구할 수 있는 방법이다. 오늘날 직면하는 도전은 이미 기능하고 있는 참여과정을 강화하는 것이며, 글로벌 정

---

* 지금까지 무시되었던 국가들이 발하는 목소리가 다다르는 범위는 파리드 자카리아 Fareed Zakaria가 말하는 "미국 이후의 세계the post-American world"에서 "전 세계적으로 거대한 전환이 일어나고 있는" 지금 훨씬 더 넓어졌다(Zakaria, *The Post-American World*(New York: W. W. Norton & Co., 2008), p. 1[『흔들리는 세계의 축 — 포스트 아메리칸 월드』, 윤종석 · 이정희 · 김선욱 옮김, 베가북스, 2008, 22쪽]). 그것은 분명 중요한 변화이기는 하지만 최근 경제적 성공을 거두고 있는 국가들(중국, 브라질, 인도 등지에서 서로 다른 방식으로 이루어지고 있다)의 목소리를 넘어설 필요가 있다. 이 국가들은 이제 발언권이 더 강력해졌지만, 경제적으로 성장이 더딘 국가(아프리카의 대부분과 라틴아메리카의 많은 국가)의 관심사와 견해까지 대변하지는 않는다. 또한 어느 국가에서든 국내외적으로 발언권을 쉽게 얻는 정부, 군부, 재벌 및 기타 지배권자의 목소리 너머로 전 세계 많은 국가의 시민사회와 영향력 낮은 사람들에게 주의를 기울일 필요가 있다.

의의 추구는 대부분 이에 의존하고 있다. 그것은 무시해도 되는 논점이
아니다.

사회계약 및 사회선택

공적 추론에 대한 의존이 본서에서 제시하는 정의의 접근에서 중요
한 측면을 이루는데, 정의의 문제가 제기되는 방식 역시 중요하다. 지금
까지 논의해 왔듯이, 정의의 문제의 초점을 내가 선험적 제도주의 — 존
롤스의 공정으로서의 정의론을 위시하여 현대 정치철학에서 주류를 이
루는 정의론이 기초하는 — 라 불러온 것이 아닌 첫째, (제도 및 장치만의
평가가 아니라) 사회적 실현의 평가, 즉 실제로 일어나고 있는 일에, 둘째,
(완벽히 공정한 장치의 식별이 아니라) 정의의 향상에 관한 비교의 문제에 맞
추어야 하는 강력한 논거가 있다. 서장에서 윤곽을 드러낸 그 계획은 본
서 전체에 걸쳐 이어졌고, 공개적인 공적 추론에서 공평성의 요건이 이
용되어 왔다.

본서에서 전개되는 접근은 (18세기에 콩도르세가 창시하고 우리 시대의
케네스 애로가 견고하게 확립한) 사회선택이론의 전통에 큰 영향을 받았고,
사회적 선택의 분야와 마찬가지로 다양한 사회적 실현을 비교적으로 평
가하는 데 집중한다.* 또한 이러한 측면에서 본서의 접근은 특히 애덤

---

* 현대의 사회선택이론에 선구적인 공헌을 한 것은 의심할 바 없이 케네스 애로의 혁신적
인 저작 『사회적 선택과 개인적 평가』였다. 그러나 거기서 놀랍게 제시된 '불가능성정리'의
우아함과 영향력은 독자로 하여금 사회선택이론은 합리적 사회선택에 관한 '불가능성'과
씨름하는 데 영원히 골몰할 것이라고 생각하게 만들었다. 사실 애로가 이용한 틀은, 작지
만 유효한 확대를 통해 건설적인 사회분석의 근거가 될 수 있다(이에 관해서는 나의 『집단
선택과 사회후생』 참조). 정의의 분석에 대한 사회선택이론의 유용성과 기여에 관해서는
제4장 「목소리와 사회적 선택」에서 논의했다.

스미스, 제러미 벤담, 존 스튜어트 밀, 칼 마르크스의 저작과 중요한 유사점이 있다.*

이 접근의 뿌리는 계몽주의로 거슬러 올라가지만, 당대에 특히 배양된 또 다른 전통 — 사회계약의 개념을 통해 정의에 관해 추론하는 분야 — 과는 큰 차이가 있다. 계약론적 전통은 적어도 토마스 홉스까지 거슬러 오르지만, 로크, 루소, 칸트로부터, 그리고 롤스에서 노직, 고티에, 드워킨에 이르기까지 우리 시대 뛰어난 철학자들로부터도 주요한 공헌이 이루어졌다. 사회계약적 접근 대신 사회선택적 접근을 선택한다고 해서 전자의 접근이 제공해 온 이해와 설명을 부정할 의도는 없다. 그러나 사회계약의 전통은 아무리 계몽적일지라도, 내가 주장해 왔듯이, 정의론에 적절한 활동범위를 가진 기반을 제공하는 데 큰 한계가 있어 결국 정의에 관한 실천적 이성을 부분적으로 방해하는 역할을 한다.

현재 가장 널리 이용되고 있고 본서의 출발점이기도 한 정의론은 물론 존 롤스가 제시한 '공정으로서의 정의'론이다. 롤스의 폭넓은 정치적 분석은 다른 많은 요소를 포함하지만, 그의 공정으로서의 정의는 오로지 공정한 제도의 식별에만 직접적인 관계가 있다는 특징을 갖는다. (앞서 논의했듯이) 롤스는 비교의 문제에 관해 통찰력 있게 논평했고 완벽히 공정한 사회의 속성에 대한 의견 불일치의 가능성에도 주목하려 했지만, 그의 정의론에는 선험주의가 작용하고 있다.**

롤스는 정의의 원칙의 대상으로서 제도에 초점을 맞추었다. 그러나 그가 제도적 선택에 집중했다고 해서 사회적 실현에 관심이 없다는 것은

---

* 정의를 (장치와 제도에 초점을 맞추는) 니티가 아니라 (포괄적 결과에 주목하는) 니야야로 보는 인도의 오랜 전통과 본서의 접근 간의 유사성도 앞서 논의했다. 이에 관해서는 서장 및 제3장 「제도와 개인」 참조.

** 이에 관한 논의는 서장 및 제2장 「롤스와 그 너머」 참조.

아니다. '공정으로서의 정의'에서 사회적 실현은 공정한 제도와 그것을 완전히 준수하는 모든 사람의 행위가 조합됨으로써 결정된다고 가정되어 있고, 이로써 제도에서 사태로의 예측 가능한 이행이 이루어진다. 이는 이상적인 제도와 그에 상응하는 이상적인 행위의 조합을 통해 완벽히 공정한 사회에 도달하려는 롤스의 시도와 관련된다.* 그처럼 극단적으로 엄격한 행동적 가정이 유지되지 않는 세계에서는 제도적 선택이 이루어져도 완전히 공정하게 보이는 것을 강력히 요구하는 사회가 출현하지 않을 것이다.

차이점과 공통점

『리바이어던』에 인상적인 구절이 있는데, 토마스 홉스는 인생이 "역겹고 잔인하고 짧다"고 했다. 그것은 1651년에 정의의 이론을 개시하기에 좋은 출발점이었고, 유감스럽지만 오늘날에도 마찬가지이다. 왜냐하면 상당한 물질적 진보를 이룬 자도 있는 반면, 전 세계적으로 너무나 많은 사람들의 삶이 바로 그처럼 지독하기 때문이다. 실로 본서에서 제시하는 이론의 많은 부분이 인간의 삶과 역량, 그리고 인간이 겪는 곤궁과 억압에 직접 관계된다.** 비록 홉스는 인간의 곤궁을 강렬하게 묘사하는

---

* 그러나 (앞서 논의했듯이) 여기에는 결함이 있다. 롤스는 인센티브로 인한 불평등을 받아들일 필요가 없을 만큼 충분히 이타적인 행위를 요구하지 않았기 때문이다. 그의 분명한 평등주의 때문에 우리는 그가 인센티브와 관련된 불평등이 없는 사회를 완벽히 공정한 사회로 여길 만하다고 생각하겠지만, 그렇지 않았다. 그는 인센티브 기반의 불평등을 허용하도록 행동적 요건을 제한함으로써(이에 대해 G. A. 코헨이 불평한 것은 마땅하다) 가상적 이상을 버리고 실용주의와 타협한다. 하지만 롤스가 유지하는 엄격한 행동적 가정과 함께 현실주의의 문제가 발생한다. 이 문제는 제2장 「롤스와 그 너머」에서 논의했다.

** 제11장 「삶, 자유, 역량」, 또한 제10장 「실현, 결과, 행위주체성」, 제12장 「역량과 자원」, 제13장 「행복, 복지, 역량」 및 제14장 「평등과 자유」 참조.

데서 시작하여 사회계약의 이상주의적 접근(나는 그 한계에 관해 논의해 왔다)으로 넘어갔지만, 삶의 질의 향상이라는 동기가 홉스를 이끌었다는 데는 의심의 여지가 없다. 오늘날, 이를테면 롤스, 드워킨, 네이글은 자신들의 정의의 원칙을 사회적 실현 및 인간의 삶과 자유에 직접적으로 연결시키지 않고 확실한 장치와 규칙 위에 형식적으로 정착시켰지만(그로써 니야야가 아닌 니티를 향해 갔지만), 그 동기에 관해서는 홉스와 마찬가지라고 할 수 있다. 서로 다른 정의론에 관한 논쟁에서는 유사성보다 차이점에 초점이 맞추어지는 경향이 있기 때문에 그것들 간의 연관성도 충분히 언급해야 한다.*

본서가 완성되어 감에 따라 나 역시 차이에 집중하고 대비를 강조하고 싶은 분석상의 유혹에 크게 압도당하고 있다는 것을 깨달았다. 그럼에도 우선, 정의와 관련되어 있는 것에는 중요한 공통점이 있다. 우리의 정의론이 우리를 어디로 이끌든 이를 둘러싼 최근의 지적 활성화를 감사하게 여길 만하다. 그러한 변화는 대부분 1958년에 발표된 걸출한 논문(「공정으로서의 정의」)으로 시작되는 존 롤스의 선구적인 업적에 의해 개시되고 인도되어 왔다.

철학은 인간의 삶에 나타나는 곤궁과 불평등과 부자유와는 전혀 관

---

* 예를 들어, 나는 바바라 허먼Barbara Herman이 '도덕적 소양'의 범위와 중요성에 관해 매우 통찰력 있는 논의를 펼쳤다고 생각하지만, "낯선 자를 돕는 것과 관련하여 우리들 개개인에게 요구되는 것 대부분은 공정한 제도를 지지할 일반적 책무에 포함된다"는 주장에는 반대하지 않을 수 없다(Herman, *Moral Literacy*(Cambridge, MA: Harvard University Press, 2007), p. 223). 우리는 심한 어려움에 처해 있는 낯선 자가 국내에서든 국외에서든 타인의 공정한 배려를 직접 요구할 자격이 있을 것이라 기대할 수 있지만, 특히 공정한 제도가 "국가나 주州와 같은 것에 기초한 사회정의의 거의 칸트적이거나 리버럴한 해석"(Herman, p. 222)에서 도출될 때는 한낱 "공정한 제도를 지지할 책무" 때문에 배려를 기대할 수 있는 것이 아니다. 한 국가나 주 내에서만 직접적인 영향력을 갖는 제도 중심 정의론의 한계에 관해서는 서장 및 제2~7장에서 논의했다.

계가 없는 다양한 주제에 관해 아주 흥미롭고 중요한 작업을 생산할 수 있다 ─ 그리고 그렇게 하고 있다. 이는 당연한 것이며, 인류가 호기심을 품는 모든 분야에서 이해의 지평을 확장하고 강화해 나가는 것은 큰 기쁨이다. 그러나 철학은 가치와 우선순위에 관한 성찰뿐 아니라 전 세계의 인류가 겪는 거부, 예속, 굴욕에 관한 숙고에도 깊이와 너비를 더하는 데 역할을 할 수 있다. 정의론들의 공통 책임은 이러한 문제를 진지하게 다루고 세계의 정의와 부정의에 관해 실천적 이성의 측면에서 무엇이 가능한지 파악하는 것이다. 세계에 관한 인식론적 호기심이 많은 사람들이 갖는 하나의 성향이라면, 좋음, 옳음, 정의로움에 대한 관심 또한 우리 마음속에 ─ 현재적顯在的이든 잠재적이든 ─ 강력히 존재한다. 서로 다른 정의론은 그러한 관심을 옳게 취급하는 방식을 찾는 데 경쟁하겠지만, 동일한 목적을 추구한다는 중요한 특징을 공유한다.

몇십 년 전, 「박쥐가 된다는 것은 어떠한 것인가?」라는 유명한 논문에서 토마스 네이글은 심신문제에 관한 기본적 아이디어를 제시했다.* 정의론의 추구도 이와 비슷한 질문과 관련된다. "인간이 된다는 것은 어떠한 것인가?" 네이글도 그의 논문에서 실제로 다룬 것은 인간이며, 박쥐는 아주 조금 다루었을 뿐이다. 그는 의식과 정신현상을 그에 상응하는 물리현상의 관점에서 이해하려는 경향(많은 과학자와 일부 철학자가 시도했듯이)을 강력히 비판하고, 특히 의식의 속성과, 의식을 신체적 작용에 결부시키는 연관성 ─ 인과적이든 결합적이든 ─ 을 구별했다.** 그

---

* Thomas Nagel, 'What Is It Like to Be a Bat?' *The Philosophical Review*, 83(1974).

** '더 높은' 수준의 작용은 그것을 구성하는 '더 낮은' 수준의 요소들을 지배하는 법칙으로 설명될 수 없다는 마이클 폴라니Michael Polanyi의 논의 및 "생물적 기능의 기계적 설명은 물리학과 화학을 통한 설명에 이르게 된다는, 생물학자들 간에 주류를 이루는 관점"에 관한 논쟁과 비교할 것(*The Tacit Dimension*(London: Routledge & Kegan Paul, 1967 republished with a Foreword by Amartya Sen, Chicago, IL: University of Chicago Press, 2009), pp.

차이는 남아 있지만, 내가 인간이 된다는 것은 어떠한 것인지 묻는 이유는 다르다 ― 그것은 우리가 인간으로서 공유하는 감정, 관심 그리고 정신적 능력과 관련이 있다.

정의론의 추구는 우리 인간의 생명체적 특징과 관계되어 있다고 주장하는 것은 결코 정의론 간의 논쟁이 인간 본성의 특징으로 돌아감으로써 해결될 수 있다는 뜻이 아니라, 오히려 다양한 정의론이 '인간이 된다는 것은 어떠한 것인지'에 대해 공통 전제를 갖는다는 사실에 주목하는 것이다. 우리는 공감할 수 없고, 타인의 고통과 치욕에 마음이 흔들리지 않고, 자유에 무관심하고, 또 추론도 주장도 반대도 동의도 할 수 없는 생명체일 수도 있었다. 이러한 특징들이 인간에게 강하게 존재한다고 해서 우리가 어떤 존재론을 선택해야 하는지 알 수 있는 것은 아니다. 하지만 그것은 일반적인 정의의 추구가 그 방법은 다양할 수 있어도 인간사회에서 근절되지 않으리라는 것을 보여 준다.

나는 논의를 전개하면서 방금 언급한 인간의 능력(예컨대 공감하는 능력과 추론하는 능력)을 상당히 이용해 왔고, 다른 사람들도 마찬가지로 자신의 정의론을 제시하면서 그렇게 해 왔다. 이로써 서로 다른 이론들 간의 차이가 자동적으로 해결되는 것은 아니지만, 각 정의론의 제창자가 공통의 것을 추구할 뿐만 아니라 각 접근의 기초를 이루는 추론에 공통의 인간적 특징을 이용한다고 생각하면 위안이 된다. 이러한 ― 이해하고 공감하고 논의하는 ― 기본적 능력 덕분에 사람들은 소통이나 협력 없이 고립된 삶을 살 운명을 짊어지지 않아도 된다. 우리가 살고 있는 세계에 (기아에서 압제까지) 이런저런 곤궁이 너무나 많다는 것은 너무나 가슴 아픈 현실이지만, 우리가 만일 소통할 수 없고 대답도 논쟁도 할 수

41~42[『암묵적 영역』, 김정래 옮김, 박영사, 2015, 73쪽]).

없었다면 훨씬 더 끔찍했을 것이다.

홉스는 "역겹고 잔인하고 짧은" 삶을 사는 인간의 지독한 형편을 언급하면서 같은 문장에서 "고독함"이라는 심란한 역경도 지적했다. 고립에서의 탈출은 삶의 질에 중요할 뿐만 아니라 인류가 겪는 다른 궁핍을 이해하고 그에 대응하는 데도 강력하게 기여할 수 있다. 여기에는 분명 정의론의 역할을 보완하는 저력이 있다.

들어가는 글

1 Charles Dickens, *Great Expectations*(1860~1861)(London: Penguin, 2003), Chapter 8, p. 63[『위대한 유산 1』, 이인규 옮김, 민음사, 2009, 118쪽].

2 부정의의 감각이 맡는 결정적으로 중요한 역할에 관해서는 Judith N. Shklar, *The Faces of Injustice*(New Haven: Yale University Press, 1992)에서 잘 다루었다.

3 John Rawls, *A Theory of Justice*(Cambridge, MA: Harvard University Press, 1971)[『정의론』, 황경식 옮김, 이학사, 2003]. 그는 *Political Liberalism*(New York: Columbia University Press, 1993)[『정치적 자유주의(증보판)』, 장동진 옮김, 동명사, 2016] 이후의 저작에서 정의의 분석을 전개 및 어느 정도 확장했다.

4 John Rawls, 'Justice as Fairness', *Philosophical Review*, 67(1958).

5 Christine Korsgaard, *Creating the Kingdom of Ends*(Cambridge: Cambridge University Press, 1996), p. 3[『목적의 왕국』, 김양현·강현정 옮김, 철학과현실사, 2007, 42쪽]. 또한 Onora O'Neill, *Acting on Principle An Essay on Kantian Ethics*(New York: Columbia University Press, 1975) 및 A. Reath, C. Korsgaard and B. Herman(eds), *Reclaiming the History of Ethics*(Cambridge: Cambridge University Press, 1997) 참조.

6 Kwame Anthony Appiah, 'Sen's Identities', in Kaushik Basu and Ravi Kanbur(eds), *Arguments for a Better World: Essays in Honor of Amartya Sen*, vol. I (Oxford and New York: Oxford University Press, 2009), p. 488.

서장

1 The Works of the Right Honourable Edmund Burke, vol. X(London: John C. Nimmo, 1899), pp. 144~145.

2 이 발언은 초대 맨스필드 백작인 윌리엄 머리William Murray가 한 것으로 다음에 인용되어 있다. John Campbell, The Lives of the Chief Justices in England: From the Norman Conquest to the Death of Lord Mansfield(London: John Murray, 1949~1957), vol. 2, Chapter 40, p. 572.

3 다음을 참조할 것. Thomas Hobbes, Leviathan, edited by Richard Tuck (Cambridge: Cambridge University Press, 1991)[『리바이어던』, 진석용 옮김, 나남출판, 2008 등]; John Locke, Two Treatises of Government, edited by Peter Laslett(Cambridge: Cambridge University Press, 1988)[『통치론』, 강정인 · 문지영 옮김, 까치글방, 1996]; Jean-Jacques Rousseau, The Social Contract, translated by Maurice Cranston(Harmondsworth: Penguin, 1968)[『사회계약론』, 이환 옮김, 서울대학교출판부, 1999]; Immanuel Kant, Principles of the Metaphysics of Ethics, translated by T. K. Abbott, 3rd edn(London: Longmans, 1907)[『윤리형이상학 정초』, 백종현 옮김, 아카넷, 2005].

4 John Rawls, The Law of Peoples(Cambridge, MA: Harvard University Press, 1999), pp. 137, 141[『만민법』, 장동진 · 김만권 · 김기호 옮김, 아카넷, 2009, 219~220, 226쪽] 참조.

5 Thomas Scanlon, What We Owe to Each Other(Cambridge, MA: Harvard University Press, 1998)[『우리가 서로에게 지는 의무』, 강명신 옮김, 한울, 2008] 참조.

6 이 주제에 관해서는 내 논문 'What Do We Want from a Theory of Justice?', Journal of Philosophy, 103(May 2006)에서 더 상세히 다루었다. 이와 관련하여 Joshua Cohen and Charles Sabel, 'Extra Rempublicam Nulla Justitia?' 및 A. L. Julius, 'Nagel's Atlas', Philosophy and Public Affairs, 34(Spring 2006)도 참조할 것.

7 특히 J.-C. de Borda, 'Mémoire sur les élections au scrutin', Mémoires de l'Académie Royale des Sciences(1781) 및 Marquis de Condorcet, Essai sur l'application de l'analyse à la probabilité des decisions rendues à la pluralité des voix (Paris: L'Imprimerie Royale, 1785) 참조.

8 Kenneth J. Arrow, Social Choice and Individual Values(New York: Wiley, 1951; 2nd edn, 1963)[『사회적 선택과 개인의 가치』, 윤창호 옮김, 한국경제신문사, 1987].

9 Amartya Sen, 'Maximization and the Act of Choice', Econometrica, 65 (1997).

10 T. S. Eliot, 'The Dry Salvages' in Four Quartets(London: Faber and Faber, 1944), pp. 29~31[『T. S. 엘리엇 전집 — 시와 시극』, 이창배 옮김, 동국대학교출판부, 2001, 140~142쪽].

11　Amartya Sen, *The Argumentative Indian*(London and Delhi: Penguin, 2005) [『아마티아 센, 살아 있는 인도』, 이경남 옮김, 청림출판, 2008].

12　이 주제에 대해서는 제10장 「실현, 결과, 행위주체성」에서 다시 다룰 것이다.

13　Thomas Nagel, 'The Problem of Global Justice', *Philosophy and Public Affairs*, 33(2005), p. 115 참조.

14　위의 책, pp. 130~133, 146~147.

15　John Rawls, *The Law of Peoples*(Cambridge, MA: Harvard University Press, 1999)[『만민법』, 장동진 외 옮김, 아카넷, 2009] 참조.

16　Seamus Heaney, *The Cure at Troy: A Version of Sophocles' Philoctetes*(London: Faber and Faber, 1991).

제1장 이성과 객관성

1　Brian F. McGuinness(ed.), *Letters from Ludwig Wittgenstein, With a Memoir* (Oxford: Blackwell, 1967), pp. 4~5 참조.

2　그 예로 다음을 참조할 것. Thomas Schelling, *Choice and Consequence*(Cambridge, MA: Harvard University Press, 1984); Matthew Rabin, 'A Perspective on Psychology and Economics', *European Economic Review*, 46(2002); Jean Tirole, 'Rational Irrationality: Some Economics of Self-Management', *European Economic Review*, 46(2002); Roland Benabou and Jean Tirole, 'Intrinsic and Extrinsic Motivation', *Review of Economic Studies*, 70(2003); E. Fehr and U. Fischbacher, 'The Nature of Human Altruism', *Nature*, 425(2003).

3　나의 저서 『합리성과 자유』*Rationality and Freedom*(Cambridge, MA: Harvard University Press, 2002)의 에세이 1~6에서는 현명한 행동에 대해 생각하는 또 다른 방식들을 고찰한다.

4　이와 관련된 문제에 관해서는 다음을 참조할 것. Thomas Nagel, *The Possibility of Altruism*(Oxford: Clarendon Press, 1970); Amartya Sen, 'Behaviour and the Concept of Preference', *Economica*, 40(1973), and 'Rational Fools: A Critique of the Behavioral Foundations of Economic Theory', *Philosophy and Public Affairs*, 6(1977). 위의 두 논문은 『선택, 후생 그리고 계측』*Choice, Welfare and Measurement*(Oxford: Blackwell, 1982, and Cambridge, MA: Harvard University Press, 1997)에도 실려 있다. 또한 George Akerlof, *An Economic Theorist's Book of Tales*(Cambridge: Cambridge University Press, 1984); Derek Parfit, *Reasons and Persons*(Oxford: Clarendon Press, 1984); Jon Elster, *The Cement of Society*(Cambridge: Cambridge University Press, 1989) 참조.

5　Thomas Scanlon, *What We Owe to Each Other*(Cambridge, MA: Harvard University Press, 1998)[『우리가 서로에게 지는 의무』, 강명신 옮김, 한울, 2008].

6　다음을 참조할 것. Isaiah Berlin: *Against the Current: Essays in the History of*

Ideas, Henry Hardy(ed.)(London: Hogarth Press, 1979); Henry Hardy(ed.), *The Crooked Timber of Humanity: Chapters in the History of Ideas*(London: John Murray, 1990); Henry Hardy(ed.), *Freedom and Its Betrayal: Six Enemies of Human Liberty*(Princeton, NJ: Princeton University Press, 2002); Henry Hardy(ed.), *Three Critics of the Enlightenment: Vico, Hamann, Herder*(London: Pimlico, 2000).

7 Jonathan Glover, *Humanity: A Moral History of the Twentieth Century*(London: Jonathan Cape, 1999), pp. 6~7[『휴머니티 — 20세기의 폭력과 새로운 도덕』, 김선욱·이양수 옮김, 문예출판사, 2008, 23쪽] 참조.

8 위의 책, p. 310[486쪽].

9 위의 책, p. 313[490쪽].

10 이어지는 논의는 조너선 글로버의 책에 대한 나의 리뷰 에세이 'The Reach of Reason: East and West', in the *New York Review of Books*, 47(20 July 2000); republished, slightly revised, in *The Argumentative Indian*(London: Penguin, 2005), essay 13에 맡기겠다.

11 Glover, *Humanity: A Moral History of the Twentieth Century*(1999), p. 40[『휴머니티 — 20세기의 폭력과 새로운 도덕』, 김선욱·이양수 옮김, 문예출판사, 2008, 70쪽] 참조.

12 위의 책, p. 7[24쪽].

13 Vincent Smith의 번역, *Akbar: the Great Mogul*(Oxford: Clarendon Press, 1917), p. 257.

14 Irfan Habib(ed.), *Akbar and His India*(Delhi and New York: Oxford University Press, 1997) 참조. 이 책은 아크바르의 신념과 정책뿐만 아니라, 전통보다 이성을 우선시하는 등 그로 하여금 이단적 입장을 취하게 만든 영향을 다룬 훌륭한 에세이집이다.

15 이것과 아크바르의 이성에 근거한 정책 결정에 관해서는 Shireen Moosvi, *Episodes in the Life of Akbar: Contemporary Records and Reminiscences*(New Delhi: National Book Trust, 1994)의 훌륭한 논의를 참조할 것. 본서에서 언급하는 아크바르의 어록은 이 책의 번역문을 인용했다.

16 M. Athar Ali, 'The Perception of India in Akbar and Abul Fazl', in Habib(ed.), *Akbar and His India*(1997), p. 220 참조.

17 Hilary Putnam, *Ethics without Ontology*(Cambridge, MA: Harvard University Press 2004), p. 75[『존재론 없는 윤리학』, 홍경남 옮김, 철학과현실사, 2006, 121쪽] 참조.

18 John Rawls, *Political Liberalism*(New York: Columbia University Press, 1993), pp. 110, 119[『정치적 자유주의(증보판)』, 장동진 옮김, 동명사, 2016, 220, 231쪽] 참조. 또한 그의 *Justice as Fairness: A Restatement*, edited by Erin Kelly (Cambridge, MA: Harvard University Press, 2001)[『공정으로서의 정의 재서술』, 김주휘 옮김, 이학사, 2016]도 참조할 것.

19 Jürgen Habermas, 'Reconciliation through the Public Use of Reason: Remarks on John Rawls's Political Liberalism', *Journal of Philosophy*, 92(March 1995) 참조. 또한 이에 대한 존 롤스의 응답, 'Reply to Habermas', *Journal of Philosophy*, 92(1995)도 참조할 것.

20 내가 쓴 다음 논저들을 참조할 것. 'The Reach of Reason: East and West', *New York Review of Books*, 47(20 July 2000); 'Open and Closed Impartiality', *Journal of Philosophy*, 99(2002); *The Argumentative Indian*(London: Penguin, 2005)[『아마티아 센, 살아 있는 인도』, 이경남 옮김, 청림출판, 2008]; *Identity and Violence: The Illusion of Destiny*(New York: W. W. Norton & Co., and London: Penguin, 2006)[『정체성과 폭력 — 운명이라는 환영』, 이상환·김지현 옮김, 바이북스, 2009].

21 특히 Nicholas Stern, *The Economics of Climate Change: The Stern Review* (Cambridge: Cambridge University Press, 2007) 참조. 이 주제에 관해서는 현재 방대한 문헌 — 그리고 몇몇 논쟁 — 이 있다. 인류의 환경파괴 책임에 관한 연구는 오래전부터 이루어졌다. 이에 관한 초기문헌을 통찰력 있게 평가한 것으로는 Mark Sagoff, *The Economy of the Earth: Philosophy, Law and the Environment*(Cambridge: Cambridge University Press, 1988) 참조.

22 Martha C. Nussbaum, *Upheavals of Thought: The Intelligence of Emotions* (Cambridge: Cambridge University Press, 2001)[『감정의 격동』, 조형준 옮김, 새물결, 2015]도 참조할 것.

23 David Hume, *Enquiries concerning the Human Understanding and concerning the Principles of Morals*, edited by L. A. Selby-Bigge(Oxford: Clarendon Press, 1962), p. 172.

24 Adam Smith, *The Theory of Moral Sentiments*(London: T. Cadell, 1790; republished Oxford: Clarendon Press, 1976), pp. 319~320[『도덕감정론』, 김광수 옮김, 한길사, 2016, 683~684쪽].

제2장 롤스와 그 너머

1 Rawls, 'Outline of a Decision Procedure for Ethics', *Philosophical Review*, 60(1951) 및 'Two Concepts of Rules', *Philosophical Review*, 64(1955), and 'Justice as Fairness', *Philosophical Review*, 67(1958) 참조. 두 편 다 Samuel Freeman(ed.), *John Rawls: Collected Papers*(Cambridge, MA: Harvard University Press, 1999)에 수록되어 있다. 또한 John Rawls, *Justice as Fairness: A Restatement*, edited by Erin Kelly(Cambridge, MA: Harvard University Press, 2001)[『공정으로서의 정의 재서술』, 김주휘 옮김, 이학사, 2016] 참조.

2 John Rawls, *A Theory of Justice*(Cambridge, MA: Harvard University Press, 1971)[『정의론』, 황경식 옮김, 이학사, 2003]. 또한 그의 *Political Liberalism*(New York: Columbia University Press, 1993)[『정치적 자유주의(증보판)』, 장동진 옮김, 동명사, 2016] 및 *Justice as Fairness: A Restatement* (2001)[『공정으로서의 정

의 재서술』]도 참조.

3 롤스의 정의론은 후생경제학에도 큰 영향을 미쳤다. E. S. Phelps(ed.), *Economic Justice*(Harmondsworth: Penguin, 1973) 및 'Recent Developments in Welfare Economics: Justice et équité', in Michael Intriligator(ed.), *Frontiers of Quantitative Economics*, vol. III(Amsterdam: North-Holland, 1977) 참조.

4 원초적 입장에서 정확한 계약론적 결과가 나온다는 롤스의 주장에 대한 회의론은 다른 이유로도 제기될 수 있다. 경제학자들, 특히 결정이론가들은 원초적 입장에서 예측되는 결과의 타당성, 특히 롤스의 '차등원칙'의 기반이라 볼 수 있는 '최소극대maximin'의 해법이 선택될 가능성에 관한 롤스의 결론에는 회의적인 경향을 보인다. 그의 결론이 회의적인 이유에 관해서는 Kenneth Arrow, *Social Choice and Justice: Collected Papers of Kenneth J. Arrow*, vol. I(Cambridge, MA: Harvard University Press, 1983) 참조. 에드먼드 펠프스Edmund Phelps는 롤스의 정의규칙을 경제분석에 적용하는 데 앞장섰지만, 그 역시 롤스식의 도출에 관해서는 상당한 회의감을 표출했다. E. S. Phelps(ed.), *Economic Justice* (1973) 및 그의 *Studies in Macroeconomic Theory, II: Redistribution and Growth*(New York: Academic Press, 1980) 참조.

5 Immanuel Kant, *Fundamental Principles of the Metaphysics of Ethics*, translated by T. K. Abbott, 3rd edn(London: Longmans, 1907), p. 66[『윤리형이상학 정초』, 백종현 옮김, 아카넷, 2005, 132쪽]. 칸트적 이성의 요청에 관해서는 특히 Barbara Herman, *Morality as Rationality: A Study of Kant's Ethics*(New York: Garland Publishing, 1990) 참조.

6 Rawls, *Justice as Fairness: A Restatement*(2001), pp. 133~134[『공정으로서의 정의 재서술』, 237쪽].

7 Rawls, *A Theory of Justice*(1971), pp. 60~65[개정판 번역본 105~111쪽에 해당].

8 이와 관련하여 Liam Murphy and Thomas Nagel, *The Myth of Ownership*(New York: Oxford University Press, 2002)도 참조할 것.

9 G. A. Cohen, *Rescuing Justice and Equality*(Cambridge, MA: Harvard University Press, 2008) 참조. 또한 Amartya Sen, 'Merit and Justice', in Kenneth Arrow, Samuel Bowles and Steven Durlauf(eds), *Meritocracy and Economic Inequality*(Princeton, NJ: Princeton University Press, 2000)도 참조할 것.

10 Rawls, *Political Liberalism*(1993), p. 110[『정치적 자유주의(증보판)』, 220쪽].

11 나는 '합리적 선택이론'의 주류적 해석들이 맞닥뜨리는 한계에 관해 *Rationality and Freedom*(Cambridge, MA: Harvard University Press, 2002), 특히 도입부 에세이 1 및 에세이 3~5에서 논의했다.

12 특히 Rawls, *Political Liberalism*, pp. 48~54[『정치적 자유주의(증보판)』, 140~148쪽] 참조.

13 자유의 우선성은 나의 논문 'The Impossibility of a Paretian Liberal', *Journal of Political Economy*, 78(1970)의 도출 결과에서 중요한 역할을 한다. 존 롤스는 이 관계에 관해 그의 에세이 'Social Unity and Primary Goods', in Amartya Sen

and Bernard Williams(eds), *Utilitarianism and Beyond*(Cambridge: Cambridge University Press, 1982)에서 훌륭하게 논평했다. 이에 관해서는 제16장에서 더 상세히 논의할 것이다.

14 '사전적 최소극대lexicographic maximin'라는 배분기준이 롤스의 '차등원칙'에 사용되어 각 집단에서 — 기본가치의 보유지표에 따라 판단된 — 최소 수혜자에게 우선권을 부여한다. 만일 서로 다른 두 집단의 최소 수혜자의 형편이 동등하게 좋아졌다면, 그 다음으로 수혜를 받지 못한 집단에 주목해야 한다는 식으로 전개된다. 이 기준의 형식적 구조에 관심이 있다면 나의 저서『집단선택과 사회후생』*Collective Choice and Social Welfare*(1970)에서 쉬운 설명과 적극적 논의를 접할 수 있다. 또한 Phelps, *Economic Justice*(1973), and Anthony Atkinson, *The Economics of Inequality*(Oxford: Clarendon Press, 1975)도 참조할 것.

15 이에 관해서는 나의 에세이 'Justice: Means versus Freedoms', *Philosophy and Public Affairs*, 19(Spring 1990)에서도 논의된다.

16 Herbert Hart, 'Rawls on Liberty and Its Priority', *University of Chicago Law Review*, 40(1973).

17 Rawls, *Political Liberalism*(1993), chapter VIII[『정치적 자유주의(증보판)』 강의 VIII] 참조. 자유의 우선성에 대한 조건이 롤스의 첫 저작인 『정의론』에 나타나 있다. *A Theory of Justice*(1971), pp. 132, 217~218[189~190, 296~297쪽] 참조.

18 John Rawls, *Political Liberalism*(1993), p. 23[『정치적 자유주의(증보판)』, 108쪽].

19 Samuel Freeman, 'Introduction: John Rawls—An Overview', in Samuel Freeman(ed.), *The Cambridge Companion to Rawls*(Cambridge: Cambridge University Press, 2003), pp. 3~4.

20 Immanuel Kant, *Critique of Practical Reason*(1788), English translation by L. W. Beck(New York: Liberal Arts Press, 1956)[『실천이성비판』, 백종현 옮김, 아카넷, 2009].

21 John Rawls, *A Theory of Justice*(1971), p. viii[26쪽].

22 Rawls, *Justice as Fairness: A Restatement*(2001), pp. 95~96[『공정으로서의 정의 재서술』, 176쪽]. 이는 롤스가 선구적인 논문 'Justice as Fairness', *Philosophical Review*, 67(1958)에서 명시적으로 주목한 주된 출발점이었다.

23 Thomas W. Pogge(ed.), *Global Justice*(Oxford: Blackwell, 2001) 참조.

제3장 제도와 개인

1 인용자 강조. 아소카의 이러한 발언은 에라구디Erragudi의 칙령 XII('관용'에 관하여)에 나타나 있다. 산스크리트어 원본에 기초한 아주 약간의 교정을 제외하고는 Vincent A. Smith의 번역을 인용했다. *Asoka: The Buddhist Emperor of India*(Oxford: Clarendon Press, 1909), pp. 170~171.

2 아소카의 삶에 대해서는 Romila Thapar, *Asoka and the Decline of the Mauryas*(Oxford: Oxford University Press, 1961) 및 Upindar Singh, *A History of Ancient and Medieval India: From the Stone Age to the 12th Century*(New Delhi:

Pearson Education, 2008) 참조.

3 마지막 논점에 관해서는 브루스 리치Bruce Rich의 뛰어난 저서, *To Uphold the World: The Message of Ashoka and Kautilya for the 21st Century*(New Delhi: Penguin, 2008), Chapter 8 참조.

4 Rawls, *Justice as Fairness: A Restatement*, edited by Erin Kelly(Cambridge, MA: Harvard University Press, 2001), pp. 42~43[『공정으로서의 정의 재서술』, 김주휘 옮김, 이학사, 2016, 89쪽].

5 이 문제에 관해서는 Anthony Laden, 'Games, Fairness, and Rawls's *A Theory of Justice*', *Philosophy and Public Affairs*, 20(1991) 참조.

6 Rawls, *Political Liberalism*, p. 50[『정치적 자유주의(증보판)』, 장동진 옮김, 동명사, 2016, 142~143쪽].

7 위의 책, p. 86[108쪽].

8 John Kenneth Galbraith, *American Capitalism: The Concept of Countervailing Power*(Boston, MA: Houghton Mifflin, 1952; London: Hamish Hamilton, 1954; revised edn, 1957). 또한 Richard Parker, *John Kenneth Galbraith: His Life, His Politics, His Economics*(New York: Farrar, Straus & Giroux, 2005)[*John Kenneth Galbraith: A Twentieth-Century Life*(Chicago, IL: University of Chicago Press, 2007)로 재출간] 참조.

9 엄격한 제도적 전망과 실제 실현 사이에 이러한 변동이 생기는 몇몇 이유에 관해서는 나의 『자유로서의 발전』에서 논의했다.

10 David Gauthier, *Morals by Agreement*(Oxford: Clarendon Press, 1986), Chapter IV('The Market: Freedom from Morality')[『합의 도덕론』, 김형철 옮김, 철학과현실사, 1993, 4장「시장: 도덕 해방 지구」].

11 Robert Nozick, *Anarchy, State and Utopia*(Oxford: Blackwell, 1974)[『아나키에서 유토피아로』, 남경희 옮김, 문학과지성사, 1997] 참조.

제4장 목소리와 사회적 선택

1 이 대화 및 기타 관련된 대화의 출처에 관해서는 나의 *The Argumentative Indian*(London: Allen Lane, and New York: Farrar, Straus & Giroux, 2005)[『아마티아 센, 살아 있는 인도』] 참조.

2 Peter Green, *Alexander of Macedon, 356~323 B.C.: A Historical Biography*(Berkeley, CA: University of California Press, 1992), p. 428 참조.

3 J.-C. de Borda, 'Mémoire sur les élections au scrutin', *Mémoires de l'Académie Royale des Sciences*(1781); Marquis de Condorcet, *Essai sur l'application de l'analyse à la probabilité des decisions rendues à la pluralité des voix*(Paris: L'Imprimerie Royale, 1785).

4 C. L. Dodgson, *A Method of Taking Votes on More Than Two Issues*(Oxford: Clarendon Press, 1876), and *The Principles of Parliamentary Representation*(London: Harrison, 1951) 참조.

5 사회선택이론의 고전으로서 케네스 애로의 박사논문에 기초한 뛰어난 모노그래 프Social Choice and Individual Values(New York: Wiley, 1951; 2nd edn, 1963) [『사회적 선택과 개인의 가치』, 윤창호 옮김, 한국경제신문사, 1987]를 들 수 있다.

6 Arrow, *Social Choice and Individual Values*(1951, 1963)[『사회적 선택과 개인의 가치』]. 그 결과의 수학적·비수학적 해설에 관해서는 나의 『집단선택과 사회후생』 참조.

7 수많은 불가능성의 결과들이 애로가 사용한 공리를 변경하며 상식적으로 보이는 요구와 합리적 사회선택의 또 다른 충돌을 제시했다. 특히 나의 『집단선택과 사회후생』 및 Peter C. Fishburn, *The Theory of Social Choice*(Princeton, NJ: Princeton University Press, 1973); Jerry Kelly, *Arrow Impossibility Theorems* (New York: Academic Press, 1978); Kotaro Suzumura, *Rational Choice, Collective Decisions, and Social Welfare*(Cambridge: Cambridge University Press, 1983); Prasanta K. Pattanaik and Maurice Salles(eds), *Social Choice and Welfare*(Amsterdam: North-Holland, 1983); Thomas Schwartz, *The Logic of Collective Choice*(New York: Columbia University Press, 1986) 참조. 좋은 입문 서로서 Jerry Kelly, *Social Choice Theory: An Introduction*(Berlin: Springer Verlag, 1987); Wulf Gaertner, *A Primer in Social Choice Theory*(Oxford: Oxford University Press, 2006) 참조.

8 이는 내가 1998년도 노벨 강연에서 논의한 주요 주제 중 하나였다. 'The Possibility of Social Choice'(1999). 또한 Marc Fleurbaey, 'Social Choice and Just Institutions: New Perspectives', *Economics and Philosophy*, 23(March 2007) 참조.

9 여러 유형의 대인비교는 완전히 공리화되고 사회선택의 절차에 정확히 편입될 수 있으며, 이로부터 다양한 건설적 가능성이 안출되어 사용될 수 있다. 나의 『집단선택과 사회후생』 및 'Social Choice Theory' in *Handbook of Mathematical Economics*(1986) 참조. 이 주제에 관한 문헌은 매우 많은데, 그중에서 특히 다음을 기재해 둔다. The literature on this subject is quite large, and includes, among other contributions, Peter J. Hammond, 'Equity, Arrow's Conditions and Rawls' Difference Principle', *Econometrica*, 44(1976); Claude d'Aspremont and Louis Gevers, 'Equity and the Informational Basis of Collective Choice', *Review of Economic Studies*, 44(1977); Kenneth J. Arrow, 'Extended Sympathy and the Possibility of Social Choice', *American Economic Review*, 67(1977); Eric Maskin, 'A Theorem on Utilitarianism', *Review of Economic Studies*, 45(1978); Louis Gevers, 'On Interpersonal Comparability and Social Welfare Orderings', *Econometrica*, 47(1979); Eric Maskin, 'Decision-making under Ignorance with Implications for Social Choice', *Theory and Decision*, 11(1979); Kevin W. S. Roberts, 'Possibility Theorems with Interpersonally Comparable Welfare Levels', and 'Interpersonal

Comparability and Social Choice Theory', *Review of Economic Studies,* 47(1980); Kotaro Suzumura, *Rational Choice, Collective Decisions, and Social Welfare*(Cambridge: Cambridge University Press, 1983); Charles Blackorby, David Donaldson, and John Weymark, 'Social Choice with Interpersonal Utility Comparisons: A Diagrammatic Introduction', *International Economic Review,* 25 (1984); Claude d'Aspremont, 'Axioms for Social Welfare Ordering', in Leonid Hurwicz, David Schmeidler and Hugo Sonnenschein (eds), *Social Goals and Social Organization*(Cambridge: Cambridge University Press, 1985).

10 Kenneth J. Arrow, 'Extended Sympathy and the Possibility of Social Choice', *American Economic Review,* 67(1977).

11 Marie-Jean-Antoine-Nicolas de Caritat, Marquis de Condorcet, *Esquisse d'un tableau historique des progrès de l'esprit humain*(1793)[일부가 『인간 정신의 진보에 관한 역사적 개요』, 장세룡 옮김, 책세상, 2002에 수록] 참조. 이후 *Oeuvres de Condorcet,* vol. 6(Paris: Firmin Didot Frères, 1847; republished, Stuttgart: Friedrich Frommann Verlag, 1968)에 수록되었다.

12 이 점에 관해서는 나의 1998년 12월 노벨 강의 'The Possibility of Social Choice', *American Economic Review,* 89(1999) 참조. 또한 Marc Fleurbaey and Philippe Mongin, 'The News of the Death of Welfare Economies Is Greatly Exaggerated', *Social Choice and Welfare,* 25 (2005)도 참조할 것.

13 사회선택이론의 공식화는 때때로 사회상태의 순위매기기로서가 아니라 각 선택지의 집합에서 고를 수 있는 것이 무엇인지 알려 주는 '선택함수'로서 결과를 명시한다. 선택함수의 형식은 상관적 공식화와 상당히 동떨어져 보일 수도 있지만, 사실 그것들은 서로 분석적으로 결합되어 있으며, 각각의 선택함수 뒤에 암묵적 순위매기기가 숨어 있음을 알 수 있다. 이에 관해서는 나의 『집단선택과 사회후생』에세이 1, 8, 『합리성과 자유』 에세이 3, 4, 7 및 거기에 열거된 문헌 — 너무 방대해서 염려스럽지만 — 을 참조할 것.

14 Robert Nozick, 『아나키에서 유토피아로』*Anarchy, State and Utopia*(Oxford: Blackwell, 1974), p. 28[51쪽].

15 이에 관해서는 나의 『집단선택과 사회후생』 제9장 참조.

16 비교판단과 확고히 상관적이고 전적으로 그것에 맞춰진 분석틀을 가진 사회선택 이론에서조차 '사회정의'의 실제적 연구는 (보통 롤스식 모형에서) 선험적 정의의 식별과 밀접히 관계되어 왔다. 선험적 형식은 정의의 요건을 학술적으로 연구하는 거의 모든 분야에서 영향력을 발휘하며, 사회선택이론은 더 폭넓은 분석적 기반을 두고도 상세히 고찰되어 온 문제들을 선택하는 데 선험주의의 영향을 벗어나지 않았다.

17 '교차부분순위intersection partial orderings'의 형식적 특징에 관해서는 나의 *On Economic Inequality*(Oxford: Clarendon Press, 1973; enlarged edition, with an addendum written jointly with James Foster, 1997)에서 논의했다.

18 나의 『집단선택과 사회후생』 참조.

19 Herbert Simon, *Models of Man*(New York: Wiley, 1957) 및 *Models of Thought*(New Haven: Yale University Press, 1979) 참조.

20 이는 나의 'Social Choice Theory: A Re-examination', *Econometrica*, 45 (1977), republished in *Choice, Welfare and Measurement*(1982; 1997)에서 논의한 사회선택 문제의 일부 유형이다.

21 회원자격이라는 문제는 리스트와 페팃이 제시한 판단 총계 분석의 초점이 된다. Christian List and Philip Pettit, 'Aggregating Sets of Judgments: An Impossibility Result', *Economics and Philosophy*, 18 (2002).

22 이 장의 후주 9에서 인용한 참고문헌 참조.

23 이 결과는 나의 『집단선택과 사회후생』 제6장 및 'The Impossibility of a Paretian Liberal', *Journal of Political Economy*, 78(1970)에 제시되어 있다. 이에 관해서는 제14장 「평등과 자유」에서 간단히 다룰 것이다.

24 그 주요한 연구로서 다음과 같은 것들이 있다. Allan Gibbard, 'A Pareto-Consistent Libertarian Claim', *Journal of Economic Theory*, 7(1974); Peter Bernholz, 'Is a Paretian Liberal Really Impossible?' *Public Choice*, 20(1974); Christian Seidl, 'On Liberal Values', *Zeitschrift für Nationalö konomie*, 35(1975); Julian Blau, 'Liberal Values and Independence', *Review of Economic Studies*, 42(1975); Donald E. Campbell, 'Democratic Preference Functions', *Journal of Economic Theory*, 12(1976); Jerry S. Kelly, 'Rights-Exercising and a Pareto-Consistent Libertarian Claim', *Journal of Economic Theory*, 13 (1976); Michael J. Farrell, 'Liberalism in the Theory of Social Choice', *Review of Economic Studies*, 43(1976); John A. Ferejohn, 'The Distribution of Rights in Society', in Hans W. Gottinger and Werner Leinfellner(eds), *Decision Theory and Social Ethics*(Boston: Reidel, 1978); Jonathan Barnes, 'Freedom, Rationality and Paradox', *Canadian Journal of Philosophy*, 10(1980); Peter Hammond, 'Liberalism, Independent Rights and the Pareto Principle', in L. J. Cohen, H. Pfeiffer and K. Podewski(eds), *Logic, Methodology and the Philosophy of Sciences*, *II*(Amsterdam: North-Holland, 1982); Kotaro Suzumura, 'On the Consistency of Libertarian Claims', *Review of Economic Studies*, 45(1978); Wulf Gaertner and L. Krüger, 'Self-supporting Preferences and Individual Rights: The Possibility of Paretian Libertarianism', *Economica*, 48(1981); Kotaro Suzumura, *Rational Choice, Collective Decisions and Social Welfare*(1983); Kaushik Basu, 'The Right to Give up Rights', *Economica*, 51 (1984); John L. Wriglesworth, *Libertarian Conflicts in Social Choice*(Cambridge: Cambridge University Press, 1985); Jonathan M. Riley, *Liberal Utilitarianism* (Cambridge: Cambridge University Press, 1987); Dennis Mueller, *Public Choice II*(New York: Cambridge University Press, 1989). 또한 이 주제에 관심이 있는 연구자들의 논문과 그에 대한 나의 대답을 게재한 *Analyse & Kritik*,

18(1996)의 'the liberal paradox' 특집호 참조.

25 이러한 관계에 대해 나는 'Minimal Liberty', *Economica* 59(1992) 및 전미경제학
회American Economic Association 회장 연설인 'Rationality and Social
Choice', *American Economic Review*, 85(1995)(나의 『합리성과 자유』(2002)에 수
록)에서 논의했다. Seidl, 'On Liberal Values'(1975)도 참조할 것.

26 Philippe Mongin, 'Value Judgments and Value Neutrality in Economics',
Economica, 73(2006); Marc Fleurbaey, Maurice Salles and John Weymark
(eds), *Justice, Political Liberalism and Utilitarianism*(Cambridge: Cambridge
University Press, 2008) 참조.

27 이에 관해서는 나의 'Fertility and Coercion', University of Chicago Law
Review, 63(Summer 1996) 참조. 『자유로서의 발전』도 참조할 것.

제5장 공평성과 객관성

1 Wollstonecraft, in Sylvana Tomaselli(ed.), *A Vindication of the Rights of Men
and A Vindication of the Rights of Woman*(Cambridge: Cambridge University
Press, 1995, p. 13.

2 Mary Wollstonecraft, *A Vindication of the Rights of Woman: with Strictures on
Political and Moral Subjects*(1792); included in the volume edited by Sylvana
Tomaselli, 1995[『여권의 옹호』, 손영미 옮김, 연암서가, 2014].

3 Immanuel Kant, *Fundamental Principles of the Metaphysics of Ethics*, translated
by T. K. Abbott, 3rd edn(London: Longmans, 1907), p. 66[『윤리형이상학 정
초』, 백종현 옮김, 아카넷, 2005, 132쪽].

4 Henry Sidgwick, *The Methods of Ethics*(London: Macmillan, 1907; New York:
Dover, 1966), Preface to the 6th edition, p. xvii.

5 Vivian Walsh, 'Sen after Putnam', *Review of Political Economy*, 15(2003), p. 331.

6 Antonio Gramsci, *Letters from Prison*, translated and edited by Lynne
Lawner(London: Jonathan Cape, 1975), p. 324[『그람시의 옥중수고 2』, 이상
훈 옮김, 거름, 1999, 162쪽]. 또한 Quintin Hoare and Geoffrey Nowell
Smith(eds), *Selections from the Prison Notebooks of Antonio Gramsci*(London:
Lawrence and Wishart, 1971)[『그람시의 옥중수고』 전2권 이상훈 옮김, 거름,
1999] 참조.

7 Amartya Sen, 'Sraffa, Wittgenstein, and Gramsci', *Journal of Economic Literature*,
41(2003).

8 Ludwig Wittgenstein, *Philosophical Investigations*(Oxford: Blackwell, 1953, 2nd
edn, 1958)[『철학적 탐구』, 이영철 옮김, 책세상, 2006].

9 브라이언 맥기네스Brian McGuinness는 스라파와 프로이트가 비트겐슈타인의
후기 철학에 미친 영향을 통찰력 있게 분석하며 '경제학자 스라파에게서 배운 민
족학적 혹은 인류학적 관점'이 비트겐슈타인에게 가한 자극을 지적했다. Brian
McGuinness(ed.), *Wittgenstein and His Times*(Oxford: Blackwell, 1982), pp.

36～39.

10 Rawls, *Political Liberalism*(1993), p. 119[『정치적 자유주의(증보판)』, 장동진 옮김, 동명사, 2016, 231쪽]. 롤스의 표현은 합당한 개인과 합당하지 않은 개인을 구분하려는 것처럼 보이지만, 그의 기준이 미치는 범위는 공적 토론에 적극적으로 참여하고, 제공된 논의와 증거를 검토하며, 그것들을 편견 없이 추론하는 사람들로만 한정하지 않는다(제1장 참조).

11 Adam Smith, *The Theory of Moral Sentiments*(1759; revised edn, 1790; republished, Oxford: Clarendon Press, 1976)[『도덕감정론』, 김광수 옮김, 한길사, 2016].

제6장 닫힌 공평성과 열린 공평성

1 Adam Smith, *The Theory of Moral Sentiments*(London: T. Cadell, extended version, 1790; republished, Oxford: Clarendon Press, 1976), Ⅲ, i, 2[『도덕감정론』, 김광수 옮김, 한길사, 2016, 283～284쪽], 확장판은 제6판에 해당된다. 강조한 점들에 관해서는 D. D. Raphael, 'The Impartial Spectator', in Andrew S. Skinner and Thomas Wilson(eds), *Essays on Adam Smith*(Oxford: Clarendon Press, 1975), pp. 88～90의 논의를 참조. 계몽주의적 관점, 특히 스미스와 콩도르세의 저작에 나타난 관점에서 이 주제가 갖는 중요성에 관해서는 Emma Rothschild, *Economic Sentiments: Smith, Condorcet and the Enlightenment* (Cambridge, MA: Harvard University Press, 2001) 참조.

2 Raphael and Macfie, 'Introduction', in Smith, *The Theory of Moral Sentiments*(republished 1976), p. 31 참조.

3 Adam Smith, *The Theory of Moral Sentiments*, Ⅲ, 1, 2, in the 1975 reprint, p. 110 [『도덕감정론』, 284쪽].

4 *A Theory of Justice*(1971), pp. 516～517[『정의론』, 661～662쪽].

5 위의 책, p. 517[662쪽].

6 Smith, *The Theory of Moral Sentiments*, Ⅲ, 1, 2, p. 110[『도덕감정론』, 284쪽].

7 이에 관해서는 나의 *Identity and Violence: The Illusion of Destiny*(New York: W. W. Norton & Co., and London: Penguin, 2006)[『정체성과 폭력 — 운명이라는 환영』, 이상환·김지현 옮김, 바이북스, 2009] 참조.

8 Rawls, *Political Liberalism*(1993), p. 23[『정치적 자유주의(증보판)』, 장동진 옮김, 동명사, 2016, 108쪽].

9 Rawls, 'Reply to Alexander and Musgrave', in *John Rawls: Collected Papers*, p. 249. 또한 Anthony Laden, 'Games, Fairness and Rawls's *A Theory of Justice*', *Philosophy and Public Affairs*, 20(1991) 참조.

10 *A Theory of Justice*(1971), pp. 516～517[『정의론』, 661～662쪽]. 더 상세히는 section 78 in *A Theory of Justice*, pp. 513～520[658～666쪽] 및 *Political Liberalism*(1993), pp. 110～116[『정치적 자유주의(증보판)』, 219～227쪽] 참조.

11 Rawls, *A Theory of Justice*, pp. 22～23, footnote 9[『정의론』, 59～60쪽, 각주 9].

12 Smith, *The Theory of Moral Sentiments*, VII, ii, 2, 14, p. 299[『도덕감정론』, 644쪽].

13 이어지는 논의는 이전에 내가 'Open and Closed Impartiality', *Journal of Philosophy*, 99(September 2002)에서 제시한 분석을 근거로 한다.

14 이는 위상수학자들이 (연속성에 관한 적절한 가정을 통해) '고정점fixed point'이 라 부를 만한 것의 존재 가능성, 즉 특정 대상 그룹에 의한 결정의 영향이 바로 그 그룹으로 돌아올 가능성을 (아무리 희박할지라도) 부정하는 것이 아니다. 하 지만 불일치의 가능성 문제는 아무리 작게 보아도 대상 그룹이 내릴 결정이 그 그룹 자체의 구성에 영향을 준다면 보통 배제될 수 없다.

15 나는 이 문제를 'Global Justice: Beyond International Equity', in Inga Kaul, I. Grunberg and M. A. Stern(eds), *Global Public Goods: International Cooperation in the 21st Century*(Oxford: Oxford University Press, 1999) 및 'Justice across Borders', in Pablo De Greiff and Ciaran Cronin(eds), *Global Justice and Transnational Politics*(Cambridge, MA: MIT Press, 2002)에서 다루었다. 두 번 째 논문은 원래 1998년 9월, 시카고의 드폴De Paul 대학 100주년 기념강의에서 발표한 것이다.

16 John Rawls, 'The Law of Peoples', in Stephen Shute and Susan Hurley(eds), *On Human Rights*(New York: Basic Books, 1993), and *The Law of Peoples* (Cambridge, MA: Harvard University Press, 1999)[『만민법』].

17 다음을 참조할 것. Charles R. Beitz, *Political Theory and International Relations*(Princeton, NJ: Princeton University Press, 1979); Brian Barry, *Theories of Justice*, vol. 1(Berkeley, CA: University of California Press, 1989); Thomas Pogge, *Realizing Rawls*(Ithaca, NY: Cornell University Press, 1989); Thomas Pogge(ed.), *Global Justice*(Oxford: Blackwell, 2001); Deen Chatterjee(ed.), *The Ethics of Assistance: Morality and the Distant Needy* (Cambridge: Cambridge University Press, 2004); Thomas Pogge and Sanjay Reddy, *How Not to Count the Poor*(New York: Columbia University Press, 2005).

18 Kenneth Arrow, Amartya Sen and Kotaro Suzumura(eds), *Social Choice Re-examined*(Amsterdam: Elsevier, 1997). 또한 Isaac Levi, *Hard Choices* (Cambridge: Cambridge University Press, 1986) 참조.

19 이에 관해서는 Derek Parfit, *Reasons and Persons*(Oxford: Clarendon Press, 1984) 참조. 파핏의 논점은 '포섭적 모순'과 관련되지만, 그는 그것에 관해 특별 히 논의하지 않는다.

20 David Hume, 'On the Original Contract', republished in David Hume, *Selected Essays*, edited by Stephen Copley and Andrew Edgar(Oxford: Oxford University Press, 1996), p. 279 참조.

21 Rawls, 'Justice as Fairness: Political Not Metaphysical', *Collected Papers*, p. 401.

22 Rawls, 'Reply to Alexander and Musgrave', *Collected Papers*, p. 249.

제7장 위치, 타당성, 환상

1 William Shakespeare, *King Lear*, IV. 6. 150~154.
2 Thomas Nagel, *The View from Nowhere*(New York: Oxford University Press, 1986), p. 5.
3 *Alberuni's India,* edited by A. T. Embree(New York: W. W. Norton & Co., 1971), p. 111 참조.
4 G. A. Cohen, *Karl Marx's Theory of History: A Defence*(Oxford: Clarendon Press, 1978), pp. 328~329[『카를 마르크스의 역사이론 — 역사유물론 옹호』, 박형신·정헌주 옮김, 한길사, 2011, 618~619쪽].
5 이러한 문제들에 관해서는 나의 논문 'Gender and Cooperative Conflict', in Irene Tinker(ed.), *Persistent Inequalities*(New York: Oxford University Press, 1990)에서 논의한 바 있다. 나의 논문 'Many Faces of Gender Inequality', *New Republic*(2001) *and Frontline*(2001)도 참조할 것.
6 David Hume, *An Enquiry Concerning the Principles of Morals*(1777; republished, La Salle, Ill: Open Court, 1966), p. 25.

제8장 합리성과 타인

1 Jon Elster, *Reason and Rationality*(Princeton, NJ, and Oxford: Princeton University Press, 2008), p. 2. 이 작은 책에서 엘스터는 그 자신이 크게 기여한 주제, 즉 추론과 합리성의 관련성에 관해 아주 매력적인 설명을 제공했다. 또한 이 주제의 문헌을 비판적으로 조사했다.
2 제한적 합리성은 특히 허버트 사이먼이 연구해 왔다. Herbert Simon, 'A Behavioral Model of Rational Choice', *Quarterly Journal of Economics,* 69(1955) 및 *Models of Thought*(New Haven: Yale University Press, 1979) 참조.
3 Daniel Kahneman, P. Slovik, and A. Tversky, *Judgement under Uncertainty: Heuristics and Biases*(Cambridge: Cambridge University Press, 1982) 참조. 또한 다음을 참조할 것. B. P. Stigum and F. Wenstøp(eds), *Foundations of Utility and Risk Theory with Applications*(Dordrecht: Reidel, 1983); Isaac Levi, *Hard Choices*(Cambridge: Cambridge University Press, 1986); L. Daboni, A. Montesano and M. Lines, *Recent Developments in the Foundations of Utility and Risk Theory*(Dordrecht: Reidel, 1986); Richard Thaler, *Quasi-Rational Economics*(New York: Russell Sage Foundation, 1991); Daniel McFadden, 'Rationality for Economists', *Journal of Risk and Uncertainty,* 19(1999).
4 Adam Smith, *The Theory of Moral Sentiments*(1759, 1790); republished and edited by D. D. Raphael and A. L. Macfie(Oxford: Clarendon Press, 1976) [『도덕감정론』, 김광수 옮김, 한길사, 2016]; Thomas Schelling, *Choice and Consequence*(Cambridge, MA: Harvard University Press, 1984), Chapters 3('The Intimate Contest of Self-Command') and 4('Ethics, Law and the Exercise of Self-Command') 참조.

5 이러한 괴리 대부분은 리처드 탈러Richard Thaler가 '준합리적quasi-rational' 이라 부른 일반적 행동패턴에 들어맞을 수 있다(그의 *Quasi-Rational Economics* (New York: Russell Sage Foundation, 1991 참조).

6 Milton Friedman, *Essays in Positive Economics*(Chicago, IL: University of Chicago Press, 1953).

7 Amartya Sen, 'The Discipline of Economics', *Economica*, 75(November 2008).

8 이와 그 관련 주제에 관해서는 Donald Davidson, *Essays on Actions and Events* (Oxford: Oxford University Press, 2nd edn, 2001)[『행위와 사건』, 배식한 옮김, 한길사, 2012] 참조.

9 합리성으로부터의 일탈뿐만 아니라 합리성의 요건에도 다양한 형태가 있는데, 이에 관해서는 『합리성과 자유』(*Rationality and Freedom*(Cambridge, MA: Harvard University Press, 2002))를 비롯한 여러 글에서 논의했다.

10 *Rationality and Freedom*(Cambridge, MA: Harvard University Press, 2002).

11 John Broome, 'Choice and Value in Economics', *Oxford Economic Papers*, 30(1978) 및 Amartya Sen, *Choice, Welfare and Measurement*(Oxford: Blackwell, 1982; Cambridge, MA: Harvard University Press, 1997) 참조.

12 F. Y. Edgeworth, *Mathematical Psychics: An Essay on the Application of Mathematics to the Moral Sciences*(London: C. K. Paul, 1881), pp. 16, 104[『수리정신학』, 김진방 옮김, 한국문화사, 2014, 40, 216쪽].

13 *The Theory of Moral Sentiments*(1770, 1790), p. 191(in the 1976 edition, Clarendon Press, Oxford)[『도덕감정론』, 429~431쪽].

14 위의 책, pp. 190~192[429~431쪽].

15 위의 책, p. 189[426쪽].

16 George Stigler, 'Smith's Travel on the Ship of State', in A. S. Skinner and T. Wilson(eds), *Essays on Adam Smith*(Oxford: Clarendon Press, 1975), particularly p. 237, and 'Economics or Ethics?', in S. McMurrin(ed.), *Tanner Lectures on Human Values*, vol. II(Cambridge: Cambridge University Press, 1981), particularly p. 176 참조.

17 다음을 참조할 것. Geoffrey Brennan and Loran Lomasky, 'The Impartial Spectator Goes to Washington: Towards a Smithian Model of Electoral Politics', *Economics and Philosophy*, vol. 1(1985); Patricia H. Werhane, Adam Smith and His Legacy for Modern Capitalism(New York: Oxford University Press, 1991); Emma Rothschild, 'Adam Smith and Conservative Economics', *Economic History Review*, vol. 45(February 1992); Emma Rothschild, *Economic Sentiments*(Cambridge, MA: Harvard University Press, 2001).

18 Stephen Leacock, *Hellements of Hickonomics*(New York: Dodd, Mead & Co, 1936), p. 75. 또한 나의 *On Ethics and Economics*(Oxford: Blackwell, 1987), Chapter 1[『윤리학과 경제학』, 박순성·강신욱 옮김, 한울, 1999, 제1장]도 참조.

19 이 잘못된 해석에 관해서는 나의 'Adam Smith's Prudence', in S. Lal and F. Stewart(eds), *Theory and Reality in Development*(London: Macmillan, 1986) 및 *On Ethics and Economics* Oxford: Blackwell, 1987)에서 상세히 논의했다.

20 Adam Smith, *An Inquiry into the Nature and Causes of the Wealth of Nations*(in the 1976 reprint, pp. 26~27)[『국부론 상』, 김수행 옮김, 비봉출판사, 2007, 19쪽].

21 *The Theory of Moral Sentiments*, p. 192[『도덕감정론』, 433쪽].

22 위의 책, p. 162[372~373쪽].

23 *Choice, Welfare and Measurement*(1982), pp. 7~8.

24 Gary S. Becker, *The Economic Approach to Human Behavior*(Chicago, IL: University of Chicago Press, 1976), p. 14 및 *Accounting for Tastes*(Cambridge, MA: Harvard University Press, 1996).

제9장 공평한 이유의 복수성

1 John Rawls, *Justice as Fairness: A Restatement*, edited by Erin Kelly (Cambridge, MA: Harvard University Press, 2001), pp. 5~8[『공정으로서의 정의 재서술』, 김주휘 옮김, 이학사, 2016, 27~32쪽] 참조.

2 Thomas Scanlon, *What We Owe to Each Other*(1998), p. 5[『우리가 서로에게 지는 의무』, 강명신 옮김, 한울, 2008, 22쪽]. 또한 그의 'Contractualism and Utilitarianism', in Amartya Sen and Bernard Williams (eds), *Utilitarianism and Beyond*(Cambridge: Cambridge University Press, 1982) 참조.

3 Rawls, *Justice as Fairness: A Restatement*, p. 6[『공정으로서의 정의 재서술』, 29쪽]

4 예컨대 다음을 참조할 것. M. Sagoff, *The Economy of the Earth: Philosophy, Law, and the Environment*(Cambridge: Cambridge University Press, 1988); Bruno S. Frey, 'Does Monitoring Increase Work Effort? The Rivalry with Trust and Loyalty', *Economic Inquiry*, 31(1993); David M. Gordon, 'Bosses of Different Stripes: A Cross-Sectional Perspective on Monitoring and Supervision', *American Economic Review*, 84(1994); Elinor Ostrom, 'Collective Action and the Evolution of Social Norms', *Journal of Economic Perspectives*, 14(Summer 2000); Andrew Dobson, *Citizenship and the Environment*(Oxford: Oxford University Press, 2003); Barry Holden, *Democracy and Global Warming* (London: Continuum International Publishing Group, 2002).

5 예컨대 Elinor Ostrom, 'Collective Action and the Evolution of Social Norms'(2000) 참조.

6 숫타니파타 영역본의 고전으로는 F. Max Muller(ed.), *The Sacred Books of the East*, vol. X, Part II, *The Sutta-Nipata: A Collection of Discourses*, translated by V. Fausboll(Oxford: Clarendon Press, 1881), 그 이후의 번역서로는 The Sutta-Nipata, translated by H. Saddhatissa(London: Curzon Press, 1985) 참조.

7 또한 나의 'Elements of a Theory of Human Rights', *Philosophy and Public Affairs*, 32(2004) 및 'Human Rights and the Limits of Law', *Cardozo Law*

Journal, 27(April 2006) 참조.

제10장 실현, 결과, 행위주체성

1 Swami Prabhavananda와의 공역(Madras: Sri Ramakrishna Math, 1989).
2 T. S. Eliot, 'The Dry Salvages', in *Four Quartets*(London: Faber & Faber, 1944), pp. 29~31[『T. S. 엘리엇 전집 — 시와 시극』, 이창배 옮김, 동국대학교 출판부, 2001, 140~142쪽].
3 Len Giovannitti and Fred Freed, *The Decision to Drop the Bomb*(London: Methuen, 1957) 참조.
4 결과를 평가할 때 절차를 통합하는 것에 관해서는 Kotaro Suzumura, 'Consequences, Opportunities, and Procedures', *Social Choice and Welfare*, 16(1999) 참조.
5 이 문제들에 관해서는 나의 'Rights and Agency', *Philosophy and Public Affairs*, 11(Winter 1982) 및 'Evaluator Relativity and Consequential Evaluation', *Philosophy and Public Affairs*, 12(Spring 1983) 참조. 후자는 같은 잡지 같은 호에 게재된 Donald H. Regan, 'Against Evaluator Relativity: A Response to Sen'에 대한 나의 답변이다.

제11장 삶, 자유, 역량

1 나는 이러한 더욱 직접적인 접근을 1979년 태너Tanner 강의('Equality of What?' in S. McMurrin, *Tanner Lectures on Human Values*, vol. I(Cambridge: Cambridge University Press, and Salt Lake City, UT: University of Utah Press, 1980))에서 역량에 기초한 접근을 처음 시작한 이래 일련의 저작에서 시도해 왔다. 나의 *Commodities and Capabilities*(Amsterdam: North-Holland, 1985, and Delhi: Oxford University Press, 1987); *The Standard of Living*, edited by G. Hawthorne(Cambridge: Cambridge University Press, 1987); *Development as Freedom*(New York: Knopf, 1999) 참조. 또한 마사 누스바움 Martha Nussbaum과 공동으로 편집한 *The Quality of Life*(Oxford: Clarendon Press, 1993)도 참조할 것.
2 1676년경에 씌어졌지만 1691년에 출판된 윌리엄 페티William Petty의 *Political Arithmetick* 참조. C. H. Hull(ed.), *The Economic Writings of Sir William Petty*(Cambridge: Cambridge University Press, 1899), vol. I, p. 312도 참조할 것. 나는 국민소득과 생활수준의 초기 추계자들 간 논쟁의 성질에 관해 1985년 태너 강의에서 논의했으며 다른 학자들(Bernard Williams, John Muellbauer, Ravi Kanbur, Keith Hart)의 논평과 함께 *The Standard of Living*, edited by Geoffrey Hawthorn(Cambridge: Cambridge University Press, 1987)으로 출판 되었다.
3 이러한 비교에 관해서는 나의 『자유로서의 발전』 제1장 및 제4장 참조. 또한 나의 'The Economics of Life and Death', *Scientific American*, 266(1993);

'Demography andWelfare Economics', *Empirica*, 22(1995); and 'Mortality as an Indicator of Economic Success and Failure', *Economic Journal*, 108(1998) 참조.

4 이 차이의 정책 관련성에 관한 선구적인 통계분석 중 하나로 다음을 들 수 있다. Sudhir Anand and Martin Ravallion, 'Human Development in Poor Countries: On the Role of Private Incomes and Public Services', *Journal of Economic Perspectives*, 7(1993).

5 이 문제에 관해서는 나의 저서 『자유로서의 발전』, 『아마티아 센, 살아 있는 인도』 그리고 『정체성과 폭력』에서 검토했다. 또한 나의 'Human Rights and Asian Values', *New Republic*, 14 and 21 July 1997 참조.

6 최종적 결과에만 초점을 맞추는 이러한 편협한 관점에 대해서는 행동과 선택에 관한 전통적 경제이론, 특히 '현시선호모형revealed preference approach'(폴 새뮤얼슨Paul Samuelson이 개척한 이 이론은 특별히 자유의 평가를 다루기 위한 것은 아니지만)에서도 지지자가 있다. 예컨대 현시선호모형에서 이른바 '예산집합budget set'에서 선택할 기회(개인의 총 예산 내에 있는 모든 재화의 묶음 가운데 한 재화의 묶음을 선택하는 것)는 정확히 그 집합에서 **선택된** 원소의 가치로 평가될 것이다. 이러한 기회의 '얄팍한' 관점에서는 설령 예산집합이 삭감될지라도 앞서 선택한 원소가 여전히 선택 가능하다면 잃을 것이 아무것도 없을 것이다. 이와 대조적으로 선택과정의 타당성 관해서는 나의 논문 'Maximization and the Act of Choice', *Econometrica*, 65(1997)에서 고찰했다.

7 자유의 개념 내에서조차 다양한 특징과 관련된 정보적 선택의 문제가 있으며, 이에 관해서는 『합리성과 자유』 제20~22장에 수록된 케네스 애로 강의Kenneth Arrow Lectures에서 논의했다. 실제로 자유의 기회적 측면을 평가할 때조차 그 방식에 따라 큰 차이가 발생할 수 있다. 사회선택이론과 관련된 내 자신의 접근은 개인의 정확한 선호에 상당히 주목하면서 평가하는 것이었지만, 예컨대 개인이 선택할 수 있는 선택지의 수를 세는 것처럼 이용 가능한 선택지의 '범위'에 관해 평가하는 또 다른 흥미로운 평가방법이 존재한다. 이 문제와 관련된 다양한 과제에 관해서는 다음의 문헌을 참고할 것. Patrick Suppes, 'Maximizing Freedom of Decision: An Axiomatic Approach', in G. Feiwel(ed.), *Arrowand the Foundations of Economic Policy*(London: Macmillan, 1987); Prasanta Pattanaik and Yongsheng Xu, 'On Ranking Opportunity Sets in Terms of Choice', *Recherches Economique de Louvain*, 56(1990); Hillel Steiner, 'Putting Rights in Their Place', *Recherches Economique de Louvain*, 56(1990); Ian Carter, 'International Comparison of Freedom', in *Economics and Philosophy*, 11(1995), and *A Measure of Freedom*(Oxford: Clarendon Press, 1999); Robert Sugden, 'A Metric of Opportunity', *Economics and Philosophy*, 14(1998).

8 특히 Martha Nussbaum, 'Nature, Function and Capability: Aristotle on Political Distribution', *Oxford Studies in Ancient Philosophy*, supplementary volume, 1988; 'Human Functioning and Social Justice', *Political Theory*, 20 (1992); Nussbaum and Jonathan Glover(eds), *Women, Culture and*

Development(Oxford: Clarendon Press, 1995) 참조.

9 역량 접근에 대해 계몽적이고 폭넓게 소개한 문헌으로 Sabina Alkire, *Valuing Freedoms: Sen's Capability Approach and Poverty Reduction*(Oxford and New York: Oxford University Press, 2002) 참조.

10 다음을 참조할 것. Flavio Comim, Mozaffar Qizilbash and Sabina Alkire (eds), *The Capability Approach: Concepts, Measures and Applications*(Cambridge: Cambridge University Press, 2008); Reiko Gotoh and Paul Dumouchel(eds), *Against Injustice: The New Economics of Amartya Sen*(Cambridge: Cambridge University Press, 2009); Ingrid Robeyns and Harry Brighouse(eds), *Measuring Justice: Primary Goods and Capabilities*(Cambridge: Cambridge University Press, 2009); Kaushik Basu and Ravi Kanbur(eds), *Arguments for a Better World: In Honor of Amartya Sen*(Oxford and New York: Oxford University Press, 2009). 또한 다음을 참조할 것. Bina Agarwal, Paul Anand(and Cristina Santos and Ron Smith), Amiya Kumar Bagchi, Lincoln C. Chen, Kanchan Chopra, James Foster and Christopher Handy, Sakiko Fukuda-Parr, Jocelyn Kynch, Enrica Chiappero-Martinetti, S. R. Osmani, Mozaffar Qizilbash, Sanjay G. Reddy(and Sujata Visaria and Muhammad Asali), Ingrid Robeyns, and Rehman Sobhan. 이 주제에 간접적으로 닿아 있는 다른 문헌들도 있다. 놀 랍도록 빠르게 두각을 나타내고 있는 다음의 자료도 참조할 것. Marko Ahtisaari, 'Amartya Sen's Capability Approach to the Standard of Living', mimeographed, Columbia University Press, 1991; Sabina Alkire, *Valuing Freedoms: Sen's Capability Approach and Poverty Reduction*(Oxford: Clarendon Press, 2002); 'Why the Capability Approach?' *Journal of Human Development and Capabilities,* 6(March 2005); 'Choosing Dimensions: The Capability Approach and Multidimensional Poverty' in Nanak Kakwani and Jacques Silber(eds), *The Many Dimensions of Poverty* (Basingstoke: Palgrave Macmillan, 2008); Anthony B. Atkinson, 'Capabilities, Exclusion, and the Supply of Goods', in Kaushik Basu, Prasanta Pattanaik and Kotaro Suzumura(eds), *Choice, Welfare, and Development* (Oxford: Oxford University Press, 1995); Kaushik Basu and Luis F. López-Calva, 'Functionings and Capabilities', in Kenneth Arrow, Amartya Sen and Kotaro Suzumura(eds), *Handbook of Social Choice and Welfare,* vol. II (Amsterdam: North-Holland, 2011); Enrica Chiappero-Martinetti, 'A New Approach to Evaluation of Well-being and Poverty by Fuzzy Set Theory', *Giornale degli Economisti,* 53(1994); 'A Multidimensional Assessment of Well-being Based on Sen's Functioning Theory', *Rivista Internazionale di Scienze Sociali,* 2(2000); 'An Analytical Framework for Conceptualizing Poverty and Re-examining the Capability Approach', *Journal of Socio-Economics,* 36(2007); David Crocker, 'Functioning and Capability: The Foundations of Sen's and Nussbaum's Development

Ethic', *Political Theory,* 20(1992); *Ethics of Global Development: Agency, Capability and Deliberative Democracy*(Cambridge: Cambridge University Press, 2008); Reiko Gotoh, 'The Capability Theory and Welfare Reform', *Pacific Economic Review,* 6(2001); 'Justice and Public Reciprocity', in Gotoh and Dumouchel, *Against Injustice*(2009); Kakwani and Silber(eds), *The Many Dimensions of Poverty*(2008); Mozaffar Qizilbash, 'Capabilities, Well-being and Human Development: A Survey', *Journal of Development Studies,* 33(1996); 'Capability, Happiness and Adaptation in Sen and J. S. Mill', *Utilitas,* 18(2006); Ingrid Robeyns, 'The Capability Approach: A Theoretical Survey', *Journal of Human Development,* 6(2005); 'The Capability Approach in Practice', *Journal of Political Philosophy,* 17(2006); Jennifer Prah Ruger, 'Health and Social Justice', *Lancet,* 364(2004); 'Health, Capability and Justice: Toward a New Paradigm of Health Ethics, Policy and Law', *Cornell Journal of Lawand Public Policy,* 15(2006); *Health and Social Justice*(Oxford and New York: Oxford University Press, 2009); Robert Sugden, 'Welfare, Resources and Capabilities: A Review of *Inequality Reexamined* by Amartya Sen', *Journal of Economic Literature,* 31(1993).

11 Richard A. Arneson, 'Equality and Equality of Opportunity for Welfare', *Philosophical Studies,* 56(1989) 및 G. A. Cohen, 'Equality of What? On Welfare, Goods and Capabilities', in Martha Nussbaum and Amartya Sen (eds), *The Quality of Life* (Oxford: Oxford University Press, 1993) 참조. 또한 Paul Streeten, *Development Perspectives*(London: Macmillan, 1981) 및 Frances Stewart, *Planning to Meet Basic Needs*(London: Macmillan, 1985)도 참조할 것.

12 내가 역량 접근에 관해 최초로 집필한 *Commodities and Capabilities*(1985)에서는 이를 '요소적 평가'라 불렀다.

13 Isaiah Berlin, *The Proper Study of Mankind,* edited by Henry Hardy and Roger Hausheer(London: Chatto & Windus, 1997) and *Liberty,* edited by Henry Hardy(Oxford: Oxford University Press, 2002); Bernard Williams, 'A Critique of Utilitarianism', in J. J. C. Smart and Bernard Williams, *Utilitarianism: For and Against*(Cambridge: Cambridge University Press, 1973), and Bernard Williams, *Ethics and the Limits of Philosophy*(Cambridge, MA: Harvard University Press, 1985) 참조.

14 T. S. Eliot, *Four Quartets*(London: Faber and Faber, 1944), p. 8[『T. S. 엘리엇 전집 — 시와 시극』, 이창배 옮김, 동국대학교출판부, 2001, 122쪽].

15 이 문제에 관해서는 나의 논문 'Incompleteness and Reasoned Choice', *Synthese,* 140(2004)에서 논의했다.

16 Frances Stewart and Sverine Deneulin, 'Amartya Sen's Contribution to Development Thinking', *Studies in Comparative International Development,* 37 (2002).

17 Karl Marx, *Economic and Philosophical Manuscripts of 1844*(Moscow: Progress Publishers, 1959), p. 104[『1844년의 경제학-철학 수고』, 강유원 옮김, 이론과 실천, 2006, 131쪽]. 또한 Jon Elster, *Making Sense of Marx*(Cambridge: Cambridge University Press, 1985)[『마르크스 이해하기』, 진석용 옮김, 나남출판, 2015] 참조.

18 Karl Marx, *The Critique of the Gotha Programme*(1875; London: Lawrence and Wishart, 1938), pp. 21~23.

19 브룬틀란 보고서란 그로 브룬틀란Gro Brundtland(전 노르웨이 총리, 이후 세계보건기구WHO의 사무총장)이 수장으로 있는 세계환경개발위원회 World Commission on Environment and Development가 발간한 보고서로 다음과 같이 출판되어 있다. *Our Common Future*(New York: Oxford University Press, 1987).

20 Robert Solow, *An Almost Practical Step toward Sustainability*(Washington, DC: Resources for the Future, 1992).

제12장 역량과 자원

1 Aristotle, *Nicomachean Ethics*, translated by D. Ross(Oxford: Oxford University Press, revised edn, 1980), Book I, section 5, p. 7[『니코마코스 윤리학』, 천병희 옮김, 숲, 2013, 30쪽].

2 특히 Robert Putnam, *Bowling Alone: Collapse and Revival of American Community*(New York: Simon & Schuster, 2000)[『나 홀로 볼링』, 정승현 옮김, 페이퍼로드, 2016] 참조.

3 나의 'Poor, Relatively Speaking', *Oxford Economic Papers*, 35(1983), included in *Resources, Values and Development*(Cambridge, MA: Harvard University Press, 1984) 참조. 또한 Dorothy Wedderburn, *The Aged in the Welfare State* (London: Bell, 1961) 및 J. Palmer, T. Smeeding and B. Torrey, *The Vulnerable: America's Young and Old in the Industrial World*(Washington, DC: Urban Institute Press, 1988)도 참조할 것.

4 이에 관해서는 나의 『자유로서의 발전』 제8장, 제9장 및 거기서 언급한 참고문헌을 참조할 것. 이 분야의 선구적 업적으로 다음을 들 수 있다. Pranab Bardhan, 'On Life and Death Questions', *Economic and Political Weekly*, 9(1974) 및 Lincoln Chen, E. Huq and S. D'Souza, 'Sex Bias in the Family Allocation of Food and Health Care in Rural Bangladesh', *Population and Development Review*, 7(1981). 또한 나와 킨치Jocelyn Kynch의 공저 'Indian Women: Well-being and Survival', *Cambridge Journal of Economics*, 7(1983) 및 드레즈Jean Drèze와의 공저 *India: Economic Development and Social Opportunity*(New Delhi and Oxford: Oxford University Press, 1995), and *India: Development and Participation*(Delhi and Oxford: Oxford University Press, 2002)도 참조할 것.

5 세계은행에 따른 추산이다.

6 Wiebke Kuklys, *Amartya Sen's Capability Approach: Theoretical Insights and Empirical Applications*(New York: Springer-Verlag, 2005).

7 이에 관해서는 토마스 포기Thomas Pogge의 중요한 공헌이 있다. 특히 그의 *World Poverty and Human Rights: Cosmopolitan Responsibilities and Reforms* (Cambridge: Polity Press, 2002; 2nd edn, 2008) 참조.

8 Thomas Pogge, 'A Critique of the Capability Approach', in Harry Brighouse and Ingrid Robeyns(eds), *Measuring Justice: Primary Goods and Capabilities* (Cambridge: Cambridge University Press, 2010).

9 Elizabeth Anderson, 'Justifying the Capabilities Approach to Justice', in Brighouse and Robeyns(eds) *Measuring Justice: Primary Goods and Capabilities*(Cambridge: Cambridge University Press, 2010). 관련 문제에 관해서는 그녀의 'What Is the Point of Equality?' *Ethics,* 109(1999)도 참조할 것.

10 특히 다음을 참조할 것. Kenneth Arrow and Frank Hahn, *General Competitive Analysis*(San Francisco, CA: Holden-Day, 1971; Amsterdam: North-Holland, 1979); George Akerlof, 'The Market for "Lemons": Quality Uncertainty and the Market Mechanism', *Quarterly Journal of Economics,* 84(1970); Joseph Stiglitz and M. E. Rothschild, 'Equilibrium in Competitive Insurance Markets', *Quarterly Journal of Economics,* 90(1976).

제13장 행복, 복지, 역량

1 John E. Roemer, *Theories of Distributive Justice*(Cambridge, MA: Harvard University Press 1996) 참조. 다양한 정의론을 면밀하게 논의한 이 비평에서 로머는 현대 정치철학과 후생경제학 분야에 등장하는 정의론에의 주요 접근법을 이성적으로 평가했다.

2 Richard Easterlin, 'Will Raising the Income of All Increase the Happiness of All?', *Journal of Economic Behaviour and Organization,* 27(1995). 또한 이스털린이 소득과 행복의 불일치, 그리고 소득수준의 증대와 다른 수단을 이용한 행복 증진의 방법을 광범위하게 분석한 것으로 'Income and Happiness: Towards a Unified Theory', *Economic Journal,* 111(2001) 참조. 또한 Bernard M. S. van Praag and Ada Ferrer-i-Carbonell, *Happiness Quantified: A Satisfaction Calculus Approach*(Oxford: Oxford University Press, 2004)도 참조할 것.

3 Tibor Scitovsky, *The Joyless Economy*(London: Oxford University Press, 1976) [『기쁨 없는 경제』, 김종수 옮김, 중앙북스, 2014].

4 Richard Layard, *Happiness: Lessons from a New Science*(London and New York: Penguin, 2005), p. 3[『행복의 함정』, 정은아 옮김, 북하이브, 2011, 27쪽].

5 위의 책, p. 113[161쪽].

6 위의 책.

7 Robert Nozick, *Anarchy, State and Utopia*(New York: Basic Books, 1974)[『아나키에서 유토피아로』, 남경희 옮김, 문학과지성사, 1997]; Ronald Dworkin,

Sovereign Virtue: The Theory and Practice of Equality(Cambridge, MA: Harvard University Press, 2002)[『자유주의적 평등』, 염수균 옮김, 한길사, 2005] 참조.

8 Lionel Robbins, 'Interpersonal Comparisons of Utility: A Comment', *Economic Journal*, 48(1938).

9 Kenneth J. Arrow, *Social Choice and Individual Values*(New York: Wiley, 1951; 2nd edn, 1963)[『사회적 선택과 개인의 가치』, 윤창호 옮김, 한국경제신문사, 1987].

10 위의 책, p. 9.[31쪽]

11 이 점에 관해서는 나의 *Choice, Welfare and Measurement*(Oxford: Blackwell, 1982; Cambridge, MA: Harvard University Press, 1997) 및 'Social Choice Theory', in K. J. Arrow and M. Intriligator(eds), *Handbook of Mathematical Economics*(Amsterdam: North-Holland, 1986) 참조.

12 Layard, *Happiness: Lessons from a New Science*(2005)[『행복의 함정』]. 또한 Daniel Kahneman, 'Objective Happiness', in Daniel Kahneman and N. Schwartz(eds), *Well-being: The Foundations of Hedonic Psychology*(New York: Russell Sage Foundation, 1999) 및 Alan Krueger and Daniel Kahneman, 'Developments in the Measurement of Subjective Well-being', *Journal of Economic Perspectives*, 20(2006)도 참조할 것. 관련 문제에 관해서는 van Praag and Carbonell, *Happiness Quantified: A Satisfaction Calculus Approach*(2004) 참조.

13 Layard, *Happiness*(2005), p. 4.[『행복의 함정』, 29쪽]

14 이 문제에 관해서는 다른 지면에서 충분히 논의했다. 특히 'Economic Progress and Health', with Sudhir Anand, in D. A. Leon and G. Walt(eds), *Poverty, Inequality and Health*(Oxford: Oxford University Press, 2000) 및 'Health Achievement and Equity: External and Internal Perspectives', in Sudhir Anand, Fabienne Peter and Amartya Sen(eds), *Public Health, Ethics and Equity*(Oxford: Oxford University Press, 2004) 참조.

15 특히 Arthur Kleinman, *The Illness Narratives: Suffering, Healing and the Human Condition*(New York: Basic Books, 1988) 및 *Writing at the Margin: Discourse between Anthropology and Medicine*(Berkeley, CA: University of California Press, 1995) 참조.

16 나는 이 네 가지 범주 간의 구별에 관해 1984년 듀이 강의Dewey Lectures에서 논의했다. 'Well-being, Agency and Freedom: The Dewey Lectures 1984', *Journal of Philosophy*, 82(1985) 참조. 이 구별과 각각의 타당성에 관해 더욱 탐구한 것으로는 나의 저서 *Inequality Reexamined*(Cambridge, MA: Harvard University Press, and Oxford: Oxford University Press, 1992)[『불평등의 재검토』, 이상호 옮김, 한울, 2008] 참조.

제14장 평등과 자유

1 *Inequality Reexamined*(Cambridge, MA: Harvard University Press, and Oxford: Oxford University Press, 1992)[『불평등의 재검토』, 이상호 옮김, 한울, 2008].

2 다음을 참조할 것. Robert Nozick, 'Distributive Justice', *Philosophy and Public Affairs*, 3(1973), and *Anarchy, State and Utopia*(Oxford: Blackwell, 1974); James Buchanan, *Liberty, Market and the State*(Brighton: Wheatsheaf Books, 1986), and 'The Ethical Limits of Taxation', *Scandinavian Journal of Economics*, 86(1984). See also James Buchanan and Gordon Tullock, *The Calculus of Consent*(Ann Arbor, MI: University of Michigan Press, 1962)[『국민 합의의 분석』, 황수연 옮김, 지식을만드는지식, 2012].

3 Richard Hare, *Moral Thinking: Its Level, Method and Point*(Oxford: Clarendon Press, 1981), p. 26; John Harsanyi, 'Morality and the Theory of Rational Behaviour', in Amartya Sen and Bernard Williams(eds), *Utilitarianism and Beyond*(Cambridge: Cambridge University Press, 1982), p. 47.

4 William Letwin(ed.), *Against Equality: Readings on Economic and Social Policy* (London: Macmillan, 1983).

5 Harry Frankfurt, 'Equality as a Moral Ideal', in Letwin(ed.), *Against Equality* (1983), p. 21

6 레이먼드 게스Raymond Geuss는 주류 정치철학을 매력 있게 그리고 강한 어조로 공격하면서, 과거의 많은 정의론이 불평등한 취급의 필요성을 피한 것이 아니라 소중히 간직했다는 중요한 사실을 지적했다. "로마법전은 노예를 마치 어떤 권리를 가지고 있는 것처럼 다루면 정의의 기본원칙을 심각하게 훼손하게 된다는, 거의 보편적으로 공유된 '직관'을 견고하고 명료하게 개념화했다"(Geuss, *Philosophy and Real Politics*(Princeton, NJ: Princeton University Press, 2008), p. 74). 게스의 논점은 타당하지만(그리고 힘의 불균형의 관련성에 대한 그의 분석은 중요한 문제를 제시하지만), 그처럼 한 원리로서의 평등을 거부하는 것과, 다른 공평한 가치들을 위해 편협하게 특징지어진 영역에서의 평등(그가 더 중요하다고 여길 영역에서의 평등도 포함된다)에 반대하는 프랑크푸르트의 논의를 구별하는 것 또한 특히 중요하다.

7 이에 관한 마르크스적 관점은 모리스 돕Maurice Dobb의 고전적 저작들에 잘 전개되어 있다. *Political Economy and Capitalism*(London: Routledge, 1937)[『정치경제학과 자본주의』, 편집부 옮김, 동녘, 1983] 및 *Theories of Value and Distribution since Adam Smith: Ideology and Economic Theory*(Cambridge: Cambridge University Press, 1973) 참조. 또한 코헨G. A. Cohen의 저작 *Karl Marx's Theory of History: A Defence*(Oxford: Clarendon Press, 1978)[『카를 마르크스의 역사이론 — 역사유물론 옹호』, 박형신·정헌주 옮김, 한길사, 2011] 및 *History, Labour and Freedom: Themes from Marx*(Oxford: Clarendon Press, 1988)도 참조할 것. 나는 노동가치론을 그 서술적 및 평가적 내용의 측면에서 검

토한 바 있다. 'On the Labour Theory of Value: Some Methodological Issues', *Cambridge Journal of Economics*, 2(1978) 참조.

8 이 점에 관해서는 나의 'Liberty and Social Choice', *Journal of Philosophy*, 80 (1983) 및 *Inequality Reexamined*(Oxford: Clarendon Press, and Cambridge, MA: Harvard University Press, 1992)[『불평등의 재검토』] 참조.

9 이런 종류의 '유효성'과 현대사회에서의 관련성에 관한 논의는 나의 논문 'Liberty as Control: An Appraisal', *Midwest Studies in Philosophy*, 7(1982)에서 찾을 수 있다.

10 John Stuart Mill, *On Liberty*(London: Longman, Roberts and Green, 1869) [『자유론』, 박홍규 옮김, 문예출판사, 2009]. 또한 Friedrich Hayek, *The Constitution of Liberty*(Chicago, IL: University of Chicago Press, 1960)[『자유헌정론』, 김균 옮김, 자유기업원, 1997] 참조.

11 Philip Pettit, 'Liberalism and Republicanism', *Australasian Journal of Political Science*, 28(1993); *Republicanism: A Theory of Freedom and Government* (Oxford: Clarendon Press, 1997) 및 *A Theory of Freedom*(Cambridge: Polity Press, 2001) 및 Quentin Skinner, *Liberty before Liberalism*(Cambridge: Cambridge University Press, 1998)[『퀜틴 스키너의 자유주의 이전의 자유』, 조승래 옮김, 푸른역사, 2007] 참조.

12 나는 이러한 복수성을 1984년 듀이 강연Dewey Lecture에서 옹호했다. 'Well-being, Agency and Freedom: The Dewey Lectures 1984', *Journal of Philosophy*, 82(1985), 특히 세 번째 강의 참조.

13 나는 이를 'The Impossibility of a Paretian Liberal', *Journal of Political Economy*, 78(1970) 및 『집단선택 및 사회후생』 제6장에서 제시했다.

14 특히 Christian Seidl, 'On Liberal Values', *Zeitschrift für Nationalökonomie*, 35 (1975) 참조.

15 다음을 참조할 것. Kotaro Suzumura, 'On the Consistency of Libertarian Claims', *Review of Economic Studies*, 45(1978); and Peter Hammond, 'Liberalism, Independent Rights and the Pareto Principle', in J. Cohen, (ed.), *Proceedings of the 6th International Congress of Logic, Methodology and Philosophy of Science*(Dordrecht: Reidel, 1981), and 'Utilitarianism, Uncertainty and Information', in Amartya Sen and Bernard Williams(eds), *Utilitarianism and Beyond*(Cambridge: Cambridge University Press, 1982).

16 다음을 참조할 것. Julian Blau, 'Liberal Values and Independence', *Review of Economic Studies*, 42(1975); Michael J. Farrell, 'Liberalism in the Theory of Social Choice', *Review of Economic Studies*, 43(1976); Wulf Gaertner and Lorenz Kruger, 'Self-Supporting Preferences and Individual Rights: The Possibility of a Paretian Liberal', *Economica*, 48(1981).

17 이하, 이 문제에 관해서는 나의 논문 'Minimal Liberty', *Economica*, 59 (1992)에서 이루어진 논의를 이용했다.

18 다음을 참조할 것. Roy Gardner, 'The Strategic Inconsistency of Paretian Liberalism', *Public Choice*, 35(1980); Friedrich Breyer and Roy Gardner, 'Liberal Paradox, Game Equilibrium and Gibbard Optimum', *Public Choice*, 35(1980); Kaushik Basu, 'The Right to Give up Rights', *Economica*, 51(1984).

19 다음을 참조할 것. Brian Barry, 'Lady Chatterley's Lover and Doctor Fischer's Bomb Party: liberalism, Pareto optimality, and the problem of objectionable preferences', in Jon Elster and A. Hylland(eds), *Foundations of Social Choice Theory*(Cambridge: Cambridge University Press, 1986); and R. Hardin, *Morality within the Limits of Reason*(Chicago, IL: University of Chicago Press, 1988).

20 Robert Nozick, *Anarchy, State and Utopia*(New York: Basic Books, 1974), pp. 165~166[『아나키에서 유토피아로』, 남경희 옮김, 문학과지성사, 1997, 210~211쪽]. 여기서 언급하는 결과는 파레토적 자유주의의 불가능성이다.

21 특히 다음을 참조할 것. Peter Gardenfors, 'Rights, Games and Social Choice', *Nous*, 15(1981); Robert Sugden, *The Political Economy of Public Choice*(Oxford: Martin Robertson, 1981), and 'Liberty, Preference and Choice', *Economics and Philosophy*, 1(1985); Wulf Gaertner, Prasanta Pattanaik and Kotaro Suzumura, 'Individual Rights Revisited', *Economica*, 59(1992).

제15장 공적 이성으로서의 민주주의

1 Aldous Huxley, *Point Counter Point*(London: Vintage, 2004), pp. 343~344 [『연애대위법』, 정금자 옮김, 삼성출판사, 1978, 285쪽].

2 특히 Rawls, *A Theory of Justice*(1971)[『정의론』, 황경식 옮김, 이학사, 2003], and *Political Liberalism*(1993)[『정치적 자유주의(증보판)』, 장동진 옮김, 동명사, 2016] 참조.

3 Jürgen Habermas, *The Structural Transformation of the Public Sphere*(Cambridge, MA: MIT Press, 1989)[『공론장의 구조변동』, 한승완 옮김, 나남출판, 2004]; *The Theory of Communicative Action* (Boston, MA: Beacon Press, 1984)[『의사소통행위이론』, 장춘익 옮김, 나남출판, 2006], and *Moral Consciousness and Communicative Action*(Cambridge, MA: MIT Press, 1990).

4 이른바 자유주의적인 공적 추론의 이론은 Bruce Ackerman, *Social Justice in the Liberal State*(New Haven: Yale University Press, 1980)에서 강력히 지지된다. 또한 그의 논쟁 가득한 논문 'Why Dialogue?', *Journal of Philosophy*, 86(1989) 참조.

5 Seyla Benhabib, *Another Cosmopolitanism*(New York: Oxford University Press, 2006) 참조. 여기에는Bonnie Honig, Will Kymlicka, Jeremy Waldron와의 교류가 포함되어 있다. 또한 Seyla Benhabib(ed.), *Democracy and Difference* (Princeton, NJ: Princeton University Press, 1996)도 참조할 것. 관련 문제에 관해서는 Elizabeth Anderson, *Value in Ethics and Economics*(Cambridge, MA:

Harvard University Press, 1993)도 참조.

6 Joshua Cohen and Joel Rogers(eds), *On Democracy*(London: Penguin, 1983) 및 *Associations and Democracy*(London: Verso, 1995) 참조.

7 Ronald Dworkin, *Is Democracy Possible Here? Principles for a New Political Debate*(Princeton, NJ: Princeton University Press, 2006)[『민주주의는 가능한가 ─ 새로운 정치 토론을 위한 원칙』, 홍한별 옮김, 문학과지성사, 2012] 참조.

8 James Buchanan, 'Social Choice, Democracy and Free Markets', *Journal of Political Economy*, 62(1954). 또한 James Buchanan and Gordon Tullock, *The Calculus of Consent*(Ann Arbor, MI: University of Michigan Press, 1962)[『국민 합의의 분석』, 황수연 옮김, 지식을만드는지식, 2012]도 참조할 것.

9 John Rawls, *Collected Papers*(Cambridge, MA: Harvard University Press, 1999), pp. 579~580. 또한 *A Theory of Justice*(1971)[『정의론』], *Political Liberalism*(1993)[『정치적자유주의(증보판)』], 그리고 *Justice as Fairness: A Restatement*(2001)[『공정으로서의 정의 재서술』, 김주휘 옮김, 이학사, 2016]도 참조할 것.

10 John Rawls, 'Reply to Habermas', *Journal of Philosophy*, 92(March 1995).

11 Samuel Huntington, *The Third Wave: Democratization in the Late Twentieth Century*(Norman, OK, and London: University of Oklahoma Press, 1991), p. 9[『제3의 물결』, 강문구·이재영 옮김, 인간사랑, 2011, 31쪽].

12 나는 이러한 폭넓은 연관성에 관해 다음의 저작들에서 논의했다. 'Democracy as a Universal Value', *Journal of Democracy*, 10(1999); 'Democracy and Its Global Roots', *New Republic*, 6 October 2003; *Identity and Violence: The Illusion of Destiny*(New York: W. W. Norton & Co., and London and Delhi: Penguin, 2006), pp. 51~55[『정체성과 폭력 ─ 운명이라는 환상』, 이상환·김지현 옮김, 바이북스, 2009, 103~109쪽].

13 분명 올더스 헉슬리 자신이 고대 인도의 도시 민주주의 실험에 관한 이 문헌을 잘 알고 있었을 것이다. 시드니 퀼즈가 아내에게 대영박물관 도서관에서의 연구 목적으로 언급한 책이 그 증거이다.

14 이 문제에 관해서는 나의 『아마티아 센, 살아 있는 인도』와 『정체성과 폭력』 참조.

15 이러한 전통에 관한 상세한 논의와 그 참고문헌에 관해서는 『아마티아 센, 살아 있는 인도』 및 『정체성과 폭력』 참조.

16 Nakamura Hajime, 'Basic Features of the Legal, Political, and Economic Thought of Japan', in Charles A. Moore(ed.), *The Japanese Mind: Essentials of Japanese Philosophy and Culture*(Tokyo: Tuttle, 1973), p. 144 참조.

17 Ramachandra Guha, 'Arguments with Sen: Arguments about India', *Economic and Political Weekly*, 40(2005) 및 Amartya Sen, 'Our Past and Our Present', *Economic and Political Weekly*, 41(2006) 참조.

18 Nelson Mandela, *Long Walk to Freedom*(Boston, MA, and London: Little, Brown & Co., 1994), p. 21[『만델라 자서전 ─ 자유를 향한 머나먼 길』, 김대중

옮김, 두레, 2006, 44쪽].

19 Maria Rosa Menocal, *The Ornament of the World: How Muslims, Jews, and Christians Created a Culture of Tolerance in Medieval Spain*(Boston, MA, and London: Little, Brown & Co., 2002), p. 86.

제16장 민주주의의 실천

1 벵골 대기근에 관한 인용 출처에 관해서는 나의 *Poverty and Famines*(1981), Chapter 9 and Appendix D 참조.

2 북한의 기근 및 그 독재체제와의 관련에 관해서는 Andrew S. Natsios, *The Great North Korean Famine*(Washington, DC: Institute of Peace Press, 2002)[『북한의 기아』, 황재옥 옮김, 다할미디어, 2003] 및 Stephan Haggard and Marcus Noland, *Famine in North Korea: Markets, Aid, and Reform*(New York: Columbia University Press, 2007) 참조.

3 T. P. Bernstein, 'Stalinism, Famine, and Chinese Peasants', *Theory and Society*, 13(1984), p. 13 참조. 또한 Carl Riskin, *China's Political Economy* (Oxford: Clarendon Press, 1987)도 참조할 것.

4 Mao Tse-tung, *Mao Tse-tung Unrehearsed, Talks and Letters: 1956~71*, edited by Stuart Schram(Harmondsworth: Penguin, 1974), pp. 277~278에서 인용.

5 예컨대 다음을 참조할 것. Adam Przeworski et al., *Sustainable Democracy* (Cambridge: Cambridge University Press, 1995)[『지속가능한 민주주의』, 김태임 옮김, 한울, 2001]; Robert J. Barro, *Getting It Right: Markets and Choices in a Free Society*(Cambridge, MA: MIT Press, 1996).

6 이에 관해서는 나의 『자유로서의 발전』 참조. 또한 다음을 참조할 것. Robin Jeffrey, *Politics, Women, and Well-being: How Kerala Became a 'Model'*(Cambridge: Cambridge University Press, 1992); V. K. Ramachandran, 'Kerala's Development Achievements', in Jean Drèze and Amartya Sen(eds), *Indian Development: Selected Regional Perspectives*(Oxford and Delhi: Oxford University Press, 1996).

7 Condorcet, *Essai sur l'application de l'analyse à la probabilité des decisions rendues à la pluralité des voix*(1785; New York: Chelsea House, 1972), in *Œuvres de Condorcet*, edited by A. Condorcet O'Conner and M. F. Arago(Paris: Firmin Didot, 1847~49), vol. 6, pp. 176~177. 또한 이와 관련하여 Emma Rothschild, *Economic Sentiments: Smith, Condorcet and the Enlightenment*(Cambridge, MA: Harvard University Press, 2001), chapter 6 참조.

8 간디가 이 주제에 관해 쓴 것으로 *The Collected Works of Mahatma Gandhi*(New Delhi: Government of India, 1960) 참조. 또한 나의 *Identity and Violence: The Illusion of Destiny*(New York: W. W. Norton & Co., and London and Delhi: Allen Lane, 2006), 특히 pp. 165~169[『정체성과 폭력 — 운명이라는 환상』, 이상환·김지현 옮김, 바이북스, 2009, 262~268쪽] 참조.

9 이에 관해서는 나의 『정체성과 폭력』 참조.

제17장 인권과 글로벌한 의무

1 Jeremy Bentham, *Anarchical Fallacies; Being an Examination of the Declaration of Rights Issued during the French Revolution*(1792); republished in J. Bowring (ed.), *The Works of Jeremy Bentham*, vol. II(Edinburgh: William Tait, 1843), p. 501.

2 이러한 주장의 논의와 옹호에 관해서는 나의 'Elements of a Theory of Human Rights', *Philosophy and Public Affairs*, 32(2004) 및 'Human Rights and the Limits of Law', *Cardozo Law Journal*, 27(April 2006) 참조. 이 논문들은 권리를 공평한 추론의 기본적 요건을 만족하는 윤리적 요구로서 궁극적으로 파악할 수 있다는 주장의 기초, 범위, 함의를 보여 주는 일반적 틀도 제시했다.

3 Bentham, *Anarchical Fallacies*(1792); in *The Works of Jeremy Bentham*, vol. II, p. 523.

4 윤리적 주장과 법적 선언 각각의 범주 간 일반적 차이를 받아들인다고 해서 윤리적 관점이 법의 해석과 실질적 내용에 기여할 가능성까지 부정하는 것은 아니다. 그러한 가능성을 인정하는 것은 엄밀히 실증주의적인 법 이론에 배치될지도 모른다(이에 관해서는 Ronald Dworkin, *A Matter of Principle*, Cambridge, MA: Harvard University Press, 1985 참조). 그러나 윤리적 요구와 법적 선언 사이에 존재하는 큰 차이를 없앨 수는 없다.

5 Thomas Paine, *The Rights of Man: Being an Answer to Mr Burke's Attack on the French Revolution*(1791); second part, *Combining Principle and Practice*(1792); republished, *The Rights of Man*(London: Dent, and New York: Dutton, 1906). Mary Wollstonecraft, *A Vindication of the Rights of Men, in a Letter to the Right Honourable Edmund Burke; occasioned by his Reflections on the Revolution in France*(1790) and *A Vindication of the Rights of Woman: with Strictures on Political and Moral Subjects*(1792)[『여권의 옹호』, 손영미 옮김, 연암서가, 2014]; both included in Mary Wollstonecraft, *A Vindication of the Rights of Men and A Vindication of the Rights of Woman,* edited by Sylvana Tomaselli(Cambridge: Cambridge University Press, 1995).

6 H. L. A. Hart, 'Are There Any Natural Rights?', *The Philosophical Review*, 64 (April 1955), reprinted in Jeremy Waldron(ed.), *Theories of Rights*(Oxford: Oxford University Press, 1984), p. 79.

7 나의 논문 'Well-being, Agency and Freedom: The Dewey Lectures 1984', *Journal of Philosophy*, 82(April 1985) 및 저서 『불평등의 재검토』와 『자유로서의 발전』 참조.

8 Robert E. Goodin and Frank Jackson, 'Freedom from Fear', *Philosophy and Public Affairs*, 35(2007), p. 250.

9 나는 그 차이와 그것의 광범위한 함의에 관해 케네스 애로 강의Kenneth Arrow

Lectures 「자유와 사회적 선택」'Freedom and Social Choice'에서 더 자세히 탐구했고, 이는 『합리성과 자유』 에세이 20~22에 수록되어 있다.

10 제11장 참조.

11 이런 유형의 윤리적 추론을 위한, 결과에 민감한 틀에 관해서는 나의 논문 'Rights and Agency', *Philosophy and Public Affairs*, 11(1982), 'Positional Objectivity', *Philosophy and Public Affairs*, 22(1993), 그리고 'Consequential Evaluation and Practical Reason', *Journal of Philosophy*, 97(2000)에서 연구했다.

12 Immanuel Kant, *Groundwork of the Metaphysics of Morals*(1785); republished edn(Cambridge: Cambridge University Press, 1998)[『도덕 형이상학을 위한 기초 놓기』, 이원봉 옮김, 책세상, 2002], *Critique of Practical Reason*(1788); republished edn(Cambridge: Cambridge University Press, 1997)[『실천이성비판』, 백종현 옮김, 아카넷, 2009].

13 Aristotle, *The Nicomachean Ethics*, translated by William David Ross(Oxford: Oxford University Press, 1998), p. 3[『니코마코스 윤리학』, 천병희 옮김, 숲, 2013, 25쪽].

14 이에 관해서는 Andrew Ashworth and Eva Steiner, 'Criminal Omissions and Public Duties: The French Experience', *Legal Studies*, 10(1990) 및 Glanville Williams, 'Criminal Omissions: The Conventional View', *Law Quarterly Review*, 107(1991) 참조.

15 나는 권리와 의무—불완전한 의무와 완전한 의무 모두—의 관계를 'Consequential Evaluation and Practical Reason', *Journal of Philosophy*, 97 (September 2000) 및 유엔의 『2000년판 인간개발보고서(*Human Development Report 2000*(New York: UNDP, 2000)의 서장에서 간결하게 탐구하고 검토했다. 후자는 그 특집호에 게재한 논문 'Human Rights and Human Development'에 기초한 것이다.

16 Joseph Raz, *The Morality of Freedom*(Oxford: Clarendon Press, 1986), p. 180.

17 Ivan Hare, 'Social Rights as Fundamental Human Rights', in Bob Hepple (ed.), *Social and Labour Rights in Global Context*(Cambridge University Press, 2002) 참조.

18 Cass R. Sunstein, *After the Rights Revolution; Reconceiving the Regulatory State* (Cambridge, MA: Harvard University Press, 1990).

19 Andrew Kuper, *Democracy Beyond Borders: Justice and Representation in Global Institutions*(New York and Oxford: Oxford University Press, 2004) 참조. 또한 그가 편집한 논문집 *Global Responsibilities: Who Must Deliver on Human Rights?*(New York and London: Routledge, 2005)도 참조할 것.

20 토마스 포기 및 그의 공동 연구자들의 저작은 인권의 개념과 정의의 요건에 폭넓게 입각한 정책분석의 많은 분야를 개척했다. 특히 다음을 참조할 것.Thomas Pogge, *World Poverty and Human Rights: Cosmopolitan Responsibilities and Reforms*(Cambridge: Polity Press, 2002; 2nd edn, 2008); Andreas Fllesdal and Thomas Pogge(eds), *Real World Justice*(Berlin: Springer, 2005); Thomas Pogge and Sanjay Reddy, *How Not to Count the Poor*(New York: Columbia University Press, 2005); Robert Goodin, Philip Pettit and Thomas Pogge(eds), *A Companion to Contemporary Political Philosophy*(Oxford: Blackwell, 2007); Elke Mack, Thomas Pogge, Michael Schramm and Stephan Klasen(eds), *Absolute Poverty and Global Justice: Empirical Data-Moral Theories-Realizations*(Aldershot: Ashgate, 2009).

21 Deen Chatterjee, *Democracy in a Global World: Human Rights and Political Participation in the 21st Century*(London: Rowman & Littlefield, 2008), p. 2.

22 David Crocker, *Ethics of Global Development: Agency, Capability, and Deliberative Democracy*(Cambridge: Cambridge University Press, 2008), pp. 389~390.

23 또한 Christian Barry and Sanjay Reddy, *International Trade and Labor Standards*(New York: Columbia University Press, 2008)도 참조할 것.

24 Maurice Cranston, 'Are There Any Human Rights?' *Daedalus*, 112(Fall 1983) 및 Onora O'Neill, *Towards Justice and Virtue*(Cambridge: Cambridge University Press, 1996) 참조.

25 Onora O'Neill, *Faces of Hunger: An Essay on Poverty, Justice and Development* (London: Allen & Unwin, 1986).

26 O'Neill, *Towards Justice and Virtue*(1996), pp. 131~132. 또한 그녀의 *Bounds of Justice*(Cambridge: Cambridge University Press, 2000)도 참조할 것.

27 Maurice Cranston, 'Are There Any Human Rights?'(1983), p. 13.

28 이 문제를 강력히 논의한 것으로 Bernardo Kliksberg, *Towards an Intelligent State*(Amsterdam: IOS Press, 2001) 참조.

29 이에 관해서는 나의 논문 'Elements of a Theory of Human Rights', *Philosophy and Public Affairs*, 32(2004) 참조.

30 몇몇 기초적인 문제에 관해서는 John Mackie, 'Can There Be a Rights-based Moral Theory?', *Midwest Studies in Philosophy*, 3(1978) 참조.

제18장 정의와 세계

1 J. C. Jacquemin, 'Politique de stabilisation par les investissements publics', unpublished Ph.D. thesis for the University of Namur, Belgium, 1985. 드레즈Jean Drèze와 나는 *Hunger and Public Action*(Oxford: Clarendon Press, 1989), pp. 65~68에서 이 서신의 다양한 측면을 논의했다.

2 또한 'Famine, Poverty, and Property Rights', in Christopher W. Morris (ed.), *Amartya Sen*, Contemporary Philosophy in Focus series(Cambridge: Cambridge University Press, 2009)도 참조할 것.

3 Mary Wollstonecraft, *A Vindication of the Rights of Woman*(1792); in Sylvana Tomaselli(ed.), *A Vindication of the Rights of Men and A Vindication of the Rights of Woman*(Cambridge: Cambridge University Press, 1995), p. 294[『여권의 옹

호』, 손영미 옮김, 연암서가, 2014, 350~351쪽].

4 *A Vindication of the Rights of Woman*(1792), in Tomaselli(ed.)(1995), p. 70[『여권의 옹호』 29쪽].

5 Adam Smith, *The Theory of Moral Sentiments*, V. 2. 15. p. 210[『도덕감정론』, 김광수 옮김, 한길사, 2016, 468~469쪽].

6 Adam Smith, *Lectures on Jurisprudence,* edited by R. L. Meek, D. D. Raphael and P. G. Stein(Oxford: Clarendon Press, 1978; reprinted, Indianapolis, IN: Liberty Press, 1982), p. 104[『애덤스미스의 법학강의 상』, 서진수 옮김, 자유기업론, 2002, 238쪽].

7 'Ginsburg Shares Views on Influence of Foreign Law on Her Court, and Vice and Versa', *New York Times,* 12 April 2009, p. 14에서 인용.

8 *New York Times,* 12 April 2009.

찾아보기_인명

Abbott, T. K. 472, 476, 482
Abd al-Rahman Ⅲ 376
Abul Fazl' 42, 474
Ackerman, Bruce 365, 497
Agarwal, Bina 490
Ahtisaari, Marko 490
Akbar(Indian emperor) 39~43, 54, 57, 341~ 342, 376, 474
Akerlof, George 207, 473, 493
Akhtar, Javed 40
Alberuni(Iranian mathematician and social commentator) 179, 485
Alexander the Great 99~100
Ali, M. Athar 474
Alkire, Sabina 52, 440, 490
Ambedkar, B. R. 372
Anand, Paul 108, 490
Anand, Sudhir 489, 494
Anderson, Elizabeth 296, 344, 493, 498
Apollonius of Perga 198
Appiah, Kwame Anthony xxxviii~xxxix, 161, 279, 421, 471
Aquinas, Thomas 208
Arago, M. F. 499
Aristotle 99, 103, 146, 208, 258, 262, 270, 285, 286, 363, 424, 458, 489, 492, 501
Arneson, Richard A. 266, 491
Arrian 100
Arrow, Kenneth xxxvii, 19~20, 60, 97, 105~106, 120, 124, 226, 259, 314~ 316, 353, 475~476, 479, 484, 489~ 490, 493, 501
Aryabhata(Indian mathematician) 179
Asali, Muhammad 490
Ashoka(Indian emperor) 79, 85~88, 91,

258, 372, 477~478
Ashworth, Andrew 501
Atkinson, Anthony B. 289, 477, 490
Attlee, Clement 365
Audard, Catherine 83
augustine of Hippo 258
Aung San Suu Kyi 326, 374

Bagchi, Amiya Kumar 490
Bagehot, Walter 4, 365
Bailyn, Bernard 402
Banik, Dan 441
Bardhan, Pranab 492
Barnes, Jonathan 350, 481
Barro, Robert J. 499
Barry, Brian 158, 429, 484, 497
Barry, Christian 502
Basu, Kaushik 56, 206, 379, 394, 407, 425, 471, 481, 490, 497
Beck, L. W. 477
Becker, Gary S. 214, 487
Beitz, Charles R. 158, 425, 484
Benabou, Roland 473
Benhabib, Seyla 48, 365~366, 497~498
Bentham, Jeremy xxxvii, 8, 10, 21, 71, 155, 261, 306, 310, 312, 319, 402~ 404, 408~410, 414, 447, 465, 500
Bentley, Edmund Clerihew 303
Berlin, Isaiah xxx, 37, 82~83, 270, 317~318, 474, 491
Bernholz, Peter 350, 481
Bernstein, T. P. 499
Besson, Samantha 410
bin Laden, Osama 169
Blackburn, Simon 50, 140
Blackorby, Charles 480

Blau, Judith 405, 411
Blau, Julian 481, 496
Bobbitt, Philip 423
Bohman, James 367
Bok, Hillary 251
Borda, Jean-Charles de 104~105, 315, 472, 478
Bossert, Walter 206
Bourbaki, N. 118
Bowles, Samuel 476
Bowring, J. 500
Brahmagupta(Indian mathematician) 179
Brennan, Geoffrey 486
Breyer, Friedrich 497
Breyer, Stephen 93
Brighouse, Harry 490, 493
Broome, John 56, 226, 486
Brundtland, Gro 281~282, 284, 492
Bruno, Giordano 40, 376
Buchanan, James 124, 328, 365, 495, 498
Buddha, Gautama xxxvi, 87, 99, 233~ 234, 255, 283, 305, 372
Burke, Edmund 1, 33, 127~130, 136, 182, 338, 443, 472, 500
Bush, George W. 387

Campbell, Donald E. 481
Campbell, John 472
Campbell, R. H. 288
Carbonell, Ada Ferrer-i- 493~494
Carlyle, Thomas 303
Carroll, Lewis(C. L. Dodgson)104, 478
Carson, Clayborne 456
Carter, Ian 489
Chandragupta Maurya(Indian emperor) 86
Chatterjee, Deen 430, 484, 502
Chen, Lincoln C. 187, 490, 492
Cheney, Dick 416~417
Chiappero-Martinetti, Enrica 275, 490
Chopra, Kanchan 490
Clive, Robert 2
Cohen, G. A. 16, 70~71, 90, 184, 266, 328, 350, 366, 466, 476, 485, 491, 495~496
Cohen, Joshua 48, 365, 367, 472, 498

Cohen, L. J. 481
Comim, Flavio 490
Condorcet, Marie Jean Antoine Nicolas de Caritat, Marquis de xxxvii, 8, 10, 19, 24, 30, 97, 104~106, 120, 124~ 126, 139, 315, 397, 451, 464, 472, 478, 480, 483
Copley, Stephen 484
Cornell, Drucilla 274, 413
Cowper, William 347
Cranston, Maurice 431, 433, 472, 502
Crocker, David A. 160, 430, 491, 502
Cronin, Ciaran 48, 444, 484

Daboni, L. 485
Dali, Salvador 18
Daniels, Norman 76
Dasgupta, Partha 289
d'Aspremont, Claude 479~480
Davidson, Donald 313, 486
Davis, John 207
Deneulin, Severine 276, 492
Descartes, René 197
De-Shalit, Avner 289
Dhongde, Shatakshee 206
Dickens, Charles 471
Diderot, Denis 55
Diogenes 100
Dobb, Maurice 495
Dobson, Andrew 487
Dodgson, C. L. 104, 478
Donaldson, David 480
Doniger, Wendy 23
Drèze, Jean 52, 186, 392, 394, 441, 492~493, 499, 502
D'Souza, S. 492
Dumouchel, Paul 490
Dunn, John 363, 370
Durlauf, Stephen 476
Dworkin, Ronald 9, 61, 297~301, 309, 327, 365, 396, 407, 465, 467, 494, 498, 500

Easterlin, Richard 307, 493
Eatwell, John 404

Edgar, Andrew 484
Edgeworth, Francis 208, 306, 312, 486
Eliot, T. S. 26, 239, 270, 472, 488, 491
Elster, Jon 198, 313, 367, 473, 485, 492, 497
Embree, A. T. 485
Engelmann, Paul 33
Epicurus 446~447

Farrell, Michael J. 481, 496
Fausboll, V. 488
Fehr, E. 473
Feiwel, G. 489
Ferdinand I (Holy Roman emperor) 23
Ferejohn, John A. 481
Fermat, Pierre de 197
Fischbacher, U. 473
Fishburn, Peter C. 479
Fleurbaey, Marc 316, 479~480, 482
Flew, Anthony 126
Føllesdal, Andreas 502
Foster, James E. 12, 274, 278, 481, 490
Frankfurt, Harry 331, 495
Freed, Fred 488
Freeman, Samuel 63, 77, 149, 477
Freud, Sigmund 482
Frey, Bruno S. 487
Friedman, Milton 201, 486
Fukuda-Parr, Sakiko 490

Gaertner, Wulf 479, 481, 496~497
Galbraith, John Kenneth 92, 478
Gandhi, Mohandas xxvii, 21, 239, 326, 398, 460, 499
Gardenfors, Peter 497
Gardner, Roy 497
Gauthier, David 9, 94~95, 97, 465, 478
Genovese, Catherine(Kitty) 423, 432
Geuss, Raymond 495
Gevers, Louis 479
Gibbard, Allan 313, 481
Gilbert, Margaret 278
Ginsburg, Ruth Bader 460, 503
Giovannitti, Len 488
Glendon, Mary Ann 406

Glover, Jonathan 37~40, 53~54, 251, 474, 490
Gombrich, Richard 99
Goodin, Robert E. 416, 501
Gordon, David M. 487
Gotoh, Reiko 490~491
Gottinger, Hans W. 481
Gramsci, Antonio 36, 133~135, 482
Gray, John 14, 50, 95, 148
Green, Peter 478
Greiff, Pablo De 484
Grunberg, I. 484
Guest, Stephen 434
Guha, Ramachandra 498
Guillarme, Bertrand 83
Gutmann, Amy 161, 366~367

Habermas, Jurgen 47~48, 50, 151, 223, 365~366, 444, 475, 497
Habib, Irfan 474
Haggard, Stephan 499
Hahn, Frank 493
Hajime, Nakamura 498
Hamlin, Alan 48, 367
Hammond, Peter J. 479, 481, 496
Handy, Christopher 278, 490
Haq, Mahbub ul 256
Hardin, R. 497
Hardy, Henry 474, 491
Hare, Ivan 501
Hare, Richard 329, 495
Harsanyi, John 226, 329, 495
Hart, Herbert 74, 410, 412, 426, 477, 500
Hart, Keith 489
Hasdai ibn Shaprut 376
Hastings, Warren 1, 33
Hausheer, Roger 491
Hawthorn, Geoffrey 488
Hayek, Friedrich 88, 496
Heaney, Seamus 30, 473
Heckman, James. 265
Hepple, Bob 501
Herman, Barbara 63, 155, 467, 471, 476
Herz, Markus 140

Hewart, Lord 445
Hitler, Adolf 36
Hoare, Quintin 482
Hobbes, Thomas 6, 7, 19, 28, 107~109,
 156, 228, 231, 234, 347, 417, 428,
 465~467, 470, 472
Hobsbawm, Eric 455
Holden, Barry 487
Honderich, Ted 251
Honig, Bonnie 498
Hull, C. H. 488
Humboldt, Wilhelm von 239
Hume, David 50, 55~56, 154~155, 165,
 194, 447, 475, 484~485
Huntington, Samuel P. 159, 367, 498
Huq, E. 492
Hurley, Susan 484
Hurwicz, Leonid 480
Hussein, Saddam 3, 4
Huxley, Aldous 361~362, 497~498
Hylland, A. 313, 497

Intriligator, Michael 20, 106, 226, 476,
 494
Isherwood, Christopher 239

Jackson, Frank 416, 501
Jacquemin, J. C. 502
Jain, Mahavira 99
Jefferson, Thomas 402, 460
Jeffrey, Robin 499
Jesus of Nazareth 193~194, 228, 460
Jevons, W. S. 313
Johnson, Walter 458
Jolls, Christine 215
Jourdain, M. 272
Julius, A. L. 472

Kahneman, Daniel 199, 485, 494
Kakwani, Nanak 490
Kaldor, Mary 393
Kanbur, Ravi 56, 206, 407, 425, 471,
 488, 490
Kant, Immanuel 7, 9, 10, 19, 55, 65,
 79, 107, 109, 131~132, 139~140,

145, 155, 223, 231, 246, 422, 431,
 465, 467, 472, 476~477, 482, 501
Kaul, Inga 484
Kautilya xxxv, 79, 86~88, 103, 208~
 209, 258, 478
Kelly, Erin 13~14, 48, 63, 77, 149,
 474~475, 478, 487
Kelly, Jerry 479, 481
Khosla, Romi 257
King, Gregory 208
King, Martin Luther, Jr. 21, 326, 374,
 456
Kipphardt, Heinar 241
Klasen, Stephan 502
Kleinman, Arthur 321, 494
Kliksberg, Bernardo 502
Korsgaard, Christine 471
Krueger, Alan 494
Kruger, Lorenz 497
Kuklys, Wiebke 291, 493
Kuper, Andrew 501
Kymlicka, Will 113, 498
Kynch, Jocelyn 188, 490, 492

Laden, Anthony 478
Lal, S. 487
Laslett, Peter 472
Lawner, Lynne 482
Lawrence, D. H. 348
Lawrence, George 364
Layard, Richard 307~310, 319, 493~494
Leacock, Stephen 210, 487
Leinfellner, Werner 481
Leon, D. A. 494
Letwin, William 331, 495
Levi, Isaac 116, 484~485
Lewis, Anthony 368
Lewis, David Levering 376
Lincoln, Abraham 129, 429
Lines, M. 485
List, Christian 151, 481
Locke, John 7, 9~10, 79, 109, 465, 472
Lodovico 250
Lomasky, Loran 486
López-Calvo, Luis-Felipe 490

Luke, St 193
Lukes, Steven 275
Lundestad, Geir 455

Macfie, A. L. 79, 483, 485
Machan, Tibor 36
Mack, Elke 502
Mackie, John 502
Maimonides 208, 375
Majumdar, Leela 44
Malthus, Thomas Robert 126
Mandela, Nelson 21, 326, 374, 460, 499
Mansbridge, Jane J. 213
Manu(legal theorist) 22
Mao Tse-tung 389, 499
Marmot, Michael 322
Marshall, Alfred 306, 312
Marx, Karl 8, 10, 16, 24, 133, 184~
    185, 277~279, 403, 465, 485, 492,
    495
Maskin, Eric 479
Matilal, Bimal 190
Matthews, David 40
McEvilley, Thomas 100
McFadden, Daniel 485
McGuinness, Brian F. 473, 482
McMurrin, S. 75, 262, 298, 319, 330,
    486, 488
Meade, James 327
Meek, R. L. 79, 503
Meillet, Antoine 83
Menocal, Maria Rosa 376, 499
Milgate, Murray 404
Miliband, Ralph 389
Mill, James 439, 440~441
Mill, John Stuart 3, 8, 10, 303, 306,
    310, 342, 349, 365, 465, 496
Miller, David 12
Milne, A. 434
Mirrlees, James 226
Mitchener, John 101
Molière 272
Moncada, Alberto 405, 411
Mongin, Philippe 480, 482
Monk, Ray 36

Montesano, A. 485
Mookerji, Radhakumud 371
Moore, Charles A. 498
Moosvi, Shireen 474
Morris, Christopher W. 52, 206, 440,
    502
Muellbauer, John 488
Mueller, Dennis 481
Muhammad, the Prophet 40
Muller, F. Max 487
Murad 42
Murphy, Liam 69, 476
Murray, Christopher 187
Murray, William, 1st Earl of Mansfield
    472
Mussolini, Benito 133

Nagel, Thomas 28~29, 55, 61, 69, 81,
    159, 177, 214, 327, 369, 467~468,
    473, 476, 485
Nash, John 316
Natsios, Andrew S. 499
Nehru, Jawaharlal 239, 374
Nelson, Robert xv
Newman, Peter 404
Nietzsche, Friedrich 39, 40
Njølstad, Olav 455
Noland, Marcus 499
Nozick, Robert 9, 19, 61, 95~97, 108~
    109, 120, 309~310, 327, 354~355,
    367, 465, 478, 480, 494~495, 497
Nussbaum, Martha 55, 75, 262~263,
    319, 475, 488~491

Obama, Barack 3, 396
Ockham, William of 208
O'Conner, Condorcet A. 499
Oe, Kenzaburo 51
Ogata, Sadako 393
O'Grada, Cormac 52, 96
Okin, Susan Moller 130, 161
O'Neill, Onora 431, 471, 502
Oppenheimer, J. Robert 241
Osmani, S. R. 426, 490
Ostrom, Elinor 231~232, 487

Paine, Thomas 235, 407, 409, 411, 500
Palmer, J. 492
Pareto, Vilfredo 124, 348~350, 352~
354, 379, 497
Parfit, Derek 164, 473, 484
Parker, Richard 478
Pattanaik, Prasanta K. 108, 206, 479,
489~490, 497
Patten, Chris 195, 456
Paul, St 194
Peter, Fabienne 216, 494
Pettit, Phillip 48, 247~248, 341~346,
367, 417, 481, 496, 502
Petty, William 208, 256, 488
Pfeiffer, H. 481
Phelps, Edmund S. 88, 476~477
Philips, Anne 266
Picasso, Pablo 18, 114
Pierik, Roland 299
Pigou, A. C. 306, 312
Plato 146, 458,
Podewski, K. 481
Pogge, Thomas 61, 81, 158, 165, 296,
430, 477, 484, 493, 501~502
Pol Pot 38, 39
Polanyi, Michael 468
Pollock, Sheldon 99
Prabhavananda, Swami 488
Przeworski, Adam 499
Puppe, Clemens 108
Putnam, Hilary 45~46, 50, 133, 176,
313, 404, 407, 474, 482
Putnam, Robert 492

Qizilbash, Mozaffar 490~491
Quesnay, Francois 209
Quine, W. V. O. 83~84, 404

Rabin, Matthew 473
Railton, Peter 45
Ram, N. 394
Ramachandran, V. K. 499
Rangarajan, L. N. 209
Raphael, D. D. 79, 483, 485, 503
Ravallion, Martin 489

Rawls, John xxxi, xxxvii, 7~10, 12~14,
17, 19, 28~29, 46~50, 59~84, 88~
91, 96, 101~103, 107~110, 112~
113, 116~118, 120, 122~123, 136~
137, 140~145, 147~155, 157~158,
165~167, 169, 207, 222~223, 225~
233, 262, 264, 286~287, 293~298,
327~328, 334, 336~338, 342, 365~
367, 369, 407, 426, 451~452, 464~
467, 471~480, 483~484, 487, 497~
498
Ray, Debraj 289
Ray, Satyajit 44
Raz, Joseph 61, 410, 425, 427~428,
501
Reath, A. 471
Reddy, Sanjay G. 484, 490, 502
Regan, Donald H. 488
Rehg, William 367
Reich, Rob 131
Rhees, Rush 134
Ricardo, David 439~441
Rich, Bruce 87, 478
Richard the Lionheart, King of England
375
Riley, Jonathan M. 481
Riskin, Carl 499
Robbins, Lionel 312, 494
Roberts, John G., Jr. 459
Roberts, Kevin W. S. 480
Robeyns, Ingrid 103, 299, 490~491,
493
Rodrigues, Valerian 372
Roemer, John 65, 306, 493
Rogers, Joel 498
Roosevelt, Eleanor 406
Ross, D. 492
Ross, William David 501
Rothschild, Emma 483, 486, 499
Rothschild, M. E. 493
Rousseau, Jean-Jacques xxxvii, 6~7, 9~
10, 19, 79, 109, 142, 227~228,
465, 472
Rowntree, B. Seebohm 287
Ruger, Jennifer Prah 322, 491

Runciman, Garry(W. G.) 66, 288
Russell, Bertrand 133
Rutherford, Sir T. 382
Ryan, Alan 12

Sabel, Charles 472
Saddhatissa, H. 488
Sagoff, Mark 475, 487
Saladin(emperor) 375
Salles, Maurice 479, 482
Samuels, Jane 257
Samuelson, Paul 201, 489
Sandel, Michael xxx
Santos, Cristina 490
Satz, Debra 131
Scalia, Antonin 460
Scanlon, Thomas 17, 43, 61, 73, 142~
    143, 150, 156, 222~223, 225~228,
    327, 329, 344, 407, 425, 472~473,
    487
Scheffler, Samuel 251
Schelling, Thomas 200, 473, 485
Schmeidler, David 480
Schmid, Hans Bernhard 216
Schram, Stuart 499
Schramm, Michael 502
Schwartz, N. 494
Schwartz, Thomas 479
Scitovsky, Tibor 307, 493
Seidl, Christian 481, 496
Selby-Bigge, L. A. 56, 475
Sengupta, Arjun 413
Shakespeare, William 175, 224, 250,
    313, 485
Shklar, Judith 471
Shotoku, Prince 373
Shute, Stephen 484
Sidgwick, Henry 131~132, 306, 482
Silber, Jacques 490
Silverthorne, M. 417
Simon, Herbert 121, 199, 481, 485
Singh, Upindar 478
Skinner, Andrew S. 288, 483, 486
Skinner, Quentin 347, 417, 496
Slovik, P. 199, 485

Smart, J. J. C. 181, 491
Smeeding, T. 492
Smith, Adam, xxviii, xxxii, xxxvii, 8, 10,
    21, 24, 30, 49~51, 55~56, 79~80,
    97, 122, 137, 140~142, 144, 146~
    148, 150~155, 158~159, 162, 167~
    171, 183, 191, 200, 209~213, 216,
    225, 227~228, 235, 288, 299, 310,
    421, 446~447, 451, 457~458, 460~
    461, 465, 475, 483~487, 495, 499,
    503
Smith, Geoffrey Nowell 482
Smith, Ron 490
Smith, Vincent 474, 477
Sobhan, Rehman 490
Solow, Robert 282~284, 492
Sonnenschein, Hugo 480
Sparrow, John 193
Speirs, Ruth 241
Sraffa, Piero 36, 133~135, 482
Stalin, Josef 37~38
Stedman Jones, Gareth 411
Stein, P. G. 79, 503
Steiner, Eva 501
Steiner, Hillel 489
Stephens, Ian 385
Stern, M. A. 484
Stern, Nicholas 475
Stewart, Frances 266, 275, 487, 491~
    492
Stigler, George 210, 486
Stiglitz, Joseph 493
Stigum, B. P. 485
Streeten, Paul 266, 491
Sugden, Robert 489, 491, 497
Suiko, Empress of Japan 373
Sun Yat-sen 374
Sunstein, Cass R. 207, 215, 429, 449,
    501
Suppes, Patrick 489
Suskind, Ron 416
Suzumura, Kotaro 108, 206, 409, 479,
    480~481, 484, 488, 490, 496~497
Swift, Adam 103

Tagore, Rabindranath xix, 373
Talleyrand-Perigord, Charles Maurice de
    443~444
Tandeja, Mamadou, head of the Niger
    government 387
Tasioulas, John 410
Taylor, Charles xxx
Thaler, Richard 207, 215, 485~486
Thapar, Romila 477
Thompson, Dennis 366~367
Thurber, James xxxix
Tinker, Irene 485
Tirole, Jean 473
Tocqueville, Alexis de 364
Tomaselli, Sylvana 129, 482, 500, 503
Torrey, B. 492
Townsend, Peter 288
Tuck, Richard 204, 417, 427, 472
Tullock, Gordon 124, 495, 498
Tutu, Desmond 21
Tversky, A. 199, 485

Van Gogh, Vincent 114
Van Orman Quine, Willard 404
Van Parijs, Philippe 74, 76
Van Praag, M. S. 493
Venkatapuram, Sridhar 322
Visaria, Sujata 490

Waal, Alex de 53
Waldron, Jeremy 193, 498, 500

Walsh, Vivian 46, 132, 134, 404, 482
Walt, G. 494
Walzer, Michae xxx
Wedderburn, Dorothy 492
Wells, H. G. 86
Wenstøp, F. 485
Werhane, Patricia H. 486
Weymark, John 480, 482
William, Andrew 299
Williams, Bernard xxx, 16, 44, 50, 181,
    249, 270, 338, 477, 487~488, 491,
    495~496
Williams, Glanville 501
Wilson, Thomas 483, 486
Wittgenstein, Ludwig 33~37, 85, 133~
    135, 194, 321, 473, 482~483
Wolff, Jonathan 289
Wollstonecraft, Mary xxxvii, 8, 10, 24,
    30, 128~132, 136, 182, 235, 338,
    407, 409, 412, 442~444, 449, 451,
    482, 500, 502
Wordsworth, William 60
Wright, Georg Henrik von 134, 194
Wriglesworth, John L. 481

Xu, Yongsheng 489

Yasuaki, Onuma 52
Yeats, W. B. 39

Zakaria, Fareed 463

찾아보기_주제[*]

감정과 이성 xxxviii, 39, 43, 55, 199
객관성 xxix, 33~57, 127~138, 139~171,
　175~195, 223, 439~446, 461~464
객관적 환상과 허위의식 184~185, 320~323
건강과 자각 185~187, 320~323
게임이론 34, 245~246, 354~357
결과, 포괄적 25~26, 244~247, 249~250,
　260~261, 348
결과론 26~27, 240~251
경제위기, 오늘날 171, 455~456
경제적·사회적 권리 428~434
계급 분화 129~130, 160, 185, 278, 279,
　401, 440
계몽주의 xxxiv~xxxviii, 5~9, 37~39, 54~
　57, 104, 105, 139~140, 148, 151,
　465
계약론적 모델→사회계약 참조
고문 xxxiii, 82, 108, 117, 162, 401, 404,
　425
공감 15, 39, 54, 127, 141, 209, 212~213,
　213~214, 215, 293, 347, 420, 439,
　469, 479
공공선택이론 124, 327~328, 365, 382~
　383, 388
공리주의 7, 15~16, 17, 21, 71, 80, 97,
　109, 154, 181, 208, 228, 248, 261,
　270, 306~308, 312~314, 316~317,
　328~329, 406, 409, 427~428, 433,
　439
공적 대화 43~48, 49~51, 99~101, 132,
　135~137, 170~171, 376, 429~437,
　463~464

공적 추론→추론과 공적 이성 참조
공정→공평과 공정 및 '공정으로서의 정의'
　참조
공정으로서의 정의(롤스의 개념) xxxi~xxxii,
　xxxvii, 9, 12, 12~14, 17~18, 29,
　46~47, 48, 59~60, 61~74, 76~78,
　79~81, 82~84, 87~89, 96~97,
　121~122, 137, 139~140, 143,
　148~151, 156, 165~167, 169, 230,
　455~456, 465~466, 467
공평과 공정 12~13, 14~17, 46, 49~51,
　62~63, 73, 130~132, 137~138,
　139~171, 183, 221~235, 458~459
공평한 관찰자→스미스, 애덤 및 '공평한 관
　찰자' 참조
공포로부터의 자유 416~417
공화주의적(네오로마적) 자유론 342~347,
　417
교섭문제 316~318
권력 29, 92~93, 233~235, 363, 366
그리스 99~103, 146, 370, 370~371, 372
극대화와 극소화 197~200, 205~206
글로벌 개발 46, 256~257, 280~284,
　390~392, 430, 463
글로벌 대화 xxxiv, 429~437, 463~464
글로벌 정의 xxxiv, xxxvi~xxxvii, 3~4, 27~
　30, 81~82, 143, 144~147, 158~163,
　194~195, 369, 421, 439~470
기근 52~53, 96, 117, 188, 381~385, 385~
　386, 387, 388~389, 439, 440~442
기근 예방 385~389, 393~394, 441
기대수명 185~189, 256~257, 321

---

[*] 주제별 찾아보기 표기는 원저의 작성 방식에 따라 해당 내용의 연계성과 중요성을 고려하여 페이지
　숫자를 묶거나 분리하였다.

기본가치 73~74, 75~76, 112, 264~265, 286, 293~297
기회와 달성 258~261, 266~269

남아프리카공화국 xxxiii, 130
노동
　노동과 그 노력으로 인한 자격 15, 16, 69
　노동과 필요에 대한 주장 16
　마르크스의 논의 16, 184
노예제 xxxii, 24, 87, 129, 136, 182, 451
니야야 xxxvi, 22~24, 27, 77, 93, 97, 190, 242~244, 250~251, 255, 355, 381, 394, 400, 465, 467
니제르 387
니티 xxxvi, 22~24, 77, 93, 97, 242~243, 255, 355, 367, 394, 400, 465, 467

달성과 기회 266~275, 267, 323
대만 390
독일 7~9, 36, 37, 52, 131~132, 145, 162, 420~424, 432, 436~437
동인도회사 1, 2, 127
드워킨, 로널드
　민주주의와 권리에 관하여 396, 407
　역량 접근 비판 297~301
　자원 평등에 관하여 297~301, 309

라마야나→『발미키 라마야나』(인도의 서사시) 참조
라틴아메리카 377, 459, 463
롤스, 존
　객관성에 관하여 46~47, 47, 136~137, 223
　그의 원초적 입장 개념 10, 12, 17, 62, 62~63, 66, 69~71, 81, 117, 122~124, 141~144, 148~151, 155~157, 158, 164~167, 169~170, 225~226, 230
　글로벌 정의에 관하여 29, 369
　기본가치에 관하여 264~265, 286, 293~297
　도덕력에 관하여 48
　『만민법』 13~14, 29, 63, 142, 144, 158
　반성적 평형에 관하여 61, 145
　사회계약에 관하여 9, 66, 76~77, 79~

81, 148~150, 153~155, 225~227, 228~229, 231~233
　애덤 스미스에 관하여 153~155
　자유에 관하여 232~233, 336~338
　장애에 관하여 293~295
　『정의론』 xxxvii, 8, 9, 13, 59~60, 62~63, 66, 74, 123, 153~154, 226, 365~366, 366~367
　『정치적 자유주의』 9, 46, 63, 67~68, 74, 89~90, 123, 143, 151, 152, 155, 169~170
　존 롤스와 '공정으로서의 정의'→'공정으로서의 정의' 참조
　차등원칙에 관하여 68, 72, 74~76, 89, 109~110, 157, 164, 264~265, 286, 293, 294, 295, 334, 336
　평등에 관하여 327~328, 328
르완다 398

마그나카르타 84, 373
『마하바라다』(인도의 서사시) 26~27, 99, 237~244
무슬림의 역사 3~4, 39~42, 54, 57, 81, 146, 187, 341~342, 362, 371, 375~377, 427, 455, 458, 463, 474
문명의 충돌 개념 159
문화적 자유와 권리 263, 268~269, 413~414, 431~432
문화적 차이의 지나친 강조 xxx~xxxi, 159~160, 161~162, 171, 183~184, 225~226, 361~363, 369~370, 371~373, 374, 380, 457~461
미국 3~4, 3, 6, 24, 73, 92, 127, 128~130, 136, 146, 182, 186~187, 257, 396, 402, 403, 405, 417, 429, 455~456
　미국 독립선언 308~309, 402, 403~404, 405, 410, 429
　미국연방대법원과 법관들 간의 논쟁 458~461
민주주의 xxix, xxxiv, 48, 84, 125~126, 361~380, 381~400
　고대 그리스의 민주주의 370, 370~371, 372
　고대 인도의 민주주의 100, 361~364, 371~373

공적 이성으로서의 민주주의 361~383
근대 인도의 민주주의 371~372, 393~
396, 397~400
매체의 자유와 민주주의 377~380, 382~
383, 385, 394
미국의 민주주의 92~93, 363~364, 396
안전보장 문제와 민주주의 393~394
중동의 민주주의 375~377
토론에 의한 통치로서의 민주주의 xxix,
xxxiii, 3~4, 364~365, 367
투표와 선거 106, 365, 367~368, 370

『바가바드기타』(『기타』) 26~27, 237~247,
240, 242, 242~243
바스티유 함락 xxvii, 1, 127
반성적 평형 9, 61, 145
『발미키 라마야나』(인도의 서사시) 99
방법론적 개인주의 275~277
배타적 무시, 사회계약에서의 156~157,
158~163
버크, 에드먼드
미국 독립전쟁에 관하여 127, 128~129
복수적 근거짓기에 관하여 1~3, 4~5
울스턴크래프트에 의한 평가 128~129,
129~130, 136, 182
워런 헤이스팅스의 탄핵에 관하여 1~3, 33
자유에 관하여 127~129, 129
프랑스혁명에 관하여 127~128
벤담, 제러미와 자연권, 인권에 관하여 402,
408~409, 410, 또한 공리주의 참조
복수의 이유 xxx~xxxi, 2~3, 14~17, 64~
66, 152, 228~229, 265, 270, 279,
338~342, 343, 398~399
복지권→경제적·사회적 권리 참조
복지와 자유 304, 318~326, 409
복합이론 109~119, 119
부분순위 115~119, 121, 152, 163, 274~
275, 313, 335, 448, 451~453, 480
부정의감 3, 5, 440, 456
부정의의 진단, 출발점으로서의 xxvii~xxix,
3, 195, 233, 273~274, 292, 300, 305,
440, 467~468,
북한 368, 386
분노의 역할 223, 442~444
불가능성정리 105~106, 124~125, 314~

317, 348~353, 464
불관용과 관용(용인) 40, 51, 73, 85~86,
125, 183, 310~311, 343, 375~376,
398
불완전 의무에 관한 칸트의 분석 145,
162~163, 420~424, 432, 436
불일치, 미해결된 xxx~xxxi, 16~17, 170~
171, 448~451, 452~453
불평등 69~71, 73, 90, 263~264, 318~
320, 328, 또한 평등 참조
붓다 및 불교 xxxvi, 87, 99, 233~234,
255, 283, 305
브라질 377, 459, 463
브룬틀란 위원회, 지속가능한 개발을 위한
280~283, 283~284
비교적 평가 xxxii~xxxiii, xxxvii, 10~11,
17~20, 80, 109~119, 338~339
비교적 평가와 불완전성 115~119, 121,
147~148
비정부기구(NGO) 162, 171, 412, 462
비트겐슈타인, 루트비히 33~35, 35~36,
85, 133~134
『논리철학논고』 33, 36, 133, 134
『철학적 탐구』 36, 134
고통에 관하여 321
빈곤 73, 286~290, 290~293, 299~300

사형 458~460, 461
사회계약의 개념 xxxii~xxxiii, 7, 9, 66,
76, 79~81, 142~143, 148~150, 153~
155, 158~159, 225~227, 228~229,
231~233, 233~235, 464~466
사회선택이론 xxxii~xxxiii, xxxvii~
xxxviii, 19~20, 25~26, 60, 103~109,
116, 119~125, 126, 163, 314~318,
348, 354~357, 464
사회자본 288
사회적 실현 xxxii, 7, 8, 10~11, 17, 20~
24, 25~27, 80, 93~95, 97, 102,
107, 151~152, 237~244, 244~246,
247~248, 249~251, 294~295, 348~
353, 355, 356~357, 381, 399~400,
414~418, 420~424, 432~434, 464,
465~466, 467
사회후생→후생경제학 참조

선거→투표와 선거 참조
선택의 자유 20~22, 259~261, 276~277
선험적 이론과 완벽한 정의 xxvii~xxviii,
　　xxix~xxx, xxxii, xxxiii, 6~7, 10~11,
　　12~14, 17~20, 107~119, 119, 152
선험적 제도주의 4~11, 12~13, 14, 24,
　　27~30, 50, 91~92
세계인권선언, 1948(유엔) 404, 406, 413,
　　429~430, 436
세계화 159~160, 161~162, 194~195,
　　463~464
소련 92
소수자 권리 379, 397~400
소통(문화 간)의 중요성 99~101, 132, 135~
　　137, 170~171, 376, 379, 433~437
스미스, 애덤
　　'공평한 관찰자' 49~51, 80, 121~122,
　　137, 139~141, 147~148, 151~152,
　　153~155, 162~163, 167~168,
　　170~171, 227, 457, 461
　　『국부론』 211, 288, 299
　　『도덕감정론』 xxviii~xxix, xxxii, 21,
　　49, 55, 79, 137, 212, 216, 421, 447
　　롤스의 논의 153~155
　　『법학강의』 xxxii, 79
　　칸트의 논의 139~140
스캔론, 토마스의 타인이 합당하게 거부할
　　수 없는 원칙의 기준 17, 224~228, 329
싱가포르 390

아랍의 역사 279, 375~377
아리스토텔레스의 『니코마코스 윤리학』과
　　『정치학』 103, 285, 424, 492, 501
아리아바타(인도의 수학자), 사영과 천문학
　　에 관하여 179~180
아소카(인도의 황제) 관용과 대화에 관하여
　　79, 85~87, 86, 258, 372~373
아크바르(인도의 황제) 이성의 우선성에 관
　　하여 40~42, 54, 57
아프가니스탄 168~169, 217, 455, 458
아프리카 xxxii, 53, 130, 187, 290, 377,
　　387, 398, 433, 441, 463
알베루니(인도의 수학자), 고대 인도의 천문
　　학에 관하여 179~180
알카에다 3~4

애로의 불가능성정리(일반가능성정리) 105~
　　106, 124, 314~317, 464
언론의 자유 72~73, 368, 377~380, 382~
　　383, 385, 394
언어 82~83, 131~132, 132~134,
　　135~137, 205~206, 312~314
에스파냐 376
여성 및 남성의 교육 107, 125~126, 257,
　　345~346
여성과 정의 xxxii, 81~82, 183~184, 187~
　　189, 276, 333, 423, 또한 페미니즘,
　　젠더 불평등, 잃어버린 여성 참조
여성의 교육 107, 125~126
여성의 권리 128~129, 130, 160, 183~
　　184, 268, 409~410, 412, 442~445
역량 접근 xxxii, 20~22, 74~76, 257,
　　261~279, 332~335
　　그룹의 역량 275, 277~278
　　달성과 역량 접근 266~275, 266
　　빈곤과 역량 접근 73~74, 267~269
　　역량 접근과 책임 233~235, 305~306
　　역량 접근의 통약불가능한 요소 269~
　　272
　　역량 중심의 한계 322~335
　　역량의 가중치 두기 273~274
　　자원과 역량 접근 285~291
　　자유와 역량 접근 258~261, 336~347,
　　343
　　장애와 역량 접근 290~293, 344~345
　　행복과 역량 305~306, 308~311
영연방 존중 및 이해 위원회의 Civil Paths to
　　Peace 171
예의 413
『오르디네 누오보』(이탈리아 잡지) 134
오스트리아 36, 88
울스턴크래프트, 메리
　　『여성 권리의 옹호』 128~129, 130, 409,
　　442~445
　　『인간 권리의 옹호』 128~129, 129,
　　136, 182, 409
위치적 관점과 객관성 175~177, 177~
　　185, 186~189, 189~195
유럽인권재판소(ECHR) 411
유엔(UN) 3, 171, 256, 290, 462, 또한 세
　　계인권선언 참조

윤리적 신념
  윤리적 신념과 객관성 xxix, 44~45, 131~
    132, 176, 181
  윤리적 신념과 이성 43~51, 56~57, 135~
    137, 161
  윤리적 신념과 인권 404~408, 414~420,
    424, 430~431, 436~437
의료 xxxii~xxxiii, 53, 117, 185~187,
  256~257, 269, 292, 321~322
의무→의무론적 요구 참조
의무론적 요구 20~22, 25~27, 160, 191~
  195, 233~235, 237~239, 305~306
이기심 및 사익 20~22, 34~35, 205,
  205~207, 208, 209~212, 212~214,
  216, 221
이라크 3~4, 81, 146, 376
이란 187, 370, 371, 376, 459
이슬람→무슬림 참조
이웃 192~195
이집트 187, 371, 375~376
이탈리아 36, 132~135, 290
인구증가 125~126, 157, 159
인권 xxix, 67~69, 74, 75, 128~130,
  235, 333, 401~437
인권선언
  미국 독립선언 308~309, 402, 403~
    404, 405, 410, 429, 또한 미국 참조
  유엔의 세계인권선언 404, 406, 413,
    429~430, 436
  프랑스 인권선언 127, 402, 404, 406,
    408~409, 429
인권의 법제화 411~414, 436
인도와 남아시아 xxxii~xxxiii, xxxiv~xxxv,
  1~2, 22~24, 26~27, 40~42, 79,
  85~87, 99~100, 103~104, 127~
  128, 179~180, 180, 185~189, 237~
  247, 273, 371~372, 381~385, 394~
  396, 398~399
인도의 서사 내러티브 26~27, 99, 237~
  247
인도의 헌법 41, 372
인센티브 16, 69~70, 86, 90, 328, 366,
  386~387, 466
인식론 44, 85, 135~136, 175~177, 180,
  191~192

인종 관련 불평등 xxvii~xxviii, 39, 68,
  73, 161~162, 278, 401
일반가능성정리→애로의 불가능성정리 참조
일본 51, 373, 377, 393, 459, 498
잃어버린 여성 188

자녀와 부모의 의무 181, 182, 190, 234,
  244
자원의 평등 297~301, 309, 327~328
자유(freedom) 20~22, 258~261, 317~
  318, 338~342, 342~347, 414~420
자유(liberty) xxix, 68, 69, 72~74, 110,
  117, 124, 309, 336~357, 417
자이나교 99, 100
잔학행위 37, 38, 39, 54, 434
장애
  롤스의 논의 293~294
  빈곤과 장애 287, 290~295, 301
  역량과 장애 290~293, 344~345
재산권 69, 366~367
정의
  실현 중심 분석 7~11, 20~27, 93~97,
    242~244, 244~247, 247~251, 355~
    356, 356~357, 381, 399~400, 414~
    418, 420~424, 432~434
  장치 중심적 분석 7~8, 11, 22~24, 26~
    27, 93~97, 112~113, 115~116, 238~
    239, 337~338
정의와 그 실행이 보이는 것 4~6, 444~
  446, 또한 글로벌 정의 참조
정체성 142, 159~162, 278, 377, 398,
  475, 483, 489, 498, 500
제노비스, 캐서린(키티) 사건 422~423,
  432
제도에만 초점을 맞추는 것의 한계 xxxi~
  xxxii, xxxiv, xxxvii, 78, 85~92, 93~
  97, 300~301
제도와 그 중요성 xxx, xxxiii, 6~7, 7~8,
  9, 12~14, 28, 61, 64~66, 66~67,
  76~78, 87~97, 125~126, 295,
  432~433, 467
제한된 합리성 121, 199
젠더 불평등 xxxii, 187~189, 190~191,
  266, 273, 290, 394~396, 458
존엄과 치욕 xxvii, 129, 308~309, 469

존재론 45~46
종교의 자유 40~41, 341~342, 398~399
죄책감 278
주권국과 정의 28~29, 81, 144~147,
　159~161, 164~165, 170~171, 278
중국 185, 187~188, 257, 278, 386, 388~
　390, 396, 458~459, 461, 463, 499
중동 3~4, 81, 146, 187, 362, 371, 375~
　377, 427, 455, 458, 463
중첩적 합의(롤스의 개념) 61
지속가능한 발전 257, 280~284, 또한 환
　경문제 참조
지역주의 xxix, xxxv, 144~147, 157, 168~
　171, 455~461
집단 정체성 144~147, 159~160, 161,
　164~168, 275, 278~279, 288

책무→책임 참조
책임 21~22, 25~27, 181~182, 190,
　233~235, 237~251, 269, 303~305,
　305~306, 420~424, 431~433
추론과 공적 이성 xxviii~xxix, xxxi, xxxiii~
　xxxiv, xxxviii~xl, 4~9, 33~57, 35,
　43~51, 51~54, 54~57, 71~73, 78,
　89~90, 101~102, 124~125, 135~
　137, 142~143, 147, 150, 155, 161,
　189~191, 198, 203~204, 206, 207,
　221~235, 240~248, 257, 261~263,
　328, 354~357, 361~470

카스트 xl, 40, 130, 163, 394~395, 395,
　401
커미트먼트와 목표 212~215, 216~219,
　222
코헨, G. A., 불평등에 관한 존 롤스 비
　판 16, 70, 90, 328, 366~367, 466
콩도르세, 마르키 마리 장 드, 그리고 사회
　선택이론 xxxvii, 19, 104, 106~107,
　120, 124, 125~126, 315, 464
콩도르세의 역설 104
크리스트교 윤리 192~194, 227~228, 279,
　398, 460

태국 378
테러리즘 3~4, 81, 168~169, 171, 398~

399, 416, 417, 455
통약불가능성의 공포 269~272, 447~448
투표와 선거 106, 365, 367~368, 370, 또
　한 민주주의 참조

파레토적 자유주의 정리 348~353
판단의 불완전성이 완전한 평가 이론에 존재
　할 여지 115~119, 121, 147~148,
　또한 부분순위 참조
퍼트넘, 힐러리
　『존재론 없는 윤리학』 45, 46, 176
　『차이와 가치의 이분법을 넘어서』 45~
　46, 132~135, 404
페미니즘 128, 160, 171, 442~443
편견 xxxviii~xl, 38, 73, 161~162, 187~
　189, 190~191, 266, 273, 290, 394~
　396, 395, 458~459
평등 xxix, 73, 263, 309, 318~320, 319,
　327~335, 354~357
　공평성과 평등 329~332
　역량과 평등 332~335
　평등의 중요성 327~329, 334~335
포섭적 모순, 사회계약의 157, 164~168
프랑스 xxvii, 1, 104, 127~128, 309, 371,
　402, 404, 408, 424, 429, 443
프랑스혁명 xxvii, 1, 104, 105, 127~128,
　309
　버크의 논의 127~128
　'인권선언' 127, 402, 404, 406, 408~
　409, 429

하트, 허버트의 인권에 관하여 410~411,
　411~412, 426
한국 390, 393, 458
합리성과 합당성 xxix, 121, 197~219,
　221~235, 245, 416~418, 417
합리적 개인, 롤스의 개념 사용 47, 48,
　71~72, 78, 89~91, 155, 221~235
합리적 선택이론(RCT) 35~36, 72, 202~
　207, 212~215, 221, 453
해방된 관용을 극복할 필요성 xxxi
행동
　가정된 행동 9, 34, 76~79, 202~207,
　208~209, 212~215, 231~233
　실제 행동 xxx, xxxii, 7~8, 11, 76~79,

89~90, 199~202, 232, 301, 399~
400
의지박약 199~202
행복 xxix, 15~16, 21~22, 54, 229, 248,
256, 261, 303~326, 402, 407, 428
행위자 상관성 181~182, 189~190, 190,
250~251
행위주체(성) 22, 25, 160, 208, 243~
244, 245~248, 249~251, 262, 281~
282, 286, 323~326, 334~335, 423,
429~430, 488, 491, 494, 496, 502
행위주체성 자유 21~22, 281~282, 305~
306, 323~326, 334~335

협력 230~231, 233
홉스, 토마스의 자유에 관하여 347, 417
홍콩 390
환경문제 53, 75, 280~284, 401
회원자격 122, 147~148, 150~151, 481
후생경제학 306~308, 312~314, 317~318
흄, 데이비드
　글로벌 이웃에 관하여 194~195
　원초적 계약 166
히즈리력, 이슬람 40